汉译世界学术名著丛书

世界语音

〔美〕彼得·赖福吉
伊恩·麦迪森 著

张维佳 田飞洋 译

商务印书馆
创于1897
The Commercial Press

Ladefoged, Peter.
  The sounds of the world's languages / Peter Ladefoged and Ian Maddieson.
    p. cm.—(Phonological theory)
  Includes bibliographical references and index.

©1996 by Peter Ladefoged and Ian Maddieson

BLACKWELL PUBLISHING
350 Main Street, Malden, MA 02148-5020, USA
9600 Garsington Road, Oxford OX4 2DQ, UK
550 Swanston Street, Carlton, Victoria 3053, Australia

The right of Peter Ladefoged and Ian Maddieson to be identified as the Authors of this Work has been asserted in accordance with the UK Copyright, Designs, and Patents Act 1988.

All rights reserved. No part of this publication may be reproduced, stored in a retrieval system, or transmitted, in any form or by any means, electronic, mechanical, photocopying, recording or otherwise, except as permitted by the UK Copyright, Designs, and Patents Art 1988, without the proir permisson of the publisher.

First published 1996

11   2008

汉译世界学术名著丛书
出 版 说 明

我馆历来重视移译世界各国学术名著。从 20 世纪 50 年代起，更致力于翻译出版马克思主义诞生以前的古典学术著作，同时适当介绍当代具有定评的各派代表作品。我们确信只有用人类创造的全部知识财富来丰富自己的头脑，才能够建成现代化的社会主义社会。这些书籍所蕴藏的思想财富和学术价值，为学人所熟悉，毋需赘述。这些译本过去以单行本印行，难见系统，汇编为丛书，才能相得益彰，蔚为大观，既便于研读查考，又利于文化积累。为此，我们从 1981 年着手分辑刊行，至 2020 年已先后分十八辑印行名著 800 种。现继续编印第十九辑，到 2021 年出版至 850 种。今后在积累单本著作的基础上仍将陆续以名著版印行。希望海内外读书界、著译界给我们批评、建议，帮助我们把这套丛书出得更好。

商务印书馆编辑部
2020 年 7 月

目　　录

致谢 ·· 1

1. 世界语音 ··· 1
2. 调音部位 ··· 10
   2.1 按目标分类的调音部位 ··· 18
   2.2 对立的调音部位 ·· 48
3. 塞音 ··· 58
   3.1 喉部结构 ·· 58
   3.2 气流机制 ·· 95
   3.3 塞擦音 ··· 111
   3.4 音长 ·· 114
   3.5 发音强度：强/弱塞音 ··· 118
   3.6 小结 ·· 123
4. 鼻音和鼻化辅音 ··· 127
   4.1 鼻音 ·· 127
   4.2 鼻音的喉部动作 ·· 133
   4.3 半鼻音 ··· 148
   4.4 鼻化辅音 ·· 166

    4.5   结论 ·· 170
5. 擦音 ·· 174
    5.1   调音部位靠前的非咝音性擦音 ······················· 176
    5.2   咝音 ·· 184
    5.3   调音部位靠后的非咝音性擦音 ······················· 209
    5.4   擦音的声学特征 ··· 220
    5.5   擦音的喉部结构及其他特征 ··························· 225
    5.6   擦音的音系特征 ··· 228
6. 边音 ·· 231
    6.1   浊边近音 ·· 232
    6.2   浊边近音的声学特征 ···································· 245
    6.3   其他类型的边音 ··· 251
    6.4   边音的区别特征 ··· 270
7. r类音 ·· 274
    7.1   r类音 ··· 274
    7.2   颤音 ·· 276
    7.3   拍音和闪音 ··· 293
    7.4   r类音中的擦音和近音 ···································· 295
    7.5   发声和其他的喉部结构比较 ··························· 300
    7.6   同一种语言内部的不同r类音比较 ················· 301
    7.7   r类音与边音的关系 ······································ 309
    7.8   r类音内部的统一性 ······································ 310
8. 䴗音 ·· 314
    8.1   不同䴗音的发音特征 ···································· 316

8.2　䐖音的声学特征 ················· 328
   8.3　䐖音的伴随音 ················· 331
9. 元音 ······························ 359
   9.1　元音的主要特征 ················ 360
   9.2　元音的附加特征 ················ 379
   9.3　类似元音的辅音 ················ 409
10. 多重音姿 ·························· 417
   10.1　基本概念 ···················· 418
   10.2　双重持阻 ···················· 422
   10.3　次要发音 ···················· 449
11. 结语 ···························· 467

附录 ································ 472
   语言列表 ························· 472
   图示列表 ························· 487
   表格列表 ························· 497
参考文献 ···························· 502
索引 ································ 545
国际音标 ···························· 580

致 谢

在本书写作过程中，很多人、很多组织都为我们提供了直接和间接的帮助。尤其要感谢以下四个单位和个人：首先是国家科学基金委，它批准了我们对许多一手材料的多年使用权。其次是加州大学洛杉矶分校（UCLA）语音实验室的同事们，他们为我们营造了一个温暖、互助的工作环境，没有这一点，本书是不可能顺利完成的。再次，我们的观点和资料都来自语音学领域的前辈和老师们，有时，他们的观点在本书中有所引申，这也许并不符合他们的原意。最后，还要感谢无数的世界各地语言专家们，他们为本书的写作投入了宝贵的时间和精力，所奉献的知识和友情我们将永生难忘。

语音学领域的很多同事还给了我们具体的、实实在在的帮助。塞音一章的初稿是和 Caroline Henton[①] 合写的，她当时在 UCLA 做访问学者；咝音一章是和 Tony Traill 合写的；关于印第安土著语的很多内容都要感谢 P. Bhaskararao；Ian Catford 和 Sandro Kodzaso 则为我们对高加索诸语言的理解提供了灵感。Catford 当

[①] 因本书的外国人名涉及各种语言的名字，有些人名的中文译名还未确定，为了忠实外国学者的姓名，也为了读者查阅参考文献之便，故书中的外国人名一般不予翻译。特此说明。——译者

时在UCLA的语音实验室工作了半个学期,虽然,有时我们并不同意他们两位的观点,但若没有他们的慷慨帮助,本书有关高加索语的内容就不可能如此丰富。Ailbhe ní Chasaide、Didier Demolin、Andy Butcher、Russell Schuh 和 Caroline Smith 都提供了他们未发表的实验数据。尤其是 Keith Johnson,他曾在 UCLA 和我共事三年,我们对于元音的很多认识都来自于他。Mona Lindau 也是我以前的一位同事,她的调查经验确实为本书增色不少。另外,当时的 UCLA 语音实验室的主任 Pat Keating,也不断地给了我们莫大的鼓励和关怀。

我的学生中也不乏有才华的人,比如:Victoria Anderson、Barbara Blankenship、John Choi、Edward Flemming、Sean Fulop、Matt Gordon、Rob Hagiwara、Gary Holmes、Michael Inouye、Bonny Sands、Dan Silverman、Sinša Spajić、JulieAnna Thaxer 和 Richard Wright。他们对部分材料进行了分析,制作了图表,并提供了宝贵的意见。

来自世界各地不同语言的发音人为我们描述了他们对于自己母语的认识和看法。在过去的四十年里,有好几百人接受了我们的调查,这些录音材料直接用于本书。在此,我们不一一列举他们的名字,只想提一下那些对我们尤其有帮助的人:Gudo Mahiya(哈扎语),Dorothy Babuda(罗塞尔岛耶尔语),Guhmsa 和 Bolo‖xao(!Xóõ 语),Herman Batibo(科苏库马语),Harriet Whitworth、Felicité McDonald 和 Dorothy Felsman(蒙大拿-萨利希语),Froylan Moreño(马萨特克语),Helen George 和 Martha Garrison(纳瓦约语),Nichümeno Chase(安伽米语),

致　谢

Vasamalli Pothili 和 Tesh Kwidi（托达语），Basanti Devi（阿萨姆语）和 Philip Mulley（Badaga 语）。

　　UCLA 语音实验室的技术顾问 Henry Tehrani，维瓦特兰大学（Witwatersran）的 Charles Sandrock，以及麻省理工学院的 Joseph Perkell、Melanie Matthies 和 Mario Svirsky 在研究方法上给了我们很多指导。Krisin Precoda 和 Cheng-Cheng Tan 则在计算机技术方面为我们扫清了障碍。

　　我们能够在许多不同国家做田野调查还要得益于以下这些人的热心帮助：博茨瓦纳的 Tony Traill、纳米比亚的 Jan Snyman、新卡里多尼亚的 Stephen Schooling、巴布亚新几内亚的 Calvin Rensch 和 John Clifton、坦桑尼亚的 Herman Batibo、斐济的 Paul Geraghty、瓦努阿图的 Kirk Huffman、印度的 P. Bhaskararao、墨西哥的 Paul Kirk、蒙大拿的 Sarah Thomason、中国的吴宗济、郑秋豫、泰国的 Jimmy Harris 和尼日利亚的 Kay Williamson。不同国家的语言学暑期学院及其附属机构都给了我们很大的支持。另外，博茨瓦纳、坦桑尼亚、肯尼亚、印度、中国等国区政府都曾允许我们在其境内做调查。

　　在本书写作的不同阶段，有很多人为我们提供了宝贵的建议和反馈。在此，我们向他们表示衷心的感谢！他们是：Abby Cohn、Rosalie Finlayson、Suzi Fosnot、Céclie Fougeron、John Glodsmith、Bill Ham、Sandro Kodzasov、Pat Keating、Bruce Hayes、Björn Lindblom、J.A.Louw、Joyce McDonough、Hirosi Nakagawa、Geoff Pullum、Dan Silverman、Caroline Smith、Jan Synman、Donca Steriade、Rainer Vossen、John Westbury 和 Kay

Williamson。

  本书最后的校对工作由 Caroline Henton 完成,她帮我们改正了不少错误和前后不连贯的地方。在此,我们也向她表示感谢!

  我敢肯定,还有一些人对本书的写作也做出了不可磨灭的贡献。如果我漏掉了他们的名字,请允许我说声抱歉!

  最后,还要感谢 Catherine Macdonald,是她鼓励我们把工作继续下去的。还有珍妮·赖福吉,和往常一样,她始终都在关心和支持我们的工作。

1. 世界语音

本书的名字——《世界语音》暗含两层意思：第一，研究所谓的"声音"是一件很有意义的事；第二，我们对世界语言有了足够的了解，完全能够写一本书来介绍它们。这就是本书名字的由来。

在过去的二百年中，大部分语音研究都认为把话语切分成最小的单个的音是研究语言最有效的办法。这些单个的音，用专业术语称为"音位"（phoneme）、"根节"（root nodes）或其他一些理论的实体（theoretical entity），或者更笼统一点，叫"音段"（segments）。对于"音段"的描述已经证明了它在语言学研究中的作用。但是，语言学家对于"音段"的定义仍然意见不一。有人认为它完全是为描述之便而凭空想象出来的单位；也有人认为，话语的产生以及记忆中词语的结构都是以这些"音段"为基础的。这两种观点在这本书中都没有被采纳。相反，切分分析法是我们认可的最佳方法，可以用它来向广大读者介绍我们的语音研究成果。

书名的第二部分——"世界语言"也需要做进一步说明。我们认为，学术界对世界语言的认识已经达到足以对其进行深入描写的阶段。现在，一些著名语言学家对世界上大部分语言都会有所了解，这在20世纪后半叶以前是不可能的。"地球村"效应意味着没有什么东西能逃出学者的研究视野。那些能引起语音学家注意的不知名的声音也越来越少。当然，我们也清楚每种语言中还都存在着有待描述的语音现象，话语会根据不同的语境而有所变化，因此我们对任何一种语言的语音结构，都不能说已有一个完全透彻的认识。而且，语言还在不断地发展变化，学术界对于它的语音系统永远都不能下最终的定论。年轻一代的语言肯定会和老一代有所不同，甚至会产生语言中从未有过的声音，这些都是有可能的。但是，新的语音一定是由语言中已有的声音特质经过重组而形成的。也就是说，存在一个区分"语言学"（linguistic）语音和"非语言学"（non-linguistic）语音的基础。

根据这个基础和人们的直觉，我们能够推断出一些从未被记录过的语音。也许它们正好填补了现有文献中的空白，或者是恰巧并未出现于任何一种现代语言中。还有一些语音，在语言结构系统中没有意义，我们就不再介绍。当然，有许多人类发音器官能够发出来的音，却在任何一种语言中都找不到。比如，人们会吹口哨、弹舌、卷舌或者做其他各种动作来发出从未被记录过有语言学意义的音，但语言学的语音学并不是要解释这些人类所能发出的所有声音，或者只产生于声道的所有声音。

我们所要描述的对象是语言中能够区分词汇意义的音段，据此决定了我们将要进行的描述程度。我们关心的是构成最小对立对儿的音段。（必须承认，在某些情况下，我们对所描述语言的音系结构并不是十分了解，对于所有对立对儿的特征也不能完全把握。但是，一般来说，母语者和语言学家都能获得关于最小对立对儿的一般信息。）所描述的音段可能并不等同于音系结构中的音段。比如标准英语中存在 *rum*、*run*、*rung* 这样的对立，其实就是 **m**、**n**、**ŋ** 三个鼻音之间的对立。它们中的软腭鼻音 **ŋ** 和其他两个鼻音的分布状态有所不同，它不会出现在语素的开头。同时，在形容词比较级后缀 -*er* 前，跟 **ŋg** 呈互补分布，比如 *long*、*longer*。同样的对立，也就是鼻音和鼻音加塞音的对立不会出现在 *dim*、*dimmer*，*thin*、*thinner* 这样的词中。因此，音段 **ŋ** 并不属于英语的深层音系，虽然它也构成了最小对立对儿，但语音学家并不关心它的特殊性。我们要描述的是所有的音段之间的对立，在英语中当然也包括 **ŋ**。

当然，还有一些情况很难用这个办法解决，尤其是如何切分一连串的语音符号。比如我们熟悉的英语中的塞擦音 **tʃ**、**dʒ**，有些语言学家把它们看作单一音段，另一种观点则认为它们是两个音的组合。在我们看来，接受哪一种观点并不是问题所在，因为所要描述的语音现象是不变的。英语中诸如此类的问题还表现在 *mew* 和 *beauty* 这样的词中，和 *moo* 与 *booty* 相比，区别在于半元音 **j** 的存在与否，或者说是元音核心 **i̭u** 和 **u** 的区别（**i̭u** 代表一个具有上升的振幅曲线的双元音）。但是，不管采取哪种观点，语音现象本身是不变的。在同等条件下，所采用的描述方法应该是能够产生最简单音段的方法，也就是说，我们倾向于单个音段 **j** 而不是复杂的双元音 **i̭u**。

虽然我们的研究对象是语言内部的对立成分，但同样也会关注不同语言间的区别。希望本书所描述的语音事实能够为构建一个全面的语音理论奠定基础。这些丰富的语音事实应该包含能够区分不同语音和不同口音的音段。同时,对于其他语言的使用者来说,这些音段又是词汇对立项的载体。我们会把重点放在语言中能够区分不同词汇的音段上。

我们将只讨论音段,而诸如重音、口音及声调这样的韵律特征不包括在本书的研究范围内,虽然它们也有区分词汇项的功能。此外,由于韵律环境改变、文体原因或语速原因造成的音段变体也不在本书的研究之列。我们关注的是严肃的话语风格,很多例子来自于引用形式或位于承载包上的某个词,因为这些形式最具备区分不同音段的功能。

要描述这些语音事实,首先要确立一系列的参数,不同音段可以在这一系列参数上得到赋值,同时还可以确立一些范畴值。这些范畴可以用来划分语言内部的不同语音,并证实不同语言间类似音段的等同关系。我们所使用的参数和范畴都是语音学文献中常用的术语。但通过对对立关系的研究,我们还要重新审视这些参数和范畴的基础。问题是:我们所确立的范畴和音系学理论所使用的区别特征之间是什么关系?要回答这个问题,我们将参照特征几何理论(feature geometry,McCarthy 1998),同时也会关注过去的一些提法和现在的新观点。这么做的目的并不是要构建一个全新的音系特征系统,因为本书的研究对象不是音系机制及其限制条件,而是从语音学角度切入的对立关系。当然,对某些现象来说,常用的特征分析还是必要的。在本书的结尾部分,我们会总结对音段对立关系的所有发现,这也是一般音系学理论所要解决的问题。

作为语言行为组织基础的语音参数不同于描述声音物理特征

的参数，后者与语言的语音模式无关。比如，我们可以把调音部位定义在收紧点离声门距离的单一持续参数上。但是，这样的描述会忽略唇和舌之间的功能区别以及构造区别。所以，更合理的办法应该是把调音部位分成几个区，在这几个区内再划分不同的类别。

第二章是详细描述调音部位的一章。各调音部位之间的界限并不是泾渭分明的。比如，舌的部位没有明确界限，口腔顶部也一样。而且，其他的语音参数也都是连续体，如何对它们进行切分也存在问题。然而，不同语言对这些连续体的切分表现出惊人的相似，所以，我们可以把两种语言中相似的声音视作等同关系，对世界语言语音系统的描述也是从这一系列等同关系开始的。

比如，有 A 和 B 两种语言，每种语言里都有三个音，其区别取决于同一个参数（其他参数值相等）。我们可以在这个参数上对每个音赋值。A1、A2、A3 和 B1、B2、B3，如果 A1 等同于 B2，A2 等同于 B3，那么，四个参数值就足以对这三个音进行区别了。这种等同关系可以从下图中看出：

1			B1
2	A1	=	B2
3	A2	=	B3
4	A3	=	

通过这一系列的等同关系，我们就有可能找出语言中在一个参数上可能出现的所有对立成分。当然，判断两种语言中哪两个音具有等同关系不仅取决于对数据的分析，还取决于以往的经验。

任何一个语音都不能被一个参数或一个值所界定，而要参照所有相关参数上的一系列值。我们所要探讨的是完整意义上的语音而不是单个参数或一系列相关参数。比如，有的章节专门讲塞音、鼻音、擦音或元音，而不是专门讲收紧度、发声类型和唇形。当然，第二章是例外，它专门讲调音部位，尤其是塞音和鼻音调音部位的区别。这一章也为描述其他音段调音部位的区别建立了理论框架。

第三章讨论塞音（塞音有别于闪音，后者另设章节专门论述），同时也谈到音段之间喉部动作的区别。接下来的四章讲到其他几种辅音——鼻音、擦音、边音和r类音。它们都和刚才谈到的区别调音部位和区别喉部动作有关，和这些辅音相关的其他参数这一章也有所论及。第八章专门讲闪音，虽然闪音只存在于少数几种语言中，它们的修饰特征却复杂多变。第九章讲的是元音和半元音。最后一章是关于多重发音的内容，即几种调音方式结合起来构成单一音段的现象。这一章还讨论了次要发音。

在所有这些章节里，同一语言里出现的不同的音和不同语言间我们认为足以区别的不同的音被视为独立的范畴。然而，一个描述性的语音参数系统应该能够显示和音系对立无关的语音差别。比如，在一大段话语中出现的元音音质的细微变化可以体现地域口音和社会口音，却不能区别不同意义的单词或短语。也就是说，应该有两种不同的语音学理论，一种用以划分具有语言学意义的声音（一种语言内部的不同语音），另一种用以划分具有社会语言学意义的声音（不同语言或方言之间的差别）。我们认为应该建立一个语音参数系统，每种参数都包含一系列的范畴，这些范畴可以帮助确立人类语言内部的所有对立关系。这个参数系统同样能够描写由于参数值不同所造成的不同语言间的区别。

在对音段的研究中，除了用到刚才提到的范畴和参数外，我们有时还会提到"目标"（targets）和"音姿"（gesture）或"调音姿态"两个概念。应该清楚地认识到，我们使用这两个概念并不是想构建一个特殊的理论框架。"目标"指的是调音器官朝它运动的一个特定位置，或者更笼统一点说，器官的运动速度和声学效果。但不管在哪种情况下，"目标"都是一个抽象的概念，调音器官向它靠近却不一定接触。"音姿"指的是某个调音器官的运动方式，它本身也许就能构成一个音段，或者需要和其他调音动作协调而构成某个音。这些概念和发音音系学（aticulatory phonology，Browman 和 Goldstein 1992）的概念不同，但却有相似之处。我们采用这两个概念来讨论话语的灵活性。话语不是固定不变的，而是运动的，不研究它的灵活性就无法了解它的某些特征。

虽然在开头这一章，以及本书的整个布局中都在讲调音特征，但我们并不是对语音的声学特征毫不关注。从发音机制（sound-producing mechanism）方面去研究语音系统中的对立成分是切实可行的，但通常不是最合理的办法。事实上，一些音系学理论更关注语音的声学特征。在区别特征理论中，有许多特征注重语音的声学效果，它们和感知机制（perceptual mechanism）中的听感参数是简单的对应关系。有越来越多的材料显示：有些音（尤其是元音）的心理目标从听感方面去解释会更理想（Johnson，Ladefoged 和 Lindau 1993）。

谈到语音学的语言学理论，还有一些问题同样值得思考。比如，有些调音部位（或调音连续体上的某些区域）比其他部位更常用。同样，有些调音方式（如塞音）比其他方式（如颤音）更普遍。有些元音在语言中出现的频率远远大于其他元音。目前，还没有一个完整的理论体系来解释这些现象，但毫无疑问，有些音容易发，有些音难发。对任何人来说，舌叶和上唇之间形成闭塞都是很简单的动作，但这个动作在语言中并不常见，也许是由于它不像双唇塞音那样很容易被嵌入到话语语流中的缘故。同样，某些听感效果之间的区别更清楚，比如元音 i、e、a、o、u 之间的区别比 y、ø、a、ɤ、ɯ 更明显。而且，Stevens（1989）曾经指出：有些音姿可以千变万化，但造成的声学效果并无明显差别。他把这种现象称作量子发音（quantal articulations）。对于一个完善的语音学理论来说，解决这些问题无疑是很关键的。但我们这本书的研究范围有限，没有对它进行详细讨论。

对所提到的对立关系，本书都努力用大量的材料来加以佐证。相信本书的部分价值就是在于它展示了通过不同手段所搜集起来的大量语音事实。其中，有语音的 X 光摄影资料、腭位成像图、声谱图、波形图、空气动力学数据、发音运动数据等。因为本书不是一本语音学手册，我们就不解释如何使用这些测量方法了。只希望我们已提供的线索足够能帮助读者去理解这些资料。另外，虽然读者或许已了解语音学教材中的基本概念，但未必熟悉我们所提到的所有语言。所以，书后的附录介绍了这些语言的分布及类属关系。在书的正文部分，提到这些语言时也就不再多加解释。

同其他合著一样，本书也体现了我们作者之间的协作。如果是由一人所著，书中的很多对数据的解释可能会大不一样。比如，某些观点会更强硬，某些观点也许根本不会提到。但我们两位作者都相信，共同的努力要大于一个人的智慧。开始写这本书的时候，我们都满怀着激情，并没有意识到这世界上鲜为人知的语言会有大量的物理和声学的数据材料。通过在图书馆检索整理，我们接触到数以百计的专著和论文，它们提供了大量精彩的数据材料。因为语音学家对这些材料的来源语言并不感兴趣，所以它们从未被分析、总结过。我们在自己积累多年的文档和 UCLA 的音档里也发现了大量未经发表的语音材料。每当发现一段有意义的录音或语音分析材料时，我们都会激动不已。但是这些大量的材料确实也造成了一个问题：材料取舍问题，即哪些材料可用？哪些材料不可用？因为本书的写作目标是推进现有的语言学和语音学理论，所以只选择了和这个目标有关的材料，而放弃了那些广为人知的语音事实。比如，关于英语中不同塞音的声学效果和声带起振时（VOT）的论述。

　　随着研究的步步深入，我们还发现：已经发表的资料和我们所掌握的资料之间也存在出入，这就使研究工作面临另一个问题——怎样扩大研究面来解决这些出入？办法是：为完成本书制定一个期限，并在这期间尽力而为。但结果还是令人遗憾，因为应该做的还有很多。书中提供了对很多未经公开的语言事实的新的分析，还有对前人研究的总结。但我们仍然感到，有生之年仍将上下求索。

　　所以，本书只是我们对世界语音的现有认识。

2. 调音部位

这一章将描述辅音发音过程中所用到的口腔内的不同部位，传统上称作"调音部位"（place of articulation）。重点放在塞音和鼻音上，因为语音分析经常要考虑声道的完全闭塞，而描写成阻点的位置比收紧点的位置更容易。擦音的发音过程牵涉到另一些调音部位，在必要的时候会补充这方面的论述。第五章是关于擦音的，将谈到调音部位和收紧方式之间的关系。本章介绍每个调音动作的主要构成，而暂时忽略次要发音以及和声门的发声活动、软腭下垂等有关的声道的不同特征。所有这些关于语音的其他信息都将在以后的章节中逐一论述。

发音时，各器官所进行的运动是有控制的，描述这种运动的一个必要参数就是调音部位。而调音动作则需要从三个方面进行界定。第一，向哪个方向运动？第二，运动的速度如何？第三，哪个器官在运动？这就意味着，必须先介绍能够运动的调音器官和可能的运动方向（从哪儿开始，往哪儿运动？）；同时，还要描述这些运动所需的时间。

还有一点值得注意：有关调音器官运动的各个方面并不是同等重要。虽然，在发音过程中，声道上每一个位置的改变在理论上都可以用一个等式来描写，但它对我们的研究意义并不大。

2. 调音部位

在对语言的语音模式所进行的分类中，最重要的是一系列动作所造成的结果。比如，双唇闭合这个动作包括下唇的一些运动。但是，下唇自主运动的强度或者说由下颌而带动的程度不同，上唇为了接触下唇向下移动的程度也有不同。虽然，理解这些动作之间的协调有助于建立一个言语活动是如何受到控制的模式，但这些细节性问题对语言学来说无关紧要。要紧的是双唇闭合这个动作——它的不同变体称作"唇间距"（lip aperture）。

Browman 和 Goldstein（1986，1992）在他们的发音音系学模型里曾经提出过一系列具有语言学意义的调音动作。发音音系学研究中最重要的是对于发音的动态过程所给予的重视。每个调音动作都用抽象的音姿类型来描述，因为这些音姿各自需要自己的完成时间，在和其他音姿相协调的过程中，会有一定的重叠，而抽象的音姿类型有助于描写不同音姿之间时间重叠的程度。尽管我们认为，为了更好地描述世界各种语言语音类型，应需要更多的音姿归类，但上述观点受到 Browman 和 Goldstein 的影响。我们对于"音姿"的理解也不完全等同于 Browman 和 Goldstein 的观点。它不具有任何理论价值，只是一个对于具有语言学意义的调音动作的笼统分类。接下来将重点介绍调音部位、调音动作及它们的运动方向。

下面我们介绍参与动作的声道中五个重要的调音部分。这五个部分见图 2.1（声道的矢状面）。这些能够运动的部位称作主动调音器官（active articulator）。第一组部位包括上、下唇。毫无疑问，上唇在某些调音动作中起主要作用，但动作幅度比较大的是下唇，它的运动和下颌的运动紧密相连。因为上、下唇在调音过程中经常一起运动，图中把它们用虚线连接起来，表示我们认为的上、下唇活动中心。所有牵涉到唇动作的音称作唇音（labial）。

第二组发音部位是舌尖和舌叶。它们是位于小系带（舌头和口腔底部连接的黏膜组织）前的舌头上比较灵活的部位。舌尖和舌叶的运动范围不同，各自的运动方式也要分开描述，但是它们又紧密相连，在任何语音中，二者中只有一个能做主要的调音部位。当舌尖处于静止时，它的状态是垂直的（也就是说和门齿表面大致平行），还包括一个大约2毫米宽的舌头上表。舌尖运动所发出的音叫作舌尖音（apical）。舌尖下方背面在有些发音中也能用到，这样的音称作舌尖下音（sub-apical）。舌尖后面是舌叶，舌叶音（laminal）就是由舌叶发出的。很难说舌叶的范围向后延伸到什么部位。但语音学上对舌叶的定义是根据它和口腔顶部的关系而定的。也就是，当舌头处于静止状态时，位于龈脊中心下方的舌的部位。当然，这就要求我们对龈脊进行界定——又一个困难的问题。龈脊的中心指的是位于上齿后方的声道矢面上弧度最大的一点。实际操作中，这一点很难定位，但同时又是最有用的一点，虽然不同发音人的生理特征有差别，但这一点的位置是相近的。舌叶的中心是龈脊中心下方舌头处于静止状态时的投影点。舌叶区从舌尖后2毫米处向后延伸至投影点后2毫米。由舌尖和舌叶所发的音叫舌冠音（Coronal articulations）。

舌体（the body of the tongue）指的是舌叶后面的部分，

2. 调音部位

它的中心就在图 2.1 中标作"舌体"的黑点附近。从发音的角度看，值得关注的是舌体表面。由这个表面所发出的音叫作舌面音（dorsal articulations）。有时，需要对舌体的前后两个部位进行区分，前位指的是硬腭下方处于静止状态时的部位，后位指的是软腭下方处于静止状态时的部位。这两个部位不能自主运动。

尽管舌根和会厌像其他牵涉舌的调音动作一样，运动时也带动舌的其他部位一起动，但它们都可以不受舌体的控制而自主运动。舌根和会厌之间的关系类似于舌尖和舌叶之间的关系。它们可以自主运动，但是因为相距太近，发音时只有一个是主要的调音部位。二者所发的音被称作舌根音（Radical articulations）。

最后，我们要谈到声门。在某些情况下，它也是调音部位之一，所发的音叫喉音（Glottal articulations）。

辅音调音过程的运动起点取决于发前一个音时声道所处的状态。在这一章里，我们采用一个最简便的方法：把主动调音器官的运动理解成从声道的静止状态朝向位于声道上方或后方某个目标的运动。被动调音器官就是声道的上、后壁面。目标位置可被想象成非常接近或就在被动调音器官之上（发塞音的情况）。发塞音时，调音部位从来都没有真正接触这些"位于被动调音器官之上"的目标，所以声道才免于受损。或者，我们可以将塞音的发音想象为：发塞音时，舌、唇与被动调音器官强烈接触，就仿佛是声道内的一个部位要穿透另一部位那样，而这一过程就像是被大脑（或电脑）编程过似的。在发其他类型的辅音时，比如擦音、颤音和边音，其调音部位的运动方式和

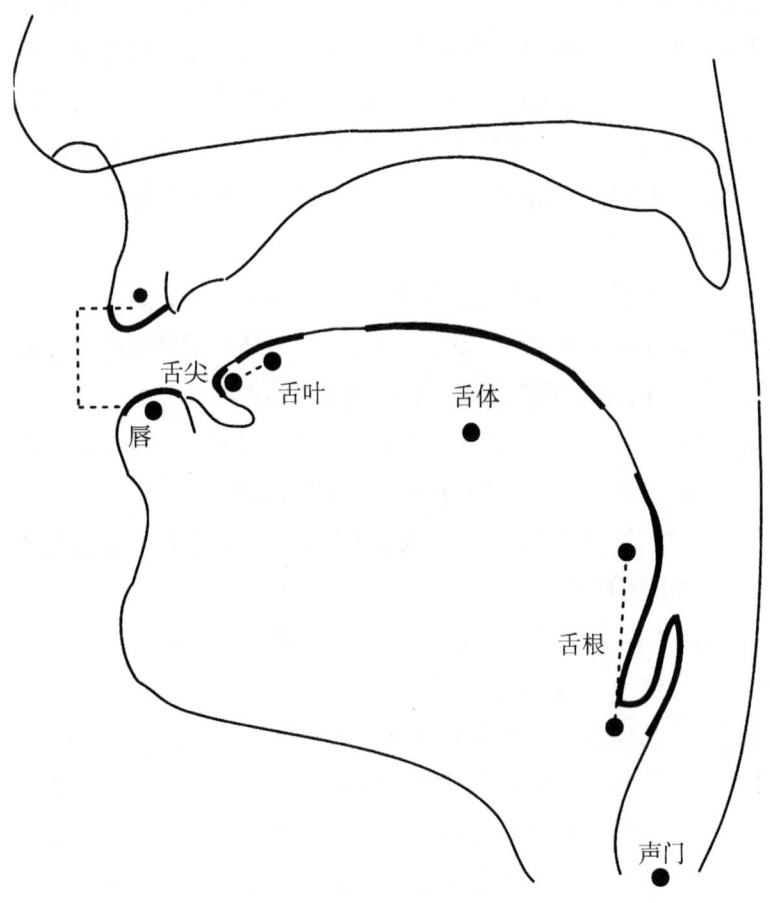

图2.1 声道内的五组主动调音器官

目标位置更为精确，无须再做这样的想象。

在区分不同语音时，确定调音部位距离中线的位置很重要。只

2. 调音部位

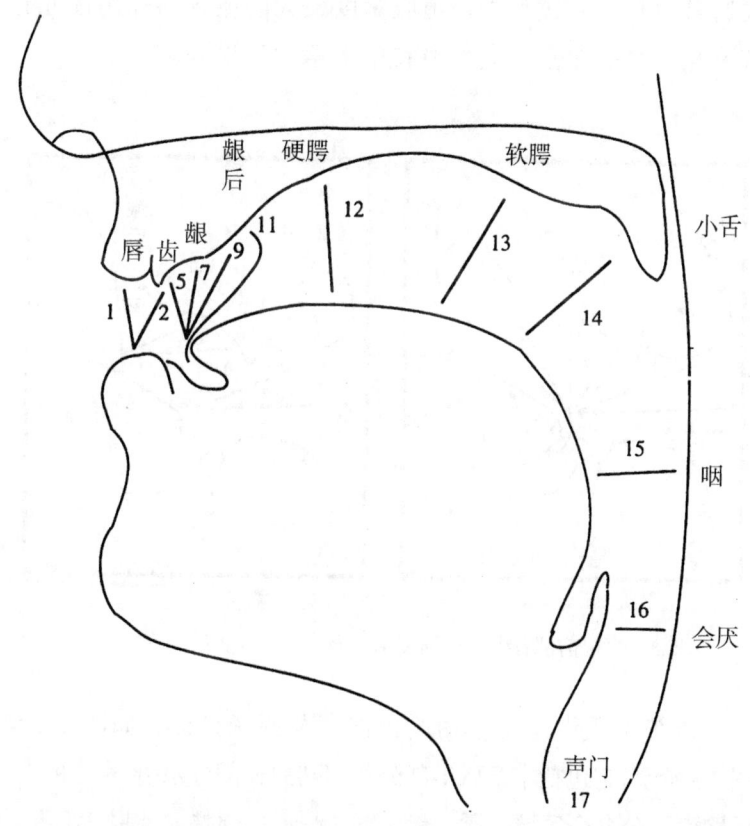

图2.2 声道内的九个目标区。标号的线条代表包括喉部音姿在内的17种音姿。还有一些更详细的声道前部音姿如图2.3所示

有中线位置清楚,才能确定最重要的调音特征。语音学理论也谈到很多调音部位,和我们所说的调音目标类似。这些传统概念也很有用,因为它们能够描述主要的调音部位和运动方向,中

线通常也指发音过程中声道收紧度最大的地方。有些音可能有不止一个收紧点，它们将在第十章中讨论到。

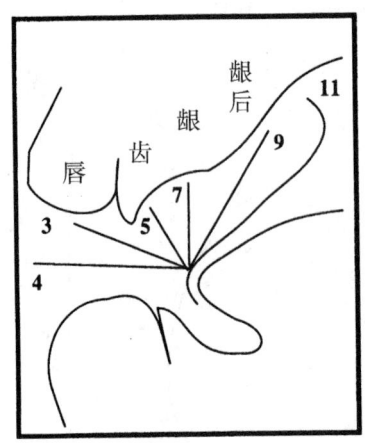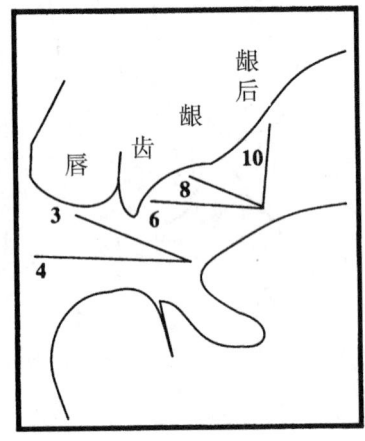

图2.3 声道前部音姿的详细图示，显示舌尖和舌叶调音

传统术语讲的是主动调音器官及调音目标，如图2.2和图2.3所示，它包括本章后半部分所用到的大部分术语。声道的上、后壁面可分九个区域：唇、齿、龈、龈后、硬腭、软腭、小舌、咽、会厌。除此之外，以声带作为调音器官的音，其调音目标在喉部。注意：我们使用"龈"这个词，主要指的是龈脊前部。很多语音学家也持同样的观点，虽然这个问题让人迷惑，以龈脊上弧度最大的部位为界，前后两个部分分别称作"龈"和"龈后"。

许多传统术语描述的不仅仅是调音器官，同时还有声道上、后壁的调音目标。图2.2和图2.3显示的就是主动调音器官及调音目标之间的组合,而不是具体的调音位置。比如,"软腭"一项指的是舌体向软腭的运动;"会厌"指的是舌根部位(会厌)向咽腔后壁的运动。

有时候传统术语并不能准确描述调音部位及调音目标的组合关系。比如,"龈音"既指龈脊和舌尖组合,也指龈脊和舌叶组合,既可以是舌尖音,也可以是舌叶音。对齿龈区的某些音来说,传统术语不仅区别舌尖/舌叶,还精确描述了调音目标。比如,"齿-龈音"(denti-alveolar)指的是舌叶和齿相接触所发的音。这个名字非常贴切,因为"舌叶-齿音"(laminal dental)指舌叶和牙齿及齿龈前部的接触。"舌尖-龈后音"(apical post-alveolar)又叫(舌尖)卷舌音(apical retroflexes),"舌叶-龈后音"(laminal post-alveolar)又叫腭龈音(palate-alveolar)。龈脊后的音可用舌尖下背来发,我们把它叫作"舌尖下卷舌音"(sub-apical retroflex sounds)。图2.3显示了舌尖和舌叶这两个调音部位及其同调音目标的组合关系。表2.1则列出了一系列的音姿术语以及它们各自代表的音标。

表2.1中的17种音姿显示了声道的某个部位从静止状态向调音目标中心所做的各种运动。在本章下一节,我们将向读者说明,这17种音姿分别代表辅音的不同调音动作(除了咽腔调音以外,所有这些音姿都和塞音有关)。本章最后一节讨论调音部位是否为离散的概念,是对表2.1的一种解释。或者这17种音姿只代表典型的调音方式,用以和其他非典型的音姿相比较。

表 2.1　调音部位及音姿总表

调音部位	调音目标位置	主动调音器官	音标举例
1. 双唇	唇	下唇	p b m
2. 唇齿	齿	下唇	ɸ β ɱ
3. 舌－唇	唇	舌叶	t̼ d̼ n̼
4. 齿间	齿	舌叶	t̪ d̪ n̪
5. 舌尖－齿	齿	舌尖	t̪ d̪ n̪
6.（舌叶）齿－龈	齿和龈	舌尖	t̪ d̪ n̪
7. 舌尖－龈	龈	舌尖	t d n
8. 舌叶－龈	龈	舌叶	t d n
9. 舌尖－卷舌	龈后	舌尖	ṭ ḍ ṇ
10.（舌叶）腭－龈	龈后	舌叶	t d n
11. 舌尖下背（卷舌）	腭	舌叶下	ʈ ɖ ɳ
12. 腭	腭	舌面前	c ɟ ɲ
13. 软腭	软腭	舌面后	k g ŋ
14. 小舌	小舌	舌面后	q ɢ ɴ
15. 咽	咽	舌根	ħ ʕ
16. 会厌	会厌	会厌	ʢ ʜ ʡ
17. 声门	声门	声带	ʔ

2.1　按目标分类的调音部位

　　从语言学角度看，表 2.1 所列的调音部位可以根据其共享的调音器官和所展示的语言行为特征整合为更少的类别。比

2. 调音部位

如，牵涉上、下唇的辅音可归入唇音一组。唇音又分三类：上、下唇共同参与发音的双唇音（bilabial），下唇和上齿参与发音的唇齿音（labiodental）、舌头和上唇参与发音的舌唇音（linguo-labial）。如果用位于声道上表的目标位置来定义一组调音部位的话，只有双唇音和舌唇音属于唇音组。如果用声道下表的目标位置来定义，唇音组就包括双唇音和唇齿音。在本章最后一部分，我们将回过头来考虑这三种分类方式中哪一种最自然。

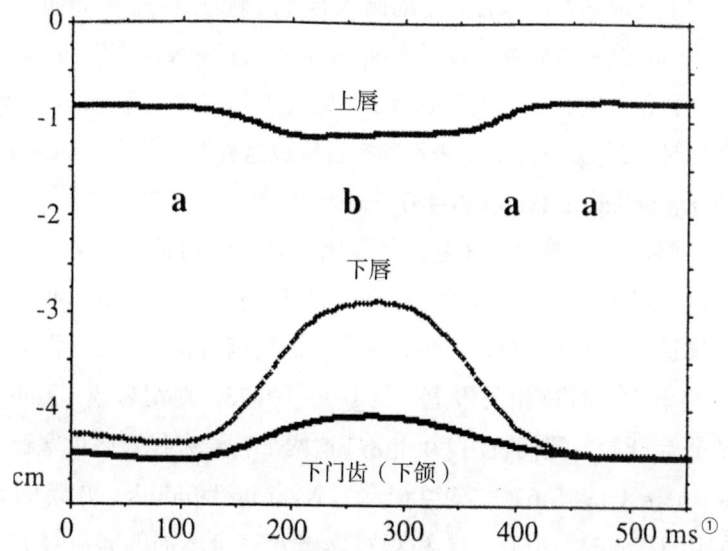

图2.4 埃维语（Ewe）单词 **abaa**（"脚垫"）重复十次发音的上、下唇及下巴的平均垂直运动轨迹（Maddieson 1993）。嘴唇表面放有电磁感应器，所以，即使双唇闭合时也有缝隙

---

① "ms"表示毫秒。——译者

如前所述，双唇塞音和其他塞音的区别在于它牵涉声道上表调音器官的主动运动。上唇主动向下去接触下唇以形成持阻，除阻时又回到原位。图 2.4 显示的是双唇塞音在发音过程中双唇的运动模式。可能是由于两个调音器官同时运动，造成口腔气流通道的横断面积迅速增加，除阻过程比其他塞音也明显要短。在很多情况下（不包括图 2.4 所描述的情况），空气动力会使双唇打开的速度快于闭合速度（Fujimura 1961）。另外，双唇音的两个调音部位都是软组织，所以，其成阻点具有不完全闭塞的特征，有别于其他塞音。塞音的主动调音器官接触的是一个坚硬而固定的表面。这一点导致了日语（Japanese）固有词及汉字词的 /p/ 处于词首位置时，经常发作 ɸ 或 h（取决于其后接元音）；处于辅音丛时，发作 p。而 t、k 从来不和擦音形成这种互补关系（McCawley 1968，Shibatani 1990:166–167）。

唇齿音一般都是擦音，将在第五章详细讨论。但是，有一点毫无疑问：对擦音来说，存在双唇音和唇齿音的对立。我们还不知道，是否有哪种语言中存在真正的唇齿塞音，虽然非洲南部一些语言中有过相关报道，从 Doke（1926）对祖鲁语（Zulu）的研究开始，我们就用 [ɸ][ɓ] 这两个符号来代表唇齿塞音。Guthrie（1948:61）曾经记录：Nyanja-Tumbuka 语族的汤加语（Tonga）中有一个和双唇爆破音完全不同的唇齿爆破音（labiodental plosive），比如，-ɓar-（"发光"）、-bar-（"出生"）。我们对这种语言一无所知，也不清楚它和那个地区其他语言的关系。在附近的聪加语（Tsonga）方言中，Baumbach（1974，1987）曾经报道过唇齿塞擦音的存在。更重要的是，他证实了这一点：当这些塞擦音前出现鼻音时，鼻音被同化，和唇齿音的调音部位相同，就像唇齿擦音 v、f 前出现的鼻音一样。所以，这些音并不是双唇爆破音 + 唇齿擦音的音丛。如果它们真是完全持阻的塞擦音，那么，其塞音部分一定是唇齿音。表 2.2 是含这些音的单词举例。

我们听过 Shubi 语发音人所发的唇齿塞音，其牙齿是紧闭的，气流能通过的缝隙很小。对于这个发音人来说，唇齿塞音和双唇塞音形成对立。但我们怀疑，是不是大部分 Shubi 人都在双唇塞音和唇 - 唇齿塞擦音（labial-labiodental affricate，也就是双唇持阻后紧跟一个唇齿擦音）之间形成对立，而不是双唇塞音与唇齿塞音的对立。所谓的唇齿塞擦音确实存在，比如，德语（German）里就有一个双唇持阻的塞音，其除阻方式为唇齿擦音。

表 2.2　聪加语中 XiNkuna 方言里含唇音的例词（Baumbach 1974, 1987）

	双唇爆破音	双唇擦音	唇齿塞擦音	唇齿擦音
清不送气音	**papa** "云"	**ɸu** "完成"	**timɸfuβu** "河马"	**m̥futsu** "乌龟"
清送气音	**pʰapʰatani** "蝴蝶"		**ɱɸfʰuka** "距离"	
浊音	**kuba** "打"	**kuβaβa** "使痛苦"	**ʃileɷvu** "下巴"	**kuvumba** "猜想"
气嗓音	**jimbʱo** "鸵鸟"		**ɱɷvʱuβu** "树"	**kuvẽ ta** "抓"

唇齿鼻音（labiodental nasals）在许多语言中都存在。比如在聪加语中，它们是和其后的唇齿擦音协同发音的结果。约

鲁巴语（Yoruba）里有一个词：ɱfέ["想要，喜欢"（非完成体）]，它的前半部分是一个非完成体标志，由一个成音节的鼻音组成，后半部分是动词词干 fέ。在泰凯语（Teke）Kukuya 方言里，有人报道过唇齿鼻音与双唇鼻音及唇齿擦音形成对立。Paulian（1975）把这些音描述为"以唇齿鼻音存在的形式永远都是浊音，发音时在上齿和下唇之间形成持阻，同时上下唇明显凸出。"考虑到门齿之间的缝隙，我们不知道这种音姿是否产生真正的闭塞音。

唇音的第三种形式是舌唇音（linguo-labial），舌头向前运动接触上唇。据报道，在瓦努阿图（Vanuatu）的圣埃斯皮里图岛（Espiritu Santo）和马勒库拉岛（Malekula）上有几种语言里存在舌唇音（Maddieson 1989a）。这些语言还有和双唇塞音、鼻音及齿龈塞音、鼻音形成对立的舌唇塞音和舌唇鼻音，词例见表 2.3 Tangoa 语。在早期对这些语言的描述中（如 Tryon 1976，Fox 1979），它们被称作"舌尖-唇音"（apico-labials），因为它们并不是舌尖音，Umotina 语里也有这样的音，所以，我们采用 Lounsbury 提议的舌唇音来命名。国际音标记录这种音的符号是在音标下加一个附加符号 [̼] 作为舌冠音（coronal）的标志。在提出这种标记符号的同时，国际语音协会（IPA）实际上已经不知不觉地把它归入舌冠音而不是唇音的范畴。

这些音在发音时，舌叶向前运动接触上唇，同时，上唇也稍微后缩去接触舌头。详细的发音动作如图 2.5 所示，这几张照片来自一个 Vao 语发音人的录像。第一张照片显示的是上唇的起始动作，我们可以看到它开始向前运动。第二张照片，60毫秒以后，上唇向下、向后接触舌头。第三张照片显示，又过了60毫秒，即发音过程的结尾部分，上唇和舌叶之间形成完全闭塞。

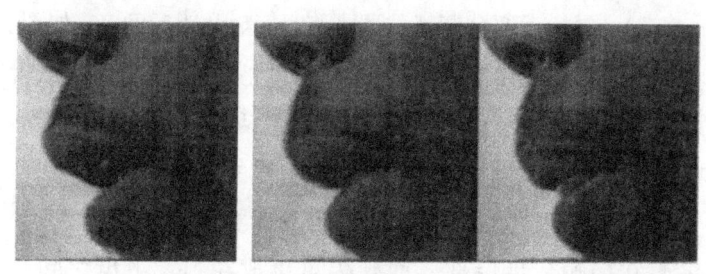

图2.5 Vao语发音人在发单词 naŋdak（"弓箭"）时舌头和嘴唇的接触情况

表2.3 Tangoa语中含双唇音、舌唇音和齿龈音的例词（Maddieson 1989，Camden 1979）

	双唇音		舌-唇音		齿龈音	
爆破音	peta	"芋头"	tite	"蝴蝶"	taŋa	"父亲"
鼻音	mata	"蛇"	nata	"眼睛"	nunua	"使者的精神"
擦音	βiliu	"狗"	d̪atu	"石头"	sasati	"坏"

Pirahã语里有一个更特殊的音。Pirahã语是 Mura 语的一种，在巴西大约有 250 个人讲这种语言。Everett（1982）曾经指出：这种语言里有"一个边音化的浊音，它是舌尖–齿龈或舌叶下–唇双拍音（apical-alveolar/sublaminal-labial double flap），发音时伴有肺气流呼出。这个音在发音过程中，舌尖首先接触龈脊，然后伸出口腔，几乎接触到上唇人中部位，而舌叶背部则接触下唇"。我们看过这个音的录像，证实了 Everett 的描述。但是，这个音

只用于某种特殊的言语行为，我们尚不清楚是否该把它列入当前的语音描述。

第二组调音部位包括和上齿及口腔顶部靠近牙齿的地方相接触的部位。作为一组具有共同特征的音，它们被称作舌冠音（Coronal）。包括大部分调音位置在齿、齿龈及龈后的音，如图2.1所示。但这组音通常又限于舌尖或舌叶收紧。如果把舌尖或舌叶作为主动调音器官来定义的话，那它将包括舌唇音以及一些腭音。在本章最后，我们会分析这三种分类方式的优缺点。

除了唇齿音之外，齿音的主动调音器官都是舌尖或舌叶。舌头通常接触牙齿后部，而舌尖可以放在上、下齿之间，舌叶则接触上齿下部。有一个专门的术语来描述这个音——齿间音（interdental）。从表2.1和图2.2中能够看到齿音和齿间音的区别。但是，我们还不知道这种区别是否形成音位对立。有些语言中似乎只有齿音或齿间音，另一些语言则二者兼备。我们会在第五章谈道：来自加利福尼亚的美式英语发音人用齿间擦音来发"think"这样的词，但几乎所有的英式英语发音人都用齿擦音。在对澳大利亚语言进行调查时，我们发现类似的齿音和齿间音互为变体的情况。Dixon（1980）曾做过这样的记录：澳大利亚土著语通常有齿间塞音（interdental stops），发这个音时，"上、下齿稍微分开，舌叶放在上、下齿之间并接触上、下齿"。Butcher则注意到，同一种语言的发音人有的用齿间塞音，有的用齿后塞音，发齿后塞音（postdental stops）时，舌尖向下接触下齿后部，舌叶和上齿之间形成持阻。

2. 调音部位

马来雅拉姆语（Malayalam）中有不同调音方式的舌尖齿音（apical dental）和齿间音。我们注意到，有些人在发 pu**nn**i（"猪"）这个词时，用的是齿间鼻音 **n**。但是，他们把 **t** 发成齿塞音，发音时舌头不向外伸出，比如 ku**tt**i（"刺穿"）。这可能和马来雅拉姆语中的塞音和鼻音都有齿、龈区别有关。从声学效果上看，齿塞音和齿间塞音都和相应的龈塞音在爆破及共振峰音渡上存在明显不同。鼻音没有爆破，其共振峰音渡也完全不同（哞声鼻音的自身音渡区别并不明显），而马来雅拉姆语的齿间鼻音使共振峰音渡变得更加明显。

表 2.4　托达语中含有齿塞音、龈塞音及舌尖下卷舌塞音的例词（这些音都位于音节末尾）

	清音		浊音	
齿音	po**t**	"十"	mo**d**	"搅拌棒"
齿龈音	pɑ:t	"蟑螂"	mod	"奶制品之乡"
卷舌音	**t**ɑt	"搅拌器"	mo**d**	"头"

许多语言都区分齿塞音和龈塞音。这一区分也通常伴随舌尖/舌叶的区别。舌尖齿音（apical dental）、舌叶齿音（laminal dental）、舌尖龈音（apical alveolar）以及舌叶龈音（laminal alveolar）这四种可能性都会出现，但是，很少有语言有舌尖音和舌叶音的对立（接触部位都在口腔顶部的相同位置）。在我们所调查过的语言中，齿塞音通常是舌叶音而不是舌尖音，接触部位在牙齿和龈脊前部；而龈塞音则通常是舌尖音，接触部位在龈脊中点。像马来雅拉姆语、蒂维语（Tiwi）、埃维语、达火罗语

（Dahalo）这些分布区域较广的语言都属于这种类型。在许多语言中（包括刚才提到的几种），齿塞音的发音器官矢面上有一个很长的接触区域。更确切一点说，应该把它们称作舌叶齿–龈音（laminal denti-alveolar），而不是纯粹的齿音。同样，这些语言中如果有与之区别的舌冠音的话，它经常是舌尖音，接触区域也比较小。有时在龈脊中心的前部，我们定义为龈音（alveolar），也有可能在龈脊中心，我们称作龈后音（post-alveolar）。

一些达罗毗荼语（Dravidian）在舌尖和舌叶两个调音部位上形成三分对立，即区分齿塞音、龈塞音和卷舌塞音（retroflex stops，我们暂时给它这样一个名字）。表2.4是托达语（Toda）单词举例。我们通过腭位图分析了托达语塞音的发音特征，这种分析法曾在其他地方详细介绍过（Ladefoged 待刊）。具体方法是：在舌尖、舌叶和舌前部涂上食用油和很细的炭粉的混合物，然后观察某个词的发音过程。这些词是经过严格挑选的，里面只包含一个舌冠音。发音过程用录像的方式来记录，同时也通过拍摄发音人嘴里放置的一面镜子来获得，这样可以拍到声道上表发生接触的区域。然后再把上述的整个过程颠倒一下，在声道上表涂上食用油和炭粉的混合物，观察舌头的哪一部分产生了接触。在腭位图和舌腭接触部位图中，接触部位就是涂过炭粉的深色区域。本书中还有其他一些腭位图，图中的接触区域不是被涂黑而是被擦掉的部分。对每个发音人都做了上齿和硬腭的口腔印模，这样，照片上就可以标出准确的刻度。同时，我们也画出了声道上表的发音矢面图。接受这项调查的是五位托达语发音人（三男两女）。

2. 调音部位

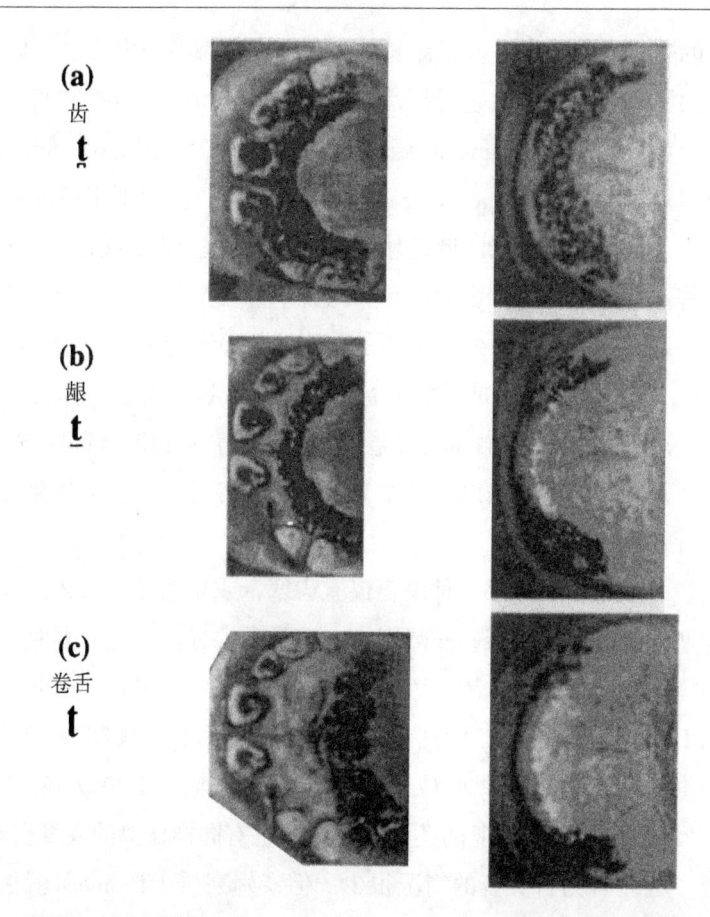

(a)
齿
t̪

(b)
龈
t

(c)
卷舌
ʈ

图2.6 托达语单词 pot̪ ("十个")、paːt ("蟑螂") 和 puʈ ("棍") 的腭位图和舌腭接触部位图。为了去掉照片上的反光点,这些照片已做过处理。受试人上齿后部的黑点只是牙齿本身的斑点,并不表示在发音过程中和舌头产生了接触

所有五位发音人在发齿塞音时,都用舌尖和舌叶接触上齿和龈脊,如图 2.6 最上面的两张图所示。通常情况下,正如接受调

查的这几位发音人一样,龈脊的很大一部分都参与发音。我们在上面已经注意到,齿塞音都是这样发音的。所以,可把它们称为舌叶齿-龈塞音(laminal denti-alveolar stops)。图2.6中间的两张照片显示龈塞音(alveolar stop)。请注意:左边那张照片中,发音人上齿后的深色区域是牙渍斑点,并不是和舌头接触的印记。这些塞音在发音时,舌尖经常和龈脊中部相接触,所发的音是舌尖龈音(apical alveolar)。下面的两张照片显示卷舌塞音(retroflex stop),发生接触的是舌尖下背部。所以,这些音也叫作舌尖下音(sub-apical)。接触部位在卷起的舌尖下背和口腔顶部龈脊后,也就是硬腭部分。在以后的章节中,我们将对这个卷舌音和其他卷舌音进行比较。

一般来说,如果一种语言仅有齿塞音或龈塞音,那么,这个齿塞音一定是舌叶音,而龈塞音一定是舌尖音。但是,类似这样的概括我们要慎重对待。大部分教科书都把法语(French)的 t、d、n、l 描述为舌叶齿音,而把英语的 t、d、n、l 称作舌尖龈音。但是,根据 Dart(1991)对20位法语发音人的调查,有20%—30%的人发龈音,加利福尼亚的英语发音人中也有同样比例的人发齿音。

齿塞音为舌尖音的情况很少。但泰姆奈语(Temne)就是例外,泰姆奈语是塞拉利昂(Sierra Leone)地区的一种西大西洋语言。原本一般的规律是:如果一种语言中的齿塞音和龈塞音形成对立,其齿塞音一定是舌叶音,而龈塞音一定是舌尖音。泰姆奈语中的齿塞音是舌尖音,而龈塞音带有轻微的塞擦特征,舌叶也参与发音。

同样的,没有多少证据显示龈塞音和龈鼻音用舌叶发音。

但是，Stojkov（1942，1961）所做的 X 光片显示：在保加利亚语（Bulgarian）中，普通 **t**、**d**、**n** 和腭化的 **t**、**d**、**n** 的主要区别就在于前者是舌尖龈音，而后者是舌叶龈音，也就是 **t̻**、**d̻**、**n̻**。Scatton（1984:60）曾提道："这些音在发音时，舌体中部抬起的程度并不比相应的非腭化音大。"**n** 和 **n̻** 之间的区别可以从图 2.7 看出。发 **n** 时，接触区域很小，在齿后；发 **n̻** 时，接触区域较大，在硬腭前后都有所延伸。Stojkov 的记录显示，腭化和非腭化塞音成阻点后的舌位高低区别比鼻音小。

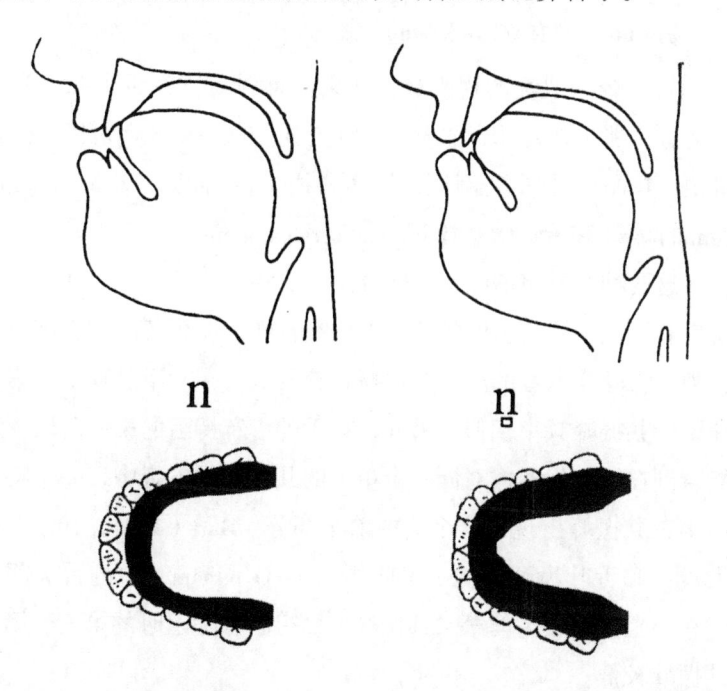

图 2.7　保加利亚语中舌尖龈鼻音和舌叶龈鼻音的 X 光片和腭位图（Stojkov　1961）

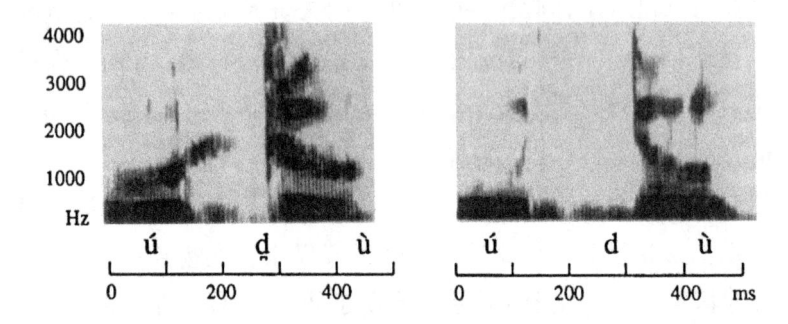

图2.8 伊索科语中舌叶齿音d̪和舌尖龈音d在声谱图上的区别，例词分别是**úd̪ù**（"农场"）和**údù**（"胸部"）

另一个一般性的规则是：如果一种语言兼有舌尖塞音和舌叶塞音，那么，舌叶音的塞擦特征更强。这一点我们可以从伊索科语（Isoko）中找到例证，伊索科语中的舌叶齿塞音（laminal dental stop）和舌尖龈塞音（apical alveolar stops）形成对立。图2.8显示这两种音的声谱图，舌叶音的塞擦特征非常明显。共振峰音轨也有区别，因为齿音的调音部位在舌叶，而龈音的调音部位在舌尖。舌叶齿塞音的第二共振峰音轨较低。在除阻过程中，第三和第四共振峰频率相似。另外，在舌叶齿音持阻的第一阶段，还能看到在这个发音人对同一个单词的几次不同发音中，一个特殊的第二共振峰出现于这个词的前半部分。Dart（1991，1993）还发现：和舌叶齿音相比，奥哈姆语（'O'odham）中的舌尖龈塞音在持阻前有较高的第二共振峰，而持阻和除阻时的第三、第四共振峰较低。

舌叶音更倾向于具有塞擦特征的规律也有例外，达火罗语就有这样的例子。图2.9是达火罗语里舌叶齿塞音和舌尖龈

2. 调音部位

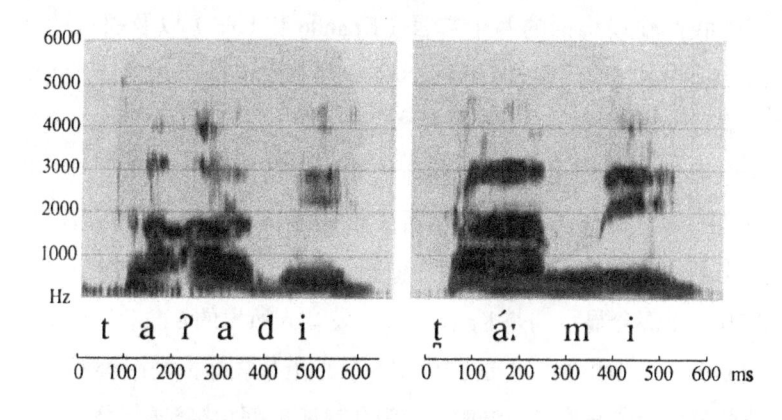

图2.9 达火罗语中 **taʔadi**（一种果子）和 **t̪áː mi**（"稻草"）的声谱图，显示龈塞音比齿塞音有更长、噪声更大的除阻

塞音的声谱图。图中可以看到，龈音除阻时的噪音段比齿音长三倍。齿塞音和龈塞音在印度、澳大利亚和美洲诸语言中形成对立，与之同的是，达火罗语中龈塞音的塞擦特征更强烈。

接下来我们要谈卷舌音。托达语中的一个卷舌音已在图2.6中显示过，但关于这种音我们还要详细说明。"卷舌"这个名字过去曾被用来指好几个音，凡是舌形相似，调音目标又都在口腔上部的音，都是卷舌音。其实，卷舌音指的是舌尖做某种程度卷曲的音。托达语中除了舌尖下腭音（sub-apical palatal）以外，还有一种音的卷舌程度很小，接触部位在齿龈，或通常情况下在龈后。我们在龈音音标下边加一个小点儿来标写这个音，虽然这种做法并不被国际语音协会所认可（1989），但我们还是保留这种用法，以区分两种不同程度的卷舌音。t̙、d̙、n̙ 指的是托达语中的卷舌音，而 ṭ、ḍ、ṇ 则指卷舌程度较轻的音。

我们在埃维语的两个方言（Kpando 和 Peki）以及邻近的多哥语（Togo）中观察过 d 和 ḍ 的区别，共有六位发音人接受了我们的语音仪器检查。两个音的最大区别在于参与发音的舌的部位不同。齿－龈音 d 是由舌叶抵住牙齿和龈脊发出的，像其他大部分齿音一样。用 ḍ 标写的音是由舌尖抵住龈脊（通常是龈脊后部）发出的，有点像托达语中的龈塞音，只是调音部位比较靠后。图 2.10 上半部分显示的是 Kpando 方言发音人所发的 é dà（"他扔"）和 é ḍà（"他做饭"）的腭位图。其他五位发音人情况类似。腭位图显示：在发第二个词时，舌头和口腔上部相接触的面积较小。发音结束后，我们对每位发音人的舌头进行了观察，发现在发第二个短语 é ḍa 时，舌尖上只有 5 毫米很小一部分接触了口腔顶部。如果这个接触面大于 5 毫米的话，舌尖就需要做一定的运动，也就是典型的卷舌音动作。图 2.10 下半部分是这些词的声谱图。这些音的声学效果区别不大，主要是 é ḍà 持阻前的第二、第三共振峰下降幅度较大。

Ladefoged（1968）指出：埃维语中的卷舌音 ḍ 和印地语（Hindi）中具有同样标写方式的音不同，这一点我们现在仍然觉得是可能的。埃维语卷舌音 ḍ 和印地语的 ḍ 听起来是有差别的。对于这两种语言我们没有可供参考的资料，所以还不能判断这种说法是否可信。但 Ladefoged 和 Bhaskararao（1983）都说过不同语言拥有不同类型的卷舌音。图 2.11 显示的是泰米尔语（Tamil）和泰卢固语（Telugu）——两种达罗毗荼语方言以及印地语（印度－亚利安语）中卷舌音的舌位。达罗毗荼语具有典型的舌尖下辅音，发这种音时，舌头下背接触硬腭前部，而印地语的发音人不用把舌

2. 调音部位　　　33

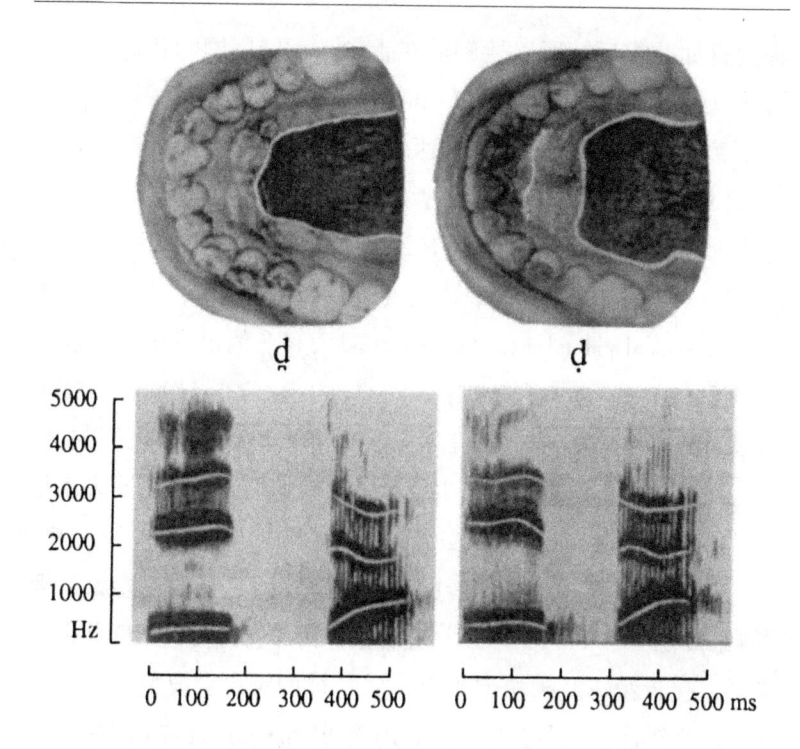

图2.10　埃维语中舌叶齿–龈音d̪和舌尖卷舌音ḍ的声谱图和腭位图。包含这两个音的短语分别是é d̪à（"他扔"）和é ḍà（"他做饭"）（Ladefoged 1968）

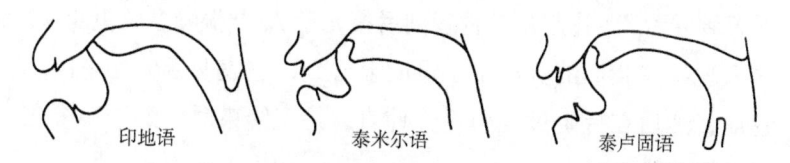

印地语　　　　　泰米尔语　　　　　泰卢固语

图2.11　印地语中舌尖卷舌音ḍ和泰米尔语及泰卢固语中舌尖下卷舌音ḍ的X光描摹图（Ladefoged 和 Bhaskararao 1983）

头卷得如此靠后，所以接触面在舌尖。我们用国际音标 ɖ 来记写舌尖下－腭（卷舌）音（sub-apical palatal retroflex sounds），用下边加点的 d̠ 来表示舌尖龈后（卷舌）音（apical post-alveolar sound）。我们还没有发现哪种语言同时具有这两种卷舌塞音。达罗毗荼语是众所周知的具有舌尖下－腭卷舌塞音（sub-apical retroflex stop）的语言，Butcher 正在进行的调查显示，舌尖下－腭音（sub-apical palatal articulation）在澳大利亚的语言中也存在，汉特语（Khanty）中可能也有一个这样的音（Gulya 1966）。在美国西南部的几种美洲当地语言中，齿音和齿龈音的主要区别在于：后者发音时舌头稍微卷曲，也就是舌尖后的那一部分相对来说是中空的（和 Langdon 的私下交流）。

有学者已研究过卷舌音的声学效果，一致认为：卷舌主要影响高共振峰。Fant（1968）发现龈音稍加卷舌时，第四共振峰降低，接近第三共振峰但带有卷舌特征的腭音会改变其第三共振峰使之接近第二共振峰。Stevens 和 Blumstein（1975）曾提道："卷舌音的总体声学效果是第二、第三和第四共振峰集中在一个很窄的频率区间。"Dave（1977）证实了这一说法，他还发现，不管是在他自己还是在 Stevens 和 Blumstein 的材料都显示，从元音到卷舌音（比起从卷舌音到后接元音），共振峰音轨更明显。这一现象在我们的资料中也可明显看到，它表明舌尖先是向后卷曲，然后在持阻过程中慢慢伸直，持阻结束时，处于一个相对自然的状态。

到目前为止，我们已经探讨了所有的齿塞音和龈塞音，以及舌尖音以及舌尖下－腭卷舌音。由舌头上部接触龈后区所发的舌

叶音叫作腭 - 龈音（palato-alveolar）。

澳大利亚土著语言有大量的形成对立的舌冠音。这些语言大都区分舌叶齿塞音、舌尖龈塞音、舌尖龈后塞音（卷舌），以及舌叶龈后塞音。在澳大利亚语的文献里，刚才提到的最后一个音常被称作腭音，但我们马上就会发现，它比传统的腭音更靠前。表2.5是东Arrernte语里含四个不同舌冠位置的塞音和鼻音的例词。

表2.5第一行单词的腭位图由Andrew Butcher提供，如图2.12所示。每个腭位图的上面是Butcher根据腭位图和舌腭接触部位图所画的调音部位矢面图。网格腭位图和矢面图上的竖线是相对应的。舌叶齿音的接触面较大，包含整个齿 - 龈区。舌尖龈音的接触点在龈脊。这里所说的"舌尖龈后音"（apical post-alveolar），传统上叫"卷舌音"，牵涉舌尖下背和龈脊后的接触。其实，图中这个例子的接触点很靠后，可以说是硬腭了。第四类音，舌叶龈后音的接触点的中线相对比较靠前，一直延伸到齿龈和龈后区。在腭位图上我们能看到大面积的接触区域，这说明它的舌位较高，这一点在发音器官矢面图上也有显示。

图2.13是Arrernte语里四个舌冠塞音十次发音的平均频谱。这些资料来自我们对另外一位发音人的测量。根据主动调音器官的形状而不是调音部位，我们把这四个频谱图分成两组。两个舌叶塞音的频谱显示：频率增加时，振幅一般趋向于递减。相比而言，两个舌尖塞音有一个很强的中频率峰。从带宽上来看，龈后（卷舌）音比龈音窄。更多区别还显示在发音时长上。龈音的持阻时长比其他三个音短，而舌叶龈后音除阻后的摩擦噪音相对较

表 2.5　东 Arrernte 语里含舌前塞音和舌前鼻音的例词

	舌叶-齿	舌尖-齿龈	舌尖-龈后	舌叶-龈后
爆破音	at̪əmə "磨碎"	atəmə "爆裂"	kwəṭə "抽烟"	atəmejə "母亲的父亲"
鼻音	an̪ə.ɾe "就座"	anəmə "就座"	aṇə "树"	alənə "舌头"

长。卷舌音的声带起振时最短。这样看来，时长和频谱特征结合起来就可以从声学上将这四个音区分开来。

　　舌叶－龈后音发音过程中的变体较多。我们所掌握的加纳语（Ghanaian）资料中有这样的情况。书写形式为"ky"、"gy"的音，有些发音人用舌叶持阻，有些用舌前持阻。相同点是舌尖都放在下门齿的后方，舌头中间向硬腭抬起，塞擦的程度也比较强。所以，这些音同时也是舌叶－龈后塞擦音 tɕ、dʑ、腭塞音 c、ɟ 或腭塞擦音 cç、ɟʝ。大部分西非语言中有这样的音，而且，它们之间还区分唇化和非唇化［书写形式为"dw"和"tw"，比如库阿语（Akan）方言的名字"Twi"］。但是这些唇化和非唇化的音并不一定具有相同的舌位。所以，库阿语方言 Fante 语的发音人在发 ódʷè（"他平静下来"）短语中的唇化浊辅音和ótɕè（"他抓住"）短语中的非唇化清辅音时，调音部位的中心是一致的，只是唇化辅音的接触面较大。另一种库阿语方言——Akwapem Twi 的发音人在发这些音时塞擦程度较轻，在 ɔcʷà（"他切"）和 càcà（"床垫"）词中辅音的调音部位的中心是一致的，但是，他的非唇化辅音的舌接触面更大。在恩济马语（Nzima）语中，我们发现同样的音成了腭塞擦音（affricated

2. 调音部位

舌尖龈音　　　　　　舌叶齿音

(1)　　　　　　　　(2)

舌尖龈后音　　　　　舌叶龈后音

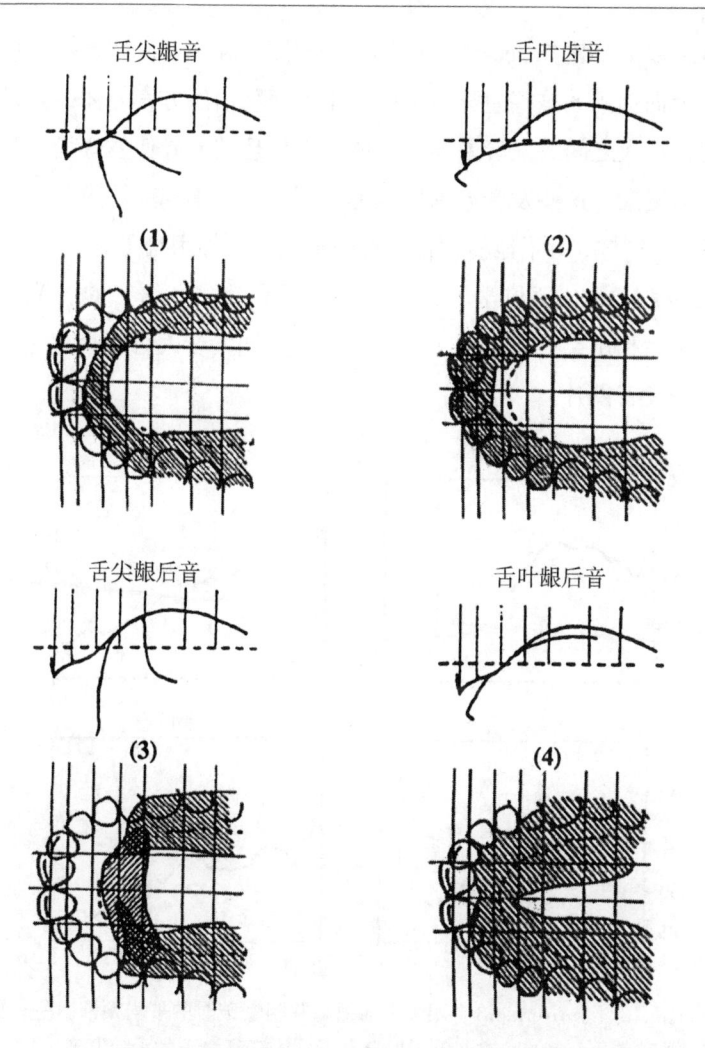

(3)　　　　　　　　(4)

图2.12 东Arrernte 语中，元音间舌前塞音的腭位图和调音部位图（Andrew Butcher提供）。包含这些音的例词为（1）atəmə（"爆裂"），（2）a̪təmə（"磨碎"），（3）kwəṭə（"抽烟"），（4）at̠əməjə（"母亲的父亲"）

palatal stop），比如 ɔcçɛ̀（"他把……分开"）和 ocçʷɛ（"他拉"）。

上面提到的这些差异也可能并不是库阿语的方言变体，只是不同发音人之间的发音差异。个体发音生理的差异使发音变异变得更为复杂，这些发音人的生理解剖图显示，不同人舌冠区的差别很大。这样，对于他们发音的精确描述就更加困难了。1993年，Keating 和 Lahiri 两位学者在总结了硬腭和软腭区语音的 X 光视频分析后指出，对于某一个相同的音，不同发音人可能会有完全不同的发音图片。

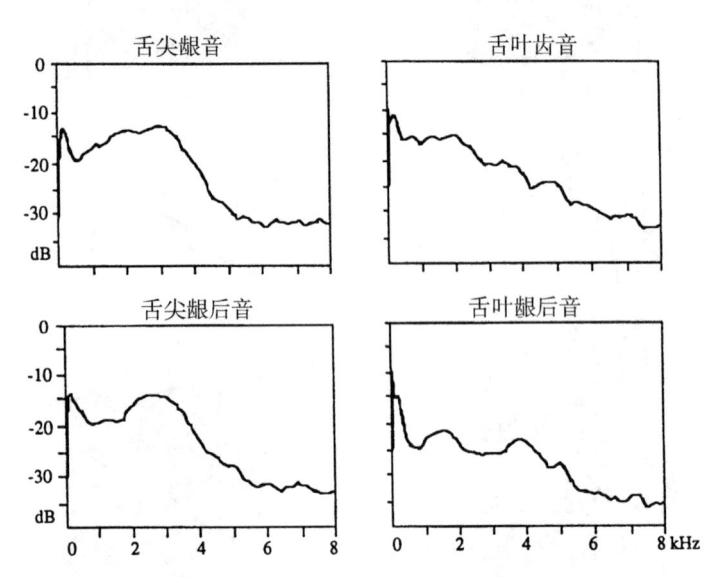

图2.13 东Arrernte语中四个舌前塞音除阻爆破时的平均频谱。所有数据来自十个单词，这些单词里含有不同语音环境下的舌前塞音

如前所述，在西非语言中，这类音的接触面差别很大。所以，很难把某个音划归为腭龈音或腭音。很少有语言在腭音和腭龈音

之间形成对立。大部分情况下，这两个调音部位分别对应于一个塞音和一个塞擦音，或者用其他的调音方式对部位的对立进行补充。比如，Ngwo 语的塞音系统中有腭塞音和舌叶－龈后塞擦音，包括 ḓ、ḓz、dʒ、ɟ、g。图 2.14 显示其中的三个音，我们暂且把它们称作舌叶齿音（齿－龈音）、舌叶龈后音（腭－龈音）和腭音。（其他的腭位图显示 g 比较特殊，ḓ 和 ḓz 的舌接触面是一样的。）

如果从主动调音器官的角度来划分调音部位的话，腭音不属于舌冠音的范畴，因为它是用舌体而不是舌叶发音。和腭音相关的调音部位是软腭和小舌，我们称之为舌面后音（dorsal）。匈牙利语（Hungarian）有一个很好的腭音例子，图 2.15 是这个音的舌腭接触部位图和 X 光片，资料来自 Bolla（1980）所提供的对 ɟ 这个音的分析。从这些资料来看，舌叶部位没有发生任何接触。舌腭接触图显示，舌前有较大的接触面。射线摄影资料显示，声道上表的接触点在硬腭的坡面上。和图 2.12 中东 Arrernte 语的舌叶－龈后音相比，两个音的主动和被动调音部位都非常清楚。所以，在我们不太精确地称作"腭音"的范畴里，存在两个明显的类别，中间可能还有一些过渡类型，比如库阿语以及捷克语（Czech）的腭音（Keating 和 Lahiri 1993）。

Lahiri 和 Blumstein（1984）曾提到音系学理论中没必要区分腭－龈音和腭音，因为它们之间的区别经常通过调音方式的不同而得到补充，比如 Ngwo 语。但事实上确实存在反例。根据 Bubrikh（1949）和 Lytkin（1966），科米语（Komi）中不仅有龈后塞擦音，还有腭塞擦音（甚至腭塞音）。所以，我们不能说调音部位的区别通过调音方式的不

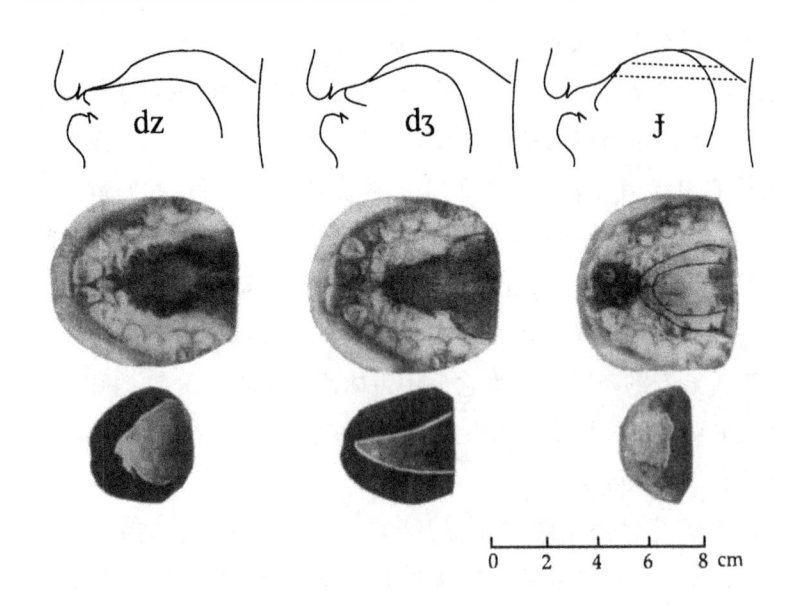

图2.14 Ngwo语中的舌叶齿–龈音、舌叶腭–龈音和腭塞音的腭位图、舌腭接触图以及调音部位图，例词分别是èdzé（"跳舞"）、dʒé（一种水果）、éɉé（"拖延"）（Ladefoged 1968）。口腔顶部接触面上的染色已被擦掉。硬腭矢面上的虚线对应于腭位图上的轮廓线

同而得到强化。而且，马来雅拉姆语的某些方言舌叶龈后鼻音（laminal post-alveolar nasal）、硬腭鼻音和软腭鼻音形成对立。虽然这些方言中我们比较熟悉的只区分六个不同的调音部位，但有一种方言区分七个调音部位，它同时有 n̪ 和 ɲ 这两个音（Mohanan 和 Mohanan 1984）。

我们习惯将舌面区划分为三个不同的调音位置，图2.2就是这样划分的。到目前为止，我们已经讨论了硬腭这一调音部位，接下来要谈的是软腭和小舌。舌面区的中心部位是软腭，

2. 调音部位

几乎每种语言都有软腭塞音。从定义上看，这类音的接触面在软口盖（velum）或软腭。然而，由于主动调音器官是舌体，而且还牵涉元音舌位前后的问题，所以，元音环境对于软腭塞音的影响和对其他塞音的影响不同。软腭塞音不像其他音那样，

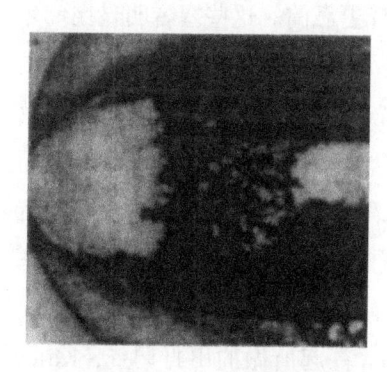

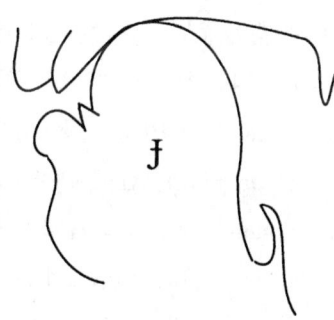

图2.15　匈牙利语中浊腭塞音的舌腭接触部位图和X光片（Bolla 1980）。舌的黑色轮廓是中线，灰色线条显示舌头边缘

舌形在收紧点的前后有变化，它的收紧点本身会受到影响。考虑到这一点，我们就能区分前软腭音（front velar）、中软腭音（central velar）和后软腭音（back velar）。前软腭音的接触面实际上在硬腭。图 2.16 显示的是埃维语中 **aká**（"沙子"）和 **eké**（"木炭"）两个词收紧点的不同。从这张图来看，舌面后某一点的运动贯穿在这些词的发音过程中。和 **aká** 这个词的舌位运动相比，发 **eké** 时，整个舌体向前移动了 8 毫米。这张图还显示，持阻和除阻时舌头有一个回路状的向前运动。这一点好像是软腭音的典型特征。根据 Houde（1967）、Kent 和 Moll（1972），与图 2.16 的结果相类似的情况在英语中也有。

另外，德语中也发现过类似现象（Mooshammer 1992）。

在大部分语言中，前软腭音和后软腭音的区别是通过元音来实现的。但是，澳大利亚土著语言中的这两个音可以自行区别。和普通的舌叶－龈后音相比，澳大利亚土著语言的舌叶－龈后音更靠后，但又比与之对立的软腭音更靠前。这些塞音明显比匈牙利语中的腭音靠后，在 Djingili 语（Chadwick 1975）和 Garawa 语（Furby 1974）中被描述为腭龈音（palatovelar）。Chadwick 以及 Kirton 和 Charlie（1978）都认为它们来自邻近语言中的辅音丛简化，比如 dg 和 nŋ。在其中一种语言——Yanyuwa 语中，腭塞音（palatal stop）和舌叶龈后塞音（laminal post-alveolar）及软腭塞音（velar stop）形成对立，所以共有七个调音部位，如表2.6所示。（图中资料来自我们和 Jean Kirton 一起所做的田野调查，Kirton 和 Charlie 1978 对它做过补充。）

表2.6中的术语和 Kirton 和 Charlie（1978）所用术语有所不同，最明显的区别是：表中的舌叶齿音（laminal dental）等同于他们的舌尖齿音（apical dental）。他们的术语强调舌尖和上齿的接触，而我们不仅要强调这一点，还要强调舌叶和龈脊前部的接触。毫无疑问，这个音就像许多澳大利亚土著语中的音一样，用我们的术语应该称作舌叶音。我们还使用腭音（标准的腭音音标是 ɟ、ɲ）来代替他们的腭龈音（palatovelar），但这些音比通常的腭音更靠后。另外，Yanyuwa 语里的软腭塞音比其他语言里类似的音稍微靠后，但又完全不同于其他语言里的小舌塞音。

北美西北部的某些语言中也有类似于 Yanyuwa 语中的区别。根据 Nater（1984）和 Grubb（1977），努克萨尔克语（Nuxalk）

和夸扣特尔语（Kwakw'ala）都区分"腭龈音"和"后软腭音"。Nater 还对努克萨尔克语中的腭龈塞音和英语单词"cube"的起始音做了比较。

谈到口腔中部的音时，我们还须注意：腭音的确切定义是什么？根据我们的腭位图，有些语言的腭音在发音时接触点有两处（也许同时发生）：舌尖（或舌叶）和龈脊相接触，舌前

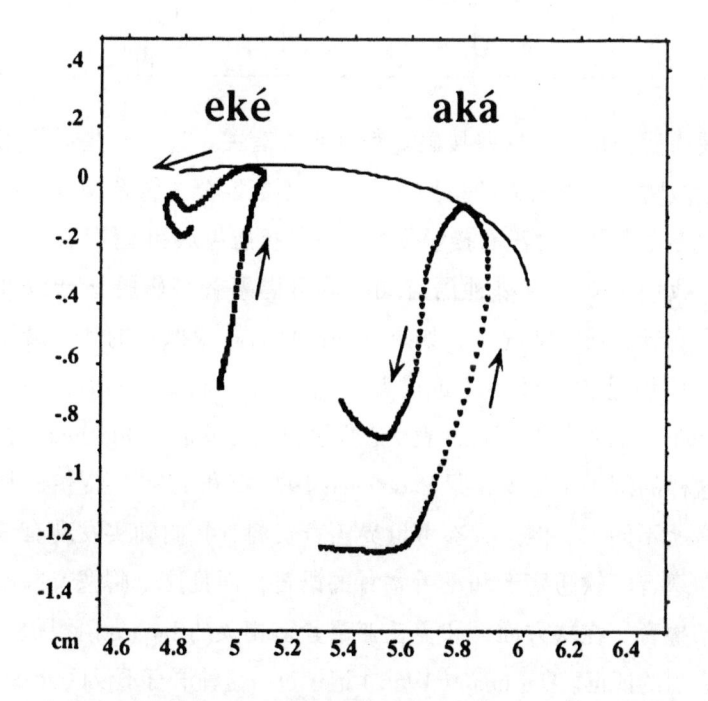

图2.16　埃维语单词 aká（"沙子"）和 eké（"木炭"）十次发音平均值中所显示的舌后部某一点的运动轨迹（Maddieson 1993）。图中刻度以厘米为单位，两者轨迹相差约3厘米。曲线代表口腔顶部的弧度

表 2.6 Yanyuwa 语里含元音间塞音和鼻音的例词

双唇	舌叶–齿(齿–齿龈)	舌尖–齿龈	舌尖–龈后（卷舌）	舌叶–龈后（腭–龈）	硬腭	软腭
wubuwiŋgu "小的（阴性）"	**wuḏurumaja** "笑"	**wuduru** "装满食品"	**wuḍuḷu** "胃里"	**wuduḻu** "进入草地"	**guɟuḻu** "神圣的"	**wugugu** "祖父母"
wumuwaḍala "独木舟中"	**wuṉuṉu** "煮熟的"	**wunala** "袋鼠"	**waṇura** "白鹭鸶"	**naṉalu** "茶"	**ḻuwaɲu** "剥下龟的肥肉"	**waŋulu** "男青年"

和硬腭后相接触。这些接触点都和舌形有关。过去一些资料用的是假腭，和受试人的口腔实际情况不能匹配。腭音调音目标的中心在硬腭但并没有接触硬腭，只是接触齿龈和硬腭后。

我们不知道有哪种语言同时区分腭塞音与软腭塞音以及小舌塞音。通常情况下，如果这一区域有三个塞音的话，最靠前的应该是舌叶龈后（或腭龈）塞擦音（laminal post-alveolar affricate）而不是腭塞音，表 2.7 所示的盖丘亚语（Quechua）就有这样的例子（注意：跟 Ladefoged 1971 年和 1982 年提供的材料有所不同）。但是，参考世界语言资料，我们确实发现有区分腭塞音、软腭塞音和小舌塞音的语言，而且这个腭塞音并不是塞擦音。在这方面，和盖丘亚语紧密相关的 Jaqaru 语提供了最有力的证据。Hardman（1966）记录过：这种语言不仅区分 c、k、q，还区分 ts、tʃ、tʂ。所以，腭塞音不是塞擦音，而是和一系列的塞擦音及软腭塞音、小舌塞音形成对立的塞音。

文献中对软腭塞音和小舌塞音的区别谈得很少。Al-Ani

(1970)记录过一个阿拉伯语(Arabic)发音人的情况。他发现,小舌塞音使后接元音 i 或 a 的第二共振峰降低,使后接 u 的第二共振峰略微升高,但这两点在声谱图上并不明显。明显的是,塞音 q 爆破时的能量比 k 要低。

我们对 Ava Bernstein 的关于 K'ekchi 语十二位发音人的记录进行了分析。这十二位发音人都发了表 2.8 中所列的四个单词(出现在承载句中,而不是单个的词语朗读)。图 2.17 是其中一位发音人所发四个单词的声谱图,喷音(ejective stop)的除阻爆破非常明显。另外,所有十二位发音人小舌塞音的爆破能量比软腭塞音弱。但是,有九位发音人在元音发音开始处的第二共振峰偏低。这九位发音人所发的大部分元音中,明显都有第二共振峰偏低的现象(图 2.17 的记录也显示了这

表 2.7　盖丘亚语中含腭龈(舌叶龈后)塞擦音、软腭塞音及小舌塞音的例词

	舌叶-龈后 (腭-齿龈)	软腭	小舌
不送气	tʃaka "桥"	kujuj "前进"	qaʌu "舌头"
送气	tʃʰaka "大蚂蚁"	kʰujuj "吹口哨"	qʰaʌu "围巾"
喷音	tʃ'aka "嘶哑的"	k'ujuj "捻搓"	q'aʌu "西红柿和香草酱"

表 2.8　K'ekchi 语中含软腭爆破音、小舌爆破音以及喷音的例词

软腭爆破音	软腭喷音	小舌爆破音	小舌喷音
kaa "磨石"	k'a "痛苦的"	qa "我们"	q'aŋ "桥"

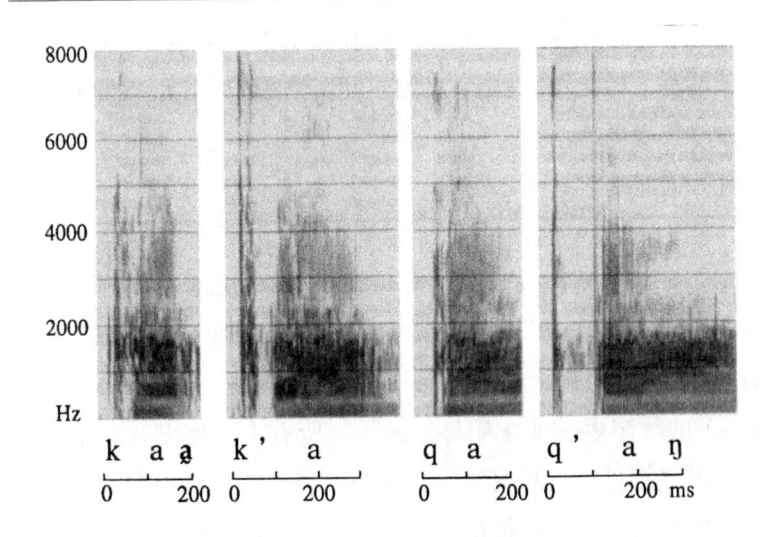

图2.17 表2.8中所列K'ekchi语单词（含软腭爆破音、小舌爆破音及喷音）的声谱图

一点）。爆破音的声带起振时没有明显区别，软腭音的声带起振时平均为52毫秒，小舌音为56毫秒。软腭喷音和小舌喷音除阻后喉头闭塞的时长也无明显差别，前者为97毫秒，后者为92毫秒。

咽（pharyngeal）音和会厌（epiglottal）音的调音部位在舌根，小舌以下。没有哪种语言在咽腔上部出现多个塞音，咽鼻音（pharyngeal nasals）是不可能的，因为咽腔完全闭塞时，气流不可能从鼻腔冲出。但咽擦音（pharyngeal fricative）确实存在［比如阿拉伯语和希伯来语（Hebrew）］，它不像文献记录中那么常见，我们更倾向于把它称作会厌擦音（epiglottal fricative）。第五章会详细讨论擦音的问题。同时，

2. 调音部位

表2.9 阿古尔语的 Brukikhan 方言里含咽擦音、会厌擦音以及会厌爆破音的例词（和 S.Kodzasov 的私下交流）

浊咽擦音	muʕ	"桥"	muʕar	"桥"（复数）
清咽擦音	muħ	"牛舍"	muħar	"牛舍"（复数）
清会厌擦音	mɛʜ	"乳浆"	mɛʜɛʜ	"乳浆"（复数）
清会厌塞音	jaʡ	"中心"	jaʡar	"中心"（复数）
	sɛʡ	"量器"	sɛʡɛr	"量器"（复数）

我们也会说明区分咽擦音和会厌擦音的必要性，因为它们在阿古尔语（Agul）的 Burkikhan 方言里形成对立，如表2.9所示。

从表2.9中可以明显看到：在会厌区也有塞音。Catford（1983）认为车臣语（Chechen）中的咽塞音是这样形成的："会厌主动向后、向下收缩，引起勺状软骨的收缩或闭塞。"我们把这个音看作会厌塞音（epiglottal stop），国际音标为 ʡ。Laufer 和 Condax（1981）也研究过会厌塞音，他们指出，在闪族语（Semitic）中，会厌塞音是所谓的咽擦音的音位变体。我们在达火罗语中也见到过会厌塞音（Maddieson、Spajic、Sands 和 Ladefoged 1993）。图 2.18 是位于词中的单会厌塞音和双会厌塞音的声谱图。请注意：当这个音是元音间的单音时，它的持阻不是完全闭塞，而双音是完全闭塞。国际音标没有专门的符号来记录清会厌塞音和浊会厌塞音，因为声门和会厌之间的声腔太小，带声的可能性不大。我们还不知道有哪种语言区分清、浊会厌塞音，但达火罗语中的会厌塞音从音系上看是浊音，因为其他单浊塞音处于元音间的位置时，也倾向于被弱化。

喉头也是塞音的调音器官之一。很多语言中都有喉塞音（glottal stops）。它们经常和其他辅音一起构成复杂的音丛，邹语（Tsou）里就有这样的例子（Wright 和 Ladefoged　待版）。所以，讲塞音的调音部位时，必须把喉姿态考虑在内。第三章会讨论喉塞音以及它们和其他音的关系。

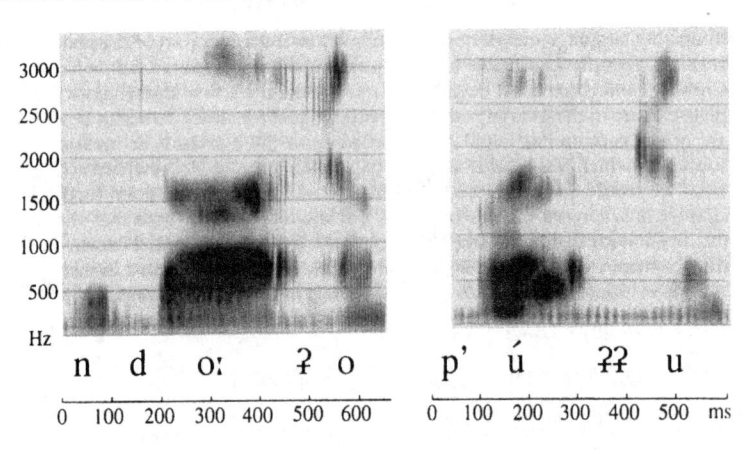

图2.18　达火罗语中位于元音间的单音和双音ʔ的声谱图，例词为 **ndóːʔo**（"地板"）和 **p'úʔʔu**（"刺穿"）

最后，我们想提一下具有不止一个调音部位的辅音，这类辅音有同时发生的两个或多个音姿。第十章是专门论述多重音姿（multiple gesture）的章节，将会对这类辅音展开详细论述。

2.2　对立的调音部位

到目前为止，我们已经介绍了一些（希望是大部分）辅音调音部位的重要特征（运动的调音器官和音姿的运动目标）。表2.10

2. 调音部位

对本章中提到过的大部分音姿进行了总结。除了用斜体标出的 Jaqaru 语（Hardman 1966）、库维语（Kuvi）（Zvelebil 1970）以及 Magometov（1967）提供的一个阿古尔语例子，所有的音我们几乎都亲耳听到过。如果表 2.1 中所列的 17 种音姿都是独立可控的话，那么它们每一种都和其他 16 种形成对立。这样，一共有 134 种可能的对立关系，其中只有 80 种在表 2.10 中有相应的语言示例，我们下一步的工作就是要对表中的空白处进行分析。

表中六个空白格用"ssssss"标出的属于唇齿音一栏，这一栏里所有的对立关系都和擦音有关。咝音性擦音和 f、v 形成对立的例子并不少见，找出这样的语言也不难。但是，我们马上会在第七章讲到：咝音的调音特征很难界定。所以，在现阶段不考虑这些音也许是最明智的做法。这并不是说，用"ssssss"标出的空白无法填补。

在剩下的 48 个对立项中，其中 11 个和缺失的舌唇音有关（用"#####"标出），还有一个是会厌音（标作"****"）。由于包含这些音的语言数目太少，这 12 个空白项好像是偶然的。假如有这种可能，比如，V'enen Taut 语里出现一个喉塞音，或者有会厌擦音（epigolttal fricative）的语言同时也有腭擦音（palatal fricative）的话，那么，这些空白项将呈现不同的分布格局。

用"pppppp"标出的咽擦音（pharyngeal fricative）空白也是如此。阿古尔语是我们知道的唯一一种含有咽擦音对立模式的语言。如前所述，阿拉伯语和其他一些语言里有会厌擦音。即使这些语言里的舌根擦音（radical fricative）是咽音，它们也不可能和会厌擦音形成对立，阿古尔语就是很好的例

表 2.10 调音部位总表。（除了用斜体标出的来自参考文本的语言外，

	(2) 唇齿音	(3) 舌唇音	(4) 齿间音	(5) 舌尖齿音	(6) 舌叶齿音	(7) 舌尖齿龈音	(8) 舌叶齿龈音	(9) 舌尖龈后音
(1) 唇音	ɸ f 埃维语	p t̼ V'enen Taut	m n̼ 马来雅拉姆语	p t̪ 泰姆奈语	p t̪ 托达语	p t 托达语	p t 泰姆奈语	b ɖ 印地语
(2) 唇齿音		f z̼ V'enen Taut	f θ̼ 美式英语	f θ̪ 英式英语	ssssss	ssssss	ssssss	ssssss
(3) 唇舌音			#####	#####	#####	t̼ t̪ V'enen Taut	#####	#####
(4) 齿间音					------	n̼ n̪ 马来雅拉姆语	------	------
(5) 舌尖齿音					ǀ ǃ ǃ xóõ	------	t̪ t 泰姆奈语	------
(6) 舌叶齿音						t̪ t 托达语	------	t̪ ʈ 印地语
(7) 舌尖龈音							------	t ʈ Yanyuwa
(8) 舌叶龈音								------
(9) 舌尖龈后音								
(10) 舌叶龈后音								
(11) 舌尖下背硬腭音								
(12) 硬腭音								
(13) 软腭音								
(14) 小舌音								
(15) 咽音								

大部分数据来自我们自己的观察。）

(10) 舌叶龈后音	(11) 舌尖下硬腭音	(12) 硬腭音	(13) 软腭音	(14) 小舌音	(15) 咽音	(16) 会厌音	(17) 声门音
p t̪ Yanyuwa	p t 托达语	p c Yanyuwa	p k 英语	p q 盖丘亚语	pppppp	p ʔ 阿古尔语	p ʔ 邹语
sssss	sssss	f ç 德语	f x 盖尔语 (Gaelic)	f χ 德语	f ħ 阿古尔语	vvvvvv	f h 英语
#####	#####	#####	t̪ k V'enen Taut	#####	#####	#####	#####
ṇ n̪ 马来雅拉姆语	ṇ n̪ 马来雅拉姆语	ṇ ɲ 马来雅拉姆语	ṇ ŋ 马来雅拉姆语	------	pppppp	------	θ h 美式英语
------	------	------	t̪ k 泰姆奈语	------	pppppp	θ H 阿拉伯语	θ h 英式英语
t t̪ Yanyuwa	t̪ t 马来雅拉姆语	t̪ c 马来雅拉姆语	t̪ k 马来雅拉姆语	t̪ q 乌尔都语 (Urdu)	pppppp	t̪ ʔ 达火罗语	t̪ ʔ 达火罗语
t t̪ 马来雅拉姆语	t t̪ 马来雅拉姆语	t c Ngwo	t k 英语	t q 盖丘亚语	pppppp	t ʔ 达火罗语	t ʔ 邹语
------	------	------	t̪ k 泰姆奈语	------	pppppp	------	------
t t̪ Yanyuwa	rrrr	ṭ c Logba	t̪ k 印地语	ṭ q 乌尔都语	pppppp	ṭ ʔ 达火罗语	ṭ ʔ 达火罗语
	ṇ n̪ 马来雅拉姆语（一些方言）	dʒ ɟ Ngwo	t̪ k Yanyuwa	tʃ q 盖丘亚语	pppppp	tʃ ʔ 达火罗语	t ʔ 达火罗语
		ṇ ɲ 马来雅拉姆语	ṇ ŋ 马来雅拉姆语	rrrr	pppppp	rrrr	t ʔ 库维语
		c k Jaqaru	c q Jaqaru	pppppp	****		c ʔ 马尔吉语 (Margi)
			k q 盖丘亚语	x ħ 阿古尔语	k ʔ 达火罗语	k ʔ 达火罗语
				pppppp	q ʔ 阿古尔语	q ʔ 尤比克语 (Ubykh)
					ħ H 阿古尔语	ħ h 阿古尔语

子。所以，这种假设也不能使表中的空白项数目减少。咽音共有 11 个空白项（用 "pppppp" 标出），至少有两项可以填补，就像阿古尔语里有两个咝音我们在现阶段不予考虑一样。在会厌音这一栏里，能够填补的空白是舌叶－齿龈音（laminal alveolar）一行，条件是把阿拉伯语的咝音 s 看作舌叶－齿龈音，就像它被咽化（pharyngealized）了一样（详见第十章）。

表中还有三个格用 "rrrr" 标出，它们和卷舌音有关，调音部位是舌尖－龈后或舌尖下。根据 Ladefoged 和 Bhaskararao（1983），不同语言会在这两种调音部位中任选其一，形成舌尖/舌尖下卷舌音在语音学上的对立。不管是舌尖还是舌尖下，卷舌塞音对立的缺失是随机的，没有规律的，因为只有极少数的语言有这样的音。库维语的例子很好地说明了这一点。我们最熟悉的含有舌尖下卷舌塞音（sub-apical retroflex stops）的语言是达罗毗荼语。这个语族中大部分语言没有对立性的喉塞音（glottal stops），所以，表中 t 和 ʔ 的对立可能也是一处空白。但是库维语里确实有喉塞音音位（Zvelebil 1970; Reddy, Upadhyaya 和 Reddy 1974）。库维语是达罗毗荼语的一种，我们对其知之甚少，但它也许能填补这一空白。

剩下那些空格是偶然还是必然，我们尚不清楚。用虚线标出的空格和舌叶齿间音（laminal interdental）、舌尖齿音（apical dental）以及舌叶－龈音（laminal-alveolar）有关。这些音姿之间形成对立的情况非常少见。在我们掌握的资料中，舌叶齿间音既不和舌尖齿音，也不和舌叶龈音形成对立；而后两种音只在泰姆奈语和林姆巴语（Limba）中有对立。舌尖齿音、舌尖齿龈音和舌叶齿音在语言内部形成对立的例子也很少见。我们尚不清楚有哪种语言的爆破音或鼻音在这三种音姿间形成对立，但阿尔巴尼亚语（Albanian）好像有舌尖齿边音（apical dental lateral）和舌尖龈边音（apical alveolar lateral）的区别（Bothorel 1969-1970）。区分舌尖齿音和舌尖齿龈音的必要性来自对咂音（clicks）调音部位的描述。在克瓦桑语族（Khoisan），比如!Xóõ语中，有两个咂音，标作｜、！，我们会在第八章详细讨论。但目前要知道的是：在咂音的前成阻点解除前，一些发音人的｜有舌尖和齿的接触，发！时是舌尖和齿龈的接触。所以，舌尖齿音和舌尖龈音之间存在对立。

接下来，我们来回答前面提到过的一个问题：17个调音部位是离散的概念吗？所有辅音的调音部位都可以清楚地归入其中的一个吗？还是说，它们只是一系列的典型概念，具体的调音部位要和它们对比后才能界定？或者说，存在一套独立于语言之外的描述调音部位的概念？还是只存在一个用一般的语音学参数来定义的语音空间？这两个问题有点极端，正确答案应该在二者之间。图2.1中活动的调音器官是划分这一系统的基础，该系统含有五个主动调音器官：唇、舌冠、舌面、舌根和喉。Halle（1983）认为：这种宽松的划分方式可以预测哪些音姿可结合起来形成复杂的音段。我们还发现，在正常语流中，当两个调音部位不同的音相邻时，它们的发音会有重叠；而相同调音部位的音相邻时，会产生一个混合音（blended articulation）。Halle把调音器官分为三个，我们把它扩充为五个，增加了舌面和舌根的区别，因为会厌音和软腭音有可能同时出现。此外，还增加了喉音姿一项，因为喉塞音和其他塞音相似，而且，喉塞音可以和其他所有的音共现。第十章将谈到这五个调音器官之间不同的组合方式，但目前要明白——这种宽式分析法还能预测：在世界大部分语言中，具有相同调音方式的音段一定使用不同的主动调音器官。所以，一个典型的塞音系统很可能包括 p、t、k 而不是 t̪、t、ṭ 或 c、k、q。

以独立的调音器官为基础的五种音姿可以看作一套主要的调音部位特征。每个具体的调音部位都属于主要特征中的一个，如表 2.11 所示。我们把舌唇音放在舌冠音这一类里，因为主动调音器官都是舌叶，而舌叶这个位置又不可能和其他的舌冠音相结合，所以，这种划分就非常合理了。然而，舌唇音也不能和唇音相结合，同样也有理由把它放在唇音这一类。这也说明，概念与概念之间的界限并不是绝对的。图 2.2、表 2.10 和表 2.11 中的项目也更像一系列典型的调音方式，每个发音连续体上最常见的音都打上了标签。在唇音这个概念下，最典型的莫过于双唇音和唇齿音了。对塞音来说，不管是从调音器官生理构造还是机械运动来看，双唇音都是最典型的音，因为发其他塞音都必须拥有完美的牙齿，但这个生理条件并不是所有人都完全具备的。对擦音来说，声道的生理特征要求采用双唇或唇齿音姿态，但最常见的擦音是介于二者之间，下唇放在上齿前（而不是上齿下），让气流从上面流出。在埃维语的音系中，这两种音姿形成对立，双唇擦音和唇齿擦音区分得更清楚。

在"舌冠音"这一类别下，有一系列的舌叶音和舌尖音。舌唇音通过不同程度的舌前凸来实现，接触点在舌尖或舌叶上表与上唇之间。在这些音的发音过程中,上唇经常主动后缩去接触前伸的舌头。但是,有些发音人的上唇运动幅度很小,音姿类似于马来雅拉姆语中的齿间音。马来雅拉姆语中的齿间鼻

表 2.11 主要的调音部位特征和具体调音部位之间的关系

唇音		1. 双唇音
		2. 唇齿音
舌冠音	1. 舌叶音	3. 舌唇音
		4. 齿间音
		5. 舌叶齿音
		6. 舌叶龈音
		7. 舌叶龈后音(腭龈音)
	2. 舌尖音	8. 舌尖齿音
		9. 舌尖龈音
		10. 舌尖龈后音
	3. 舌尖下背音	11. 舌尖下背硬腭音(卷舌音)
舌面音		12. 硬腭音
		13. 软腭音
		14. 小舌音
舌根音		15. 咽音
		16. 会厌音
喉音		17. 声门音

音(interdental nasal)发音时是舌头前伸放在上、下齿之间,而且,舌头有时还会和上唇接触。所以,舌唇音和齿间音并不是两个泾渭分明的概念。同样,齿间、齿、齿龈和龈后都是调音部位连续体上的某一个点,而不是离散的概念。Dart(1991)已明确阐述过,在分析腭位图时,我们会突然发现:牙齿和齿龈并不是两个截然分开的区域;上门齿的上缘是一条曲线,和齿龈表面相接。龈脊的位置也很难界定;很多人并没有像教科书插图里那样突出的龈脊。对"舌冠音"来说,存在两个相互作用的连续体,一个和上

部调音器官有关，另一个和参与发音的舌的部位有关，范围从舌叶下某一点一直延伸到舌叶上很靠后的某一点。在这个区域内来界定舌尖的位置似乎很容易。但是，Blaton 和 Nolan（1997）对 X 光摄影资料进行了分析，发现舌尖和舌叶很难区分。为了进一步寻找证据，我们也对 X 光视频文献进行了调查，结果遇到了同样的困难。

舌面音的音姿都包含舌体的抬高。但是，某些语言（如 Yanyuwa 语）里可能有一个音介于腭音和软腭音之间，而软腭音在一些语言中（如夸扣特尔语）也比在其他语言中更靠后；所以，软腭音这个概念也构成一个连续体。甚至连舌根音也是如此，不同的阿拉伯语发音人可以发出不同的舌根音。此外，我们还观察到所谓的咽擦音，其收紧点通常应该在靠近会厌的地方，但有时却在咽腔上部。

Stevens（1972，1989）提议，调音部位连续体上的某个部位往往更受欢迎，因为它体现了声学结构和音姿之间的最佳搭配。在他所谓的语音量子理论（quantal theory）中，这些更受欢迎的调音部位具有代表性意义。还有一个相关的观点是，由于生理原因，某些音姿比其他音姿更容易发。Martinet（1964）提出了调音难易度（ease of articulation）和听觉清晰度（auditory distinctiveness）会影响语言的语音结构这一观点，受到 Lindblom（1990）及 Lindblom 和 Maddieson（1988）的极力推崇。在世界语言中，腭音相对来说比较少也是出于这个原因。语音量子理论和发音难易度原理结合起来能更好地解释表 2.11 中所列的典型音（modal articulations）为什么会受到人们的偏爱。

2. 调音部位

Ladefoged（1993）提出一些想法，和非典型（non-modal）音的产生有关。他认为，当面对两个相似的音时，说话人倾向于选择更极端的音姿。如此看来，Yanyuwa 语中非典型舌面音的出现，就是对其七个调音部位所造成的语言学压力的回应。下一章会谈到 Ladefoged（1990）的另一个例子，当面对双唇擦音和唇齿擦音这两个相似的音时，发音人选择了更极端的音姿。如果这种说法是正确的，音姿就和 Keating（1984a）所描述的声带起振时的情况类似了。Keating 发现，在声带起振时的连续体上，不同语言在三种典型性中做选择：浊、清不送气和送气。她还提出一个极化原理（polarization principle）——语言会把连续体上相邻的两点区分开来。并认为，极化原理造成了另一后果——不送气清塞音有两种实现方式。如果一种语言中的浊塞音和其他塞音形成对立，那么，后者肯定或多或少带有送气特征；如果一种语言在送气塞音和其他塞音之间形成对立，后者肯定带有轻微的浊化特征。我们不禁猜想：极化原理是否同样适用于区分调音部位。

3. 塞音

本章讨论世界语言中的塞音。塞音是唯一一种在所有语言中都存在的辅音。正如我们在第二章讨论过的，不同塞音可以通过调音部位、喉头状态（glottal state）、气流机制（airstream mechanism）以及起振和止振过程中的发音特征来区分。它们还有可能在长度和强度上有所不同。表 3.1 总结了所有这些区别，除了和鼻音（第四章）、边音（第六章）相关的区别，其他都会在本章讨论到。此外，本章还会提到世界语言中不同的喉塞音（glottal stops）。拍音（tap）和闪音（flap）属于比较短的塞音，将在第七章讨论。䐴音（第八章）也是一种塞音，其口腔持阻在气流机制的形成中起一定作用。

3.1 喉部结构

大部分语言在区分塞音内部不同音位时，会以喉部动作模式或与发音相关的喉部动作的时间为依据。这些区别通常被认为是喉部结构的区别。因为不同学者对表 3.1 中所列术语的使用有出入（也包括我们在内），所以有必要澄清一下它们在本书中的意义。表 3.2 提供了简单的定义，接下来我们会对这些定义

3. 塞音

表 3.1　不同种类的塞音及语言示例

喉部结构		带声	大多数语言
		不带声	大多数语言
		嘎裂声	豪萨语（Hausa）、马萨特克语（Mazatec）
		僵声	景颇语（Jingpho）、韩语（Korean）
		后置送气	丹麦语（Danish）、泰语（Thai）
		前置送气	冰岛语（Icelandic）、盖尔语（Gaelic）
		气声	印地语、马拉地语（Marathi）
		弛声	爪哇语（Javanese）、吴方言（Wu）
气流机制		肺（爆破音）	所有语言
		（清）喷音	海达语（Haida）、Uduky语
		浊内爆音	伊博语（Igbo）、信德语（Sindhi）
		清内爆音	伊博语
发声	起振中 止振中	前置鼻音化塞擦音	斐济语（Fijian）、富拉尼语（Fula）德语、纳瓦约语（Navajo）
		鼻音性除阻	耶尔语（Yeletnye）、Arrernte语
		边音性除阻	纳瓦约语、米斯特克语（Mixtec）
音长		长	卢甘达语（LuGanda）、马来语（Malay）Pattani方言
发音强度	发音强度 呼吸强度	强	阿古尔语 韩语

展开详细论述。

　　具体研究表明，声带运动是一个极其复杂的现象，有待发掘之处还很多。人们说话的大部分时间里，声带是以不同方式振动着的。这些不同的运动方式取决于声带的贴紧度。不同的振动方式构成一个连续统，下面我们把这个连续统分成几个点来讨论。发音时声带振动就会形成浊音。声带不振动的情况有两种：一种

表 3.2　本书中与"喉部结构"相关术语的简单定义

常态浊声	在发音人正常音域内，声带任一频率的规则振动。
清声	声带不振动；勺状软骨通常分开（也可能合拢，如？）。
送气	在声带收窄前、后的一段时间里，气流强于常态浊声；发清声时勺状软骨会分得较开。
气声 （＝哗声）	声带振动，但没有明显的接触；勺状软骨比发常态浊音时分开更多；气流多于常态浊声。
弛声	声带振动，但比常态浊音更松散；气流略微多于常态浊声。
嘎裂声 （＝喉化）	声带前部振动，但勺状软骨合拢；气流明显低于常态浊声。
僵声	声带振动，但比常态浊音更僵硬；气流略微低于常态浊声。

是声门完全打开，声带离得很远；另一种是声带贴得很紧，发喉塞音。如果喉下压力太低（如说话人上气不接下气）或者喉上压力太高（如持阻时，气流被堵在口腔内），即使当时声带所处的状态会在其他条件下引起振动，但声带振动也不可能发生。在后一种情况下，说话人发音过程中有一段时间声带是不振动的，而喉部结构没有为适合带声的任何振动发生改变。因此，从发音和声学两个角度上，清音的定义存在矛盾。一些语言学家认为，清音永远意味着声门打开；还有一些语言学家认为，不管是否受到喉部的主动控制，只要声带不振动，发出的音都是清音。根据定义，塞音的发音牵涉喉上持阻（喉塞音除外），所以，我们在描述塞音的发声类型时，要牢记主动清化（active devoicing）和被动清化（passive devoicing）的区别。

在声门振动的连续统上，可以划分为五个点——从气声（breathy voice，声带相距最远，并保持振动）开始，经过弛声（slack voice）、常态浊声（modal voice）、僵声（stiff voice），到嘎裂声（creaky voice，声带收紧度最大并振动）结束。在开放的清声态下，声带并不振动，因为它们相距太远，这可以被认作这个连续统在气声那个方向上的延伸；而发喉塞音时，声带的收紧度甚至比嘎裂声还大，是连续统在相反方向上的延伸。这七个点足以描述我们所观察到的表层语音对立（surface phonetic contrast）。但是，还须强调：不同的喉开态（glottal opening）也形成一个连续统，同样可以划分为不同的点。

另一个需要注意的概念是送气（aspiration）。有时，送气清音的声带打开程度比开放式清音（open voicelessness）还要大。这个点可以被看作是喉开态连续统上延伸得更远的一个点。然而，送气涉及喉部和口腔发音的相对时间，而声门开度更大可以被看作控制这一时间的一个因素。我们会在详细讨论送气的时候再回到这一问题。

注意：我们并没有区分哗声（murmur）和气声、嘎裂声和喉化（laryngealization）。这些概念极易混淆，所以，最好不要赋予它们特殊的意义。通过比较经过声门的气流量，我们来量化发声类型（phonation types）之间的区别（同时假设不存在喉上收缩点）。对于一个喉下压力为 8cm H_2O 的男性发音人来说，开放式清音（open voiceless）的气流强度可以高达 1000ml/s（每秒钟 1000 毫升）；气声的强度大概是 500ml/s；弛声大概为 250ml/s；常态浊声 120ml/s；僵声 100ml/s；嘎裂声更低。当然，声门闭塞时，没有气流通过。

常态浊声

我们从常态浊声开始,对发声类型进行逐一描述。常态浊声的发音生理状态为:勺状软骨处于自然状态,既不是分得很开,也不是贴得很近(Stevens 1988)。没有气流通过时,声带稍微分开。我们认为,普通元音及延续性浊辅音(continuant consoant,如鼻音)的发音生理状态和浊塞音是一样的。众所周知,在有些语言(如英语)中,浊塞音在持阻的整个过程中,声带都不振动。即使是在被浊音(如元音)包围时,声带振动也会在持阻形成时暂停,除阻后再继续。大部分英语发音人在发塞音+元音音丛时,声带状态保持不变,但是,当口腔成阻点后面聚集起喉上气压时,被动清化就会发生。在塞音的口腔持阻过程中,有几个动作可以帮助声带振动持续下去,比如,扩大成阻点后面声腔的体积,这包括放松腮部和口咽腔周围软组织肌肉以使气压被动升高;主动调音姿态包括在持阻时将收缩点前移、舌根前移、下巴及喉头下降等(Hudgins 和 Stetson 1935, Bell-Berti 1975, Ohala 和 Riordan 1979, Keating 1984c)。有些英语发音人使用这些音姿来保持浊塞音持阻阶段的声带振动(Westbury 1983),但他们也使用相似的音姿来发元音间的浊塞音,而使声带不持续振动(Kent 和 Moll 1969)。Fledge(1982)指出,在英语中,话语开始处的浊塞音除阻时声带振动的起振时间存在差异,但这差异并不取决于在除阻以前声带合拢花了多长时间。所以,英语中浊塞音的调音目标可以被认为是把声带保持在适合带声的位置上,同时又不使用其他办法来保持声带振动。

3. 塞音

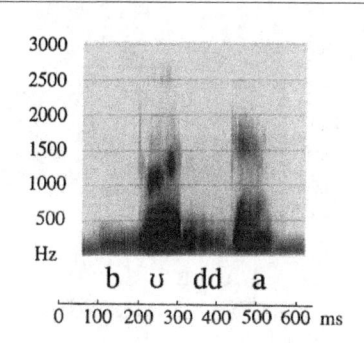

[图：Ilwana语单词budda的声谱图，横轴为0-600ms，纵轴为Hz (500-3000)，标注b υ dd a]

图3.1 Ilwana语单词**budda**（"鹈鹕"）的声谱图，显示了首音**b**和元音间双音**dd**出现时的声带振动

和英语及其他日耳曼语相比，很多语言有浊塞音，这些语言中的浊塞音要求有更大的能量来保持声带振动。比如我们熟悉的法语和泰语，以及我们不熟悉的 Ilwana 语。在这类语言中，浊塞音的发音目标必须被定义为在持阻阶段保持声带振动。图 3.1 显示了 Ilwana 语中单词 **budda**（"鹈鹕"）的声谱图。这个词包含一个起始浊塞音和元音间的双音浊塞音，二者在发音过程中，声带都是完全振动的。在这两个位置上的持续声带动作都要求发音人付出额外的努力（Westbury 和 Keating 1986）。

在一些语言中，声带持续振动是浊塞音发音目标的一部分，喉头降低和其他声腔扩大的动作都足以使口咽腔（oropharynx）空气稀薄，从而降低口腔内气压。口腔成阻点除阻时，会产生内进的气流。换句话说，在完全的浊塞音和内爆音（implosive）之间存在一个连续统。内爆音的问题在以后还会谈到，这里只需注意：它和浊塞音并不相同。比如，它们在 Ilwana 语中形成对立，如图 3.1 和图 3.2 所示。我们想强调的是，浊塞音有一系列的声

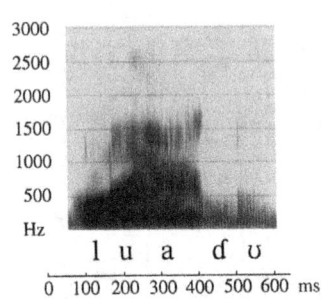

图3.2 Ilwana语单词**luaɗu**("速度")的声谱图

学模式。但据我们目前所掌握的材料，没有哪种语言会对具有相同喉部结构的塞音进行区分，而这些塞音之间的区别仅仅在于是否具有使声带持续振动的音姿。所以，尽管英语和Ilwana语的浊塞音不同，但是这种不同不足以在同一种语言系统内形成对立。

当然，并不是所有位置上的浊塞音都有相同的喉部动作。某些语音环境下的浊塞音会变成它的清音形式，德语和俄语（Russian）中就有这样的规则。研究表明，德语、俄语中的塞音清化有渐变性。但是，英语这类语言中的浊塞音在声学效果上的差异并不能反映其喉部结构的差异。

清声

大部分语言都有一系列的塞音，因两片声带之间相隔太远，这些塞音在发音时声带并不振动。这种塞音出现在元音间的位置时，声带振动通常会在口腔持阻形成后持续一小段时间，这是因为声带在口腔持阻形成以前，还没有分得很开。声带振动何时停止，取决于声门主动打开时间和影响气流通过声门的一系列主被动因素。

据研究报道，拥有单一系列塞音（从喉部结构的角度看）的大部分语言里都有清塞音（Maddieson 1984a）。我们怀疑，这实际上可能涉及两类主要塞音。在一些语言中，比如玻利尼西亚语（Polynesian）[夏威夷语（Hawaiian）、毛利语（Maori）和汤加语等]，塞音发音必须打开声带；而在澳大利亚的土著语言中，塞音发音不必打开声带，声带不振动是由于发音人主观上没有做任何保持声带振动的努力。对蒂维语（Anderson 和 Maddieson 1994）五位发音人的元音间舌冠塞音（intervocalic coronal stops）的声学分析显示：声带振动在口腔持阻形成后持续了 50 毫秒，比通常情况要长，并和被动的声腔扩大相一致。要比较这两类塞音之间的区别很困难，但玻利尼西亚语塞音的持阻时间比澳大利亚土著语要长，而澳大利亚土著语塞音倾向于有浊音变体。

嘎裂声（喉化）

我们用"嘎裂声"来描述声带的一种振动模式，在这种振动模式下，勺状软骨之间的距离比常态浊声更近。发嘎裂声时，喉内肌群有很大程度的紧缩，声带也不再振动。有时是因为声带接近勺状软骨的部分贴得太紧而不能振动；有时是因为喉前部（ligamental）和勺状软骨分别振动，所以它们彼此并不在同一个振动相位上。这时，会产生振幅高低相间的脉冲。如果它们的相位差别达到 180 度，脉冲会有所增加，通常是喉脉冲出现率的两倍。这种塞音发音带有某些嘎裂声特征的语言普遍存在，包括 Sedang 语、Pacoh 语、拉伽语（Lakkia）、水语（Sui）、龙州土话［中国广西称"龙州壮语"（Lungchow），越南称"侬语"、"侗台语"（Kam-Tai）］、Lugbara语［尼罗－撒哈拉语（Nilo-Saharan）］、索马里语［Somali，库西特语族（Cushitic）］、豪撒语（Hausa）、布拉语（Bura）、Ngizim语［乍得语（Chadic）］、卡罗克语［Karok（Hokan）］和瓦皮萨纳语［Wapishana，阿拉瓦语（Arawakan）］。

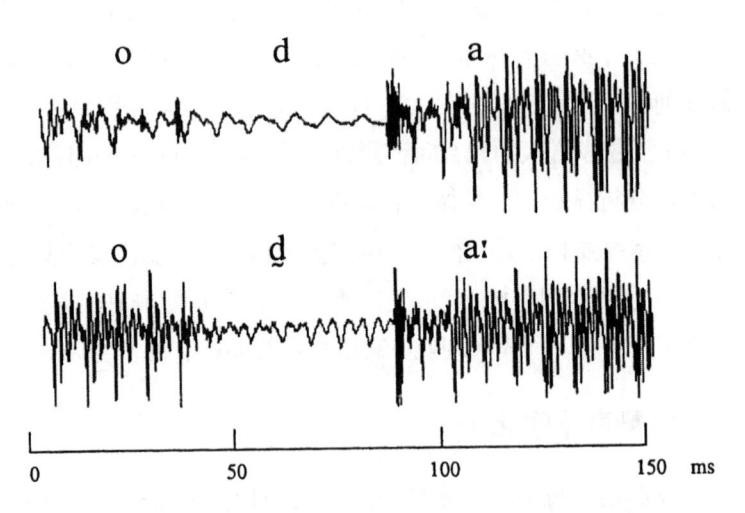

图3.3 上图为一男性发音人（来自Guinée）在发富拉尼语 o dari（"他站着"，过去式）时的波形图，下图为 o ɗa:nike（"他睡觉"，过去式）的波形图（显示辅音持阻和相邻元音的一部分）

我们并没有听过所有这些语言，因此，也无法确定它们是否都有所谓的嘎裂声。文献显示这些语言间存在差异：在有些语言中，这一系列塞音被描述为喉冠音（preglottalized），而另一些语言则把它们等同于内爆音。在喉头收紧和口腔调音的时间关系上确实存在一系列差异。在有些语言中，喉头收紧先于口腔持阻；而在另一些语言中，喉头收紧迟于口腔持阻。在收紧程度上也有很大差别。

在这一系列时间差异的一端，是塞雷尔语（Serer）中的喉化塞音（laryngealized stops），它的喉化过程是快速地从常态浊声变为喉塞音，然后快速再变回常态浊声（Ladefoged 1968）。喉塞音通常出现在辅音持阻前的几万分之一秒内。这种类型的嘎裂声让我们想起丹麦语中的喉部梗塞（glottal catch），丹麦语的很多单词都有一个被称作 *stød* 的简短的喉部收紧动作（glottal constriction），这显然不是单个塞音的特征，而是整个词的超音段（suprasegmental）或韵律特征。对丹麦语 *stød* 的详细论述不在本书范围之内，感兴趣的读者可以参阅 Fischer-Jørgensen（1987）。

和塞雷尔语密切相关的富拉尼语中，塞音持阻的全过程中都伴随有嘎裂声类的声带振动。图 3.3 的波形图显示了常态浊声和嘎裂声之间的区别。我们看到：两个持阻过程都非常短，大约 50 毫秒，而且都包含五个完全带声过程（也就是说，基频相似）。需要指出的是，二者有两点不同：常态浊声的振幅不断减小，嘎裂声的振幅不断增大；常态浊声的脉冲形状简单，嘎裂声的脉冲则是大小相间。振幅差异说明，嘎裂声发音过程中声腔打开的程度大于常态浊声，这也许跟喉头下降有关。脉冲形状差异说明了喉部结构的不同。

在其他语言中，喉部收缩紧挨着除阻过程。持阻过程中带声也许较不规则或根本不出现，除阻之后紧接着的元音也显示出非常态浊声（non-modal voicing）。与此类似的一个现象我们会在谈到内爆音时详细讨论。

嘎裂声塞音位于三个不同连续统的交汇点上。这三个不同的连续统分别是：喉部收缩度连续统，其一端是常态带声（modified voicing），另一端是同时发音的喉塞音。第二个连续统和口腔发音及喉部动作的时间先后顺序有关，其一端是一个单一音段，比如ɖ，另一端是音丛，比如 **dʔ** 或 **ʔd**。第三个连续统和口咽腔的打开度有关，位于连续统两端的分别是常态浊声塞音和内爆音。我们会在谈到和其他音同时发音的喉塞音及气流机制时再回到这一问题。在第一个连续统上，位于常态浊声和嘎裂声之间有一点，我们把它称作僵声（stiff voice）。

僵声

僵声指轻度喉化，和声带肌（vocalis muscles）的收缩有关。Stevens（1988）指出，僵声是声门的一种特别状态。我们发现，很难界定肌肉运动到什么程度时发出的音是僵声而不是常态浊声。要区别僵声和嘎裂声同样很困难，因为二者是同一个连续统上的两点，都牵涉喉部收缩。Stevens 所说的声门量子状态也许存在，但在实际中很难判断。不过，在僵声和嘎裂声内部再分出几个小类在语言学上没有意义。大部分语言在常态浊声和一种程度（不会多于一种）的喉化音之间形成对立。但是，僵声和嘎裂声有时也有明显的语音区别。有些语言存在轻度喉化的塞音，比如泰语，其塞音形成三种对立，如表 3.3 所示，**b**、**d** 经常是僵声，甚至是嘎裂声（至少在持阻形成时如此）。

韩语中的僵声很特别。如表 3.4 所示，它在词首位置上有

3. 塞音

三种不同的清塞音。这三种音分别被称作送气音、不送气弱音（unaspirated lenis）和不送气强音（unaspirated fortis）（曾被称为"软音和硬音"）。强音和其他两类音的区别体现在好几个方面，但是，根据 Dart（1987）的研究，这些区别都可以归结为与僵声声带位置有关的喉部动作。和弱音相比，强音之后的声带起振有较高的基频。另外，强音之后的声带起振十分突然，并伴随着无阻尼的谐波（Han 和 Weitzman 1970，Hardcastle 1973），这在一定程度上要归因于声带紧张度的增加。

表 3.3 泰语中含三种不同塞音（三种不同的喉部结构）的例词。浊塞音有轻微的僵声特征，标记符号为 [ˬ]。

	双唇音	齿音	齿龈塞擦音	软腭音
浊声	bâ: "疯狂的"	d̪à: "诅咒"（动词）		
不送气清声	pâ "姨母"	t̪a: "眼睛"	tɕa:ŋ "盘子"	ka: "乌鸦"
送气清声	pʰâ: "衣服"	t̪ʰâ: "着陆点"	tɕʰa:m̄ "碗"	kʰǎ: "腿"

表 3.4 韩语中的三种塞音。僵声塞音标记为 p*、t*、k*

	双唇音	齿音	后齿龈塞擦音	软腭音
送气	pʰul "草"	tʰal "面具"	tʃʰa "茶"	kʰin "大的"
不送气	pul "火"	tal "月亮"	tʃa "尺子"	kin "重量单位"
僵声	p*ul "号角"	t*al "女儿"	tʃ*a "咸的"	k*in "绳子"

Kagaya（1974）提道，韩语中的三种塞音在发音时，喉部动作很不一样。他指出：对作为词首的塞音来说，送气塞音在持阻过程中的声门打开度最大，弱塞音次之，强塞音最小。喉部动作和除阻的先后顺序也不一样，送气塞音的除阻发生在声门开度最大时；对弱塞音来说，声门虽然在除阻时仍是打开的，却在慢慢闭合。强塞音的声带在除阻之前就已经合上了。强塞音的持阻比弱塞音要长很多。还要注意：Dart的材料说明强塞音的声道壁更紧张，呼吸肌力量的增加更为突然。在强塞音除阻前，一些发音人还显示出喉头下降或其他喉上声腔扩大的迹象。很明显，韩语中的强塞音有很多独特的语音特征，其中之一便是独特的喉部结构。根据 Dart（1987）和 Kagaya（1974）的研究数据，图3.4显示了韩语中不送气塞音之间的对立。

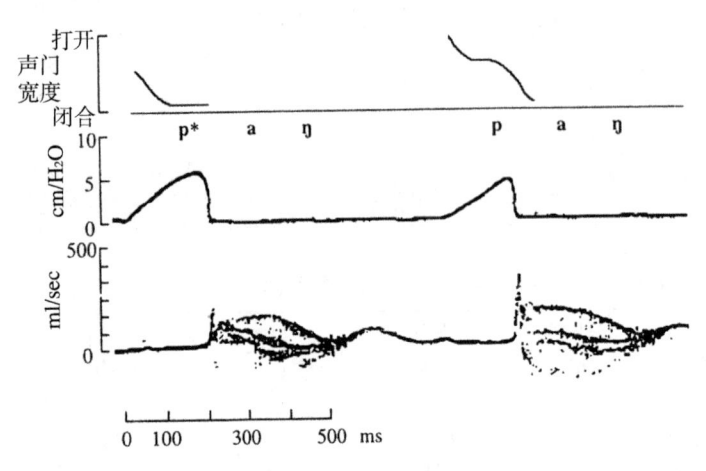

图3.4 Dart（1987）和Kagaya（1974）的研究数据显示了韩语中不送气塞音之间的对立。需要强调的是，这些材料来自不同话语，不代表某个单一发音人

气声（嗥声）

为了研究方便，我们把僵声和嘎裂声进行区别，同样，我们也区分弛声和气声。和弛声相比，气声的空气流量较大，声带振动时比较松弛。

气声是塞音的一种显著特征，只有在除阻时才能听到。最广为人知的在除阻中带气声的塞音来自印度-雅利安语（Indo-Aryan），比如印地语、马拉地语。这种塞音也出现在同一地区的其他语族中，包括达罗毗荼语族的泰卢固语，藏缅（Tibeto-Burman)语族的尼瓦尔语(Newari)，南亚语系的蒙达语(Mundari)等。一些非洲语言也有这种气声塞音（breathy voiced stops）。下面，我们对气声展开讨论。

表 3.5 印地语中气声塞音和其他三种不同喉部结构塞音的例词

	双唇音	齿音	卷舌音	硬腭音	软腭音
不送气清声	pal	t̪al	ʈal	tʃɐl	kan
	"照顾"	"打"	"延迟"	"走"	"耳朵"
送气清声	pʰal	t̪ʰal	ʈʰal	tʃʰɐl	kʰan
	"刀锋"	"盘子"	"木材商店"	"欺骗"	"我的"
浊声	bal	d̪al	ɖal	dʒɐl	gan
	"头发"	"滨豆"	"树枝"	"水"	"歌曲"
送气浊声	bɦal	d̪ɦar	ɖɦal	dʒɦɐl	gɦan
	"前额"	"刀"	"盾牌"	"微光"	"包袱"

表 3.5 是印地语中含不同塞音的单词举例。Dixit（1989）指出：印地语发气声塞音时环甲肌（cricothyroid）动作幅度较小，声带较松弛；声门开度居中（大约是送气音的一半）；口腔气流量较大；喉下气压迅速下降（送气清音也有这个特点）；后接元音的高共振峰区有不规则的噪声分布，但仍然带声，比起第二谐波处，声学能量在基频处更为集中。同样的报道出现在 Kagaya 和 Hirose（1975）、Benguerel 和 Bhatia（1980）对印地语的研究中，Yadav（1984）对迈蒂利语（Maithili）的研究也得到同样的结论。他们最重要的发现是声门打开的时间，如图 3.5 所示，清塞音和气声塞音都有声带外展的特征。清塞音的声带外展出现在除阻前 80 毫秒，大约是持阻形成时。气声塞音的声门在口腔持阻的中点打开，除阻时开度最大。

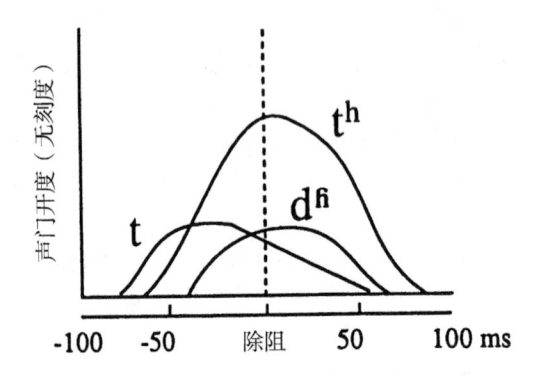

图3.5 印地语塞音的声门开度（glottal aperture），根据Kagaya和Hirose（1975）的纤维光导技术数据

3. 塞音

　　由于声门打开的时间不同，印地语和其他印度语支的气声塞音才能在声学特征上和普通浊塞音区分开来，区分的依据并不是持阻中的声学差别，而是除阻后的差异。后接元音的气声塞音在声学效果上类似噪声，但由于喉部动作和元音发音相互重叠，又呈现出周期性的间隔。图 3.6 显示了这种对立，它是印地语单词 **bal**（"头发"）和 **bʱal**（"前额"）的声谱图。左图显示普通浊塞音，在持阻的整个过程中都伴有声带振动，并一直持续到元音发音时。右图显示气声塞音，只在持阻的第一阶段伴有声带振动，随着声带的张开，振幅也逐渐变小。在持阻后约 100 毫秒的时间里，会出现气声性的声带振动。根据 Maddieson 和 Gandour（1977）的研究，元音在气声塞音前比普通浊塞音前更长，这也是把二者区分开来的标准之一。

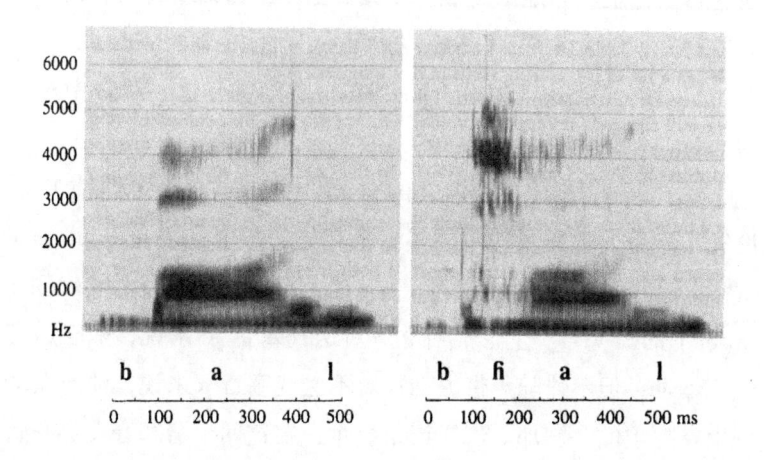

图3.6　印地语单词 **bal**（"头发"）和 **bʱal**（"前额"）的声谱图，显示普通浊塞音和气声塞音的区别

表 3.6　奥韦里－伊博语里显示双唇塞音和龈塞音区别的单词
（Ladefoged、Williamson、Elugbe 和 Uwulaka 1976）

不送气清声	i̩ pa	"搬运"		
清内爆音	i̩ ɓa	"聚集"	i̩ ɗa	"咀嚼"
送气清声	i̩ pʰà	"挤压"	i̩ tʰà	"指责"
浊声	i̩ ba	"变富有"	i̩ da	"切"
气声	i̩ bʱa	"削皮"	i̩ dʱa	"掉下"
浊内爆音	i̩ ɓa	"跳舞"		

在印度次大陆以外的语言中，气声塞音与以上描述不同。比如，奥韦里－伊博语（Owerri Igbo）塞音在四个方面形成对立，在塞音名称上和印地语类似。（奥韦里－伊博语塞音还有其他方面的对立，和喉头气流机制有关，稍后讨论。）表 3.6（Ladefoged、Williamson、Elugbe 和 Uwulaka 1976）显示的是这一语言中对立的塞音。

图 3.7 是伊博语双唇塞音的空气动力图。在此，我们集中讨论气声塞音，但先要简单描述一下其他的肺气流塞音（pulmonic stops）。和印地语及其他语言一样，这类音在声带起振时间（Voice Onset Time, VOT）上形成对立。对送气塞音 p^h 来说，除阻后有气流爆发，但不伴随声带振动；对不送气塞音 p 来说，浊声振动发生在除阻的一刹那。气压记录显示，在这两个清塞音发音开始时，发音人在双唇闭合后的短时间内依然持续带声。前面我们也提到过，这种声带止振时（Voice Offset Time）的滞后现象也存在

3. 塞音

于其他语言中，包括英语（Ladefoged 1967）。气压和喉头传声器记录显示，浊塞音 **b** 发音时，整个持阻过程都带声。图 3.7 的内爆音将在本章后半部分讨论。

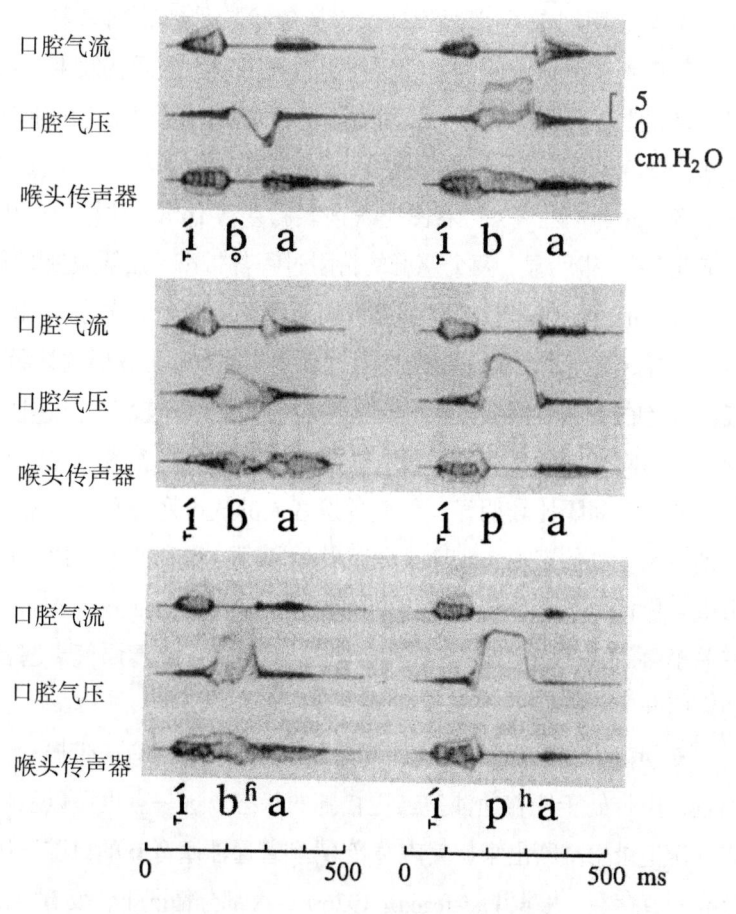

图3.7　奥韦里–伊博语中六个双唇塞音的空气动力图

气压记录显示，$b^ɦ$ 在发音时，整个持阻过程都伴有声带振动。气流记录显示，紧跟在除阻之后的气流比正常的值高一些。在我们对这种语言的所有记录中，浊塞音和气声塞音的气流量差异不大，但这一差异足以说明：和普通塞音相比，气声塞音除阻时的声带开度较大（从勺状软骨的距离来看）。

气声到普通浊声的过渡经常在声带仅振动几次后就发生。从记录材料上（如图 3.7 的空气动力图）很难看出过渡发生的准确时间。图 3.8 的声谱图也许对认识气声更有帮助，左图显示浊软腭塞音 ɡ̰a（"去"），右图是气声软腭塞音 ɡ̰ɦa（"把……串成串儿"）。很明显，两个塞音的持阻过程都带声。在低频处（接近底线的地方）可以看到显示声带周期性振动的频谱成分。和印地语一样，气声塞音的振幅在持阻过程中不断减小。波形图显示，气声塞音在爆破时振幅较大，因为除阻时口腔气压较大。除阻后的气声间隔比图 3.6 所示的印地语塞音多少短一些。图中这位发音人的气声间隔比较明显，但其他发音人的气声塞音和普通塞音区别不大。总的来说，和印地语及其他印度－雅利安语相比，奥韦里－伊博语气声塞音的气声间隔较短，带声更为强烈。我们没有关于声门开度的记录，但可以推测：奥韦里－伊博语气声塞音的声门开度比印地语要小。

对伊博语气声塞音来说，即使是在持阻阶段也伴有声带振动，而且，声带处于比普通浊塞音更松弛的状态。这一点也可以从口腔气压记录中推断出来，气声塞音 $b^ɦ$ 和普通浊塞音 b 的口腔气压差异一直存在。根据 Ladefoged（1976），大部分情况下，发 $b^ɦ$ 时，口腔压力在持阻结束时比 b 要高。这就说明，不管是在持阻还是

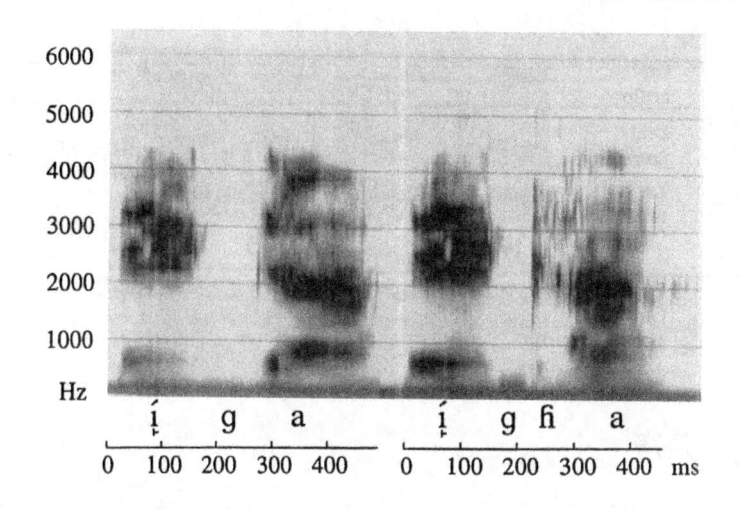

图3.8 浊软腭塞音和气声软腭塞音的声谱图。发音人为女性，讲伊博语的奥韦里方言

除阻阶段，气声塞音的声带振动状态都比较松弛，这样，才能让更多空气在短时间内通过声门进入口腔。气声塞音的持阻时长也比普通浊塞音要短，这也是口腔压力不同而造成的间接后果。

Zhul'hõasi 语里有一种带气声的音，其对立关系如表3.7所示。最后一行单词词首的塞音被 Synman（1975）标写为 **bh**、**dh**、**gh**，好像和印地语的气声塞音类似。事实上，它们都是很特殊的音，就像 Synman 所描述的那样，Zhul'hõasi 语中有很多辅音连缀，其第一个成分为浊音，第二个成分为清音。表中最后一行词首的辅音丛就是这样的例子。我们会在以后讲到喷音的时候，再讨论这个带清声和浊声的阻塞音音丛（obstruent cluster）。

表 3.7　Zhul'hõasi 语里含对立塞音的例词

	双唇音	齿龈音	软腭音
浊声	**ba** "父亲"	**da** "皮肤（毯子）"	**gaba** "内八字走路"
不送气清声	**pabu** "鼓腹巨蟒"	**ta** "野生橘子"	**kabi** "查看陷阱"
送气	**pʰepʰe** "贪心的人"	**tʰa** "蜜蜂叮咬"	**kʰaba** "下降"
送气浊声	**bpʰe** "吐出"	**dtʰa** "毯子"	**gkʰaro** "床"

弛声

和僵声一样，弛声（slack voice）也代表声门开度连续统上的某个区域。在这一节，我们集中讨论弛声塞音。弛声塞音的声门开度和气流量都比普通浊声稍大。如前所述，当声带振动过程中的声门开度较大，气流量较大时，所发的音是气声。

爪哇语里有一种弛声塞音，在双唇、齿、卷舌和软腭四个调音部位分别和僵声塞音形成对立，如表 3.8 所示。Fagan（1988）提道：这些塞音被描述为轻与重、紧与松、清不送气和清送气、送气与不送气的对立。位于词首时，不管是僵声还是弛声，在持阻阶段声带都不振动。Hayward（私下交谈）曾用纤维光导技术对这些音进行了分析。她发现，发僵声塞音时，勺状软骨在持阻阶段是紧贴在一起的，这点同韩语很像。弛声塞音和僵声塞音的区别在于：弛声塞音的声带张得更开。二者之间的声学差异表现在除阻上。Fagan 在做了详细的声学分析后得出结论：这些塞音的区别在于第一共振峰频率和后接元音起振时的发声类型上（Fagan 1988:194–195）。我们自己的调查也表明：弛声塞音的第一共振峰较低，这说明喉头下降。其后接元音有较低的基频，频谱图的高频率区能量减少，这是弛声元音或气声元音独有的声学效果（见第九章）。Hayward 还指出，弛声塞音的声带起振时较长，这反映声带之间的开度较大。

表 3.8　爪哇语中弛声塞音和僵声塞音的对立。弛声塞音的标记符号为普通浊塞音符号加上附加符号 [̬]

僵声	paku	tamu	tsari?	țiti?	kali
	"指甲"	"客人"	"一张（纸）"	"小的"	"河流"
弛声	b̬aku	d̬amu	d̬zarit	d̬ʝisi?	g̬ali
	"标准"	"吹"	（一种妇女服装）	"第一"	"挖"

表 3.9　上海话塞音对立。这些塞音在除阻时带有弛声特征。弛声塞音的标记符号为普通浊塞音符号加上附加符号 [̬]

送气	pʰó?	"打击"	tʰí	"天"	kʰʌ́?	"称职"
不送气	pʌ́?	"百"	tí?	（词缀）	kó?	"角落"
弛声	b̬ʌ̌?	"白"	d̬ǐ	"土地"	g̬ə̌?	（所属标记）

汉语吴方言（如上海话）里也有这种弛声塞音，即所谓的弱辅音（lenis consonants）。爆破音有双唇、齿和软腭三个调音部位。塞音也分三种类型，如表 3.9 所示，其中一种是送气音，有关其他两种音的区别一直是有争议的。有人认为其中一种是不送气清音，另一种在持阻和除阻时都带声，除阻时还伴随很弱的带声送气；还有人认为后一种在持阻时是不带声的，然后伴随着一些轻微的带声气流。我们采用 Cao 和 Maddieson（1992）的说法，

认为第二种观点比较可信,因为塞音在持阻时带声还是不带声并不重要,关键是除阻时的发声类型。所谓的浊塞音在声带止振时有弛声特征,这一点也可从后接元音的声带起振时看出来。而其他的清塞音在声带止振时根本不送气。图 3.9 的声谱图显示了双唇塞音的对立。下面那张图表明这两个塞音都不是浊音;声带振动都开始于除阻后的 20—30 毫秒。上面的图则显示元音的频谱,在最初几个阶段(大概 50 毫秒),弱辅音第二共振峰和基频之间的振幅差别较大,说明它的气声特征更为显著。气声的典型特

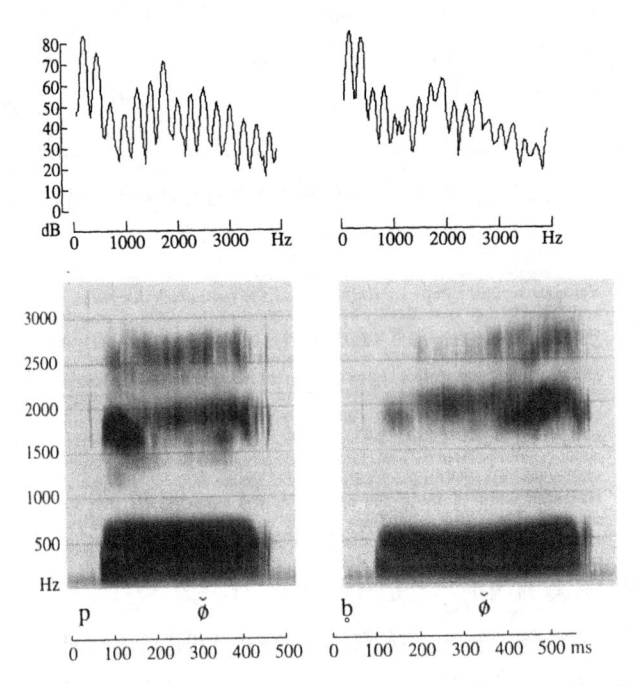

图3.9 汉语吴方言中不送气塞音的区别,图为来自上海的女性发音人在发 p̥ǒ("半")和 b̥ǒ("盘")时的声谱图和能量频谱

征是位于频谱图中间和上部的谐波振幅的下降。而辅音的声学对立被认为是固有的，最有力的证据就来自后接元音。气声频谱图中还有更多不规则的噪声成分。

从前面的讨论中可以明显看到，弛声塞音在形式上差别很大。爪哇语弛声塞音和僵声塞音形成声学对立。汉语吴言中的弛声塞音、送气清塞音和不送气清塞音形成三方对立，三个音的声带振动方式都是弛声性的，因为它们在发音时，声带处于较松弛的状态，但勺状软骨不像气声那样分得很开。

送气

送气清塞音是大家都很熟悉的,不需要在这里多加讨论。其实,在讲到泰语、韩语、印地语及伊博语中的塞音时，我们已经分析过送气清塞音，也在图 3.5 和图 3.7 中有所显示。Dixit 和另外一些语言学家已经说明，印地语中的送气清塞音在发音时，口腔持阻形成的同时声门打开，除阻时声门开度最大，和不送气的清塞音形成对立。后者声门打开时间大致是一样的，但在口腔持阻过程的中点开度最大，而且声带在除阻时回到带声状态。送气塞音的声门最大开度比不送气塞音要大得多。这一点可以用两种方式来解释：可以把声门开度看作送气清音的核心特征，也就是说，送气使声带张得更开（Kim 1965）；也可以把它看为一种机制的副产品，口腔和声门音姿止振时正是由于这个机制而存在时间上的差异，换句话说，送气其实是喉部结构和口腔发音的时差（Goldstein 和 Browman 1986）。我们会在后面对这一问题详加讨论。送气清塞音的典型特征是 VOT 较长，即塞音除阻后与后接音段起振开始前的那段时间。Lisker 和 Abramson（1964，1967）的长篇论著已表明，声带起振时是一个很有效的标准，它可以对很多语言中不同喉部动作的塞音进行区分。

以上提到的塞音都位于词首，需要注意的是：浊塞音、不送气清塞音和送气清塞音的对立也出现在词尾。表 3.10 是东亚美尼亚语（Eastern Armenian）的例子，表中头两行词的最小对立对儿间的区别就是清浊问题。图 3.10 显示的是以软腭塞音收尾的词的波形图。其中，g 在整个持阻中都是带声的，而且声带振动一直持续到除阻后，而 k 仅仅在持阻形成后的前几个阶段是带声的。通常情况下，不带声的持阻时间要长一些。在 g 和 k 的对比中，二者前面的元音没有长短区别，虽然从我们掌握的材料来看，清塞音前的元音一般比浊塞音前的元音短（几百万分之一秒）。

对图中这位发音人来说，送气清塞音和不送气清塞音（图 3.10 下方的两个词）的区别在于除阻的强度。不送气清塞音的除

表 3.10 东亚美尼亚语中含浊塞音、不送气清塞音和送气清塞音的单词举例，这些音都出现在词尾

	双唇音	齿龈塞擦音	后齿龈塞擦音	软腭音
浊声	**ab** （月份名称）	**bardz** "枕头"	**ʃurdʒ** "附近的地方"	**bag** "部分"
不送气清声	**kap** "带子"	**barts** "困难的"	**surtʃ** "咖啡"	**bak** "门廊"
			votʃ "词组"	**tak** "在……下面"
送气清声	**kap^h** "俱乐部"	**barts^h** "高的"	**votʃ^h** "不"	**tak^h** "热的"

阻很弱，或者根本没有除阻（参见这个发音人的其他数据）；而送气清塞音持阻较短，却有明显的爆破，后面还会接有持续一段时间的噪音气流。我们所调查的几个东亚美尼亚语发音人在词尾是不送气塞音时还伴有声门持阻，有时甚至稍带喷音性质。需要强调的是，这种三方对立只存在于东亚美尼亚语，西亚美尼亚语中并没有。

Chomsky 和 Halle 指出（1968：326）："上升的喉下压力是送气的必要条件而不是充分条件。"这一观点在最初可能被过度批判了（如 Ladefoged 1971）。当时有证据显示，上升的喉下压力出现在重读音节上，却没有证据显示它可以用来描述单个音段。但是 Chomsky 和 Halle 把上升的喉下压力和送气联系在一起是有道理的。在奥韦里-伊博语中，送气清塞音的喉下压力有所上升，尽管它比不送气清塞音要短。也许有人觉得：持阻较长的塞音（不送气清塞音）会有更大的峰值压力（peak pressure）；如果喉下压力是肺容量不断减小所致，那么持阻时间越长，压力就会越大。然而，至少对某些发音人来说，送气音的喉下压力较大，这肯定和较强的呼吸运动有关。所以，在有些语言中，送气音的喉下压力有所上升是有道理的。奥韦里-伊博语里气声塞音的口腔压力有所上升可能具有同样的特征。但是，这一声学属性并不是音系区别中的重要特征，而是一个用于提高通过声门气流量的次要机制，而大开的声门早已确保了气流的通过（Stevens 和 Keyser 1989）。

关于送气这个概念，还有其他的解释。前面提到过送气是声带开度连续统上的一端，这和 Kim（1965）的观点相似。另一个

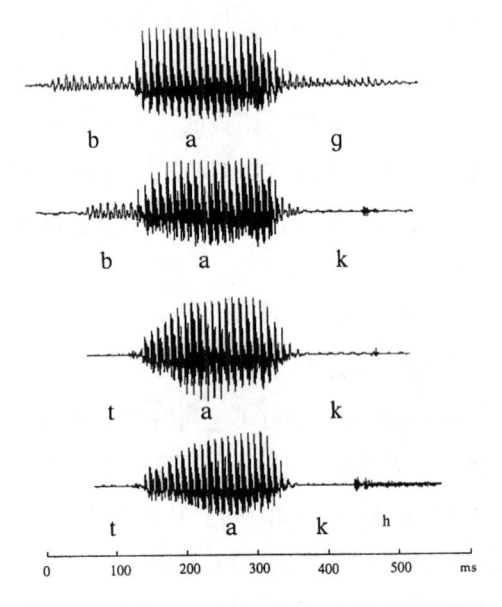

图3.10 波形图显示东亚美尼亚语中位于词尾的软腭塞音的对立。例词是表3.10的最后一列

定义把送气等同于除阻后、声带振动前的一个无声阶段。第一个定义没有提到时间问题；第二个定义忽略了声门开度。不管选择哪一个，都会出现很"有趣"的后果。第一个暗示送气音的声带起振时没有任何延迟，所必需的只是声门打开。缅甸语（Burmese）里有许多成对的动词和形容词，它们的形态变化是靠送气和不送气音的交替完成的。比如，动词的原形是不送气清塞音，使动式则是送气清塞音。鼻音和边音之间的交替现象也经常被描述为清浊替换，这些交替现象的例子显示在表3.11中。

表 3.11 送气和缅甸语的使动式

	简单形式		使动形式
páuʔ	"被穿透"	**pʰáuʔ**	"穿透"
céʔ	"被烹饪"	**cʰéʔ**	"烹饪"
kwà	"剥掉"	**kʰwà**	"分开"
mjô	"正在飘动"	**m̥jô**	"使飘动"
nôu	"正醒着"	**n̥ôu**	"唤醒"
láʔ	"无遮盖的"	**l̥áʔ**	"使无遮盖"

这些现象使有些音系学家认为，送气塞音和清响音（voiceless sonorants）的共同特点是送气或声门打开（Cho 1990，Steriad 1993a）。缅甸语的清鼻音和边音在除阻后没有无声阶段（见第四章和第六章），但它们和送气塞音、塞擦音的共同之处在于较大的声门开度。遗憾的是，由于没有缅甸语声门开度的记录，我们并不知道情况是否果真如此。但是，我们有清鼻音气流量的记录（大于 500 毫升/秒）（Bhaskararao 和 Ladefoged 1991）。这个数字在鼻腔气流里是很高的，足够证明声门的开度很大。

另一方面，如果定义强调的是时间而不是具体的声门开度，那么像印地语、伊博语和其他很多语言里的 p^h 和 $b^ɦ$ 就都可以被归入送气音一类了。至少在印地语和其他印度语支语言里，这些音有共同的音系特征（Maddieson 和 Gandour 1977，Ohala 1983）。但是 $b^ɦ$ 这样的音在除阻后并不存在无声阶段，所以不能用这一阶段来给送气下定义。相反地，如果要用 VOT 的概念来量化送气特征的话，就得这样描述：送气这个阶段是位于除阻后和有规律声带振动正常发声前的一个阶段（或另一个音段开始前，或整段话语结束前），这个阶段中声带比发普通浊音时张得更开。这个定义就把送气清音和气声送气音归入了一类。需要注意的是,这并不是说所有气声都是送气的,只是指与这个特别发音时间模式相关的那些音。

前置送气

在结束送气音的描述之前,我们要提一下前置送气(pre-aspiration)。前置送气塞音发音时,塞音持阻前的元音、鼻音或流音末尾有一个无声阶段。我们最熟悉的这种音出现在苏格兰-盖尔(Scottish Gaelic)语、冰岛语以及法罗群岛语(Faroese)中。盖尔语的前置送气塞音只出现在词中和词末,与位于词首的送气塞音形成对立。在冰岛和法罗群岛语里,前置送气音也是只出现于词中和词末,它们是长的(双音)送气清塞音的实现形式。这几种语言在词首的位置都有不送气清音和送气清音之间的对立。不送气塞音在词中的位置是不变的,造成前置送气和不送气塞音之间的表层对立。萨米语的卢勒方言(Lula Sami)(Engstrand 1987)里有和冰岛语类似的情况,只是这两种塞音在词首不形成对立。

表 3.12 显示了冰岛语中前置送气音的表层语音对立。和 Thráinsson(1978)一样,我们用 h 而不是 ʰ 来标写前置送气音,因为前置送气比塞音除阻后的送气要长。根据 Thráinsson 的分析,我们给出了这些音的深层形式。图 3.11 显示的是冰岛语中元音间的送气清塞音、不送气清塞音和前置送气清塞音的气流量以及声门开度的变化(ní Chasaide 1985)。Thráinsson 在研究了 Petursson(1976)和 Garnes(1974)的资料后指出:"冰岛语中

前置送气音的音长和正常音段一样，而后置送气（postaspiration）较短……这说明，前置送气并不是后置送气的简单颠倒，有时它的名称及其他一些语音学描述似乎会给我们这样的误导。"在对冰岛语的测量中发现，**hp**、**ht** 的前置送气和持阻时间加起来大约等于不送气双塞音（geminate stops）的持阻时间（Thráinsson 的音位 /bb, dd/ 等）；前置送气清塞音的声门开度比不送气的清双塞音要大，但并不需要更长的时间。前置送气塞音的口腔持阻形成于声门开度最大时，大概是不带声阶段的中点；而不送气清双塞音的口腔持阻形成于声门打开时。值得注意的是：送气音的声门开度并不比不送气音的声门开度大，这又一次说明，较大的声门开度并不是送气音的典型特征。

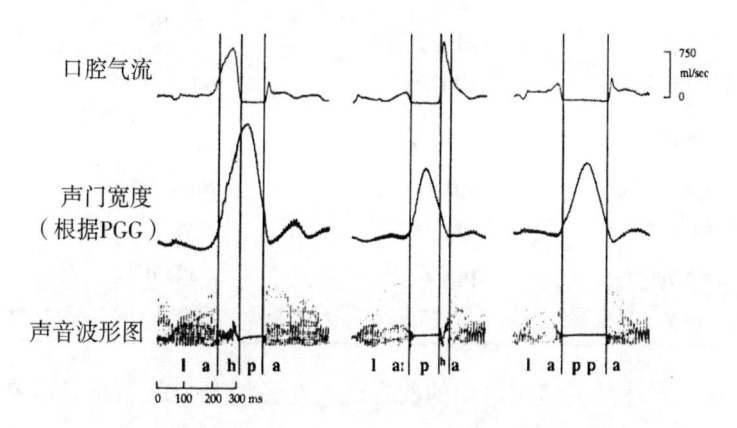

图3.11 冰岛语中前置送气、送气和双唇不送气清塞音的口内气压和声门开度记录（资料来自 ní Chasaide）。其中，前置送气塞音和不送气塞音都是双音，前面有较短的元音

表 3.12　冰岛语中位于词中和词尾的长的前置送气清塞音和不送气清塞音。因为元音的长度在区分这些塞音时也起作用，所以元音的音长对比在表中也有所显示（和 Thráinsson 1978 的解释一致）

双唇音	齿龈音	软腭音
kʰɔhpar /koppar/ "小锅"（名词、复数）	mɑɪhtɪr /mættir/ "可能"（第二人称、过去时、主语）	sɑhka /sakka/ "凿石"
kʰɔppar /kobbar/ "小海豹"（名词、复数）	mɑttɪr /mæddir/ "痛苦"（阳性、名词、复数）	sakka /sagga/ "潮湿"（宾语、单数）
kʰɔ:par /kopar/ "铜"	mɑɪ:tɪr /mætir/ "见面"（第二人称、主语）	sa:ka /saka/ "指责"
	mɑɪhtnɪr /mætnir/ "见面"（第三人称、间接引语）	sɑhkna /sakna/ "后悔"
kʰɑhp /kapp/ "热心"	viht /vítt/ "宽的"	tøhk /dökk/ "暗"（阴性、名词、单数）
kapp /gabb/ "骗局"	vitt /vídd/ "宽度"	tøkk /dögg/ "露水"
kɑ:p /gap/ "正营业"	pi:t /bít/ "咬"（第一人称）	tʰø:k /tök/ "抓"（名词、复数）

苏格兰－盖尔语中的前置送气塞音如表 3.13 所示。需要指出的是，前置送气音在这种语言的不同方言中有不同变体。比如，尽管我们不能把它分析为双音，但 Skye 方言的前置送气塞音的音长和冰岛语大致相当，但在 Lewis 方言里，前置送气塞音和其他塞音一样短（ní Chasaide 1985）。

3. 塞音

表 3.13　苏格兰–盖尔语（Lewis 方言）中前置送气塞音（上边一行）和清塞音（下边一行）的表层语音对比，材料来自 Ailbhe ní Chasaide（1985 私下交谈）

双唇音	齿音	后齿龈音	硬腭音	软腭音
[ʎehpəɣ]	[poht̪ᵛəl̪ᵛ]	[aɪht̪ʲəvᵛ]	[ehcə]	[kr̥ɔ̃hk]
leabthadh	*botal*	*aitea*	*aice*	*cnoc*
"床"（属格）	"瓶子"	"咽下"	"向她"	"小山"
[ʎepi]	[pot̪ᵛəx]	[aɪt̪ʲə]	[ɛcə]	[kr̥ɔ̃k]
leabaidh	*bodach*	(ná's) *fhaide*	*aige*	*cnog*
"床"（主格）	"老伙计"	"更远"	"向他"	"敲"

虽然在盖尔语和冰岛语里，前置送气塞音和（后置）送气塞音有音系相关性，但这两种音的喉部动作和口腔调音在时间先后顺序上有区别。而且至少在冰岛语里，后置送气塞音的声门开度并不比不送气清塞音大，而前置送气塞音的声门开度比其他两个都大（如图 3.11，ní Chasaide 1985，Pétursson 1976）。前置送气音和后置送气音的共同特点是声门打开的相当一段时间里不发生口腔持阻。

我们还注意到，Ameridian 语里也有前置送气音，比如阿尔贡金（Algonquian）的奥季布瓦语（Ojibwa）（Bloomfield 1956：8）、阿拉瓦（Arawakan）的瓜希洛语（Guajiro）（Holmer 1949）。我们并没有调查过奥季布瓦语，但 Bloomfield 已经解释得很清楚，和冰岛语一样，前置送气音只出现在词中的长辅音前，比如 **pp**、**tt**、**cc**、**kk**。我们分析过瓜希洛语的一段录音，根据 Holmer（1949：49）对这种语言的描述，在他调查时，很多发音人并不在词中的位置使用前置送气（尽管这一位置是前置送气音可能出现的唯一位置）。我们还研究了继 Holmer 调查大约三十年之后的一位发音人的录音材料，发现他有时在后接长塞音的元音结尾处使用气声，但并不经常使用前置送气。所以不管怎么说，瓜希洛语的前置送气音都不能构成音系对立（Maddieson 1984a：406）。

Pike 和 Pike（1974）描述了 Huatla – 马萨特克语（墨西哥 Oaxace 语的一种）中出现在一系列清、浊辅音前的 **h**。这个音可被看作是前置送气音，这基本上和 Steriade（1993a）的观点一致。但是我们认为：当 **h** 后接浊辅音时，前置送气和口腔调音就有不止一种喉部姿态。所以，Pike 和 Pike 的观点是正确的：**h** 和其他辅音构成的是音丛而不是单个的音。有趣的是，在这种语言里，**h** 和 ʔ 构成辅音丛的方式类似，二者都可以出现在其他辅音的前或后。

虽然前置送气在某些语言里有细化语音特征的作用，但没有哪种语言用它来区分深层形式。而且据我们所知，它经常出现在元音之间或词尾，还没有在词首的位置出现过。

声门持阻

在声门开度连续统上，一端是不送气的清塞音，另一端是声带的完全闭合，比如喉塞音。接下来，我们要谈的是伴随声门闭塞的口腔塞音。根据声门闭塞是否激起气流，口腔塞音可以大致分为两类。先举例说明伴有声门闭塞的塞音，然后再谈喉头气流机制。英语中有一个位于音节末尾的清塞音，它在不同的英式方言中都有变体。图 3.12 是 Maddieson 所发 *pack* 一词的两种不

3. 塞音

同发音的声谱图。左图的软腭塞音除阻时没有伴随声门闭塞。右图的软腭持阻和声门持阻相重叠，使除阻时的摩擦和爆破都听不到了。这种情况下，经常可以看到元音结尾处有嘎裂声。同时，图中还可看出软腭闭塞的典型特征——第二和第三共振峰相向运动，说明软腭音姿在声带闭合时已经开始了；而对这个词的另一种说法是，共振峰的过渡运动被声门闭塞截短了一些。

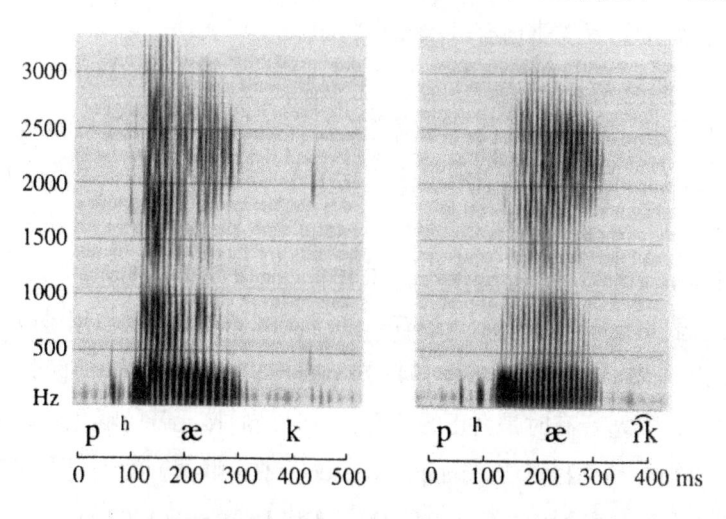

图3.12 英语单词 *pack* 的两种不同发音的声谱图，右图是伴有声门闭塞的软腭塞音，左图是无声门闭塞的软腭塞音

声门闭塞和口腔调音还有别的结合方式，有的语言中有所谓的"声门化"（glottalized）清塞音，这个音在发音过程中也是声门持阻（glotall closure）和口腔持阻相重叠。我们听过Siona语的录音，它是哥伦比亚–厄瓜多尔边境上的一种图卡努语（Tucanoan）。根据 Wheeler 和 Wheeler（1962）的研究，这

种语言里有一系列的声门化塞音 **p'**、**t'**、**k'**、**k^w'**，和 "一系列简单的塞音 **p**、**t**、**k**、**k^w**" 区分开来，他们还发现 "这些音的声门化特征很弱，只能通过后接元音的喉化特征来辨认"。我们认为，声门化塞音的发音也伴有声门持阻。不管是声门化塞音还是普通塞音，在口腔除阻后的浊声起振时都有轻微滞后，所不同的是普通塞音的滞后期是一段噪声，而声门化塞音在除阻后和后接元音发生前有一段无声状态。

　　当然，声门持阻并不一定伴有口腔持阻，若有就形成喉塞音。世界语言中有不同类型的喉塞音。在有些语言中，喉塞音是普通塞音的一部分。比如夏威夷语，其形成对立的辅音只有八个，如表 3.14 所示。在其他语言中，喉塞音的作用是划分短语和其他韵律单位的边界，比如德语，如果单词开头没有其他辅音，喉塞音就表示这个词的开始。还有一些语言，其喉塞音的作用是改变发声类型。Pike 和 Pike（1947:79）提道，在 Huatla – 马萨特克语中，喉塞音有时是真正的塞音，有时是后接元音的喉化音。在雅拉帕 – 马萨特克语（Jalapa Mazatec）中，喉塞音的表现形式是相关元音的嘎裂声（Kirk、Ladefoged 和 Ladefoged 1993）。

表 3.14　夏威夷语中在词首位置形成对立的八个辅音

pana	"弓"	kaʔa	"翻滚"	ʔaʔa	"敢于"
mana	"力量"	nana	"看"	haʔa	"跳舞"
wana	"海胆"	lana	"浮力"		

　　在我们所听过的大部分语言中，喉塞音经常是不完全持阻的，尤其是当它处于元音间的位置时。发真正的塞音是，语流

3. 塞音

中常会添加一个压紧的嘎裂声或一个不那么明显的僵声。而真正的塞音只在双音的情况下出现,如图 3.13,它是一位黎巴嫩的阿拉伯语发音人发这种音的波形图。可以明显看到:双喉塞音

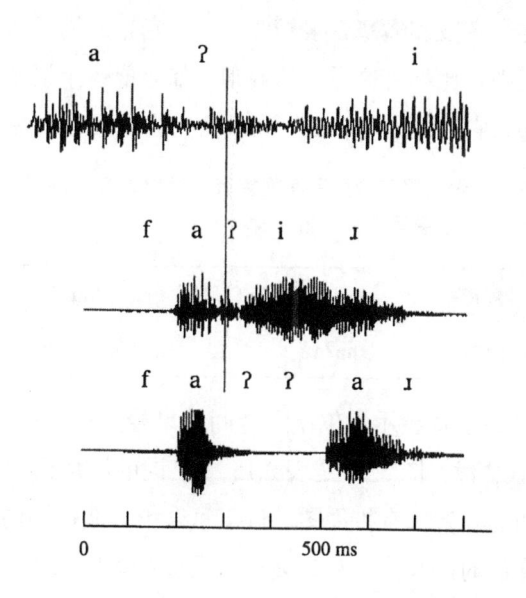

图3.13 黎巴嫩-阿拉伯语中双音和单音ʔ的波形图,例词为ˈfaʔʔaɹ ("使穷")(下图)和faˈʔiɹ ("穷的")(中图),上图是中图的扩展,竖线代表扩展部分和中图主要波形相一致的地方

(geminate glottal stop)有一个长的无声持阻期,但上图的单辅音带仅有不规则的紧喉特征。

声门持阻排除了喉部打开的可能性,所以,喉塞音不可能在喉部开度大小上有区别。但是,有些语言表现得好像它们有对立的清喉塞音和浊喉塞音一样,不过实际上却不可能。根据McBride(私下交流),位于巴布亚-新几内亚东部高地的一种

吉米语（Gimi）里，在双唇和齿龈上有对立的不送气清/浊塞音。邻近语言里有包含 k、g 的同源词时，吉米语就有一个对应于 k 的喉塞音和另一个对应于 g 的音段（我们用星号表示）。从音系角度看，这个音段和喉塞音很相似，因为它也适用于那些和喉塞音有关的规则。比如有这样一条规则：如果前一个语素的末尾是喉辅音，那么它后面的鼻音 m、n 就要变为相应的塞音 b、d。

表 3.15 吉米语里包含元音间喉塞音及相邻元音的例词（材料来自 McBride）。用星号标出的音在文中有解释

非元音间塞音	rahoʔ	"真正地"	hao	"打击"
元音间声门塞音	haʔo	"关上"	ha*oʔ	"很多"

吉米语的录音显示，位于元音间的星号（*）音段包含一个能量的减小过程。图 3.14 是表 3.15 中单词的波形图。两个单词的元音之间的辅音都有扩展图，位于每个单词波形图的上面。顶部是扩展图的时间尺度，底部是未扩展图的时间尺度。元音间 h 的波形图和气声 ɦ 一样，和英语 "behold" 里的元音间 ɦ 类似。ʔ 的波形图显示，发音开始时有噪声，这说明声门紧闭。对所谓的喉浊塞音来说，其明显特征是声门脉冲的不规则性，以及由于声门收紧造成的脉冲振幅的明显下降，但是没有任何迹象表示：应该把这个音称作正常塞音或喉塞音等。正如图的下面一部分所示，星号音段和相邻元音的过渡之间有明显的区别。元音间过渡反映在波形图上和共振峰频率的变化有关。总之，吉米语里的星号音段是带有喉部动作的浊音，也可以把它叫作嘎裂声喉近音（creaky voiced glottal approximant），而不是喉塞音。

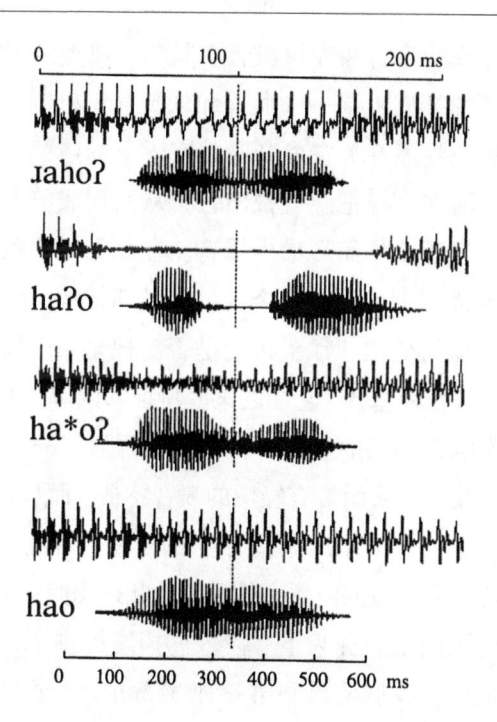

图3.14 表3.15中吉米语单词的波形图。位于每个单词波形图上面的是元音间部分的扩展图，虚线表示时间对应关系

所以，大部分语言中喉塞音的区别特征在吉米语里表现得极其特殊。根据Maran(1971)的研究，景颇语里也有一个喉浊塞音，但我们认为它的对立是由声调不同造成的。

3.2 气流机制

世界语言里几乎所有的声音都是由肺气流机制形成的，确切一点说，是肺气流在呼吸系统的推动下通过声道形成的。我

78 们把这样形成的塞音叫作爆破音。其实，典型的发音语音学里还有另外两种气流机制——喉头和软腭气流机制。据说，有些塞音（以及一些擦音）在发音时伴有呼出的声门气流，声门向上运动，像活塞一样把空气推出去，从而形成喷音。而喉头下降使声道内气压减小而形成内爆音。在此我们要强调的不是气流类型的名称，而是下面三个变量：喉部结构、发音时间顺序和口咽腔容积的变化。喉头机制是否出现是一个度的问题，这一章已讲到过几种塞音，它们的某些特征和内爆音及喷音相似。比如，带有喉部闭塞的塞音，像伦敦英语里 "rat" 读作 ɹɛʔt 就可能由于咽腔上升从而带有轻微的喷音特征。而且很多语言［如麦都语（Maidu）、泰语、祖鲁语］的全浊塞音经常由于咽腔下降而使发音带有轻微的内爆音性质。故此，我们熟悉的"喷音"和"内爆音"两个名称为下一阶段的描述提供了方便而有理据的框架。最后，我们要提到第三种气流机制，通过舌头的动作把空气吸进口腔，使用这种软腭气流机制的塞音称作咂音。咂音和其他塞音完全不同，但爆破音与内爆音、喷音差别不大，所以我们会另立章节对咂音进行描述。

喷音

喷音并不特殊，世界上 18% 的语言都有这个音（Maddieson 1984a）。而且它的分布极为广泛，出现在像玛雅语（Mayan）、乍得语、高加索语（Caucasian）等互不相关的语言里。其音姿是声门闭塞，口腔内也有成阻点。喉头迅速上升而压缩声道成阻点以上的空气。口腔成阻点后的气压经常会增加至通常肺气压的两倍（从 8cm H_2O 到 16cm H_2O）。然后口腔持阻解除，由于声门上压力较大，爆破时振幅也较大。

喷音的调音部位通常在软腭（Haudricourt 1950，Greenberg 1970，Javkin 1977，Maddieson 1984a）。小舌喷音（uvular ejectives）也很普遍，存在于北美的许多语言中，如海达语、温图语（Wintu）、东南波莫语（South-Eastern Pomo）和大部分的萨利希语（Salish）以及格鲁吉亚语（Georgian）、卡巴尔德语（Kabardian）等高加索语中。表 3.16 显示的是蒙大拿–萨利希语（Montana Salish）的喷音。硬腭喷音（palatal ejectives）相对来说比较少见，硬腭爆破音（palatal plosives）也很少见，据说，只存在于夸扣特尔语、阿科马语（Acoma）、贝拉库拉语（Bella Coola）和 Jaqaru 语里。像爆破音一样，喷音通常不

表 3.16 蒙大拿–萨利希语中含喷音、爆破音及塞擦音的例词
（Flemming、Ladefoged 和 Thomason 1994）

普通音		喷音	
páʕas	"脸色灰白"	p'aʕáp	"草地上的火"
tám	"它不是"	t'áq'en	"六"
tsáqʷəlʃ	西部落叶松	ts'aɬt	"天很冷"
		tɬ'aq'	"热"
tʃájɬqən	"剪发"	tʃ'aáwən	"我祈祷过"
kapí	"咖啡"		
kʷateʔ	四分之一面额硬币	kʷ'áltʃ'qen	"盖子"
qáχeʔ	"姨母"	q'áq'ɬuʔ	"血管"
qʷátsqen	"帽子"	qʷ'ájəlqs	"神父"

用双唇这个调音部位。一般说来，喷音的调音部位和肺气流塞音一致，说明喉头气流机制和肺气流机制相同点较多，而肺气流和软腭气流差别较大。

不同语言中的喷音语音差别很大，Lindau（1984）比较了豪萨语和纳瓦约语的喷音，发现了明显的语言间差异和个人间的差异。如图3.15所示，两种语言在喷音不同部分的时长上有区别：纳瓦约语塞音的声门持阻期比豪萨语长。豪萨语的声门除阻发生在口腔持阻后不久，图中用箭头标出，紧接着是一段清音气流。纳瓦约语声门除阻后变为嘎裂声，一直持续到元音发音开始时。Lindau（1984）发现，纳瓦约语声门持阻期较长是它和豪萨语的一个显著区别，跟总的语速没有关系。目前，还没有任何材料表明口腔持阻和声门持阻

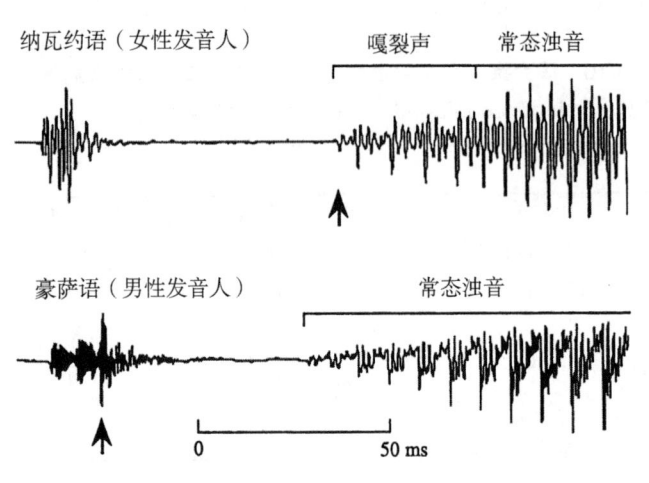

图3.15 波形图显示纳瓦约语和豪萨语软腭喷音的区别，箭头表示声门除阻

的时间关系。

喷音在口腔持阻过程中是否可能带常态浊声是我们困惑的问题，确切一点说，这些音在发音过程中喉头上升，喉上声腔的容积减小，声带处于常态浊声的位置，通过声带的气流足以使声带发生振动。但是，不可能有足够的压差去形成充足的肺气流以使向上升的声门发生振动。目前为止，我们还没有见到过真正的浊喷音（voiced ejectives）。

文献中有的音被称作浊喷音，这是一种错误。根据 Snyman（1970，1975）的研究，浊喷音在 Zhuǀ'hõasi 语里形成对立。但 Snyman 解释得很清楚，Maddieson（1984a）也有论述，这些"浊喷音"是提前带声的，其除阻过程无声，从语音学的角度看，它们是辅音丛 dt'。带有混合嗓音的塞音音丛出现在同一个音节里是很少见的，但 !Xũ 语和可拉必语（Kelabit）里有（Blust 1974，1993）这样的例子。表 3.7 已经介绍过 Zhuǀ'hõasi 语中带混合嗓音的塞音。表 3.17 显示了更多混合嗓音的喷音和塞擦音。图 3.16 的波形图（显示了一个普通塞音）也说明，位于词首的浊塞音没有除阻爆破。它们不是辅音丛 dºt，而是同部位的塞音对儿，其中第一个成分带声，但不除阻；第二个成分不带声，而且有时还是喷音或塞擦音。

喷音的气流机制还可以和其他的调音方式相结合，包括那些没有口腔持阻的调音方式。第五章会讲到喷音性擦音（ejective fricatives），第八章讲到带喷音的闪音。本章后半部分会讨论喷音性塞擦音（ejective affricates）。

82　内爆音

内爆音也是一种塞音，伴有口腔持阻，而且口腔持阻过程中喉头下降幅度较大。对这种音的早期描述一般都提道：其发音过程伴有声带的收紧。现在我们认识到，它的喉部结构有所不同，内爆音可以是常态浊声，也可以是声带收紧的不同嗓音，还可以伴随声门的完全闭塞。

浊内爆音在发音过程中声带保持振动，同时喉头下降。喉头的迅速下降可能会导致口腔内形成负气压。这样在除阻时，气流会由外向内进入口腔。然而在通常发浊爆破音情况下，通过声门

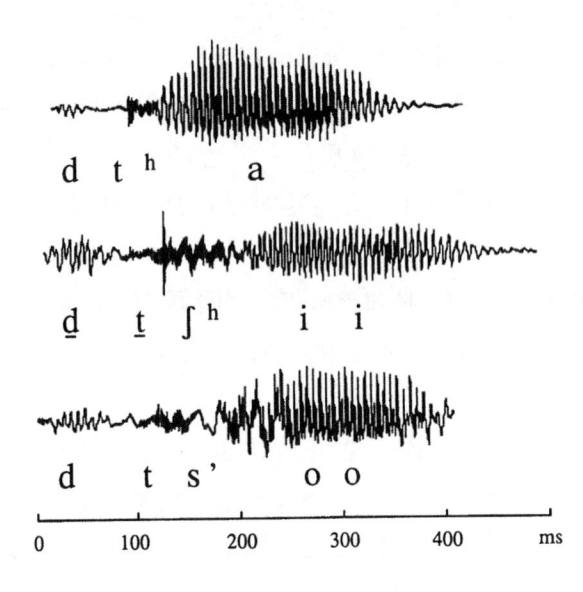

图3.16　Zhuľhõasi语中带混合嗓音音丛的波形图

3. 塞音

表 3.17　Zhulʼhõasi 语中含清塞擦音和混合嗓音辅音丛的例词

	齿龈音	后齿龈音
不送气清声	tsam	tʃa
	"跟踪"	"取回"
送气	tsʰe	tʃʰatʃa
	"星期"	"洒"
送气浊声	dtsʰau	dtʃʰii
	"女人"	"跨坐在肩上"
清喷音	tsʼa	tʃʼam
	"睡觉"	"鸟"（候鸟）
浊喷音	dtsʼoo	dtʃʼi
	"麋羚"	"湿"

的气流使声带发生振动，且口腔内为正气压，所以在除阻时就没有向内的气流。实际上，浊爆破音和真正的内爆音之间存在一个连续统，二者并不是非此即彼，界限分明的。即使声门动作较大，但口内气压和口外气压差别不大，所以导致塞音的爆破不明显。

世界上 10% 的语言里有内爆音，而且大部分都在西非（Maddieson 1984a），浊内爆音的调音部位很多，但总的趋向是前部持阻。所以，双唇内爆音最为常见，浊小舌内爆音（voiced uvular implosives）最为少见；Heine（1975）指出乌干达的伊克（Ik）语里有小舌内爆音。据说（Jakobson、Fant 和 Halle 1952），同部位的内爆音和喷音不会形成对立，但是，在 Uduk 语、尼罗-撒哈拉语（Nilo-Saharan）中确实有这样的现象，如表 3.18 所示。

表 3.18 Uduk 语里含塞音的单词举例，包括同部位的喷音和内爆音（根据 Robin Thelwall 的建议）

	双唇音		齿龈音	
浊声	baʔ	"是某种东西"	dèɗ	"颤抖"
清声	pàl	"尝试"	tèr	"收集"
送气	pʰàlal	"蜈蚣"	tʰèr	"倾倒"
喷音	p'àcʰàɗ	"发酵过的"	t'èɗ	"舔"
内爆音	ɓàʔ	"后脖颈"	ɗek'	"举起"

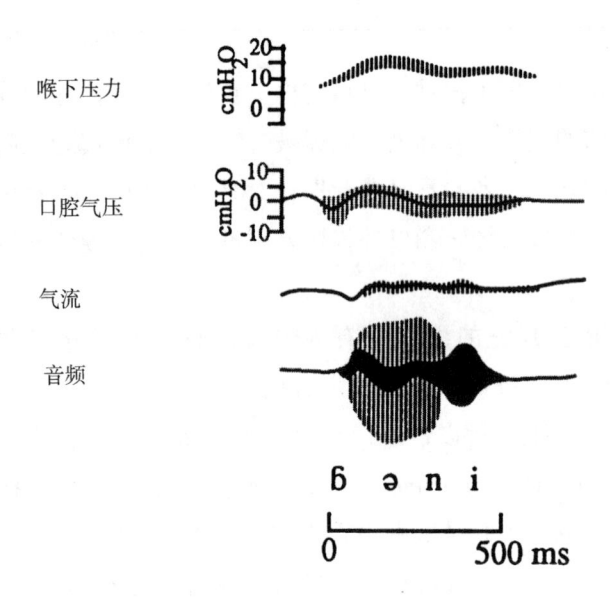

图3.17 Nihalani（1974）提供的信德语内爆音ɓ的空气动力图，例词是 ɓəni

3. 塞音

信德语有多种多样的塞音，包括内爆音，如表 3.19 所示，Nihalani（1974，1991）提供了这种语言的空气动力记录，其中一些在图 3.17 里有所显示。话语开始时喉下压力有所上升，双唇紧闭（没有气流通过），口腔压力先是略有上升，然后在声带振动时开始下降。双唇打开时，气流由外向内进入口腔。对于图中这位发音人来说，各个调音部位的内爆音口腔气压均为负，有少量气流由外向内进入口腔。

表 3.19　信德语中含不同塞音的单词举例。ʝ 和 c 是塞擦音，可以标写为 dʑ 和 tɕ。腭内爆音（palatal implosive）ʄ 通常是带有轻微嘎裂声的腭近音（slightly creaky voiced palatal approximant）

	双唇音	齿音	卷舌音	硬腭音	软腭音
浊声	bənu	d̪əru	ɖoru	ʝətu	guɳu
	"森林"	"门"	"你跑"	"文盲的"	"质量"
清声	pənu	t̪əru	ʈənu	cətu	kənu
	"树叶"	"底部"	"吨"	"摧毁"	"耳朵"
送气清声	pʰəɳu	t̪ʰəru	ʈʰəɖu	cʰətu	kʰəɳu
	"蛇颈部皮皱"	（区名）	"恶棍"	"王冠"	"你举起"
浊气声	bʱənəɳu	d̪ʱəru	ɖʱəɖo	ʝʱətu	gʱəni
	"哀悼"	"身躯"	"公牛"	"抓住"	"通向"
内爆音	ɓəni		ɗɪɳu	ʄətu	ɠənu
	"田野"		"节日"	"文盲的"（变体）	"处理"

Lindau（1984）研究了喀拉巴里语（Kalabari）、代盖马语（Degema）以及东南尼日利亚诸语言中的内爆音。她的研究重

点在浊双唇及齿龈爆破音和同部位的浊内爆音。她没有关于空气动力的记录，但声学记录显示：这些语言里的内爆音和信德语非常相似。如图 3.18 下图所示，内爆音的振幅在口腔持阻时有所升高，说明喉头下降（当然还有其他使声腔扩大的动作），足以抵消口内形成的气压。如图 3.18 上图所示，和浊爆破音相比，内爆音持续带声，振幅有所升高。仔细观察波形图会发现：带声为常态，只有少数的双相位特征，波形图也没有受到强烈阻尼（damped）。相比而言，图 3.3 的波形图有明显的双相位特征。这些资料都说明，把这个音描述成具有声门收紧的特征是不符合事实的。

  Lindau 还调查了豪萨语的内爆音。其中只有一位发音人所发的音带有声门收紧的特征。她说："十四位发音人里有五位在持阻开始时是不带声的，据推测是在喉头下降时声门持阻。其中一位发音人所发的内爆音类似于尼日尔－刚果语（Niger-Congo），其余八位发音人在持阻中显示非周期性的振动（Lindau 1984:151）。"

  我们发现：这种音不仅豪萨语里有，乍得语的其他语言，比如布拉语（Bura）、马尔吉语（Margi）、Ngizim 语里也有。对很多发音人来说，内爆音的发音如图 3.19 的右半部分所示，口腔持阻时，口内气压为负，但是声带贴得太紧而不能振动；除阻前（口腔持阻得以缓解时）确实带声。这种类型的内爆音可以被称作嘎裂声内爆音（creaky voiced implosives），标写为 ɓ̰、ɗ̰等。相比而言，同一位发音人所发的浊爆破音，如图 3.19 左半部分所示，在持阻的全过程中都伴随声带振动，虽然口内气压为正。

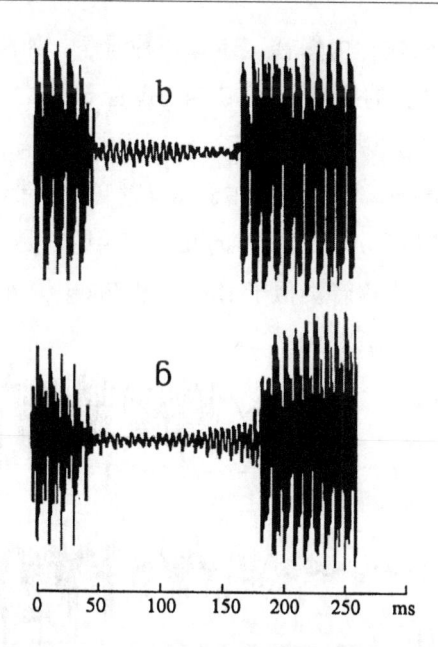

图3.18 波形图显示代盖马语中浊爆破音和浊内爆音的区别

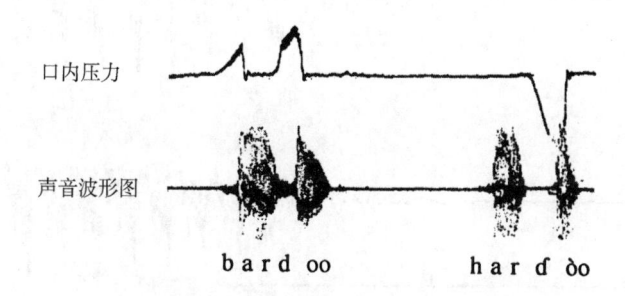

图3.19 豪萨语单词**bardoo**("长尾鸽子")和**hardɗo**("富拉尼男人")的口内气压记录（R.Schuh提供）

对豪萨语的这种内爆音，还有一种看法，如图3.20所示，它显示了词首位置的爆破音 b、d 和内爆音 ɓ、ɗ 之间的区别，图中资料来自另一位发音人。所有这些例子中的塞音在持阻的大部分时间是不带声的，区别主要在于元音发音的声带起振时间。内爆音 ɓ、ɗ 的持阻和元音起振时的几个带声阶段是不规律的。豪萨语中的嘎裂声内爆音类似于 Hunter 和 Pike（1969）所描述的

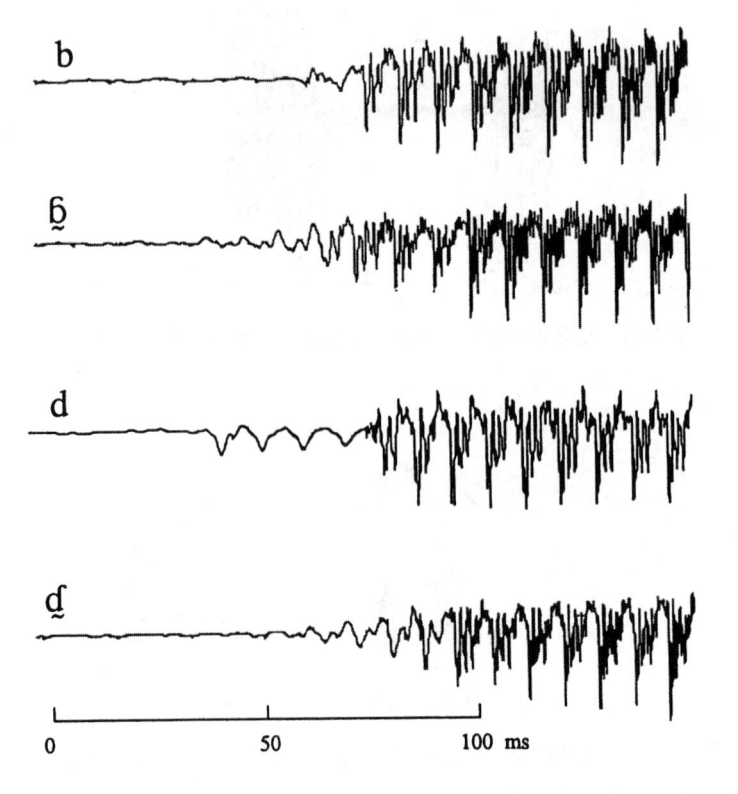

图3.20 豪萨语中常态浊声塞音（modal voiced stops）和嘎裂声塞音（creaky voiced stops）在除阻时的区别

3. 塞音

米斯特克语。原因可能是：豪萨语的大部分发音人在发内爆音时都有不同程度的声门收紧，这些音和它们相应的浊音比起来，区别主要在于前者被喉化（laryngealized），而不是带有内进的气流。如表 3.20 所示，豪萨语喷音和内爆音的调音部位不同。这些音再加上 ʔ，被 Carnochan（1952）称作"声门化音"，给这些受同一语音学限制（phonotactic constraints）的音命名。

表 3.20 豪萨语中含所谓的"声门化塞音"及非声门化塞音的例词

声门化音	ɓaːtàː "破坏"	ɗaːmèː "系紧（腰带）"	k'aːràː "增加"	kʷ'aːràː "牛油果"	s'aːràː "安排"	ʔⁱaː "女儿"
普通音	baːtàː "线"	daːmèː "彻底融合"	kaːràː "放在附近"	kʷaːràː "倾倒"	saːràː "切"	jaː "他"（比较时用）

表 3.21 Lendu 语中含浊喉化塞音（voiced laryngealized stops）和浊内爆音的例词（根据 Goyvaerts 1988）

	双唇音		齿龈音		软腭音	
清声	pà	"摇摆"（名词）	tà	"变富"	kǒ	"出现"
浊声	bà	"牛奶、胸部"	dà	"舌头"	gǒ	"治愈"
浊内爆音	ɓà	"允许"	ɗà	"水"	ɠǒ	"跟随"
嘎裂声内爆音	ɓ̰à	"粘"（动词）	ɗ̰à	"美女"	ɠ̰ǒ	"老鼠"

Goyvaerts（1988）提道：Lendu 语区别喉化内爆音（laryngealized implosives）和常态浊声内爆音（implosives with modal voicing）。这就意味着 Lendu 语不仅有豪萨语的内爆音 ɓ̥、ɗ，也有喀拉巴里语的 ɓ、ɗ，根据 Goyvaerts，Lendu 语例子如表 3.21 所示。但是，Demolin（1995）有不同解释，他认为 Lendu 语内爆音有清浊之分，下面我们详细讨论。

声门持阻的内爆音（清内爆音）

长期以来，内爆音被认为只有一个可能的喉部结构，也就是带声。但是如前所述，内爆音可能是常态浊声，也可能是具有收紧性更强的发声势（phonatory setting）。Catford（1939）和 Pike（1943：92）都在早期文献中提到过清内爆音，而且他们说的是伴有完全声门闭塞的内爆音。

奥韦里－伊博语里有清内爆音（Ladefoged 等 1976）。在同一个调音部位的口腔塞音里，伊博语的奥韦里方言有比其他已知语言更多的喉部区别特征。我们已经讨论过四种发音对立，再加上清、浊内爆音，就有了六个双唇塞音，如表 3.6 所示。

图 3.7 显示了伊博语双唇塞音之间的区别。很明显，内爆音 ɓ̥ 是一个带有内进气流的清声门塞音（voiceless glottalic ingressive stop）。双唇闭合后，气流不再流出口腔，口内气压稍有升高。然后，就在气压记录图有标记的时间点上，声门开始闭合。闭合的声门是稍微下降的，口内气压也因此明显下降，当降到 $-4cm$ H_2O 时，声带开始振动，口内气压开始上升。然后双唇打开，气流冲出口腔。

3. 塞音

这些内爆音在持阻的最后阶段总是轻微带声的，也就是除阻前大约 25 毫秒内。口内气压大约下降 5cm H_2O。我们可以设想，发这些内爆音时，声带下的压力比其他音略高，因为下降的、关闭的声门会引起肺气压的略微升高（小于 1cm H_2O）。图中这位发音人发爆破音时的肺气压大概是 8cm H_2O。声带振动时压力下降幅度为 13cm H_2O，所发的音类似于大喊声。

浊内爆音的情况完全不同。我们已经讨论过其他语言中的浊内爆音，气流通过振动的声带，由于声门下降，它的流量也许不足以补偿口内气压的降低。对图中的浊内爆音来说，气压稍微为负（也是这位发音人的典型特征）。但是浊内爆音明显的声学特征很可能是由于在元音发音声带起振时，喉头运动影响了共振峰的频率，而不是和气流方向有直接关系。奥韦里－伊博语的清、浊双唇内爆音听起来都像是软腭化了。这一点并不奇怪，因为它们历史上就是从其他方言的唇－软腭音（labial-velars）发展而来的。

伊索科语的 Uzere 方言里（还包括其他几种方言）也有清内爆音，比如 oɓ̥a（"公鸡"）（Donwa 1982）。Donwa 的论文记录了这些清内爆音的口内气压变化。

根据 Demolin（1995）的研究，被 Goyvaerts 描述为喉化音的 Lendu 语内爆音是清内爆音，Kutch Lojenga（1991）也有介绍。图 3.21 的下半部分显示的是 Lendu 语的这种内爆音，例词的意思是"附着于"，Demolin 把它标写为 ɓ̥áɓá。这些音和图 3.21 上半部分所示的浊内爆音形成对立，例词是 ɓíɓí（"被昆虫吃了"）。发 ɓ̥áɓá 时，口内气压的下降、持阻过程的不带声、除阻时的少量内进气流，在 Demolin 看来都是典型的清内爆音特征。但是我

音频

电子声门图

口内流速

口内气压

(a) ɓ í ɓ ǐ

100　　　　200　　　　300 ms

音频

电子声门图

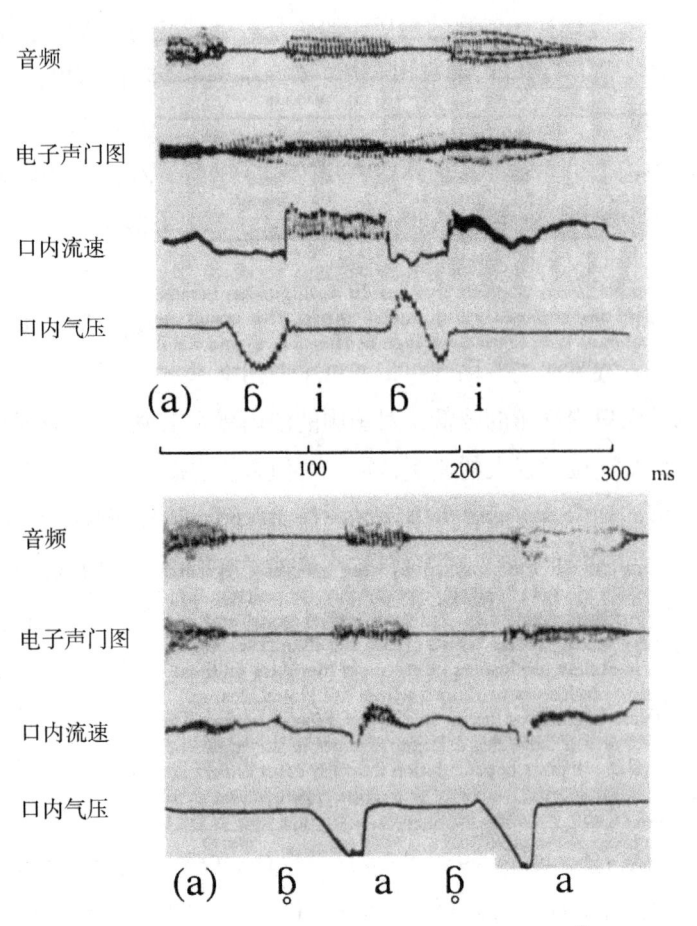

口内流速

口内气压

(a) ɓ̥ á ɓ̥ á

图3.21　Lendu语内爆音的空气动力图。例词是(a)ɓíɓǐ（"被昆虫吃了"）和(a)ɓ̥áɓ̥á（"附着于"），材料来自Demolin（私下交流）

们要注意，带声发生在除阻前不久，这在电子声门图（EGG）上很明显。所带声的音可能是轻微的嘎裂声。Demolin强调提前带声是这些音共有的特征。如此看来，Goyvaerts的描述也许是正确的，而且，这些音和豪萨语的同类音非常相似。如果真是这样，Lendu 语就是区分喉化塞音和常态浊声内爆音的一种语言了。

Pinkerton（1986）详细分析过 Kichean 语（属玛雅语）的喉头气流机制。在这些语言里，声门化塞音的实现方式在不同方言和不同发音人之间区别很大，有时是内爆音，有时是喷音，还有可能是肺部气流机制的塞音。在某些村镇，声门化小舌音（glottalized uvular sounds）发成清内爆音，在另一个村镇，则发成清喷音。双唇浊塞音有可能被发成内爆音或肺部气流机制的浊塞音，或清双唇内爆音。声门龈塞音（glotallic alveolar stops）可能是清喷音、浊内爆音或清内爆音。在上面的每种情况下，都有一些对立的区别特征将声门化辅音和不送气的肺部气流机制的清塞音区分开来。这两种音之间的共同特征是声门收紧，这个喉部姿态（而不是由喉头运动所造成的气流机制）是发音的主要目标。

3.3　塞擦音

塞音除阻时，调音器官会经历某种很窄的收缩状态，并在收缩点产生湍流，这种暂时的摩擦被认为是塞音除阻的一部分。塞擦音指的是那些除阻后仍有摩擦的塞音。像我们以前讲过的很多音一样，塞擦音也没有明显的边界，它是位于普通塞音和擦音之间的一个类别。很难说多大量的摩擦才构成塞擦音除阻的典型特征；某些调音部位似乎经常伴有明显的摩擦（见第二章）。相反，同一调音部位的塞音和擦音结合起来也不一定构成塞擦音。塞音和紧随其后的同部位擦音究竟是被看作一个塞擦音,还是被当成塞音加擦音这两个音段(或两个时间空当),这必须要从音系上来考虑。

塞擦音的除阻可能只是塞音收缩点的略微放松,从而使该塞音以及它的擦音成分具有相同的调音位置。但是有些塞擦音在除阻时牵涉到主动调音器官轻微的向前或向后运动。比如德语中的塞擦音 **pf**,它常被描述为唇齿音。对大部分发音人来说,这个音的塞音成分是双唇持阻,也就是说,上唇主动向下去接触抬起的下唇(和发 **p** 时的下唇略有回收不同)。除阻时上唇抬起,下唇向后退到发 **f** 时的正常位置。这些音姿的详细情况可以从 Bolla 和 Valaczkai(1986)的唇位摄影材料中看到。

最普通的塞擦音是清音和咝音(sibilant);世界上大约 45% 的语言有腭龈塞擦音(palato-alveolar affricate)tʃ,齿、龈咝擦音也很常见(Maddieson 1984a)。汉语普通话里有一些不太常见的塞擦音,如表 3.22 所示,一种是清送气龈腭塞擦音(voiceless aspirated alveolo-palatal affricate),另一种是被称为卷舌音的清送气咝音。我们将在第五章讨论这些音的擦音成分以及它们的调音部位。

表 3.22　汉语普通话里含塞擦音的例词

	齿龈音	卷舌音	龈腭音
不送气清声	**tsa** "咂"	**tṣa** "扎"	**tɕa** "加"
送气	**tsʰa** "擦"	**tṣʰa** "插"	**tɕʰa** "掐"

3. 塞音

表 3.23　奇帕维安语里含塞音和塞擦音的例词

	不送气		送气		喷音	
塞音	bes	"刀"				
	dene	"男人"	tʰeli	"桶"	t'óθ	"短桨"
	gah	"兔子"	kʰe	"软皮鞋"	k'i	"白桦"
塞擦音	d̠ðɛθ	"躲藏"	tθʰe	"管子"	tθ'ái	"盘子"
	d̠zéke	"橡 皮"（复数）	tsʰaba	"钱"	ts'i	"独木舟"
	dʒie	"浆 果"（复数）	tʃʰeθ	"鸭子"	tʃ'oy	"羽毛笔"
	dlíe	"松鼠"	tɬʰes	"猪油"	tɬ'uli	"绳子"

阿萨巴斯卡语族（Athabaskan）的奇帕维安语（Chipewyan）拥有数目最多同时又最复杂的一系列清塞擦音，如表 3.23 所示。从 Jacquot（1981）的论述中我们可以推断出，Beembe 语里有一些更不常见的塞擦音——清送气唇齿塞擦音和清不送气唇齿塞擦音形成对立，比如，**pfʰúri**（"棉花"）和 **pfìnà**（"羽绒被"）。

大多数适用于非塞擦性塞音的区别特征也同样适用于塞擦音。我们讲爪哇语时讨论过弛声塞擦音（slack voiced affricates），在讲印地语和信德语时讨论过气声塞擦音（breathy voiced affricates）。腭内爆音（palatal implosives）通常也是塞擦音，将在讲信德语时讨论。Hoard（1978）描述过 Gitskan 语［蒂姆西亚语（Tsimshian）的一种方言］的另一种内爆塞擦音（implosive affricates）。混合嗓音性塞擦音（affricates with mixed voicing）在我们看来是浊塞音加塞擦音的组合，将在谈到 Zhul'hõasi 语时讨论。边音性塞擦音（lateral affricates）和喷音性边塞擦音（ejective lateral affricates）在第六章讨论。

3.4 音长

和其他音一样，塞音也有音长（length）区别。本章前半部分已经提到过阿拉伯语、Ilwana 语、冰岛语及其他语言里的长塞音或双塞音。最常用的塞音音长测量标准指声学记录上的持阻时长。在长、短辅音形成音系对立的语言中，正常语速下长塞音的持阻时长是短塞音的 1.5 到 3 倍。

至少从音系表现来说，我们能分双塞音和两个相同的塞音，比如，英语里跨越语素边界的 *hip-pocket*、*book-case* 等，或者 Jeh 语里位于词首的 **bban**（"胳膊"），**ddoh**（"膨胀的"）（比较 **ban** "照顾"和 **doh** "后来"）。根据 Cohen（1966）的描述，Jeh 语里这些相同塞音丛中，第一个成分的作用等同于具有 CV 结构的"音节前成分（pre-syllable）"。和辅音丛不同，双音（可为任何类别，不仅是塞音）不能被增音性元音（epenthetic vowel）或其他形式分开，双音的任何一个成分也不能单独参与音系活动（Hayes 1986，Lahiri 和 Hankamer 1988）。在派生形态中，双音经常和短音交替出现。双音性塞擦音和塞擦音音丛完全不同，后者由两个塞音和两个擦音组成，前者由一个长的塞音持阻和其后的摩擦部分构成。

在许多语言中，双塞音只出现在词中的位置，它们的作用是结束前一个音节，缩短这个音节中的元音，并作为下一个音节的开头（Maddieson 1985）。日语是个例外，长塞音前的音节基本不受影响（Homma 1981，Smith 1992）。声学记录也未表明长塞音发音过程中是否有两个调音姿态，第一个姿态和音节末尾有关，第二个和音节开头有关，就像 Sievers（1876）所说的那样。有研究者已经用肌电测量术和记录音轨的方法对此问题进行过探讨。Lehiste、Morton 和 Tatham（1973）对英语和爱沙尼亚语（Estonian）的发音人做过肌电测量，结果表明不管是爱沙尼亚语位于词中的双音 **pp**，还是英语中跨越词汇边界的 **p#p**，都有两次口轮匝肌（orbicularis oris muscle）的运动高峰。另一方面，Barry（1985）的动态腭位图则显示英语中的塞音丛 **k#k** 并没有上述的两次发音高峰。Smith（1992，1995）对意大利语（Italian）及日语中位于词中的双音做了 X 光视频记录，这两种语言里的双音性双唇塞音（geminate bilabial stops）并没有唇的两次运动高峰，双音性龈塞音（alveolar geminate stops）也没有舌叶运动的两次高峰。图 3.22 显示了意大利语中双唇音、双音性双唇音在发音时的唇开度变化和舌的向后运动（发元音时）。

可见在某些情况下，双音的发音过程有一个重复的调音动作，但这不是最普通的发音模式。此外，第二个发音高峰的有无并不能说明一个较长的持阻就能代表双音性塞音或两个相同塞音构成的辅音丛。

大部分能区分辅音长短的语言一般都只有两个音长类型。据说爱沙尼亚语和萨米语有三个音长类型。在萨米语的卢勒方言（Lule）里，"第三种音长"（Grade III）表现为一个包含可预测的增音性元音的辅音丛（Engstrand 1987）。在爱沙尼亚语中，第三种音长表现为重读音节中长辅音的延长（Lehiste 1966，Eek 1984—1985）。

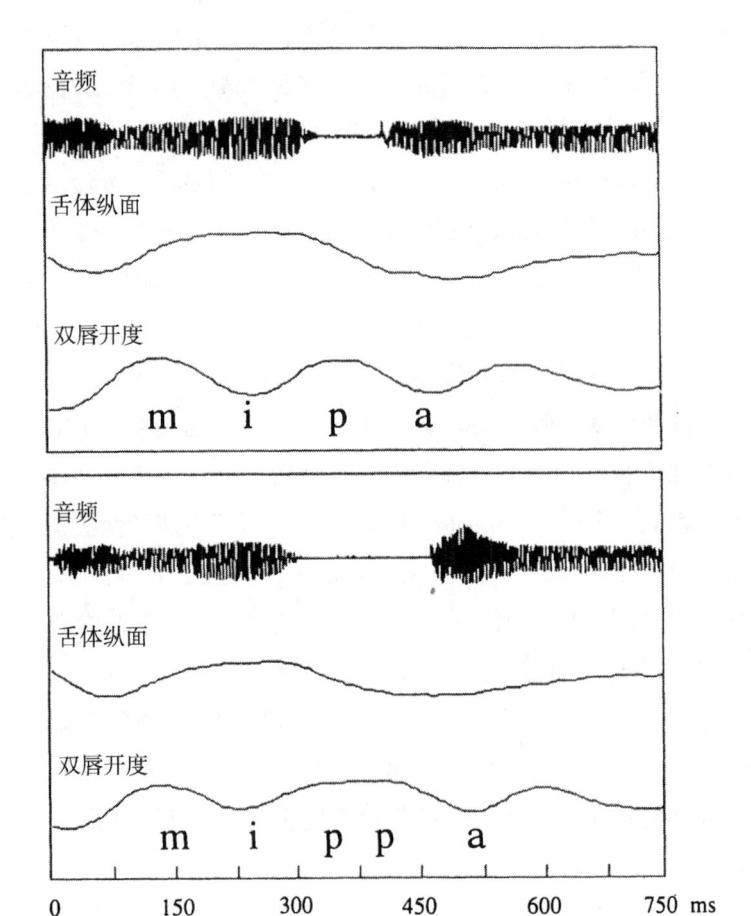

图3.22 意大利语发音人在发 **mipa** 和 **mippa**（这两个单词并不表达实际意义）时的唇、舌运动轨迹（Smith 1992）

词首位置上的长塞音非常少见，但它们的确存在，比如在Pattani-马来语里（Abramson 1986, 1991）。位于词首的辅音有音

3. 塞音

长区别，如表 3.24 所示。Abramson 对包含长辅音和短辅音的短语进行了调查，发现词首和词中位置上的长塞音持阻时长是短辅音的三倍。当然，位于话语开头的清塞音在持阻形成时没有明显的声学特征，这个位置上的音长也不好判断。但是，Pattani-马来语的发音人能够在没有语境的情况下区分词首辅音时长不同的单词。Abramson（1986）提出，位于词首的不送气清塞音，虽然无法判断其持阻时长，但可以根据塞音爆破强度、共振峰音轨、基频的微小变化及后接元音的振幅等来判断。他还在最近的研究中指出（Abramson 1991），Pattani-马来语听话人对于起首音节的振幅区别非常敏感，并以此来辨别话语开头塞音的类别。

表 3.24 Pattani-马来语里含词首长塞音和延续音（continuants）的例词（Abramson 1986）

短音		长音	
bulε	"月亮"	**bːulε**	"很多个月"
katoʔ	"打击"	**kːatoʔ**	"青蛙"
labɔ	"盈利"	**lːabɔ**	"蜘蛛"
makε	"吃"	**mːakε**	"被吃"
siku	"肘"	**sːiku**	"手动工具"

卢干达语在词首和词中位置上也有对立的长辅音和短辅音（Ladefoged、Glick 和 Criper 1968:40）。表 3.25 显示的是词首位置上的对立。从中可以看出词首长辅音是具有音节性质的（历史上它们是独立的音节，伴有前高元音）。从音系上来看，这些辅音是有声调的，尽管它们可能会像表 3.25 的例子一样是清声。表中两列单词的听感区别主要在第一个元音的音高。第二列单词的声调有所降低，因为受到它前面（无声）低音调的影响。这些

单词里塞音的除阻也比普通的词首清塞音要强。卢干达语里位于词中的长塞音可以依靠时长做出更简明的判断，不过它们也具有基础的声调。

表 3.25　卢干达语里词首含长、短塞音的例词（Ladefoged 1971）

短音		长音	
páálá	"疯狂地奔跑"	`ppáápáàlì	"番木瓜"
tééká	"放"	`ttééká	"规则、法律"
kúlà	"成长"	`kkúlà	"财富"

长辅音和短辅音除了在用途上有区别，还有许多因素影响着它们的发音和声学时长。比如，说话人的语速和讲话风格、位于单词中的位置及其他的韵律特征、邻接的语音环境、辅音本身的固有特征等。因为其他方面的时长区别不是那么重要，本书中我们就不再讨论，除非和下面要讲的话题——"发音强度"有关。

3.5　发音强度：强 / 弱塞音

强、弱音这两个名称在文献中的使用含义很广。在此我们只讨论其中两种：（1）"强音"意味着某个音段在发音过程中呼吸力量的增加，（2）"强音"意味着某个音段在发音过程中发音力量的增加。而"弱音"则指呼吸力量和发音力量都较弱的音。

一个音段在发音过程中呼吸力量的增加是很少见的事，韩语中的僵声塞音（stiff voice stops）是一个例子，这类音在发音过程中喉下压力增大，同时收紧声门和声道壁。目前为止，我们已观察过某些（但仅仅是某些）送气塞音在发音过程中有持续的喉下

3. 塞音

压力增加，比如伊博语中的送气塞音。

有些长塞音在发音时也伴有喉下压力的增加，比如卢干达语中位于词首的长塞音。但是，这些音也许并不牵涉呼吸力量的增加。如果肺内空气含量以稳定的速率不断减少，同时又发生塞音持阻，那么肺内气压一定会随着持阻的继续而有所增加。这个道理能够解释卢干达语长塞音在除阻时的强烈爆破。

发音力量能否作为辅音的一项区别特征，这个问题已有很多讨论。许多学者倾向于把英语、德语和荷兰语（Dutch）等日耳曼语中的清、浊塞音描述为"强"、"弱"辅音，这部分原因是这些语言中的浊塞音在发音中声带并不振动，称作"带声"可能会被视作误导。除此之外，区分这两类塞音的很多特征——尤其是时间问题，比如，持阻时间较长、前接元音较短等——都能从发音力量方面得到解释。19世纪时还用过别的名称，当时的清、浊音叫"紧音"（tense）、"松音"（lax），这种用法一直持续到 Halle、Hughes 和 Radley（1957）。最初人们使用这些名称是基于一种运动的感觉（kinaesthetic sense），后来随着技术水平的提高，研究者开始寻找力量对比的证据。调音部位之间的接触力度和口内气压的最大值都无法证明塞音 **p**、**b** 的发音力量差别（Malécot 1968），在大部分语音学家看来，发音力量这个参数几乎是不可信的（比如 Catford 1977a）。然而调音器官的运动幅度和肌肉的活动强度确实在不同音系范畴之间有区别。比如，Smith 和 McLean-Muse（1987）对八位美式英语发音人的调查表明，元音后 **p** 的双唇闭合速度比 **b** 快。更早些时候，Slis（1971）就已经用肌电图表明，一位荷兰语发音人在发位于词中的 **p** 时，环口匝肌在双唇闭合时的运动强度比词中的 **b** 要大 12%。Engstrand（1989）根据动态腭位图，证明了瑞典语（Swedish）中 **t** 在发音过程中的接触面积比 **d** 大。

辅音间纯粹口腔发音运动中的这种区别，通常被描述为与喉部结构有关，这并不限于日耳曼语。事实上，这种现象广泛存在。比如，埃维语中的双唇塞音 **p** 和 **b** 在音姿上有区别。如图 3.23 所示，发 **p** 时，上下唇的闭合速度比 **b** 快，**p** 的上唇音姿曲线更平，说明双唇压缩得很厉害。在 Browman 和 Goldstein 的发音音系学术语里，**p** 的音姿为"更紧张"。老一辈的语音学家可能会说这是一个强音，因为双唇闭合得早，**p** 的持阻时间也长（数据显示为 158 毫秒比 150 毫秒）。

和浊塞音相比，清塞音的口腔压力平均值较大，最大值也较大。因此在持阻形成中，发音动作的强度大，闭塞也更紧密。从理论上说，嗓音变化和音姿的紧张性互不影响，但当它们同时发生变化时，其中一个被认为是主要的。因为我们对大部分语言的发音动力学知之甚少，还不能轻易断言音系里不同音之间的区别和发音强度有关。

只有极少数语言的发音强度和嗓音变化没有关系。Dagestanian 语族的塔巴萨兰语（Tabasaran）（Kodzasov 和 Muravjeva 1982）、阿奇语（Archi）（Kodzasov 1977）和阿古尔语（Kodzasov 1990: 338—341）就是这种情况。Kodzasov 认为：阿奇语中的塞音、擦音和塞擦音在发音强度上有区别。根据他的发音强度划分，弱塞音通常是浊音、弱擦音是清音、弱塞擦音是

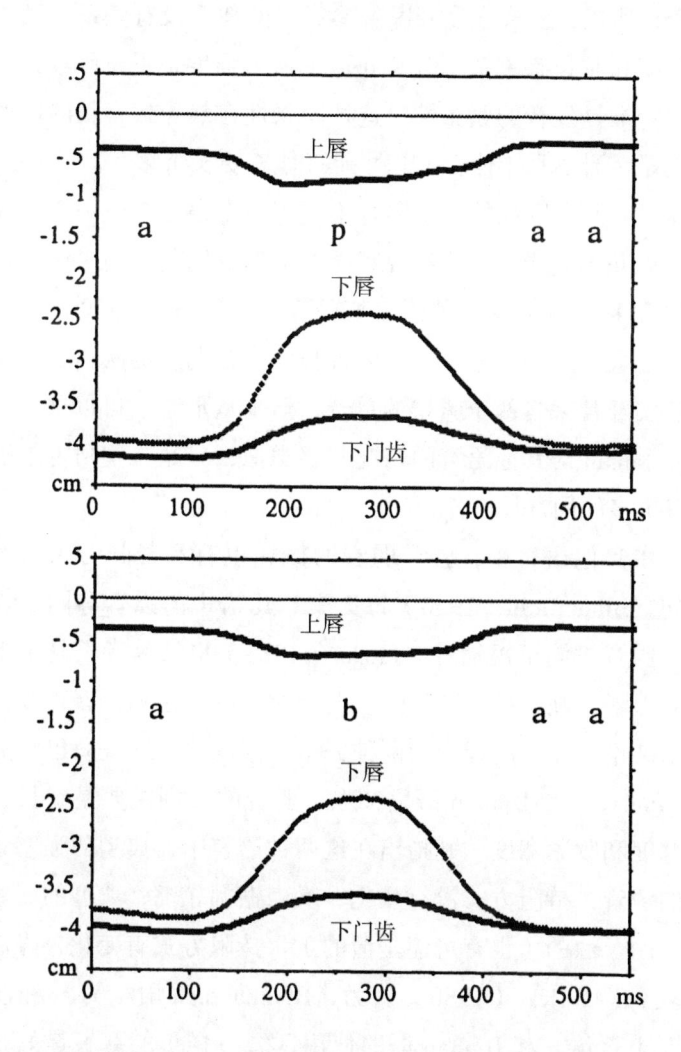

图3.23 埃维语单词**apaa**和**abaa**发音时，双唇和下巴的垂直运动曲线。一位发音人十次发音的平均值（Maddieson 1993）

喷音，所以，发音强度和嗓音参数之间似乎没有联系。虽然发音强度和时长有关系，但 Kodzasov 认为强度是主要因素，"强音的特征是发音的紧张性，这种紧张性自然导致音长的增加，这就是为什么强 [辅音] 比弱音的时长要长得多"。（p.228）然而，"两个紧挨的单个弱音不等于一个强音……一个双音的发音也并不紧张"。（作者翻译）基于我们获得的对该语言的描述和 Kodzasov 对这种语言三位发音人的录音，我们感觉到音长是最主要的因素。强音的音长大约是弱音的两倍，而且强音确实经常来自两个紧挨的单音，至少从形态上可以这么说。Dagestanian 语其他语言的情况与之类似，只是一些阿古尔语方言有更多的词首长辅音。

在其他语言中，强、弱音的概念也有和音长有关系的。比如，Bloomfield（1956）将奥季布瓦语中的强音等同于长辅音，弱音等同于短辅音。Jaeger（1983）也认为音长是个很重要的因素，她总结了产生强、弱音对立的一系列语音现象，并得出结论：在她所调查的两种完全不同的语言——萨巴特克语（Zapotec）和 Djauan 语里，强、弱音的区别主要是音长、声门宽度和收紧宽度。她指出在这两种语言中，典型的强塞音是长的清音，持阻方式没有变化，噪声振幅较高；典型的弱塞音是短的、浊的（也有可能是清的），持阻方式有变化，噪声振幅较低。McKay（1980）认为，Rembarrnga 语（另一种澳大利亚土著语，和 Djauan 语的使用区域一样）的塞音最好描述为有单音和双音的区别，而不是强/弱和清/浊的对立，但是声谱图显示：单塞音的持阻期很短，尤其是舌冠音。短塞音经常是浊音，但绝非没有例外。McKay（p.346）还提道："和单塞音相比，双塞音的闭塞更突然，除阻时噪声爆破很明显，除阻后元音发音前的间隔比较大，这些特征也可能是强音的特征。"这也说明长、短塞音除了音长有区别外，发音动作也有区别。由于 McKay 和 Jaeger 都没有提供空气动力和发音资料，所以很难判断他们所描述的区别是否伴有呼吸力量的变化，或者发音动态在何种情况下会有区别，只是证明了弱塞音的发音量值（articulatory magnitude）更小。我们不知道这些音是否符合我们所说的强音的定义，但是当强音与浊声共变时，发音力量不能单独作为一个对立参数，而只是形成音位对立的一个方面，必须和音长结合起来。

Jaeger（1983）和 Elugbe（1980）都分别表示，强、弱音的概念在描述某种语言的音系时，确实提供了一种有用的二分法。但我们同意 Catford（1977a：203）的说法："松、紧、强、弱等术语不能在没有精确语音描述的情况下轻易使用。"我们也在努力做出这种精确的描述。

3.6 小结

第二章结束时我们已经总结了鼻音和塞音之间的调音部位区别，但有关塞音其他方面的区别属性却很难总结。总结调音部位时，我们强调不同调音部位之间没有明确的界限，对于塞音的某些区别特征来说尤其如此。和发声类型相关的特征更是难以归类，这一点在我们试图画出喉部对立状态矩阵图时就更为明显了，如表3.26所示。表中的问号代表我们尚不知道的对立关系，实线代表我们认为不可能存在的对比关系。前置送气放在表的最下面，因为音系中不存在以它为基础的深层对立形式，声门持阻也是单列出来的一项，因为它应该是和其他的调音部位对立，而不是和发声类型形成对立。表中还显示了具有其他喉部对立状态的语言。

表3.26 矩阵图显示不同声门状态下的塞音对立关系及其所出现的语言；比如在印地语中，浊塞音 b 和清塞音（不送气）p 形成对立

	（2）清声	（3）送气	（4）气声	（5）嘎裂声	（6）僵声	（7）弛声
（1）浊声	b p 印地语	b pʰ 印地语	b bʱ 印地语	b b̰ 富拉尼语	b b̬ ——	?????
（2）清声		p pʰ 印地语	p bʱ 印地语	p b̰ 富拉尼语	p b̬ 泰语	p b̬ 上海话
（3）送气			pʰ bʱ 印地语	pʰ b̰ ?????	pʰ b̬ 泰语	pʰ b̬ 上海话
（4）气声				?????	?????	——
（5）嘎裂声					——	?????
（6）僵声						b̬ b̰ 爪哇语

（8）前置送气　（9）声门持阻

表中前三列的前三行一目了然，不需要做任何解释。许多语言中都存在浊塞音、不送气清塞音和送气清塞音之间的对立。

3. 塞音

第四列是嘎裂声和清塞音及浊塞音之间的对立,很难找到嘎裂声塞音和送气塞音之间形成对立的例子,但我们感觉这个空白只是一个偶然,很可能是因为我们对于有嘎裂声塞音的语言知之甚少。其他有问题的地方是僵声和弛声,这两个条目下的空白绝非偶然。我们怀疑嘎裂声和僵声、气声和弛声之间是否会形成对立。表中所列的对立关系也可以用其他方式重新排列,比如,可以显示爪哇语中常态浊塞音和弛声塞音形成对立(而不是我们曾展示过的僵声塞音和弛声塞音的对立)。如此,表格中的空格就会出现在不同的位置了。

从表 3.26 可以看出:我们把发声类型区别归纳得很细。这里需要说明的有三点:第一,对塞音来说这种细化是必需的。如果是元音,表中所列的对立关系中至少有一项是空白或值得商榷的;第二,表中术语描述了 Keating(1984a)所谓的"主要语音学范畴"。发声类型之间形成连续统,但语音学家能够很容易地识别每个术语所对应的嗓音原型;第三,虽然表中有一些空白或值得商榷的地方,但如果换一套术语,就不能把各种对立关系描述得更清楚(当然,也不是不可能,只是会很困难)。因为本书的主要目的是尽量详细地描述世界语言中可能出现的所有的音,所以谨慎一点说,这里所列的所有发声类型需要从各种可能的特征方面进行区分。

表 3.27 总结了本章所提到过的其他方面的塞音对立关系。其中有四种形式:喷音、浊内爆音、清内爆音、塞擦音相互的对立,以及与爆破音之间形成的对立。另外,我们还讨论过几种语言中的塞音在音长方面的对比,以及少数语言在发音力量上的

对比，有的和气流机制有关，有的和音姿有关。

表 3.27　矩阵图显示不同类型的塞音对立及其所出现的语言举例

	（2）浊内爆音	（3）清内爆音	（4）塞擦音
（1）喷音	p' ɓ 伊博语	p' ɓ̥ 伊博语	t' ts 纳瓦约语
（2）浊内爆音		ɓ ɓ̥ 伊博语	ɗ dz 阿沃卡亚语 （Avokaya）
（3）清内爆音			ɗ̥ ts 伊博语

对于塞音的音系描述应该考虑到表 3.26 和表 3.27 中所列的所有语音参数，'再加上音长和发音力量。还应该明确指出：塞音在这一系列参数上具有渐变的特征，连续统上两个概念之间没有明确的界限。比如，浊塞音和浊内爆音之间存在连续统，这个范围内自然存在音位变体。再比如，浊内爆音和嘎裂声塞音及喷音性塞音之间也存在连续统，其他塞音之间应该也有。世界语言中的塞音不能仅从调音部位方面（见第二章）进行描述，还要强调本章中所提到的其他区别特征。

4. 鼻音和鼻化辅音

这一章介绍世界语言中的鼻音和鼻化辅音,也涉及关于口腔发音与软腭动作之间时间先后关系的一般问题。主要分四个小节:4.1 鼻音;4.2 鼻音的喉部动作;4.3 半鼻音(即这些音在发音过程中一部分是鼻音,一部分是口腔音);4.4 鼻化辅音(鼻腔气流伴随口腔气流)[①]。关于鼻化元音和作为咂音伴随音的鼻化音将分别在第九章和第八章进行讨论。

4.1 鼻音

鼻音在发音过程中软腭下降,在软腭开口前的某个口腔位置形成持阻,这样,肺气流只能从鼻腔冲出。需要注意的是,我们称作鼻音的音被有些语言学家叫作"鼻塞音"。我们不采用这种说法,因为我们更倾向于用"塞音"来指代气流被完全堵塞的音。具有内进气流的鼻音也有可能发出,但在世界语言中并不存在,不过 !Xóõ 语中有一种咂音,它的伴随音是具有内进气流的鼻音,这一点将在第八章讨论。从理论上来讲,鼻

---

① 此处原文没有 "4.4 鼻化辅音",但因内容有,疑作者疏忽,所以加在此处。——译者

音的发音也可能使用喉头气流，但就我们所知，这种鼻音并不存在；所谓的喉鼻音（glottalic nasals）是指发音时喉部收缩，但气流还是来自肺部的鼻音。正如第二章所讲到的，鼻音的调音部位是塞音调音部位下的一个小类。因为咽腔或喉头形成闭塞时，气流不可能进入鼻腔，所以鼻音可能存在的最靠后的调音部位是小舌。表 2.1 显示的是调音部位比较靠前的鼻音，而表 2.2、表 2.5 和表 2.6 显示了鼻音在调音部位上的对立。调音部位问题在第二章已经讲过，这里不再详述。

鼻音在口腔持阻方面与塞音类似，但在其他方面，更接近于近音（approximant），因为鼻音发音时有一股不受阻塞的外出气流，它经过一个收紧点，而这个收紧点没有窄到足够形成湍流（turbulence）。鼻擦音（fricative nasals）是不存在的，但缩小软腭开口，使压缩的气流通过腭咽口（velo-pharyngeal port）时产生摩擦（同时保持口腔持阻）是可能的。Catford（1977a）提到过一个可能存在的这类擦音。但就我们目前所知，还没有什么语言在软腭开度上区分不同鼻音。我们相信，不同程度的软腭收窄对鼻音没有语言学意义。Pike（1943）也曾提道，通过靠前的口腔持阻和足够的咽腔收窄，使气流在进入鼻腔前产生湍流，可以发出擦化鼻音（frictionalized nasals）。这种音尽管有可能存在，但并不具有语言学意义。

然而，鼻音可能会在软腭开度上有区别，但开度对立与摩擦无关。在许多南岛语系（Austonesian）语言中，鼻音要么单独出现，要么出现在鼻音+塞音音丛［经常被分析为鼻冠音（prenasalized）］中。在这些语言中，有一个很普通的现象：

鼻音后的元音以音位变体的形式鼻化，而鼻音＋塞音音丛后的元音则是口元音。在印度尼西亚的几种语言和马来语的几个方言里，语言的发展变化导致了这样一个结果：鼻音＋塞音音丛里的塞音消失，后接元音仍然是口元音。至少在有些情况下，这些新出现的鼻音和原有的普通鼻音在语音上分得很清楚，音系特征也有所区别。根据 Durie（1985）的研究报告，在亚齐语（Acehnese）中，这种新鼻音的鼻腔气流比普通鼻音要小（但持续时间长）。如果新、老鼻音在软腭开度上的区别是固有的，那么，腭咽口的开合决定了不同鼻音之间的区别，也就是说，调音方式不同。Catford（1977a：139-140）也是这样描述亚齐语的：正是软腭开度的不同造成了"轻鼻音"（lightly nasal）和"重鼻音"（heavily nasal）的区别。

不过，还存在另外一种可能：为了从音位上区分鼻音后的元音是口元音还是鼻元音（新的音系环境所要求的），后接口元音时，软腭持阻开始于鼻音的发音过程中，以避免鼻化特征扩散到后接元音上。如此看来，新、老鼻音之间的区别是协同发音的结果。鼻音后的口元音和鼻元音在某些语言中形成对立。这一点得到了来自其他语言的发音和空气动力学资料的证实。这些语言都存在口腔元音和鼻元音在鼻音后的对立，如法语。Rochette（1973）对一位巴黎的法语发音人进行了 X 光测量，他发现，和鼻元音前的鼻音相比，口腔元音之前的鼻音软腭下降幅度不会很大。另外，口腔元音之前的鼻音在口腔除阻前，软腭常常抬高至最高点。一项对瑞士的法语发音人进行的腭咽口开度纤维内镜实验（Benguerel、

Hirose、Sawashima 和 Ushijima 1977）表明,音节 **na** 中的鼻音,软腭开度最大值小于音节 **nã** 中的鼻音,且持续时间也较短。Cohn（1990）的资料显示,和鼻元音前的鼻音相比,法语中口腔元音前的鼻音气流量较少。她记录的 **ne** *nez*（"鼻子"）和 **nɛ̃** *nain*（"矮子"）中的鼻气流区别如图 4.1 所示。

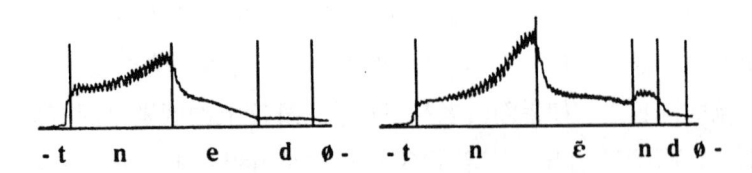

图4.1　鼻音的鼻气流区别,例子来自法语单词 **ne** *nez*（"鼻子"）和**nɛ̃** *nain*（"矮子"）,出现环境是*Dites___ deux fois*,节选自Cohn（1990:110）

我们也对一位亚齐语发音人进行了空气动力调查,例词是一组形成对立的词,结果显示在图 4.2 中。这是一个针对所有发音部位的数据收集,每组词至少五次的重复发音,图中资料是其中一个代表（Long 和 Maddieson 1993）。**tɕama**（一种特殊的海鸥）中有一个元音间的双唇鼻音,双唇持阻的时长能够从音频波形图和口腔气流图中振幅较低的部分看出。在两个元音的间隔处,鼻气流大幅度增加,而且在后接元音发音后声带的二到三次振动（约 30 毫秒）内持续增加。双唇闭合时,口内气压略有上升。（口内气压是通过双唇间放置的一个小管子进行测量的,因此没有显示和词首塞音有关的气压上升。）图的下半部分显示的是形成对立的另一个鼻音,为了区别这些鼻音，我们将这个词标写为 **ham^{b}a**（"仆人"）。有一些很明显的差异：带有 ^{b} 符号的鼻音音长更长，几乎是上半部分图中鼻音的两倍。在其他几次重复发音中，也能看到音长方面细小的区别。另外，双唇持阻时，口内气压变化幅度更大；口腔除阻时鼻气流流量最小。口内气压变化幅度大是软腭下降幅度不大造成的。口内气压曲线显示软腭开度很小，形成更大的气流助力，尤其在口腔持阻结束时。所以，在口腔持阻形成时软腭下降，而在口腔除阻前软腭就开始抬起。从鼻气流曲线开始下降、口内气压曲线开始升高处可以判断：软腭闭合动作开始于口腔除阻前大约 40 毫秒。

我们把第二种鼻音叫作口腔除阻的鼻音。从这些记录以及 Durie（1985）报告的实验中，可推断出这种鼻音的发音机制和不让鼻化特征扩散至后接元音的原理——即软腭下降程度小于普通鼻音，且软腭下降与口腔调音同时进行。也许是为了实现这一精确的时间控制，口腔持阻与正常鼻音相比有所延长。正是由于上述原理，亚齐语和 Durie（1985）提到的其他语言中的新鼻音才能仅仅因为后接口腔元音而与老鼻音相区别。换句话说，新、老鼻音间的区别反映了一种协同发音现象，类似于法语中位于口腔元音和鼻元音前的鼻音之间的区别。亚齐语和法语的不同之处在于，它严格要求后接元音必须是完全的口腔音。到目前为止，我们还是相信，与软腭相关的调音方式的区别对鼻音来说没有语言学意义。

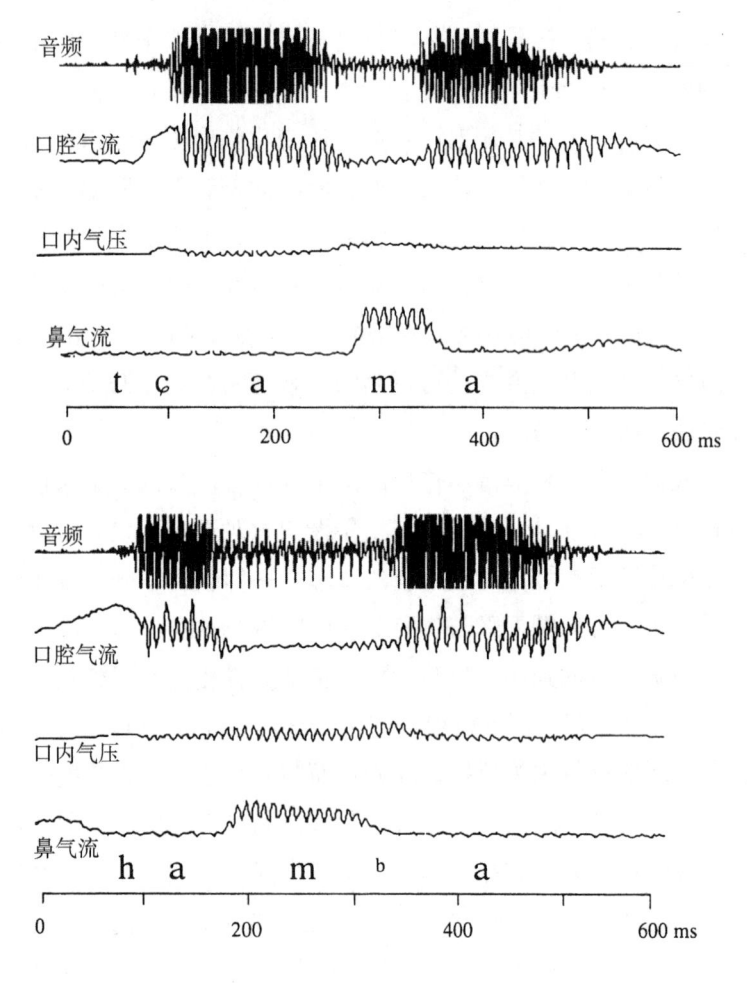

图4.2 亚齐语单词 tɕama（"海鸥"）和 hamᵇa（"仆人"）的空气动力图

4.2 鼻音的喉部动作

绝大部分语言的鼻音都属于常态浊声。不过，有些语言确实存在不同发声类型的鼻音。除了常态浊声鼻音（modally voiced nasals），还有气声鼻音（nasals with breathy voice）、嘎裂声（或喉化）鼻音（nasals with creaky or laryngealized voice），以及由于声带张开而不带声的鼻音（nasals with voicelessness）。就鼻塞音而言，不同语言中的鼻塞音在口腔音姿和喉部音姿的发生相对时间上有着本质区别。我们还不知道有哪种语言同时拥有四种不同发声类型的鼻音，但有几种东南亚和北美的语言有三种不同的鼻音发声类型。表 4.1 是雅拉帕－马萨特克语含有常态浊声鼻音、清鼻音及喉化鼻音的例词。

含有三种不同类型鼻音的语言很少见。常见的情况是，一种语言具有两种不同类型的鼻音，除了常态浊声外，另一种是气声鼻音（如印地语、马拉地语、尼瓦尔语）或喉化鼻音（如蒙大拿－萨利希语、夸扣特尔语、Stieng 语、Nambiquare 语），或清鼻音［如缅甸语、苗语（Hmong）、Iaai 语］。虽然在某些语言里，清鼻音、气声鼻音或喉化鼻音的数量比浊鼻音少，但通常情况下，每一种浊鼻音都和上述三种鼻音中的一种相对立。比如，!Xũ 语的 Zhulʼhõasi 方言（Snyman 1975）里有调音部位在双唇的普通浊鼻音、喉化鼻音和气声鼻音，但只有浊鼻音才有齿龈和软腭两个调音部位。基诺语（Jino）（Gai 1981）有清、浊软腭鼻音，但只有浊的双唇、齿龈和硬腭鼻音。如表 4.1 所示，马萨特克语中没有喉化的硬腭鼻音。

表 4.1 雅拉帕 – 马萨特克语里含鼻音的例词

	双唇音		齿龈音		硬腭音	
浊音	ma	"能够"	nà	"女人"	ɲa	"我们"
清音	m̥a	"黑"	n̥e̥	"瀑布"	ɲ̥á	"生长,刷子"
喉化音	m̰e	"死,杀死"	nà̰	"晴朗的"		

表 4.2 印地语里含浊鼻音及气声鼻音的例词（Kelkar 1968）

	双唇音		齿音	
浊音	kʊmar	"男孩儿"	sʊn̪ar	"金匠"
气声	kʊm̤ar	"制陶工人"	dʒʊn̪̤ai	"月光"

　　印地语里常态浊声鼻音和气声鼻音的对立如表 4.2 和图 4.3 所示。Dixit（1975）通过自己的发音仔细研究了这种对立关系。他发现，气声鼻音（他称"送气鼻音"）的口腔持阻时间比常态浊声鼻音短。口腔闭塞后，气声鼻音的开头部分带有常态浊声，声门打开发生在持阻阶段的中间，也就是口腔除阻前大约 40 毫秒；口腔除阻后大约 30-40 毫秒，声门打开到最大开度；除阻后 80-90 毫秒，也就是元音的发音起始时，可观察到"带声的送气"。Dixit 的声门数据图显示，气声鼻音的声带打开程度和元音间的 h 类似。声门打开动作自始至终都伴随声带振动，我们的观察和他的描述相符。在图 4.3 的气声鼻音中，鼻音开头气声开始时，有一段常态浊声，可以从图中的噪声部分以及不规则的共振看出来。口腔除阻的准确时间很难判断，但气声

的持续时间大约是 100 毫秒，整个过程都是带声的。由此可见，印地语中元音间的气声鼻音是口腔和喉部动作协同发音，类似于第三章讲过的气声塞音。

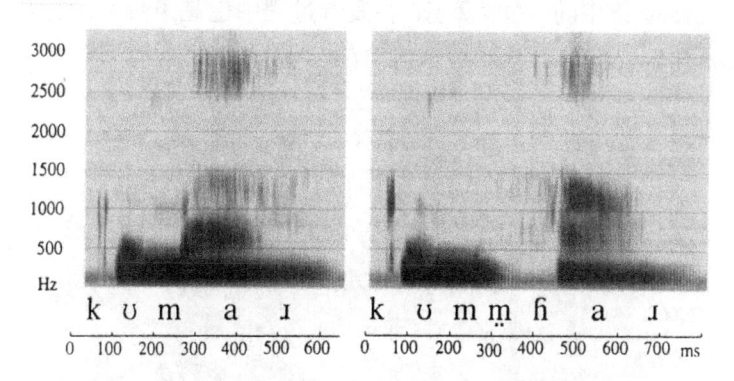

图4.3 印地语中常态浊声鼻音和气声鼻音的声谱图，来源单词分别是 kʊmar（"男孩"）和 kʊm̤ar（"制陶工人"）。下面的音标符号提供了更多的语音信息

在聪加语中，气声鼻音的声带打开程度比印地语要小很多，但是口腔调音和喉部动作的先后顺序是相似的。Trail 和 Jackson（1988）对六位聪加语发音人做了空气动力实验，他们发现：在常态浊声鼻音和气声鼻音的开始阶段，鼻气流流量是一样的，但是气声鼻音除阻前的最大平均气流量比常态浊声鼻音高 11 毫升 / 秒。在除阻后的 25 毫秒，气声鼻音后接元音的口腔气流比常态浊声鼻音高 20 毫升 / 秒，而且在除阻后的 75 毫秒，仍然高出 12 毫升 / 秒。图 4.4 是聪加语中常态浊声鼻音和气声鼻音的声谱图。我们还观察到不同语言的气声鼻音在气声程度和带声方面的其他差别。比如，马拉地语的气声鼻音比尼瓦尔语的气声程

度大（Ladefoged 1983）；凉山彝语（Lianchang Yi）① 中，位于词首的气声鼻音有一个清声母，占整个音长的四分之一到三分之一。科苏库马语（KeSukuma）北部方言（Maddieson 1991）以及 Kwanyama 语中的"送气鼻音"在发音过程中也是声带尽量打开，因此其发音过程也是部分不带声的。

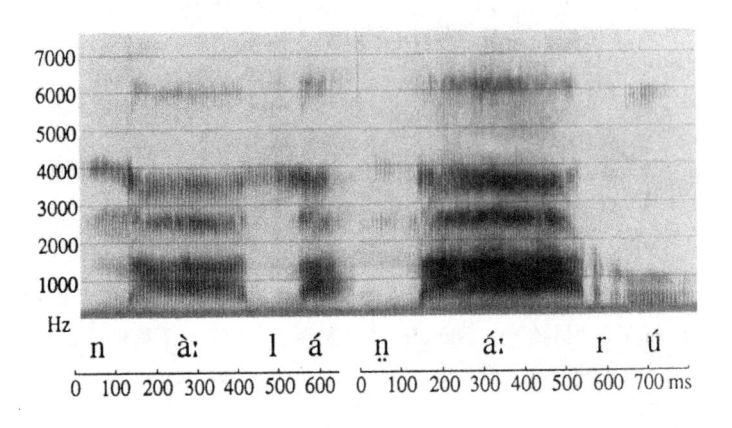

图4.4 聪加语中的常态浊声鼻音和气声鼻音的声谱图，例词为 **nàlá**（"敌人"）和 ŋ́árú（"三"），资料来自一位男性发音人

表 4.3 夸扣特尔语中含浊鼻音、喉化鼻音的例词

	双唇音		齿龈音	
浊音	mixa	"睡觉"	naka	"喝"
喉化音	m̰um̰uxdi	"香脂树"	n̰ala	"一天"

除了马萨特克语以外，我们在其他的美洲当地语言中也

---

① 原书写成 Lianchang Yi，疑为指凉山彝语。——译者

4. 鼻音和鼻化辅音

听到过喉化鼻音。在夸扣特尔语中（如表4.3所示），喉头收紧和口腔持阻两个动作似乎是同时发生的，所以，喉化鼻音的中间部分带有嘎裂声特征，但在其他语言中，喉头收紧发生在鼻音的开始或结尾。某些情况下，声门可能会完全闭合，暂时阻止气流通过鼻腔。图4.5显示的是哥伦比亚-萨利希语（Columbian Salish）中两个成音节的喉化鼻音（还有一个清鼻音）。第一个喉化鼻音有很强的、几乎呈周期性的低频脉冲，而第二个有湍流。两个鼻音的喉化过程都以形成喉塞音结束。从音系上来说，这种语言里鼻音的喉化可被看作特殊效果的喉塞音，或者将这种语音序列称为"后喉化"（postglottalized）鼻音。相反，蒙大拿-萨利希语中的喉化鼻音可以看作"喉冠"（preglottalized）鼻音，因为它们在鼻音发音开始时常有一次强烈的声门收缩。图4.6显示的是两位发音人所发单词 **smṹ**（"母马"）的声谱图。有时喉化的实现形式是完全的喉塞音+常态浊声鼻音，如图中左侧发音人的情况；有时则是完全的嘎裂声鼻音，如图中右侧发音人的情况。在喉鼻音音丛中，比如 **sṇm̰ne**（"卫生间"）的第二个鼻音带有嘎裂声特征，这个词的严式音标应该是 [səʔnm̰ne]。在蒙大拿-萨利希语中，当鼻音位于词尾时，声门收紧后常紧跟一个嘎裂声很强的鼻音甚至是清鼻音。Traill（1985）把 !Xóõ 语里的声门化鼻音描述为"鼻音前有一个喉塞音"。他还提道，这种鼻音的带声部分持续时间比普通鼻音短。在 Kashaya 语（Budkley 1990，1993）中，当鼻音位于音节首时，声门收紧发生在鼻音的开始；当鼻音位于音节尾时，声门收紧发生在鼻音的末尾。关于口腔调音和喉部动作的关系，其他语言中还有许多不同情况，只是我们目前掌握的资料还远远不够。

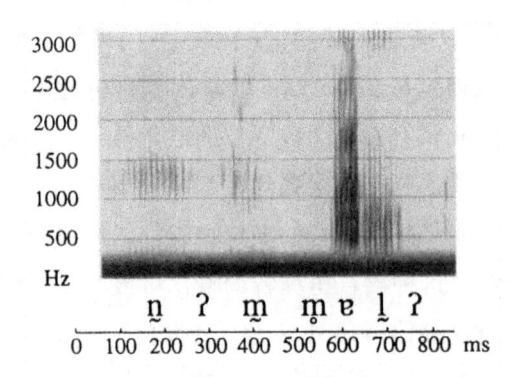

图4.5 哥伦比亚-萨利希语中单词/n̰m̰mal̰/（"微温的"）的声谱图，其中包含两个喉化鼻音。频谱图下面的音标显示了更多的语音信息

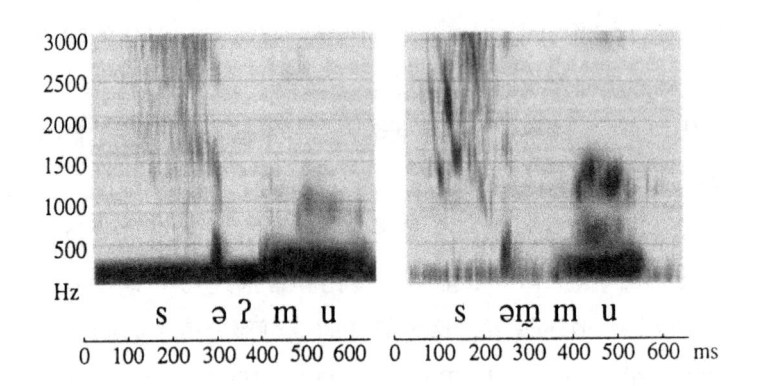

图4.6 蒙大拿-萨利希语两位发音人所发单词smṵ́（"母马"）的声谱图。两种情况下都有一个插入音ə把起始音丛中的两个辅音分开

4. 鼻音和鼻化辅音

东南亚有几种语言区分清、浊鼻音。表4.4显示的是缅甸语的例子。这些清鼻音在发音的大部分过程中，声门都是打开的，只在调音器官分离前有轻微带声。它们通常也比浊鼻音长，而且后接元音发音开始时基频较高（Maddieson 1984b）。

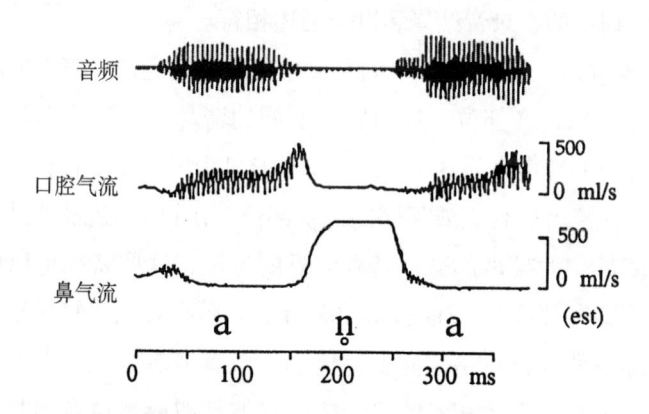

图4.7 缅甸语单词(a)n̥a（"鼻子"）的空气动力图。六位发音人参与了测试，该图显示了其中五位的典型情况

表4.4 缅甸语中含清、浊鼻音的例词

	双唇音	齿龈音	硬腭音	软腭音	圆唇齿龈音
浊音	mǎ "难"	nǎ "平坦"	ɲǎ "右"	ŋâ "鱼"	nʷǎ "奶牛"
清音	m̥ǎ "注意"	n̥ǎ "鼻子"	ɲ̥ǎ "体贴的"	ŋ̥â "借"	n̥ʷǎ "皮"

我们对缅甸语句子 "ŋa＿＿ko ye ne te"（我写＿＿）中的几个词的发音进行了口腔气流和鼻气流的记录。其中一个以清鼻音开头的词显示在图4.7里。六位来自仰光的缅甸语发音人（男女各半）分别发了这个句子中的四个词。正如第三章讲过的，发音过程中有一股大的鼻气流（如图所示，鼻气流大到图中刻

度无法显示的程度），说明声门开度大，并因此表现出送气特征。调查显示，所有发音人在口腔持阻的最后阶段有大量带声，几乎持续整个音长的四分之一。同时，我们也对米佐语（Mizo）Hmar 方言的三位女性发音人进行了录音，米佐语里的清鼻音类似于缅甸语的，录音结果和以上描述相符。

Ladefoged（1971）和 Ohala（1975）分别提道：声带的较早起振能突出调音部位，从而区分不同的清鼻音。这是因为鼻音和元音间的带声半元音（offglide）[①] 能显示出共振峰音轨，而不同的共振峰音轨代表着不同的调音部位。Dantsuji 还描述过缅甸语中清鼻音的带声部分"具有明显的特征，这些特征可以区分不同的调音部位"（Dantsuji 1986:1）。还有其他资料显示，不带声部分的频谱也是不同的。比如，双唇清鼻音在不带声部分的低频区有较大的相对能量，依此能够把双唇清鼻音和其他调音部位的清鼻音区分开来（Maddieson 1983）。图 4.8 显示的是缅甸语中形成对立的清、浊鼻音的声谱图，例词为表 4.4 所列。图上，清鼻音噪声后音轨的不同能够很好地区分调音部位。还要注意的是，这些单词在单独发音时，清鼻音除阻前的带声很微弱。

似乎可以说，缅甸语和米佐语中清鼻音末尾短暂的带声部分可以看作是音轨的一部分，而这种音轨是清鼻音的普遍特征。但实际情况并非如此，印度东北部那加兰邦（Nagaland）的另一种藏缅语安伽米语（Angami）就有一系列不同的清鼻音。表 4.5 显示的是安伽米语中清、浊鼻音相对立的例子。

---

① 《语音学和音系学词典》，R.L.特拉斯克，语文出版社，2000 年 1 月。——译者

4. 鼻音和鼻化辅音

我们采录了安伽米语九位发音人的录音，大部分都和 Khonoma 方言有关。其中六位发音人讲 Khonoma 方言，只有三位发音人的母语是标准安伽米语。Khonoma 方言和标准的安伽米语有许多不同，但清鼻音的发音机制是一样的。不管是标准安伽米语还是 Khonoma 方言，清鼻音结尾时都没有带声部分。相反，在元音发音开始前，口腔除阻的同时，还伴随外出的鼻气流。

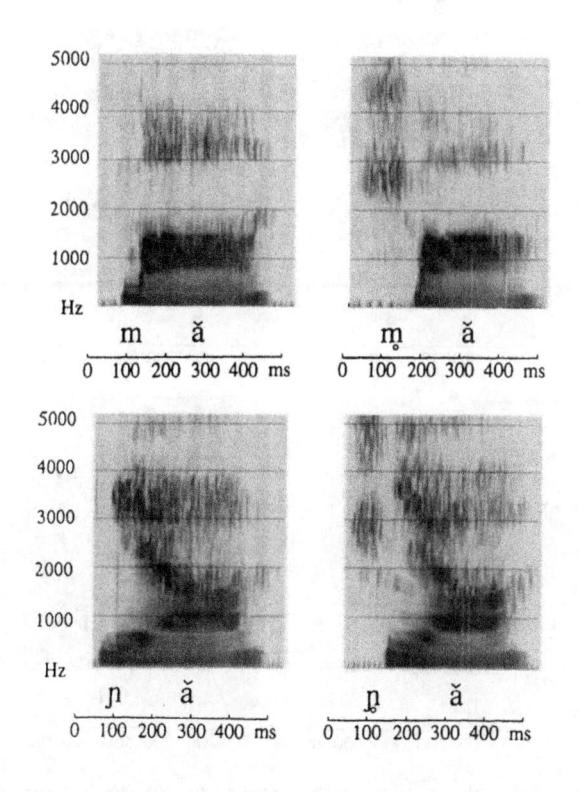

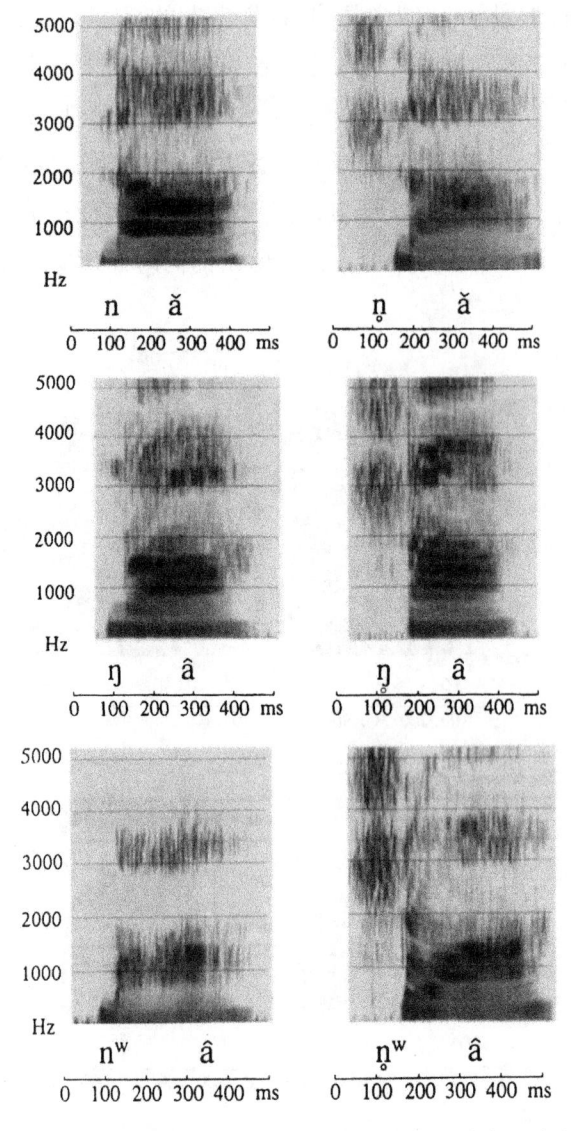

图4.8 缅甸语中五对清、浊鼻音的声谱图,例词为表4.4中所列

4. 鼻音和鼻化辅音

表 4.5 安伽米语中清、浊对立的鼻音举例（来自 Blankenship、Ladefoged、Bhaskararao 和 Chase 1993）

	双唇音		齿龈音		硬腭音	
浊音	**mē**	"嘴"	**nē**	"推"	**ɲiē**	"千"
清音	**m̥è**	"吹，风吹"	**n̥è**	"擤鼻涕"	**ɲ̥iè**	"粘贴"

这些清送气鼻音的结构可以从图 4.9 的空气动力图中看出来，图中显示了从一个句子中抽出的三个清鼻音。最上面的图中用箭头标出了重要的时间点。在时间点（1）处，调音器官（这里指双唇）闭合，声带振动几次后带声停止。（在我们用作声学分析的录音里，这些鼻音发音开始时有较长的带声。）代表口腔气流的曲线在持阻后缓慢上升，但这可能并不是由于气流变化，而是由于嘴唇向前靠近话筒的原因。口腔持阻形成后，有一个短的停顿，然后鼻腔气流慢慢增加，这与缅甸语中成阻时鼻气流陡增的情况不同（见图 4.7）。在时间点（2）处，调音器官打开，口腔气流迅速冲出。同时，鼻气流减少。但是软腭继续保持下降状态，所以仍然有大量气流通过鼻腔。在时间点（3）处，声带振动开始，可能还带有一定程度的气声，因为有大量气流通过口腔和鼻腔。如果我们认为元音也在这时开始发音，那么，至少元音的开始阶段是鼻化音。

这种语言里另外两个清鼻音的录音显示了相似的发音过程。齿龈除阻时有很强的口腔气流 [发生在录音中间部分的时间点（2）]，甚至还出现了明显的噪声，这是因为麦克风没有戴防喷罩。鼻气流这时有所下降，但仍然保持在大约 300 毫升/秒。底部图所显示的硬腭清鼻音表现出了一段不太强

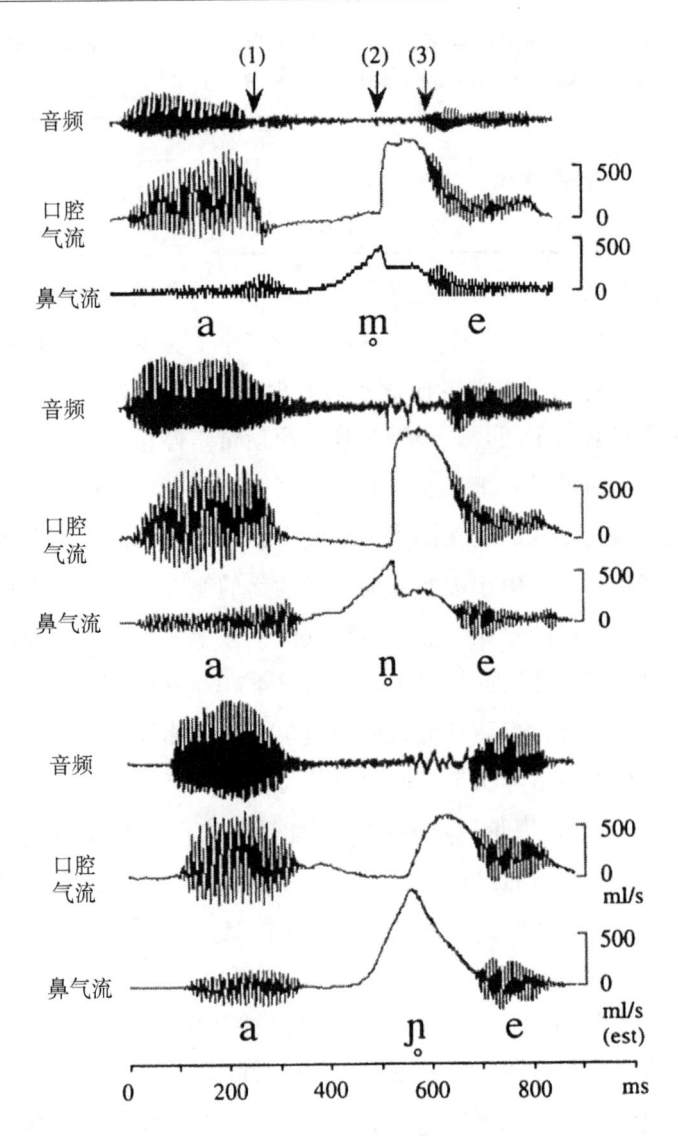

图4.9 安伽米语中清送气鼻音的空气动力图，文中有相应的解释

烈的外出口腔气流。这些特征在我们所调查的九位安伽米语发音人的重复发音中是一致的。口腔气流出现在不带声部分中间稍微靠后的地方。与缅甸语和米佐语在清鼻音尾总有一定程度带声的情况不同，安伽米语清鼻音在最后阶段是不带声的。

所以，这些音并不是简单的清鼻音，而是清送气鼻音。送气在这里代表一种时间关系，而不是某种声门宽度。从空气动力图我们可以推断出：声门打开的动作是在口腔持阻形成后开始的，口腔除阻时或除阻后，声门开度最大。这种口腔调音和喉部动作的时间关系和送气塞音是一样的（见第三章，尤其是图3.4）。在送气鼻音中，送气噪声的大部分或全部都被鼻化了。

"送气鼻音"这个术语有时也和其他的清鼻音有关，比如，Manley（1972）对Sre语进行过描述，据说，Sre语里有双唇、齿龈和硬腭送气鼻音。我们怀疑，这些语言用这种方式来描述常见的清鼻音是为了强调清鼻音和送气塞音在音系上的平行关系。戴庆厦（1985）曾对清鼻音和送气鼻音做过区分，二者在口腔持阻过程中都不带声，但是送气鼻音在元音发音开始时送气。他说，阿昌语（Achang）的清鼻音有"轻微送气"，所以，它们既不是普通的清鼻音也不是送气鼻音。科苏库马语中，和气声鼻音有关的"送气鼻音"这个术语在前面已经提到过。

浊鼻音的声学结构

如上所述，大部分鼻音都是常态浊声。浊鼻音和其他音在声学效果上有很明显的区别。其稳定部分的声学特征是：第一共振峰频率低,但强度又比其他共振峰高,而其他共振峰强度较低。浊鼻音的总体振幅通常低于相邻的元音。在鼻音发音过程中,气流经过咽腔和腭咽口进入鼻腔,从鼻孔流出。腭咽口前的口腔形成这个通道的副腔。对鼻音声谱特征的理论和实证研究都表明,这个副腔提供了一个反共振峰(spectral zero)或反共振(anti-resonance)(Fante 1960, Fujimura 1962, Recasens 1983)。这个反共振峰的频率和声道的容积成反比,而声道容积和口腔前部的舌位(以及其他能够活动的软组织)有关。舌位往前或舌体下降会让声道容积变大,舌位往后或舌体抬高则会让声道容积变小。口腔调音位置越是接近小舌,第一共振峰和反共振频率就越高。鼻音共振峰的增加可能是由于舌位靠后而造成的咽腔容积减小,和/或腭咽口本身的大小(腭咽口在舌后部抬高时变窄)有关。鼻腔容积本身不会有明显的变化。

很少有人研究过不同鼻音的声学差异,以往的研究仅局限在鼻音 **m** 和 **n** 上(Kurowski 和 Blumstein 1987,Qi 和 Fox 1992)。不过,Recasens(1983)提供了加泰罗尼亚语(Catalan)中四个对立鼻音的声学资料。他调查了十三位发音人,得出了词尾鼻音第一共振峰的平均值,如表 4.6 所示。表中还有他对其中一位发音人反共振峰频率的估测。

表 4.6 加泰罗尼亚语鼻音的主要声学特征

	m	n	ɲ	ŋ
鼻音第一共振峰	250	280	290	300
鼻音反共振峰	(未提供)	1780	2650	3700

4. 鼻音和鼻化辅音

表 4.7　东 Arrernte 语中四个舌冠鼻音的反共振峰平均值

调音部位	平均值	频谱显示	n
齿	1506	188	33
齿龈	1403	167	44
卷舌	1634	201	41
腭龈	2094	233	22

我们自己也估测过东 Arrernte 语中四个舌冠鼻音（coronal nasal）的反共振峰平均值。如果这四个舌冠位置仅牵涉舌头接触点的不同，那么，反共振峰频率会随着调音部位的后移而增加。如果舌体位置也有不同，那么靠后的调音位置加上靠下的舌体会造成反共振峰比调音部位靠前时偏低。

对东 Arrernte 语鼻音反共振峰频率的推测是基于对 139 个具有代表性的普通鼻音（非圆唇）进行的平均功率频谱研究形成的。测量对象是鼻音持阻时为一个 10 毫秒的过程。使用和 Recasens 相似的技术，鼻音反共振峰被认为是第一和第二共振峰之间最大的负顶点。同时我们又研究了与之相应的宽带声谱图，以证实所取值和鼻音发音过程中振幅减弱区域的中心频率相符。这些估测的结果如表 4.7 所示。单向方差分析能显示调音部位特征，$F(3, 136) = 66.0$，$p<0.0001$。所有部位组合的区别比 Fisher 的 PLSD 测试中 0.05 值以上更明显（适用于不同的单位）。

如果舌冠鼻音的区别仅仅是由于接触点的不同，那么，龈音的反共振峰频率应该高于齿音，因为它的调音部位更靠后。但事实却相反，龈音的反共振峰明显更低。不过，如果齿音是舌叶调音的话，那么高的舌叶位置会造成口腔容积减小，并使反共振峰频率升高。舌叶–齿音发音时舌体升高（同时下颌抬高）导致口腔顶部和舌头上表之间的空间比发舌尖龈音时更小，从而使口腔容积也更小。如果齿音和龈音的舌位一致的话，我们就看不到上述这些结果。

和齿鼻音、龈鼻音相比，卷舌鼻音（retroflex nasals）和腭-龈鼻音的反共振峰频率更高。其中，腭-龈鼻音的频率又明显高于卷舌鼻音。我们并不知道这位东 Arrernte 语发音人所发鼻音的调音部位有什么特殊之处，但观察到的数据与舌叶腭音及舌尖卷舌音一致，正如我们在第二章图 2.12 讨论 Arrernte 语的塞音时所看到的。

虽然存在这些声学差异，但如果只考虑带声的稳定部分而忽视调音位置的前后变化，那么不同调音部位的鼻音还是很难区分的（Malécot 1956，Nord 1976）。与相邻元音的协同发音也对鼻音调音部位的判断产生重要影响（Zee 1981，Kitazawa 和 Doshita 1984）。尤其是，研究表明，前高元音的出现使双唇鼻音听起来好像调音位置更靠后。这种影响可能就是导致拉丁语中单音节词里的 **m** 到了古法语中变成 **n** 的原因，比如 *rem → rein*，*meum → mien*（除了单音节词外，词尾的鼻音都脱落了，后来的演变造成了鼻化元音而不是词尾鼻音），汉语中词尾对立性鼻音数目的减少也是一个例子（Zee 1985）。

4.3　半鼻音

由于软腭的下降或抬起不受（大部分）口腔调音器官动作的制约，当软腭位置发生变化时，口腔调音器官可以保持静

4. 鼻音和鼻化辅音

止。这一节我们将要讨论半鼻音（partially nasal consonants），半鼻音在发音过程中，软腭位置发生了改变，因而它们一部分是鼻音，一部分是口腔音。我们能够想象到的可能存在的这类音有很多，但实际观察到的并不是很多。如果仅考虑肺气流音，那么，半鼻音只有四类——鼻冠塞音（prenasalized stops，包括塞擦音）、鼻冠擦音（prenasalized fricatives）、塞冠鼻音（prestopped nasals）和鼻冠颤音（prenasalized trills）。除了塞冠鼻音以外，其他音的鼻音段都出现在非鼻音段之前。我们还没有听说过鼻冠边音（prenasalized lateral）或央近音（central approximants），也没有听说过除塞冠鼻音（鼻音部分出现在非鼻音段之后）以外的其他音。关于坎刚语（Kaingang）的报告提到过一种"中鼻音"（medionasal）——开头和结尾都是口腔音，中间部分为鼻音（Wiesemann 1972）。实际上，它们是鼻冠塞音在口元音后的变体。

  鼻冠音（pre-nasalization）和后鼻化音（post-nasalization）似乎不能和喉音同时出现。我们没有见过鼻冠内爆音（prenasalized implosives）的例子，鼻冠喷音（prenasalized ejectives）也很少见。虽然祖鲁语中鼻音后的清塞音可能发成喷音｛如前缀 /N/+ 词干 /-**pala**/ "antelope"（羚羊）=[imp'ala]｝，但是，它和鼻冠喷音的结构不同，因为这里的词首增元音（prothetic vowel）**i** 的功能可能是提供一个音节核心使鼻音依附其上，鼻音只是这个起首音节的尾辅音，这种情况对一个单一的鼻冠音来说是不可能的。鼻冠音可能和咝音同时出现，我们将在第九章进行讨论。

鼻冠塞音（prenasalized stops）

爆破音和鼻音在调音方式上的相似性使鼻音和塞音在许多语言中都有音系上的联系。很多情况下，相邻的鼻音和塞音是同部位的。比如，在英语中，一个语素内的鼻音＋塞音音丛一定是同部位的。在这个音丛里，鼻音的结束和塞音的开始都仅仅依赖软腭的抬起，喉部结构的变化也有可能发生在音丛内部。曾经有过这样的争论：具有相似音姿的音丛应该被看作一个整体的音，尤其是当其位于音节首的位置时。在目前这种情况下，该音丛称作"鼻冠塞音"，且标写为上标鼻音符号＋塞音符号，比如 ^{m}b、^{n}d、^{ŋ}g。虽然，我们习惯上不使用上标符号，而是普通的鼻音＋塞音符号 mb、nd、ŋg。但鼻冠塞音和鼻音＋塞音音丛之间是否存在语音差别仍是一个问题（注意：我们关心的是语音学家是如何区分这两种音，而不是这两种音在音系上如何表达）。同样的问题也存在于鼻冠塞擦音（prenasalized affricates）和擦音之间。但我们还是把讨论集中在塞音上。

表面上看，如果有语言区分鼻冠塞音和鼻音＋塞音音丛的话，我们也需要在二者之间进行区别。僧伽罗语（Sinhala）是经常被引用的例子（Jones 1950, Feinstein 1979）。例词是 **landa**（"灌木丛"）和 **la^{n}da**（"瞎的"），这样能反映对立关系的成对词。图 4.10 是这些单词的声谱图。我们调查了两位僧伽罗语发音人，并测量了上述几个词中从鼻音的口腔持阻形成到塞音爆发之间的时长。对两位发音人来说，鼻冠塞音中这个间隔的平均时长是大约 100 毫秒。其中一位发音人所发的鼻

4. 鼻音和鼻化辅音

音+塞音音丛的时长是鼻冠塞音的两倍，另一位发音人则接近于三倍，即 275 毫秒。也就是说，音丛中的鼻音部分被延长了，导致鼻音的长度可与双音性鼻音（geminate nasal）相比，如图 4.11 所示，它显示了僧伽罗语中的单音和双音性鼻音。需要注意的是：在 la"da 这个词中，鼻冠塞音的长度和其他语言，比如英语中的鼻音+塞音音丛的时长一致。根据 Vatikiotis-Bateson（1984）和 Lisker（1984），英语中位于词中的鼻音+塞音丛的时长是 80-90 毫秒。至少在语音基础上，僧伽罗语中的这种鼻冠塞音和鼻音+塞音丛的对立关系应该描述为后接塞音的单鼻音和双鼻音之间的关系，也就是 [mb，nd] 对 [mmb，nnd]。它们之间的音系区别主要是：双鼻音不属于同一个音节，而单鼻音+塞音则构成一个音节的开始（Cairns 和 Feinstein 1982）。

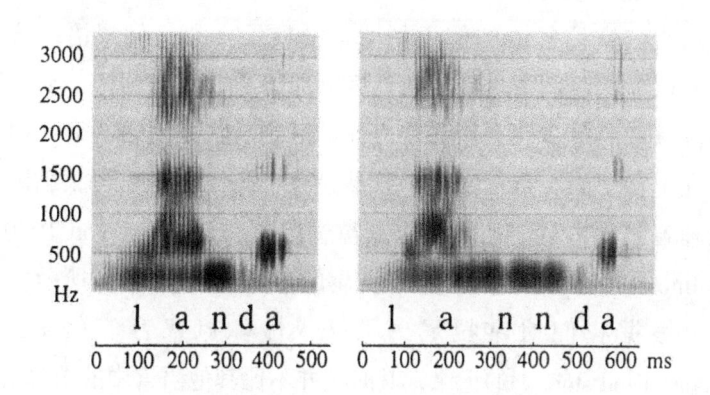

图 4.10　僧伽罗语词 la.nda（"瞎的"）和 lan.nda（"灌木丛"）的声谱图，显示了鼻冠塞音和不属于同一音节的鼻音+塞音音丛的区别

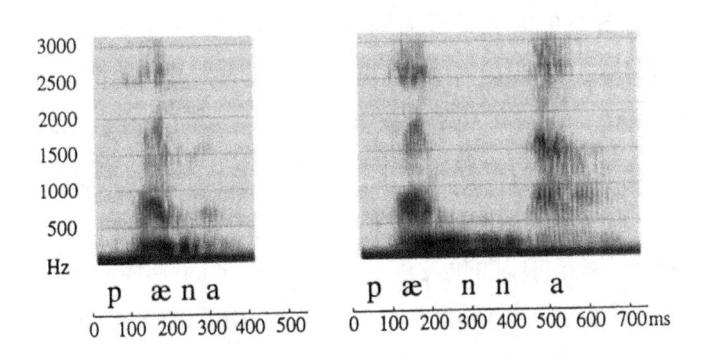

图4.11 僧伽罗语词**pæna**("问题")和**pænna**("跳")的声谱图，这两个单词里分别含有单鼻音和双鼻音

富拉尼语中也有类似的对立关系，只是出现的位置不同。僧伽罗语中的鼻音+塞音丛只出现在词中，富拉尼语中的鼻冠塞音可能出现在词首。但是，较长的鼻音+塞音丛不会在词首出现。富拉尼语的例子如图4.12所示。和僧伽罗语一样，我们认为这些例子之间的语音区别应该更好地描述为：后接同部位塞音的单鼻音和双鼻音之间的区别。富拉尼语的音系模式印证了我们的观点：比如，以鼻冠塞音开始的一个后缀黏附于以辅音结尾的词干时，结果是鼻音段更加延长（Arnott 1970, McIntosh 1984）。这个由后缀产生的音变过程如表4.8所示。

根据我们对富拉尼语"双音性鼻冠塞音"（geminate prenasalized stops）的记录，其时长并不比其他语言中的单鼻音+单塞音音丛更长。我们调查了两位发音人所发的含有非双音性鼻冠塞音的单词，发现鼻音和塞音部分的时长加起来是45–100毫秒，平均大约60毫秒。

4. 鼻音和鼻化辅音

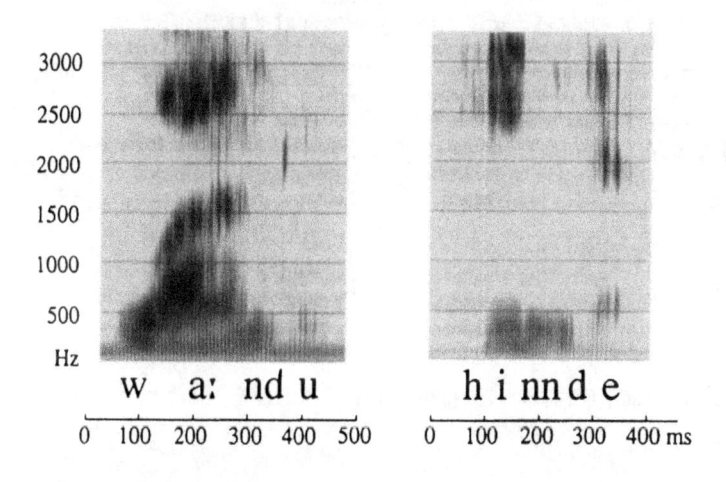

图4.12 富拉尼语中词 **waandu**（"猴子"）和 **hinnde**（"蒸锅"）的声谱图，显示了鼻冠塞音和双音性鼻音+塞音音丛的对立

表 4.8 富拉尼语中的单、双"鼻冠塞音"

词干不以辅音结尾

    词干 **waa**+ 名词后缀 **-ndu/-ɗi**

        （开头的辅音突变和名词的分类有关）

        waandu　　"猴子"
        baaɗi　　　"猴子"（复数）

词干以辅音结尾

    词干 **biC** + 名词后缀 **-ŋga/-ko**

        biŋŋga　　"大孩子"
        bikko　　　"大孩子们"

表 4.9 斐济语中位于词中的鼻冠音和其他辅音的平均时长

	平均时长	频谱显示	N
鼻冠爆音：11 位来自三个方言区的发音人			
mb	132	22.2	62
nd	131	23.8	63
nḍ	114	25.5	65
ŋg	114	32.6	65
其他位于词中的辅音：仅六位说标准斐济语的发音人			
t	125	19.5	24
k	116	30.1	24
l	117	12.3	21

富拉尼语中这种音的音长相对较短，可能进一步说明了鼻冠塞音和鼻音 + 塞音丛之间的区别。根据 Herbert（1986）关于鼻冠音的专著，鼻冠音是一个由同部位的鼻音加非鼻音组成的音丛，其音长大致等同于同一语言中的普通辅音。这就意味着鼻音 + 塞音音丛比普通的塞音要长。我们认为这种想法是错误的，而且没有考虑到同一语言中和不同语言间不同音段的音长区别。

根据 Browman 和 Goldstein（1986）的观点，英语中的音丛 mp、mb 的声学和发音时长都不比单音 p、b、m 长。他们还认为，这些双唇鼻音的时长大概相当于 KiChaka 语的 KiVunjo 方言里位于词首的 p、m、mb。而 mb 经常被分析为鼻冠塞音。与此类似，斐济语中鼻冠塞音的声学时长相当于位于词中的其他辅音（Maddieson 1990a, Maddieson 和 Ladefoged

4. 鼻音和鼻化辅音

1993），如表 4.9 所示。但是，对一位科苏库马语发音人的调查显示，元音间的浊双唇鼻音和软腭鼻冠塞音的平均时长是 144 毫秒，而位于长元音后的元音间的浊双唇鼻音和软腭塞音的平均时长是 43 毫秒，短元音后是 30 毫秒；长元音后的元音间双唇鼻音的平均时长是 94 毫秒，短元音后为 73 毫秒。

同部位的鼻音+塞音丛的时长区别也可能是由调音动作的简化引起的。要求类似音姿的两个相邻音段在实际发音过程中可能只使用一个单一的、结合在一起的音姿。在目前所讨论的鼻音+塞音丛中，鼻音和塞音的两个口腔持阻动作是互相重叠的，而鼻音的除阻和塞音持阻的形成都由于调音动作的简化而被压缩了。这种经济性原则在不同语言中的实施程度不同，在同一语言中也可能由于语言环境和语言风格不同而有变化。许多班图语言（Bantu）中的鼻音+塞音音丛前元音的延长就是这种经济性引起的，一直延长至鼻音+塞音被压缩的地方。班图语不同语言间情况不同，经济性原则在卢干达语和 CiYao 语中表现最明显，而在科苏库马语和 Runyambo 语中表现不明显（Maddieson 和 Ladefoged 1993，Hubbard 1995）。南岛语和澳大利亚某些土著语中也有鼻冠塞音，但其元音延长现象还没有得到关注。

鼻音+塞音丛中的清浊变化

不把鼻冠音段当作语音学上的显著特征，还有一个原因：音丛里的两个成分不全是清音或浊音。虽然许多语言的鼻冠塞音都是浊音，但在有些语言里塞音部分可以是清音，也

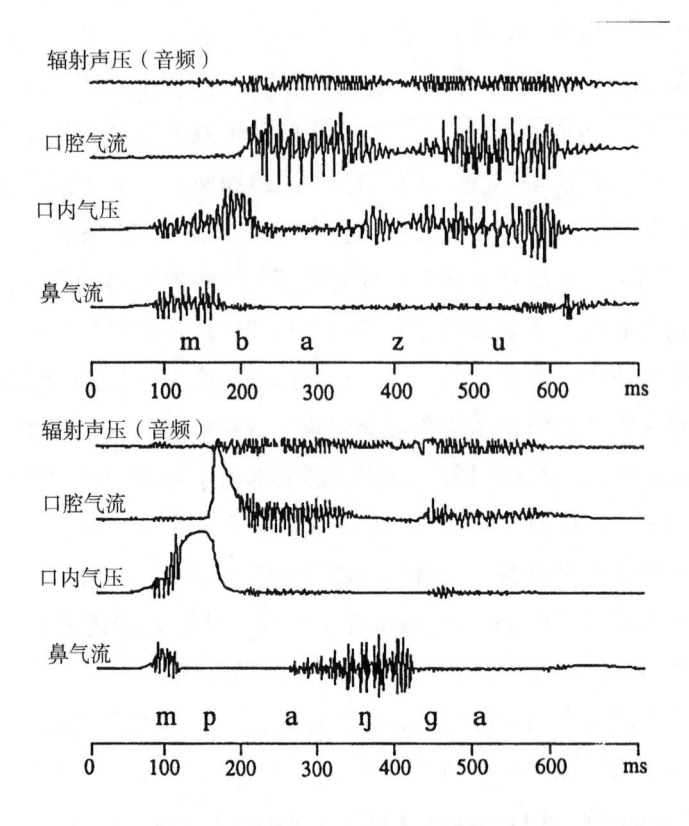

图4.13 科苏库马语词 **mbazu**("山羊")和 **mpaŋga**("活的")的空气动力图,显示了清、浊鼻冠塞音的区别

可以是浊音。然而不管塞音是清还是浊,鼻音部分永远都是浊音(Herbert 1986)。所以,在班图语的很多语言(如科苏库马语)里,不仅有浊的,也有清鼻冠塞音(Batibo 1976)。科苏库马语的清鼻冠塞音带有很强的送气,如图4.13的空气动力图所示(见 Maddieson 1991),许多相关语言中也有这种现象。

4. 鼻音和鼻化辅音

从语音上讲，清、浊区别主要在塞音而不是鼻音部分。也就是说，虽然鼻音通常是浊音，一个整体音段内部的清浊变化很少见，但却发生在 **mp**、**nt**、**ŋk** 这些音丛的发音过程中。

送气并不是清鼻冠塞音的普遍特征。泰国苗语里有两种鼻冠塞音，据报道，它们之间有清、浊区别（Lyman 1979）。Smalley（1976）把这种语言里的双唇鼻冠塞音在音系上的对立标写为 /mp/ 和 /mph/，语音上则把 /mp/ 记写为 [mb]，说明这类音和科苏库马语类似。实际上，区别在于清送气和不送气之间，两种鼻冠塞音的鼻音部分都是浊音，而非鼻音部分都是清音。如图 4.14 所示，它是一位苗语第二土语（Hmong Daw）发音人所发单词的声谱图。有一个细节值得注意：塞音部分的音长和调音部位密切相关，调音部位越靠后，音长越长。图中显示了双唇塞音和小舌塞音，从中可以看出这位发音人的调音部位变化范围。双唇塞音的持阻非常短，小舌塞音的持阻却很长。送气音除阻后伴随着强的噪声送气。这一部分的时长不因调音位置不同而有变化。

另一方面，音丛内部的同化现象也很常见。一些语言的鼻音＋塞音丛确实在某些条件下存在同化现象。比如在布拉语中，如果这种鼻音＋塞音丛位于话语开头，它的鼻音和塞音同属清音或浊音，同部位或不同部位的鼻音＋塞音也都是如此。图 4.15 是 **n̥d**、**n̥t**、**m̥t** 等三个发音对立例词的声谱图。当这些清化鼻音前面是浊音时，它们也被浊化。而且，没有理由相信布拉语里有深层结构的清鼻音（Maddieson 1983）。

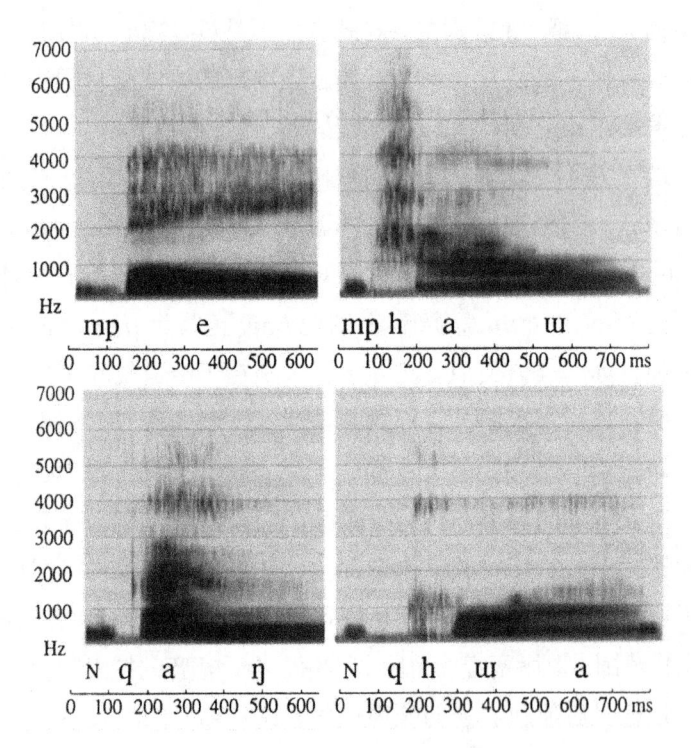

图4.14 苗语第二土语女性发音人所发 mpe（"名字"）、mphaɯ（"混乱的"）、ɴqaŋ（"茅草屋顶"）和 ɴqhɯa（"干了"）的声谱图，显示了双唇和小舌位置的清不送气鼻冠塞音和清送气鼻冠塞音之间的区别

清塞音前的鼻音清化现象还发生在非洲西南部和东北部班图语的几种语言里，比如，恩东加语（Ndongo）和 Kwambi 语（Baucom 1974）、Pokomo 语、Pare 语、Shambaa 语、邦代伊语（Bondei）（Hinnebush 1975）。我们听到过邦代伊语的例子，发现它和布拉语不同。布拉语中位于辅音前的清鼻音发音时，

4. 鼻音和鼻化辅音

声门完全打开，所通过的气流量也比较大，听起来和缅甸语的清鼻音类似。邦代伊语清鼻音气流量不大，声带虽然打开，但只有微弱的振动。所以，在鼻音发音的部分或全过程中，我们都能观察到低振幅的周期性振动。这种现象用图4.16的波形图能更好地说明。图中，我们可以看到：鼻音从头到尾都是带噪声的，但在开头和结尾处有微弱的周期波，表明声带有振动。布拉语和邦代伊语的不同说明它们同化的方式有区别。邦代伊语和布拉语不一样，邦代伊语中塞音除阻是伴随送气的，这一点可能和清化过程的区别有关，相对于口腔持阻形成的时间，邦代伊语声门打开到最大处的时间比布拉语要晚。

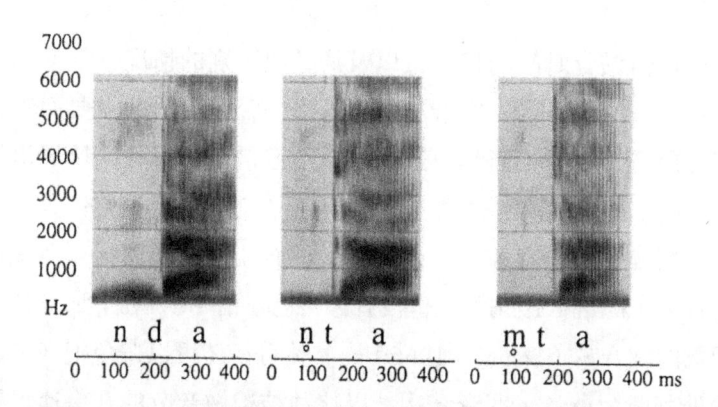

图4.15 布拉语中的 /nda/（"做饭"）、/n̥ta/（"撕开"）、/m̥ta/（"死亡"）等词的声谱图，显示同部位和不同部位的鼻音+塞音丛的嗓音同化现象

邦代伊语的情况和先前我们讨论过的 Kwanyama 语和科苏库马语的气声鼻音有关。在这两种语言中，清鼻冠塞音的塞音段丢失了，留下的只是伴随声门打开动作的鼻音。

塞音除阻

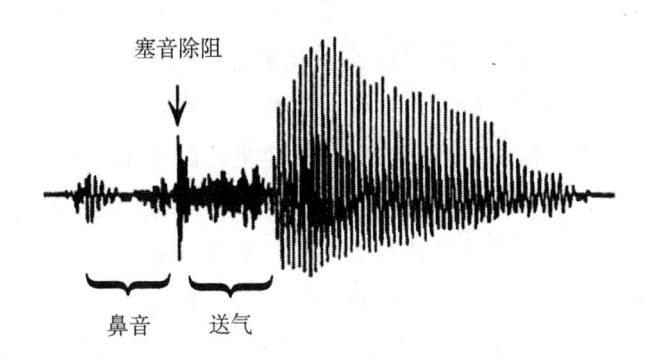

鼻音　送气

图4.16　邦代伊语**ntaa**("罗非鱼")一词的波形图，显示送气塞音前清化鼻音的微弱声带振动

任何调音时间的控制，以及清、浊区别的情况，都使用鼻冠塞音而不是鼻音+塞音丛这个术语是音系描写的需要而不是实际语音的发音（当然，这是对于不像僧伽罗语和富拉尼语那样有内部区别的语言来说）。我们需要先对这个音做整体分析，因为所描述的语言和斐济语一样，里面任何位置都不存在其他辅音丛（Milner 1956），也没有像格巴亚语（Gbeya）那样位于词首的辅音丛（Samarin 1966）。整体分析还可以避免把音节起始处判断为鼻音+塞音结构。以这种结构做音节的开头违反了一个原则：根据响度层级理论（Jespersen 1897–1899, Hooper 1976, Steriade 1982），响度更强的成分（这里指鼻音）离音节核心更近。但事实上，违反这个原则的现象也很常见。

关于鼻冠音还有一个问题：标写符号 [^{m}b, ^{n}d] 和 [m^b, n^d] 也暗示着某种区别，有时我们把 [^{m}b, ^{n}d] 当做鼻冠塞音，

4. 鼻音和鼻化辅音

而把 [m^b, n^d] 当做"后塞鼻音"（poststopped nasals）。赵元任注意到了汉语粤方言的中山话（1948）和台山话（1951）有后塞鼻音。最近，Chan（1980）在她的中山话音系分析中，明确地区分了二者。做这种区分的理由是：塞音和鼻音部分的显著度不同，有时塞音更强，有时鼻音更强。我们不知道显著度是和音长有关，还是和塞音爆发时的振幅有关。历史上，汉语的后塞鼻音是从普通鼻音演化而来的，在后塞鼻音的发音过程中，尤其是鼻音和其后接元音的过渡中，如赵元任所说："鼻腔关闭太早，口腔打开太晚"。考虑到这种历史沿革，后塞鼻音的爆发可能很微弱，但目前为止还没有相关的比较研究。

塞冠鼻音（prestopped nasals）

我们在讨论鼻冠塞音时遇到过类似的问题：塞音＋鼻音丛和由塞音、鼻音组成的整体音段（塞冠鼻音或鼻除阻的塞音）之间是否存在语音上的区别？我们还不知道有哪种语言对这两种音进行区分，但音系结构要求在不同情况下对其进行不同的分析。在有些语言中，比如俄语，位于音节首的同部位塞音＋鼻音丛毫无疑问是两个独立的音段，俄语中有许多位于音节首的辅音丛，塞音＋鼻音丛只是其中的一种。而且，词表中还把以塞音＋鼻音丛起首的词跟塞音和鼻音中间有元音隔开的词放在一起，如表 4.10 所示。如此看来，塞音和鼻音在俄语中的独立地位就更清楚了。

表 4.10　以塞音＋鼻音丛开头的部分俄语名词（腭化塞音和腭化鼻音被表述为舌叶龈后音，音标符号是 d̦、n̦）

	"底部"	"天"
主格，单数	dno	d̦en̦
属格，单数	dna	d̦na
主格，复数	'don̦ja	d̦n̦i
属格，复数	'don̦jev	d̦n̦ej

别的语言，比如澳大利亚土著语，据说也有这种"塞冠鼻音"，而且，这些塞音＋鼻音音丛通常和普通鼻音关系密切。在 Diyari 语里（Austin 1981），如果起首辅音不是鼻音的话，位于第一重音后、元音间的舌尖－齿龈鼻音和舌叶－齿鼻音有时会和塞冠鼻音形成对立，其他位置上只有普通鼻音出现。在 Arabana 语和 Wangganuru 语里（Hercus 1973），也存在类似的规则，而且是强制性的，同时也适用于双唇鼻音。在 Olgolo 语中（Dixon 1970，1980），因为起始辅音（对分布起决定作用）的脱落，普通鼻音和塞音＋鼻音丛在元音间的位置也可形成对立。Arrernte 语里也有类似的情况（Dixon 1980），它的起始元音也脱落了，所以，塞冠鼻音可以出现在词首的位置，这个位置上不可能有其他辅音丛。表 4.11 显示的是东 Arrernte 语里含鼻冠塞音和后鼻化塞音（pre-and post-nasalized stops）的词。关于这种语言的描述并没有向我们说明：塞冠鼻音在语音上有何特殊之处，或者说，它们和俄语中的塞音＋鼻音丛不一样。问题依然是口腔和软腭调音的时间关系，以及语音事实和音系结构的关系。

4. 鼻音和鼻化辅音

表 4.11　东 Arrernte 语中含普通鼻音、鼻冠塞音和后鼻化塞音的例词（Maddieson 和 Ladefoged 1993）

普通鼻音	鼻冠塞音	塞冠鼻音
anəmə　"坐着"	ampəɻə　"膝盖"	apmaɻə　"营地"
mwarə　"好的"	mpwaɻə　"制作"	pmwaɻə　"库拉蒙"（地名）
aɳə　"树木"	anṯəmə　"疼痛"	kəṯɳə　"顶端"
aməɲə　"飞"	aŋkəmə　"说"	akŋə　"携带"

东 Arrernte 语里既有塞冠鼻音，也有后鼻化塞音，塞冠鼻音是普通鼻音的变体，它的发音全过程都是带声的，如图 7.23 所示（见第七章）；后鼻化塞音，如表 4.11 所示，除阻阶段是不带声的。

鼻除阻还发生在另外一些语言里，其词尾塞音通常被描述为不除阻的，比如越南语。越南语的词尾塞音其实是除阻的，但除阻动作是口腔持阻的同时软腭下降而形成一个很短的清鼻音。

鼻冠音和颤音

还有一些音结合了鼻冠音和颤音的特征，颤音主要在第七章讨论，这里我们简单介绍带有颤音除阻的鼻冠音。这种类型的音分两种：双唇音和舌尖音（调音部位是齿龈或龈后），使用区域在新几内亚北部的 Admiralty 岛（Ladefoged、Cochran 和 Disner 1977）。表 4.12 是凯莱语（Kele）的例子，含有鼻冠双唇塞音和鼻冠龈塞音并带有颤音除阻的词，其声谱图如图 4.17 所示。

这两种类型的颤音在以上所提及几种语言音系中的作用有显著不同。舌尖颤音是很普通的音，而鼻冠颤音也并不限于某个特殊的元音环境。但鼻冠化现象实际上只存在于有双唇颤音的语言中，鼻冠双唇颤音也仅出现于由双唇颤音演化而来的很有限的语音环境中（Maddieson 1989b，Demolin 1988）。除了尼亚斯语（Nias）中未经解释的现象（Catford 1988b）和禄劝彝语（Luquan）中摩擦元音的特例（见第九章），所有的双唇颤音历史上都来自于一个音丛：鼻冠双唇塞音＋后高圆唇元音，比如 **mbu**。这些音段有鼻冠特征，还有一个很短的口腔持阻期，颤音除阻和后接元音的发音有很大一部分是重叠的。在 Na?ahai 这样的语言里，双唇颤音和普通的鼻冠双唇塞音形成互补分布，双唇颤音的发音可能被认为是鼻冠双唇塞音后 **u** 的变体，也可能是 **u** 前 **mb** 的变体。

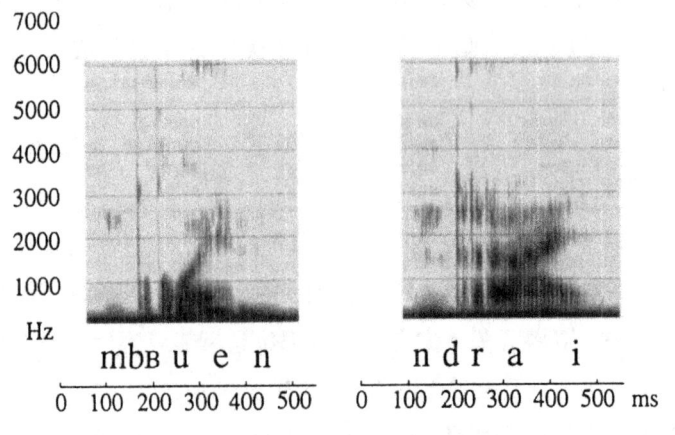

图4.17 凯莱语 **ndrai**（"你的血"）、**mbʙuen**（"它的果实"）的声谱图，显示带颤音除阻的鼻冠龈塞音和鼻冠双唇塞音的区别

4. 鼻音和鼻化辅音

表 4.12　凯莱语中含颤音性除阻的鼻冠双唇塞音和鼻冠龈塞音的例词

鼻冠双唇塞音		鼻冠齿龈音		齿龈音	
mbʙuen	"它的果实"	**ndrikei**	"腿"	**riuriu**	一种昆虫
mbʙulei	"绿的"	**ndruin**	"他/她的骨头"	**raman**	"红色"
mbʙuin	"她的"	**ndrileŋ**	"歌曲"	**rarai**	一种鱼

表 4.13 显示了对具有颤音性除阻的鼻冠双唇塞音的测量结果，样例来自三种南岛语和 Camerouian 语的 Nweh 方言。颤音前的口腔持阻和其他语言中的鼻冠浊塞音一样，通常都是 30 毫秒。颤音的持阻期要短许多，但其两次除阻之间的时长比塞音持阻稍长。更有意思的是，这类颤音的双唇振动比舌尖颤音稍慢，这一点将在第七章讨论。

表 4.13　带有颤音性除阻的鼻冠双唇塞音的平均值，样例来自三种南岛语和 Nweh 语（每种语言各选取一位发音人，语言名称后的括号里是发音次数）

	非鼻化音 [b] 的持阻时长	颤音的周期	颤音频率
库尔蒂语（Kurti）（n=37）	33.8ms	37.6ms	26.8Hz
频谱显示	5.0	3.5	2.8
Na?ahai 语（n=22）	30.7ms	45.6ms	22.1Hz
频谱显示	1.2	3.7	1.8
Uripiv 语（n=14）	33.8ms	37.3ms	27.2Hz

（续表）

频谱显示	12.8	4.5	3.8
Nweh 语 (n=15)	33.1ms	44.1ms	23.1Hz
频谱显示	8.12	3.73	2.1
各种语言平均值	32.85	41.15	24.8

还有几种语言把颤音作为舌前塞音除阻的变体，比如南岛语系的马尔加什语（Malagasy Dyen 1971）、斐济语（Milner 1956）和包括凯莱语在内的 Admiralty 岛上的其他语言。据报道，斐济语的浊鼻冠龈后塞音（voiced prenasalized post-alveolar stop）后有颤音，但是 Maddieson（1991）调查了斐济语十一位发音人，发现这种塞音除阻时带颤音特征是很少见的，也就是说，这种塞音的显著特征仍是调音部位为龈后。

4.4 鼻化辅音

鼻化辅音主要分两种类型，其中之一是鼻化咔音（nasalized click），发咔音时软腭气流机制发挥作用，因此，在咔音发音的同时，肺气流能自由通过鼻腔，结果是形成鼻化咔音。喉部结构可能会有变化，所以，咔音性鼻音可以是浊音、清音、气声鼻音等。我们单列一章来讲咔音，这里只介绍鼻化咔音。

4. 鼻音和鼻化辅音

表 4.14　Kwangali 语中的鼻化和非鼻化清喉近音（voiceless glottal approximants）

hõhõ	"魔鬼的荆棘"	hompa	"头领"
h̃uh̃wa	"猫头鹰"	huma	"咬"
muh̃o	"一种矛"	muhona	"主人"
koh̃i	"在……下面"	ruhunga	"羽毛"

另一种鼻化辅音是口腔延续音（oral continuants），包括擦音和近音，发音时软腭下降，气流可自由通过鼻腔。这种鼻化音经常作为非鼻化音的音位变体出现，语音环境是一个鼻辅音或鼻元音的鼻音特征扩散至周围。鼻化音通常是浊音。比如，关于约鲁巴语的描述以及我们对这种语言的观察表明：浊近音 w、j 在后接鼻化元音时，经常被鼻化。在另外一些语言里，鼻音可伴随逆向鼻化（anticipatory nasalization），也就是说，位于其前的几个音节被鼻化，比如瓜拉尼语（Guarani）（Gregores 和 Suarez 1967, Lunt 1973）。（据称瓜拉尼语还有鼻化语素或鼻化元音，鼻化特征也可能从这些音扩散开去。这种情况在音系上很复杂，这里，我们努力对它做全面解释。）在鼻化特征的扩散过程中，鼻化的浊延续音和近音是语音上的派生关系。Gregores 和 Suarez 提道，浊擦音 v、ɣ 的鼻化音是浊近音 ṽ、ɰ̃。

鼻化特征在相邻音段中的扩散程度和扩散方向因语言而不同，所以，表层鼻化音的数目和种类也有所不同，Cohn（1990，1993）对此有过说明。由软腭下降造成的不同音段的声学效果也有区别。鼻化和非鼻化清擦音及清近音听起来区别不大，清音和相邻的鼻音或鼻化音段的同化作用比想象的更常见。虽然关于约鲁巴语的描述中并没有提到,但是我们相信,约鲁巴语中,清近音 **h** 在鼻化元音前经常鼻化。Carnochan(1948)发表了他对伊博语的示波图记录,Cohn(1993)也有对巽他语(Sudanese)的记录,这些都清楚地显示了 **h** 的鼻化过程。Gree 和 Igwe(1963)提道,在伊博语中,鼻化的清、浊唇齿擦音和龈擦音实际上在摩擦的同时都带有鼻气流,不能看作后接鼻化元音的成分。这一点我们不能确信,但是 Williamson(1969)用这种方法识别了有限的几个可以作为含有鼻化元音音节的起始辅音。

然而,在一些南部班图语中,鼻化的清近音之间确实形成对立。属于纳米比亚北部的卡万戈语(Kavango)的 Kwangali 和 ThiMbukushu 方言,两者都在 **h** 和 **h̃** 之间形成明显对立。Kwangali 语的最小对立对儿如表 4.14 所示,图 4.18 是表中第一个词的空气动力图。词首辅音和元音间辅音都同时有口腔气流和鼻腔气流,不管是词首还是元音间的位置,鼻气流的最高速度都比口腔气流高。两个元音在发音时也有大量鼻气流,它们在音系上被转写为 o(Kwangali 语里没有形成对立的鼻化元音),语音上被转写为 õ。在我们所记录的所有包含 **h̃** 的词里,后接元音很明显都鼻化了。像约鲁巴语一样,鼻化可以被看作是一个整体音节的特征。但是,约鲁巴语里,鼻元音和口腔辅音后的口腔元音形成对立,鼻化半元音只出现在鼻元音之前。Kwangali 语的音系里没有鼻化元音,这些元音只出现在包括 **h̃** 的鼻音和鼻化辅音的环境里。

4. 鼻音和鼻化辅音

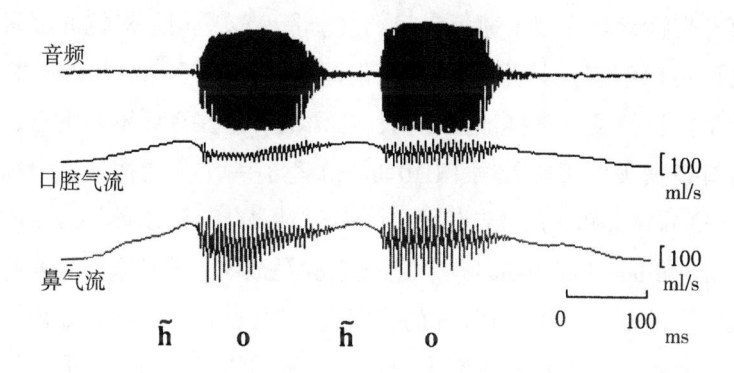

图4.18 Kwangali语单词ɦoɦo（"魔鬼的荆棘"）的空气动力图，这个词里包含清声门擦音

据说，鼻化延续音在伊博语以外的其他几种语言里也形成对立。Boyeldieu（1985）提议把 Lua 语里的 w̃ 分析为一个音位。Stringer 和 Hotz（1973）提到瓦法语（Waffa）里有鼻化的浊双唇擦音 β̃，它和 β、m、mb 形成对立，如表4.15 所示。但 Stringer 和 Hotz 没有讨论元音的鼻化，也没有说瓦法语中的鼻化元音具有音位的地位。

表 4.15 瓦法语中的浊双唇音，包括鼻化擦音

	位于开头		位于中间	
mb	mbúume	"雄蕊"	jámbáa	"香蕉"
β	βaíni	"附近"	óoβə	（一种白薯）
β̃	β̃atá	"土地"	jaáβ̃ə	"芦苇裙"
m	mátee	"现在"	kamə	"圆芋头"

Ohala（1975）证明了浊鼻化擦音的发音很困难，因为当气流从鼻腔冲出时，要在口腔收紧点造成摩擦需要大量的气流，

而声带振动又限制了通过声门的气流量。这些相互对抗的因素也许可以解释瓜拉尼语的非鼻化擦音和鼻化近音之间的交替关系。我们没有直接证据表明瓦法语的 β̃ 是擦音而不是近音，但有证据表明姆邦杜语（UMbundu）里有一个鼻化擦音。根据 Schadeberg（1982），姆邦杜语有一个"浊鼻化唇延续音"（voiced nasalized labial continuant），他把它标写成 ṽ，还把这个音划归阻塞音的范畴。在对 Ohala 的观察进行评论后，Schadeberg 说这个音是擦音，虽然二者都出现在可预测的语音环境中，但它和近音还是有区别的。他对姆邦杜语鼻化音结构的分析得出结论：ṽ 是四个深层鼻化辅音 ṽ、l̃、h̃、j̃ 中的一个。它们出现在鼻化元音的前或后，但是元音的鼻化被认为是鼻音特征从辅音扩散而来的。深层形式的鼻元音也确实存在，但来自鼻元音的鼻音特征扩散方式不同，辅音的鼻化也不能从这儿得到解释。因此，姆邦杜语的 ṽ 既是语音单位，又是音系单位。

　　鼻化辅音还有第三种不太显著的类型：伴随软腭下降的塞音。只有当口腔持阻形成于软腭开口的下方或后方时，才有可能形成鼻塞音。也就是说，口腔成阻点在咽或声门区。如果成阻点位于软腭开口前，所发的音是鼻辅音而不是鼻化塞音。巽他语里有鼻化喉塞音，在所出现的环境里，它的鼻音特征是可以预测的（Robins 1957）。

4.5　结论

　　由软腭下降所造成的空气动力和声学效果在很大程度上取

4. 鼻音和鼻化辅音

决于是否同时存在口腔持阻和声门持阻。我们按照传统语音学对鼻音和鼻化音做严格区分。软腭下降并伴随靠前的口腔持阻产生鼻音，软腭下降伴随其他任何调音方式都产生鼻化音。在传统语音学里，主要的辅音分类方式是基于成阻点的收紧度，因此，塞音、擦音、近音和鼻音各成一类。各个类别又互相具有排他性。一个音段不可能既是鼻音又是塞音，既是鼻音又是擦音或近音。这种分类的重要性在于世界上大部分语言里都有这四种音的成员，鼻化辅音却相对少见，而且经常是派生出的表层音段。对鼻化音的分类也是基于口腔成阻点的收紧度。鼻音只是一个伴随特征，一个鼻化擦音不管从声学上还是分布上，抑或音节划分上说都是擦音。虽然我们所说的鼻音有人称"鼻塞音"，但它们并不是塞音的鼻化形式，就像ṽ和j̃是v、j的鼻化音一样。鼻音在声学上具有延续性和稳定性，它们的分布与流音（liquids）和其他响音（sonorants）平行而不是塞音。

然而，同样的调音特征——软腭下降，却能区分鼻音和塞音，鼻化擦音、鼻化近音和非鼻化擦音、非鼻化近音。一个单一的调音特征——[+鼻]（[+nasal]），就足以从语音理论上解释鼻音和鼻化音。或者说，其他信息都无关紧要，只需证明鼻音特征的存在与否。至少就辅音而言，只需要表明软腭是处于打开还是闭合状态，因为有关打开的不同程度在语言学上没有意义。[也许帕兰塔拉－奇南特克语（Palantla Chinantec）里存在一个反例，和鼻化元音有关，将在第十章讨论。] 我们发现鼻音在收紧特征上和塞音一致，它们（以及鼻化辅音）和塞音的区别就是鼻音性[+鼻]。

使用[+鼻]这一个特征也许会忽略鼻音和鼻化擦音、鼻化近音、鼻化喉塞音之间的区别。然而，鼻音和鼻化音之间关系密切，尤其是同化——鼻化音经常出现在和鼻音相邻的位置。在几种语言里，比如 Niaboua 语（Bentick 1975），鼻音出现在浊塞音的位置上，语音环境里有鼻化元音。鼻化辅音和非鼻化辅音的分布类似，鼻音和塞音的分布却完全不同。语音理论的任务就是要揭示鼻音和鼻化音之间在调音和时间上的关系，同时还要解释它们在分布上的区别以及声学特征上的独特之处。鼻音和塞音的区别在于鼻音是响音，鼻音、鼻元音和鼻化近音的特征都是[+响音]（[+sonorant]），而擦音属于阻塞音，其声学特征上的显著性远不如鼻音明显。鼻音和鼻化辅音的相似之处在于调音方式，区别在于声学效果。

关于鼻音的理论还应该解释软腭动作、口腔调音和不同喉部结构之间的关系。大体说来，这些是相对时间的关系。虽然，软腭打开和闭合的时间一般与辅音的口腔调音（元音的声道构型）相一致，软腭会保持打开状态并持续一段时间，这期间，会有几个口腔调音动作发生。同样，一个单一的口腔动作（如口腔持阻）也可以持续一段时间，而同时软腭姿态发生变化。具有相同调音特征的相邻音段可以自由组合，而上述调音动作之间的特殊组合（如鼻冠塞音）是很少见的，但是，不管哪种情况，语音理论的任务就是要揭示各个动作之间的时间先后顺序。

过去的音系理论，比如 Firth 的韵律学派（Robins 1957）已经意识到了软腭动作的独立性，但这一点需要和各种可能的调音方式组合联系起来。在 Halle 的多层语音理论里（Halle 和

Vergnaud 1980），鼻音被赋予独立的音系层级，或 Sagey 的特征树（feature tree）上的一个独立节点（Sagey 1990；Ladefoged 1988，1992）。这些分析忽略了软腭动作和其他调音动作之间的时间关系。同时也说明，鼻音可以和任何调音方式的音段相结合。Clements（1985）并没有意识到这一点，他当时提议把鼻音和其他的方式特征结合在一个调音方式节点上，因为各个调音方式之间的组合可能需要额外规定。

关于鼻音的语音理论还要解释软腭动作的准确时间和软腭的开度大小，这样的解释不在本书研究范围之内，但 Moll 和 Shriner（1967）、Vaissiere（1983）、Cohn（1990）都表明：英语鼻音软腭动作的时间能够从鼻音的偶值特征、韵律特征和所出现的语音环境推断出来。

5. 擦音

擦音在发音过程中，声道内有湍流。本章要讨论的主要是央擦音（central fricative）。边擦音（lateral fricative）在第六章介绍。次要发音（secondary articulation）和多重发音（multiple articulation）并入这一章。h 和 ɦ 在发音过程中，声门出现湍流，有时也被归入擦音（如 Jones 1956，Bronstein 1960），但更合理的办法是把它们放在元音的章节讨论。

擦音的收紧动作比鼻音和塞音要求更精确。塞音的持阻只需要一个调音器官接触另一个，调音目标的高低不同所造成的闭塞程度的松紧对发音都没有影响。只要完成持阻，塞音本身并不受影响。但对擦音来说，形成湍流需要特定的声道形状，目标位置只要有几毫米改变，就会造成发音的很大不同。而且，塞音的持阻力度在整个发音过程中也没有必要保持稳定，但是对擦音来说，尤其是咝音，要求保持特定的声道形状并持续特定的时间。和塞音 t、d 和鼻音 n 相比，不管语音环境如何变化，擦音 s 的声道形状很稳定（Bladon 和 Nolan 1977，Subtelny 和 Oya 1972，Lindblad 1980，Byrd 1994）。

收紧点处产生的湍流可以形成擦音，或者高速通过收紧点处的气流碰撞到阻塞物（如牙齿）的边缘也可以形成擦音。后一种情况产生的擦音我们称为咝音（sibilants），这个术语已沿用了几百年（如 Holder 1669，以及许多其他语音学家）。最近，有人把它称作刺耳音（strident）（Jakobson、Fant 和 Halle 1952，Chomsky 和 Halle 1968）或有阻塞擦音（obstacle fricatives）（Shadle 1958，Shadle、Badin 和 Moulinier 1991）。其他的擦音，比如 θ、ð，湍流产生于收紧点处。

表 5.1 显示了咝音和其他擦音之间的区别，包括本章要用到的术语和音标，其中一些术语的用法有别于传统用法。比如，我们区别齿擦音（dental fricatives）和齿间擦音（interdental fricatives），并用附加符号来表示齿间擦音更靠前的调音位置。音标 ɻ 用来表示龈后－卷舌擦音（post-alveolar retroflex fricative）。按照 Catford（1983）和苏联一些语音学家的做法，用 ʂ、ʐ 来表示我们所谓的闭合的龈后咝音（closed post-alveolar sibilants）。表中还有国际音标 ɕ、ʑ，传统上它们是龈腭擦音（alveolar-palatal fricatives），而我们称作腭化的龈后咝音

表 5.1 擦音的主要类型及其术语和符号

1）非咝音

双唇音	唇齿音	舌唇音	齿间音	舌前音	硬腭音	软腭音	小舌音	咽　音	会厌音
ɸ β	f v	θ̼ ð̼	θ̟ ð̟	↓	ç ʝ	x ɣ	χ ʁ	ħ ʕ	ʜ ʢ
				↓					

2）舌前咝音和非咝音

	齿音	齿龈音	平的龈后音（卷舌音）	隆起的龈后音（腭龈音）	腭化的龈后音（龈腭音）	闭合的龈后音（嘶嘶声）	舌下－硬腭音（卷舌音）
非咝音	θ ð	θ̠ ð̠	ɻ				
咝音	s̪ z̪	s z	ʂ ʐ	ʃ ʒ	ɕ ʑ	ʂ ʐ	ʂ ʐ

（palatalized post-alveolar sibilants）。表中所列的调音部位和第二章所讲的不完全一样。在本章最后，我们用这些术语和音标来构建一个更详细的擦音描写框架。

我们先讲位于双唇部位的擦音，然后是分别和齿、龈相接触的舌尖和舌叶部位的擦音。接着再讨论各种不同音姿的咝音，从收紧点在上齿的音开始，直到龈和龈后咝音。最后讨论非咝音性擦音，调音部位从口腔一直到咽腔。另外，我们还要讨论擦音的声学结构。擦音的声学结构不同人之间区别很大，这反映了一个不容乐观的事实：我们尚不清楚要描述的具体内容是什么，擦音有无声学常量？什么样的声学特征具有语言学意义？因为还没有发现擦音的声学模式，就像在没有共振峰理论的前提下讨论元音，或不知道谱峰的情况下分析频谱图一样。只能推测：对擦音（尤其是咝音）来说，最重要的是频谱能量的总体密度以及下限的截止频率（cut-off frequency）。我们同意 Lindblad（1980）的提议："截止频率和声学图上的阴影部分有关。"另外，不同擦音的谱宽（spectral width）也是研讨话题之一。

5.1 调音部位靠前的非咝音性擦音（non-sibilant anterior fricatives）

第二章提道，很难找到双唇和唇齿塞音及双唇和唇齿鼻音之间形成对立的例子，但是，这些部位的擦音却经常形成对立。西非的几种语言，比如埃维语就有这些部位擦音的清、浊对立，如表 5.2 所示。在第二章我们还提道，唇齿擦音比双唇擦音更普遍，

5. 擦音

双唇擦音在很多情况下是双唇塞音的音位变体。这种音位的变体差异造成了很多班图语的浊双唇擦音和唇齿擦音在元音间的位置形成对立。在某些语言中，还发现语言演变有时造成了上述两种擦音的无条件对立，第二章的表 2.2 显示了聪加语的例子。

表 5.2　埃维语中含双唇擦音和唇齿擦音的词和短语举例

é ɸá	"他擦"	é fá	"他冷"
èβè	"埃维语"	èvè	"两个"
é ɸlè	"他买"	é flé	"他分开"
èβló	"蘑菇"	é vló	"他是恶魔"

像双唇塞音一样，双唇擦音发音时不仅下唇有较大的动作，上唇也稍微向下运动。而唇齿擦音在通常情况下，只有下唇的动作。图 5.1 记录了双唇的运动模式，它来自一位埃维语的 Aŋlo 方言发音人〔来自潘杜（Kpando）地区〕所发的表 5.2 中第二行的词。测试记录来自受试人上、下唇之间以及下门齿上所放置的感应器。对于左图中的擦音 β 来说，上唇向下并向后运动，下唇向上并向后运动。（注意，两个感应器并没有接触，因为不能使其影响正常发音。）除阻的位置在收紧点稍微靠后的地方。对于右图中的擦音 v 来说，下唇动作更大，比发 β 时向上向后的幅度大，而上唇保持不动，几乎不参与发音。èvè 在整个发音过程中，上唇的位置始终比 èβè 要高。对图中这位发音人来说，èvè 的上唇高度类似于 eké（"沙子"），表明上唇由于协同发音的作用稍微下降，就像 èβè 中 β 被周围元音

同化一样。下门齿的运动轨迹说明发这两个单词时,下颌都没有明显抬高,只有稍微后缩的动作。

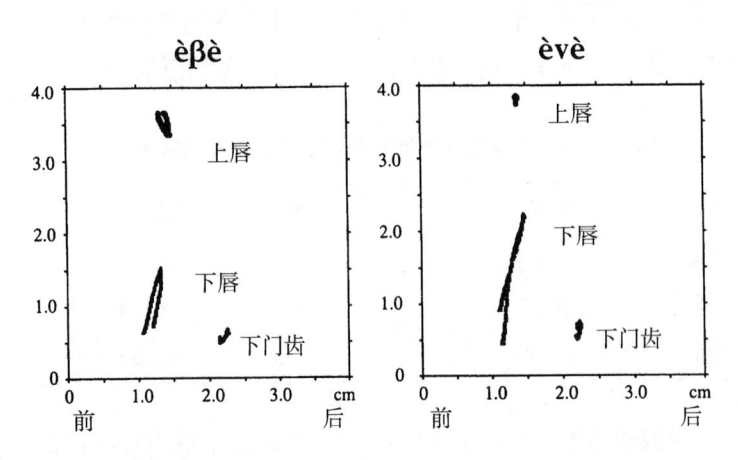

图5.1 埃维语 èβè("人")和 èvè("两个")在发音过程中上、下唇和下门齿的运动轨迹。图中显示的是十次重复发音的平均值(更多 èvè 资料见 Maddieson 1993)

布达佩斯语音学研究院的 Bolla 和他的同事对几种欧洲语言,比如芬兰语(Finnish)、德语、俄语、波兰语(Polish)和英语发音人进行了侧面摄影,记录双唇运动轨迹,发现其唇齿擦音的双唇运动模式和上面提到的埃维语极其相似。上唇几乎保持静止,下唇向上并向后运动。照片中还可以看到,在调音动作进行到正中间时,下唇位于上门齿之下。

和埃维语相邻的 Siya 语、Logba 语也在双唇和唇齿擦音之间形成对立。Ladefoged(1968)发表了这些语言调音动作的摄影资料。根据这些资料以及我们最近的录像(Maddieson 1995),发 β 时,上、下唇距离更近,没有任何圆唇的迹象。

5. 擦音

发 v 时，上唇保持静止，比发 β 时位置稍高，而 β 的发音过程中上唇有稍微向下的动作。Ladefoged（1990）提道，唇齿擦音在发音过程中，上唇主动向上运动，但是我们的调查（Maddieson 1995）发现并不是这样。另外一种语言——伊索科语的唇齿擦音 v 和唇齿近音 ʋ 形成对立，擦音 v 的上唇位置高于近音 ʋ，如图 9.33 所示。这并不是因为发擦音 v 时上唇主动向上抬起，而是发近音时上唇有向下的运动。在第九章讲到半元音的时候还会详细讨论这个问题。

双唇和唇齿擦音之间的对立也出现在几种南部班图语中。这几种语言的双唇音 ɸ、β 在发音时，嘴唇稍微外凸。我们调查了三位 Kwangali 语发音人和三位 RuGciriku 语发音人，这两种语言的使用区域是纳米比亚和安哥拉南部的 Kovango 部族。两种语言都在浊双唇擦音和唇齿擦音之间形成对立，但没有相应的清音。我们对一位文达语（Venda）发音人进行了调查，文达语里有清、浊双唇和唇齿擦音。在所有这些语言中，唇齿擦音发音时都有下唇向后并贴近下齿的动作，其中三位发音人在发双唇音时还稍微圆唇。Ladefoged（1990b）对这种用不同方式在双唇和唇齿擦音之间形成对立的现象做过评述，但是，如上所述，他对西非语言埃维语和 Siya 语的描述有误，即唇齿擦音发音过程中，上唇主动向上。

唇齿擦音在发音过程中，下唇向后的运动幅度也可能没有我们所说的那么大。根据对英语发音人的观察，下唇内表面某处和上门齿外表面之间形成最大收紧点。

图 5.2 显示了表 5.2 第二行埃维语词的频谱图，发音人很

清楚我们要调查的内容，所以他发的擦音比通常情况下要长。第二共振峰音轨起始较早，很快变为双唇擦音的低频率。两个擦音的频谱有区别，这更清楚地显示在关于清擦音的图 5.3 中。在频率为 2000Hz 以上时，**f** 的能量明显比 ɸ 大。

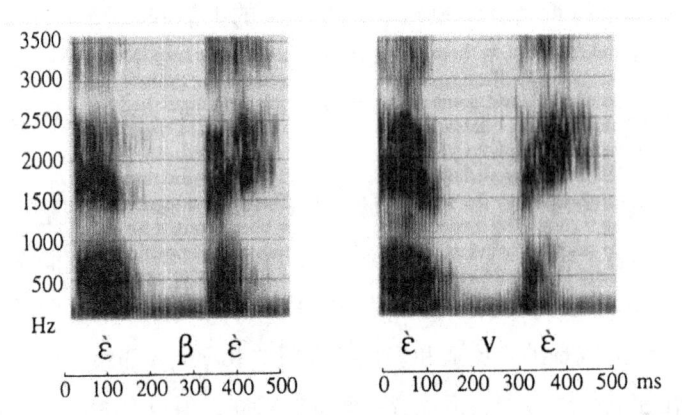

图5.2　埃维语中浊双唇擦音和唇齿擦音β、v的声谱图，来源词是ɛβɛ̀（"人"）和ɛ̀vɛ̀（"两个"）

第二章曾经提到瓦努阿图语（Vanuatu）一些语言中有舌唇音（linguo-labial）。表 2.3 还显示了 Tangoa 语中的舌唇擦音和塞音。除了瓦努阿图语之外，我们还不知道其他哪种语言有舌唇擦音。

许多语言中都有非咝音性齿擦音和齿间擦音，但我们还不知道有哪种语言在这些音之间形成对立。一种语言要么使用齿擦音，要么使用齿间擦音，不会二者兼备。表 5.1 也对它们区别处理，用音标 θ、ð 代表齿间音。这两个音在不同语言间也有差异（Navarro Tomas 1968），Navarro 把西班牙语（Spanish）中的 θ（θiŋko，"五

5. 擦音

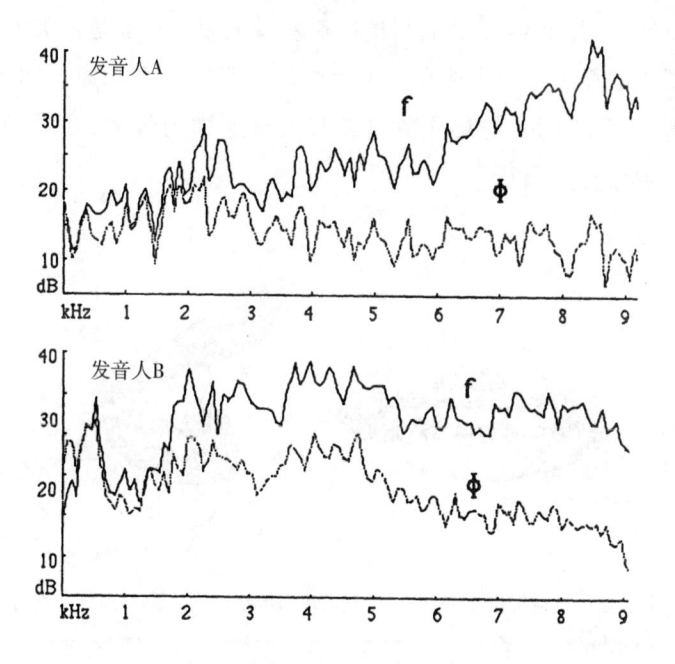

图5.3 埃维语音段 ɸ、f 在5毫秒间隔处的快速傅利叶变换平均值，例词为表5.2第一行词，图中没有显示紧挨着两个词的噪声部分

个"）描述成齿间音，Balasubramanian（1972）提供了腭位图，把泰米尔语中的 ð（$p^ha:ðɪ$，"一半"）描述为齿音。

有资料表明英语方言在这方面稍有不同。介绍英式英语标准发音的教科书（如 Jones 1956, Gimson 1970, Roach 1983）都认为 θ、ð 在发音时，舌尖位于上齿后，也就是我们所说的齿音姿态；而介绍美国西部美式英语的教科书（如 Prator 和 Robinett 1985）则把这些音描述为齿间音。我们调查了28位加利福尼亚大学生和28位英国大学生（他们有不同的口音，包括苏格兰口音）。几乎 90% 的加利福尼亚发音人发 θ 时都是舌尖前伸，如图 5.4 所示，舌头放在上下齿中间，舌叶和上门齿之间形成湍流。只有 10% 的英式英语发音人有这样的音姿，90% 的人把舌尖放在上齿后。

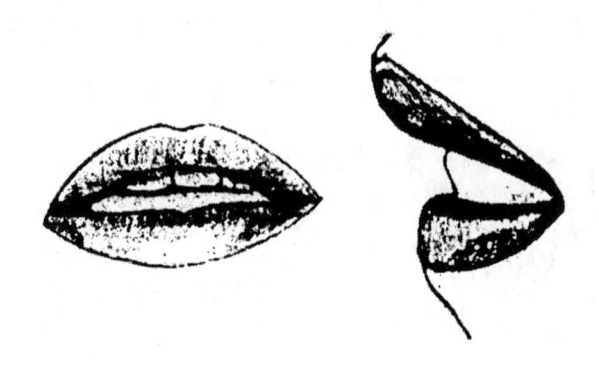

图5.4　加利福尼亚英语发音人发 θ（*thief*）时，舌尖前伸，位于上下齿之间

齿间擦音也是舌叶音，收紧点在舌叶和上门齿之间。齿擦音可以是舌尖音或舌叶音，但我们还不知道有哪种语言在音系上对二者进行区分。Jespersen（1897-1899）认为二者之间的区别，一部分是由牙齿的个体差异（dental idiosyncrasy）造成的。他说，如果上下齿之间有空隙，舌尖就会抬起，持阻形成于舌尖和上齿之间，摩擦也产生在牙齿的缝隙中；如果牙齿紧闭，舌尖就不会抬起，形成舌叶擦音。我们对英国发音人进行了调查，但很难判断齿擦音究竟是舌尖还是舌叶调音，它的收紧点似乎总在舌尖和上齿之间。

根据 Sung 的研究（1986），汉语的山东方言中也有齿擦音

5. 擦音

和齿间擦音的区别，类似于英式和美式英语的区别。山东大部分方言都有咝音，荣城和青岛话却有非咝音性齿擦音，胶南话还有齿间擦音。这种齿间擦音在发音时，确实有舌头前伸，位于上下齿之间的动作。

美式和英式英语里的 θ 和 ð 都是非咝音性擦音，湍流产生于齿收缩点或齿间收缩点。这种类型的非咝音性擦音，其调音部位也可能很靠后，舌头位于龈脊前部。国际语音协会没有规定这个非咝音性龈擦音（non-sibilant alveolar fricatives）的音标符号。我们用带有附加符号的 θ̱ 和 ð̠ 来表示它们靠后的调音部位。冰岛语中这两个音的确都是非咝音性龈擦音，其中 θ̱ 是舌叶音，而 ð̠ 通常是舌尖音。图 5.5 根据 Pétursson（1971）提供的资料，显示了 θ̱ 在 θ̱akið̠（"屋顶"）以及 ð̠ 在 vað̠an（"从何处"）中的发音。两个音的收紧点都在龈脊处，上下齿分开，没有形成阻塞。

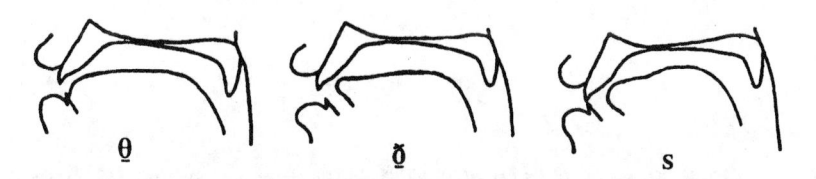

图5.5 冰岛语非咝音性龈擦音 θ̱（出现在 θ̱akið̠ "屋顶"中）和 ð̠（出现在 vað̠an "从何处"中），以及咝音性龈擦音 s（出现在 sunnar "证明"中）的X光对比图（Pétursson 1971）

在标准的丹麦语里，浊的龈擦音 ð̠ 有时作为龈塞音 d 的音位变体出现，比如短语 læð̠ə foyıð̠（lade foged "看谷仓的人"）。Jespersen（1897–1899）把丹麦语中的这个音描述为舌叶龈擦音

（laminal alveolar fricative），音姿是舌尖放在下门齿后。但是，现代丹麦语 ð 的收紧很微弱，只能听到很弱的摩擦声音，把它归为近音可能更合理。Bauer、Dienhart、Hartvigson 和 Jakobsen（1980）提道："丹麦语只有在非常特殊的情况下——比如皇家剧院的舞台上，才会出现擦音。"

把牙齿作为唯一收缩点来发非咝音性擦音也是可能的。Passy（1899）描述了阿迪格语（Adyghe）Shapsug 方言里的一个擦音："双唇张开，牙齿紧闭，舌头平放，气流从牙齿间冲出，所发的音介于 ʃ 和 f 之间"（Passy 1899：110）。Catford 也在 Shapsug 方言的黑海话中注意到了这个音，他说："阿迪格语的双齿擦音（bidental fricative）实际上是 x 的变体，出现在像 xə（'六个'）和 **daxe**（'漂亮的'）这样的词里"（与 Catford 的私下交流）。根据 Duckworth、Allen、Hardcastle 和 Ball（1990）的提议，双齿音的标音方法是在舌冠音音标上下都加齿音的附加符号。

5.2　咝音

牙齿和齿龈部位的擦音通常是咝音 ʂ、ʐ、s、z。这些擦音大都来自气流在牙齿和齿龈收紧点处撞击上齿而形成的湍流，因此在收紧点前又形成一个阻塞。这两个收紧点的其中一个产生咝音，另一个则产生非咝音性擦音。冰岛语既有咝音性龈擦音也有非咝音性龈擦音。图 5.5 的右半部分显示的就是冰岛语的咝音 s。Pétursson（1971）是这样描述我们所谓的咝音性和非咝音性龈清擦音的："区别在于，θ 是舌叶调

5. 擦音

音，而发 s 时，舌尖翘起。θ 的调音部位比 s 更靠前。另外，舌头的形状也不一样，发 θ 时是平的，发 s 时有弧度。齿龈收紧点本身也有区别，θ 的收缩面积大，而 s 相对较窄。"显然，这些特征是舌尖音和舌叶音的区别，但还不止这些。虽然这两个擦音的收紧点都在龈脊附近，咝音发音时牙齿也是紧闭的。

下面，我们来谈和非咝音性的 θ 同部位的齿咝音。实际上，咝音 s 在我们熟悉的许多语言里经常被描述为清齿擦音（voiceless dental fricatives）（如粤语：Hashimoto 1972；汉语普通话：Chao 1968；瑞典语：Elert 1964）。很难判断这个部位的咝音是齿音还是龈音。但是 Bright（1978）指出，加利福尼亚许多方言在 ṣ 和 s̱ 之间形成对立。他发现卡罗克话有 ṣúːf（"小溪"）和 s̱úːf（"脊梁"）的最小对立对，并把第一个词开头的音描述为"非常靠前的舌尖齿音……年轻人经常把它发作 θ"。第二个词开头的音为"舌尖-龈音"，像"发音部位靠后的 s"。我们把第二个音称作舌尖-龈后音。这样的区别还出现在 Luiseño 语的单词 ṣúkat（"鹿"）和 s̱ukmal（"幼鹿"）里。

英语 s 的收紧点通常在龈脊中部，要么是舌尖调音，要么是舌叶调音，而舌尖放在下齿后。Bladon 和 Nolan（1977）指出，关于舌尖和舌叶的问题一直有争议。他们对八位英式英语发音人进行了荧光 x 射线视频照相，发现其中七位把 s 发成舌叶音。Dart（1991）调查了 20 位美式英语发音人，发现 52.5% 的调查记录是舌叶音，而 42.5% 是舌尖音。使用舌尖还是舌叶调音可能取决于个人的生理特点。龈脊的隆起度、下巴和上齿的关系等都会影响调音动作，并产生独特的声学效果。实际上，McCutheon、Hasegawa 和 Fletcher（1980）也表明，即使是腭褶（口腔顶部的凸纹）的位置也会影响发音人对 s 收紧点的选择。当然，也有一些始终保持不变的因素。比如，所有英语发音人在发这个音的时候都是牙齿紧闭，所发的音是刺耳擦音（strident fricative）。另外，舌头上总有一条很窄的槽，气流从此流向牙齿。对很多发音人来说，下唇也参与引导气流冲向上齿。收紧点一定在牙齿附近，但准确的气流通道位置以及舌尖、舌叶的区别在概括英语 s 的总体特征上无关紧要。

也许，英语 s 调音动作中最显著但又最不被重视的一点是：舌头中心位置上有一个深的凹陷。导引气流流向的舌槽长 5-10 毫米，从后往前延伸。槽后有一个大凹陷，向舌头两边延伸。一些英语发音人发 s（如 *saw* 中的 s）时，舌头中心下降，比边缘低几毫米，如图 5.6 所示，它是基于 Ladefoged（1957）的 X 光片和腭位图绘制出来的。对于图中这位发音人（Peter Ladefoged）来说，舌尖后大概 20 毫米的地方，中心比边缘低 12 毫米。所发的音可能有些夸张，因为 X 光片拍的是 *saw* 一词极慢的读音；但并不等于说它不具有代表性。

从 X 光片上很难看出舌头中心有一个凹陷，因为照片上舌头的中线不清楚。Bladon 和 Nolan（1977）没有对此进行评述，他们把注意力集中在舌边缘而不是中线上，担心在舌中线做标记会影响发音。我们也对一些发音人进行了摄影调查，在他们舌中线上涂上硫酸钡，但并没有发现他们的发音受影响。图 5.7

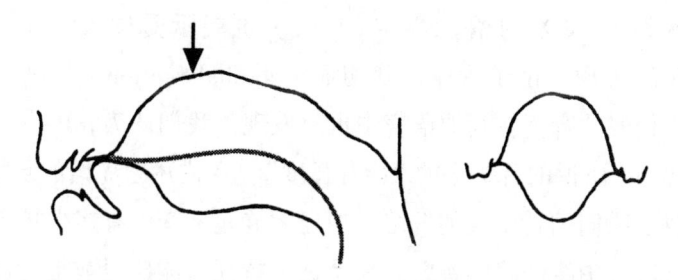

图5.6 Peter Ladefoged所发saw一词中s的音姿。实线代表X光片上舌头的中线位置；虚线代表腭位图上舌头边缘的位置。右侧是舌体冠状切面图，从中可以看出左侧矢状图上箭头所示位置的舌形（Ladefoged 1957）

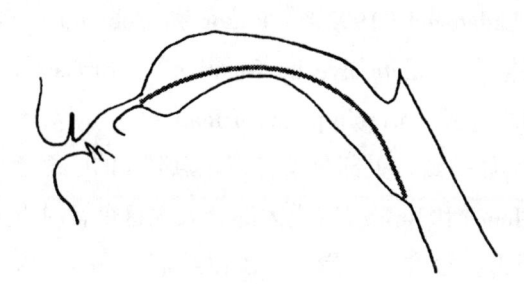

图5.7 另一位标准英式英语发音人David Abercrombie所发saw一词中s音的X光片，虚线代表舌头边缘的位置，实线代表舌中线，它好像是由无形的激光绘图者所画出的轮廓线

显示了另一位发音人David Abercrombie的调音动作，由于他的齿系特征，舌头的大部分都可以看得很清楚。和图5.6相比，他发的 s 更像舌叶音，舌中线比边缘低大约10毫米。Hardcastle（1974）提道："如果能画出舌中线的轮廓，就能测量发 s 时舌槽的深度。"他对自己所发的 s（澳大利亚口音）进行了 X 光摄影记录，虽然没有标尺，但软腭下方确实有一

个深约 17 毫米的槽。Stone（1991）也展示受试人有 6-8 毫米深的舌槽，位于舌体冠状切面（coronal section）的某一点上。相似的音姿在其他语言中也有发现。我们认为，Pétursson（1971）所说的舌头上的"特有弧度"（在描述冰岛语的 s 时）类似于我们的舌中线的凹陷。但还不确定 s 音中有多少具有收缩点后舌中线凹陷的音姿，只是这个特征可能比以前报道过的更普遍。

国际语音协会把英语中调音部位比较靠后的咝音记为 ʃ，对这个音的描述存在很多差异。Jones（1956）、Abercrombie（1967）、Ladefoged（1993）、Prator 和 Robinett（1985） 把它称作腭龈擦音（palato-alveolar fricative）。Bronstein（1960）把它称作龈腭擦音（alveolo-palatal fricative），但对于舌形的描写和 Jones 大体一致。大部分学者都注意到 ʃ 的收缩点比 s 宽，而且靠后。Jones 和 Bronstein 说大部分人发这个音时舌尖翘起，但有些人的舌尖放在下门齿后。Borden 和 Harris（1980）奇怪地把这个音称作腭音。Hockett（1958）把它描述为舌叶－龈音或舌叶－上腭面擦音（lamino-domal surface spirant），发音时舌叶和上腭面几乎互相接触。

英语中的 s 和 ʃ 的相似之处在于：发音时牙齿紧闭，二者都是刺耳擦音。区别在于：ʃ 的收缩点靠后，而且比 s 要宽；发 ʃ 时，位于收缩点后的舌体是翘起的（或拱起的），而发 s 时，位于收缩点后的舌体是中空的；ʃ 还有圆唇或嘴唇突出的特征。圆唇这个次要调音动作是 ʃ 在某些语言里的特征，比如英语和法语；其他语言，比如俄语并没有这个特征。

Ladefoged 所发 shaw 一词里的 ʃ 音，如图 5.8 所示。其收紧点在我们所说的龈后区，也就是齿龈隆起处的中心。很明显，比 s 的收紧点靠后。如图 5.6 所示，s 的收紧点在龈脊比较平坦的部位，紧挨着上门齿后。而 ʃ 发音时舌前部抬起，中部比边缘要高。

图5.8　Ladefoged所发shaw一词中的ʃ的调音部位图，图中实线表示X光片上舌中线的位置，虚线表示腭位图上舌边缘的位置。右侧的舌体冠状切面图代表左侧矢状图上箭头所指位置的舌形（Ladefoged 1957）

Ladefoged（1957）对爱丁堡大学的 164 位学生进行了调查，腭位图显示："对每一位发音人来说，*sip* 中的清擦音 s 比 *ship* 中 ʃ 的气流通道要窄（通常也更靠前）"。ʃ 的气流通道较宽造成了气流速度慢的特点。而且，所有发音人发 ʃ 时，舌头两边向硬腭抬起的高度比 s 要高，同时还伴有舌中部的抬高，如图 5.8 所示。Ladefoged 没有记录这些人的圆唇特征，但是我们已经注意到英语的 ʃ 确实具有圆唇性。关于咝音的声学结构会在以后讨论。这里需要注意的是：气流速度慢和圆唇使声道延长，都造成了 ʃ 的音高比 s 低。

以上所观察到的发音特征使我们意识到：把 ʃ 描述为隆

起的龈后咝音（post-alveolar domed sibilant）更合理。所谓"隆起"的意思是舌前部抬起，不管是舌尖还是舌叶调音。这个隆起也大概相当于轻微腭化。"腭龈咝音"具有同样内涵，表示龈后区，齿龈隆起中心上有较宽的收紧点，同时伴有舌前部抬高。我们对腭龈咝音和龈腭咝音进行区别，后者相当于标准汉语里的龈后腭化咝音（post-alveolar palatalized sibilants）。Borden 和 Harris 的"腭音"应该指调音部位更靠后的音。

英语 ʃ 和 s 的相似处还在于，二者在发音时都是舌尖翘起或下降。在对 16 位加利福尼亚英语发音人的调查中，我们发现：发 *saw* 时，有 8 个人舌尖翘起至上下齿接触面以上，另有 8 个人发 *shaw*（或 *Shah*，它在加利福尼亚英语中和 *shaw* 是同音词）时舌尖翘起。两种情况下，都有一半人是舌叶调音。舌叶/舌尖的区别对英语的咝音并不重要。但是，根据 Dart（1991，1993）对 8 位奥哈姆语发音人的调查，就收缩点的位置而言，舌叶/舌尖的区别对于区分咝音 s 和 ʂ 至关重要。

汉语普通话里有几个咝音，调音部位在龈或龈后。表 5.3 是相关例词，同时还包含其他擦音。我们用国际音标来记音，词首辅音后紧接着元音 a。如果从语音学角度对这些例子进行描述的话，它们都是词首辅音到后接元音的过渡。但是，在腭化龈后音或龈腭音一栏，汉语拼音却标写为 *ia*。这反映了龈腭音在汉语音系中的地位，它们是龈咝音和后接前高元音同化的结果。

图 5.9 和图 5.10 显示了三位汉语普通话发音人所发的龈擦音 s、龈后（卷舌）音 ʂ、腭化的龈后擦音或龈腭擦音 ɕ（Ladefoged

5. 擦音

表5.3 汉语普通话里含擦音和塞擦音的例词，所有这些词都是阴平（第一声）

唇齿音	齿龈音	平的龈后咝音（卷舌音）	腭化的龈后咝音（龈腭音）	软腭音
fa "发"	sa "洒"	ʂa "沙"	ɕa "瞎"	xa "笑声（哈）"
	tsa "哑"	tʂa "扎"	tɕa "加"	
	tsʰa "擦"	tʂʰa "插"	tɕʰa "掐"	

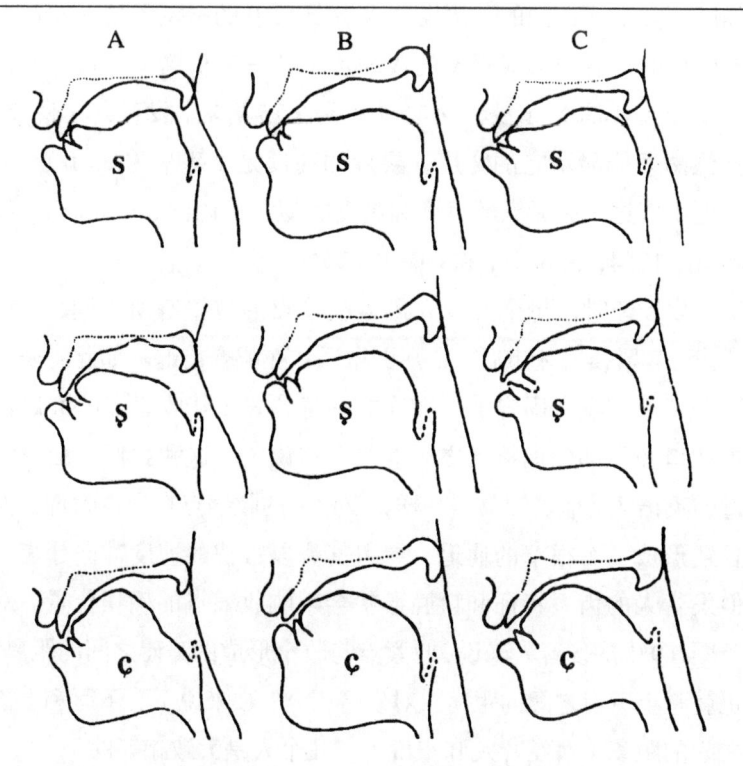

图5.9 三位汉语普通话发音人所发的汉语咝音的X光片（Ladefoged和Wu 1984）

和 Wu 1984）。需要注意的是：三个音都是咝音，三位发音人都有牙齿紧闭的动作。每个音的舌形不同，因此气流通道的形状也不一样，但发声力量主要来自气流通过紧闭的牙齿时所产生的湍流。

如图 5.9 最上边一栏所示，三位发音人的 s 都是舌尖调音，舌头有中空现象，相对口腔顶部而言是一个凹面，虽然中空的程度不如上面提到的英语发音人。图 5.10 的腭位图显示发音人 B 和 C 的口腔内形成很窄的收缩点（像一条狭缝），狭缝的宽度发音人 B 是 4.5 毫米，发音人 C 是 3.75 毫米。发音人 A 最窄，腭位图不能显示它的宽度。狭缝的高度是 1 毫米（A、B），C 则更小。这些收紧点的宽度和高度类似于英语的 s（Subtelny 和 Mestre 1964，Subtelny 和 Oya 1972）。

发 s 音时，每个发音人最大收紧点的位置有所不同，A 在牙齿，B 紧挨着牙齿后，C 则更靠后，在龈脊前部。如此看来，这个音好像没有固定的、准确的调音位置（从收紧点的准确位置和口腔顶部生理特征之间的关系来说）。这和我们上面介绍过的英语 s 类似。和英语一样，汉语 s 的收缩点在牙齿附近，而且还形成一个很窄的通道，导引气流以很快的速度冲向牙齿。但发音人的齿系特征和口腔形状会影响收缩点的确切位置。对于图 5.9 中的发音人来说，收紧点与收窄形成的障碍之间的距离，也就是上下齿之间的距离（对发音人 A、C 来说）、下唇和上齿之间的距离（对发音人 B 来说），几个人是大致相等的。

图 5.9 和图 5.10 中间一行显示的是汉语普通话中所谓的卷舌音 ṣ。图中所示的音姿和第二章讨论过的卷舌塞音明显不同。

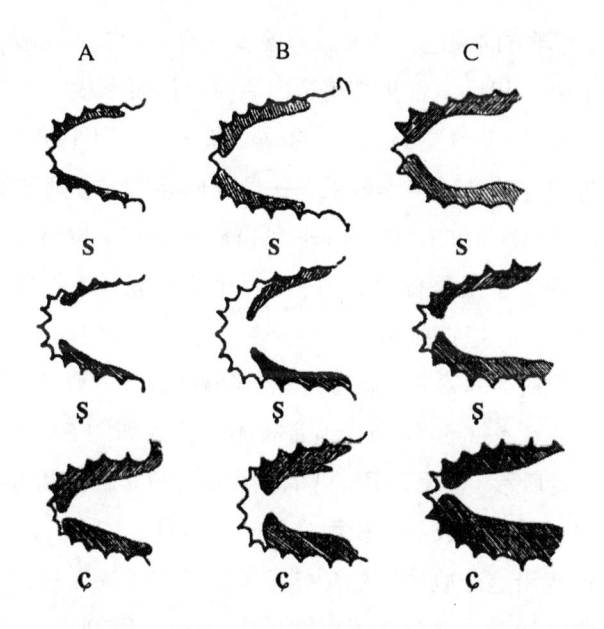

图5.10　图 5.9中同样单词的腭位图[1]（Ladefoged和Wu 1984）

舌尖不是向上、向后，往硬腭方向翘起，如达罗毗荼语的舌尖下卷舌塞音（sub-apical retroflex stops）一样，也不像印地语中的卷舌塞音（图 2.11）一样属于舌尖–龈后音。三位汉语普通话发音人在发这个音时，都是舌尖上表形成收紧，更像舌叶音而不是舌尖–龈后音。三位发音人的收紧点位置相同，都比 s 靠后，在龈脊中心附近。气流通道的高度和宽度都比 s 要大，只是每个人的宽度不同，发音人 A 是 18.5 毫米，发音人 C 是 5 毫米。这样看来，这个音的收紧点位置和宽度非常接近于英语的 ʃ。发音人 A、C 的舌前部平坦，发音人 B 则有些中空，不像

---

[1] 图 5.10 中行右图疑漏掉一个音标 ṣ。——译者

ʃ那样向硬腭方向翘起。还有一点需要注意：舌头不像发 s 时那样接触下齿。相反，舌头被稍微向后拉，以至形成一个舌下腔（sublingual cavity）。Perkell、Boyce 和 Stevens（1979）指出这样的声腔有特殊的声学效果——形成低频谱峰。其他的 X 光片（Zhou 和 Wu 1963，Ohnesorg 和 Svarny 1955）也显示了相似的音姿，证实了汉语普通话的 ʂ 是一个龈后咝音（舌前部是平的）。传统上，把它描述为"卷舌音"是不合理的。

汉语普通话的第三个咝音是 ɕ，经常被称作"龈腭音"。发这个音时，舌头的位置和其他音很不一样，如图 5.9 和图 5.10 最下面一行所示。它和英语的 ʃ 有些相似，只是舌叶和舌体的位置都很高，因此形成一个长而且平的收紧点。从图 5.10 的腭位图可以推测出这个收紧点的延伸范围。三位发音人的舌头边缘都和硬腭有接触。部分湍流可能形成于这个长的收紧点上，类似于 Shadle（1985）对硬腭擦音和软腭擦音的描述。但是，还有一点也很明显，这些发音人下巴抬起，上下齿紧闭，所发的音是刺耳擦音。

和汉语其他两个咝音不同，三位发音人发 ɕ 时收缩点的位置有所不同。通过腭位图和 X 光片的对比，发音人 A、C 的收紧点在龈脊前部，发音人 B 则相对靠后。腭位图显示，这个位置比 s 靠后，但又不像 ʂ 一样更靠后。ʂ、ɕ 之间的区别不大，可以说两个音的收紧点像英语 ʃ 一样，都在龈后区。然而，熟悉英语和汉语的语音学家都注意到汉语的 ɕ 不同于英语的 ʃ，最大的区别在于舌前部抬起的幅度。我们把 ʃ 称作隆起的龈后音（domed post-alveolar）或腭龈音。所以，可以把汉语的 ɕ 称作

5. 擦音

腭化的龈后音（palatalized post-alveolar）或龈腭音（国际语音协会的术语）。这样，就可以对三个龈后咝音进行区分了：平的龈后咝音 ʂ（卷舌音）；隆起的龈后咝音 ʃ（腭龈音）；腭化的龈后咝音 ɕ（龈腭音）。

还有其他一些擦音，比如表5.4里的波兰语擦音，它们和上面讲过的英语和汉语普通话的擦音有所不同，Kudela（1968）和 Jassem（1962）提供了很多关于波兰语擦音声学结构的资料。这里，我们重点讲音姿，主要依据 Puppel、Nawrocka-Fisiak 和 Krassowska（1977）。他们使用 s、z、š、ž、ś、ź，而我们却用 ʂ、ʐ、ɕ、ʑ、s̪、z̪ 来标写。（接下来的描述中，即使是直接引用时，我们还会使用自己的音标。）图 5.11 是根据他们对波兰语擦音的 X 光所做的描摹图。很明显，这六个音都是刺耳擦音，发音时都是牙齿紧闭。

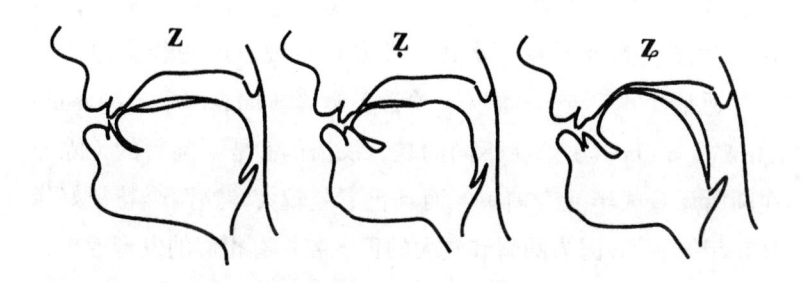

图5.11　波兰语擦音的调音姿态，根据Puppel、Nawrocka-Fisiak和Krassowska（1977）的X光片

Puppel、Nawrocka-Fisiak 和 Krassowska 指出：

> 波兰语的 s̪ 和 z̪ 属于齿化音（dentalized sounds），调音部位在齿龈，但舌叶却接近上门齿内侧。所以，有很强烈的嘶嘶声。然而，英语咝音的调音位置纯粹在齿龈，发音时舌头更往后缩。

从他们的图中可以看出，这些音是 s̪ 和 z̪ 而不是 s 和 z，与相应的英语及汉语普通话擦音有所不同。

Puppel 在描述 ṣ、ẓ 时是这样说的："它们的收紧点在舌尖、舌叶和龈脊之间。和 s̪、z̪ 相比收窄度较宽。嘴唇突出，稍圆……波兰语 ṣ、ẓ 的调音部位其实在齿龈，它们也属于轻微的齿化音。"我们还要指出：这些音发音时，上唇和下唇、上唇和下齿都非常接近，形成复杂的阻塞，嘴唇稍圆。

我们不知道 Puppel 所说的"轻微的齿化音"意味着什么，也不认为舌尖有所收紧。舌尖其实是从下齿略向后缩的，形成一个很小的舌下腔。就其调音方式来说，这些音类似于汉语普通话里的舌叶－龈后（卷舌）咝音（laminal post-alveolar retroflex sibilants）。所不同的是，汉语的 ṣ 是不圆唇的（除非在圆唇元音或半元音前），而且舌下腔较大。这两个特征好像又互相抵消了，因为圆唇和较大的舌下腔具有相似的发音效果，正因为如此，波兰语和汉语的这些擦音在听感上十分类似。

波兰语 ɕ、ź 的音姿非常类似于汉语普通话的 ɕ。Puppel 等人是这样描述波兰语的："这些音发音时，舌体在前，舌头紧张，嘴唇张开。龈后和舌中部之间形成很窄的通道，气流从中流出……

5. 擦音

表 5.4　波兰语中含咝音的例词

齿音		平的龈后咝音（卷舌音）		腭化的龈后咝音（龈腭音）	
koṣa *kosa*	"镰刀"	kaṣa *kasza*	"荞麦粥，燕麦"	baça *Basia*	"芭芭拉"（小称）
koẓa *koza*	"山羊"	gaẓa *gaza*	"纱布"	baẓa *bazia*	"柔荑花"

嘴唇稍张开。"Puppel 所说的舌体在前的意思也许是腭化。从图 5.11 可以清楚地看到，波兰语 ẓ 的调音姿态和汉语 ç 类似（至少对发音人 A、C 来说，如图 5.9 所示）。

我们熟悉的达罗毗荼语和印度-雅利安语里都有舌尖或舌叶卷舌咝音。图 5.12 显示的是一个标写为 ṣ 的泰米尔语咝音（根据 Svarny 和 Zvelebil 1955 的 X 光片）。它的调音部位比波兰语和汉语普通话里的龈后咝音还要靠后很多。但是，如前所述，因为声道里没有绝对的参照点，所以很难比较不同发音人的发音特征，就像很难比较不同发音人的声学特征一样。我们把泰米尔语的 ṣ 归为舌叶-龈后音，但不确定它究竟是否等同于波兰语和汉语普通话的 ṣ。

根据 Emenear（1984）、Ladefoged 和 Bhaskararao（1994）的研究，达罗毗荼语的托达语中有显著的咝音对立关系。现在的分析是根据 Ladefoged 和 Bhaskararao 的，但是结论有所不同。托达语的咝音有四个不同的音姿，而其他达罗毗荼语只有三个。表 5.5 是托达语中含不同咝音的例词。

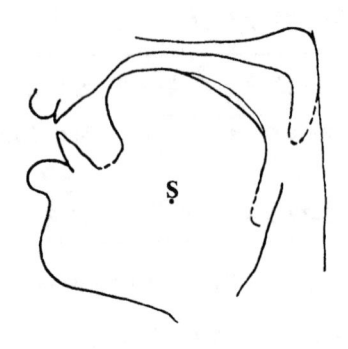

图5.12 泰米尔语里ṣ在paṣa中的调音姿态，根据Svarny和Zvelebil（1955）的X光片

表 5.5 托达语中含咝音的例词

舌叶齿龈音	舌尖龈后音	舌叶龈后音	舌尖下腭音
ko:s̪ "钱"	**po:s̺** "牛奶"	**po:ʃ** "语言"	**po:ṣ** 某地名

图 5.13—图 5.16 是一位发音人所发的托达语四个咝音的腭位图、舌腭接触部位图以及矢状图。经过复制的照片和实物大小一样，照片上前门齿的位置和矢状图上的一致（矢状图基于发音人的齿印，也是真实尺寸）。托达人的硬腭一般很深，这位发音人也不例外。硬腭的形状可以从齿印推测出来，所以腭位图上可以观察到两侧接触点的高度。我们这样做只是粗略地估计了舌中线的位置（图中虚线所示）。注意：照片上发音人门齿上的黑点是涂上槟榔汁的缘故，不是和舌头接触的结果。

5. 擦音

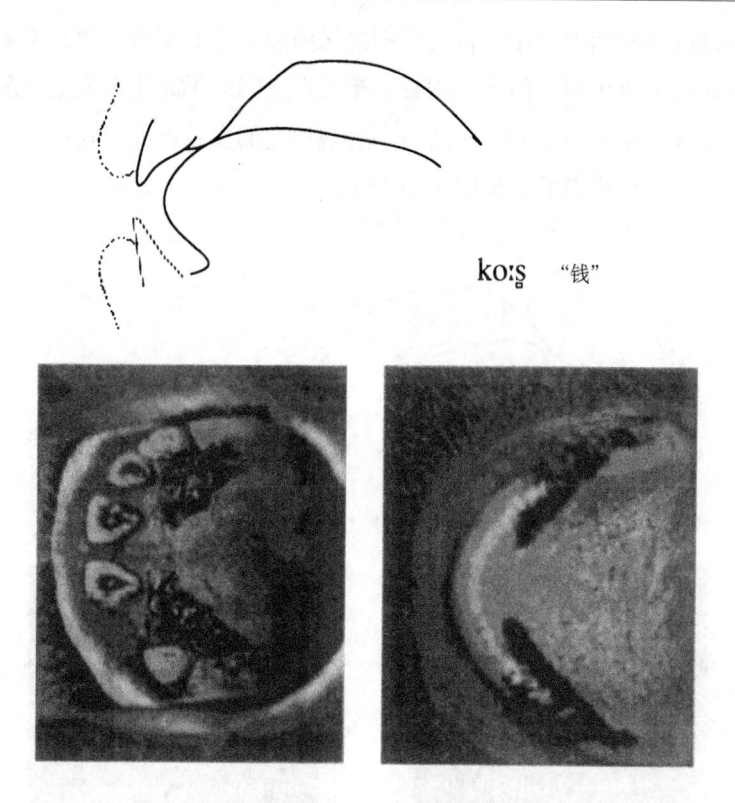

koːṣ "钱"

图5.13　托达语词 koːṣ（"钱"）的腭位图和舌腭接触部位图。矢状图上的实线显示了硬腭的形状以及能够观察到的舌边缘的位置。虚线代表嘴唇和舌中线的位置

托达语的 ṣ 是舌叶－齿龈调音。Emeneau（1984）把它描述为"齿后（龈前）音"（post-dental，pre-alveolar），我们也认为这个音的收紧点比英语 s 更靠近牙齿，但是仍在齿龈区。这个音的最显著特点是舌叶调音，但是舌叶上只有很窄的一部分接触口腔顶部。在腭位图上可以看得很清楚，三位发音人的舌叶和口腔

顶部的接触面都很小，舌边缘则接触臼齿上方的硬腭。我们不清楚舌头是否中空，但是，龈脊上接触点之间的距离比舌头上接触点之间的距离小，而且，通过直接观察它的发音过程，我们认为舌头是稍微中空的，如图 5.13 所示。

po:s "牛奶"

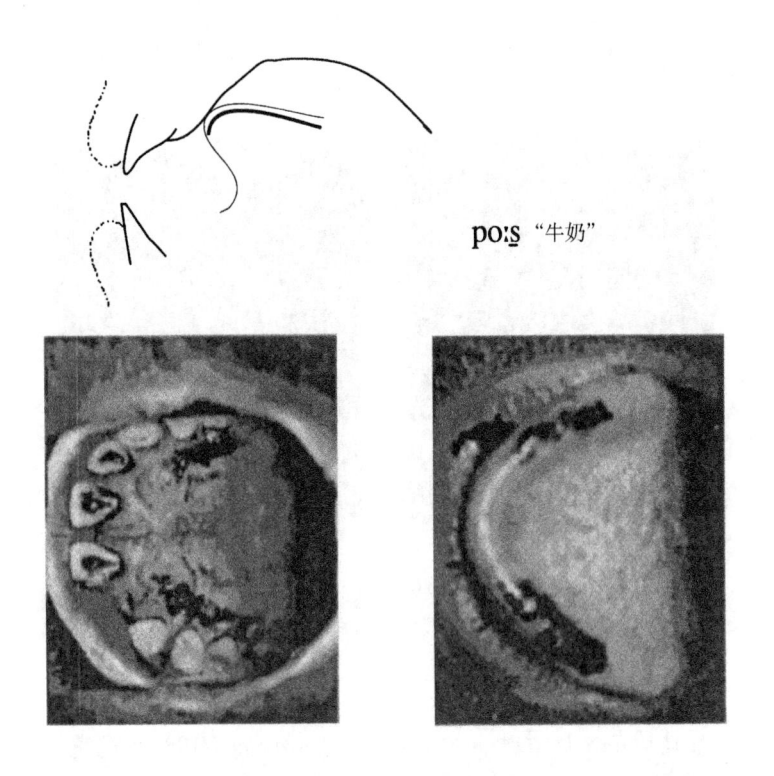

图5.14 托达语词 po:s（"牛奶"）的腭位图和舌腭接触部位图。矢状图上的实线代表已知的硬腭形状和观察到的舌边缘的位置。虚线表示估测出的嘴唇和舌中线的位置

5. 擦音

托达语中的舌叶音 ṣ 和舌尖音 s̲ 形成对立，图 5.14 显示的就是这个舌尖咝音。两个音的区别在于：s̲ 的气流通道稍宽，调音部位稍靠后，在龈脊中心，所以也是一个龈后音。口腔两侧的接触点靠近臼齿，说明舌位较低。舌头的中空程度不如 s̲。

托达语的第三个擦音 ʃ，是一个舌叶–龈后咝音或腭龈咝

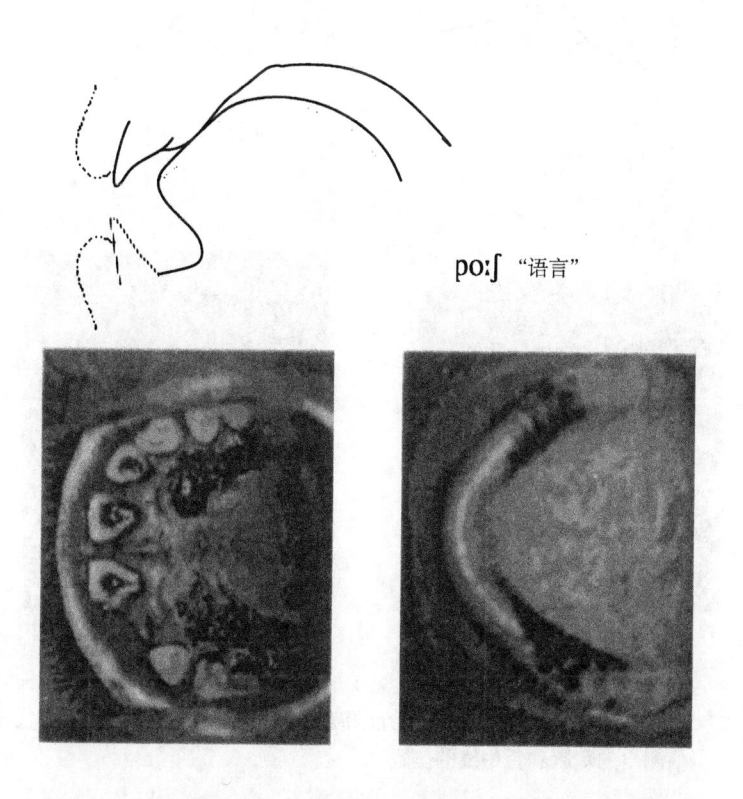

po:ʃ "语言"

图5.15 托达语词 po:ʃ（"语言"）的腭位图和舌腭接触部位图。矢状图上的实线代表已知的硬腭形状和观察到的舌边缘的位置。虚线代表估测出的嘴唇和舌中线的位置

音，发音时舌头和硬腭的接触面比前两个擦音都大，如图5.15所示。舌叶收缩点类似于托达语 ṣ̪，但是气流通道更窄，口腔内舌边缘的位置较高。像英语 ʃ 一样，舌头向口腔顶部隆起。

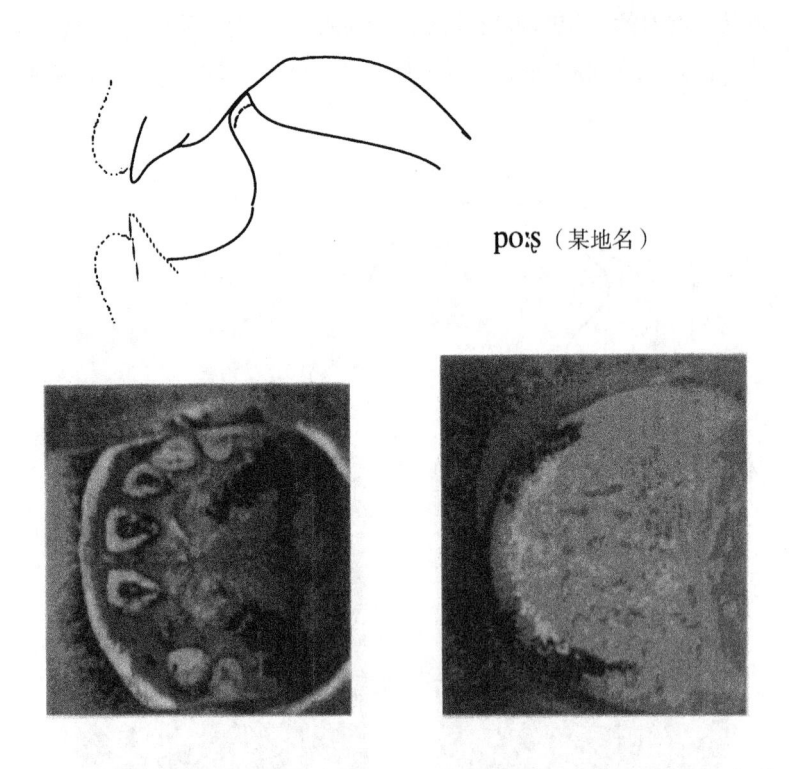

po:ʂ（某地名）

图5.16　托达语词po:ʂ（某地名）的腭位图和舌腭接触部位图。矢状图上的实线代表已知的硬腭形状和观察到的舌边缘的位置。虚线代表估测出的嘴唇和舌中线的位置

托达语的最后一个咝音是 ʂ，它属于舌尖下硬腭擦音（sub-apical palatal fricative），有一个真正的卷舌音姿态，如图5.16所示。

5. 擦音

它不同于图 5.12 中的泰米尔语咝音，接触点在舌尖下（所以舌腭接触部位图上看不清楚）和龈后。

为了综合比较托达语的咝音，我们把以上图示中关于舌位的信息都显示在图 5.17 中。需要注意的一点是，这四个音中，只有舌尖下硬腭（卷舌）咝音（sub-apical palatal retroflex sibilant）能够用第二章所列的典型调音部位术语进行描述。其他三个音都牵涉舌形和牙齿关系的细微差别。我们虽然对其调音特征进行了概括，但它们和典型的调音部位并不符合。

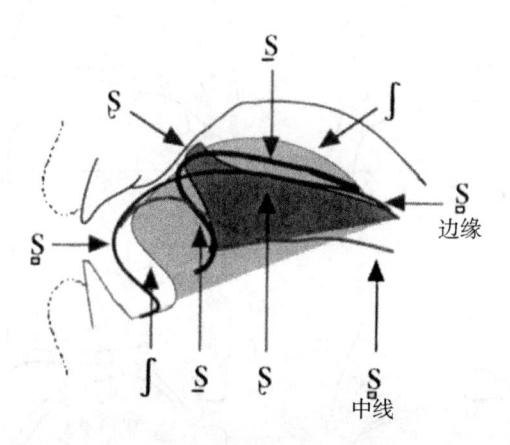

图5.17 托达语中咝音性擦音的舌位综合比较图。s的舌中线和边缘位置用两条线分别表示。其他几个音的舌中线和边缘的位置近似，每个音都只有一条舌线

高加索语言中的咝音更为复杂，虽然 Catford（1983 私下交流）对某些语言进行了描述，比如高加索西北部语言——尤比

克语（Ubykh）和阿伯卡茨语（Abkhaz）的咝音有五种不同的音姿（不考虑次要发音，也不考虑声门的不同状态）。其中的四个音，s、ʃ、ṣ、ɕ 和我们前面用同样符号标写的音类似。第五个音，Catford 把它标写为 ŝ，并这样描述："从声学和生理上看，它介于典型的 s 和 ʃ 之间，发嘶嘶声。"他还说："发音时，舌尖抵住下齿（像舌叶音 ṣ），但主要的气流通道在龈脊后（像舌叶‐龈后音 ʃ）。"所以，这个音类似于 ʃ（也类似于 ṣ、ɕ），因为其收缩点在龈后；但同时也像舌叶音 s，因为舌尖抵住下齿，不存在舌下腔。

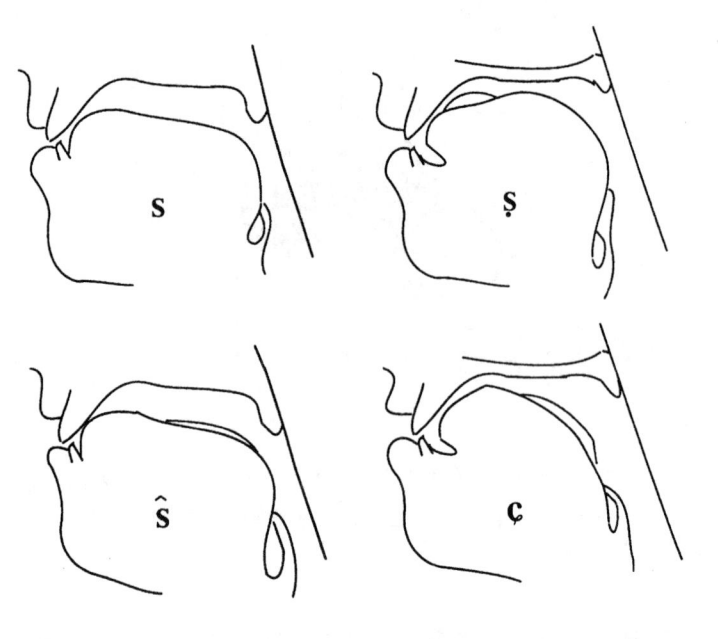

图5.18 阿伯卡茨语的Bzyb方言中四个形成对立的咝音，根据Bgazhba（1964）的X光片和Catford的解释（私下交流）

5. 擦音

根据 Bgazhba（1964）的 X 光片和 Catford 的解释，图 5.18 显示了 Bzyb 方言中形成对立的四个咝音。s 的收紧点（左上角图）在齿龈区，龈脊前部。舌叶接近龈脊，舌尖位于口腔底部。其他三个音的收紧点都在龈脊中部，即我们所谓的龈后区。发 ɕ 时，舌前部抬起，属于腭化的舌叶龈后咝音（laminal palatalized post-alveolar sibilant）或龈腭咝音。ṣ 是舌尖调音，属于舌尖-龈后卷舌咝音 [apical post-alveolar (retroflex) sibilant]。这两个音（如图 5.18 右半部分所示）都有 ŝ 所没有的舌下腔，发音时，舌尖的位置和 s 类似，但是舌叶收紧点比 s 靠后。因为没有舌下腔，我们把 ŝ 叫作"闭合的舌叶-龈后咝音（laminal closed post-alveolar sibilant）"。

尤比克语中也有这四种对立的咝音，表 5.6 是含这些音的例词。图 5.19 是表中清咝音的声谱图。s（左上角图）在这六个音中，并不是很响亮。频率最大值大约为 4000Hz。高频率意味着高能量。闭合的舌叶-龈后咝音 ŝ 在不圆唇的情况下，能量集中在 3000Hz 左右。圆唇时（如图 5.19 底部正中的图所示），能量集中在低频区，大约 2000Hz。另一个舌叶-龈后音 ɕ 的能量更低，不圆唇时是 2500Hz，圆唇时低于 2000Hz。舌尖-龈后音 ṣ（如底部左图所示）在不圆唇音中频率最低，平均 2000Hz。从底部的三张图中可以看出，圆唇使这些擦音的能量减小。

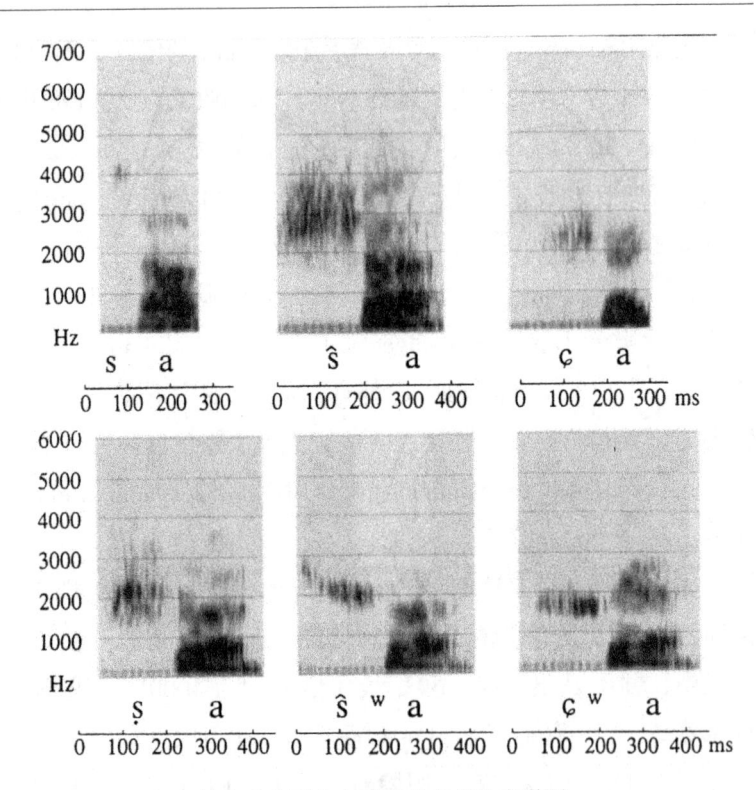

图5.19　表5.6的尤比克语中含清咝音音节的声谱图

表 5.6　尤比克语中含对立咝音的例词

	舌叶齿– 龈咝音	闭合的舌叶– 龈后咝音	舌叶–龈 后咝音	舌尖–龈 后咝音
普通清声	**sa:ba** "为什么"	**ŝa**　"三"	**çaça**　"岳母"	**ṣa**　"头"
普通浊声	**za**　"一"	**ẑaẑa**　"肾脏"	**zawa**　"阴影"	**ẓa**　"柴火"
圆唇清声		**aŝʷa**　"白色"	**çʷa**　"大海"	
圆唇浊声		**aẑʷan**　"煮沸了"	**aẓʷan**　"烤热了"	

5. 擦音

Catford（待刊）分析了一系列高加索语言，对这些音的声学特征有相似的描述。总体趋势是：当位于收缩点前的声腔扩大时，下限截止频率（lower cut-off frequency）也变低。在他所调查的语言中，ŝ的截止频率通常较高。而且，和其他的龈后音相比，频率波动区间也较高。Catford 的材料还显示：尤比克语和阿伯卡茨语中所没有的ʃ和ṣ、ɕ的区别在于，ʃ的频率变化范围较大，截止频率居中。在不圆唇擦音中，ṣ的截止频率最低，频率区间也最低。圆唇咝音的截止频率较低，频率变化范围也相对较小。

可能还存在这样的咝音，收缩点很靠后，几乎在硬腭区。根据 Gerzenstein（1986）的研究，Gununa-Kena 语里可能就有这样的硬腭清咝音（voiceless palatal sibilants），而穆伊纳内语（Muinane）（Walton 和 Walton 1967）和 Cofan 语里（Borman 1962）有硬腭浊咝音（voiced palatal sibilants）。我们没有对这些语言进行过调查，虽然有些腭擦音像咝音一样，音高较高，但它们不是成阻擦音（obstacle fricatives），因此也不是我们所说的咝音。

综上，本章开头表 5.1 中的七个咝音大致涵盖了我们所讨论过的所有咝音（虽然有一定难度）。有些情况下，需要区别舌尖、舌叶咝音，如表 5.7 所示。表中第一个音 s̠ 和表 5.1 中的一样。根据 Bright（1978）的研究，我们认为齿咝音的调音部位在舌尖。总体来看，舌尖、舌叶的区别对表中第二个音（龈咝音）是不必要的（甚至误导）。因为在英语中，有些发音人的 s 是舌尖音，而有些却是舌叶音。但托达语的 s̠ 永远都是舌叶音，为此，我们在表中第三行列出这个舌叶齿龈咝音。从第

表 5.7　咝音的类型

		调音部位	源语言
1	s̪	舌尖齿音	汉语、Diegueño 语、波兰语
2	s	舌尖或舌叶龈后音	英语、尤比克语
3	ṣ	舌叶龈后音	托达语
4	ş	平的舌叶龈后音	汉语、波兰语、尤比克语
5	ṣ	舌尖龈后音	Diegueño 语、托达语
6	ʃ	隆起的舌尖或舌叶龈后音（腭龈音）	英语
7	ʃ	隆起的舌叶龈后音	托达语
8	ɕ	腭化的舌叶龈后音（龈腭音）	汉语、波兰语、尤比克语
9	ŝ	闭合的舌叶龈后音（嘶嘶音）	尤比克语
10	ʂ	舌尖下腭音（舌尖下卷舌音）	托达语

四行开始是龈后咝音，以汉语和波兰语里传统上称为卷舌音的音开头，这些音实际上是舌叶音，而其他语言中的其他卷舌音则通常是舌尖音。为此，我们把汉语和波兰语的卷舌音称作平舌叶 – 龈后咝音 [laminal（flat）post-alveolar sibilants]。真正的卷舌咝音确实存在，比如托达语里就有两个：舌尖 – 龈后咝音 s（表中第五行），以及第十行的与之形成对立的舌尖下 – 硬腭咝音 ʂ。

第六行的 ʃ 属于隆起的龈后咝音（domed post-alveolar sibilant），它在英语中可以是舌尖，也可以是舌叶调音。但在托达语里，必须是舌叶音，我们把它标写为 ʃ 下加舌叶音附加符号，如表中第七行所示。隆起的舌尖舌叶 – 龈后咝音（apical laminal post-alveolar domed sibilants）有时被称作腭龈音，而第八行的 ɕ 则被称作龈腭音。三个咝音 ṣ、ʃ、ɕ 的区别在于紧挨着收缩点后舌位的抬高程度不同。第九行的 ŝ 和其他音的区别在于，发音时舌尖抵住下齿，因而不存在舌下腔。从发音上说，表中最后一个音 ʂ 也许是和其他音区别最大的一个，因为它是舌尖下调音。

5.3 调音部位靠后的非咝音性擦音（posterior non-sibilant fricatives）

调音部位在牙齿、齿龈和龈后的大部分擦音都属于咝音和塞音。但是，除了我们前面提到过的非咝音性齿龈擦音（non-sibilant alveolar fricative）θ̠ 以外，还存在别的非咝音性擦音，调音部位也比较靠后。某些英语变体中有非咝音性舌尖－龈后（卷舌）擦音（non-sibilant apical post-alveolar fricative），我们把这个音标写为 ɻ̝，它是卷舌近音（retroflex approximant）ɻ 的擦音形式。南非英语，比如东开普英语，短语 *red roses* 中的 *r* 就发这个音。需要注意的是：在这种南非英语方言中，ɻ̝ 这个非咝音性龈后擦音，和龈后咝音 ʒ 形成对立，比如 *drive* 与 *jive* 的发音。非咝音性擦音 ɻ̝ 和咝音 z、ʒ 的区别在于下巴的位置以及收缩点的形状。非咝音性擦音发音时，下巴不抬高，牙齿紧闭，收缩点较宽，气流冲向阻塞物的流速也不快。一些伊多语（Edo）中也有 ɻ̝ 这个音，并和近音 ɻ 形成对立（Ladefoged 1968）。我们会在第七章详细讨论这种音。

表 5.8 毛利语中含硬腭和软腭的塞音、擦音、近音的例词

	硬腭音		软腭音	
	不带声	带声	不带声	带声
塞音	càŋʷá	ɟadí	kákádə	gàlí
	"猫"	"牛峰"	"书"	"出现"
擦音	çà	jàjàɗə	xá	yàfə́
	"月亮"	"好转"	"大水锅"	"箭头"
近音		jà		
		"生"		

  硬腭清擦音在音系里形成对立的情况很少见。世界语言中有 ç 这个音的不超过 5%（Maddieson 1984a）。硬腭浊擦音 ʝ 则更少见。但是乍得语族的毛利语和布拉语不仅有硬腭清擦音 ç，还有硬腭浊擦音 ʝ，而且，这两个音还和浊近音 j 和清、浊软腭塞音以及清、浊软腭擦音形成对立。在毛利语音系中，硬腭擦音是软腭擦音的腭化形式（Maddieson 1987）。表 5.8 显示了毛利语中所有含这些音的词。软腭浊擦音 ɣ 通常更像近音而不是擦音。

  硬腭擦音发音时的声道形状是否和同部位的塞音一致，我们尚不清楚，但有一点是明确的：擦音的收紧点比较窄，而塞音是完全闭塞的。我们还没有关于毛利语语音的生理资料，但是其他语言的 X 光记录表明：硬腭塞音和硬腭擦音的区别在于舌根的位置。根据 Bolla（1980）的 X 光片，图 5.20 显示了匈牙利语的 c 和 ɟ 发音时舌根的位置比 ç 和 ʝ 靠前。这可能是由于塞音（以及鼻音 ɲ）发音时都要求舌位抬高，好像把舌头从口腔顶部推出去一样（见第二章）。

  关于软腭擦音的资料表明：声道形状和软腭塞音一致。软

腭音发音时的声道形状区别不如硬腭音大，这也许是因为：和硬腭塞音相比，软腭塞音发音时不要求舌的大幅度动作。图5.21显示了汉语普通话中 **x** 和 **k** 的区别（Zhou 和 Wu 1963）。

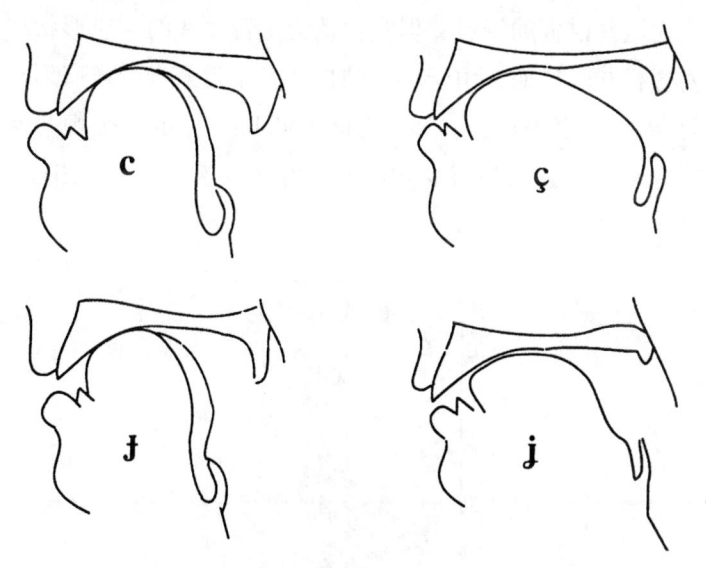

图5.20　匈牙利语硬腭音的X光片（Bolla 1980）。注意：和右侧的擦音相比，左侧塞音的舌根位置比较靠前

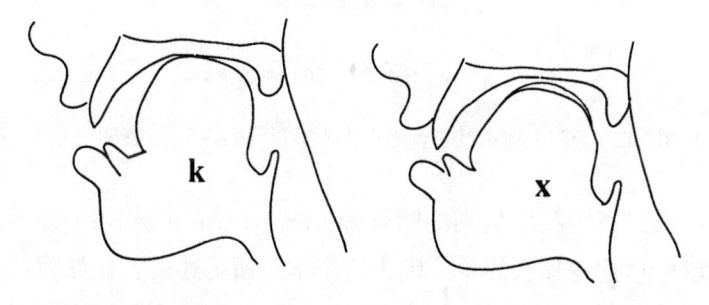

图5.21　汉语普通话中软腭清塞音**k**和软腭清擦音**x**的比较（Zhou和Wu 1963）

软腭擦音和小舌擦音在有些语言中形成对立［如美国印第安语（Amerindian）的海达语、特里吉特语（Tlingit）、温图语和波莫语（Pomo），以及高加索诸语言］。我们还没有收集到上述这些语言的资料，但我们认为小舌擦音的声道形状和小舌塞音相同。然而，由于小舌的振动，小舌擦音的声道形状有些复杂，图5.22显示了沃洛夫语（Wolof）中的一个颤音性小舌擦音（trilled uvular fricative）。小舌颤音（uvular trills）将在第七章讲述。

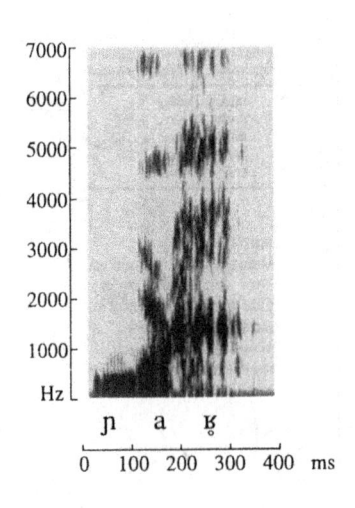

图5.22　沃洛夫语中的颤音性小舌清擦音（Ladefoged 1968）

第二章中我们提到的咽擦音（pharyngeal fricative）并不像文献中描述得那么简单，因为这个术语所描述的音（如阿拉伯语和希伯来语）实际上是会厌擦音而不是咽擦音。阿古尔语中确实有咽擦音和会厌擦音形成对立的例子，如表5.9（阿古尔语

5. 擦音

的 Burkikhan 方言）所示（它是表 2.9 的重复），图 5.23 是它们的声谱图。咽擦音的第一和第二共振峰非常接近，第一共振峰的值很高（高于 1000Hz），在后接元音开始发音时有所下降。会厌擦音的噪声更大（密度也更大，和周围元音有关），就好像是一个噪声源，为周围元音的共振峰频率提供能量。

表 5.9　阿古尔语 Burkikhan 方言中含咽擦音、会厌擦音和会厌爆音的例词（S.Kodzasov 私下交谈）

浊喉擦音	muʕ	"桥"	muʕar	"桥"（复数）
清喉塞音	muħ	"谷仓"	muħar	"谷仓"（复数）
清会厌擦音	mɛн	"乳清"	mɛнɛr	"乳清"（复数）
清会厌音	jaʡ	"中心"	jaʡar	"中心"（复数）
塞音	seʔ	"方法"	seʔer	"方法"（复数）

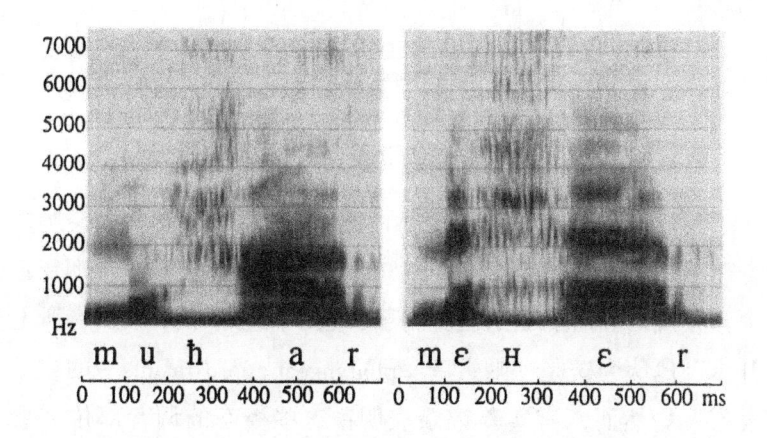

图 5.23　Burkikhan 方言的一位男性发音人所发 muħar（"谷仓"，复数）和 mɛнɛr（"乳清"，复数）的声谱图

闪语族中所谓的咽擦音既不是咽音也不是擦音（Laufer 和 Condax 1979，1981）。Catford 把这些音称作近音，他说："它们常被错误地称作擦音。"这一点我们也表示同意。他还说，大部分阿拉伯口语中（跟语言学家为研究方便而引用的例子相反）的这些音都不是擦音。据我们观察，Catford 标写为 ℏ 的音有可能听到的湍流，而 ʕ 音却少有。

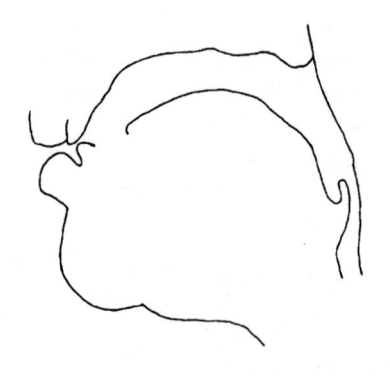

图5.24　阿拉伯语中 u: 前的会厌清擦音 ʜ（Bukshaisha 1985）

我们认为，这些闪语族中的擦音应该更合理地称为会厌擦音而不是咽擦音。Catford（1977b）曾描述过一个真正的咽音："紧挨着口腔后的咽门受到挤压，近乎闭合。同时喉头有所上升。"他认为这是"咽近音（pharyngeal approximants）的典型姿态"。然而，有实验记录表明：这些姿态的调音部位在会厌，而不是咽腔上部，如图 5.24 所示（Bukshaisha 1985）。Al-Ani（1970）对伊拉克-阿拉伯语以及 Ghazeli（1977）对突尼斯-阿拉伯语（Tunisian Arabic）所做的 X 光视频记录也显示：

5. 擦音

收缩点在会厌附近。Laufer 和 Condex（1981）使用光纤技术（fiberoptic）描述了另一个音，会厌在其发音中起到积极作用。Laufer（私下交流）在对希伯来语及巴勒斯坦 - 阿拉伯语进行分析后得出结论："收紧动作根本不牵涉舌头，而是在会厌和后咽壁之间，可能还有会厌和勺斜肌之间的接触。"这种说法有点过头，Boff-Dkhissi（1983）也做了 X 光记录，他的结论是：会厌的动作并不完全独立于舌根，实际上是二者同时运动造成收缩。因为这些音是会厌擦音而不是咽擦音，所以，应该把它们标写为 ʜ、ʢ，而不是 ħ、ʕ。

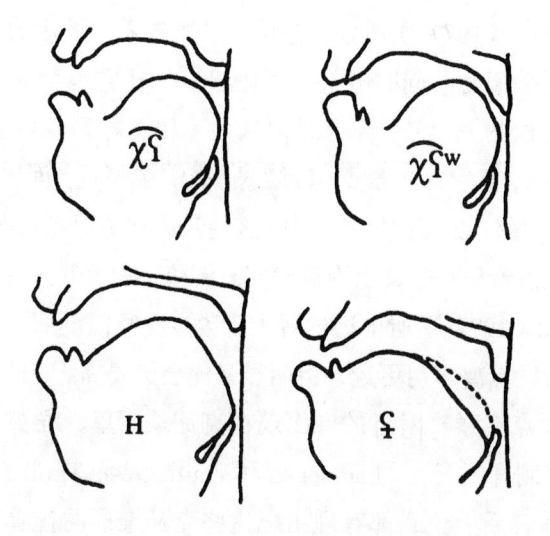

图5.25　阿伯卡兹语（上图），咽上部收紧（延伸至小舌）（Bgazhba 1964）；Dargi语（下图），会厌收紧（Gaprindashvili 1966）

除了闪语族，会厌擦音还出现在其他几种语言里。前面以及第二章我们都曾提道：阿古尔语 Burkikhan 方言中咽擦音和会厌擦音形成对立。Catford（1983）说："阿古尔语的咽音和喉音不少于七个：包括咽音 ħ 和 ʕ，'深咽音'（我们所谓的会厌音）或'强势音'ʜ 和 ʢ，相应的塞音 ʡ 以及喉塞音 h 和 ʔ。"有人对其他高加索语中的这类擦音进行过 X 光摄影记录，图 5.25 显示的是 Catford 复制的 Gaprindashvili（1966）和 Bgazhba（1964）的 X 光片，从中可以看出 Dargi 语中的会厌擦音和阿伯卡茨语里咽门中上部的咽擦音的区别。

有这样一种可能：咽和会厌并不是独立的两个区域，而是可以产生一系列不同音姿的整体区域。这个区域里最靠前的音就是 Catford（1977b）所描述过的："紧挨着口腔后的咽门受到挤压，近乎闭合。同时喉头有所上升。"比它稍微靠后一点的音是丹麦语的 r，这个音有时被认为（如国际语音协会 1949）是小舌音 ʁ，但它的收紧点（较微弱）确实在我们上面提到的"整体区域"中部。在现代丹麦语中，这些音通常是近音而不是擦音，但在老式发音里，收紧点附近确实有湍流（和后低元音有关）。和 Catford（1977b）所描述的音（收紧点在咽门上部）相比，这个音的收紧点离声门更近，但明显又比会厌要高。

收紧点在喉头附近的音出现在克瓦桑语里，喉头是用来发所谓的"刺耳元音"（Ladefoged 和 Traill 1984，Traill 1985）的。从语音和音系上说，都有理由把这些克瓦桑语的音看作是一系列的发声类型，而不是我们所说的擦音。因为它们是元音发音时的附加成分，不是独立的辅音音姿，还通常伴随喉部动作。但是，它们也是擦音，因为声带以上的收缩点处产生了湍流。

5. 擦音

图 5.26 显示了两位 !Xóõ 语发音人的 X 光图（Traill 1985）。Traill 指出：会厌的位置很难确定，因为它在振动。所以，也可以把这些音称作会厌擦颤音（epiglottal fricative trills）。

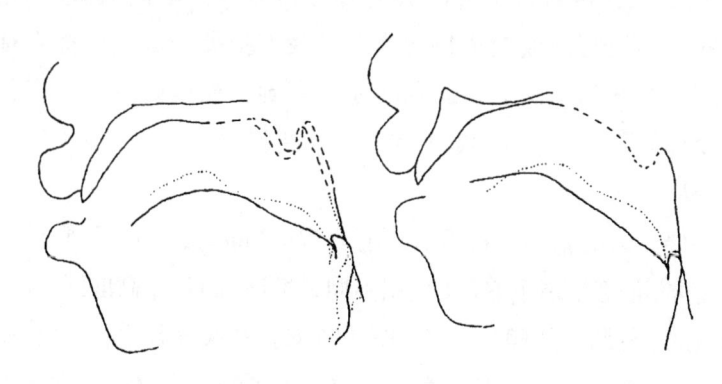

图5.26 两位!Xóõ语发音人所发的元音u（虚线）和a前（实线）的会咽音的X光图

最后，我们还要考虑其他一些更为复杂的擦音。绍纳语（Shona）里有所谓的"口哨擦音"（whistling fricatives），它是舌叶齿龈调音，伴随高度圆唇。在第十章——关于多重发音的一章，我们还要谈到这些音。另外，瑞典语某些方言里据说有一个擦音，收紧点有两到三个（Abercrombie 1967），我们对此表示怀疑。Lindblad（1980）对瑞典语的咝音有过详细描述，可以通过它对这些音做深入分析。

瑞典语有四个音系层面的擦音，有时被标写为 f、s、ɕ、ɧ；而且，标准瑞典语里还有一个卷舌擦音 ʂ，从音系上说，它是辅音丛 /rs/ 的实现形式。f、s 不需要过多解释，前者是唇齿音，而后者是齿音 s̪。ɕ 和 ɧ 则比较复杂。描述这两个音还要考虑地理、社会以及风格变体等因素。根据 Lindblad（1980）的研究，ɕ 的最常见形式为"舌面前－龈擦音"（predorsoalveolar fricative），他对这个音的 X 光片分析显示：ɕ 和我们前面用同样音标记写的波兰语擦音类似，我们把那个波兰语擦音称作腭化的龈后咝音。Lindblad 还注意到：瑞典语中这个音位的变体包括：塞擦音 tɕ 或 tʃ，以及硬腭擦音 ç（类似于德语的 *ich*）。

瑞典语的第四个擦音 ɧ 更有意思。Lindblad 描述了它的两个变体。他把第一个变体（他用不同音标记写）称作高度圆唇的、唇齿的、软腭或软腭化擦音。图 5.27 对他的 X 光片进行了复制。Lindblad 指出，这个音的摩擦形成于下唇和上齿之间，在图上也看得很清楚。他还提道：和 i 的调音姿态相比，这个音发音时上唇明显凸出。此外，Lindblad 还说："舌体抬高，并向软腭方向后缩，形成较窄的收缩点。（这个收缩点一直存在，但

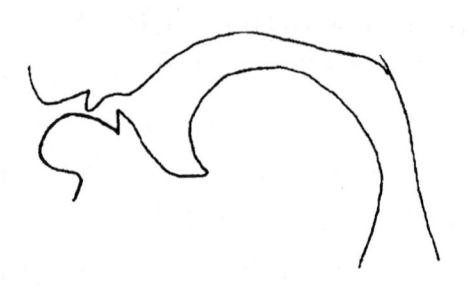

图5.27 瑞典语的 ɧ，一个高度圆唇的、唇齿的、软腭或软腭化的擦音（Lindblad 1980）

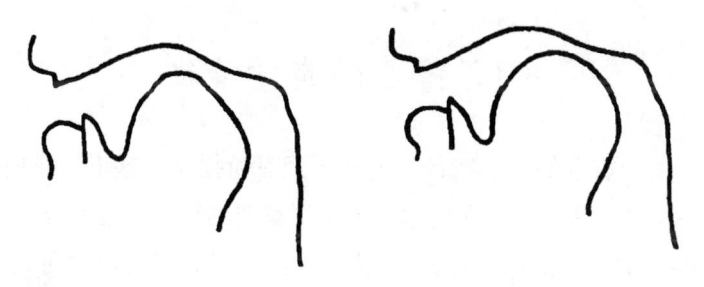

图5.28 Lindblad（1980）所发的瑞典语ɧ的一个变体（左图），以及德语的 x（右图）

其宽度和位置却不断变化。）"这个收缩点靠后，但又不足以形成湍流。所以，虽然有三个收紧点——软腭、唇齿和上下唇之间，但只有唇齿收缩点产生摩擦。

瑞典语 ɧ 的另一个变体，如图 5.28 所示，Lindblad 把它称作"舌面－软腭清擦音"（dorsovelar voiceless fricative），和另一个变体相比，这个音发音时颌骨更张开，嘴唇不前凸。他还指出，这个音和常见的软腭擦音 x 的区别在于，后者形成于"收紧点处的唾液所发出的低频不规则振动声"（Lindblad 1980）。从他的描述及语图中可以推断出：ɧ 的这个变体发音时摩擦较微弱，而且比其他语言里常见的软腭擦音 x 更靠前。Lindblad 还提道，在唇齿的 ɧ 和更靠近软腭的 ɧ 之间，"存在一些中间成分，它们发音时，颌骨和嘴唇的位置不同，前后两个调音部位可能都是声源"。但我们怀疑，湍流会在口腔内两个位置同时产生（见第十章）。

5.4 擦音的声学特征

关于擦音的声学特征，前面已经有所提及。这里，我们想做一总结。这方面的研究很少，英语擦音的综述仍是 Hughes 和 Halle（1956）的那本专著。他们描述了三位发音人所发的 **f**、**s**、**ʃ** 以后，发现同一个擦音的频谱在不同发音人之间区别很大，但同一位发音人所发的不同擦音的区别却是固定不变的。Hughes 和 Halle 发现，**f**、**v** 的频谱特征区别很大，而咝音具有特殊性，**s**、**z** 的谱峰频率高于 **ʃ**、**ʒ**。Shadle、Moulinier、Dobelke 和 Scully（1992）的研究得出了类似的结论。Hughes 和 Halle（1956）没有调查英语的 θ、ð，这两个音的声学研究依然是个空白，只有 Shadle 等人（1992）的少量资料可供参考。在 **f**、θ 和 **v**、ð 之间，不同发音人的区别很大，以至于要描述擦音的声学特征几乎是不可能的。Shadle（1992）还指出，Harris（1958）的观点仍被普遍接受。也就是，擦音的主要区别在共振峰转接段上。

Lindblad（1980）还提供了关于瑞典语擦音的两种不同的声学资料。其中之一是对出现在不同语音环境里（由不同发音人所发）的擦音变体的分析，另一个是对他自己所发的擦音（被认为是典型擦音）的分析。图 5.29（略有修改）显示了他对五位发音人所发的 **s**、ɕ 和 ʂ 的分析。不同发音人之间区别很大，但每位发音人的 ʂ 都有最低的截止频率，ɕ 的截止频率次之，**s** 的截止频率最高。有很多环境因素值得考虑，如图 5.30 所示，它显示了两位发音人所发的处于不同元音环境中的擦音。在任何一个元音环境下，s、ɕ、ʂ的频谱关系都类似于它们出现在 a: 前的情况，但是当这些擦音出现在其他元音前时，其各自的频谱特征却大有区别。图 5.29 和图 5.30 进一步说明了从声学角度界定擦音的困难。

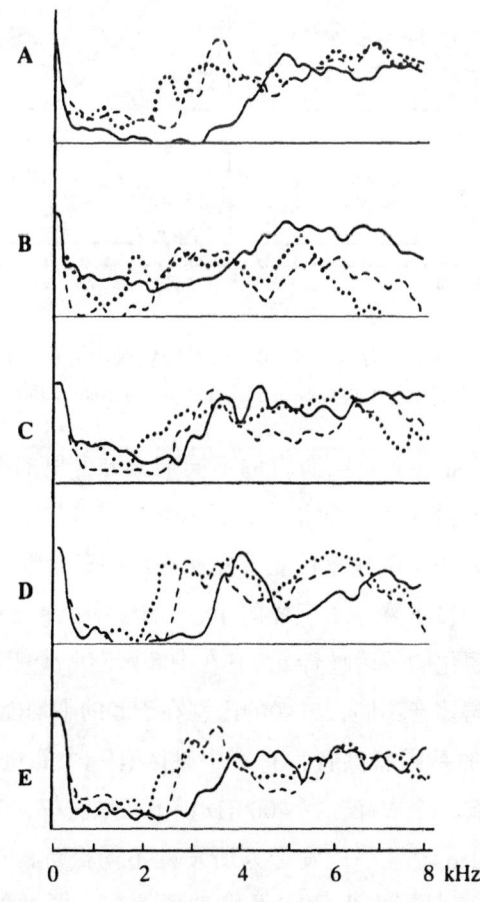

图5.29　五位发音人（A-E）所发的瑞典语 s（实线）、ɕ（虚线）和 ʂ（点线）的频谱图，这些音都位于元音 a:前（Lindblad 1980）

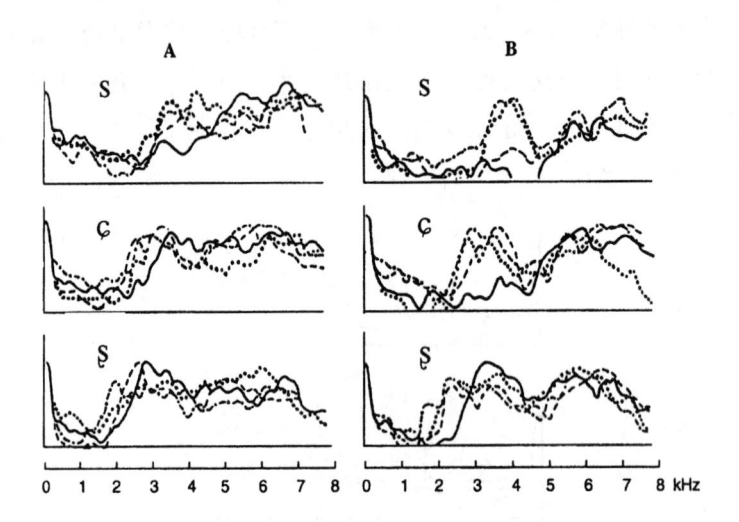

图5.30 两位发音人（A、B）所发的瑞典语元音i:前（实线）、y:前（虚线）和u:前（虚点线）的s、ɕ、ʂ（Lindblad 1980）

Lindblad 还对自己所发的不同瑞典方言里的擦音进行了分析，如图 5.31 所示。他指出，这些音的最大区别在于各自的能量低谷所处的不同频率位置。左图显示的三个咝音 s、ʂ、ʃ，它们的频率缓慢下降。（奇怪的是，ʃ 的频率比 ʂ 还低。）左下图显示的是腭化的龈后咝音 ɕ，它在中频区有一个能量低谷，和其右侧的硬腭擦音不同，二者的区别在于 ç 的平均能量大于 ɕ。右上图显示的是圆唇擦音，它在中频区有一个能量低谷。ʃʷ 和 ɦ 在低频区有一个谱峰，在 4000Hz 以上区域有较大能量。

Lindblad 测量一位发音人所发的不同擦音，这种做法使因发音人的不同而产生的变量得到了控制。同类的研究还包括 Strevens（1960）、Jassem（1962）和 Shadle（1985）。Shadle 让

5. 擦音　　　　　　　　　　　　　　　*223*

三位男性和女性发音人分别发 ɸ、f、θ、s、ʃ、x 这几个音，这些发音人都是"熟悉这些音位的语音学家或语音研究者"。她发现不同发音人之间"在频谱形状上存在很大差别"。但是，在后来的著作中，她又提出："高能量区域的谱峰频率变化比较大，"同时指出，"要找出低能量区保持不变的谱峰并由此发现它们的调音部位"是可能的（Shadle、Badin 和 Moulinier 1991：44）。

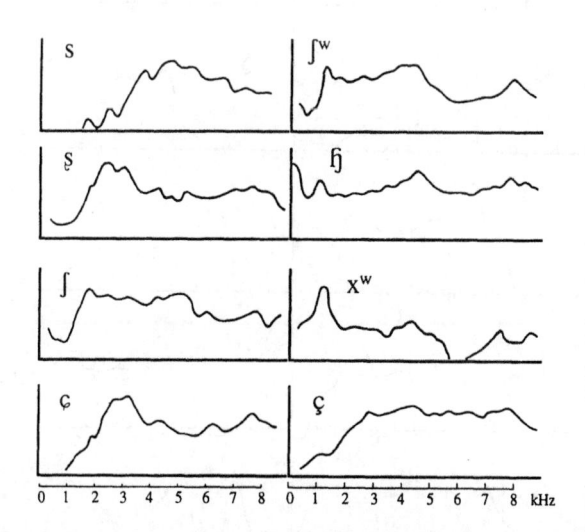

图5.31　Lindblad（1980）所发的瑞典语不同方言中具有代表性的咝音（Lindblad使用了不同的音标符号，这里一律按国际音标。）

Jassem（1968）对不同语言中不同擦音的声学结构进行了比较。图 5.32 是他对其中 12 个音所做的声谱图。提到 Jassem 的发现，我们需要强调（他自己也是这样说的）：所分析的材料来自同一位发音人，但这个发音人（Jassem 本人）"由于和这些音所出现的语言有过接触，并接受过全面的语音训练，因而非常熟悉这些音"（Jassem 1968）。ɸ、f、θ 的频谱较平，除此之外，还有几点值得注意：所有的咝音都有一个能量低谷，它们所在的频

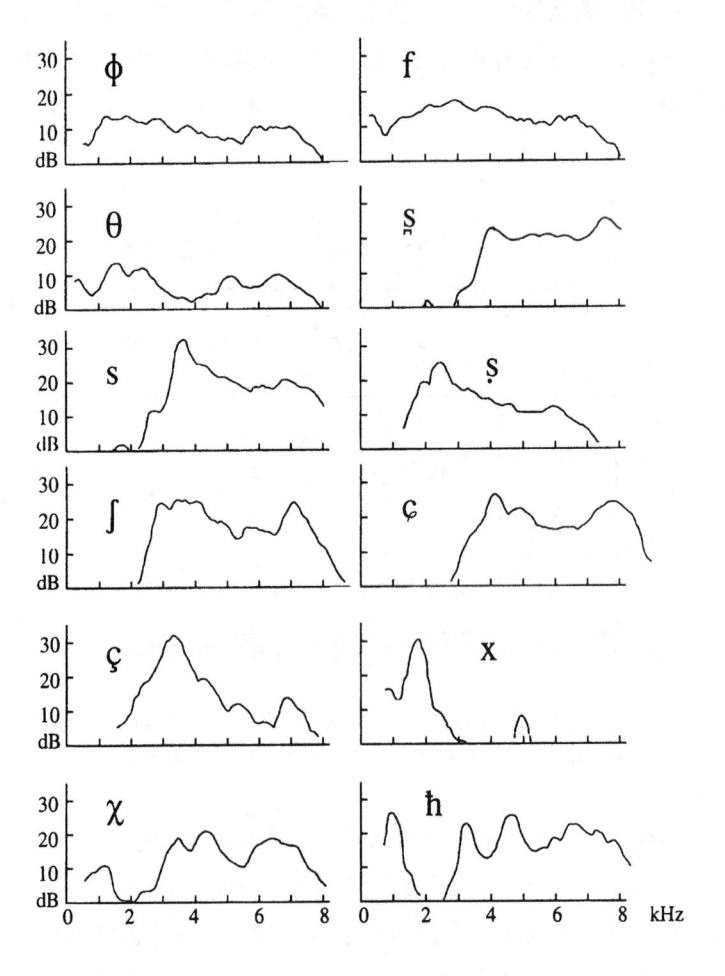

图5.32　Jassem（1968）所发的12个擦音的频谱图

率区域都很高，和咝音的调音部位比较靠前有关。Jassem 频谱图上的腭擦音 ç 类似于 Lindblad 所发的龈腭擦音 ɕ（如图 5.31），其局部都有一个特别明显的谱峰。相反，Jassem 频谱图上的龈腭擦音 ɕ 类似于 Lindblad 的腭擦音 ç，两者的频谱几乎是平的。比较靠后的擦音 x、χ、ħ，其谱峰的频率随着调音部位向声门方向靠近而不断下降，且在高频区有另外的谱峰出现。

5.5 擦音的喉部结构及其他特征

大部分擦音都是清音，前面所用的例子也都是清音，只是偶尔提到它们的浊音形式。这可能是由于：由带声引起的强大低频能量掩盖了高频区的低振幅摩擦噪声，声门处的阻抗增加了在收紧点处形成湍流的困难。然而，还是有很多语言区分清、浊擦音，有几种语言的擦音甚至在喉部动作的时间上形成三分关系。比如，缅甸语的许多发音人都会发清、浊不送气擦音和清送气擦音，如表 5.10 所示，这些音彼此之间的区别在于声带起振时间的不同。声学特征上的区别类似于清、浊不送气塞音和清送气塞音。

表 5.10　缅甸语中含擦音的例词（这些擦音形成对立关系）

浊音		不送气清音		送气清音	
zà	"花边"	sà	"饥饿"	sʰà	"信"

非常态浊擦音很少，我们在第三章讨论过，韩语里有一种僵声塞音，它们其实是所谓的强辅音（fortis consonant）。除了塞

音以外，韩语中还有一个擦音 s*（星号 * 的意思是强音）。豪萨语里有一个 s 的喉化音，但它通常是喷音，下面我们还会谈到。除了这两种语言以外，Maddieson（1984a）只列举了四种有喉化擦音（laryngealized fricatives）的语言，而且它们喉化擦音的数目不超过一个。Price（1976）提到南 Nambiquara 语里有一个清喉化擦音 s̠，Wheeler 和 Wheeler（1962）也报道过 Siona 语里有这样一个音，类似于韩语的 s*。根据 Tracy（1972）的研究，瓦皮萨纳语里有 z̠，而李方桂（Li 1948）提到水语里有 ɣ。气化擦音（breathy voiced fricatives）是不存在的，但在汉语吴方言中浊擦音和气声塞音有气化的声调效果，所以，可以说吴方言的擦音和塞音共享气声这个特征。

到目前为止，我们所谈到的擦音都是肺气流音，但是，伴随喉头外出气流机制（喷音）的擦音也确实存在。雅浦语（Yapese）、特里吉特语、豪萨语、阿姆哈拉语（Amharic）都有喷音性擦音（ejective fricatives）。表 5.11 所列的是特里吉特语里含肺气流擦音和喷音性擦音的词。

表 5.11　特里吉特语里含肺气流擦音和喷音性擦音的例词（Story 和 Naish 1973）

	齿龈音	软腭音	圆唇软腭音	小舌音	圆唇小舌音
肺气流机制	saː "狭窄的"	xaːt "坚持"	xʷaːs "悬挂"	χeːt "相乘"	χʷaːl "摇晃、颤抖"
喷音性	sʼaː "要求"	xʼaːt "文件"	xʷʼaːsk "麻木的"	χʼeːt "咬、嚼"	χʷʼaːs "秃顶"

豪萨语的喷音性擦音如图 5.33 所示，它是短语 sʼúnsʼàː jéː nè

5. 擦音

（"它们是鸟"）的声谱图。两个喷音 s' 都伴随喉头紧闭、上升，随后又复位。这种上下运动跟擦音噪声的两极频率变化有关。从位于词中和词首的 s' 上可明显看到这种频率变化，其他语言中的喷音 s' 也有类似的频率变化。喷音发音时的喉头上升是通过抬高舌骨（hyoid bone）完成的，这个动作还会引起舌体的向前和向上运动。因为收紧点前的声腔变小，调音部位因此变得靠前的 s' 有更高的频率。喉头下降时，发生相反的变化，两极频率下降。图 5.33 显示，在位于词中的擦音噪声结尾和喉塞音除阻之间，存在一个 40 毫秒的间隔，声带开始振动前有一个更短的间隔。

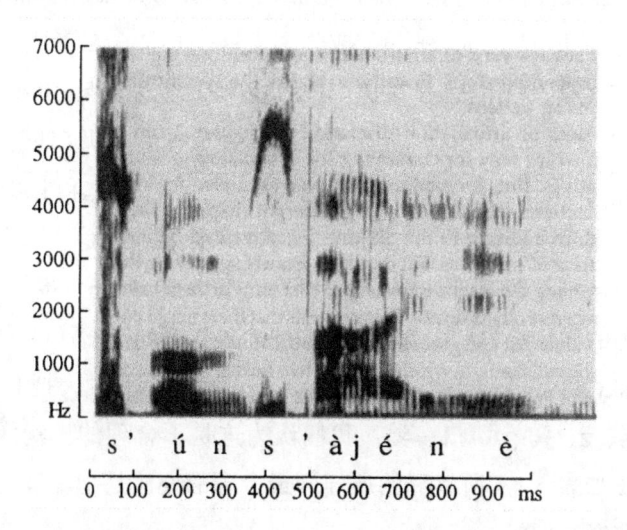

图5.33　豪萨语短语 s'**úns**'**à**: **jé**: **nè**（"它们是鸟"）的声谱图

鼻冠擦音（prenasalized fricatives）在第四章讲过，边擦音（lateral fricatives）则放在第六章讨论。

5.6 擦音的音系特征

擦音按其特征在各语言内部如何划分？我们先讲能把擦音和其他音区分开来的特征，然后讲能够在擦音内部把咝音和非咝音区分开来的特征，最后讲能进一步对擦音进行区分的调音部位特征。

传统意义上的区别特征没有哪一个能单独界定擦音。擦音和其他音的区别是通过特征值[+延续音]和[-响音]来完成的。其他的区别性特征理论（如 Ladefoged 1992；Steriade 1993a，b）曾经建议开口度（aperture）或收紧点这个特征。二者之间存在一个连续统，Ladefoged 在这个连续统上标出三个点：[塞音]、[擦音]、[近音]。Steriade 则用三个可能性来定义开口度：A_0、A_f、A_{max}（从开口度为零到开口度最大），实际上这和 Ladefoged 用三个点界定连续统是一样的。不管是从音系上还是从语音上，大部分区别性特征理论都要求在擦音内部进行更进一步的区分，最合理的做法莫过于把擦音分为咝音(阻塞)和非咝音(无阻塞)。Chomsky 和 Halle（1968）以收紧点长度类似为基础，把 **f**、**v** 和咝音 **s**、**z**、**ʃ**、**ʒ** 划归一类，我们认为这是不合理的。就像本章开头（如表 5.1）所解释的那样，最合理的办法是把擦音分为咝音和非咝音两类。

对擦音进行更进一步的区分还牵涉到传统上所说的调音部位。上一章我们曾经提道：调音部位特征不仅表明了运动的方向，也表明了调音器官的形状。对许多非咝音性擦音来说，调音器

5. 擦音

官运动方向及声腔形状与相应的塞音一致。但是，运动的程度和调音动作的时间关系却与塞音完全不同；擦音的过渡比塞音要慢。擦音有一套自己独立的时间关系模式。

第二章讲过的调音部位能够直接用来对大部分非咝音性擦音进行区分。但是，对于咝音（包括咝音性塞擦音）来说，还需要区分调音器官的不同形状。我们建议：除了"擦音"和"咝音"两个特征以外，对擦音在音系上进行划分还应考虑舌的形状。在讲龈擦音的时候，我们提到过其中有一些音在发音时舌头上有一条深槽，这说明，有一个"形状"特征，可能为"平"或"有舌槽"。这一"形状"特征还可以用来区分龈后咝音，龈后咝音的舌形还有其他两种可能性：隆起和腭化。汉语和波兰语里所谓的卷舌音 ʂ 其实是一个平的舌叶龈后咝音；托达语以及某些英语发音人的腭龈音 ʃ 是隆起的舌叶龈后咝音；汉语和波兰语的龈腭音 ɕ 是腭化的舌叶龈后咝音。"舌形"这一特征的四种可能性——舌槽、平的、隆起的、腭化是互相排斥的四个特征。关于龈后咝音，还有一个特征，它描述的不是最大收紧点后的舌形，而是是否存在舌下腔。很难把这一点看作"形状"特征，因为它可以和其他四个可能性中的任何一种相结合。我们建议把它归入另一个独立的特征——"闭合"。

我们猜测，这些舌形的变化特征对于塞音来说没有区别意义（也许存在，但属于羡余特征），因为它们能造成的声学效果微乎其微。塞音的调音部位可以从相邻音段的过渡以及除阻爆破上看出来，即塞音音段的边缘处。相比而言，擦音的调音部位，除了相邻音段的过渡以外，还可以从噪声（持续在整个发音过程中）的频谱上看出来。虽然，对语音学家来说，量化描写擦音的音系特征仍是一个挑战。我们观察到擦音的调音动作有更加细微的变化，尤其是咝音。因为气流冲击阻塞的角度以及气流速度的变化都可引起频谱的很大差别。所以，描述擦音的区别要比塞音更复杂、更精细。即使调音部位相同，擦音和塞音的声道形状也不尽相同。

6. 边音

本章介绍含有边音成分的各种音段。边音通常被界定为这样一种辅音：发音时沿声道中线某处形成完全闭塞，气流从闭塞的一侧或两侧流出。我们对边音的界定稍有不同：发音时舌头收缩，导致大量气流从舌的一侧或两侧而不是沿着舌中线流出。大部分边音发音时，气流都不会从舌中线流出，但我们的定义并不排除这种可能性。

最常见的一种边音——浊边近音（voiced lateral approximants）传统上经常和 r 类音一起被归入流音（liquids）的范畴。r 类音的主要成员在发音时，舌头和声道上表某处之间有一次或多次接触，比如舌尖颤音（apical trills）、轻拍音（taps）和闪音（flaps）。边音和 r 类音被归入一类是因为它们有语音和音系上的相似性。从语音上说，它们都是口腔辅音中最响亮的音，而流音在语音配列中通常是一个特殊的类别，比如，它们在辅音丛中出现的位置最为自由（详见 Bhat 1974）。另外，不少语言里都有一个深层流音音位，它在发音上与边音和 r 类音相区别。虽然在此我们对流音分类的正确性进行了解释，但还是要对边音和 r 类音分章介绍。第七章将讨论 r 类音及其与边音的关系。

我们先从最常见的边音（浊边近音）的发音和声学特征讲起，

其次是边音的其他种类,比如边擦音。最后一节讨论由边音的语音特征所决定的语言学表现。

6.1 浊边近音

世界语言中大部分边音发音时都在牙齿或齿龈区形成闭塞(Maddieson 1984a)。对几种语言的边音所做的腭位图和 X 光调查显示:大部分情况下,闭塞仅限于上门齿后龈脊上的某一部位,或可延伸至包括前臼齿在内的几毫米内,但一般不会后延至臼齿。舌体在闭塞后的位置却很低,允许边音气流从很靠前的位置(硬腭前部)流出。根据 Wängler(1961)与 Zhou 和 Wu(1963)对德语和汉语普通话发音人所做的腭位图和 X 光矢面分析,图 6.1 对 l、t 的调音部位进行了比较。t 的腭位图(图 6.1 底端)上硬腭四周的闭塞是 l 的腭位图上所没有的。X 光片显示,t、l 发音时,舌尖的接触位置相似。但是位于成阻点后的舌体形状不同,发边音 l 时,硬腭前部下的舌体位置要低。另外,上下颌张开度比发 t 时更大,这些都导致气流从两边流出。其他语言关于齿/龈塞音及边音的资料也显示了相似的舌形区别。德语 l 在发音时,咽腔开度比塞音要大。

齿边音(dental lateral)和龈边音(alveolar lateral)发音时,常见的中线闭塞位置限于口腔前部,但也有例外。有些边音的接触面可能比图 6.1 中的例子更靠后,这意味着边音的气流出口位置更靠后。口腔前部的闭塞也有可能是不完全的。Balasubramanian(1972)提到泰米尔语中长的龈边音 l,腭位图

6. 边音

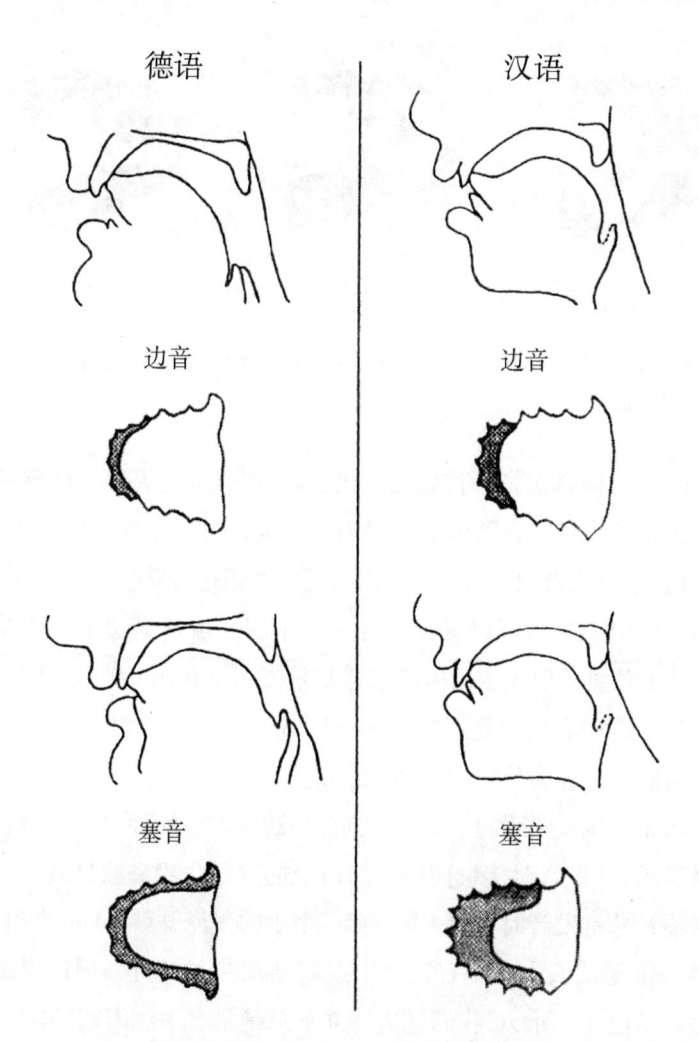

德语　　　　　　　汉语

边音　　　　　　　边音

塞音　　　　　　　塞音

图6.1　显示在腭位图和X光片中的德语和汉语普通话 l、t 调音部位的比较（Wängler 1961，Zhou 和 Wu 1963）

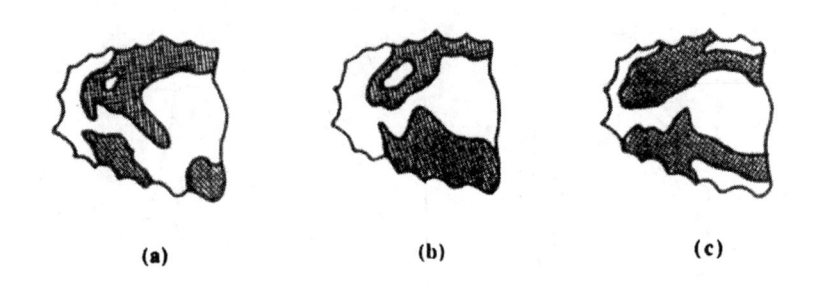

图6.2 贡贾语发音人对l的三次重复发音，腭位图显示的是接触面
（Painter 1970）

显示硬腭右侧有很长的接触面。Blolla（1981）也提到一位俄语发音人在发边音时舌两侧的接触面一直向后延伸至第三臼齿处。图6.2显示了贡贾语（Gonja）发音人所发的龈边音腭位图（Painter 1970）。图中我们可以看到，有一个小的气流通道位于中线左侧靠前的位置，但主要的气流通道却更靠后。在图6.2（a）中，它位于硬腭中心的左侧区域，而在图6.2（b）（c）中，因为位置更靠后，它在腭位图中已不能显示。

Dent（1984）提供了一位英式英语发音人的动态腭位图资料。资料显示：l发音时接触面位于臼齿上的硬腭边缘和龈脊两侧，但在辅音丛sl发音时，齿龈中心有一个小的气流开口。Dent指出，她的三位受试人中两位有这种中线闭塞缺失的情况，但所发的音仍然是边音。所以，我们说边音并不总是具有中线闭塞。但是，在有中线气流开口的情况下，主要气流通道仍然都很靠后。另外，这些不伴随中线闭塞的边音一般都位于音节首而不是音节尾。我们将在元音之后边音的元音化（vocalization）问题上再次回到

6. 边音

这个话题——不伴随中线闭塞的边音。

先来看浊边近音的音姿，以调音部位最靠前的边音（传统边音）及其舌形为参照。同时，我们也会讨论舌的其他部位的形状。和前几章一样，我们先考虑一种语言内部典型的形成对立的边音，然后指出可能形成的对立。所用到的调音部位术语和前几章一样。

边音的调音部位以及可能形成的对立比塞音和擦音都少，浊边近音在一种语言内部可形成的对立最多是四个，比如我们自己所调查的 Kaititj 语、澳洲土著语 Pitta-Pitta 语（Blake 1979）、Diyari 语（Austin 1981）和 Arabana 语（Hercus 1973）。Kaititj 语里有舌叶齿边音（laminal dental）、舌尖齿龈边音（apical alveolar）、舌尖龈后边音（apical post-alveolar）和舌叶–龈后边音（laminal post-alveolar）。表 6.1 是包含这些音的例词。

浊边近音在三个不同调音部位上进行区别的语言非常少，而且这样的语言大多是澳洲土著语，比如 Nunggubuyu 语、阿拉瓦语（Alawa）和巴尔迪语（Bardi）。这些语言里没有像 Pitta-Pitta

表 6.1　Kaititj 语中含对立边音的例词

	舌叶齿音	舌尖龈音	舌尖龈后音	舌叶–龈后音
词首	l̪inp "腋窝"	lubiɻ "大腿"	laɻiŋk "打"	lukuŋk "光"（火）
词中	al̪uŋ "洞穴"	aluŋk "追逐"	aɭat "神圣的木板"	aliɭk "光滑的"
词末	al̪bal̪ "烟"	irmal "火锯"	aɭdimaɭ "西方"	kural "星星"

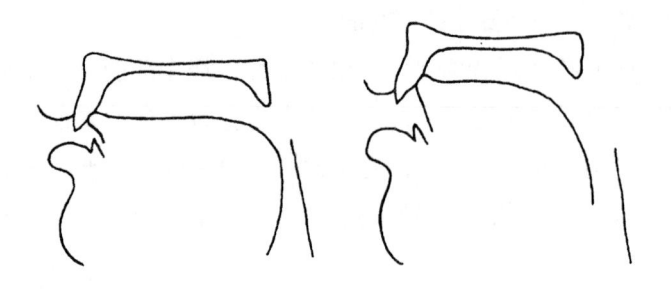

图6.3 阿尔巴尼亚语的舌尖齿边音（**haḷa**"姑姑"中的 ḷ）和舌尖龈边音（**pala**"一双"中的 l）的X光片（Bothore 1969–70）

语里的舌叶-龈后边音。下面将要谈到的巴布亚语的中瓦几语（Mid-Waghi）以及世界其他地方的语言，比如汉特语（Gulya 1966）和阿根廷方言马普切语（Mapuche）（Key 1978）也在三个调音部位上区分边音。有两个边音的语言很常见，我们有其中几种语言的详细资料。这些资料对于舌形在边音音姿对立中所起的作用，有很好的启示。

根据 Bothorel（1969–1970）的 X 光片，阿尔巴尼亚语区分所谓的舌尖齿边音和舌尖龈边音，如图 6.3 所示，除了调音部位不同以外，pala 中的 l 和 haḷa 中的 ḷ 还有其他区别。发 ḷ 时，舌后部紧缩，咽腔收窄，舌体的位置低于 l。和 Bothorel 的两位发音人相比，Dodi（1970）调查的发音人发 l、ḷ 时，调音部位区别不大，但舌形有区别。阿尔巴尼亚语边音的情况说明：齿、龈的调音部位对立伴随着舌体位置的不同，但并不表明一个是舌叶音，另一个是舌尖音。

在布列塔尼语（Breton）中（使用区域为 Argol），舌叶龈后（腭

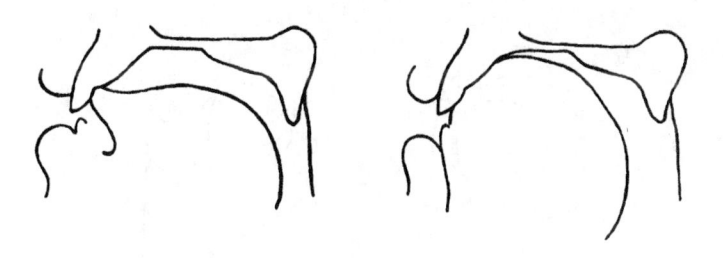

图6.4 布列塔尼语中的舌尖齿边音（sa̪la̠:n "色拉"中的l̪）和舌叶龈后边音（buta̠l̠adu "瓶子"中的l̠）的X光片（Bothorel 1982）

龈）边音和舌尖龈边音形成有限的表层对立（Bothorel 1982）。这些音的X光片如图6.4所示。图中舌尖边音比其他元音前的边音发音位置更靠前，并且舌头部分接触牙齿。选择这个音是为了显示相似元音环境下的两个形成对立的边音。舌叶龈后边音只出现在现实中或历史上的元音 i 之后，它的舌位和 i 的前高舌位相似。但这并不是协同发音的结果，因为它们并不总是和 i 共现，就像图6.4中的例子那样。

布列塔尼语舌叶龈后边音的舌形在某些方面类似于俄语中的"软 l"在 X 光片中的舌形（Koneczna 和 Zawadowski 1956； Fant 1960； Jazić 1977； Bolla 1981, 1982），只是俄语"软 l"的接触点更靠前。俄语舌叶边音通常被称作舌尖"硬 l"的腭化形式。但是，如图6.5所示，对许多发音人来说，软 l 的调音动作和它的非腭化形式不同。对某些俄语发音人来说，软、硬 l 的区别是舌尖音与舌叶龈音的区别；对另一些人来说则是舌尖龈音和舌叶齿音的区别。当然，还牵涉到舌体位置的不同。图6.5中的舌尖边音发音时，舌后部抬高，咽腔收窄；而舌叶边音的舌头最

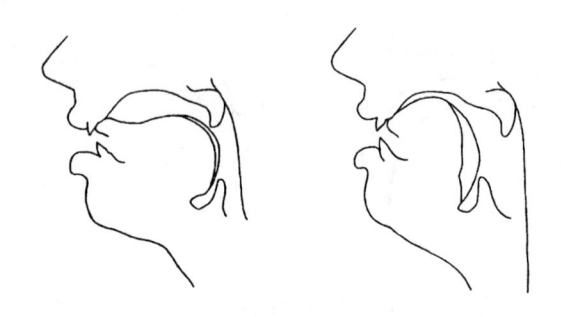

图6.5 俄语舌尖龈边音（l̪ak"清漆"中的l̪）和舌叶龈边音（l̺ina"线"中的l̺）的X光片（Koneczna和Zawadowski 1956）。从音系上说，舌叶边音是舌尖边音的腭化形式

高点在硬腭后部以下，并且咽腔较宽。所以，舌头后缩的情况发生在Stevens、Keyser和Kawasaki（1986）所描述的[−散布性]（[−distributed]）音段上，我们则称作[−舌叶]音。

保加利亚语有两个边音，其主要调音部位有区别。通常把它们看作腭化音和非腭化音。但我们认为，同俄语一样，二者的区别在主要发音（primary articulation）。这两个边音都是舌叶音，我们所看到的腭位图和X光片（Stojkov 1942，1961）以及Stojkov的口头描述都表明：保加利亚语的l是一个舌叶齿音。除了位于前元音前的情况以外，这个音在发音时舌前部位于接触点后方很低的位置，而舌后部向软腭方向抬起。腭化的l是一个舌叶龈后边音（腭龈边音），它的舌体位置较高，尤其是舌前部（虽然没有上文布列塔尼语引用的例子里边音的舌位那么高）。

Jazić（1977）对俄语和塞尔维亚−克罗地亚语（Serbo-Croatian）中的l及其腭化形式进行了X光研究。塞尔维亚−克

6. 边音

罗地亚语的 l' 是一个腭龈音，舌位较高，咽腔较宽。而 l 的舌位较低，咽腔仍然较宽，类似于图 6.1 和图 6.4 中的德语和布列塔尼语的 X 光片。所以，腭化并不总是伴随咽腔宽度的变化。

阿尔巴尼亚语、布列塔尼语、俄语、保加利亚语以及塞尔维亚－克罗地亚语中边音的舌形区别跟舌尖和舌叶的关系如何？我们尚不清楚，但是可以做这样的猜想：选择舌叶或舌尖调音从某种程度上限制了舌体的位置，舌前部抬高一般是舌叶音，舌前部降低则是舌尖音。我们收集的资料显示：舌叶音经常伴随较宽的咽腔和抬高的舌前部，但保加利亚语是个例外。它的舌尖音舌形变化较多，但舌后部抬高和咽腔收窄是常见的情况。然而，因为这些材料较少，牵涉到的语言也不够广泛，所以很难说这些结论是否具有普遍性。若能知道俄语边音的舌位区别是否和 Diegueño 语一样是再好不过的（Langdon 1970）。Diegueño 语里也有两种发音类型的边音，一种是"舌尖抬高去接触龈脊"，另一种是"舌尖降低去接触下齿背，舌叶接触龈脊"。然而，Diegueño 语音系里的辅音没有腭化和非腭化的区别，而前面提到的俄语和其他几种语言则有这种区别。我们不知道舌叶龈边音或舌叶龈后边音发音时是否伴随舌前部抬高（腭化的特征之一）。但对于 Diegueño 语舌叶边音的声谱图分析表明，它是一个腭龈音，发音时舌位有所抬高。

目前我们所讨论的前腭舌叶边音（pre-palatal laminal laterals）可以和舌面硬腭边音（dorsal palatal laterals）区别开来。后者在意大利语中和舌尖龈边音形成对立，在西班牙语和其他几种语言中也是如此。这些腭边音（palatal lateral）在发音时，

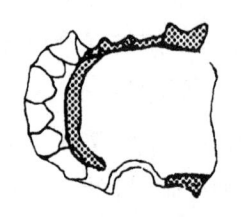

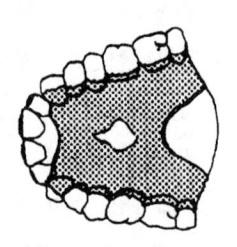

图6.6 西班牙语中舌尖龈边音和舌叶硬腭边音的腭位图,来自标准西班牙语Castilian方言（Navarro Tomás 1968）

舌面和硬腭有接触。Bladon 和 Carbonaro（1978）指出,意大利语的 ʎ 接触点在硬腭靠后三分之二的地方。在有腭边音的西班牙语方言中（主要是欧洲的西班牙语）,调音部位更靠前,接触面也有所延伸,如图 6.6 所示。它是 Navarro Tomás（1968）对西班牙语 l 和 ʎ 所做的腭位图。Straka（1965）对西班牙语 ʎ 所做的 X 光片显示：舌尖没有接触牙齿（像图 6.6 中的腭位图那样）,而 Quilis（1963）的 X 光片则显示,接触面从硬腭一直延伸到牙齿。

舌叶下龈后（卷舌）边音（sublaminal post-alveolar retroflex laterals）的对立出现在泰米尔语、马来雅拉姆语、托达语以及其他达罗毗荼语中,这些语言中也有同部位的塞音。大部分达罗毗荼语的边音只有两个调音部位,而塞音却有六到七个调音部位。Svarný 和 Zvelebil（1955）的腭位图和 X 光片显示,泰米尔语和泰卢固语的舌尖龈边音和舌尖下卷舌边音（sub-apical retroflex laterals）形成对立,卷舌边音的舌形类似于图 2.7（见第二章）所示的相应塞音的舌形。卷舌边音的接触点在硬腭,所以，这些音可以被认为是硬腭调音的"舌尖变体"。达罗毗荼语族以外的语言里不一定有舌尖下卷舌边音，但根据 Gulya（1966）有关调音器官的描述，汉特语里可能有这种卷舌边音，它和硬腭边音以及齿龈边音形成对立。我们猜测澳洲土著语的卷舌边音很可能是舌尖下边音，第二章也提到过，其相应的塞音也是同样的调音方式，但是印度语［如旁遮普语（Panjabi）］的卷舌边音却是舌尖龈后调音。

过去，我们一直认为，只有舌冠音才有可能是边音（Chomsky 和 Halle 1968），或者，边音的调音部位只有齿、龈、卷舌和硬腭（Ladefoged 1971）。然而，软腭边音确实存在，并且形成对立。软腭边音不都是浊近音，在梅尔帕语（Melpa）和中瓦几语里，它和其他调音部位的边音形成对立（Ladefoged、Cochran 和 Disner 1977），而在 Kanite 语（Young 1962）和 Yagaria 语（Renck 1975）里，它是唯一的边音。这些语言都是新几内亚语，但据研究报道，软腭边音还出现在 Kotoko 语和其他的东乍得语（East Chadic）里（Paul Newman　私下交流），Hagège（1981）还提到科莫克斯语（Comox）里有一个浊软腭边音。表 6.2 显示的是中瓦几语里含舌叶齿边音、舌尖龈边音和（舌面）软腭边音的例词，下面我们将讨论这些音的声学特征。

表 6.2　中瓦几语中含边音的例词

舌叶齿音	舌尖齿龈音	（舌面）软腭音
aḻa aḻa	alala	aʟaʟe
"再三地"	"错误地说"	"晕眩的"

由于持阻的位置太靠后，腭位图不能精确记录软腭边音接触位置和两侧的气流通道。但是，如果这个软腭边音前后有开元音的话，通过直接观察发音人的口腔就能看到中线软腭持阻（cetral velar closure）和气流从两侧的释放。我们观察到中瓦几语发音人在发软腭边音时，舌头在口腔后部收缩，舌尖也从下齿稍往后缩。舌体中部及靠后看不见的部分都有收缩，唯一的接触点在软腭后部（和软腭塞音一样）。据发音人自己描述，气流从后臼齿的接触点两侧释放。而且，发音前有时还有一个简短的塞音持阻，听起来完全是软腭音。Hagège（1981）对科莫克斯语中的软腭边音有过类似描述。他指出，舌后部和软腭后部相接触，舌两侧降低，造成微弱的摩擦，所发的音是近音。

Trager 和 Smith（1956）称美国英语和苏格兰英语里也有软腭边音，但是没有人同意他们的观点。他们所说的软腭边音可能是我们所谓的软腭化齿龈边音（velarized alveolar laterals），或者是我们下面要谈到的没有中线闭塞的边音。

舌头收缩、在小舌或会厌形成中线持阻产生小舌边音或会厌（咽）边音并非完全没有可能。但是，到目前为止，人类的自然语言中还没有出现过这样的音。双唇近音和唇齿近音发音时可能伴随中线闭塞而使气流从两侧流出，但它们和相应的央近音（central approximants）似乎没有区别。（事实上，对许多英语发音人来说，唇齿擦音 f、v 也可以定义为边音，因为它们也是中线持阻。）但是，请注意：因为我们界定的边音必须有舌头的收紧，所以根据我们的定义，这些唇音不是边音。另外，边音也可以由舌和上唇调音，所形成的舌唇边音非常特别，就

6. 边音

表 6.3　边近音的调音部位和其所出现的语言举例

齿		齿龈		龈后		硬腭		软腭
舌尖	舌叶	舌尖	舌叶	舌尖	舌叶	舌叶下	舌叶	
1	2	3	4	5	6	7	8	9
	Kaititj语	Kaititj语			Kaititj语	Kaititj语		
	中瓦几语	中瓦几语						中瓦几语
	旁遮普语			旁遮普语				
	马来雅拉姆语					马来雅拉姆语		
阿尔巴尼亚语		阿尔巴尼亚语						
		俄语	俄语					
	意大利语							意大利语

我们所知，没有哪种语言（有舌唇塞音和舌唇擦音的语言，见第二章）有舌唇边音。

综上分析，对边近音来说，总共有九个"调音部位"，如表6.3所示。这九个调音部位中，有八个成对出现，以舌尖、舌叶进一步形成对立性区别（参见第二章），根据 Dixon（1980）的研究，澳洲土著语中跟边音有关的分布事实进一步证明了舌尖/舌叶的区别是一个独立的特征。比如，在有四个边音的语言中，只有两个舌尖边音可以作为词中辅音丛的第一个成分出现。

浊边近音在发音时有很多变化，发音人不同、语音环境不同都会造成变化。Dart（1991）记录了 20 位英语发音人和 21 位法语发音人所发边音的腭位图和舌腭接触部位图，她发现 1 的发音在齿、龈区有很大变化，英语发音人比法语发音人的变化更大。她还指出，1 倾向于发成舌尖音。甚至在 t、d、n 通常被发成舌叶-齿音的法语中，大约有 85% 的发音人把 1 发成舌尖龈音。

据报道，许多语言都有边音因语音环境而变化的情况。比如，英语 l 和相邻的清辅音有同化作用（尤其是被其前的塞音同化），和相邻元音有协同发音作用，还有因其在音节和语素中的位置不同而引起的变化（Lehiste 1964，Giles 和 Moll 1975，Bladon 和 Al-Bamerni 1976，Dent 1984，Gartenberg 1984，Sproat 和 Fujimura 1993）。Rochette（1973）提道：即使是同一位发音人，法语 l 的调音位置也会因其所处的辅音丛不同而有变化。比如，在音丛 l+ʒ 和 l+f 中，l 是舌叶下－硬腭（卷舌）边音。图6.7显示的是辅音丛 l+ʒ 的发音情况。图中的粗线条表示 l 发音时持续60毫秒左右的稳定发音状态；细线条则表示气流释放的瞬间，当时舌尖下降，为发 ʒ 做准备；嘴唇前凸，为圆唇做准备（法语中的擦音 ʒ 经常伴随圆唇特征）。

和其他音相比，边音的共鸣特征（resonance）以及它们类似元音的声学特征使其在发音时的协同效果更加明显。由协同作用造成的变化程度和舌位有关。舌位高的边音，如硬腭边音或舌叶龈后边音，比舌位低的边音变化小。例如，意大利语的 l

图6.7 法语发音人发短语 *belles jambes* 中辅音丛 l+ʒ 时的X光片（Rochette 1973）。男性发音人，23岁，巴黎人

比ʎ变化大，从声学上讲是第二共振峰有变化，和相邻的前后元音环境有关（Bladon 和 Carbonaro 1978）。类似情况，根据 Recasens（1984a，b）所做的动态腭位图和声学分析，加泰罗尼亚语的舌叶龈后（腭龈）边音比舌尖龈边音变化小。

前面我们提道，边音也可能不伴随中线闭塞。这种情况出现在英语和葡萄牙语（Portuguese）元音之后的边音上。在某些英式英语中，比如伦敦方言和英国东南部许多方言，有两种完全不同的边音。位于音节首的 /l/ 在发音时，舌尖接触龈脊，舌头收缩，舌的一侧或两侧都没有发生接触。位于音节尾的 /l/ 在发音时，舌尖可能位于下门齿后，齿龈区没有发生接触。但是，因为舌头有收紧，按照我们的定义，这个音仍然是边音。葡萄牙语有类似情况。Feldman（1972）指出，巴西葡萄牙语中，当 /l/ 处于音节尾时，舌尖没有接触龈脊，只是向龈脊处有所抬高；/l/ 处于音节首时，舌尖和龈脊有接触。这一残留的舌头抬高动作，以及舌后部的抬高使所发的音在声学上类似于 u，对某些巴西葡萄牙语发音人来说，两个音合二为一。随着时间的推移，这种不伴随中线闭塞的边音很有可能变成元音或半元音（波兰语和英式英语一些南部方言就是这样），但是，只要有舌头收紧的动作，我们仍然把它归入边音的范畴。

6.2 浊边近音的声学特征

标准的浊边近音有一个声学特征，即有明显的类共振峰共鸣（formant-like resonances）。第一共振峰通常频率较低。第二共振峰的中心频率在一个大范围内波动，而该范围取决于成阻点的位置和舌形。第三共振峰有较强的振幅和较高的频率；在第三共振峰以上，还有几个相隔较近的共振峰。当边音和元音相邻，中线持阻形成和除阻时，共振峰位置都会突然发生变化，尤其是舌尖边音。舌叶、舌面边音（dorsal laterals）和相邻元音的过渡较缓和。图 6.8 东 Arrernte 语和图 6.9 中瓦几语的声谱图能清楚地显示这些特征。

表 6.4　东 Arrernte 语边音的共振峰频率（单位：赫兹）

	n	F1	F2	F3	F3–F2
舌叶齿音	40	391	1811	2891	1080
舌尖龈音	75	386	1677	3162	1484
舌尖龈后音	37	368	2132	3278	1146
舌叶龈后音	34	376	2324	3096	772
腭化卷舌音	26	415	2282	3290	1008

　　边音的第一共振峰都很低——对男性发音人来说通常在 400Hz 以下。Fant（1960）和 Bladon（1979）指出：第一共振峰和边音气流通道的横截面积成反比。如果这一说法成立，那么舌叶–舌冠边音和舌面边音应该有较高的第一共振峰（因为舌体抬高，边音的气流通道变窄），而舌尖和舌尖下边音的第一共振峰较低。注意：对边音所做的声学特征分类不同于塞音和鼻音。实际语言中所发现的材料能部分证明 Fant 和 Bladon 的说法。我们对东 Arrernte 语一位女性发音人所发的多个边音的共振峰进行了测量，其中四个位于元音间的舌冠边音，一个是出现在塞音音丛中的卷舌边音的特殊变体，图 6.8 是这几个音的声谱

6. 边音

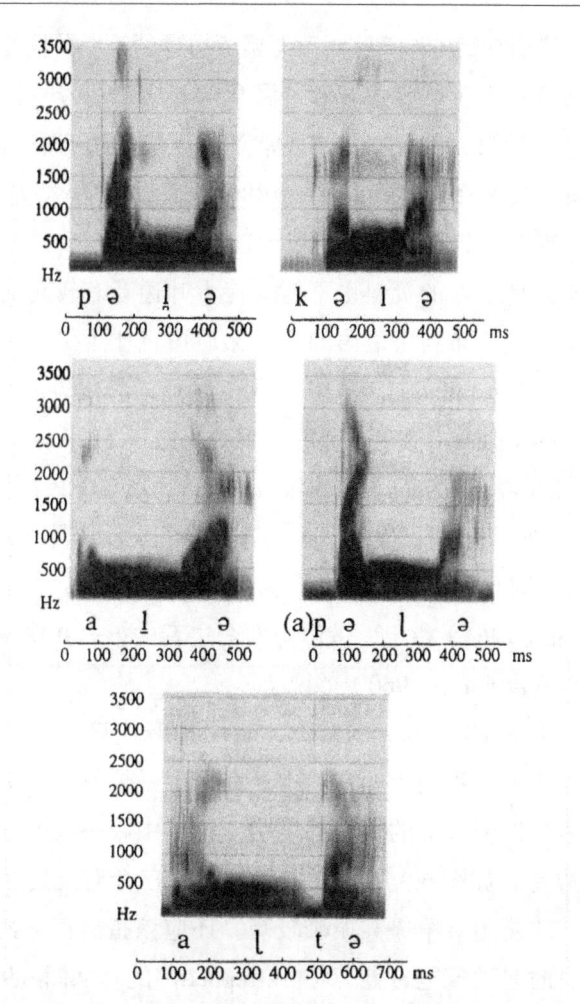

图6.8 东Arrernte语里四个（非圆唇）舌前边音及其变体的声谱图，传统上将其变体称作"腭化的卷舌音"（palatalized retroflex），出现在塞音前的音丛里。例词是 **pəḷə**（"唾沫"）、**kələ**（"行，好"）、**aḻə**（"自食其果"）、**apəḽə**（"祖母"，首音未显示）、**aḷtə**（"日期"）

图。共振峰值如表 6.4 所示。舌尖龈后边音的第一共振峰明显低于其他边音；而舌叶齿边音和"腭化的卷舌"边音（也可以是舌叶调音）的第一共振峰最高。然而，舌尖龈边音和舌叶龈后边音的第一共振峰值类似，这一点和理论假设相反。（关于表 6.4 的其他内容在本节后半部分讨论。）

来自其他语言的资料也不能支持舌叶边音有较高的第一共振峰这个说法。布列塔尼语的舌叶龈后边音比舌尖龈边音的第一共振峰要低（Bothorel 1982），保加利亚语腭化边音的第一共振峰在 100-150Hz，低于普通的（舌尖）边音（Tilkov 1979）。Vagges、Ferrero、Magno-Caldognetto 和 Lavagnoli（1978）对十位意大利语（Italian）发音人的研究表明，意大利语 l 的第一共振峰平均值为 500Hz，ʎ 的为 280Hz。Zinder、Bondarko 和 Berbitskaja（1964）指出，俄语中两个边音的第一共振峰一致，这完全不符合 Fant（1960）的说法。

按照 Fant 和 Bladon 的假设，软腭边音应该是第一共振峰较高。事实上，我们所拥有的中瓦几语（一位发音人）和梅尔帕语（两位发音人）的资料都表明：边音中第一共振峰最高的是软腭边音。如图 6.9 所示，中瓦几语里三个对立边音的声谱图显示，软腭边音第一共振峰较高。还应该指出：中瓦几语软腭边音有时是"塞冠音性"（prestopped）的。从图 6.9 中可以看出，第一个软腭边音发音前有一个简短的软腭持阻，而第二个边音则完全是近音。

对于没有舌后部次要收紧（secondary constriction）的边音来说，它的第二共振峰频率似乎和成阻点后口咽腔的体积成反

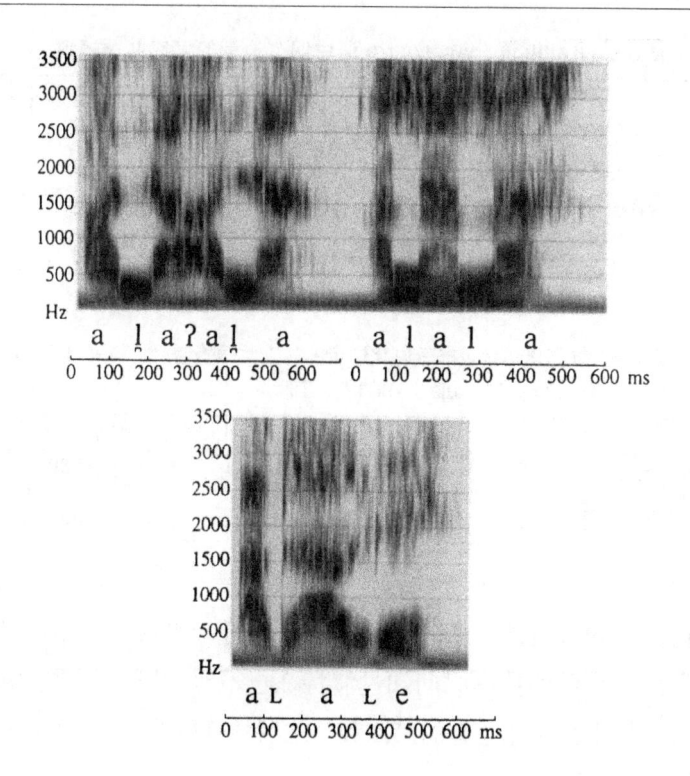

图6.9 中瓦几语舌叶齿边音、舌尖龈边音和软腭边音的声谱图（注释见表6.2）

比（Bladon 1979）。表 6.5 显示的是 Kaititj 语、Alyawarra 语中四个边音的第二共振峰值。这和表 6.4 中东 Arrernte 语的第二共振峰值一样，都能证明上述说法。三位发音人第二共振峰的相对高度模式大体相似。其中，舌尖龈边音最低，舌叶齿边音和舌尖龈后（卷舌）边音居中，舌叶龈后边音（腭龈边音）最高，因为其成阻点后的声腔最小。在第二共振峰相似的情况下，舌

表 6.5　Kaititj 语、Alyawarra 语中四个边音的第二共振峰值

	KAITITJ（男性）	ALYAWARRA（女性）
舌叶齿音	1350	1750
舌尖龈音	1225	1425
舌尖龈后音	1300	1800
舌叶龈后音	1800	2250

表 6.6　软腭化边音及非软腭化边音的第二共振峰值。材料来自 Zinder、Bondarko 和 Berbitskaja（1964）、Tilkov（1979）、Dodi（1970）

	俄语	保加利亚语	阿尔巴尼亚语
软腭化边音	900	1000	950
非软腭化边音	2200	1800	1550

叶齿边音和舌尖龈后边音的区别在于：舌叶齿边音的第一共振峰较高，它们的持续时间和过渡特征也不尽相同。总之，和舌尖边音相比，舌叶边音的第二和第三共振峰较为接近，如表 6.4 和图 6.9 所示。

在梅尔帕语和中瓦几语中，第二共振峰最低的也是舌尖龈边音（apical alveolar）。出乎意料的是，软腭边音（velar lateral）的第二共振峰低于舌叶齿边音（laminal dental），如图 6.9 所示。然而需要注意的是，软腭边音的第二共振峰比软腭化龈边音（发音时，舌后部朝软腭方向有所抬高）要高。表 6.6 显示的是阿尔巴尼亚语、保加利亚语和俄语中的软腭化及非软腭化边音的第二共振峰值。虽然我们在对不同语言的资料进行比较时应该谨慎，但是舌尖边音的第二共振峰值确实最低，因为

它伴有舌后部的收缩。与后高元音一样，收紧点越窄，第二共振峰值越低。

6.3 其他类型的边音

最普通的边音是浊近音，但也存在其他可能性。边音的发音可以伴随第三章讲过的不同喉部结构及不同的收紧度。本章我们将讨论所有这些不同类型的边音，还有边音的发声类型和调音方式之间的关系。第八章讲边咝音（lateral clicks）及其他咝音。

发声类型区别

边音有不同的发声类型，它们可以是浊音、清音、气化音或喉化音。前面我们提道，大部分边近音都是浊音，但是缅甸语、藏语（Tibetan）、克拉马斯语（Klamath）、Iaai 语、Kuy 语以及爱尔兰的某些方言中有清边近音。除了齿和龈两个调音部位以外，很少有语言在清、浊边近音之间形成对立，只有托达语里有清、浊舌尖下–腭（卷舌）边音 [sub-apical palatal (retroflex) laterals]。托达语这些例子如表 6.7 所示。Iaai 语里有一个清舌尖龈后（卷舌）边音 [apical post-alveolar (retroflex) lateral]（Ozanne-Rivierre 1976，Maddieson 和 Anderson 1994），它和相应的浊音以及一对清、浊齿边音形成对立。和其他有清边近音的语言一样，Iaai 语还有清鼻音，而托达语没有。

表 6.7　托达语中含边音的例词

	齿龈音	卷舌音
清	kḁl̥ "学习"	pḁl̥ "山谷"
浊	kal "珠子"	pal "手镯"

在某些情况下,语言学家认为清边近音是l+h组成的音丛［如Purnell（1965）对勉语(Mien)、瑶语(Yao)的分析］或者是h+l音丛［如Smith（1968）对Sedang语的分析］。但是我们认为,这些音丛和其他清边近音并无区别。（我们并不排除h+l、l+h的可能性,只是认为hl、lh这样的记音方式等于l̥。）

在其他许多语言中,现有的论断不能说明这些语言中的清边音是近音还是擦音,这也许是由于传统上把所有清边音看作擦音的缘故,因为气流通过边音缝隙时形成湍流（Pike 1943）。但是,我们区分两种清边音:和浊边近音气流通道大小类似的清边音,和擦音气流通道类似的清边音。以后还要详细讨论边擦音。现在只需要指出,清边擦音和清边近音的声学特征不同。Maddieson 和 Emmorey（1984）在缅甸语、藏语（有清边近音）和纳瓦约语、祖鲁语（有清边擦音）之间做过比较。发现清边近音的噪声振幅较低,这是为后接元音的发声做准备;声谱图上能量相对集中的区域也比清边擦音要低。图 6.10 显示的是缅甸语和祖鲁语的波形图。缅甸语、藏语和纳瓦约语、祖鲁语的区别非常清楚,但是在其他情况下,确实难以判断一个清边音是近音还是擦音。Maddieson 和 Emmorey 还调查了中国台山话,通常认为台山话有清齿边擦音（voiceless dental lateral

6. 边音

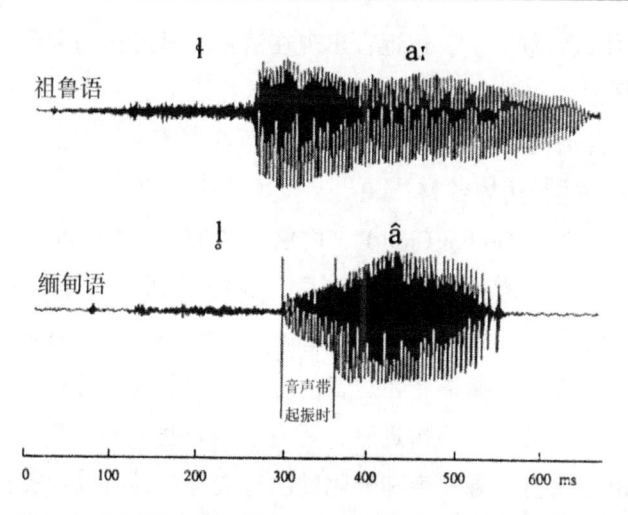

图6.10 显示祖鲁语音节 ɬa: 中清边擦音和缅甸语音节 l̥â 中的清边近音的不同，边近音振幅低，声带振动非常明显

表 6.8 梅尔帕语中词末边音的清化和擦化

	舌叶齿音		舌尖齿龈		软腭	
词中	kialt̪ɨm	"手指甲"	lola	"说话不当"	paʟa	"栅栏"
词末	waɬ̪	"编织包"	baɬ	"围裙"	raʟ̥	"二"

fricative)，并随央齿擦音 θ 发生变化。对这个音的分析表明，台山话中的这个边音变体是介于两个类别之间的一个模糊音。

我们还不知道有哪种语言在清边近音和清边擦音之间形成最小对立对，但是同一种语言中可能同时具有这两种音。胡帕语（Hupa）（Golla 1970）里有一个音位变体 l̥，出现在 h 后的位置上，比如 tʃʰahl̥ （"青蛙"），还有一个擦音变体 ɬ，比如

miɬ（"什么时候"）。边近音出现在清音丛里或在词末位置被清化的现象也很常见。梅尔帕语和中瓦几语里的三个边音在词末位置上都清化了（见表 6.8 中梅尔帕语的例子），但这个清化的结果应描述为边擦音。

迪登钦语（Tiddim Chin）、内兹佩尔塞语（Nez Perce）、Chemehuevi 语、海达语、Sedang 语、克拉马斯语等语言中有浊喉化边延续音（voiced laryngealized lateral continuants）。Sedang 语和克拉马斯语还在边音的音质方面形成三分对立，也就是说，不仅有清、浊边近音，还有浊喉化边近音。蒙大拿－萨利希语不仅有常态浊声和喉化的浊边近音，还有其他类型的边音，如表 6.9 所示，它还显示了这种语言里的边喷音（lateral ejective），我们将在后面进行讨论。另外，哥伦比亚－萨利希语里有一个喉化边音，如图 4.5 所示（见第四章）。

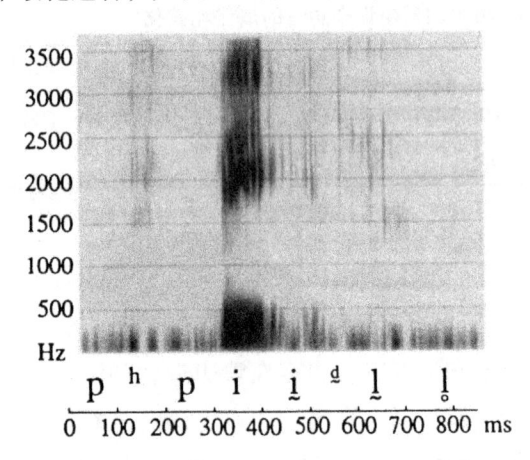

图6.11 蒙大拿-萨利希语 ppíl̥（"品脱"，严式音标[pʰpiɨᵈl̥l̥]）一词的声谱图

6. 边音

表 6.9 蒙大拿－萨利希语中的例词，这些词的词首位置有形成对立的龈边音

清擦音	ɬáqʃəlʃ	"坐下"
浊近音	láq'i	"蒸汽浴"
喉化近音	lláts	"红覆盆子"
喷音性擦音	tɬʼáq'	"热"

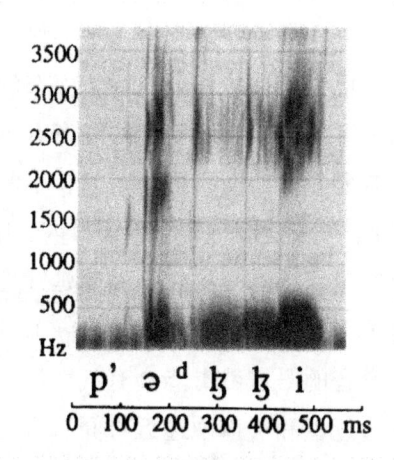

图6.12 蒙大拿–萨利希语单词 p'əllitʃ'tʃ（"翻过来"）中的边音丛。在声谱图下面的严式音标中，塞冠音被标写为[d]

蒙大拿－萨利希语中包括喉化边音在内的边近音都有塞冠特征，而且在词末和清辅音前清化。所以，如图 6.11 所示，喉化边音从音系上看是词的最后一个辅音。这个词可能会被发为嘎裂化元音（creaky voiced vowel），后接简短的塞音、嘎裂化边音，最后是清边近音。

蒙大拿－萨利希语中的塞冠特征也出现在由同样的边音组成的音丛中，如图 6.12 所示。它显示了 pʼəllitʃtʃ（"翻过来"）一词中间的辅音音丛。值得注意的是，这两个边音发音时有大量非区别意义的摩擦，表明气流释放的通道非常窄。图 6.12 用的是严式标音，其中有音标 ɮ。两个边音中的第一个在发音前有塞音持阻和除阻爆破，类似于图 6.11。第二个边音没有类似的持阻，但在声谱图上有一段暂停态（transient），非常类似于塞音的除阻。而且，这一暂停态比由舌中部除阻引起的后接元音起始时的暂停态更强烈。第二个边音暂停态的起因我们尚不清楚，但肯定和边音气流释放时受到的阻塞有关。考虑到气流释放的通道已经有所收缩，而再形成阻塞，不需要太大动作。另外，和近音相比，气流受阻一定会造成口内气压的升高。所以，简短的持阻会使气压迅速聚集。这种非延续性表明，至少在图中所示的情况下，音丛里有两个独立的辅音而不是一个长辅音。

有气声浊塞音的语言就可能会有气声浊边音。通常认为印地语在普通的边近音和气声浊边近音间有音位层面的对立。但是 Ohala（1983）建议应该把 l̤ 看作音丛 lh，因为气声浊流音和气声浊鼻音都只出现在词中的位置。Dixit（1975）指出，虽然这个音的发音过程中一直伴随声带振动，但还有声门打开的动作。它发生在边音的口腔持阻形成后，在除阻后的大约 40 毫秒内开度最大。笼统地说，这个时间先后顺序类似于元音间的其他类型的气声浊辅音。所以，我们认为 l̤ 是印地语中一个真正的有词汇区别意义的音段。虽然我们还没有在其他语言中详细分析过这一现象，但气声浊边音确实出现在其他的印度－雅利安语和中国的吴、粤方言（比如容县话）中（Tsuji 1980）。

收紧度区别

虽然边音在大部分情况下是近音，但它们在发音时也伴随不同程度的收紧。前面已经提到过边擦音。除了梅尔帕语和蒙大拿－萨利希语中的一些特殊边音在发音时伴随摩擦（属音位的变体性差异），还有其他形成对立的不同调音部位和不同发声类型的边擦音。它们通常都是清音。此外，从边擦音的产生这一角度出发，塞音除阻成为同部位的边擦音，此时的塞音与边擦音的结合就形成了边塞擦音（lateral affricates）。同样条件下，塞音除阻成为央擦音会形成塞擦音。这个塞擦音中的成阻部分并不是边音（也不是塞音）；但是塞音的除阻是通过舌两侧而不是舌中线的降低而完成的。和边擦音类似，边塞擦音通常是清音而不是浊音，而且通常还是喷音。因为这些音之间联系紧密，我们把它们放在一起讨论。

塞音也可以和边近音结合起来，构成如英语 *melt*、*weld*、*puddle*、*shuttle* 等词中的音丛。包含同部位边近音和塞音的音丛（二者的先后顺序不限）在世界语言中很常见，因为从边音到塞音或从塞音到边音要进行的发音动作调整很小，音丛内部音段之间的关系在发音层面也很紧密。我们用一个特殊术语——边爆音（lateral plosive）来描述舌两侧降低，进而爆音除阻形成边音的情况。在少数几种语言中，塞冠边音（prestopped laterals）被分析为独立的单位。根据 Hercus（1973）的研究，Arabana 语和 Wangganuru 语中的 d̪l 和 dl 是（舌叶）齿边音和舌尖龈边音的音位变体，它们出现在词中，第一个重读的辅音音节之后。虽然这些音的分布模式支持它们在音系上是独立单位的说法，但没有任何证据表明语音上它们和塞音＋边音丛有任何区别。前面我们提到过蒙大拿－萨利希语中的塞冠边音音位变体，它有特殊的发音特征。我们还不知道有哪种语言，其中的边音＋塞音丛应该被分析为一个独立的音段，也就是，"边冠塞音"（prelateralized stop），和第四章讲过的鼻冠塞音类似。

边音也可以是闪音或拍音，这一点我们在本节最后讨论。目前为止还未发现边颤音（lateral trill），边鼻音（lateral nasals）也是不可能存在的，因为边音的"气流从两侧释放"和鼻音的"无口腔释放"的特征相抵触。鼻化边音（nasalized lateral）可能有，例证见第四章。

边擦音和边塞擦音

众所周知，威尔士语（Welsh）是具有边擦音的语言。它是一个清龈边擦音，在特殊的形态条件下和浊龈边近音交替使用。但是，由于借词的原因，这两个音现在是对立关系。清边近音出现在词首为清塞音后的音丛中，如表 6.10 所示。Ball 和 Muller（1992）对两位威尔士语发音人所发的ɬ和l进行了分析。

表 6.10 威尔士语中含边音的例词（Thomas 1992）

清擦音		浊近音		清近音	
ɬond	"满的"	loːn	"路"	tl̥uːs	"漂亮的"
miɬdir	"英里"	xwildro	"革命"	kl̥iːst	"耳朵"

6. 边音

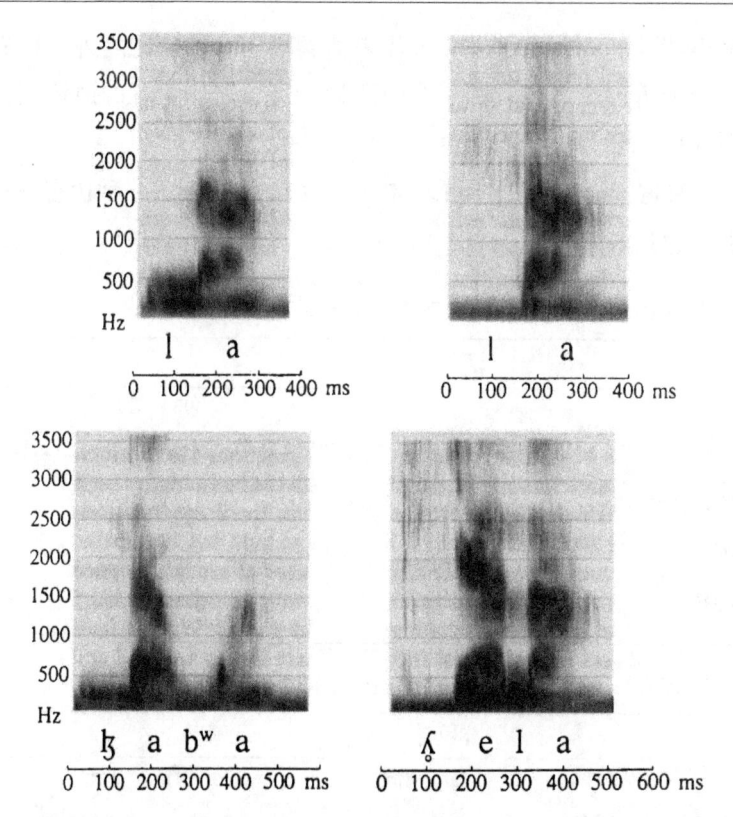

图6.13 布拉语中四个边音的声谱图。例词分别是：la（"建造"）、ɬa（"母牛"）、ɮabʷa（"拍打"）、ɕela /ɬʲela/（"黄瓜"）

在词首和词中位置上，ɬ的音长是 l 的两倍，而且没有提前带声。擦音ɬ的第二共振峰高于 l，有很大的噪声部分，集中在 5000-7000Hz 这个频率区间。

布拉语中的边擦音有不同的调音部位。其中的清边擦音在两个调音部位（舌尖－齿龈和舌尖－硬腭）形成对立，这种情况很特殊。我们用符号 ɬ̠ 来代表清腭边擦音。除此之外，还有一个浊舌尖龈边擦音和一个浊龈边近音，这四个音的声谱图如图 6.13 所示。

Hoffman（1957）和 Ladefoged（1968）提到另一种边音——浊腭边近音（voiced palatal lateral approximant），这样，布拉语

表 6.11　祖鲁语中含不同边音的例词

	清		浊	
龈近音			lálà	"躺下"
龈擦音	ɬàɬá	"切断"	ɮálà	"玩"
龈塞擦音	intɬantɬa	"好运"		
喷音性软腭塞擦音	kɮ'ájà	"推到……之间"		
龈咝音	k‖ók‖à	"叙述"	g‖álà	"跨过"

表 6.12　阿奇语中非双音性边音（来自 Kodzasov 1977）

	普通音		圆唇音	
前软腭清塞擦音	kʟan	"洞"	kʟʷijtʼu	"十七"
前软腭塞擦喷音	kʟ'al	"羔羊"	kʟʷas	"谋杀"
前软腭清擦音	ʟ̥ob	"鞘"	ʟ̥ʷalli	"大峡谷"
前软腭浊擦音	naʟdor	"家"		
舌尖浊近音	lapʰ	"很，非常"		

里就共有五个边音。其中，两个清边擦音的区别在于：和齿龈音相比，腭音的噪声集中在频率较高的区间。Diegueño 语中的舌尖龈边音和舌叶龈后清边擦音（laminal post-alveolar voiceless

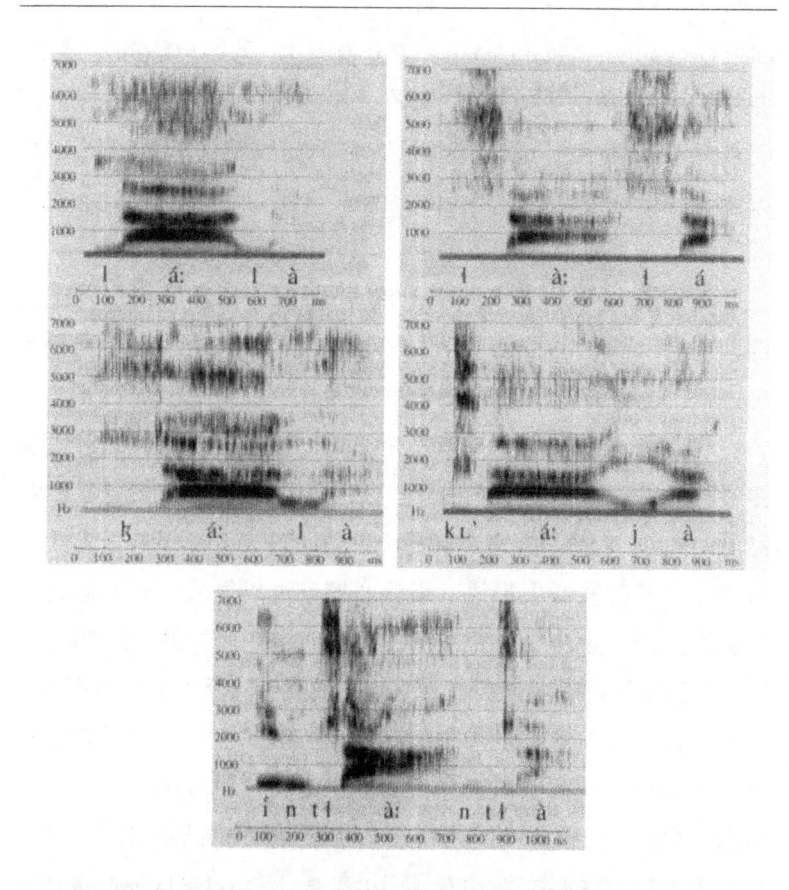

图6.14 祖鲁语中边近音、边擦音和边塞擦音的声谱图

lateral fricatives）之间的区别与之类似。根据 Shafeev（1964）的研究，Pashto 语中有一个浊边音是"腭冠擦音"（prepalatal fricative），可以看作是 Diegueño 语中相应边音的浊化形式。前面还提道，中国台山方言有一个清舌尖齿边擦音（voiceless apical dental lateral fricative），对很多发音人来说，它和央齿

间擦音（central dental fricative）θ 互换使用。另外，Gowda（1972）提到 Ao 语［纳加（Naga）］中有一个浊舌尖 – 龈后边擦音，我们虽然没有听到过这个音，但对它的描述很清楚。所以，边擦音共有齿、齿龈、龈后（舌尖和舌叶）以及硬腭这四个调音部位。

祖鲁语中边近音、边擦音和边塞擦音之间的区别可以通过例词来展示，如表 6.11 所示。表中显示了祖鲁语所有不同类型的边音，包括将要在第八章详细讨论的边咝音。

表 6.11 显示祖鲁语中有七个不同的边音，但其中的龈边塞擦音（alveolar lateral affricate）是清边擦音 ɬ 在鼻音后的音位变体。ɬ、t͡ɬ、ɮ、l、kʟ̝' 等五个边音的声谱图如图 6.14 所示，发音人为男性。对某些发音人来说，齿龈塞擦音可以发成喷音，但我们所显示的例子是肺气流音。图中这个发音人所发的 ɬ 在 2000Hz 以下的频率区间能量较低（和 kʟ̝ 的摩擦部分相比）。浊擦音 ɮ 的噪声频谱类似于它对应的清音；和浊近音 l 相比，它的带声部分振幅较低，低频区共鸣非常弱，也就是说没有第一共振峰的标志。这样，祖鲁语中的大部分边音就能彼此区分开来。

图 6.14 中的喷音性软腭边塞擦音（velar lateral ejective affricate）是一个很独特的音。Ladefoged（1971）把它描述为喷音性硬腭边塞擦音（palatal lateral ejective affricate）（因为软腭边音不可能存在）。然而，我们没有理由怀疑这个塞擦音的两个成分都是软腭调音，在表 6.11 中我们也是这样描述的。根据 Doke（1926）的研究，如果这个音前有同部位鼻音的话，鼻音一定是 ŋ。我们想追加一点：如果这个音前有元音的话，元音一定

6. 边音

是软腭音。这个塞擦音的擦音部分听起来像软腭擦音 x，但其实是一个边音。所以，我们把它标写为 kL̥'，上标的附加符号表示清软腭边音 L̥ 同时是一个擦音。

祖鲁语并不是唯一一种具有这个独特的边塞擦音的语言。据报道，阿奇语中有几个软腭音，确切一点说是前软腭边音（pre-velar laterals），它们都是擦音或塞擦音。阿奇语中还有一个常见的舌冠边音，可描述为舌尖音。Kodzasov（1977）的例子显示在表 6.12 里。（虽然 Kodzasov 把清、浊前软腭音性边擦音看作两个独立的音位，但是从前软腭边擦音的分布来看，这些擦音的浊化形式其实是音位变体。）

我们听到过这些软腭音的录音，但没有观察过它们的实际发音。Kodzasov 是这样描述的：

> 在边擦音的发音过程中，舌尖被动下降到下齿，而舌体抬高至硬腭，形成一个覆盖软腭和硬腭区的阻塞……阿奇语边音的听觉效果类似于腭化的软腭音（阿奇语发音人把俄语的软 x 当作边擦音）（pp.225-226，作者译）。

根据 Kodzasov 的描述，这些软腭音的成阻点比祖鲁语中的塞擦音更靠前，听感上有很强的摩擦。如图 6.15 所示，第二共振峰的共振频率较高，而且离第三共振峰很近；两个共振峰的振幅都很强。Stell（1972）提到 Axluxlay 语中有一个非喷音性软腭边塞擦音（non-ejective velar lateral affricate），但没有对其进行具体描述。

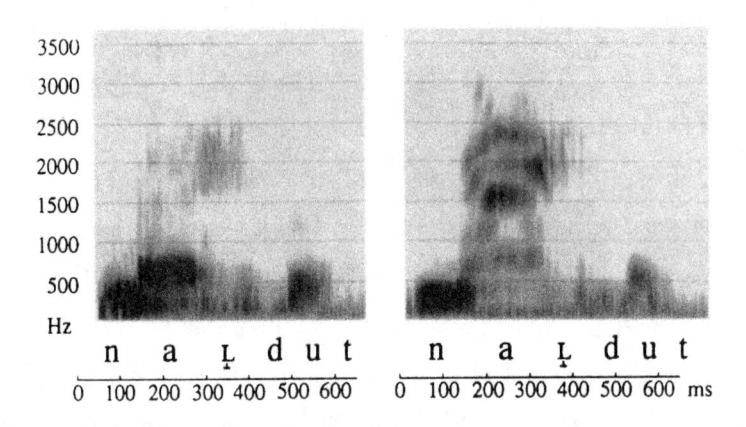

图6.15 两位男性发音人所发的阿奇语中浊软腭边擦音的声谱图，例词为 naʟdut（"蓝色"）。第二位是一个年轻人，他发的边音的摩擦感比第一位发音人（成年人）强

由喉头气流机制产生的最普通的边音莫过于喷音性塞擦音（ejective affricate）。喷音性边擦音（ejective lateral fricatives）不是很常见，但确实存在。有人报道过清肺气流边擦音（voiceless pulmonic lateral fricatives）和喷音性边擦音形成对立的例子，但只存在于北美的几种语言中，比如特里吉特语。这种语言很独特，因为它有五种不同的边音，其中任何一种都不是普通的浊边近音。表6.13的例子来自于Story和Naish（1973），从中可看出特里吉特语边音的对立关系。Story和Naish没有提到这些音的调音部位，但我们确定是齿龈。

纳瓦约语也有五个形成对立的龈边音。它虽然没有特里吉特语中的喷音性擦音（ejective fricative），但有类似于其他四种边音的音，还有一个比较常见的龈边近音1（Sapir和Hoijer

6. 边音

表 6.13　特里吉特语中含边音的例词

清擦音	**ɬaa**	"熔化"
擦喷音	**ɬ'aa**	"吮吸"
清塞擦音	**tɬaa**	"大的"
浊塞擦音	**dʒaa**	"沉淀"
塞擦喷音	**tɬ'aak'**	"潮湿的"

1967）。纳瓦约语的清边塞擦音（voiceless lateral affricate）有一段持续时间较长的摩擦，McDonough 和 Ladefoged（1993）把它看作送气。图 6.16 显示了这个肺气流送气的边塞擦音（pulmonic aspirated lateral affricate）和喷音性边塞擦音（ejective lateral affricate）之间的区别。送气边塞擦音 **tɬʰ** 有一个较长的摩擦部分，其送气段很短。（纳瓦约语中的其他送气塞擦音也有较长的摩擦和较短的送气。）喷音性边塞擦音的摩擦部分很短但却很明显，因为摩擦的来源是喉上（supraglottal）。摩擦持续时间的长短取决于喉上受阻气流量的大小。从生理上说，肺气流塞擦音的摩擦段不可能像图 6.16 上半部分图中的那么长。在我们所记录的纳瓦约语喷音性边音中，声门持阻经常会在除阻后再形成持阻。这在声谱图上显示为冲直条，就在图 6.16 符号 ['] 的上面。这个很短的喉塞音在其后接元音声带起振时除阻。对有些发音人来说，这个阶段是两到三个嘎裂声脉冲。

纳瓦约语中的第三个边塞擦音标写为 **dʒ**，其摩擦部分很弱。塞音部分通常是无声的，而其后的边音只有 40 毫秒是无声的，类似于不送气软腭塞音的声带起振时（McDonough 和 Ladefoged 1993）。其剩余部分是带声的近音。其实，这个边塞擦音更应

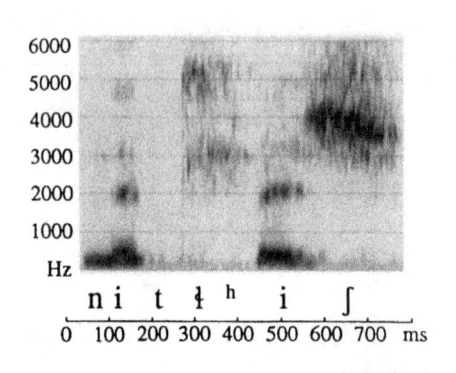

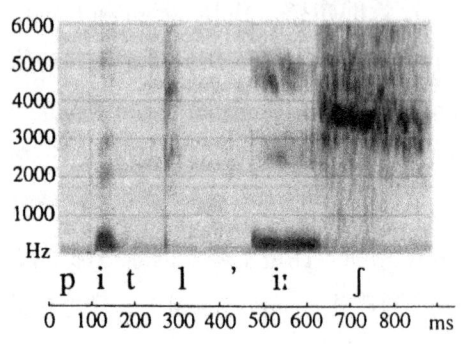

图6.16 纳瓦约语中清送气边塞擦音 **tɬʰ** 和喷音性边塞擦音 **tɬ'** 的声谱图，例词分别是 *nitlish*[**nitɬʰiʃ**]（"它来了"）和 *bitl'iish*[**pitɬ'iːɬ**]（"他的蛇"）

该标写为 **dl**（或 **d̪l**）。在实际发音为 **dl** 时，其中边近音的长度类似于边音 l 独立发音时的音长。

目前为止，我们已经讨论过调音部位在齿龈和软腭的边塞擦音。Iraqw 语、Sandawe 语和哈扎语（Hadza）中有调音部位在硬腭或腭－龈的喷音性边塞擦音。图 6.17 是两位哈扎语发音人的腭位图和舌腭接触部位图。它们显示：第一位发音人在龈后

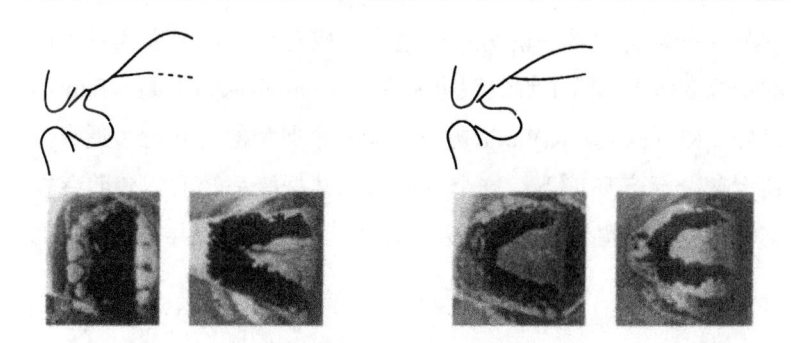

图6.17 两位男性哈扎语发音人所发的喷音性边塞擦音的腭位图、舌腭接触部位图和矢状图，例词是 mitʎ'a（"骨头"）。第一位发音人的舌体位置用虚线表示，因为他的嘴巴没有完全张开，舌头接触面的详细情况无法看清楚（Sands、Maddieson和Ladefoged 1993）

和硬腭之间有较大的接触面，而舌的接触面从舌叶后一直延伸到舌前。第二位发音人的接触面较窄，所发的音可描述为舌叶 – 龈后音。

综上所述，世界语言中的边音种类繁多，气流释放通道的大小从宽（如边近音）到窄变化不等。在有些语言中，边擦音和边塞擦音交替使用，而塞擦音又分喷音和肺气流音（如祖鲁语），说明这些收紧度不同的边音之间关系密切。不过，还是有语言能清楚地显示它们之间的区别。

边闪音和轻拍音

我们最后要讲的是一种发音动作非常快的边音——边闪音和轻拍音（这两种音的区别将在下一章讨论）。我们对几种语言中的边闪音进行了记录，比如 KiChaka 语中有一个边闪音，它和这种语言中唯一的另一个边音形成对立（这个边音有不同的音位变体）。除了舌尖龈边闪音（apical alveolar lateral flap）ɺ以外，KiChaka语KiVunjo方言还有一个典型的舌叶齿边近音。在大部分元音环境下，这个音的第二共振峰都较低，表明存在某种程度的软腭化。但在元音 i 前时，它变为第二共振峰较高的

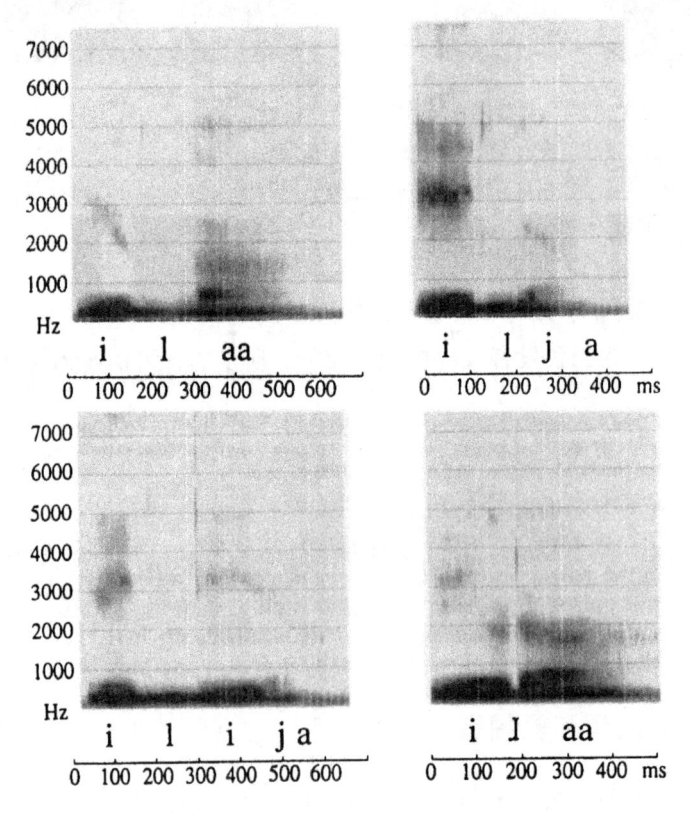

图6.18 一位女性KiChaka语发音人所发的近音l和边闪音ɺ的声谱图。例词分别是**ilaa**（"躺下"）、**ilja**（"吃"）、**ilija**（"哭"）、**iɺaa**（"穿衣服"），它们是这个近音l和边闪音ɺ的音位变体

6. 边音

腭龈音或腭边音。舌叶龈边音出现在 j 前时，有某种程度的腭化。KiChaka 语的舌尖龈边闪音 ɺ 根据语音环境不同，声学特征也有变化，但变化程度不如 l 那么大。图 6.18 显示了 l 和 ɺ 的三个音位变体。注意：和 ɺ 前的 i 相比，**ilaa**一词中 i 的第二共振峰更低。

Elugbe（1978）提道，Ghotuo 语和阿布阿语（Abua）中有龈边拍音（alveolar lateral taps）（其他的尼日利亚语里也有这种音，但他只有二手资料）。在这些语言中，普通音长的龈边近音和另一种边音形成对立，这种边音音长较短，在语言的音系结构中形成一系列的弱辅音（lenis consonants）。Elugbe 指出，两种边音的共振峰频率是一样的；但是，在他已发表的文章中，有两张声谱图显示，两种边音的共振峰频率并不一致。尤其是，音长较短的边音，第二共振峰较低。所以，我们不能确定这两个音的调音目标是否一致。

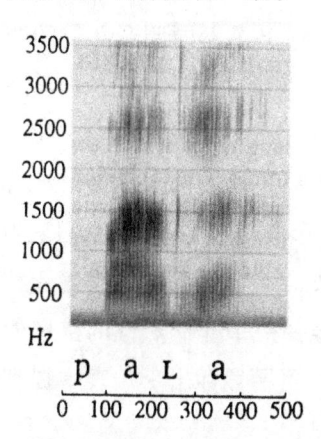

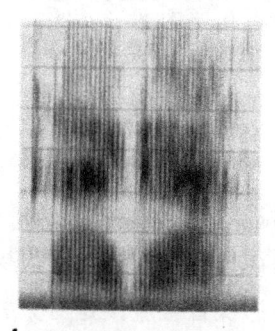

图6.19　梅尔帕语和 Kanite 语中的软腭边拍音（velar lateral taps）的声谱图，例词分别为 **paʟa**（"围栏"）和 **kaʟa**（"狗"），两位发音人均为男性

我们也听到并观察过奥哈姆语中的舌尖龈后边闪音（apical post-alveolar lateral flap），Balasubrananian（1972）提道，泰米尔语中的非双音性舌叶下边音（non-geminate sublaminal lateral）经常发成闪音。因此，舌尖或舌叶下边闪音的调音部位可能有很多变化。另外，Kanite 语和梅尔帕语中的元音间软腭边音（intervocalic velar laterals）非常简短，可以称作轻拍音，记写音标同软腭边近音一样。如图 6.19 所示，这个音的持阻期只有 20-30 毫秒。通过对其发音过程的观察，我们了解到：舌头在软腭区有所收缩，就像本章第一节提到过的中瓦几语中的软腭边音一样。

6.4　边音的区别特征

表 6.14 补充了表 6.3 的内容，标出了不同调音部位的边音所出现的语言。当然，表中并没有囊括我们所讨论过的所有边音，尤其是忽略了发声类型的区别，而只列出了清浊对立。我们相信，表中没有列出的边音对立关系都是偶然的。比如，没有哪种语言有浊边擦音和喷音性边擦音形成对立的例子。我们认为，因为浊央擦音和喷音性央擦音形成对立，所以，浊边擦音和喷音性边擦音也应该是对立关系。唯一一个非偶然性的空白处是清边擦音和清边近音的对立（表中用星号标出）。表中提到的所有语言都在本章中讨论过。

表 6.15 整合了表 6.3 和表 6.14 的内容，又补充了不同调音部位边音的更多语言例证。边闪音的调音部位是有限的，但

6. 边音

表 6.14 含对立边音的语言举例

	清塞擦音	塞擦喷音	浊擦音	清擦音	擦喷音	浊近音	清近音	浊闪音
浊塞擦音	特里吉特语	特里吉特语		特里吉特语	特里吉特语			
清塞擦音		特里吉特语	阿奇语	纳瓦约语	阿奇语	阿奇语		
喷音性塞擦音			阿奇语	纳瓦约语	特里吉特语	纳瓦约语		
浊擦音				阿奇语 祖鲁语	阿奇语 祖鲁语		祖鲁语	
清擦音					特里吉特语	纳瓦约语 祖鲁语	****	
喷音性擦音								
浊近音							缅甸语	KiChaka语
清近音								

除此之外,我们不知道边音的调音部位和调音方式之间还有哪些限制。表 6.15 是对本章中提到的所有边音的总结,空白处并不代表相应的音是不可能的。从表中可以看出,许多能区分其他音段的调音部位和调音方式特征同样也能区分边音。还有一点需要指出:根据第二章的描述,边音的调音部位是舌前或舌面,所以,把边音限制在舌前是不合理的,因为边音并不一定都是舌前音。

表 6.15　含不同调音部位边音的语言举例

	齿音		龈音		龈后		硬腭		软腭
	舌尖 1	舌叶 2	舌尖 3	舌叶 4	舌尖 5	舌叶 6	舌尖下 7	舌叶 8	9
浊近音	阿尔巴尼亚语	Kaititj 语	阿尔巴尼亚语	俄语	旁遮普语	保加利亚语	马来雅拉姆语	意大利语	中瓦几语
清近音			缅甸语		Iaai 语		托达语		
浊闪音		KiChaka 语			奥哈姆语		泰米尔语		
清擦音	台山话	卡巴尔德语	祖鲁语			Diegueno 语		布拉语	阿奇语
浊擦音		卡巴尔德语	祖鲁语		Ao 语	Pashto 语			阿奇语
清塞擦音			纳瓦约语						阿奇语
浊塞擦音			特里吉特语						
喷音性塞擦音		卡巴尔德语	纳瓦约语						阿奇语
喷音性塞擦音擦音			特里吉特语						

传统上,[边音]也是语音特征的一种。表面上看,这个特征无疑具有偶值性(binary value)。一个音要么是边音,要么不是。然而,边音和鼻音的情况不同。对鼻音来说,单一的偶值特征

6. 边音

就能对软腭进行合理的划分，不同程度的软腭开度对鼻音来说不构成对立关系。但是，边音气流通道的大小是区分不同边音的重要特征。边音可以是近音或擦音，虽然这还和清浊有关——近音是浊音，而擦音是清音——又不能如此断言，因为还存在清浊边擦音和清浊边近音的对立。所以，边音必须按开口度大小来区别，收紧度只决定它是近音还是擦音。多数边音的气流从声道上表的最大收紧点处释放，而最大收紧点就是传统上所谓边音的调音部位，但软腭边音并非如此。因此，用调音部位的目标区来对边音气流通道进行界定是不合适的。

另外，我们在前面也提到过，并不是所有边音都伴随中线持阻，而边音也并不总是近音或擦音。所以，要详细描述边音的发音特征，包括在有些语言中的音位变体性差异，需要对中线持阻进行详细的界定。从某种意义上来说，我们认为边音有两个调音动作：一个掌控中线调音部位和收紧类型；另一个掌控两边开口位置和大小。我们不得不承认，这种情况很少见，边擦音（以及边塞擦音的摩擦段）通常是中线持阻，因为这样可以保证两侧气流释放通道的收窄。多数研究都表明，边近音经常伴随中线持阻。但我们还需要描述不伴随中线持阻的边近音以及伴随中线持阻、气流释放时带摩擦（和不带摩擦）的边音。要牢记的是，在边音的发音过程中，调音部位以及收紧度来自两个不同的调音成分。

7. r类音

7.1 r类音

"r类音"俗称"r-sounds"。语音学上大部分的音段都是通过发音特征和声学特征来界定的,但"r类音"或"r-sounds"的名字却来自其标写方式,也就是字母"r"或它的希腊文 *rho*。国际音标为字母"r"设计了一系列变体——原形、大小写、旋转、倾斜等,包括 r、ɾ、ɹ、ʈ、ɻ、ʀ、ʁ、ɽ。表 7.1 对这些不同音标所代表的音值做了定义。

r类音的最典型成员是舌尖或舌叶颤音(国际音标记为 r)。这些典型成员和轻拍音、擦音及近音等非典型成员共同组成一个异质的语音系统。除了舌尖和舌叶两个调音部位以外,颤音和由小舌部位发出的其他延续音也是 r 类音。(第四章我们提到过,语言中可能存在双唇颤音,但它不属于 r 类音。)所以,界定 r 类音不是依据调音方式或调音部位,因为 r 类音不仅有舌冠音也有舌面音。对语音学家来说,把 r 类音归为一类可能是基于成员之间的共时和历时关系,也可能是由于各成员之间有语音相似性。这一相似性也可能是声学上的也可能是听觉上的,但不是发音上的。Lindau(1985)仔细研究了这一问题,下面的论述以她的观点为基础，同时补充 Inouye（1991a，b）提供的材料。

表 7.1　r 类音符号表

定义	代表音
浊齿或齿龈颤音	r
浊齿或齿龈轻拍音、闪音	ɾ
浊齿或齿龈近音	ɹ
浊龈后闪音	ɽ
浊龈后近音	ɻ
浊小舌颤音	ʀ
浊小舌近音	ʁ
浊齿或者齿龈边闪音	ɺ

　　从音系上看，不同 r 类音之间非常类似。尤其是，r 类音经常在不同语言的音节结构中占据特定的位置。它们是音节起始音丛中的第二个辅音成分，或者韵尾音丛的第一个成分。笼统一点说，在包含辅音丛的语言中，r 类音的位置总是离音节核心很近（Lindau 1985）。和 r 类音一样享有这种"特权"的音还有边近音和鼻音。r 类音和元音之间也很相似，它们很可能具有音节变体（syllabic variants），或者通过各种方法和邻近的元音相结合。如果这个过程是历时的，就会造成同一种语言中不同方言间的区别，比如把英语的变体分为 r 化和非 r 化，取决于历史上元音后和辅音前的 /r/ 是否在发音上被保留下来。其他日耳曼语，比如德语、丹麦语和瑞典语也有类似的变化。说 r 类音和元音相似还因为 /r/ 前的元音倾向于延长，比如瑞典语，而且 /r/ 后的元音音色也有所改变。我们已经知道：法语和丹麦语小舌 r 类音和标准瑞典语舌尖 r 类音前的元音有不同的声学特征。r 类

音自成一类的依据至少是在音系上，不同的 r 类音之间可以交替出现。在波斯语（Farsi）中，词首位置上的 /r/ 是一个颤音，当其位于元音间时，变为拍音；位于词末时，变为清颤音。在富拉尼语中，辅音前的 /r/ 是近音 ɹ，在其他位置上是颤音。帕劳语（Palauan）中的 / ɾ / 在元音间和元音后的位置上是拍音，在词首是近音；而"rr"通常是带有摩擦的近音，也有可能是颤音（Inouye 1991b）。

所以，从语音上看，r 类音构成一个异质的语音类别，其成员的调音方式和部位千差万别。我们发现的 r 类音有擦音、颤音、拍音、近音，甚至有带有 r 类音特色的元音以及综合上述几种特征的综合音。最常见的 r 类音发音部位在齿－龈区，但龈后 r 类音也很常见，某些语言里还有小舌 r 类音。对这些音我们会一一进行描述，特别要强调会形成对立的 r 类音。最后，还会讨论不同 r 类音是否具有同一个声学特征。

传统上，r 类音的主要成员是那些被标写为字母"r"变体的各种音，它们在世界语言中十分常见。大约 75% 的语言都有某种形式的 /r/ 音位（Maddieson 1984a）。这些语言绝大多数都只有一个 /r/，而且通常是颤音，但是有 18% 的语言有两个或者三个 r 类音的对立音位，拥有多个 r 类音的语言主要是澳洲土著语。

7.2 颤音

颤音的主要特征是：在一定的空气动力条件下，一个调音器官接触另一个而产生振动。声道里某个柔软的调音器官靠近另一调音器官的表面，形成狭缝，当特定量的气流通过时，这一狭缝会重复开合动作。McGowan（1992）模拟了这一运动方式。这种振动类似于浊音发音时的声带振动，两种情况都不是肌肉力量在控制振动，而是调音器官互相靠近形成狭缝，并有一定量的气流通过狭缝而产生振动。狭缝的大小和气流的流量必须控制在严格限定的范围内，否则，颤音就不可能产生。所以，颤音和浊音一样，其声学定义（不止一个振动期）和发音定义（调音器官的位置决定声道构型，在特定的空气动力条件下产生振动）之间存在冲突。在本章，不管振动是否真正发生，我们都把颤音看作发音器官位置改变产生振动而形成的音。虽然充足的气流量能保证振动的持续，但语言学意义上的颤音通常有两到五个振动期（双音会更长）。我们还注意到颤音的第一个持阻最长。

如果振动着的调音器官体积较小，产生颤音的可能性更大。所以，常见的颤音是舌尖接触齿、龈而振动，或小舌接触舌后部而振动。最常见的颤音是舌尖颤音，我们以它为例来详细分析，以期发现颤音共同特征，然后再讨论其他调音部位的颤音。图7.1是俄语和芬兰语浊舌尖颤音的声谱图。典型的舌尖颤音有两到三个振动期——图中的两个例子都有两个振动期——但也有可能只有一个或多于三个。每个振动期都包含调音器官从接触到打开这两个过程。在声谱图上，颜色较浅的区域代表调音器官相接触的闭合期，因为共振峰能量为零或很弱。两个闭合期中间有一个打开过程，从声学结构上说，这一过程类似于元音，由于共振峰能量的集中，在声谱图上显示为颜色较深的区

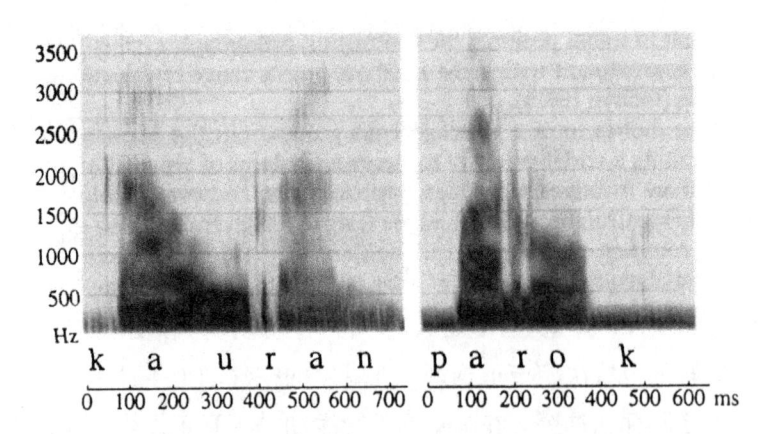

图7.1 芬兰语和俄语中舌尖颤音的声谱图，例词分别为芬兰语 kauran（"燕麦"，第二格）和俄语 porok [pa ˈrok]（"门槛"）。两位发音人均为女性

域。图中这两个颤音的闭合期持续了 25 毫秒，打开和闭合的时间基本一致。所以，每个周期持续 50 毫秒。在一秒钟内有大约 20 个这样的周期，也就是说，这两个颤音的振动频率是 20Hz。Lindau 曾对 25 位伊多语、代盖马语、Ghotuo 语、喀拉巴里语、Bumo 语、西班牙语和标准瑞典语发音人做过调查，发现舌尖颤音的平均振动频率为 25Hz（在 18–33Hz 的区间内，频谱显示 4.5）。

颤音对气流通道及空气动力因素的变化极为敏感。以意大利语为例，我们来讨论这些条件变化所引起的颤音发音的变化。图 7.2 是两位女性发音人所发的含有颤音的六个词的声谱图，最上面的两张显示词首颤音，对左图中的发音人 A 来说，rana（"青蛙"）一词中的颤音有两次接触，中间是调音器官的打开过程，除此之外还有两点需要注意：首先，两次接触之前都有一个很短的近音或类似于元音的音，大概持续了 50 毫秒；其次，调音器官接触后，出现另一个近音，持续时间超过 50 毫秒，共振峰结构类似于打开过程。这是整个颤音发音过程的一部分，因为舌头一直未从接触部位离开，直到发完这个音为止。第三共振峰和第一共振峰的突然上升代表整个颤音的发音结束。接触前后有两个近音，这说明舌头并不是一直接近口腔上表。根据 Lindau（1985），所有包含颤音的语言在颤音结束时都有近音出现。相比而言，发音人 B 所发 rosso（"红色"）一词的词首颤音有五个很短的持阻期，包括在发声开始前的第一个。而且，最后一个持阻解除时，后接元音的发音没有任何延迟。这两个词中的词首颤音虽然语音结构不同，但在声学结构上却很相似。

在意大利语中，大部分辅音的单、双音形式在元音之间的位置上形成对立（第二章曾讨论过在塞音之间的对立）。这种单、双音之间的对立同样适用于颤音。图 7.2 中间和下面的四张图分别显示了这些元音间的单、双颤音（分别出现在单词 karo "昂贵的" 和 karro "马车中"）。在 karo 中，发音人 A 所发的颤音非常短，而且只有一次接触。发音人 B 有一次明显的接触，后接一个带摩擦的不完全持阻。karro 中的双音性颤音在发音时有多次接触，后接一个或多个不完全持阻阶段，其间调音器官依然振动，造成振幅下降。发音人 A 所发的颤音有三次持阻、一次不完全闭塞（在这期间共振峰结构依然可见）和一个延长的近音（标志是第三共振峰的低振幅和低频率）。第三共振峰的上升代表整个颤音的结束，时长大约是 200 毫秒。（词末元音的末尾很大程度上喉化，声谱图上显示为另一个颤音。）发

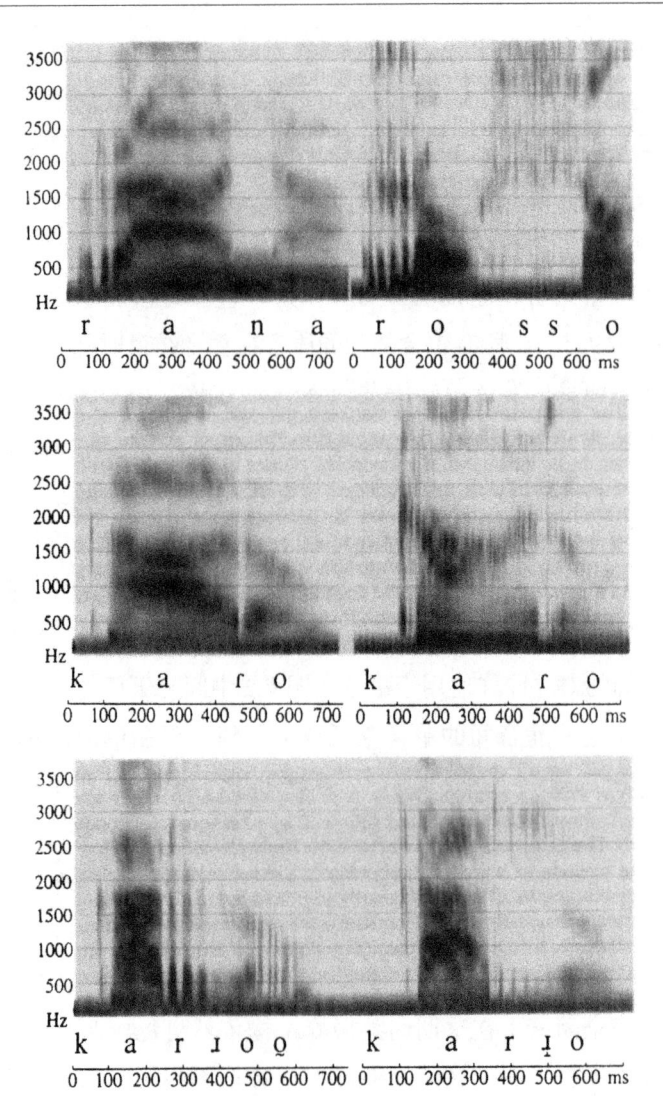

图7.2 两位发音人所发的标准意大利语中词首、词中单音性龈颤音和词中双音性龈颤音的声谱图

音人 B 的颤音以擦音结束，在共振峰转接段上也有很大不同，单音尤其如此。第二共振峰有大幅升高，第三共振峰降低，表明舌头有后缩动作。

意大利语中颤音的发音有所改变的情况在其他语言中也有发现，只是单、双音的对立使意大利语显得更为复杂。在五位标准意大利语发音人对词 **karo**、**karro** 的重复发音中，元音间单音性颤音的接触不超过两次，而双音性颤音则有不少于三次甚至多达七次的接触。单、双音颤音的区别还表现在其前元音的音长上，双音前较短（如 **rosso**、**karro**），单音前较长（如 **rana**、**karo**）。

Lindau 曾经提到浊颤音的另一个变异情况：在一个或多个简短持阻时，声带振动停止了。这一点从波形图上更容易看出来。图 7.3 是芬兰语 **koiran**（"狗"，第二格）的声谱图。图中还显示了放大的颤音段波形图，时间单位是声谱图的八倍。这个颤音发音时舌头有两次接触，在图中用连接波形图和声谱图的箭头来表示。第一次接触时，声带振动停止了。这并不是由于喉部结构的改变而造成的。在两次接触中间的打开过程，声带有带声的振动。Hayes（1984）提道，俄语中和清塞音相邻的颤音 **r** 在调音器官接触时，也常常清化，但两次接触之间的打开过程是带声的。虽然我们掌握的资料不多，但这一事实说明：颤音发音时相对打开的声门和不带声的持阻有关。后者由空气动力原因引起，因为和颤音有关的口腔气压的迅速变化会导致穿越声门的气压下降而不足以维持声带的振动。然而，由于持阻过程非常简短，我们推测：声道壁处于紧张状态，以至声带

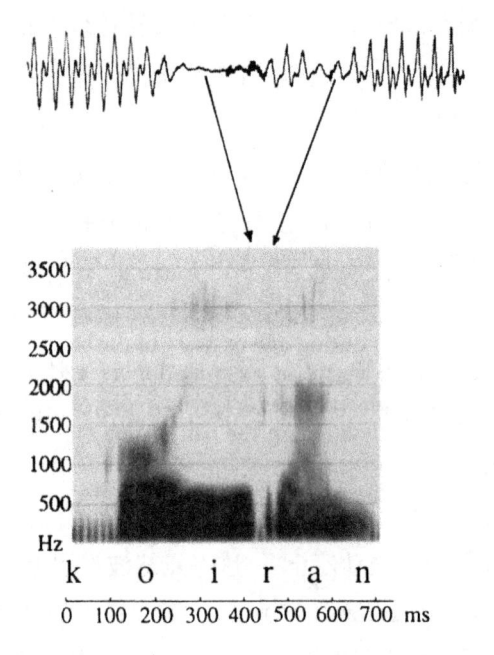

图7.3 芬兰语单词 **koiran**（"狗"，第二格）的声谱图以及舌尖颤音的波形图（放大的波形图显示第一次持阻时的清化状态），发音人为女性，来自赫尔辛基

会有点儿振动。

虽然发舌尖颤音时主动调音器官相同，但被动部位却因人、因语言而异，在某些语言中，不同部位的舌尖颤音还彼此形成对立。Quilis 和 Fernández（1964）拍下了本土西班牙语中舌尖颤音的 X 光图片，图片显示接触点在齿龈前，所以也可以称作齿后音（postdental）。Skalozub（1963）指出，俄语中典型的 **r** 是龈后颤音，腭化颤音 **rʲ** 的接触点在牙齿，如图7.4所示。图中还能看到接触点后舌形的变化，腭化颤音有较明显的舌侧接触。

7. r类音

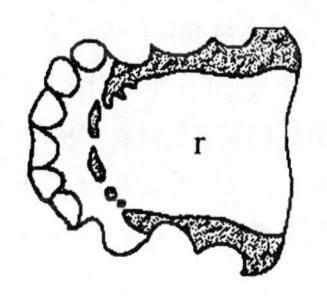

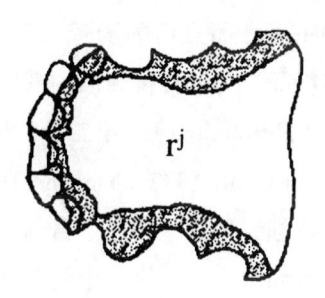

图7.4 一位女性俄语发音人所发词 **pa'ra**（"时间"）、**pa'rʲa**（"翱翔"，过去分词）中 **r** 和 **rʲ** 的腭位图（Skalozub 1963）

Skalozub 还提到，龈后颤音有三到四次接触，而腭化颤音只有一次接触。腭化颤音发音时，舌前和舌叶的抬高是腭化所要求的，但这一动作使颤音的空气动力条件难以维持。接触点位置的变化在声学记录上也有显示。比如，较低的谱峰表明调音部位靠后。Lindau 在比较阿根廷、哥伦比亚以及墨西哥的各种西班牙语和洛杉矶的芝加哥–西班牙语时也提到了这一点。和芝加哥–西班牙语相比，其他西班牙语第三共振峰较高，表明调音部位在牙齿。Lindau 还指出，芝加哥–西班牙语的第三共振峰较低可能是受英语的影响。

某些达罗毗荼语有不止一个的舌尖颤音。在严肃发音时（受到拼写法的影响），马来雅拉姆语的某些发音人会对 **kaṛi**（"煤灰"）和 **kaṟi**（"咖喱"）进行区分，通常第一个词里的 r 部位靠前，为龈颤音；第二个词里的 r 靠后，几乎是一个卷舌音。Ladefoged、Cochran 和 Disner（1977）提供了这两个颤音的声谱图，其中，部位靠前的颤音，第二共振峰的音轨较高（大约是1750Hz）。而靠后的颤音，第三共振峰较低——舌尖龈后音的典型特征。马来雅拉姆语的其他发音人把第一个词中的 r 发成龈拍音（alveolar tap），第二个词中的 r 则发成龈颤音（Velayudhan 1971、Kumari 1972、Yamuna 1986）。在接下来的 7.6 节里，我们会详细讨论这一问题。目前，仅需要指出：两个词中的 r 在音系上都和马来雅拉姆语中的塞音有关。

表 7.2 托达语中含舌尖颤音的例词

	前齿龈音		齿龈音		卷舌音	
普通音	kaṟ	"界线、边界"	kaɾ	"汁、液，树液"	kaʈ	"小牛的围栏"
	eːṟ	"耕地"	eːɾ	"公水牛"	meːʈ	"骑水牛"
腭化音	paṟʲ	"飞奔"	kaɾʲ	"笑"	poʈʲ	"葬礼上用的大米"

另外一种达罗毗荼语——托达语，是我们所知唯一一种具有三个不同调音部位 r 类音的语言，而且，这三个 r 类音都是颤音，在元音后的位置形成对立（Spajić、Ladefoged 和 Bhaskararao 1994）。表 7.2 显示了含有这三个音的词。

表 7.2 中第一行的词有声谱图（图 7.5 左侧）和腭位图及舌腭接触部位图（图 7.6—图 7.8）。我们对十二位托达语发音人进行了录音，画出了其中三位所发 r 类音的腭位图和舌腭接触部位图。其中两位发音人把表 7.2 第三列第一个词 **kaʈ** 中的 r 发成舌尖或舌尖下卷舌音，如图 7.8 所示，这一列词中的 r 也因此都被标为卷舌音。第二列第一行的词 **kaɾ** 在发音时，舌尖和龈脊前部相接触，这一列词中的 r 也因此被标为龈音。在关于托达语音

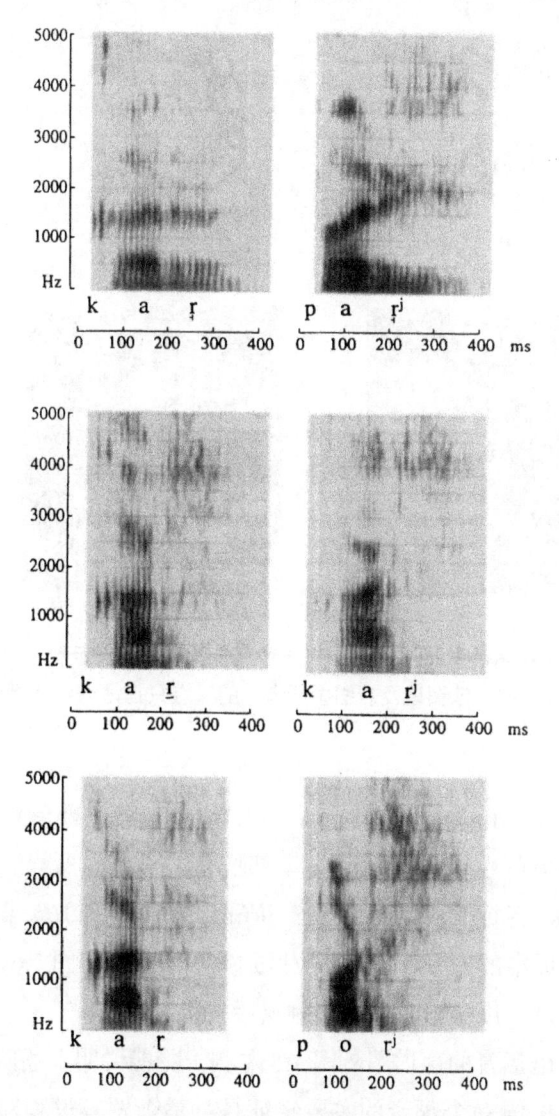

图7.5　六个托达语词中词尾颤音的声谱图。这六个词分别来自表7.2的第一行和第三行。左图显示正常颤音，右图显示腭化颤音

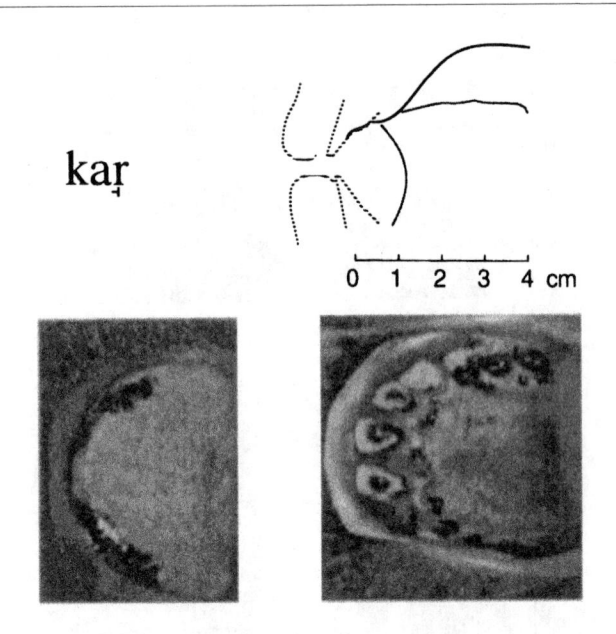

图7.6 托达语词 **kaṛ**（"布边"）中颤音的腭位图、舌腭接触部位图以及舌位图。该图以及右图中牙齿上的黑点只是污点，并不代表和舌头的接触

系的著作中（Emeneau 1984），表中第一列词的颤音被描述为齿后音。但腭位图却显示其发音部位稍微靠前，所以，我们把这一列的 r 音标为"前齿龈音"（fronted alveolar）。第一列和第二列单词中的颤音，发音部位区别并不明显，如图 7.6 和图 7.7 所示。只是，声学记录显示接触点后的舌形不同。

托达语颤音的声谱图（图 7.5 左侧）更能说明上述两个音的区别。表中第一个颤音的主要特征是：整个发音过程对它前面的元音影响较大（显示在较低的第一共振峰上）。可能会有人

7. r类音　　　　　　　　　　*287*

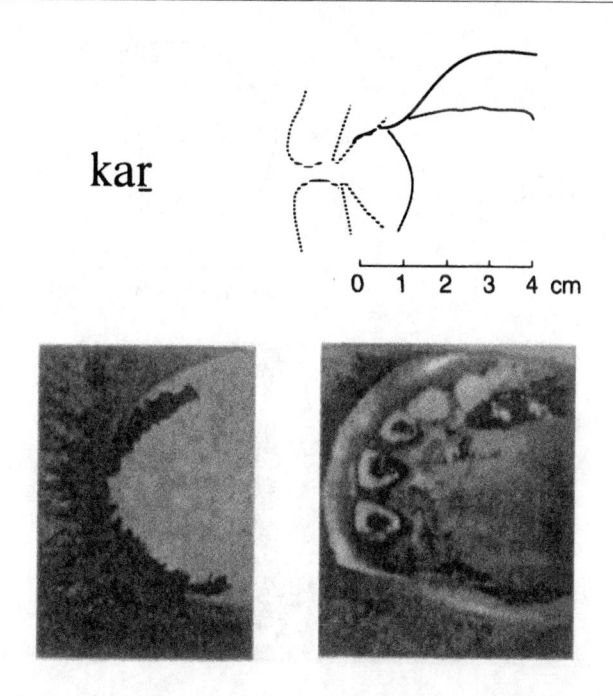

kar

图7.7　托达语词 **kar**（"果汁"）的腭位图、舌腭接触部位图以及舌位图

认为这是舌位较高的缘故，但图 7.6 的腭位图则完全否认了这种解释。另外一种解释是舌根向前移动的结果，我们在标写这个颤音时用了国际音标的附加符号 [̟]（表示舌根前移），但除了声谱图之外，无其他证据支持这一说法。这个颤音后通常还能听到一个类似前高元音的半元音，而且颤音的声学特征会过早消失，以近音结束（通常带有摩擦）。这和俄语中的腭化 r 类音类似。所以，我们把这个音看作是腭化的龈颤音。所不同的是，它在发音时，舌侧并没有和硬腭接触（前高半元音和腭化音

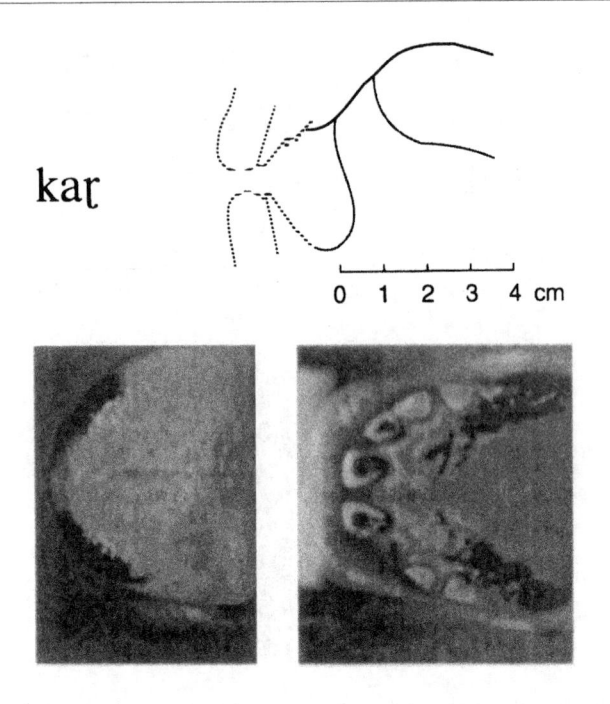

图7.8 托达语词 kaɽ("小牛的围栏")的腭位图、舌腭接触部位图以及舌位图

的典型特征,包括图 7.4 所示的俄语中的 rʲ)。Emeneau(1984)把这个音描述为齿闪音(dental flap),他是 20 世纪 30 年代做的调查,当时的情况可能如他所说,但我们的录音材料和声学记录都显示这个音是颤音。

如表 7.2 所示,托达语中的三个颤音都有不同程度的腭化。图 7.5 右侧的声谱图显示,共振峰的走势类似于三个颤音前的前高元音。同时也有半元音,能量集中在高频区。图中还有一点也非常明显:卷舌颤音前的高共振峰频率降低。

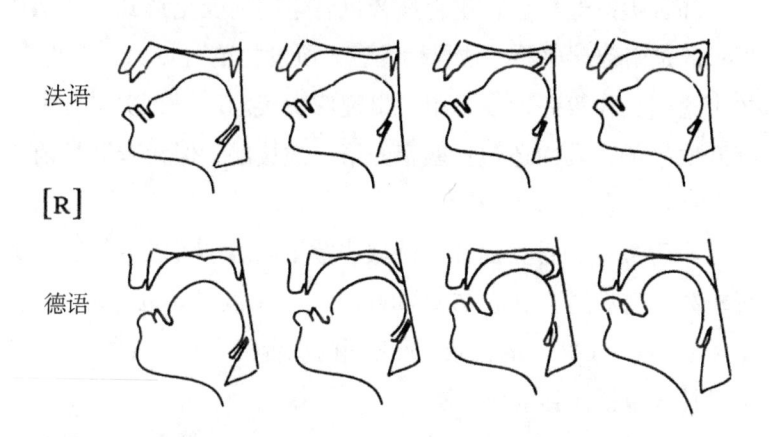

图7.9 德语、法语中位于元音间的小舌颤音的X光描摹图（Delattre 1971）。上、下两排中的第二张图都显示舌头后缩，第三张图都显示舌根后缩、舌体抬高和小舌前移

除舌尖颤音以外，另一种常见的颤音是小舌颤音。小舌颤音存在于标准法语和标准德语较保守的变体中，但这两种语言的大部分发音人都使用小舌擦音或近音而不是小舌颤音。在南部瑞典语、意大利语和俄语的某些变体中，我们都听到过小舌颤音。而小舌颤音在这些语言的标准形式里是舌尖颤音。西欧以外的其他语言很少见小舌颤音，但阿伯卡茨语和 Ashkenazic-希伯来语的某些变体里确实存在。

Delattre（1971）对德语和法语几位发音人所发的小舌颤音进行了 X 光摄影，发现小舌颤音在发音时，舌根先向后移动，然后再向上往小舌方向移动，同时小舌也在向前运动而形成颤音。从图 7.9 的 X 光描摹图中可看出这样的运动轨迹。

和舌尖颤音一样，小舌颤音也有不同的变化形式。图7.10显示的是南部瑞典语一位男性发音人所发的单词 Ras（"流血"）的声谱图。在第一次发音中，出现四次接触；第二次发音中仅有两次接触，其中还包括颤音的第一次接触，但元音开始前有一个近音。

小舌颤音和舌尖颤音的谱域非常不同。小舌颤音第三共振峰较高（这些例子中是2500-3000Hz）。持续时间也有所不同：根据 Lindau（1985）的记录，元音间的小舌颤音比舌尖颤音要长，通常持续包括四到六个周期。

由于体积相对较小，小舌的振动速度比舌尖快，但是我们收集到的材料并不能证明这一点。虽然 Lindau 提到过小舌颤音的平均振动速率比舌尖颤音要快（她对三位南瑞典语发音人进行了调查，发现其所发颤音的平均振动速率为30.5Hz），但速率区间（29-33Hz）仍然在前面讲过的舌尖颤音的速率区间之内。相反，Ladefoged、Cochran 和 Disner（1977）报道过小舌颤音的振动速率为26.2Hz（他们所调查的两位发音人一位说南瑞典语，另一位讲意大利语的一种声望较高的变体），而舌尖颤音则为28.6Hz（调查对象是十位讲不同语言的发音人）。可见，小舌颤音和舌尖颤音的振动速率非常相似，区别可能仅在于发音人不同而不是调音器官的不同。要想控制因发音人不同而引起的偏差，就必须找一种既有舌尖颤音又有小舌颤音的语音，但目前尚不能确定这种语音是否存在。奥西坦语（Occitan）有一种东部方言（Coustenoble 1945, Bouvier 1976），年龄较大的发音人可能还保持着舌尖颤音和小舌颤音的区别，这种区别源自拉丁语的单音和双音 r 的区别，例如单词 gari（"治愈了"）和 gaɾi（"橡树"）。但我们还没有关于这些发音人的语音及声学记录。

第四章提到过的鼻冠塞音双唇颤音除阻，虽然双唇的体积比小舌和舌尖都大，它的振动速率类似于其他颤音。Ladefoged、Cochran 和 Disner（1977）对五位发音人做过调查，发现鼻冠双唇颤音的平均振动速率为 29.3Hz，而根据 Maddieson（1989b）对四位发音人的调查，双唇颤音的平均速率为 24.8Hz。这一频率区间类似于舌尖颤音和小舌颤音。而双唇颤音各种自由变体的振动速率也变化很大。在英语世界中，我们都熟悉的双唇颤音包括表示不敬的嘘声（高频颤音）和通常写作"brrr"——表示冷得发抖的低频颤音。频率的变化可以通过嘴唇舒展和收缩从而引起参与振动的嘴唇面积变化而得到控制。具有语言学意义的双唇颤音除阻后通常会变为高、圆唇元音，正如第四章所提到的，嘴唇有某种程度的收缩，而所发颤音的频率位于上述 24.8–29.3Hz 之间。

唯一一个常见的舌叶调音的颤音是捷克语中的"ř"，它的接触点在舌叶和龈脊之间。Short（1987）把这个音描述为"卷舌龈后擦音"（rolled post-alveolar fricative），不同于非捷克语发音人所发的 [r]+[ʒ] 音丛）。虽然我们把这个音称作颤音，但还是认为它（通常是）"卷舌的"（rolled）。另外，Short 在这一点上也是正确的：该音的摩擦特征不同于 ʒ。其实，根据我们的观察，该音包含两个成分——颤音 + 擦音。其擦音的特征有别于 ʒ（该音和 ʒ 形成对立），带有明显的哨音性噪音。而且，该

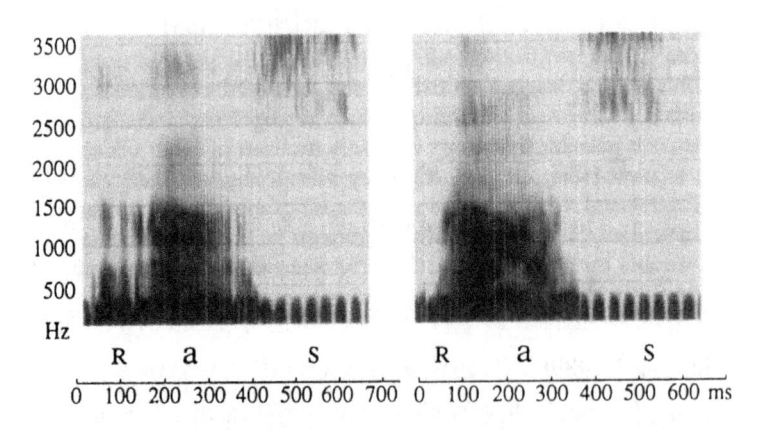

图7.10 南瑞典语含小舌颤音的词 Ras（"流血"）的声谱图（两次重复发音）。发音人为男性，来自Helsingborg

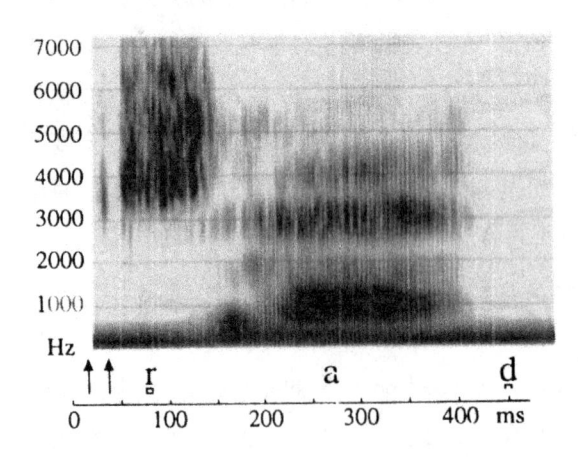

图7.11 捷克语 r̝ad̝ řad（"命令"）一词的声谱图。箭头表示两次舌叶振动的持阻期

音是部分不带声的，某些捷克语发音人仅发擦音部分，而吞掉颤音部分；大部分捷克人都是先发颤音，再发擦音。图7.11是

捷克语词 **raḍ** řad（"命令"）的声谱图，图中可见舌叶有两次振动（摩擦特征明显），后接擦音，同时开始带声。

如前所述，舌尖颤音是最常见的颤音，小舌颤音比较少见，双唇颤音的分布则更是有限。除了这些颤音以外，其他调音器官也可以产生颤动。比如，舌体的某部分可接触软腭或硬腭而颤动，这种现象时有所见，尤其是当它作为舌面塞音除阻的过渡时。软腭塞音除阻时常见"双重爆破"，其实，也可以把它看作一个很短的颤音，但这绝不是目标音。图 7.2 中发音人 B 所发的单词 **karro** 以及图 7.5 的托达语声谱图都很好地显示了这种软腭除阻。在第九章我们还会谈到 !Xóõ 语中的刺耳元音（strident vowel），它其实是一个会厌颤音。软腭颤音或小舌颤音同时又伴有内进气流的是一种鼾声。

7.3 拍音和闪音

拍音（taps）和闪音（flaps）也是 r 类音，通常为舌尖音，而且只有一次简短的持阻。包括 Lindau（1985）在内的很多语言学家都没有对二者进行区分。但 Ladefoged（1968）认为区分是有必要的。在闪音的发音过程中，主动调音器官斜切向上，对声道产生一个刮擦的姿态；而拍音则是主动调音器官垂直向口腔顶部移动。拍音和闪音通常都是舌冠音。典型的闪音发音动作是舌尖后缩至龈脊后，然后再向前快速刮一下龈脊。拍音是舌尖直接去"搭拍"齿或龈的接触点。

拍音通常被描述为齿音，出现在大部分西班牙语元音间的

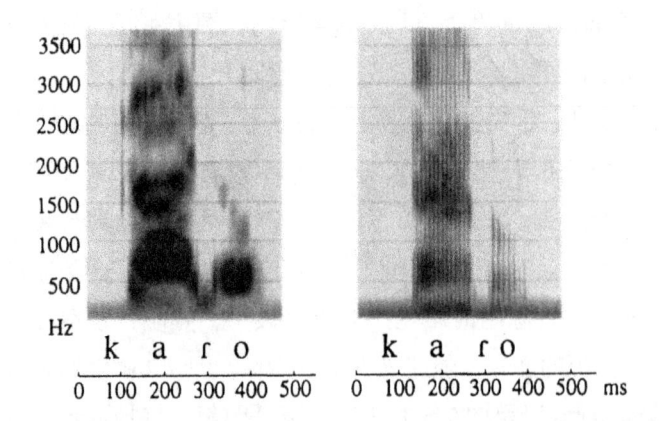

图7.12 西班牙语中含拍音的词 **karo**（"昂贵的"）的声谱图。左图发音人为女性，讲本土西班牙语；右图发音人为男性，讲秘鲁西班牙语

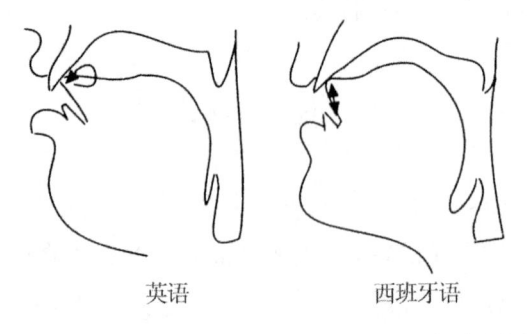

图7.13 美式英语龈闪音（alveolar flap）和西班牙语齿拍音（dental tap）的X光片，例词分别是 *water* 和 *Iberica*（Monnot 和 Freeman 1972）。箭头所指是舌头的运动方向

辅音变体的位置。比如 **karo**（"昂贵的"）。Quilis（1981）测量出这个音的平均持阻时长为20毫秒。图7.12是 **karo** 一词两次发音的声谱图。左图发音人为女性，讲本土西班牙语；右图

发音人为男性,讲秘鲁西班牙语。左图显示:第二共振峰明显上升,而右图却没有,说明调音部位有所不同。另外,这个音虽然被描述为浊音,但在第二次发音的持阻过程中,声带并没有振动。这种现象并不少见,类似于上文提到的颤音的发音过程。

美国英语中有一个我们熟悉的闪音,它是重音后音节前的龈塞音音位变体,出现在 city、latter 和 ladder 等词中。Monnot 和 Freeman(1972)用 X 光片清楚地显示了这个美国英语闪音和西班牙语拍音的区别。图 7.13 是这两个音持阻期的 X 光片。图中显示,英语发音人在发闪音前的元音时,舌尖就有准备动作——抬起和后缩。还可以看到舌头前移至接触点,然后又回到口腔底部。相比而言,西班牙语拍音没有任何发音准备动作,只是舌尖迅速上下移动。(Monnot 和 Freeman 没有提到发音人来自何处,调查是在加利福尼亚进行的,但西班牙语发音人有可能是伊比利亚人。)根据 Recasens(1991),加泰罗尼亚语的拍音前、后有类似的共振峰转接段。英语闪音的前、后往往有不同的共振峰音渡。

很多语言学著作都没有对闪音和拍音进行区别。所以,很难确定某种语言中的某个音是拍音还是闪音。

7.4　r 类音中的擦音和近音

r 类音也有一些成员在发音时,调音器官并没有接触,而只是接近。有的发音过程伴有摩擦,有的产生近音。根据 Davey、Moshi 和 Maddieson(1982)的研究,KiChaka 语的 KiVunjo 方言

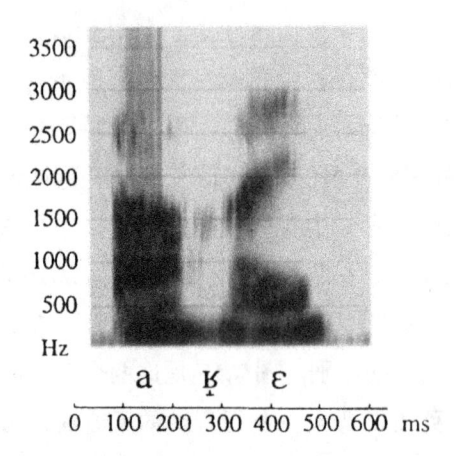

图7.14 法语中含小舌擦音的 *arrêt*（"停止"）一词的声谱图，发音人为讲标准法语的女性

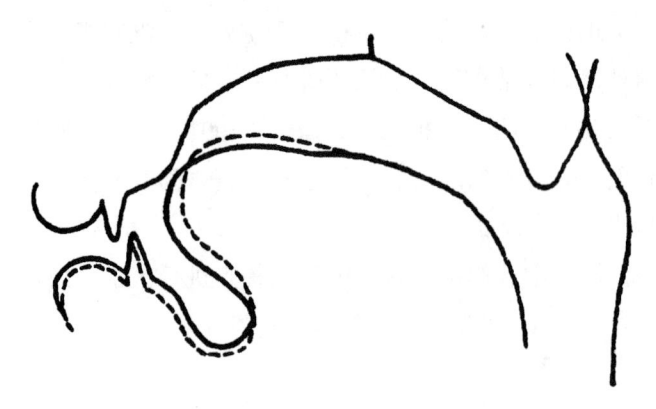

图7.15 以腭位图和舌腭接触部位图为基础的捷克语词 **paɹa** 和 **maɹa** 的矢面图（Hála 1923）。图中实线表示 ɹ̟，虚线表示 ɹ

里有一个擦音性齿龈 r 类音（fricative alveolar rhotic）。法语最典型的 r 类音是一个小舌擦音，Simon（1967）有它的 X 光片，图 7.14 是这个法语 r 类音的声谱图。

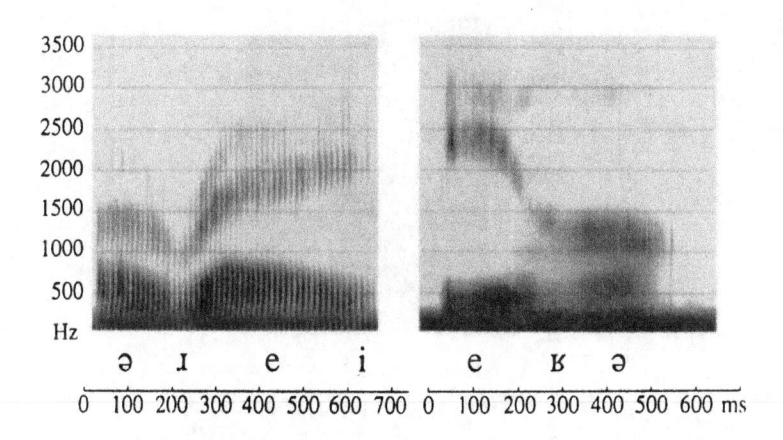

图7.16 南部英国英语中 *array*（"一系列"）及标准德语中 *Ehre*（"荣誉"）的声谱图，两个词都包含r近音（rhotic approximants）

如前所述，有些捷克语发音人的颤音有一个擦音成分，而另一些人只发擦音。Hála（1923）的腭位图和舌腭接触部位图显示：颤音 r̝ 发音时，口腔中央有一条细小的气流通道。捷克语也有近音 ɹ，颤音 r̝ 的气流通道比近音 ɹ 更窄、更靠前。Hála 也由此推断出了捷克语这两个 r 类音的矢面图，如图7.15 所示。

英国南部英语中，典型的 r 类音是一个龈近音（alveolar approximant），它可能只出现在元音前。标准德语典型的 r 类音是一个小舌近音（uvular approximant），在非词首的位置尤为常见（词首位置更常见小舌擦音或颤音）。这两个音的声谱图见图7.16。

美国英语大部分变体中都有一个 r 类近音。对某些人来说，这个音的调音部位在龈或龈后，但是，所谓的"拱舌 r 音"

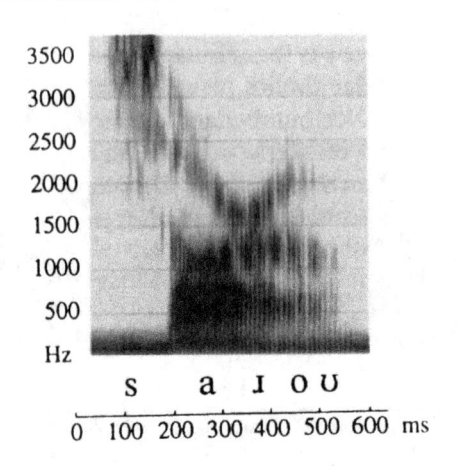

图7.17 美国英语 sorrow 一词的声谱图

（bunched r[①]）发音更复杂。它在发音过程中，咽腔下部和硬腭中心都有收缩，但是舌尖和舌叶没有抬高（Uldall 1958）。目前为止，还没有独立的音标符号来标写这个音，我们仍使用 ɹ 来标写。图 7.17 是 sorrow 一词的声谱图，图中最显著的特点是第三共振峰非常低（在别的词中它跟第二共振峰一样低）。Lindau（1985）调查了九位加利福尼亚发音人，他们的共振峰都类似于图 7.17，第三共振峰较低。

美式英语的 ɹ 也有音节变体，比如在 herd 中。图 7.18 是六位中西部美式英语发音人所发 herd 的 X 光片，清楚地显示了 ɹ 的调音位置。图中可见咽腔下部和硬腭中心的收缩，舌尖没有

[①] 《语音学和音系学词典》（R.L. 特拉克斯编，语文出版社）中同 "molar r"（白齿 r 音）。"许多（不是全部）美国人发 /r/ 音素时用的一种特殊的发音方式，此时舌体极度后缩并向上拱起，舌尖保持低位，处于下齿后，其边缘抵住臼齿；通常唇明显收圆，发出的音听觉上与卷舌通音难以区分，这是美国人 /r/ 发音中另外的要领。Laver(1994：302) 描述这种声音像一个舌尖后缩的浊唇软腭前通音并建议其语音符号为 [Ψ]。" ——译者

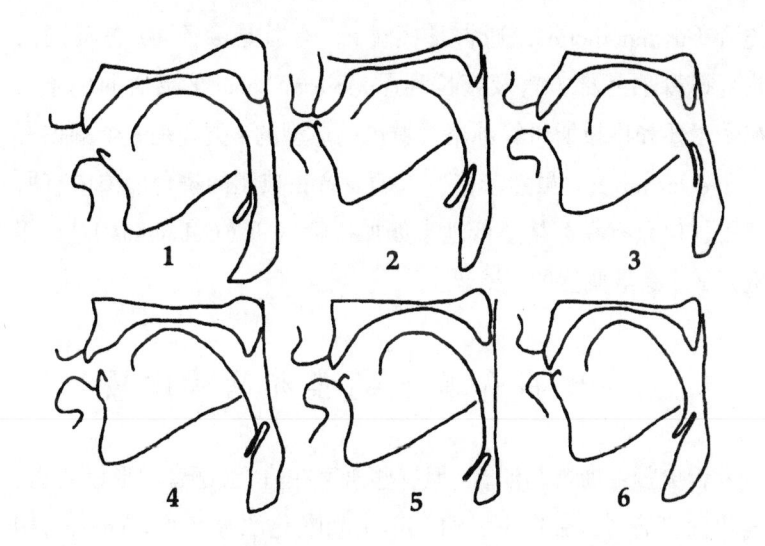

图7.18 六位美式英语发音人所发"拱舌r音"的调音部位图（Lindau 1985）

抬高。其中的第二、第四和第五发音人还有唇间距缩小的动作。根据 Fant（1968），当咽腔下部和硬腭收缩时，元音的声学特征是第三共振峰较低，和第二共振峰接近。另外，圆唇也会使第二和第三共振峰降低。

其他几位发音人所发的 ɹ 都或多或少带有卷舌特征，同时伴有圆唇和咽腔下部的收缩（Delattre 和 Freeman 1968）。这些动作一起造成了第三共振峰较低。所以，不管发音人使用 ɹ 的哪一个变体，第三共振峰降低是在几个动作的合力作用下造成的。

考虑到 r 类近音 ɹ 的这些变体以及英语其他方言中的 r 类音，我们认为，几乎所有的 r 类音都可用英语这一种语言来举例证明。龈擦音 ɹ̝ 是非洲南部某些英语方言中的典型 r 类音。小舌 r

类音（uvular rhotics，通常是擦音ʁ，有时是颤音ʀ）是英国西北部诺森伯兰郡方言及塞拉利昂（Sierra Leone）英语的标志。在爱丁堡和格拉斯哥等苏格兰城市，典型的 r 类音是一个龈拍音（alveolar tap）。虽然苏格兰人的发音在典型的舞台形象中有所夸张，但只有在苏格兰低地［如加拉希尔斯（Galashiels）］，龈颤音 r 才是最典型的 r 类音。

7.5　发声和其他的喉部结构比较

舌尖颤音通常是浊音，但有些语言在清、浊颤音间形成对立。气化浊颤音（breathy voiced trills）和喉化浊颤音（laryngealized voiced trills）也同样存在。根据 Smith（1968），Sedang 语的颤音具有三种喉部结构，他也更倾向于把清颤音和喉化颤音分别解释为 /h/+/r/ 和 /ʔ/+/r/ 的音丛。但是，除了经济性原则，这种分析别无依据。

如前所述，浊舌尖颤音（voiced apical trills）经常有一部分是不带声的，但持阻的间隔处通常是带声的。从声学角度看，清、浊颤音的主要区别在于清颤音在持阻的间隔处也是不带声的。车臣－印古什语、尼夫赫语（Nivkh）、爱尔兰语（Irish）和尼日利亚的伊多语里就有清颤音。图 7.19 是一位男性印古什语发音人所发的清、浊颤音的声谱图，两个颤音都位于词末，二者的区别在图中清晰可见。Lindau 对三位伊多语发音人进行了调查，发现清颤音的声带平均振动频率（22.5Hz）比浊颤音稍慢，但这个数值仍在浊颤音的频率变化范围之内。伊多语颤音还有

7. r类音   *301*

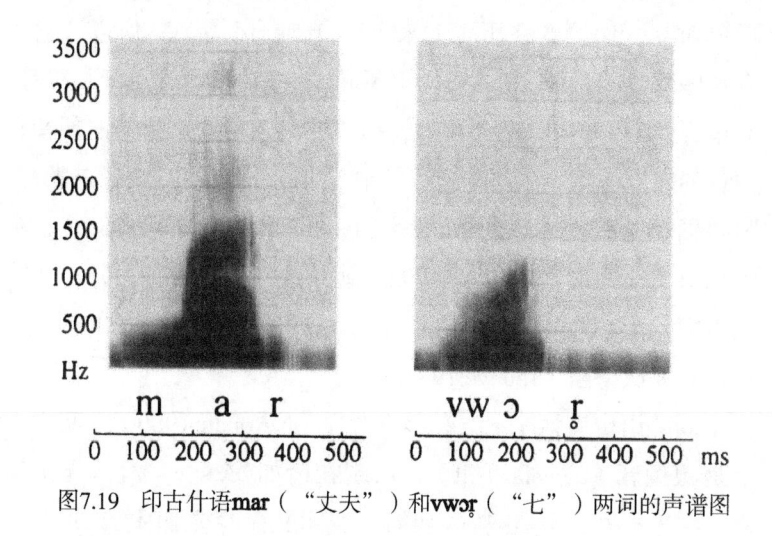

图7.19 印古什语**mar**("丈夫")和**vwɔr̥**("七")两词的声谱图

一种不同的发音形式，我们将在下一节详细讨论。

和其他类型的清 r 类音相比，比如出现在苏格兰盖尔语（Scottish Gaelic）、Hmar 语（藏缅语族）、孔达语（Konda）（达罗毗荼语族）和 Yaygir 语（澳大利亚土著语）里的近音，我们对它们还知之甚少。但是，r 类音的清音位变体却很常见，尤其是在话语结尾处和清塞音后。

7.6 同一种语言内部的不同 r 类音比较

世界上绝大部分语言都只有一种 r 类音，但有些语言的 r 类音种类不止一种。我们已经讨论过托达语中的三个颤音。但是，不同种类(而非不同部位)的 r 类音之间形成对立却更常见。比如，西班牙语里就既有颤音，也有拍音。这两个音在元音间的位置形成对立，而颤音在历史上来自于 *rt 或 *rd 音丛，所以，它含有某些双音的特征。和西班牙语不同，有些语言区分单音和双音，而单音性 r 类音和双音性 r 类音形成的对立与西班牙语的颤音和拍音的对立基本一致。单音性 r 类音是拍音，双音性 r 类音是颤音。阿拉伯语某些变体以及 Afar 语（Parker 和 Hayward 1985）、希鲁克语（Shilluk）（Gilley 1992）就是这样的语言。另外，在芬兰语中，单音性 r 类音也是颤音，双音性 r 类音是较长的颤音，包含 6-8 次持阻（Inouye 1991a）。

豪萨语中有两个 r 类音形成对立（Newman 1980）。其中一个是龈颤音（alveolar trill），出现在诸如 bárá:（"仆人"）这样的词里；另一个是龈后 r 类音，实际发音形式是闪音或近音，出现在像 bárà:（"乞讨"）这样的词里。当龈颤音只有一次持阻（正常话语里都是这样，Ladefoged 1968:30），而龈后 r 类音又是闪音时，bárá:（"仆人"）和 bárà:（"乞讨"）之间的对立就在于调音部位而不是调音方式。图 7.20 是这两个词（如此发音时）的腭位图和舌位图。图 7.21 是另一位发音人所发的这两个词的声谱图，其中的龈后 r 类音 ɻ 是近音而不是闪音。

像豪萨语中其他辅音一样，r 类音也有单、双音形式。同前面提到的意大利语和芬兰语一样，豪萨语长的颤音有多次持阻，但是其闪音的双音形式却是一个较长的卷舌近音（retroflex approximant），它的特征是第三共振峰较低，以一个短的更收紧的卷舌状态结束。图 7.22 是这四个音（颤音和闪音的单、双音形式）的声谱图。

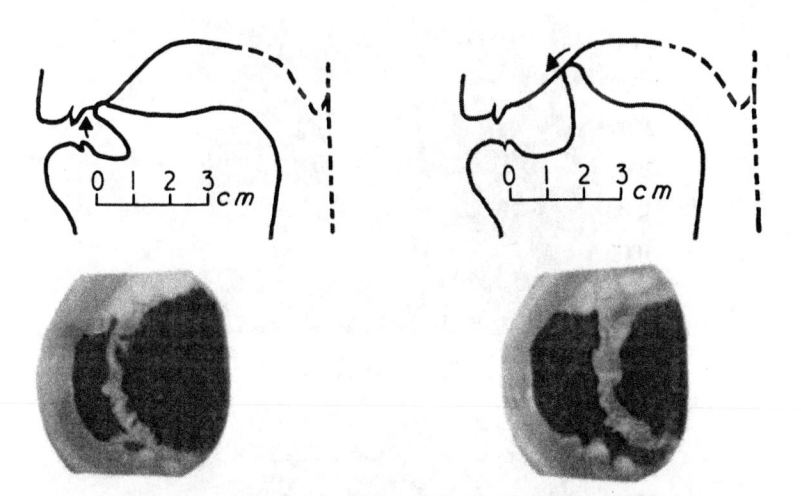

图7.20 豪萨语 bárà: 一词中的 ɾ 和 bár̠à: 中的 ɽ 的腭位图以及由此推测出的舌位图，发音人为男性，来自扎里亚（Zaria）（Ladefoged 1968）

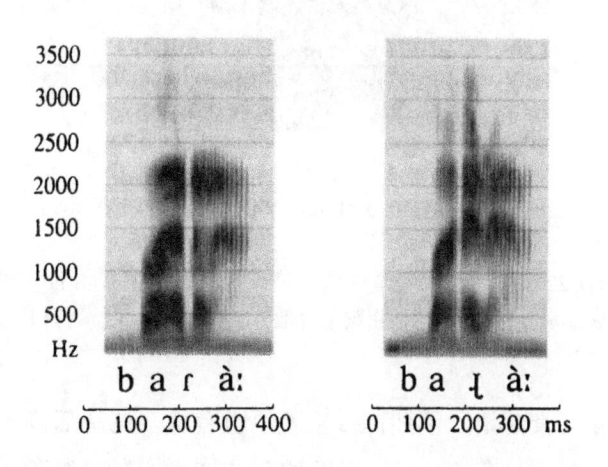

图7.21 豪萨语最小对立对 ɾ 和 ɽ 的声谱图，发音人为男性，来自卡诺（Kano）

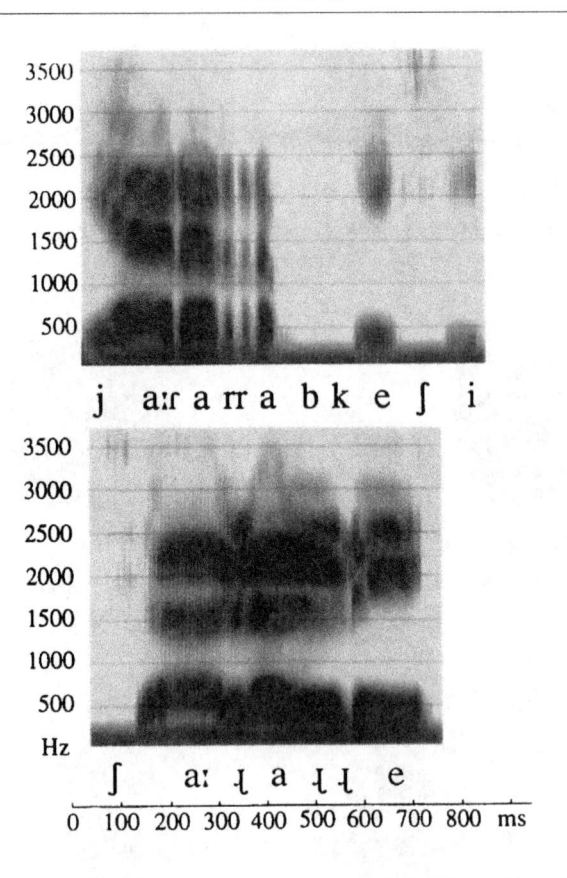

图7.22 豪萨语中r类音的单、双音形式的声谱图。所出现的句子是 *yaa rarrabkee shi*（"他用鞭子打他"）和*shararree*（"打扫"）

除了豪萨语，澳洲许多土著语也有两个调音部位和方式不同的 r 类音。东 Arrernte 语里就有这样对立的 r 类音，图 7.23 的声谱图和波形图显示了它们之间的区别。第一个词中有一个龈颤音,图中显示它有两次完整的持阻,然后调音器官再次摆动,

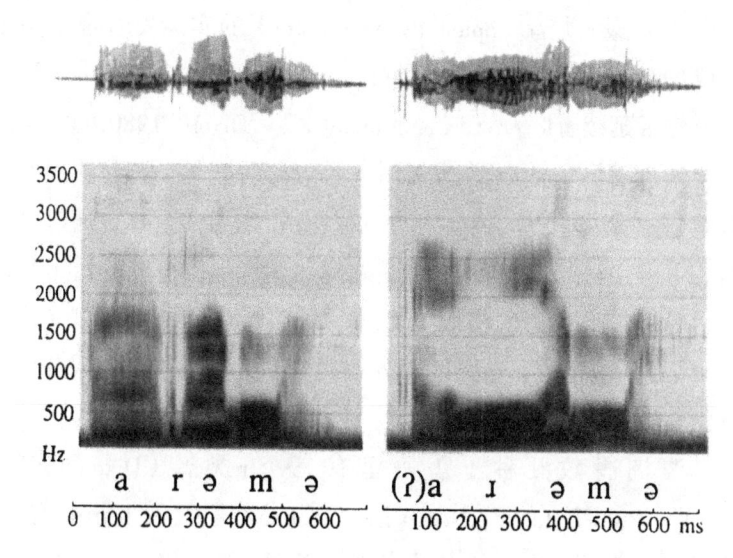

图7.23 东 Arrernte语里单词 arəmə[eɱˤeɹə] ("弄坏") 和 aɻəmə[eɱˤeɻaʂ] ("看见") 的波形图和声谱图，两个词中的r类音形成对立（注意：鼻音前有一个类似浊塞音的冠音，详见第四章。）

但没有完全闭合。这一点可以从声学能量的衰减看出来，在波形图和声谱图上都有所反映。第二个词中的近音较长，从头到尾都有高振幅，能量集中在2000-2500Hz，通常被描述为龈后音。大部分澳洲土著语里都有这个龈颤音和龈后近音。

澳洲大部分土著语都只有两个r类音，这一点很重要。但澳洲许多土著语却都有四个舌冠塞音、四个舌冠鼻音和四个舌冠边音。它们又可被分为两个舌叶音（调音部位分别是舌叶–齿、舌叶–龈后）和两个舌尖音（调音部位分别是龈和龈后）。r类音并不像舌前音那样有如此多的变化，仅有的两个r类音通常被描述为舌尖音。比如Morphy（1983：18）提道：在Djapu语中，

"舌尖－龈 r 类音（apico-alveolar rhotic）的实际发音形式是拍音或颤音，而舌尖－龈后 r 类音（apico-postalveolar rhotic）则是一个卷舌延续音（retroflex continuant）"。Dixon（1980）也指出："澳洲土著语中的 /ɻ/ 在发音时，舌尖向后翘起，翘起的程度类似于卷舌音 /ɖ/、/ɳ/、/ɭ/。"（Butcher 待出版的著作也通过腭位图和舌腭接触部位图表明，卷舌塞音的调音部位可以是舌叶下。）在舌叶音如此普遍的澳洲土著语中，r 类音并没有在舌尖/舌叶两个部位形成对立，说明大部分 r 类音（尤其是颤音和闪音）很难由较大的调音器官发出。

澳洲少数几种土著语里有三个 r 类音（Dixon 1980：140）。Pitta-Pitta 语、Diyari 语、Arabana 语以及 Kurtjar 语里除了有以上提到的两个澳大利亚土著语 r 类音以外，还有一个龈闪音；Murinhpatha 语还有一个龈近音；Warlpiri 语有一个龈

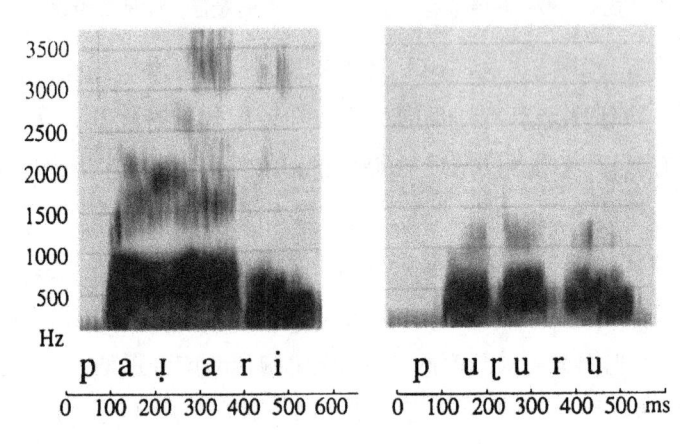

图7.24 Warlpiri 语中r音的声谱图，例词分别是**paɻari**（"彩虹"）和**puɽuru**（"头绳"）

后闪音；Yaygir 语有一个清龈颤音。图 7.24 是 Warlpiri 语中三个 r 类音的声谱图。其中，**paɻari**（"彩虹"）含有近音和颤音；单词 **puɽuru**（"头绳"）含闪音和颤音。两个例词中的颤音都很微弱，同时还伴有摩擦。相比而言，闪音在短的持阻期有较低的振幅，除阻爆破也很明显。当处于词首位置时，闪音前通常有一个类似元音的词首增音（prothetic），如图 7.25 所示。这个增音是闪音声学特征中很重要的部分，它可以区分词首闪音和元音间的闪音。

　　如前所述，马来雅拉姆语中的两个 r 类音对某些发音人来说，是两个发音部位不同的颤音；对另一些发音人来说，则是一个龈拍音（alveolar tap），一个颤音。Yamuna（1986）对自己所发拍音的持阻时长进行了测量，得出的平均值为 25 毫秒。颤音的持阻时长相对来说要短一些，但颤音又分两种——一次持阻

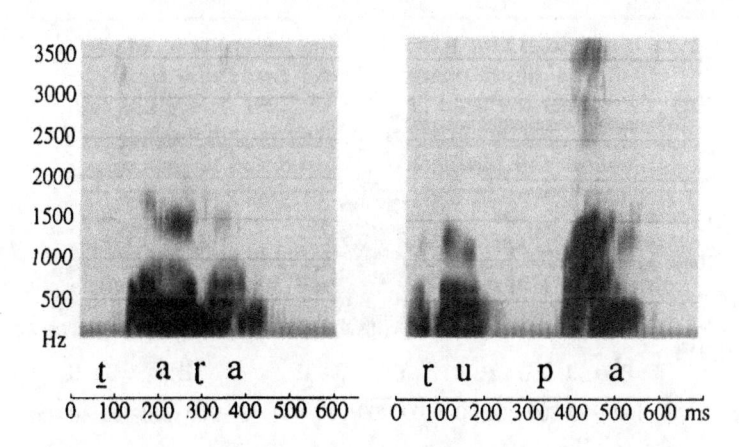

图7.25　Warlpiri语中位于词首和元音间的闪音声谱图，例词分别是 **taɽa**（"睡眠"）和**ɽupa**（"防风林"）

和多次持阻。对后一种颤音来说，整个音的平均时长是47毫秒。

  Edoid 语某些语言中有三个 r 类音形成对立。它们被称为清颤音、浊颤音和浊近音（Elugbe 1973，Amayo 1976），三个音都是龈音。但 Lagefoged（1968）把它们称作浊擦音 ɹ̝、浊近音 ɹ 和清擦音 ɹ̝̊。换句话说，它们代表了三种不同的延续性 r 类音（continuant rhotics）。表 7.3 是含这些音的例词。图 7.26 是表中第二行单词的声谱图，图中显示近音 ɹ 的发音很松，造成只有声强小幅下降。浊擦音 ɹ̝ 显然发音较紧，因为振幅大幅降低，

表 7.3 伊多语中含齿龈 r 音的例词

清擦音		浊擦音		浊近音	
àɹ̝̊à	"丧礼仪式"	aɹ̝á	"毛虫"	áɹába	"橡胶、橡皮"
àɹ̝̊ue	"割礼"	aɹ̝ú	"眼睛"	àɹu	村庄名称

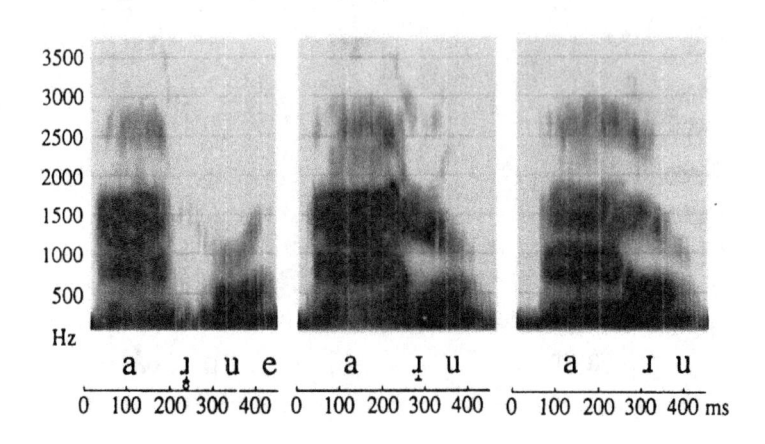

图7.26 表7.3中第二行伊多语单词的声谱图，发音人为男性，来自贝宁（Benin）

摩擦特征很微弱。这两个浊音之间的区别和收紧度有关，可以把它们看作是松、紧近音，而不是一个近音、一个擦音。我们还发现：尽管ɹ̥位于话语开头时是清音，但当它出现在元音间时，却经常是气化音，如图所示。另外，我们注意到，ɹ和ɹ̥还有一个共同特征，即高的共振峰大幅降低，而ɹ的第一共振峰尽管由于收紧而降低，其高共振峰却基本保持不变。这说明ɹ和伊多语的其他两个 r 类音之间也存在部位区别。

7.7　r 类音与边音的关系

作为一个整体，r 类音具有内部的统一性。但我们需要先讨论一下它同边音的关系。r 类音和边音还经常被划分为一个大类——"流音"（liquids），二者有一个共同成分——边闪音（lateral flap）。和本章描述过的其他闪音类似，边闪音在发音时也是舌尖向后翘起并快速刮一下龈后。只是，发生这个动作的同时，舌的一侧保持较低的姿态，从而形成气流通道（舌位较高的另一侧并不一定完全闭塞，阻塞气流通过）。所发出的音听起来既像 ɾ，也像 l。在某些语言中，比如 Nasioi 语（Hurd 和 Hurd 1966）、巴拉萨诺语（Barasano）（Stolte 和 Stolte 1971）以及图卡努语（West 和 Welch 1967）中，ɾ 和 l 之间有交替现象，尤其是在元音环境中，这是因为我们对发音一致性的理解不同。总体来说，边音 l 似乎总出现在后元音的环境中，而 r 类音则和前元音的环境有关。在 Chumburung 语中（Snider 1984），音位 l 有一个 r 类音变体，出现在词中的位置，词中同时还有咽腔收窄（舌根后缩）的元音。

在其他语言中，比如韩语，r 和 1 不是作为变体出现，而是两个独立的音位。而且在一个音节内，r 和 1 的分布位置也不同：r 出现在音节开头的位置，1 则在音节末尾的位置（Cho 1967）。在另一些语言中，边音 l 和 r 类音是自由变体关系。比如，Ladefoged（1968）调查过的几种西非的语言。日语也是这样，Shimizu 和 Dantsuji（1987：16）指出：

> 一些日语发音人把边近音 /l/ 和闪音 /r/ 作为完全的自由变体。有些人在词首的位置发近音 /l/，在元音间的位置发闪音 /r/；有些人在两个位置都发近音 /l/。还有一些人，除了这两个音之外，使用另一个音——卷舌性的浊塞音 /d/。

r 类音和边音之间的不同交替现象使这两类音之间关系密切。如前所述，r 类音和边音之间有分布上的相似性。它们中最典型的成员往往都是响音（sonorous），但同时又都包括完全不能被称作响音的音。

7.8　r 类音内部的统一性

不同的 r 类音在调音部位和调音方式上都有区别，很难说是某个单一的语音特征使它们成为一类。因此，我们必须从声学角度寻找答案。Ladefoged（1975）和 Lindau（1978）以英语为基础，提出：第三共振峰的降低是不同 r 类音的共同特征。这一点表现在以下几个方面：近音和其他延续性 r 类音的相对稳定的共振峰结构、颤音在每两次持阻之间间隔处的共振峰结构以及 r 类音前、后元音的共振峰转接段。

对于美式英语 ɹ 的不同变体（包括图 7.17 中的音）来说，第三共振峰降低是它们的共有特征。其他语言中的某些 r 类近音（approximant rhotics）也有这个特征。Lindau 对四位 Izon 语发音人进行了调查，发现其所发的 r 类音都有第三共振峰降低的现象，和美式英语类似；我们调查了许多意大利语发音人，也得出同样的结果。图 7.5 显示了六位托达语发音人所发颤音的第三共振峰降低的情况。但是，还有一些 r 类音有较高的第三共振峰。比如，豪萨语中的卷舌近音（retroflex approximant，如图 7.21），第三共振峰和相邻的元音 a 一样高；捷克语中 r 类擦音（fricative rhotic，如图 7.11）的第三共振峰大约为 3000Hz；瑞典语（如图 7.10）、法语（如图 7.14）以及德语（如图 7.16）中的小舌 r 类音都有高于 2500Hz 的第三共振峰，Arrernte 语的卷舌近音（如图 7.23）也有较高的第三共振峰，尽管这些音在其他方面各不相同。

对 r 类近音来说，共振峰的区别是判断收缩点位置的重要线索。r 类小舌音的第三共振峰较高，有时接近于第四共振峰。r 类齿音（dental r-sounds）虽然不如 r 类小舌音那么高，但也有较高的第三共振峰（Fant 1968），如图 7.12（西班牙语 r 类音的声谱图）所示。第三共振峰下降意味着一系列特定的调音模式。因此，它不是决定 r 类音内部统一性的最佳特征。

但是，如果排除这一特征，还能找到别的答案吗？Lindau 指出：没有任何一个物理特征是 r 类音内部成员所共有的。相反，各成员之间的关系是家族相似性而不是同一性。她建议我们一步一步地去寻找联系。比如,南部瑞典语的小舌颤音和美式英语的近音并不十分相似。但是,不同部位的颤音之间却十分相似。舌尖颤音和小舌颤音在脉冲模式上的相似性解释了法语、德语以及南部瑞典语中的舌尖颤音在历史上向小舌颤音的演变过程。当小舌 r 类音在语言系统中固定下来,它一般会弱化,从而和小舌擦音及小舌近音形成自由变换的关系。所有的小舌 r 类音在频谱模式上类似——在较高的第三共振峰区拥有谱峰。齿颤音和齿近音也有较高的第三共振峰。在瑞典的某些地区,特别是在使用 r 类舌尖音和 r 类小舌音两个地区的边界线上,我们能够发现家庭内部成员发 r 类音时在声学上有相关性。在这些地区,同一家庭内部的某位发音人要么使用部位靠前的 r 类音,要么使用靠后的 r 类音,而其他家庭成员根本感觉不到这种区别(Ohlsson、Nielsen 和 Schaltz 1977)。

颤音、闪音和拍音之间也有声学上的相似性。颤音类似于一系列的拍音,尤其是当颤音位于元音间时,它可以简化(在文献中,有时被称作"一次性颤音")。我们还发现:擦音和颤音特征可以共现,因此在法语、伊多语及其他语言中存在擦–近音变体(fricative-approximant variants)。7.2 节讲过的颤音在发音时有一次或多次持阻,后接一个延长的开放期,并形成近音,而不是连续持阻和开放的交替出现。颤音在发音中的这种不稳定性可以解释它和近音之间的变换关系或由颤音到近音的演化过程。

因此,Lindau 认为:r 类音内部的某一成员在某些特征上和其他成员类似，但是，所有成员并没有共享某个特征。颤音和拍音在"简短持阻"上类似；颤音开放期的共振峰又类似于近音；舌尖颤音和小舌颤音在脉冲模式上类似。收缩点位置相同的 r 类音在频谱能量的分布上类似。

这种家族内部的相似性解释了不同 r 类音在共时上的变换关系及历时上的演变关系。但是，r 类音也可能和非 r 类音类似，因为收缩点位置相近会造成频谱特征相似。比如，拍音、闪音和颤音都和塞音类似，因为它们都有持阻，而且经常和塞音交替出现。r 类擦音和其他的摩擦音也很类似。我们把 r 类音分成几个小类（如颤音、闪音等），把这几个小类统一起来的是它们在历史上的相关性，以及都用字母"r"来标写这一事实。

8. 咂音

咂音也是塞音，它的主要特征是两个成阻点之间有少量的空气，靠前的成阻点除阻时产生响亮的喷音。咂音是通过软腭气流机制形成的音，发音时总是吸入气流。咂音仅限于塞音和塞擦音。

咂音常见于非洲南部的一些语言中，在克瓦桑语的 !Xóõ 语、!Xũ 语和那马语（Nama）中尤其普遍。!Xóõ 语词典中有超过 70% 的词是以咂音开始的（Traill 1994）。非洲南部班图语中一些语言［如祖鲁语、科萨语（Xhosa）、RuGciriku 语和 Yei 语］、非洲东部的三种语言［肯尼亚的库西克语族（Cushitic）中的达火罗语、Sandawe 语和哈扎语］以及坦桑尼亚的两种语言中也有咂音，只是数量没有 !Xóõ 语那么多罢了。Sandawe 语的 1200 个词中，大约只有 25% 的词含有咂音（Kagaya 1993），达火罗语含咂音的词只有 40%（Maddieson、Spajić、Sands 和 Ladefoged 1993）。除了非洲语言，咂音尽管作为一种非语言声音信号常用于许多社会活动中，但并不见于非洲以外的任何一般语言。据报道，Damin 语中也有咂音，Damin 语是澳大利亚的 Lardil 人曾经使用过的、在语言游戏中形成的一种副语言（Hale 和 Nash 未刊）。

8. 䂵音

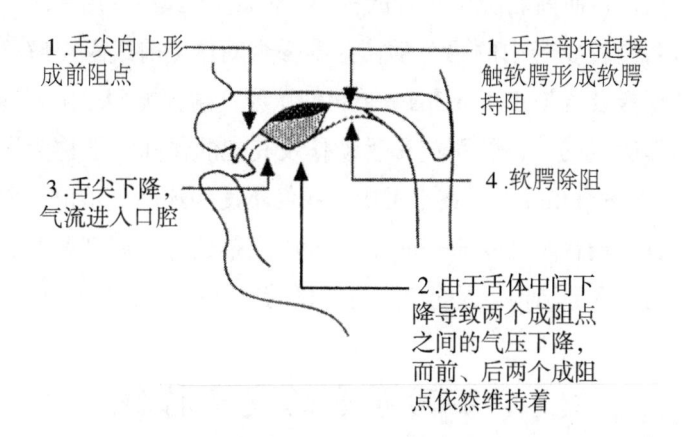

```
1.舌尖向上形成前阻点
1.舌后部抬起接触软腭形成软腭持阻
3.舌尖下降，气流进入口腔
4.软腭除阻
2.由于舌体中间下降导致两个成阻点之间的气压下降，而前、后两个成阻点依然维持着
```

图8.1 !Xóõ语中一个龈䂵音的发音过程。颜色较重的阴影部分是两个成阻点形成时构成的声腔。颜色较浅的阴影是前阻点解除前的声腔。虚线表明下降的舌位（同第三和第四阶段有关）。

图8.1显示了一个简单齿龈䂵音（alveolar click）的发音过程，它是根据Traill（1985）所调查的一位!Xóõ语发音人的X光片生成的。为简便起见，我们把这一过程分为四个阶段：（1）形成两个成阻点（一个是舌尖翘起，成阻形成于口腔前部；另一个是舌后抬起接触软腭，形成软腭持阻），中间有一个小气囊；（2）两个成阻点之间的空气由于舌体中部下降而稀化，但在前、后两个成阻点依然维持着；（3）舌尖和舌叶/舌侧下降，前成阻点除阻，气流进入口腔，从而使气压平衡，产生响亮的喷音；（4）后成阻点除阻。

口腔后部的成阻点（软腭持阻）对䂵音来说很重要，每个䂵音都有一个舌尖或舌叶（或嘴唇）动作和一个伴随的软腭或小舌动作，而前者决定咂音的种类。Beach（1938）用一对术语来命名咂音发音中的两个动作：第一个动作（前成阻点解除）称作咂音吸气（click influx）（我们认为：咂音类型是由咂音吸气动作决定的）；软腭或小舌动作及其他的伴随特征称为咂音出气（click efflux）。在本书中，我们不使用这两个术语，而是用咂音伴随音（click accompaniment）来描述口腔后部调音和肺部活动、喉部结构以及鼻气流等伴随特征。

8.1 不同咂音的发音特征

没有一种语言使用多于五个种类的咂音，因此我们认为任何一种咂音都可以归入以下五类中：双唇咂音（bilabial clicks）、齿咂音（dental clicks）、龈咂音（alveolar clicks）、硬腭咂音（palatal clicks）和边咂音（lateral clicks）。我们把这五种咂音分别标写为ʘ、|、!、ǂ、‖。虽然这些咂音的不同名称主要和部位有关，却也涵盖了声腔前部位调音的几个方面。每个名称都概括了一系列共现的语音和声学特征，这些共现的特征加起来才能界定某种咂音。接下来，我们要讨论这五种咂音之间的区别，包括不同语言间的区别和同一语言内部不同发音人的区别。很少有语言使用所有这五种咂音。达火罗语和 SiNdebele 语里只有一个咂音（齿咂音），南梭托语（Southern Sotho）中也只有一个咂音（龈咂音），祖鲁语和科萨语等班图语、Sandawe 语和哈扎语有三个咂音（齿、龈和边咂音），那马语、!Xũ 语等克瓦桑语有四个咂音（齿、龈、硬腭和边咂音）。

表 8.1 不同学者对于 |、!、ǂ、‖ 等咂音所做的语音分类。ʘ 经常被描述为双唇音，不在本表中

来源	语言			!	ǂ	‖
本书	所有语言	齿音	龈音	腭音	边音
Beach（1938）	那马语	齿塞擦音	龈内爆音	齿–龈内爆音	边塞擦音
Bleek 和 Lloyd（1911）	ǀXam 语	齿音	脑音	腭音	边音
Doke（1926）	祖鲁语	齿音	腭龈音		龈后边音
Doke（1937）	ǂKhomani 语	齿擦音	腭龈瞬时除阻音	龈瞬时除阻音	边擦音
Köhler（1981）	Kxoe 语	齿音	卷舌腭音	龈音	边音
Maddieson（1984a）	那马语	齿塞擦音	龈音	龈后音	龈边塞擦音
Maddieson（1984a）	祖鲁语	龈塞擦音	腭龈音		龈边塞擦音
Sagey（1986）	克瓦桑语	+舌冠 +前部 +散布性 −边音	+舌冠 −前部 −散布性 −边音	+舌冠 +前部 +散布性 −边音	+舌冠 −前部 −散布性 +边音
Snyman（1975）	Zhuǀ'hõasi 语	齿–龈音	腭音	龈音	边音
Taljaard 和 Snyman（1990）	祖鲁语	舌尖–舌叶–齿音	舌尖–硬腭音		舌尖–齿龈–腭边音

只有 !Xóõ 语和 |Xam 语等南部克瓦桑语有五个咂音。

语音学历史上对咂音的描述五花八门，即使是同一种类的咂音也有不同名称，如表 8.1 所示。有时，用来指同一种咂音的两个名称竟完全相反，比如，我们把 ! 和 ǂ 分别称作龈咂音和硬腭咂音，但 Snyman（1975）则把它们称作硬腭咂音和龈咂音；有的学者对这两个音还另有命名。Maddieson（1984a：297）把祖鲁语中我们称作齿咂音的音叫作龈咂音，而我们的龈咂音则成了他的腭－龈音。关于这种命名上的混乱有以下几个原因：咂音的持阻时最大成阻点（maximum occlusion）比除阻前的成阻点更大；对于调音部位的判断要么基于最大成阻点，要么基于除阻前的成阻点。而且，不同发音人使用不同的调音方式可以发出听感类似的咂音。另外，不同学者侧重发音过程的不同方面，比如，特别说明除阻的突然性或摩擦性。

根据 Traill（1985）的 X 光数据图，图 8.2 显示了 !Xóõ 语中五种咂音的调音部位。在原始资料中，能看到唇位的只有双唇咂音。其他咂音的唇位是根据下齿的位置推测出来的。左图显示的是最大成阻点，也就是气囊体积最小时；而右图显示的是前成阻点除阻前的情况。

先来看最大持阻时（左图）的情况。左图显示：五种咂音之间的区别比右图小，除了双唇咂音，其他四个音基本相同，而且舌头接触了声腔上表的大部分区域，唯一明显的区别是：和齿咂音及边咂音相比，龈咂音和硬腭咂音的气囊前缘更靠后。

右图显示：除阻前，五种咂音的调音部位区别很大。左、右图之间的不同反映了舌的运动幅度很大，造成气囊中空气的

8. 咂音   319

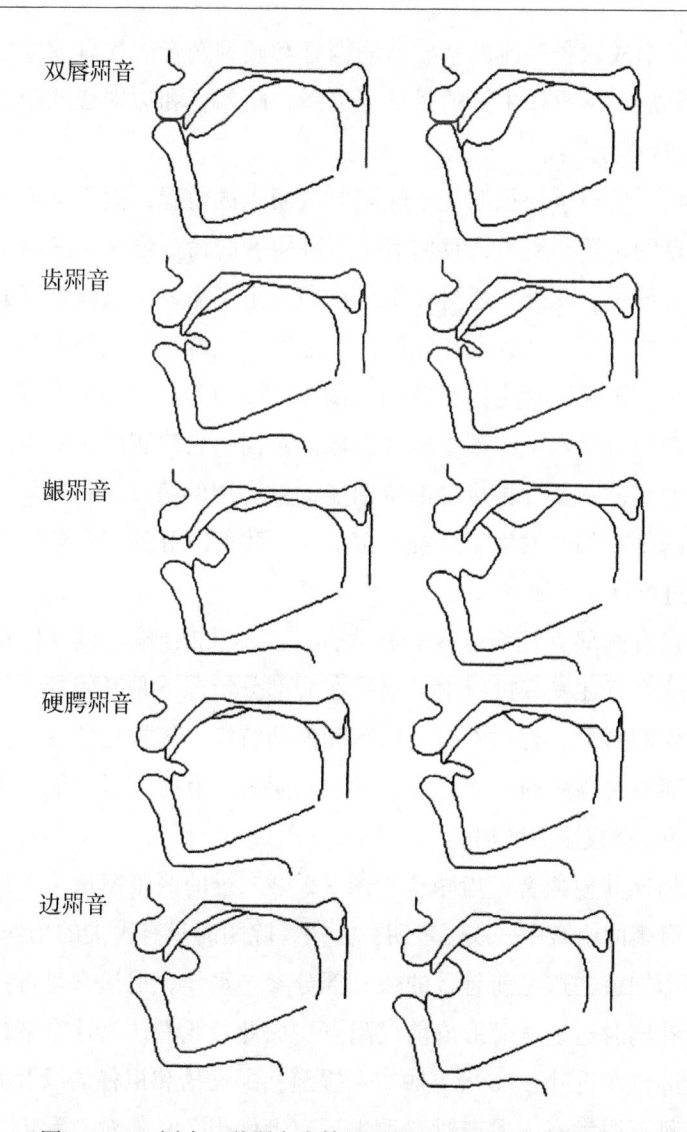

双唇咂音

齿咂音

龈咂音

硬腭咂音

边咂音

图8.2　!Xóõ语中五种咂音在持阻形成时（左图）和除阻前（右图）的调音部位区别，根据Traill（1985）的X光数据图

稀化，形成软腭气流的基础。龈㗳音和硬腭㗳音的气囊前缘依然较靠后。从舌体中间的最低点来看，龈㗳音和边㗳音低于齿㗳音和硬腭㗳音。

  㗳音的声学特征取决于除阻时成阻点的位置，而不是最大成阻点的位置。所以，我们对于五种㗳音的命名强调了除阻前的调音部位。此外，还要详细讨论前成阻点后缘（也就是气囊前缘）的位置，尤其是在除阻前。之所以强调这一点是因为静态的腭位图无法确定㗳音的调音部位，因为它显示的是发音过程中任何时间点上的整个接触区域。然而，它确实能表明可能的接触点范围。舌腭接触部位图能提供有用的信息，它显示了舌头的哪一部分发生了接触。接下来，我们对五种㗳音的发音过程进行逐一说明。

  只有南部克瓦桑语有双唇㗳音，如图8.2顶端的两张图所示。这个音在发音过程中，双唇在大部分情况下是紧闭的，除非发生圆唇化，否则不会有圆唇和前凸特征。较常见的音姿是敛唇而不是嘴唇前凸做"吻"状。除阻时，有时下唇可能会抵住上齿，造成湍流增加。

  相比其他㗳音，齿㗳音（图8.2第二行的两张图所示）出现在更多的语言中，该图表明：齿㗳音除阻时只有舌尖的动作。我们不知道在这之前是舌的哪一部分参与动作，但通常是舌尖和舌叶同时运动从而形成前成阻点。因此，我们认为这个音的调音部位在舌叶。Louw（1977）提道：那马语和祖鲁语以及大部分科萨语发音人发音时"舌尖远离上门齿"。他对"舌尖"的理解可能包括我们所说的舌叶。Doke（1926）对一个祖鲁语

发音人进行了调查，其舌腭接触部位图显示：齿啰音|有较大的舌叶接触面。但是，Louw 又指出：某些科萨语发音人“舌尖抵住下齿，舌前部……远离上齿”。这些发音人显然是舌叶调音，而 Louw 调查的另一些发音人则是舌尖调音。Doke（1925）提道，!Xũ 语中的齿啰音可能是齿间音；我们也观察到 Sandawe 语和哈扎语的某些发音人舌尖前伸，放在上下齿之间。所以，和其他的齿音一样，齿啰音的接触点和舌位不是固定不变的。

发齿啰音时前成阻点可能会一直延伸到龈后，所以把它称作齿－龈啰音（denti-alveolar）或齿－腭啰音（denti-palatal）似乎更合理。但是，如前所述，描述啰音的关键是除阻时的调音部位。对齿啰音来说，除阻前的成阻点经常在舌叶和齿及龈前 252
之间，明显具有舌叶齿音或舌叶齿－齿龈音特征。齿啰音的前成阻点除阻时伴有噪声，因此经常被看作塞擦音（见表 8.1）。

图 8.2 第三行显示的啰音通常记写为!。它和齿啰音的区别在于其前除阻更突然，且不伴随塞擦特征。但是，这两种音的调音部位都不是固定不变的，由于侧重点不同，命名也就不同。传统上，这种音被称作“硬腭”啰音，但我们更倾向于把它称作龈啰音，因为它除阻前的接触点在硬腭前部（当然，也有可能是龈后）。Traill（1985）认为应该把这种音称作齿后音（post-dental），理由是他所调查的克瓦桑语大部分发音人没有明显的硬腭坡度，也没有龈脊，因此很难划分齿后的调音部位。另外，也可以把这类音叫作舌尖音，因为到目前为止，绝大部分!啰音在除阻时大都是用舌尖抵住口腔顶部，但并不是所有的发音人都如此。舌腭接触部位图显示，哈扎语和 Sandawe 语的某

些发音人是舌叶调音，舌尖并没有接触口腔顶部。

啊音!的调音部位通常在龈后，表 8.1 中描述!常常用到的术语是卷舌和脑中部的（cerebral）。（事实上，音标!是在齿啊音的符号下面加点儿来表示卷舌音，这种做法来自研究印第安语的学者。）龈啊音!有两个变体——舌尖-龈后音（apical post-alveolar）和舌尖下-龈后音（sub-apical post-alveolar），但我们尚未发现这些调音部位不同的啊音之间形成对立的情况。只是同一语言内部存在变异。如图 8.3（根据 Traill 1985：103 复制）所示，它是!Xóõ 语五位发音人所发的词首含!的词的腭位图。请注意：前两位发音人有内凹曲线（用箭头标出），口腔中部的接触点比舌两侧接触点更靠后。这是舌尖下啊音的发音动作——舌尖卷起，接触口腔顶部，类似于 Dart（1991）调查过的马来雅拉姆语卷舌辅音。就其他三位发音人的发音部位来说，（3）、（4）可称作龈音，而（5）则是龈后音，但没有迹象表明它是舌尖下调音。这五张腭位图说明，啊音!可能有三种调音方式。祖鲁语和 Khosa 语中的!也有类似变体。Doke（1927：127）和 Beach（1938：82）都各有一张腭位图显示发音人发啊音!时有舌叶-龈后和舌尖下变体。

Doke（1925：148）描述过!Xũ 语中的一个舌尖下卷舌啊音（sub-apical retroflex click），暗示这个卷舌啊音和龈啊音形成对立。Jan Snyman 是调查!Xũ 语最有经验的学者，他并没有提到这种对立情况（Snyman 1970，1975，1978，1980），而是把 Doke 描述过的含有卷舌啊音的词全部简单地转写为啊音!。研究克瓦桑语的其他学者也没有人提到龈啊音和卷舌啊音形成对

8. 咂音

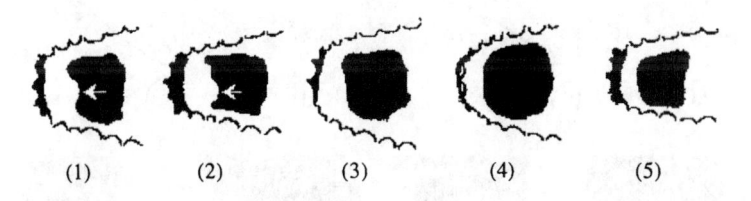

(1)　　(2)　　(3)　　(4)　　(5)

图8.3　五位!Xóõ语发音人所发的咂音！的腭位图（根据Traill 1985:103）。图中白色区域表示接触面

立。实际情况很可能是：Doke 所调查的有些发音人发卷舌咂音，但当时和现在的！咂音都不存在卷舌／非卷舌咂音之间的对立。在某些语言中，卷舌音很有可能是咂音！较受欢迎的发音形式，但我们认为不存在对立的情况。

我们调查过 Sandawe 语和哈扎语中咂音！，也发现存在变异。在这两种语言中，咂音！都因发音人的发音力度而变化。有时，除阻时振幅很低，好像内吸特征很微弱（详见 Sands、Maddieson 和 Ladefoged 1993）。对很多发音人来说，还存在一个明显的音位变体。在这种情况下，其调音动作是：在前除阻后，舌尖接触口腔底部。前除阻以及舌尖接触口腔底部是一个连续性的曲线运动过程，同时，舌尖下发出敲击声，似敲击口腔底部。类似于非咂音语言的发音人模仿的马蹄声，也是 Tucker、Bryan 和 Woodburn（1977）所描述的闪音性腭龈咂音（flapped palate-alveolar click）。南非语言中可以与之相比的另一个咂音变体是 Doke 研究报告中提到过的一位!Xũ语发音人的腭龈闪咂音（palato-alveolar flapped click）。"舌前部轻拍口腔底部，舌尖下在下门齿后和口腔底部发出有回响的拍打

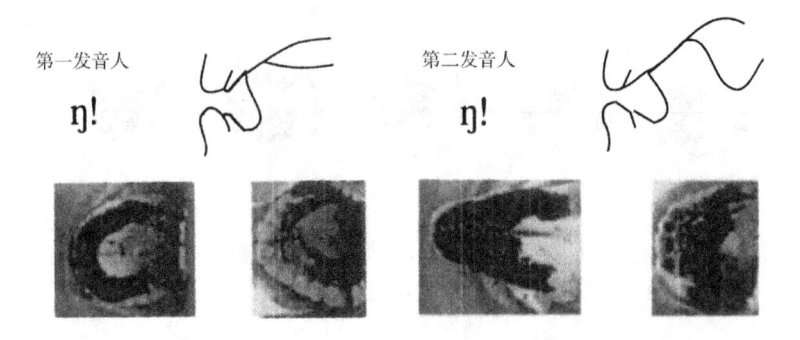

图8.4 哈扎语中的龈-腭啸音的腭位图、舌腭接触部位图以及矢面图，例词是ŋleʔe（"切"），两位发音人均为男性

声"（Doke 1925:163）。

图 8.4 是两位哈扎语发音人所发啸音!的腭位图、舌腭接触部位图以及调音部位矢面图。和!Xóõ语中的啸音!（如图 8.3 所示）相比，哈扎语中啸音!的后成阻点更靠后，意味着两个成阻点之间的气囊也更大。同其他语言一样，哈扎语中啸音!的前成阻点比齿啸音|靠后，且更像舌尖音，第一个发音人的发音尤其如此。第二个发音人所发的|和!很相似，舌腭接触部位图显示：|和!的前成阻点在与舌接触的长度和位置上很相似，只是齿啸音|的舌中心形状不同，没有和口腔顶部相接触，只是略微前伸，而龈啸音!的舌中心形状为长方形。和我们调查过的三位Sandawe语发音人一样，哈扎语发音人的龈啸音!没有舌尖下变体。

Sands（1991）、Traill（1992）、Ladefoged 和 Traill（1994）都注意到，学者对龈啸音!的描述多种多样。在之前的章节中我们也提到过某些语言中的某些发音人所发的！包含了舌叶音的特征，而另一些人则是舌尖或舌尖下音。我们怀疑龈咝音！的舌叶音变体可能只出现在某些语言中，这些语言没有与！对立的硬腭咝音ǂ（我们接下来要谈的咝音）。从目前掌握的材料看，除了 Traill 的关于!Xóõ 语的资料，没有任何其他资料（X 光片和腭位测量术）可以说明！在前成阻点除阻时的调音部位。考虑到！有各种变体，有许多是发音人的个人特征，所以，最好把！称作龈咝音，不宜做太过精确的说明。在我们所调查过的所有有！的语言中，某些发音人是用舌尖或舌尖下抵住齿龈发音的，非洲南部的克瓦桑语大都如此，这些语言中的！都可简单地称作舌尖咝音。

图 8.2 第四行显示的硬腭咝音ǂ，Beach（1938）称之为齿-龈音，Doke（1925）和 Köhler（1981）称作龈咝音。这些名称在我们看来都没有注意到咝音ǂ发音过程中的重要特征，我们还是要把ǂ叫作硬腭咝音。如表 8.1 所示，硬腭咝音的名字是对早期研究的回归，Bleek 和 Lloyd（1911）以及 Krönlein（1889）都把ǂ叫作硬腭咝音。这个音在发音时，舌尖和舌叶同齿及龈脊相接触，但应该注意的是——气囊的前缘更靠后，这一点至关重要。Traill 的 X 光数据图显示了发ǂ时的气囊位置变化。图 8.2 左、右两张图的对比也表明：舌叶的接触点向后移动了，内吸特征也更加明显。对ǂ来说这个特征很普遍，但又不是固定不变的（参见 Traill 1985: 127）。毫无疑问，根据除阻时的情况，ǂ应该被描述为硬腭音。

硬腭咝音ǂ还有一个显著特点——持阻时，位于两个成阻

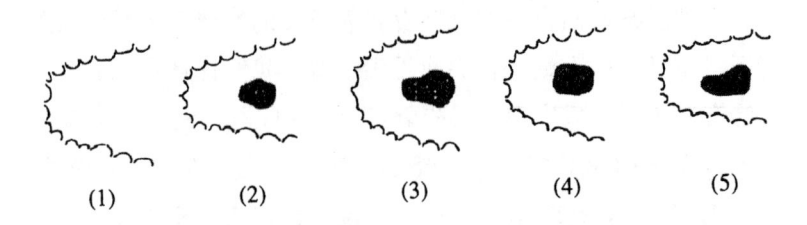

图 8.5　五位!Xóõ语发音人所发硬腭咝音的腭位图（根据Traill 1985）。白色区域表示接触面

点之间的气囊体积很小。图 8.2 中还可以看到：在矢面图上，这个气囊短而浅。这是由于舌两侧接触面大造成的，从 Traill（1985）的五位!Xóõ语发音人的腭位图（这是图 8.5 绘制的基础）能看到。另外，Beach（1938：77）的那马语发音人的腭位图也能说明这一点。硬腭咝音在咽腔扩展前的气囊体积是所有咝音中最小的，第一个发音人的气囊几乎为零。正因为如此，发音时，舌头的一个微小动作也能引起大的变化，以形成咝音所必需的负压。

图 8.2 最后一行所显示的边咝音在调音部位上也有些变异。顾名思义，边咝音最显著的特点是侧除阻，即舌的一侧移动至和白齿平行处。边咝音没有舌叶下变体，调音部位可能在齿、龈或龈后。在南部非洲语言中，边咝音的中央成阻点在舌尖-龈之间，如图 8.2 所示。其前成阻点和龈咝音!在除阻前相似；但是 Sandawe 语和哈扎语的边咝音类似于这两种语言中的腭边喷音（palatal lateral ejective）。实际上，可以把这两种语言中的边咝音看作是硬腭咝音ǂ（而不是龈咝音!）的边音形式。图 8.6

8. 㗂音　　　　　　　　　　　　　　　　　327

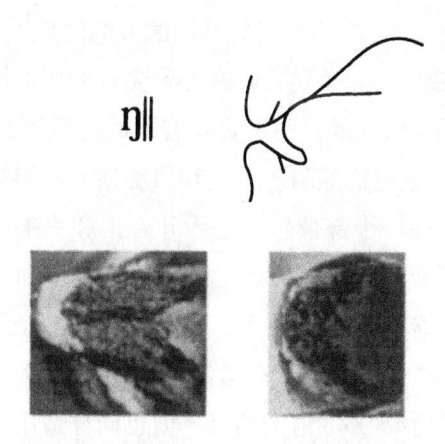

图8.6　一位男性哈扎语发音人（图8.3中的第二位发音人）所发边㗂音的腭位图和舌腭接触部位图，例词为ŋǁaʔa（"食腐肉"）

是一个哈扎语边㗂音的腭位图和舌腭接触部位图，从中可看出：舌叶持阻较为明显。不管是舌尖还是舌叶调音，所有语言中边㗂音的前除阻都伴有塞擦特征。当然，不带塞擦特征的除阻是完全可能的（就像英语发音人所发的表示吃惊或赞同的那个音），但在自然语言中还未发现。

除了调音部位不同以及舌叶和舌尖的区别，四种㗂音（双唇㗂音除外）还在前除阻的运动快慢上有区别。在我们听说过的所有语言中，齿㗂音和边㗂音是伴有塞擦特征的，而龈㗂音和硬腭㗂音的除阻比较突然。如图8.2，伴有塞擦特征的㗂音，矢面图上气囊在扩大之前较长。

我们同意 Traill（1985）的观点：对于既有龈㗂音又有硬腭㗂音的语言，ǀ、ǃ、ǂ、ǁ 之间最主要的调音区别不在口腔顶部的调音部位，而在参与发音的具体的舌部位。这些语言中的!和 ǁ 是舌尖音，ǀ 和 ǂ 是舌叶音。舌尖音的气囊扩大是由舌体中间进一步下降引起的。两个舌尖音之间的区别是：! 为舌中央除阻，而 ǁ 是舌边除阻。舌尖和口腔顶部的接触点可以是从齿到龈后的任何一个部位。对于舌叶音 ǀ 和 ǂ 来说，传统的调音部位术语还要进一步区分。ǀ 的成阻点在齿和齿龈之间（如果克瓦桑语发音人有龈脊的话；我们提到过，大部分人的硬腭较平坦），ǂ 的成阻点会一直延伸到硬腭。虽然 Traill（1985）的这些结论是研究 !Xóõ 语的结果，但也同样适用于其他含有䶮音 !、ǁ、ǀ、ǂ 的语言。过去，对䶮音的描述往往不够充分，原因是没有很好地强调舌尖和舌叶的区别。这里，需要注意的一点是：舌尖/舌叶的区别和除阻是否伴有塞擦毫无关系。

8.2 䶮音的声学特征

从声学角度描述䶮音的著作很少，其中最重要的是 Kagaya（1978）对 Naron 语和 Sands（1991）对科萨语的研究。他们描述了䶮音除阻时声学频谱的总体特征，以及是否伴有噪声（塞擦）。接下来的讨论是根据 Ladefoged 和 Traill（1994）的研究。要介绍䶮音声学特征，最简单的方法是分析波形图的差异，如图 8.7 所示。我们将关注前除阻时波形图的声学结构。波形图取决于䶮音的除阻部位、除阻方式以及后成阻点前的气囊和声道壁。䶮音后除阻的声学特征类似于软腭音和小舌音除阻，在这里不做解释。

8. 咂音 　　　　　　　　　　　　　　　　*329*

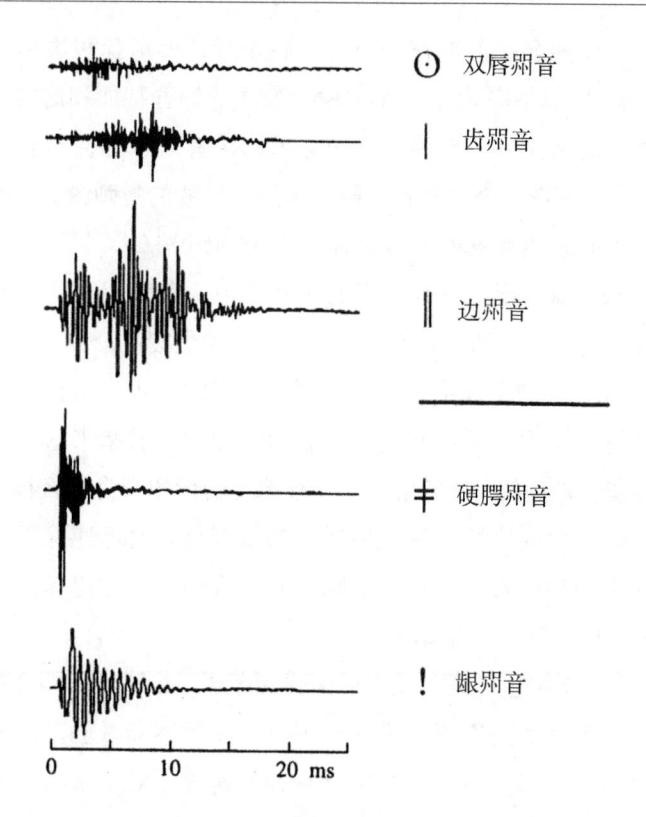

图8.7 !Xóõ语中五种咂音噪声爆发的波形图。下面两张图主要是暂停态反应，上面两张在除阻后有大量的摩擦噪声

不同咂音的波形图在持续时长和噪声上有明显区别。和其他塞音一样，咂音除阻包含两个声学成分：调音器官分开时的暂态，以及和湍流有关的噪声。暂停状态是由于声道形状的迅速改变引起的，它在波形图上的表现就像声道的脉冲反应。龈咂音和硬腭咂音的波形图（图 8.7 下图）主要是暂停状态，除阻

258 后并不伴随显著的摩擦噪声。双唇㗂音、齿㗂音和边㗂音的除阻（图8.7上图）较长，而且噪声较大。这些特征和这两类音在听感上的区别一一对应。迅速除阻的㗂音对听觉神经有简短的强刺激，而带噪声的㗂音对听觉神经有持续的强刺激。这就使！和ǂ听起来更像塞音 t、k；而带噪声的㗂音 ⊙、｜、‖ 更像塞擦音 pɸ、ts、kx。对带噪声的㗂音来说，前除阻时，舌头（齿㗂音和边㗂音）和双唇（双唇㗂音）运动更缓慢，负压被抵消。Hagman（1977）在描述那马语语法时提出：齿音所伴随的塞擦特征是由于舌头从不规则的齿表面移开的。看起来这是个有趣且貌似合理的解释，它解释了非塞擦性的齿㗂音为什么很难发，而非塞擦性的边㗂音和双唇㗂音却很容易。对迅速除阻的㗂音

259 （硬腭和龈㗂音）来说，前除阻时，舌前部移动迅速。所以，声腔的脉冲反应几乎不带噪声。

图8.7中还能看到噪声的渐强和渐弱。带噪声的㗂音在前除阻后，噪声的强度不断增加至顶点，随后逐渐减弱。由此我们可得知舌前部和下唇从成阻点移开的速度。对于带噪声的㗂音来说，舌前部和下唇运动缓慢，摩擦持续时间是15毫秒；而迅速除阻的㗂音则持续6毫秒。

迅速除阻的㗂音在波形图上还有一个特征，！和ǂ有阻尼波，前面还有一个暂停状态。而带噪声㗂音的波形图却很不规范。龈㗂音的波形图上也有阻尼波，频率约为1200Hz；硬腭㗂音的不太明显，频率超过3000Hz，这说明其气囊体积比龈㗂音要小（如图8.2）。

根据能量的分布情况，可将㗂音的频谱图分为三类。齿㗂

音和硬腭咔音的能量集中在频率 2500Hz 以上，而龈咔音和边咔音则远低于这个数值。双唇咔音的频谱有点像齿咔音，高频率顶点为 3700Hz，但在 900-1500Hz 的低频率区间内，有能量集中的宽带。这种能量集中在两个区域的情况是由于双唇咔音起始时的暂态和后接噪声的爆发分别位于两个区域。

最后，关于咔音的声学特征，我们还要强调强度的重要性。和相邻的音不同，咔音发音前通常有一段无声状态或很弱的带声，且后接清伴随音。这主要是由于许多咔音比相邻的音有更大的能量。本章后半部分将会提道：它们是后接元音的两倍，说明其强度至少大 6 分贝。（如果一个音比另一个音大 5 分贝，而频率成分大致相同，那它听起来就会比另一个音高一倍。）这个特征很重要，它能把咔音和其他辅音区别开来。咔音｜、!、⧧、‖ 总比后接元音要强。只有双唇咔音的强度比后接元音弱得多，但却至少和 s（清辅音中最强的音）一样强。作为一个类别，咔音也许是人类语言的辅音系统中最特殊的音，它们比其他辅音更好识别，也不可能和其他辅音混淆（Ladefoged 和 Traill 1994），确实是一个特殊的群体。

8.3 咔音的伴随音

咔音都有两个成阻点，目前为止，我们讨论的是前成阻点除阻时所发的音——所谓的"吸气"。接下来要讲和后成阻点、喉部结构及口鼻结构有关的一系列的音，它们称作咔音的伴随音，或"出气"（旧术语），它们是咔音必不可少的一部分。

必须强调的是,任何一个咝音都有某种伴随特征,为了和标写咝音种类的符号相区别,我们对单个咝音的标写都突出了它所有的伴随音。由于后成阻点在软腭区,大部分咝音都包含一个软腭塞音 k、ɡ 或软腭鼻音 ŋ。

咝音的伴随音可分为三类:(1)和喉部动作有关;(2)和口鼻运动有关;(3)和后成阻点的除阻方式及位置有关。Nguni 语(如祖鲁语和科萨语)咝音只有前两类的伴随音,克瓦桑语则有三类伴随音。科萨语中每一个咝音都有五个不同的伴随音,我们以它为例来详细介绍。这些伴随音有可能是清音 k、送气音 kʰ、气化软腭塞音 ɡ;或浊软腭鼻音 ŋ、气化浊软腭鼻音 ŋ̤。另外,科萨语中咝音的前除阻有三个位置:齿、边和龈。所以,科萨语共有 15 个对比鲜明的咝音,如表 8.2 所示。

表 8.2　科萨语中含对立咝音的例词

	齿	龈	边
清	ukúk|ola "磨碎"	ukúk!oɓa "打破石头"	úk‖olo "和平"
送气	úkukʰ|óla "捡起来"	ukúk!ʰola "香水"	ukú‖kʰoɓa "武装自己"
气声	úkuɡ|óɓa "欢乐"	ukúɡ!oba "昏"	ukúɡ‖oba "搅烂泥"
浊鼻音	ukúŋ|oma "羡慕"	ukúŋ!ola "爬上去"	ukúŋ‖iɓa "穿衣服"
气化鼻音	ukúŋ̤|ola "变脏"	ukúŋ̤!ala "直走"	ukúŋ̤‖ola "仰卧屈膝"

8. 咔音

通过图 8.8 中龈咔音的波形图，我们可以看出这些不同伴随音的特征：清咔音（图中第一排）有少量的送气，但又和送气咔音（第二排）明显不同，后者声带起振时间大约持续 125 毫秒。[261] 图中第三排音可称作"气化咔音"，标写时在浊软腭音符号下加分音符号。图 8.7 第三行显示：伴随的软腭塞音持阻时，声带

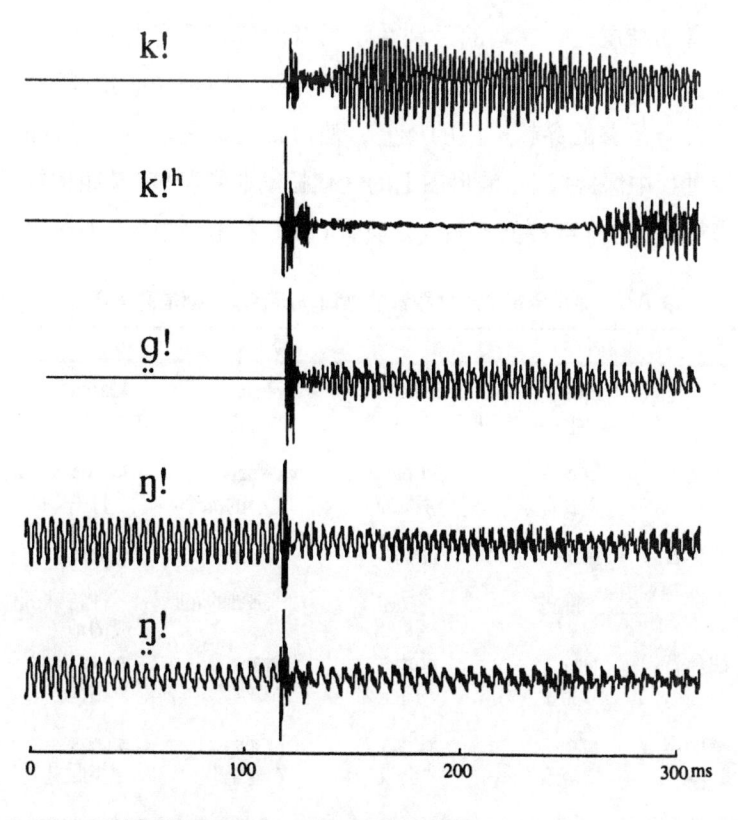

图8.8 科萨语中龈咔音五个伴随音的波形图

是不振动的。科萨语（以及邻近语言，如祖鲁语）中的气化咝音属于抑调辅音（depressor consonants），它的显著特征是后接元音的声调下降（Traill、Khumalo 和 Fridjhon 1987）。班图语（如祖鲁语和科萨语）中这些抑调辅音在除阻时所伴随的气声特征没有印度雅利安语（如印地语或马拉地语）那么强烈。

图 8.8 中第四排和第五排的咝音几乎总是出现在所伴随软腭鼻音的结尾处。二者的区别在于后者的气化鼻音是一个抑调辅音。第四、第五排的咝音和第三排伴随软腭塞音的咝音不同，后者有足够的穿越声门的压差，使声带在咝音及后接元音的发音过程中保持振动。波形图上的气化振动非常明显，基频也较低。当然，这个气声特征不如气化鼻音（如马拉地语中的）那么强烈。

表 8.3　那马语中含对立咝音的例词，所有单词都是高声调

	齿	龈	腭	边
清不送气	kǀoa "把……放进"	kǃoas "空的"	kǂais "召集"	kǁaros "写"
清送气	kǀʰo "放音乐"	kǃʰoas "腰带"	kǂʰaris "小的那个"	kǁʰaos "打击"
清鼻音	ŋ̊ǀo "推进"	ŋ̊ǃas "叙述"	ŋ̊ǂais "狒狒的屁股"	ŋ̊ǁaos 一种特殊的做饭的地方
浊鼻音	ŋǀo "测量"	ŋǃoras "掰玉米"	ŋǂais "斑鸠"	ŋǁaes "指向"
喉闭塞	kǀʔoa "声音"	kǃʔoas "会议"	kǂʔais "金子"	kǁʔaos "拒收礼物"

克瓦桑语咔音还有其他伴随音。那马语咔音伴有喉塞音和清鼻音，下面会谈到这两种伴随音。当然，克瓦桑语也有我们前面提到的三种音——鼻音、清不送气音和送气音，所以，每个前成阻点的除阻都有五种不同方式。那马语有四种方式（科萨语的三种加上硬腭除阻），所以，那马语中共有20个不同的咔音，如表8.3所示。Ladefoged 和 Traill（1984）全面介绍过这些音。

表8.3中第一、第二和第四行的咔音具有和科萨语相似的伴随音。只是在某些那马语方言中，送气除阻可能伴有软腭摩擦。第三行的咔音伴有清鼻音，Ladefoged 和 Traill（1984）称之为延迟送气（delayed aspiration）。当这种咔音前有元音时，元音鼻化或变成简短的过渡鼻音（Beach 1938: 86–87）；但是当它位于话语开头时，很难和第二行的送气咔音（软腭塞擦音）区别开来，因为它们的发音延迟（VOT）非常相似。听感上最显著的区别在于送气咔音有明显的软腭除阻（在伴有 kʰ、kˣ 时较明显，伴有清鼻音时几乎听不到），因为软腭成阻点后没有积聚气压。

图8.9的空气动力图（基于 Ladefoged 和 Traill 1984）显示 k|ʰo（"放音乐"）和 ŋ|ʰo（"推进"）的区别。左图中的送气咔音（带有轻微塞擦特征）形成时有气压积聚在软腭成阻点后。前除阻和软腭除阻几乎同时发生（对大部分咔音来说都是如此，除了有鼻音伴随音的咔音及下面要讨论的特殊情况）。气流迅速从口腔冲出，元音开始时流量减弱。右图中伴有延迟送气的咔音在软腭成阻点后有少量气压形成。这是因为在咔音除阻前有清鼻气流形成（从鼻气流记录上可以看出来）。软腭除阻时，

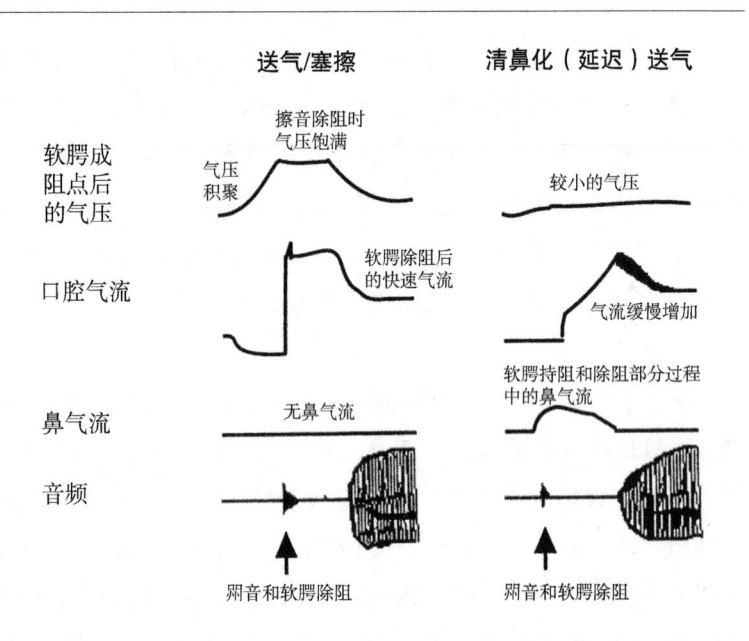

图8.9 那马语中单词 kʰo（"放音乐"）和 ŋ̊ʰo（"推进"）的空气动力图（该图做过修描），反映伴有送气（软腭塞擦音）和清送气鼻化（延迟送气）咝音的区别。只显示词的开头部分

穿越口腔的气流量较小，但随着鼻气流的减小而缓慢增大。表8.3中第三行咝音的软腭除阻是无声的，因为软腭成阻点后积聚的气压通过鼻腔释放了。所以，这个咝音伴随的是一个清软腭鼻音 ŋ̊，而不是送气的软腭塞音 kʰ（像表8.2中第二行的咝音一样）。接下来我们讨论 !Xóõ 语中咝音的气流机制。

表8.3中最后一行的咝音伴随喉塞音。声门持阻时咽腔压力没有增加。然而，空气动力图显示，该咝音在除阻时有一些鼻气流通过，说明此时软腭明显下降。Beach（1938）首次提到这

种清鼻音除阻（voiceless nasal release），认为它可能是由于喉头关闭并上升，同时软腭下降造成的。（注意，如果喉头上升，同时腭咽口闭合就会造成咽腔压力增加。）这种咽音在科萨语和其他的 Nguni 语中并不与其他咽音在音系上形成对立，但 Lanham（1964）提道，科萨语中的清不送气塞音可能后接喉塞音。

目前为止，我们已经讨论过咽音的七种伴随音（科萨语的五种以及那马语的两种），!Xóõ 语中还有另外的几种伴随音。表 8.4 是 !Xóõ 语中含咽音的例词（也有包含咽音和其他辅音的音丛）。如前所述，!Xóõ 语中有五种咽音：双唇、齿、龈、硬腭和边咽音。每一种咽音都有 17 种可能的伴随音，如表 8.4 所示。

图 8.10 和图 8.11 是龈咽音的波形图，这些词是在喀拉哈里（Kalahari）沙漠的 Lokalane 录制的，具体地点在距离居民区一公里的空地上。背景中轻微的噪声是树木被风吹动的声音，在无声持阻时尤其明显。为了得到可以在视觉上进行比较的波形图，我们对一位发音人的具有代表性的话语进行了单独的一次录制。

这里我们需要指出，语言学家对于最合适的咽音伴随音的标写方式意见不一（Köhler、Ladefoged、Traill、Snyman 和 Vossen 1988）。表 8.3 中（以及本书中其他表格）所用符号都是按照国际语音协会（1989）的标准制定的。每个咽音都有一个后成阻点，但它可能在软腭，也可能在小舌。所以，在标写方式上也要进行区别，具体做法是在咽音音标前加一个软腭音或小舌音符号。（当然，这一顺序并不代表调音姿态的顺序。）咽音其他特征的标写，比如清/浊、有无鼻气流等是在 k、g、ŋ、N 之间加以选择完成的。我们已经讨论过以下几个音：k、g̈、ŋ、 ŋ、ŋ̊、ʔŋ、q、ɢ。㗊音本身是根据国际语音协会（1989）的标准标写的。后除阻的不同方式也通过㗊音后附加符号加以区别，比如送气符号 ʰ、塞擦符号 ˣ、喉塞音符号 ʔ、喉头气流机制的喷音符号 ' 等。按照国际语音协会的规定，这些符号都是上标符号，不代表独立的音段，只表示伴随音。

表 8.4 中第一个伴随音我们还没有讨论过，这是那马语和科萨语中所没有的一个常态浊声软腭爆破音（modally voiced velar plosive），但在 !Xóõ 语和克瓦桑语中许多其他语言里较常见。从波形图 [图 8.10（1）] 上看，㗊音除阻前有一段显著的带声。像全浊的软腭塞音一样，元音的正常带声不会在软腭除阻后的 10-20 毫秒内开始。图 8.10 中第二个㗊音有清不送气伴随音，和我们提到过的那马语㗊音一样。它 [图 8.10（2）] 还有类似于图 8.10 中第一个㗊音的元音起始，但在持阻时不带声。!Xóõ 语清送气㗊音 [图 8.10（3）] 也和那马语㗊音类似。它的送气特征持续时间较长，图中这个例子超过 100 毫秒。

第四个 [图 8.10（4）] 和第五个 [图 8.10（5）] 㗊音有小舌伴随音。在后除阻时，这两个㗊音的舌后部位于小舌区。根据 Vossen（1986），以这种方式除阻的㗊音只出现在少数几种语言中，比如 !Xóõ 语和 ‖Ani 语。传统上，我们把软腭伴随音视为无标记状态，把所讨论的㗊音称作浊音而不是浊软腭㗊音。如果是小舌伴随音的话，需要特别说明。浊小舌爆破音伴随音 [voice uvular plosive，图 8.10（4）] 和清不送气小舌爆破音伴随音 [voiceless unaspirated uvular plosive，图 8.10（5）] 是具有软腭伴随音的第一个 [图 8.10（1）] 和第二个 [图 8.10（2）] 㗊

8. 咂音

表 8.4　!Xóõ 语中含咂音和咂音音丛的例词

双唇	齿	龈	边	腭
1 gʘòõ	g|áã	g!àã	gǁàã	g‡àa
（一种虫子）	"工作"	"陪伴"	"乞求"	"开发"
2 kʘôõ	k|âa	k!àã	kǁàã	k‡àã
"梦"	"离开"	"等待"	"毒药"	"骨"
3 kʘʰoũ	kʰáa	k!ʰàn	kǁʰàã	k‡ʰàa
"装配不佳"	"顺利的"	"里面"	"其他的"	"踩平"
4 Gʘòo	ɢ|áa	ɢ!áã	ɢǁàa	ɢ‡àa
"分开"	"展开"	"大脑"	"点亮"	"沮丧"
5 qʘóu	q|aa	q!ã̤e	qǁáã	q‡âa
"野猫"	"用手摩擦"	"打猎"	"大腿"	"隐藏"
6 ŋʘòõ	ŋ|ãa	ŋ!ãã	ŋ|áã	ŋ‡àa
"虱子"	"回见"	"某人的对手"	（一种莓子）	"看"
7 ŋ̊ʘâʔã	ŋ̊|ûʔi	ŋ̊!âʔm	ŋ̊ǁâʔm	ŋ̊‡ûʔã
"紧挨着"	"小心"	"躲避攻击"	"潮湿"	"够不着"
8 ʔŋʘâje	ʔŋ|àa	ʔŋ!àn	ʔŋǁàhã	ʔŋ‡âũ
"树"	"适应"	"平躺着"	"量"	"右边"
9 ŋ̊ʘʰòõ	ŋ̊|ʰáa	ŋ̊!ʰài	ŋ̊ǁʰáa	ŋ̊‡ʰàa
"弄脏"	"寻找野兽"	"秋天"	"携带"	"向前"
10 kʘˣóõ	k|ˣâa	k!ˣáa	kǁˣàa	k‡ˣáa
"慢走"	"跳舞"	"去远处"	"刮掉"	"走神"
11 gʘkxàna	g|kxáã	g!kxàn	gǁkxáʔn	g‡kxáʔã
"用柴生火"	"使水飞溅"	"使柔软"	"小牛的肌肉"	"喷嚏"

（续表）

12 k⊙'q'óm "美味的"	k|'q'àa "手"	k!'q'áa "展开"	k‖'q'âã "草"	k╪'q'àû "脖子"
13 g⊙q'óõ "飞"	g|q'àã "追逐"	g!q'áã "不停地哭"	g‖q'áã "肿瘤"	g╪q'àa "磨成碎末"
14 g⊙hòõ "灌木丛"	g|hâa "腐肉"	g!hàa "刺"	g‖hàã "骨箭头"	g╪háa "切割"
15 k⊙ʔòo "僵硬的"	k|ʔâa "死"	k!ʔáã "就座"（复数）	k‖ʔàa "不是"	k╪ʔãa "向你开枪"
16 q⊙'ûm "闭嘴"	q|'án "小"（复数）	q!'àma "（一种草）"	q‖'úɲa "向后转"	q╪'àn "躺下" （复数）
17 —	ɢ|hàô "放进"	ɢ!hâɲa "灰头发的"	—	ɢ╪hâẽ "推开"

音的对等成分。只是，浊小舌音的带声不是那么强烈，而清小舌音的送气特征稍微强一点。小舌除阻略晚于哕音的前除阻。Traill（1985:126）提道，因为软腭除阻紧挨着哕音后，所以几乎是无声的；但小舌除阻是一个独立的过程。也许是因为小舌塞音很难持续带声，浊哕音 ɢ! 经常鼻冠化，标写为 NG!。有时候，直到哕音除阻前都没有带声，30 毫秒后声带才开始振动。Ladefoged 和 Traill（1984）把这种哕音标写为 N!ɢ，并且强调：它的鼻化特征非常简短，可以看作是 q! 的浊音形式。

!Xóõ 语中的哕音还有浊软腭鼻音伴随音 [图 8.10（6）] 和其他两个鼻音伴随音 [图 8.10（7）和（8）]。第七个伴随音 [图 8.10（7）] 是一个清软腭鼻音，有较强的鼻气流。声谱图显示，

8. 舴音

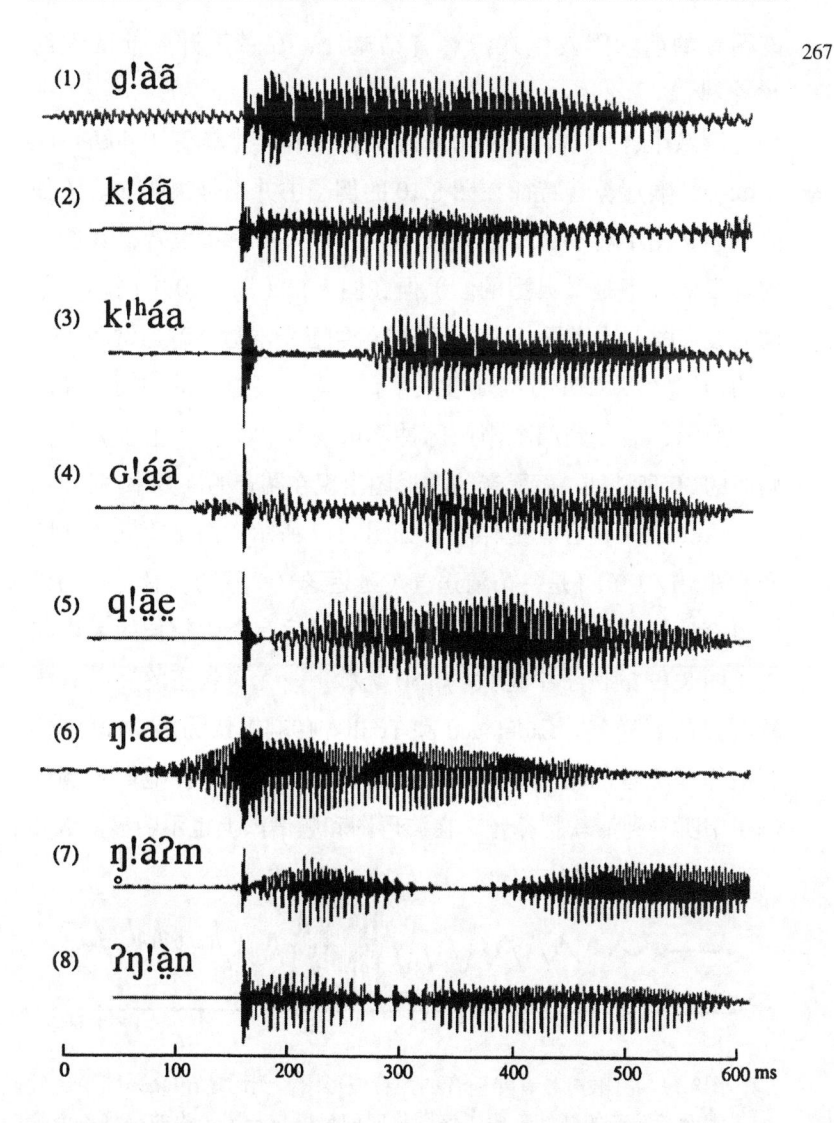

(1) g!àã

(2) k!áã

(3) k!ʰáa

(4) ɢ!ą́ã̰

(5) q!ā̰ḛ

(6) ŋ!aã

(7) ŋ̊!â?m

(8) ʔŋ!ą̀n

图8.10 !Xóõ语中前八个龈舴音（表8.4中）的波形图

该哨音的前除阻发生在清鼻音结尾处,在带声开始前的大约20毫秒。

第八个伴随音[图8.10(8)]是一个喉化鼻音(glottalized nasal),喉冠鼻音特征在图8.10的例子中并不是很明显。(如前所述,图中所有例子都录自一位发音人的一次发音,其所发的音可能并不是最典型的。)但在图8.11(图8.10中同一个单词的波形图)的例子中,喉化特征较明显。喉冠鼻音通常较短,大约50毫秒,而哨音的爆破发生在鼻音发音过程的中间。如图8.11所示,前三到四个声门脉冲不够规则。哨音产生于鼻音开始后的30毫秒处,而元音的波形图出现在哨音的高频率消失时。

!Xóõ语中哨音其他伴随音如图8.12所示,图中第九个伴随音[图8.12(9)]是一个清送气(延迟送气)软腭鼻音,那马语中也有这样的情况。这种哨音的前除阻后有一段较长的无声状态(图8.12的例子中是大约150毫秒),无声状态的后期有比较明显的弱送气。Ladefoged和Traill(1984)认为!Xóõ语中伴有清送气鼻音的哨音和那马语中的哨音类似,但在他们录制的例子中听不到清软腭鼻音,在波形图和频谱图上也不明显。!Xóõ

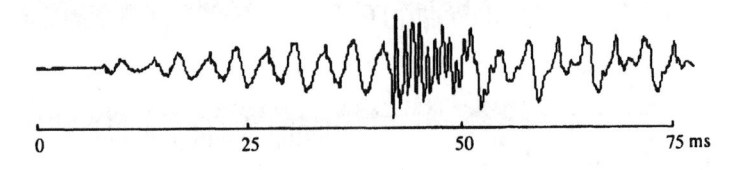

图8.11 有喉冠鼻音伴随音的哨音波形图,例词是ʔŋ!àn,图中还显示元音发音的开始阶段。该图将时间尺度拉长了,为的是将各个阶段看得更清楚

8. 䎲音

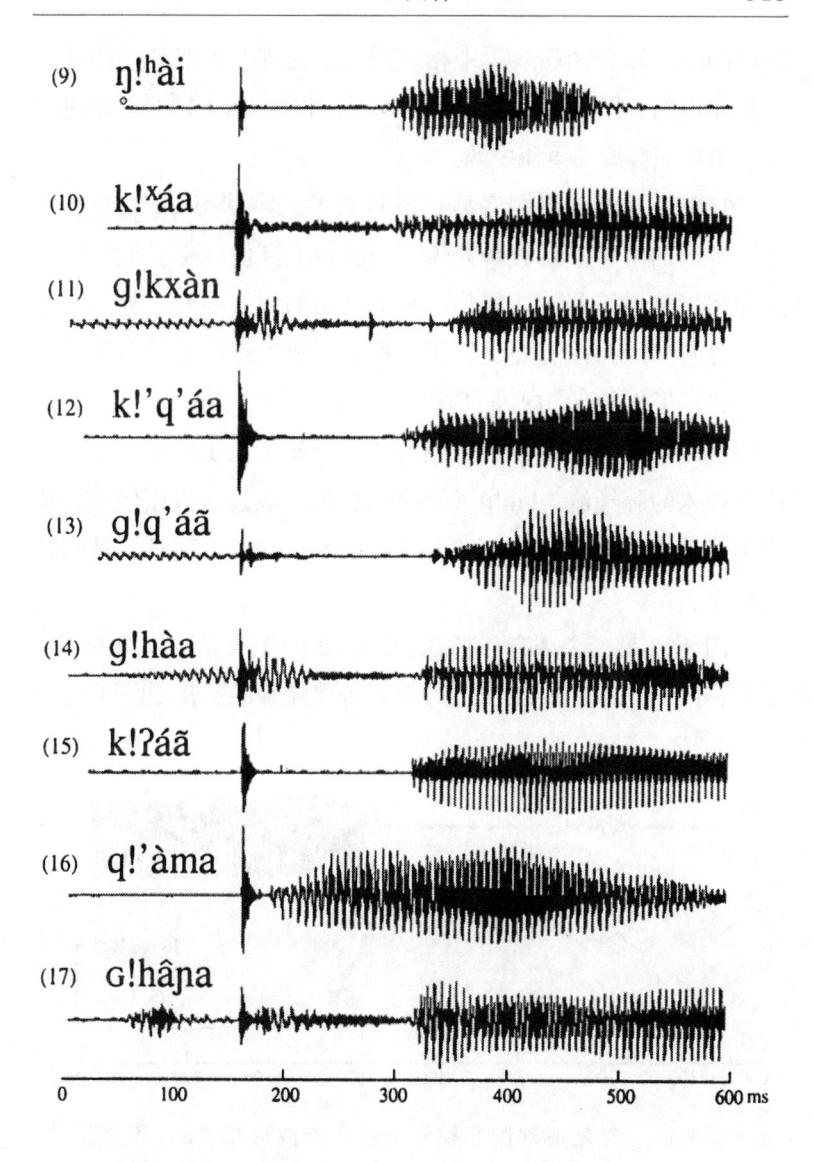

(9) ŋ̊!ʰài

(10) k!ˣáa

(11) g!kxàn

(12) k!'q'áa

(13) g!q'áã

(14) g!hàa

(15) k!ʔáã

(16) q!'àma

(17) ɢ!hâɲa

图8.12 !Xóõ语中后九个龈䎲音（表8.4中）的波形图

语中的这个䜣音和那马语中相应䜣音的区别在于前者的伴随鼻音是无声的，即使在䜣音前有元音时。但 Traill（1994）提道，带声出现在快速的语流中。

Traill（1991）对䜣音后这段较长的无声状态（250 毫秒）做了专门的解释。他的研究表明，软腭下降使软腭成阻点后的压力得以从鼻腔释放。但是，和那马语的䜣音不同，听不到清软腭鼻音，因为没有外出气流。和软腭成阻点后的被动气压释放相比，存在主动的内入的肺气流机制，使空气进入。这个 !Xóõ 语䜣音也许是世界语言中最独特的，即使是位于句中，它也可能有内入的肺气流。Fuller（1990）曾经发表过这方面研究，认为邹语中有类似的音，但 Ladefoged 和 Zeitoun（1993）对此持有异议。

图 8.12 第十个䜣音伴随音 [图 8.12（10）] 是清软腭塞擦音（voiceless velar affricate）。带有这种伴随音的䜣音和图 8.10 中

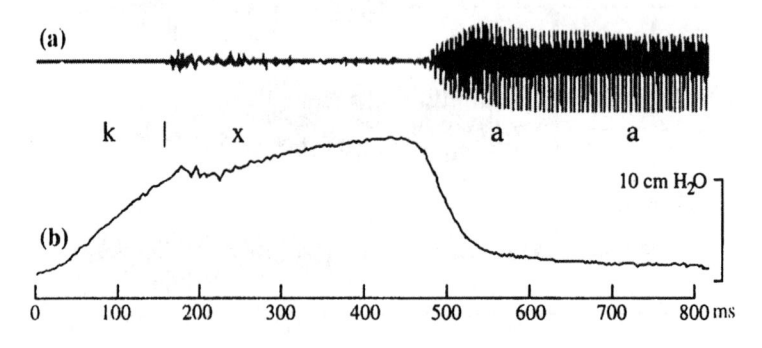

图 8.13 伴随清软腭塞擦音的齿䜣音波形图（a）和咽腔压力图（b）

的第三个㗂音（伴有清送气音）形成对立。前者的软腭除阻有更强的摩擦特征。这一点在图 8.13—图 8.18（带咽腔压力记录）中看得很清楚。Ladefoged 和 Traill（1984）描述过这些记录在制作过程中所使用的技术。在有摩擦的伴随音中，后成阻点后的压力在㗂音后的 140 毫秒仍然保持很高。

Traill（1992）认为，!Xóõ 语㗂音的其他几个伴随音（图 8.12）最好被看作辅音丛。第十一个㗂音 [图 8.12（11）] 在持阻时带声，在除阻后的一段时间仍然带声。有时，它更像一个齿㗂音，可以被标写为 **g|kx**（如图 8.14）。不管是图 8.14 中的齿㗂音还是图 8.10 中的齿龈㗂音 **g!kx** 都有大量摩擦的迹象。除阻后，发 **k** 时，压力大幅升高，后跟擦音 **x**。第十一类㗂音 [图 8.12（11）] 是包含浊㗂音和图 8.10 中第一个伴随音的音丛，后接一个清软腭塞擦音。有时，软腭持阻在前除阻后不会保持，这时的㗂音带浊软腭伴随音，后接一个清软腭擦音，标写方式是 **g|x** 而不是 **g|kx**。

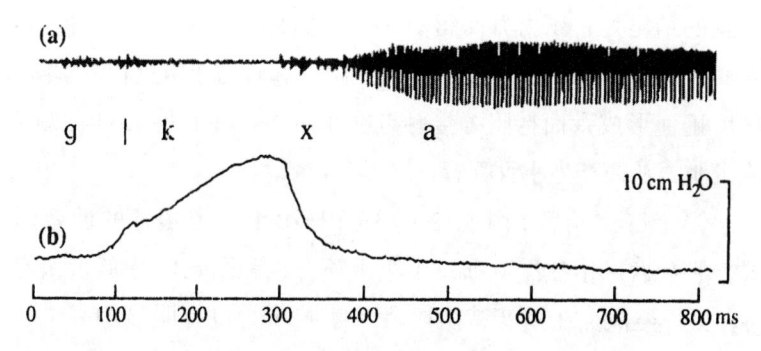

图8.14　浊齿㗂音加清软腭塞擦音的波形图（a）和咽腔压力图（b）

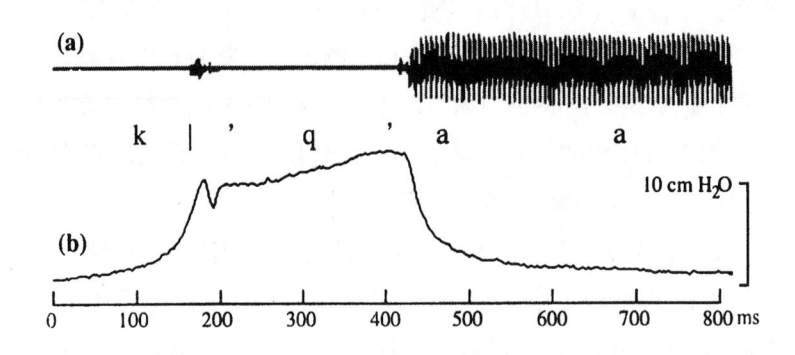

```
         (a)
   k  |  '  q  '  a        a
                                    10 cm H₂O
         (b)

   0   100  200  300  400  500  600  700  800 ms
```

图8.15 清齿䴕音（伴有喷音，后接小舌喷音）的波形图（a）和咽腔压力图（b）

第十二类䴕音 [图 8.12（12）] 更为复杂。在 !Xóõ 语的这种方言里，它包含一个清软腭喷音（voiceless velar ejective），而这个喷音的除阻在䴕音除阻之后，然后再迅速形成另一个小舌持阻喷音，并在元音前除阻。参照图 8.15 中带有相同伴随音的齿䴕音，就能更好地理解这个音。如图所示，在这个䴕音持阻阶段的结尾处，压力升高得更快。我们猜测这是由于声门紧闭而喉头突然抬高的原因。之后，前成阻点和软腭成阻点相继解除。然后迅速形成舌面持阻（接触点在小舌），还有持续的喉头气流机制，从而产生小舌喷音。

第十三类䴕音 [图 8.12（13）] 是第十二类䴕音的浊音形式，它包含一个浊䴕音和一个小舌喷音，和图 8.16 中的齿䴕音 g|q' 发音类似。在䴕音持阻阶段，咽腔压力没有明显增高（浊䴕音通常如此），但之后迅速增高至 20cm H_2O。小舌喷音在元音发音前迅速除阻。第十三类 [图 8.12（13）] 和第十四类 [图

8. 咝音

图8.16 浊齿咝音（后接小舌喷音）的波形图（a）和咽腔压力图（b）

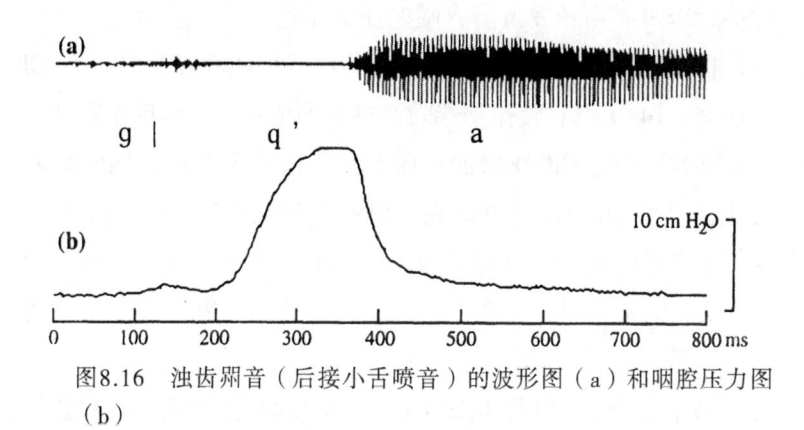

8.12（14）] 咝音的发音时间模式明确显示，它们是一个浊/清咝音加一个小舌喷音的音丛，而不是单个音段。考虑到 !Xóõ 语的辅音中有一个小舌喷音，这一点就更加证据确凿了。而且近来 Traill（1992）也有类似的观点。

第十二类 [图 8.12（12）] 和第十三类 [图 8.12（13）] 咝音伴随音在 !Xóõ 语其他方言中有更强的软腭摩擦。这时，它们不是包含两个喷音的音丛 k|ᵖq' （如图 8.15），而是一个单一的喷音性塞擦音（ejective affricate），其小舌特征不太明显，应该标写为 k!ˣ' 而不是 g|q'。音丛 gk!ˣ' 也确实存在。这些塞擦特征更强的方言发音方式对应于 Zhu|'hõasi 语中的标准发音形式，我们将会在接下来的章节里谈到。

第十四类音 [图 8.12（14）] 是齿龈咝音 **g!h**。它在持阻和除阻后的一段时间内持续带声，这种持续带声排除了浊软腭除阻的可能性。图 8.17 是这种齿咝音的咽腔压力图。它在持阻

时持续带声。咝音发音后，咽腔压力迅速下降，在后接元音开始前的间隔内没有摩擦迹象。这个音似乎还存在变体。Traill（1985：148）把它看作是伴随清鼻音的浊咝音，但现在看来，发 k|ʰ 时口腔气流迅速增加，而不是气流冲出鼻腔，同时口腔气流缓慢增加。Traill 也提到他没有气流从鼻腔释放的证据。我们通常把这种咝音看作是第一类咝音+送气的音丛，标写为 g| 和 h。但是，当带声在咝音除阻前停止时，就会发生清软腭送气除阻，标写为 gk|ʰ。

第十五类咝音 [图 8.12（15）] 是 !Xóõ 语中伴随喉塞音的咝音。如前所述，那马语中有一个类似的音。其声门闭塞形成于咝音的软腭持阻时，声门除阻较为滞后。软腭除阻是无声的，因为它发生在声门闭塞期，没有任何压力上升。那马语和 !Xóõ 语的咽腔压力图表明咽腔压力在第十五类咝音发音过程中没有上升，所以，该咝音的伴随音不是喷音。图 8.12 显示，元音发音前的延迟类似于第九类咝音（伴有清送气鼻音），但后接元音的发音却开始得更突然。第十类咝音 k!ˣ（伴有清软腭塞擦音）的声带起振时也很类似，其后除阻和元音前的间隔处伴有大量的软腭摩擦。

第十六类咝音 [图 8.12（16）] 是第十五类咝音（清软腭咝音伴随喉塞音）的小舌音形式，但第十五类咝音发音时没有喉头上升动作，而此类咝音的伴随塞音在发音时有喉头上升，所以是喷音。图 8.18 显示了一个可供参照的齿咝音，它伴随小舌和声门持阻，咽腔压力在前除阻时有所上升，在前成阻点除阻后上升更为迅速。小舌除阻发生在咝音除阻后的 15-20 毫秒，

8. 羡音

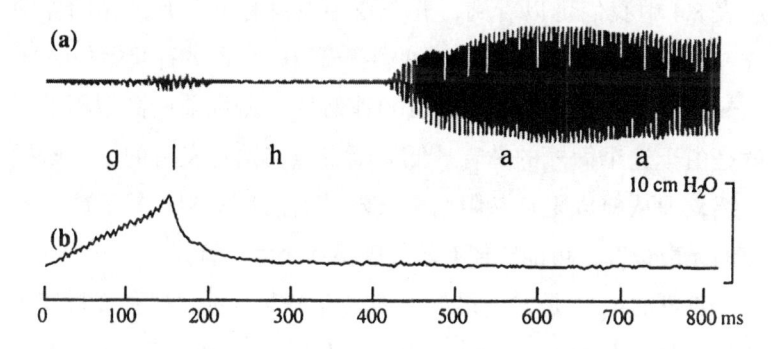

(图8.17 波形图)

图8.17 浊齿羡音（后接送气）的波形图（a）和咽腔压力图（b）

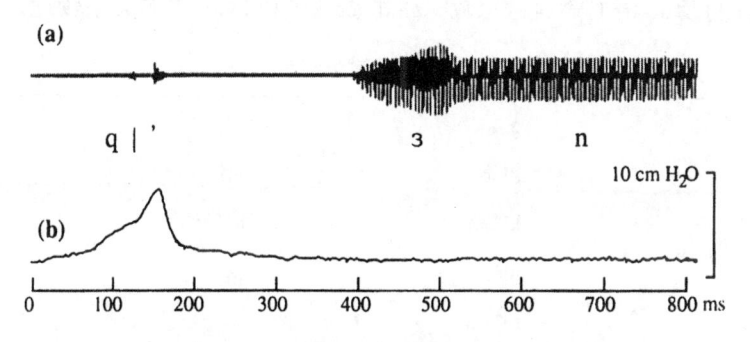

图8.18 伴有小舌喷音的齿羡音波形图（a）和咽腔压力图（b）

有明显爆破，是一个独立的发音过程。对图 8.18 中的齿羡音来说，其伴随喷音除阻后，喉塞音除阻前和带声开始前有一段间隔，长度和第十五类羡音的声带起振时大致相当。图 8.12 显示的 VOT 较短。

表 8.4 和图 8.12 中的第十七类羡音 [图 8.12（17）] 是第十四类羡音的小舌音形式。它伴有浊小舌爆破音，后接送气。

从表 8.4 中我们可以看到，五个羿音中只有三个有这样的伴随音。如前所述，这个伴随音通常还有简短的小舌鼻音起始（uvular nasal onset）。在图 8.12 中，100 毫秒时间刻度前的高振幅带声就是由于这个简短的鼻音。低振幅带声在羿音发音的下一阶段持续，即从前成阻点除阻前至紧随其后的后除阻。然后，有强烈的无声送气，可能还伴有软腭摩擦和小舌颤音。

Zhuǀʰõasi 语是 !Xũ 语的一种方言，也是我们拥有资料较多的另一种克瓦桑语（Snyman 1970，1975，1978，1980）。本章所用资料是我们自己田野调查的录音，这些资料可以和我们拥有的 !Xóõ 语的资料做比较。Zhuǀʰõasi 语和 !Xóõ 语的关系较远，

表 8.5　Zhuǀʰõasi 语中含龈羿音的例词

1		g!à	"下雨"
2		k!ábí	"卷起毯子"
3		k!ʰání	"棕榈树"
4		ŋ!àmà	"路"
5		ŋ̊!ʰànà	"手杖"
6		k!ʔàbú	"步枪"
7		g!ˠàré	"切开动物"
8		k!ˣárá	"咳嗽"
9		k!ˀàm	"拉紧弦"
10		g!hání	"领带"
11		gk!ˀàrú	"豹子"
12		ŋŋ!ʰàm	"蜘蛛"

8. 咂音   *351*

(1) g!à

(2) k!ábí

(3) k!ʰání

(4) ŋ!àmà

(5) ŋ̊!ʰānà

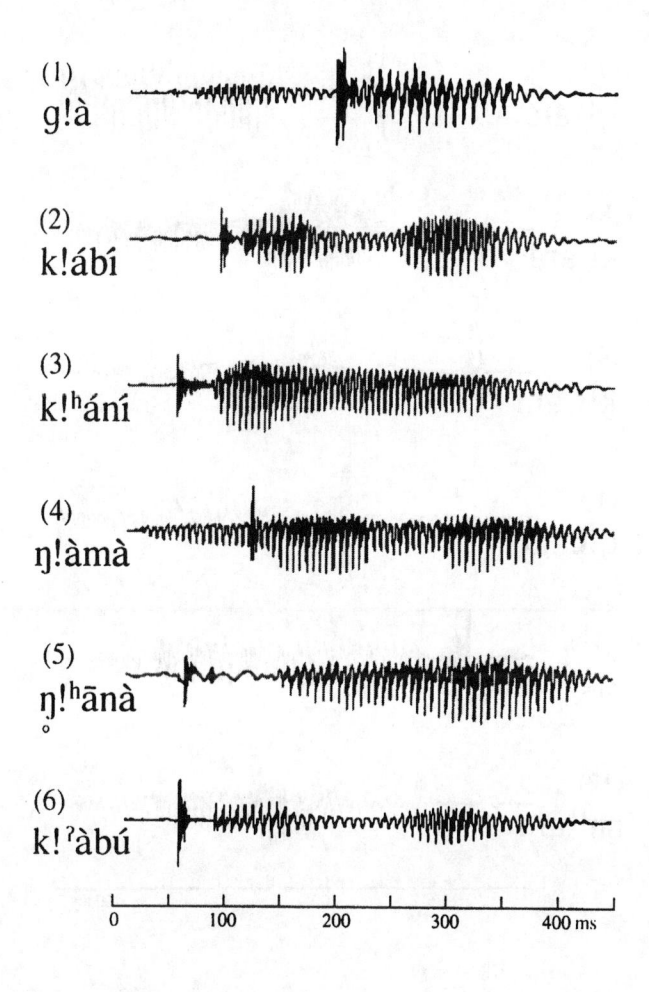

(6) k!ˀàbú

0   100   200   300   400 ms

图8.19 Zhul'hõasi语中前六个龈咂音（如表8.5）的波形图

352　　　　　　　　世 界 语 音

(7) g!ᵞàré

(8) k!árá

(9) k!ˣ'àm

(10) g!hání

(11) gk!ˣ'àrú

(12) ŋŋ̊!ʰàm

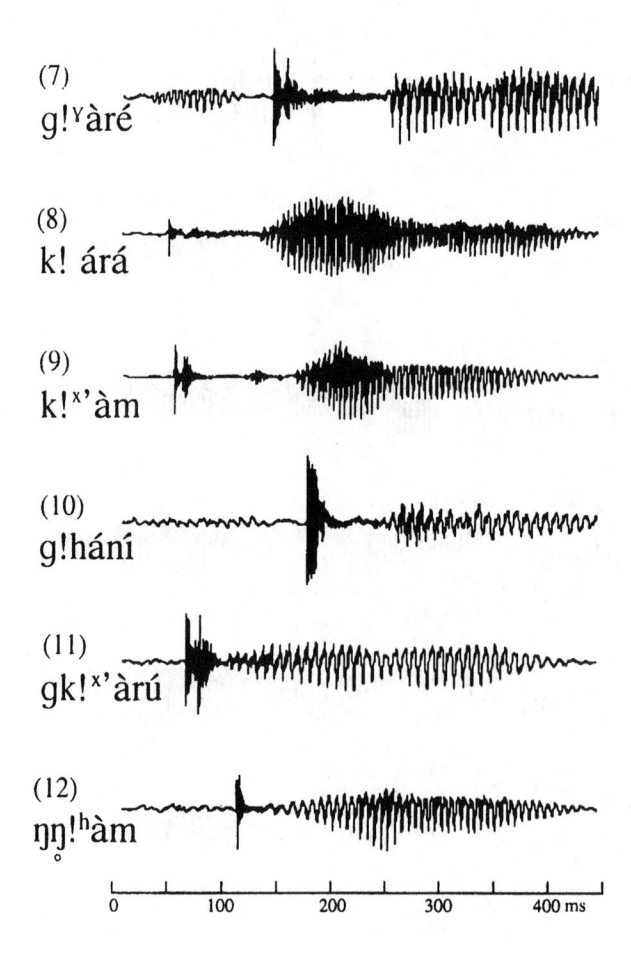

0　　100　　200　　300　　400 ms

图8.20　Zhul'hõasi语中后六个龈䴔音（如表8.5）的波形图

拥有啊音的数目也不如!Xóõ语那么多。它没有双唇啊音，也没有!Xóõ语那么多的啊音伴随音。关于它的齿龈啊音对立的例子如表8.5、图8.19和图8.20所示。

图8.19中显示的大部分啊音都和!Xóõ语类似，不需要过多解释。主要区别在于声带起振时（VOT），Zhuǀ'hõasi语啊音的带声更强烈而送气更弱。另外，与!Xóõ语情况不同，与第（5）行的伴有清送气鼻音的啊音相比，第（3）行的送气啊音和第（6）行伴有喉塞音的啊音有较短的VOT。我们还不知道这反映的是两种语言之间的区别，还是仅仅与语速不同有关，或仅仅是发音人在不同时间的发音区别。

图8.20显示了Zhuǀ'hõasi语中的其他啊音。它们也和!Xóõ语中相应的啊音非常类似，只是发音时间模式有区别，这可能是由于当时的录音环境造成的。但区别也确实存在。比如，第（7）行的啊音我们标写为 g!ˣ，它和!Xóõ语中（图8.12）的第(11)行浊啊音（后接清软腭塞擦音）类似，标写为 gǀkx，因为前成阻点除阻后，可能并没有形成软腭持阻，因此也可以标写为 g!kx 或 g!x。而Zhuǀ'hõasi语中的啊音通常是摩擦音，也常是（并不总是）从头到尾都带声。我们尚不知道有哪种语言在!Xóõ语啊音 g!kx 或 g!x 和 Zhuǀ'hõasi语啊音 g!ˣ 之间形成对立，虽然二者中的其中之一可以看作是一个浊啊音+清软腭塞擦音（或摩擦音）的音丛，另一个是伴有软腭擦音的浊啊音。

图8.12中显示的!Xóõ语方言和Zhuǀ'hõasi语的另一个区别，在于前者的啊音 k!'q、g!q' 对应于后者的 k!ˣ'、gk!ˣ' [如图8.20（9）和（11）所示]。我们曾经提到过，在!Xóõ语的其他方言中，

有咝音 k!ʼqˣ 和 gk!ˣʼ，而没有 k!ʼq 和 g!qʼ。没有哪种语言在 k!ʼq 和 k!ˣʼ 之间，或其相对应的浊音 g!qʼ 和 gk!ˣʼ 之间形成对立。还需注意：Zhuǀʼhõasi 语中有一个音丛[图 8.20(12)]是 !Xóõ 语中没有的——浊软腭鼻音+清送气软腭鼻音音丛，是这些语言中另一个含清、浊音的复杂音丛的例子（图 8.20 中的例子带声很微弱）。

现在，我们来对咝音的伴随音做一个总结。如表 8.6 所示，伴随音的数目非常多。表 8.6 显示了 21 种伴随音的标写符号、简单描述和它们所出现的语言。像我们提到的那样，其中有些音最好被看作是辅音丛。克瓦桑语在同一音丛内部出现清、浊阻音上没有限制。我们列出所有这些音丛是为了更全面地介绍包括咝音在内的各种可能的语音。

制作一个如表 8.6 这样的表格有很多困难，因为很难确定两种语言中的某两个音是否相同。这个问题也困扰了语音学家许多年。国际语音协会也很难确定用哪些符号来代表这些音（Ladefoged 1990）。如果某两个音在同一语言内部形成音系对立，它们自然是完全不同的两个音。但是，如果两个看似不同的音从来不在一种语言中共现，那么怎能断定它们完全不同呢？

表 8.6 中的前六个音不存在这方面的问题。但是，有一点值得考虑：尽管在任何一种语言内部，这六个音并不互相对立，而语音学家却能毫不费力地辨认它们，原因何在？前四个音在我们所举的 !Xóõ 语和 Zhuǀʼhõasi 语中都形成对立。第五个和第六个音，伴有气化爆破音（breaty voiced plosive）和气化鼻音（breathy voiced nasal）的咝音只出现在 Nguni 语中，比如科萨语里。如前所述，把这些音描述为气化音是给它们在音系上打

表 8.6　咂音及其伴随音总表（以龈咂音!为例，其他情况下，符号!改换成⊙、|、‖ 或 ǂ）。这些音来自科萨语、那马语、!Xóõ 语和 Zhu|'hõasi 语（!Xũ 语的一种方言）等语言

符号	描述：+ 龈咂音	来源语言举例
1　g!	浊软腭爆破音	!Xóõ 语和 Zhu|'hõasi 语
2　k!	清不送气软腭爆破音	上述四种语言
3　k!ʰ	送气软腭爆破音	上述四种语言
4　ŋ!	浊软腭鼻音	上述四种语言
5　g̤!	气化软腭爆破音	科萨语
6　ŋ̤!	气化软腭鼻音	科萨语
7　ŋ̊!ʰ	清送气软腭鼻音（延迟送气）	那马语、Xóõ 语，Zhu|'hõasi 语
8　k!ʔ	清软腭爆破音 + 喉塞音	那马语、Xóõ 语，Zhu|'hõasi 语
9　k!ˣ	清塞擦性软腭爆破音	!Xóõ 语和 Zhu|'hõasi 语
10　g!h	浊软腭爆破音后带送气	!Xóõ 语和 Zhu|'hõasi 语
11　gk!ˣ	浊软腭爆破音后接清软腭擦音	!Xóõ 语和 Zhu|'hõasi 语
12　k!ˣ'	塞擦性软腭喷音	Zhu|'hõasi 语
13　g!kˣ'	浊软腭爆破音后接清塞擦性喷音	Zhu|'hõasi 语
14　ŋŋ̊!ʰ	浊软腭鼻音后接清送气软腭鼻音	Zhu|'hõasi 语
15　ŋ̊!	清软腭鼻音	!Xóõ 语
16　ʔŋ!	喉冠软腭鼻音	!Xóõ 语
17　ɢ!	浊（可能为鼻冠）小舌爆破音	!Xóõ 语
18　q!	清不送气小舌爆破音	!Xóõ 语
19　k!'q'	清软腭喷音后接小舌喷音	!Xóõ 语
20　g!q'	浊软腭爆破音后接小舌喷音	!Xóõ 语
21　ɢ!h	浊小舌爆破音后带送气	!Xóõ 语

上抑调音（tone depressor）的标签（Traill、Khumalo 和 Fridjhon 1987）。所以，气化软腭爆破音（伴随音）可以看作是浊软腭爆破音（伴随音）在 Nguni 语中的变体，因为这些语言不存在这种可能。但是，存在两个相反的观点：首先，这种解释不适用于另一个伴随音——气化软腭鼻音，因为这些语言中存在一个与之对立的浊软腭鼻音伴随音。这样，气化伴随音只是某些䴈音的独有特点。其次，Nguni 语在不含䴈音的辅音丛中也存在浊软腭爆音和气化软腭爆音之间的对立，这使得两个伴随音之间的潜在对立关系看起来更加可信。如此看来，前六个伴随音都有潜在的对立关系，因此也是音系上独立的音段。

在处理表 8.6 中的第七个音——清送气鼻音伴随音时，不同的问题出现了，实验表明在那马语和 !Xóõ 语之间有区别。Ladefoged 和 Traill（1984）提到过那马语里有一个清软腭鼻音伴随音，发音时有外出的肺气流。Traill（1991）说 !Xóõ 语里也有一个清软腭鼻音，但是带内入的肺气流。这些区别具有音系上的重要性。在那马语中，当伴随清送气鼻音的䴈音出现在元音之间时，容易被同化而带有浊软腭鼻音起始，而 !Xóõ 语中的相应䴈音没有这种同化作用。但是，我们还是决定要把它们看作是同一个音，在语音系统里享有同等的地位。因为毕竟没有哪种语言在它们之间形成音系对立。考虑到语言中可能存在极微小的听觉上的区别，我们这么做也是本着忠于事实的原则，当然，我们很高兴有人提出反驳。

表 8.6 中第七到第十四个音在 Zhuǀ'hõasi 语中都是相互对立的音，同样也是语音系统中独立的音（至少对于 Zhuǀ'hõasi 语发

音人来说是）。类似的情况，第十五至第二十一个音在 !Xóõ 语中形成对立。唯一的问题是：是否存在 !Xóõ 语里有而 Zhuǀˀhõasi 语里没有的、能够在 Zhuǀˀhõasi 语的语音系统中找到对应的咝音。类似的问题我们也讨论过。第十二和第十三个伴随音（Zhuǀˀhõasi 语中的 k!^{xˀ}、gk!^{xˀ}）和第十九、第二十个伴随音（!Xóõ 语中的 k!ˀq^{ˀ}、g!q^{ˀ}）是对应关系，而我们把第十二个和第十三个看作 !Xóõ 语中的方言变体。同样，表中第十四个音，ŋŋ!^{h}，Zhuǀˀhõasi 语中的浊软腭鼻音＋清送气软腭鼻音和表中第十五个音，!Xóõ 语中的清软腭鼻音 ŋ̊! 也是这种情况。这些音彼此之间并不对立，因此也没有充分的理由把它们看作独立的音段。但是，就像我们处理非对立的清送气鼻音伴随音一样，这些音都有各自鲜明的特点，完全有理由把它们看作具有潜在对立关系的独立音段。

第十六至第二十一个音都是 !Xóõ 语里独有而 Zhuǀˀhõasi 语里没有的。喉冠软腭鼻音伴随音（preglottalized velar nasal accompaniment）不出现在 !Xóõ 语以外的其他语言中，而 Zhuǀˀhõasi 语也缺乏所有的小舌伴随音。

表 8.6 显示，如果我们把多于一个音段的音丛也考虑在内的话，以咝音开始的词就有 105 种之多。在表 8.4 中我们已经看到，!Xóõ 语中有 83 个这样的在音系上具有对立关系的咝音。如果把表 8.6 中第十、十一、十三、十四、十九、二十和第二十一个音看作音丛的话，仍然还有 14×5=70 个独立的咝音音段，!Xóõ 语中出现了其中的 55 个。当我们考虑已经出现了的种类繁多的咝音伴随音时，肯定还有很多其他可能，它们也许已经出现了，但从未被证明过，使用其他发声类型的混合音和其他气流机制

的音也有可能存在。所以，表 8.6 也有它的不完整性。在发䶃音的同时发浊软腭内爆音很容易。实际上，大部分非克瓦桑语音学家都觉得发 ɠ!a 比 g!q'a 容易，但内爆音从来都不是䶃音的伴随音。

一些䶃音很复杂，但大部分都是简单的音，也很容易发。几乎所有的小孩都能发双唇䶃音、齿䶃音和边䶃音（作为没有语言学意义的某种怪声）。我们还发现，教学生把䶃音的发音结合到音节里很容易，只是难以避免把䶃音和相邻的元音鼻音化。根据我们的经验，䶃音比喷音和内爆音更容易发。而且，考虑到它们的识别显著度（perceptual salience），䶃音似乎是世界语言中最受欢迎的辅音，克瓦桑语的䶃音被借入到邻近的 Nguni 语的事实进一步说明了这一点。䶃音的受欢迎和易接受性取决于其语音特征。但是，很难解释为什么这些容易发同时又受欢迎的音只出现在少数几种语言中。也许是复杂多变的伴随音使䶃音充满挑战。!Xóõ 语单词 ŋ̊!ʰài（"落下"，带清内入肺气流鼻音）以及 kǁʰq'âã（"草"，带复杂的䶃音＋喷音音丛）也许是世界语言中发音最难的词了。不过，很多人能够毫不困难地学说 !Xóõ 语中的简单词如 k|àa，所以，世界上大部分语言中没有简单䶃音的这个事实确实令人费解。

9. 元音

这一章讲元音。首先，我们要给元音下个定义。语言学上通常把语音分为元音和辅音两大类，理由是从直觉上元音能够单独发音，而辅音只能和元音结合在一起。在许多语言中，元音能够独自成词，而辅音必须和元音一起才能构成词。二者在语音上的区别是间接的。Pike（1943）在这方面贡献卓著，他试着用另一种方式来划分音段，先将音段分为纯元音（vocoids）和辅音性音（contoids）两大类，再界定纯元音为央共鸣口腔音（central resonant oral），最后定义元音为成音节的纯元音（syllabic vocoid）。实际上，这种定义跟 Chomsky 和 Halle（1968）在《英语语音模式》一书后半部分所做的定义相似。他们认为元音是特征为 [+ 成音节（+ syllabic）；– 辅音性（- consonantal）] 的音段，[– 辅音性] 定义是发音时声道中央不成阻。后来，自主音段音系学（autosegmental phonology）也做了相似的划分，把元音界定为处于 V 位置上的 [– 辅音性] 音段。不管采用哪个定义，元音的两个主要特征是公认的：在声道中没有明显收紧点，而且自成音节。

"声道无阻塞"的意思很明确，但"自成音节"的语音学含义是什么？我们无法用任何语音参数来给它做发音和生理上的界定。在 Pike 的定义中,音节是对应于由声道收紧度不同所形成的波峰之间的波谷,所以英语 *pit* 一词只有一个音节,因为两个收紧程度较大的音中间有一个开放的音。而 *split* 一词按此定义则有两个音节,因为 s 的收紧度比 p 弱。这和我们直觉上对音节的认识相左,也不符合 s 在其他位置上的特征。在此之前,Stetson(1951)曾提出过另一个建议:每个音节都联系着某种特定的呼吸运动(Stetson 称之为"胸搏")。现在,我们知道音节并不一定和胸搏有关(Ladefoged 1967),但语音学家还没有找到另一套替代方案来界定音节的生理特征。我们只能说音节是"话语组织和发音生成的必要单位"(Ladefoged 1982)。这个定义来自神经生理学,或者是认知学观点,把音节看作是音系学的而不是语音学的单位。另外,音节还承载着语言的韵律模式,语音配列限制(sequential constraints)和协同发音等也主要是针对音节而言的。元音的生理定义是它们在发音时声道中没有阻塞,但功能定义是自成音节。在本章最后,我们会讲到半元音,它们和元音一样在发音时声道中不受阻,但不像元音一样能自成音节。

9.1 元音的主要特征

元音的许多特征都已经是公认的了。Lindau(1978)对这些特征做了完美的总结,这里,我们使用她的框架来描述元音。本章最后,还将分析她的观点和我们之间的区别。

描述元音系统有三个基本的参数——舌位高低、舌位前后和唇形圆展。图 9.1 标出了一系列典型元音的发音位置，Jones（1956）把这些元音称作"标杆元音"（cardinal vowels）。我们也使用传统术语"高/低"、"前/后"等来对元音进行分析。最初用这些术语是为了描述元音的实际发音特征，也就是确定舌体的最高点。虽然我们使用传统术语，但并不是说这些术语能反映声道形状，而且，它们对元音进行的划分和以舌位为基础的划分并不一定相同。五位发音人所发的九个美式英语元音的平均舌位如图 9.2 左图所示（根据 Harshman、Ladefoged 和 Goldstein 1977 年的资料以及平均值计算方法）。每个元音的舌体最高点在图中用黑点表示，图 9.2 右图是根据这些最高点而画的舌位图。如图所示，u 的舌位低于 ɪ，ʊ 低于 e，o 又低于 æ。传统上，把英语元音的 i、ɪ、u、ʊ 划入高元音，但 ɪ、ʊ 低于 i、u；

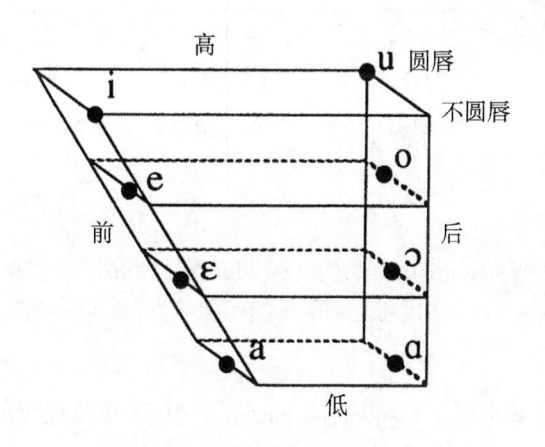

图9.1 显示元音主要特征的定位元音图

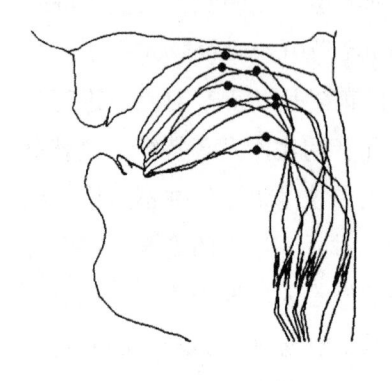

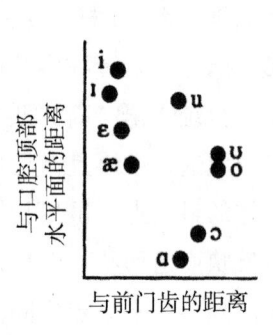

图9.2 美式英语元音发音的平均舌位图。黑点代表以前门齿和上臼齿平行线为参照的舌体最高点

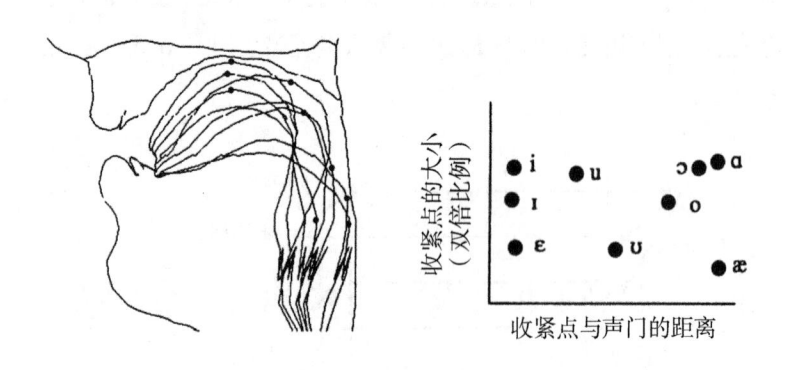

图9.3 根据Stevens和House（1955）以及Fant（1960），以收紧点大小及收紧点与声门的距离为准的美式英语元音发音平均舌位图

o 舌位居中，æ 最低。Fischer-Jørgensen 于 1985 年所提议的图表显示舌位最高点，和图 9.2 内容相似。

对元音发音时的舌位高低、前后进行量化有几种不同的办

9. 元音

法。我们最熟悉的是 Stevens 和 House（1955）以及 Fant（1960）的划分方法。他们指出：从声学语音学角度看，元音最主要的特征是声道中收紧点的最高位置以及收紧点处声道的横截面。图 9.3 显示了图 9.2 中元音收紧点的最高位置。图中对元音的分组并不代表语言学上的自然范畴。

目前，我们所探讨的两种描述框架有相互妥协的趋势。比较中立的观点认为，元音的主要特征是舌体最高点离口腔顶部的距离，如图 9.4 所示。就前元音来说，其舌体最高点和图 9.2 一样。后元音则稍有不同，尤其是软腭高度和元音高度直接相关，而低元音的舌体最高点其实比图中更接近于口腔顶部，图中只显示了软腭区的一个点。后元音的舌位最高点离口腔顶部的距离如图 9.4 所示。

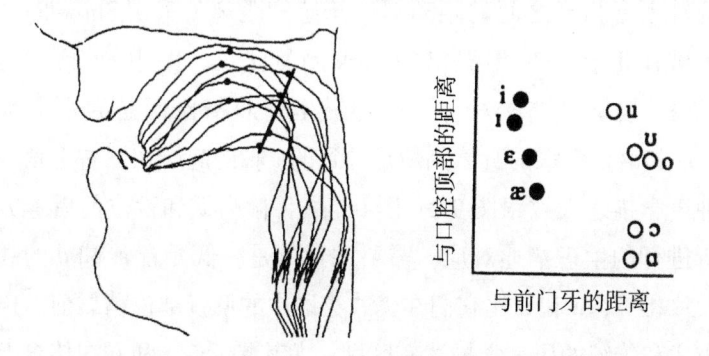

图9.4 根据舌体最高点和口腔顶部之间距离所确定的美式英语元音发音的平均舌位图。右图在点分布上考虑到低元音发音时有不同程度的软腭下降

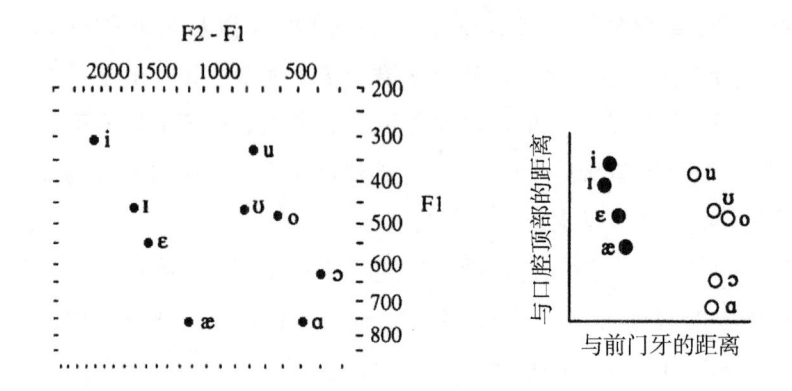

图9.5　比较美式英语元音声学图和发音生理图

然而，这样的分析都不如声学分析那样更接近于语言学上通常对元音进行的描述。图 9.5 比较了图 9.4 中的元音第一、第二共振峰的平均频率。在图 9.5 中，共振峰值按照一定尺度排列，使两轴上音与音之间的距离对应于感知距离（采用 Shroeder、Atal 和 Hall 于 1979 年提出的 Bark 测量法）。图中 F1 频率与 F2 和 F1 频率之差相对应，这种纵坐标双倍比例是为了突显 F1，这和语音学家的听感判断是一致的。轴的起端在图右上角。这种声学描述大致跟图 9.2—图 9.4 从舌位高低和舌位前后等方面所进行的生理描述对应。需要注意的是，低元音 æ 和 ɑ 的高度大致相等，u 和 ʊ 比它们在美式英语中的调音部位稍靠前。声学描述和传统的语言学描述有区别，尤其是元音 ɪ 和 ʊ 在传统上被认为是高元音，但其声学特征却更接近于央元音 ɛ 和 o，而不是 i 和 u。大部分元音在图 9.5 中的位置和传统语音学没有区别。

声学描述进一步证明了图 9.1 对于元音的分类，但这并不等于说发音生理分析在元音的描述中不重要而应该放弃。第一和第二共振峰频率反映的不仅仅是调音部位的高低和前后。事实上，很多调音方式上的变化直接影响共振峰的值，比如圆唇或不圆唇。接下来我们还会讲道，共振峰值经常是区分一对具有同样高低和前后特征的元音的依据。所以，发音特征和声学特征对于元音来说同等重要。

舌位高低

所有语言的元音都在舌位高低上有区别。如果某种语言里只有两个元音，二者之间的区别肯定在舌位高低而不在舌位前后上。比如，乍得语的马尔吉语里有两个元音 i 和 a，澳大利亚的东 Arrernte 语有元音 ə 和 a。高加索的尤比克语和阿伯卡茨

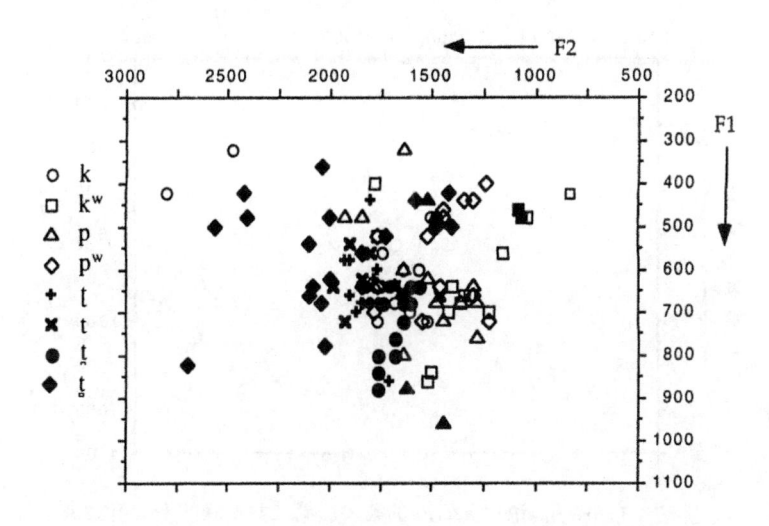

图9.6　东Arrernte语中元音/ə/的第一、第二共振峰值的分布

语也有两个在高度上形成对立的元音 ɘ 和 a（Catford 1977b）。这些语言里都只有两个元音，它们在舌位前后和唇形圆展上的区别不具有音系上的意义。高加索其他语言也有类似情形，比如卡巴尔德语有三个元音（但 Kuipers 1960，Anderson 1978 和 Halle 1970 有不同看法；Kuipers 认为有两个元音，Anderson 认为有一个，Halle 认为没有元音）。

在以上提到的这些语言中，元音往往在舌位前后上也有区别。对于粗心的观察者来说，这些语言的元音好像千变万化。图 9.6 显示了一位女性 Arrernte 语发音人所发元音 /ə/（100 次重复发音）的第一、第二共振峰值的分布情况。这里的元音 /ə/ 出现在 CVC 结构词间的音节中（含塞音的音节）。因为元音共振

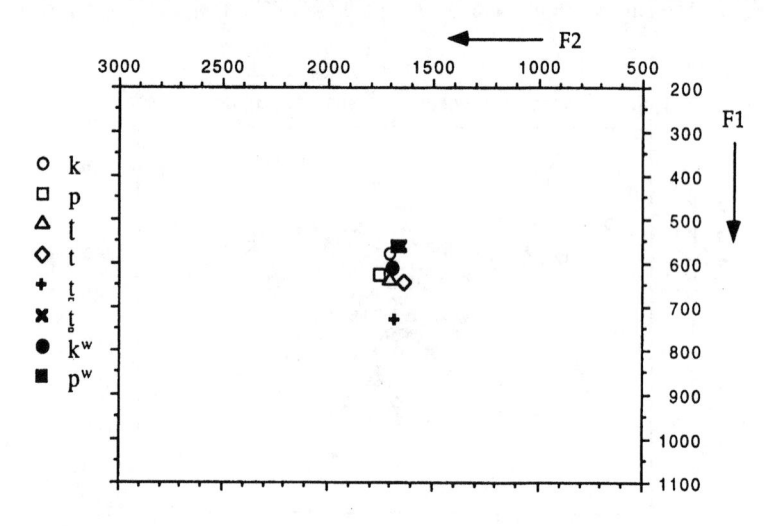

图9.7 东Arrernte语里元音/ə/的第一、第二共振峰的平均值，来自不同辅音环境下十次以上发音的测量结果

9. 元音

峰和它前面的辅音也有关系，图中还显示了该元音前的辅音。

虽然图 9.6 显示出元音 ə 的声学特征复杂多变，但这种变化和它所出现的辅音环境没有关系。元音受到其前面辅音的影响很小，如图 9.7 所示。图 9.7 显示了不同辅音环境下元音的共振峰平均值（由测量十次以上的发音得出），这些数值大致相等，图中可看到它们几乎重叠。

还有一个例子，卡巴尔德语元音有音位变体，图 9.8 显示了这些音位变体的共振峰（Choi 1991）。从图中可以看出，卡巴尔德语三个元音不仅在舌位高低上有区别，其他特征也复杂多变。但是，只有某些辅音环境对元音的共振峰有影响。比如，最主要的影响来自近音 j、w（以及圆唇化辅音）对相邻元音的同化作用；小舌音和咽音（Arrernte 语里所没有的）明显使共振峰下降。三个元音 ɨ、ə、a 的音位变体都是可预测的。Catford（待刊）和许多苏联语言学家都把 a 看作是这种语言的第三个元音，Choi（1991）认为这种判断是正确的。他进一步指出，a 是一个长元音，可以写作 aː。但它是一个独立的音位，不像 Kuipers（1960）和 Halle（1970）所说，a 是 ə 的音位变体。

元音的特征经常在舌位高低、前后及圆唇与否上都有变化。这让我们难以确定一种语言里的元音到底有几个不同的高度。有些语言学家（如 Chomsky 和 Halle 1968）认为世界语言的元音只区分三个高度（当然，他们也认识到元音在其他方面的区别，但在我们看来仍然是高度上的区别）。Jones（1956）的定位元音体系有四个高度，但他也指出存在更多的可能性。国际语音协会（1989）提出标写元音的音标，其中暗示：元音有七个不

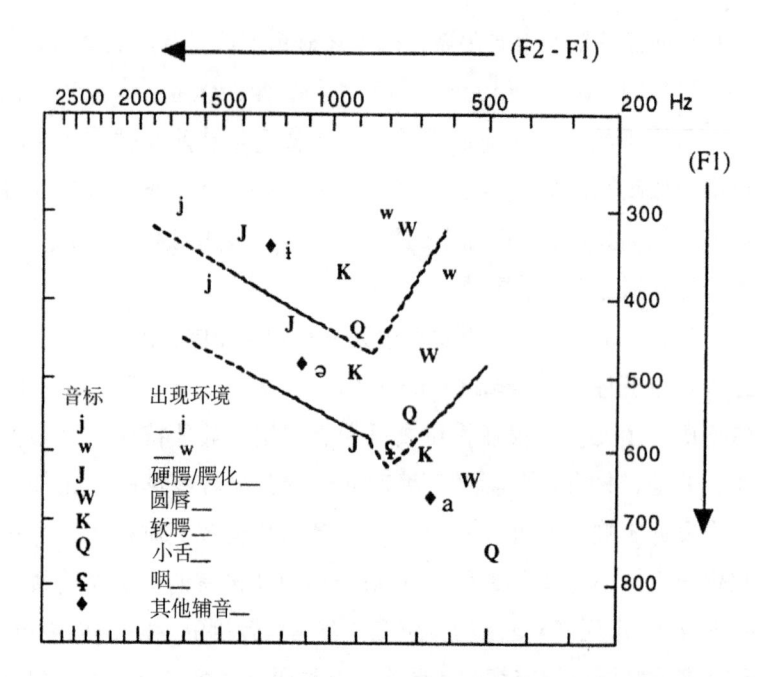

图9.8 卡巴尔德语三个元音的共振峰平均值。它们出现在不同辅音环境里，调查资料是三位发音人的连续话语（Choi 1991）。图中符号代表稳定状态下的共振峰值

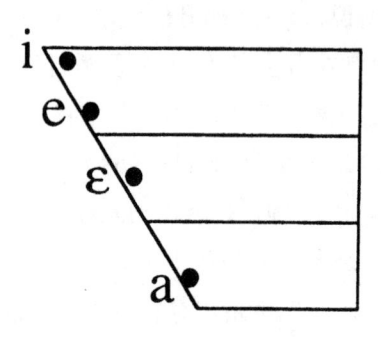

图9.9 丹麦语四个不圆唇前元音的语音特征（Uldall 1933）

9. 元音

表 9.1　丹麦语里含四个不同高度元音的例词

vilə	"荒野（复数）"	viːlə	"休息"	viːðə	"知道"
menə	"提醒"	meːnə	"意味着"	veːðə	"小麦"
lesə	"负担"	leːsə	"读"	veːða	"弄湿"
masə	"大量"	maːsə	"麦麸"	vaːðə	"跋涉"

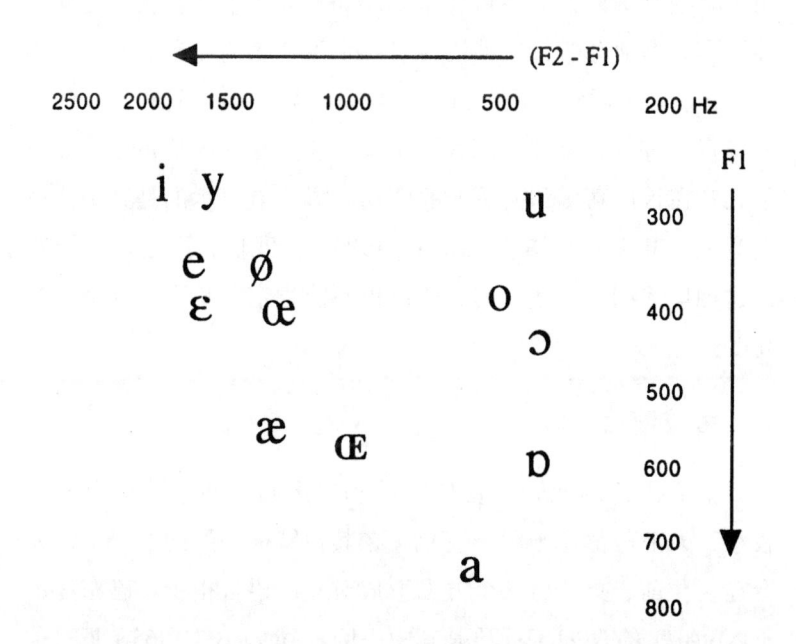

图9.10　八位发音人所发的巴伐利亚方言阿姆施泰滕话长元音的共振峰平均值（Traunmüller 1982）

同的高度。我们相信没有哪种语言会用到所有这七个高度，但元音高度不止三个，这一点是肯定的。

在这方面丹麦语可以提供例证。丹麦语里有四个前元音，它们在高度上形成对立,如表 9.1 所示。值得注意的是,这四个元音都有长短之分,而在音色方面没有区别。更有趣的是,它们之间不是等距的(如图 9.9 所示)。ε、a 之间的距离比 i、e 之间的大。我们不禁猜测:是否存在五个元音高度?

Traunmüller(1982)指出,巴伐利亚方言(Bavarian)[使用于奥地利的阿姆施泰滕(Amstetten)地区]可能就是这样一种语言。据他分析,这种语言有四个不圆唇前元音、四个圆唇前元音、四个后圆唇元音和一个央低元音 a。他对这种方言的一些发音人进行了录音,调查了十三个长元音的声学特征,分析了元音在舌位高低和前后上的区别。图 9.10 显示的是其中八位发音人的共振峰平均值(Disner 1983)。我们自己还没有调查过这种奥地利日耳曼方言,所以也不能肯定它是否有五个元音高度。

舌位前后

世界语言的元音在舌位前后和唇形圆展两个特征上变化较小,大部分都属于两极变化。在其他特征一致的情况下,元音在舌位前、央、后三个方面形成对立的语言很少。巴布亚语(Papuan)的 Nimboran 语是其中一例。Anceaux(1965)把这种语言里的六个元音标写为 i、e、a、o、u、y。他说,这六个音都是不圆唇的浊音,在舌位高低上形成对立。i 是"前、高、不圆唇浊纯元音",y(他说"选择这个符号完全是任意的,是为了实用方便起见"。)是一个"央、高、不圆唇浊纯元音",我们更倾向于把这个音标写为 ɨ。u 是一个"后、高、不圆唇浊

9. 元音

表 9.2　Nimboran 语里含高元音的例词（根据 Anceaux 1965）

前		央		后	
di	"木柴"	ˈɯndɨ	"香蕉"	dɯ	"小孩"
ki	"女人"	kɨ	"粪便"	kɯ	"时间、日子"
kip	"火"	kɨp	"酸橙"	ˈpakɯp	"盖子"

表 9.3　Nweh 语里含前元音、后元音和央元音的例词（Ladefoged 1971）

	前	央	后	
圆唇	nty "建议"		mbu "角落"	高
不圆唇	mbi "贝壳"	mbɨ "狗"		
	mbe "刀子"	ntsə "水"	mbɤ "象牙"	中

纯元音"，我们更倾向于标写为 ɯ。这样看来，Nimboran 语里有三个不圆唇的高元音，它们在调音部位的前、央、后三个点上形成对立。表 9.2（材料来自 Anceaux，但标写方式是我们的）是含这些元音的例词。

Nweh（Ngwe）语元音在舌位前、央、后三个点上也形成对立（如表 9.3 所示）。Dunstan（1964）把这种语言语音描述得有些复杂。他认为：元音 y、ə 是表层音，深层音分别是 ɨ、ɤ。所以，央元音 e、ə、ɤ 之间的表层对立并不代表音系上的三方对立。但我们认为，前元音 i、央元音 ɨ 和后元音 u、ɤ 之间确实存在音系对立。

挪威语也是一个这方面的例子，元音在舌位前后上形成三方对立。Vanvik（1972）描述挪威语里有三个高、圆唇元音（如

表 9.4　挪威语中含圆唇的前、央、后元音的例词

	前	央	后
高、圆唇	**byː** "城镇"	**bʉː** "窝棚"	**buː** "住"

表 9.5　瑞典语中含前高元音的例词，这些元音在唇形上有区别，y 是向前撮唇、噘唇；ʉ 是垂直于咬合面的内敛式缩唇

撮唇	敛唇	自然唇形
ryːta "咆哮"	**rʉːta** "窗格"	**riːta** "画"

表9.4所示）。Nweh 语、挪威语和 Nimboran 语是完全不同的语言，但它们都有三个元音（在舌位前后上形成对立）的事实让我们得出这样的结论：元音在舌位前后这个参数上有三个值——［前］、［央］、［后］。而且，在拥有五个或七个元音的语言中，最低的元音不是前元音也不是后元音，而是央元音。对意大利语元音的描述经常采用这种观点。又如，英语 *high*、*how* 等词中的二合元音，很多人认为它们开头元音的性质完全一样或非常相似。如果我们对其特征进行分析时不能得出这两个二合元音都是以低央元音开头的结论，那么这种分析就没有概括性。

瑞典语 i 有一个变体，收紧点非常靠前。而且，它的声学特征和舌位前后之间的关系也非同一般。根据 Ladefoged 和 Lindau（1989），发这个音时，舌体稍微下降而舌叶上抬，我们认为斯德哥尔摩人的发音就是这样。这个音在声学上的显著特征是第三共振峰很高，第二共振峰低于 e。这进一步说明，在分析元音时，声学特征和发音特征同等重要。瑞典语元音如表9.5所示。

唇形圆展

世界大部分语言的元音在舌位前后和圆唇/不圆唇之间存在固定关系。一般前元音是不圆唇的，后元音通常是圆唇的。但是，也有例外，比如上面提到的巴伐利亚方言，它的前元音是圆唇的。而不圆唇后元音的语言也同样存在，因为有些语言在后、圆之间的关系已经有所松动（如日语的后高元音），也有可能是因为仅在后元音的范畴内存在圆唇和不圆唇对立，比如土耳其的 Chuvash 语和 Yakut 语以及越南语（如表 9.6 所示）。

表 9.6 越南语含元音的例词（无标记中平调）

	前	后 不圆唇	圆唇
高	ti "局"	tɯ "第四"	tu "喝"
次高	te "麻木"	tɤ "丝"	to "汤碗"
次低	té "掉落"	ʌɲ "好感"	tɔ "大"
低	æŋ "吃"	tɑ "我们、我们的"	

次高元音通常比次低元音圆唇性更强，图 9.11 显示了 Iaai 语十个元音的发音唇形，节选自一个发音人发单位词的录像。图中记录的是每个元音发音时的最大唇形。三个高元音 i、y、u 的不同圆唇度和舌位前后无关。四个次高中元音 e、ø、o、ɤ（包括一个后不圆唇元音）也是如此。高、圆唇元音（u、y）的开口度比次高、中度圆唇元音（ø、o）明显要小；次低、圆唇元音 ɔ 的开口度较大；而 æ、a、ɔ 发音时开口度也较大，只是 ɔ 比 æ、a 的圆唇度更高。

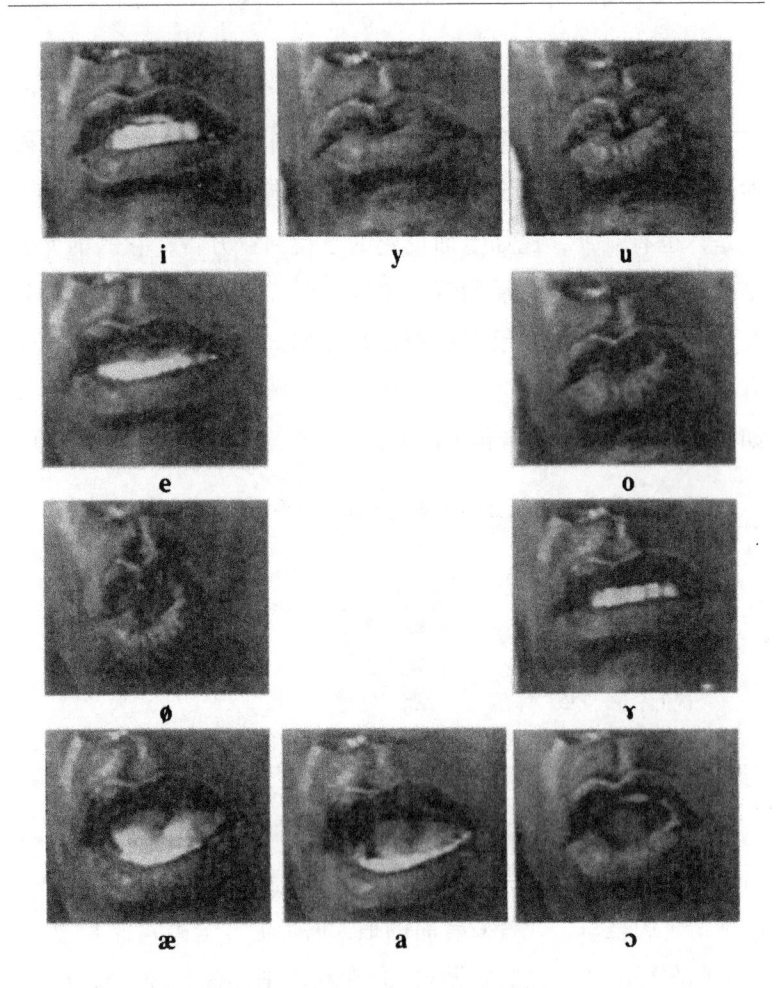

图9.11 Iaai语中十个元音的唇形：ṭii（"茶"）中的i，yy（"争论"）中的y，kaluu（"落下"）中的u，eeṭ（"渔网"）中的e，møøk（"病"）中的ø，oṭ（"龙虾"）中的o，ɤṭ（"锅"）中的ɤ，mææk（"重的"）中的æ，aaṭ（"受伤的人"）中的a，ʈɔɔṇ（"炉子"）中的ɔ

9. 元音

舌位高低和唇形圆展之间虽然存在某种固定关系，但也有例外。有时变异程度较小，比如 Jones（1956）描述标准英国英语元音 ɔ 的唇形"比定位元音 ɔ 更圆"。有时变异程度较大，比如阿萨姆语（Assamese）有两个后低元音，其中一个听起来像英国英语 father 中的 ɑ，舌位和唇形也同 ɑ 大致一样；另一个更像英国英语 caught 中的 ɔ，但圆唇性更接近于定位元音 u。

　　除了阿萨姆语几个"过圆"的元音，大部分语言的元音都可描述为圆唇或不圆唇。即使是阿萨姆语里的 ɒ，它的圆唇特征也似乎和其他元音一样。然而，我们还是有理由相信，"唇形圆展"参数不止一个。比如瑞典语三个前高元音，如表 9.5 所示。音标 ʉ 代表前高元音，而不是央高元音（虽然 IPA 对它的定义是央高元音，而且在表 9.4 对挪威语的标写中也是按照这一惯例）。对于这个音的特征定位学术界一直存在争议（Sweet 1877，1879；Malmberg 1951，1956）。Malmberg（1951）提道："这个音困扰了语音学家很长时间，也许可以说，它既有 e 的舌位特征，又有非常特殊的圆唇化特征（嘴唇不像发 y 时那样突出，而是以一种独特方式敛唇）。"（Malmberg 1951：46；原作者译）许多文献中都有 Fant 对这些元音的 X 光片的缩图（如 Fant 1973：11），在这里，我们把它稍微放大了一些（图 9.12）。图中所显示的和 Malmberg（1951）的描述不完全一致。至少对于图中这位发音人来说，ʉ 的舌位比央元音 eː 偏高。三个元音 iː、yː、ʉ 的舌位高低类似，但不完全一样。发 yː 时，嘴唇更突出，开度更大；发 ʉ 时，上下唇几乎接触，但不突出。Linker（1982）对八位瑞典语发音人的唇形调查显示了同样结果。McAllister、

Lubker 和 Carlson（1974）也有类似结论，他们指出：这三个前高元音都有一个辅音性半元音（consonantal offglide），y 的半元音是一个嘴唇突出的 ɥ, ʉ 的半元音是 β。Vanvik（1972）也指出：在标准挪威语中，u 和 ʉ 唇形相同，而发 y 时嘴唇突出。

从以上这些分析以及我们对这些语言的调查可以得出这样

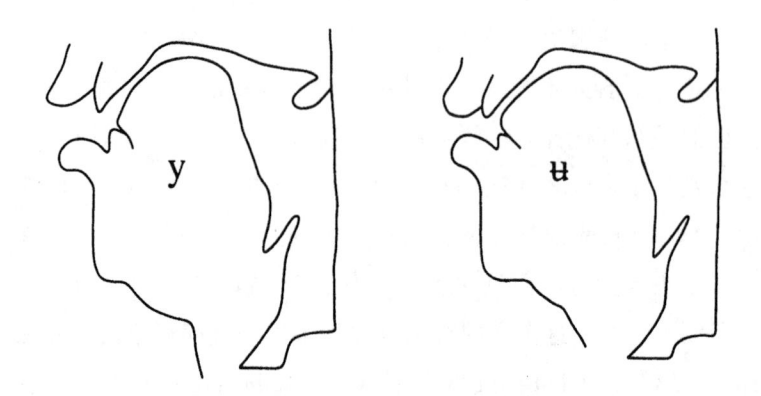

图9.12 瑞典语前高元音的X光片。y 是普通圆唇，是突出于口形咬合面的向前撮唇、噘唇；而 ʉ 是垂直于咬合面的敛唇（Fant 1973）

表9.7 元音的主要特征

舌位高低	舌位前后	唇形圆展	
		敛唇	撮唇
[高]	[前]	[敛唇]	[撮唇]
[次高]	[央]	[侈唇]	[缩唇]
[中]	[后]		
[次低]			
[低]			

的结论：元音唇形有两种——敛唇和撮唇。在大部分语言中，这两种姿态是结合在一起使用的（而且和舌位前后相结合），划分圆唇（无论是敛唇还是撮唇）和不圆唇就足够了。在少数几种语言中，这两种姿态单独使用，有的语言选择上下收敛的圆唇而不是突出的圆唇。Edwin Pulleyblank（私下交谈）指出，日语的 u 在发音时就是嘴唇收拢，而不是简单的不圆唇，其圆唇化特征还表现在，动词形态变化中和 w 交替使用。Pulleyblank 还说，u 前 h 的音位变体是双唇音 ɸ，发音时嘴唇收拢而不突出。我们没有调查过"敛唇"的声学特征，但应该和突出的圆唇特征类似，因为两者都是使唇间距缩小、共振峰频率下降，只是声道长度不同。

表 9.7 对元音主要特征及变化参数进行了总结。其中，舌位高低和舌位前后两个特征都有多个参数，不能归为二值系统。

从表 9.7 可以看出，世界语言的元音有 $5 \times 3 \times 2 \times 2 = 60$ 种不同的变化方式。但其中有些是不太可能的，比如，没有哪种语言在前低元音范畴内区分四种唇形，也没有哪种语言在后不圆唇元音范围内区分五种舌位高度。所以，表 9.7 充分概括了元音在音系上的各种可能性。

但是，它不能涵盖元音在语音上的各种可能性。为此，我们还要考虑更多因素。Disner（1983）指出，不同语言元音间存在细微差别。以此为基础，Ladefoged（1984）对两种含有七个元音的语言（意大利语和约鲁巴语）进行了系统的描述。这两种语言中的七个元音分别是 i、e、ɛ、a、ɔ、o、u。图 9.13 是 25 位意大利语发音人和 10 位约鲁巴语发音人所发元音的共振峰平

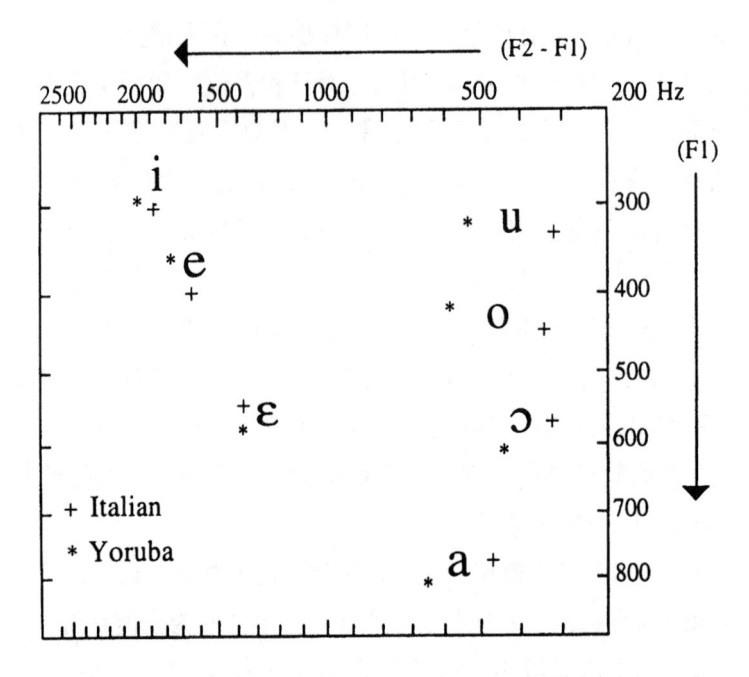

图9.13 约鲁巴语和意大利语元音的共振峰平均值（Disner 1983）

均值。图中，+ 代表意大利语，* 代表约鲁巴语。可以看出，意大利语元音共振峰值分布较均匀，而约鲁巴语的 e、o 离 i、u 更近（和 ɛ、ɔ 相比）。约鲁巴语元音不规则分布可能是历史原因造成的。根据 Fresco（1970），现在的七元音系统来自历史上的九元音或十元音系统。早期元音系统可能有一个特殊的元音特征参数——舌根位置（±ATR），我们会在后面谈到。在共时音系上，约鲁巴语元音的特征都在我们以上所描述的范围内。也就是说，表 9.7 完全可以概括这两种语言的元音在音系上而不是语音上的区别。

9.2 元音的附加特征

约鲁巴语和意大利语元音之间的区别，以及 Disner（1983）所提到的日耳曼语元音之间的区别都属于元音的主要区别特征。现在我们要讲的是元音的次要特征，这些特征在同一语言里也能形成音系对立。表 9.8 列举了一些我们所观察到的附加特征。它们共分四种，第一种，也是最常见的——鼻化。其他三种分别是：和舌的音姿有关的类型；和发声态有关的类型；和发音时间先后顺序等有关的类型，最后一点造成音长和二合元音化（diphthongization）的区别特征。

表 9.8　元音的次要特征

（1） 鼻化	（3） 清声
	气声
（2）舌根前伸	弛声
咽化	僵声
刺耳性	嘎裂声
r 化	（4） 长音
擦化	二合元音

鼻化元音

元音最常见的次要特征是鼻化，世界上有超过五分之一的语言使用这一特征（Maddieson 1984a）。最常见的鼻化元音是 ĩ、ã、ũ，与最常见的口元音 i、a、u 对应。从音系角度看，鼻

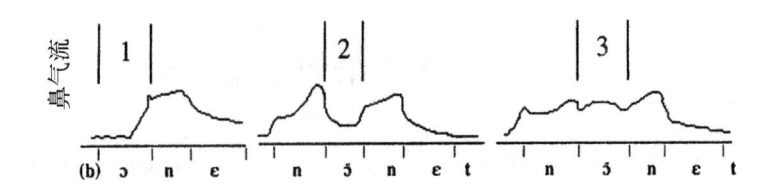

图9.14 三个法语词 *bonnet*（"帽子"）、*nonnette*（"年轻的修女"）、*non-être*（"非整体"）的鼻气流流量比较，其中元音分别是口腔音、在鼻音环境下被鼻化的音和音系上的鼻化元音（Cohn 1990）

化是一个偶值特征，但有些语言存在口腔音、轻度鼻化音和重度鼻化音之间的表层对立。这些语言通常有口元音和鼻化元音，口元音和鼻音相邻时容易被鼻化。比如，Cohn（1990）对法语中不同程度的鼻化音做了调查，如图9.14显示了 *bonnet*（"帽子"）、*nonnette*（"年轻的修女"）、*non-être*（"非整体"）中元音的不同鼻气流量。鼻气流大小是鼻化程度的依据。图中元音（1）是位于鼻辅音前的口腔元音，其后一部分鼻化；（2）位于两个鼻辅音之间，鼻化程度稍高；（3）同样也位于两个鼻辅音之间，但它是音系上的一个鼻化元音，鼻化程度最高。

表9.9 帕兰塔拉地区奇南特克语三个词显示出口元音、半鼻化元音和鼻化元音三者之间的对立

háa "这样"	**há̃a** "（他）散播"	**hã́ã** "泡沫"

根据表9.9中的表层比较，Merrifield（1963）和 Ladefoged（1971）发现了 Palantla 地区奇南特克语（Chinantec）中有三种不同程度的鼻化音——口腔音、轻鼻化音和重鼻化音。

9. 元音

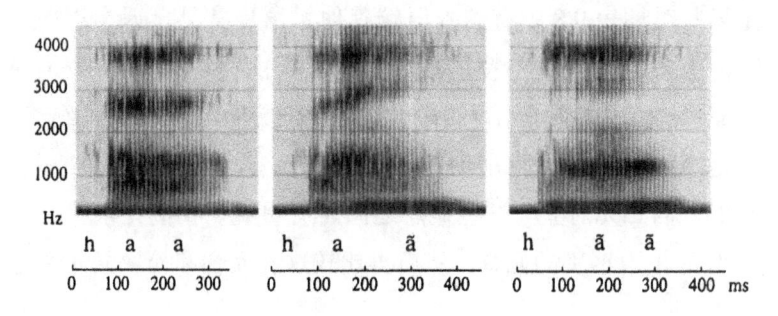

图9.15 表9.9中奇南特克语三个词的声谱图

这一说法得到王士元（W.S-Y.Wang）和彼得·赖福吉（Peter Ladefoged）的鼻气流记录支持（遗憾的是这些资料现已丢失）。鼻气流记录显示，重鼻化音的鼻气流流量最大。听感和声学分析显示，重鼻化音和轻鼻化音在鼻音开始和结束的时间上不一致。轻鼻化音的鼻化特征只出现在后半部分。如图9.15的声谱图所示，第一个词中包含口腔元音，F1和F2非常接近，二者的频率中心在1000 Hz左右，F1和F2的强度也大致相同。在第二个词开始处，F1和F2相同，只是因为没有鼻化，F1强度较F2要弱，F3随着鼻化程度的加强而升高。第三个词的F3从一开始就很高，而F1更弱，说明这个词从头到尾都鼻化。第二个词可看作是从第一个词的元音到第三个词的鼻化元音的过渡。对于这三个词的对比关系，最佳描述应该是口元音、口–鼻二合元音和鼻化元音。

舌根前伸

对元音的不同描述，在不同时期学术界的关注点不同，因此某些时期表 9.8 中有的术语较其他术语更常见。近十年来，讨论最多的元音次要特征是 ATR（舌根前伸，Advance Tongue Root）。在它之前是元音的松／紧对立，更早期（即 19 世纪末）则是窄／宽元音（Narrow/Wide）或基元音／宽元音（Primary/Wide）的二元对立。这些概念之间时有重叠。我们先来看一些在 ATR 上有区别的元音，然后再比较这些元音和松／紧元音之间的不同。

许多西非语言的元音在舌根位置上有区别（Ladefoged 1964）。这种区别在高元音范畴内表现得更为明显。图 9.16 是根据伊博语高元音的 X 光片所做的声道形状描摹图。图中所显示的两对高元音的舌位相同，不管用哪种测量方法——舌头最高点的位置，还是舌体的整体高度，二者之间最大区别在于舌根的位置。

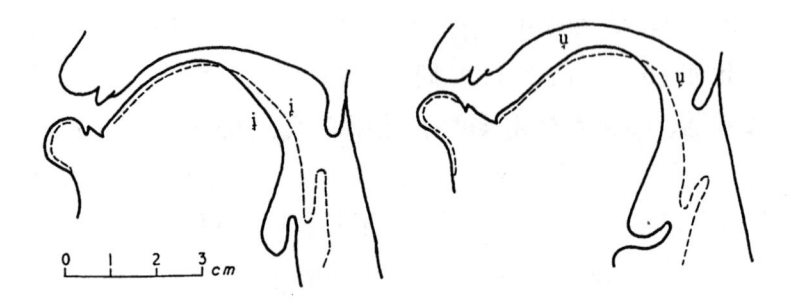

图9.16 伊博语元音的X光片。图中元音分别是：ó̞bi̞（"心"；是伊博语中óbi的规范拼写方式）中的i̠, ùbi̞（"能力贫乏"；ùbi̠）中的i̠, ibṳ（"重量"；ibū）中的ṵ, o̞bu̞（"它是"；o̞bu̞）中的ṵ。按照现行的IPA标准，˖和˗分别用来指舌根前伸和舌根后缩

9. 元音　　　　　　　　　　　　　　　　　　　　　　383

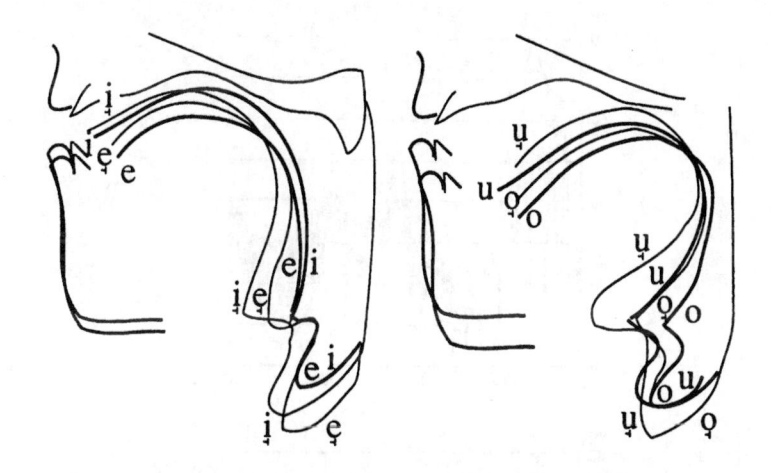

图9.17　库阿语方言Akyem话中非低元音的发音位置（Lindau 1975）。前元音在左，后元音在右。浅色线条代表舌根前伸的元音。唇的位置是根据估测画出来的

　　库阿语也有两套元音在 ATR 上有区别。图 9.17 是这两套元音的声道形状描摹图（Lindau 1975）。Lindau 指出，在库阿语中（也许在 ATR 区分两套元音的大部分语言中），区别不仅在于舌根的位置，还在于由舌根运动和喉头降低所造成的咽腔扩大。Lindau 建议用"扩大"（expanded）一词来描述这一特征。有时，喉头降低使这些元音带有轻微的气化特征。

　　声学分析进一步表明，舌根前伸／舌根后缩的元音在音色上存在差异的原因（如 Berry 1955）。图 9.18 是一对代盖马语元音（舌根前伸的前元音 i̘ 和舌根后缩的前元音 i̙）的频谱图，图中显示这两个元音有相似的共振峰频率。两个元音的听感也大致相同，但是舌根前伸的元音听起来更"亮"，因为高频区

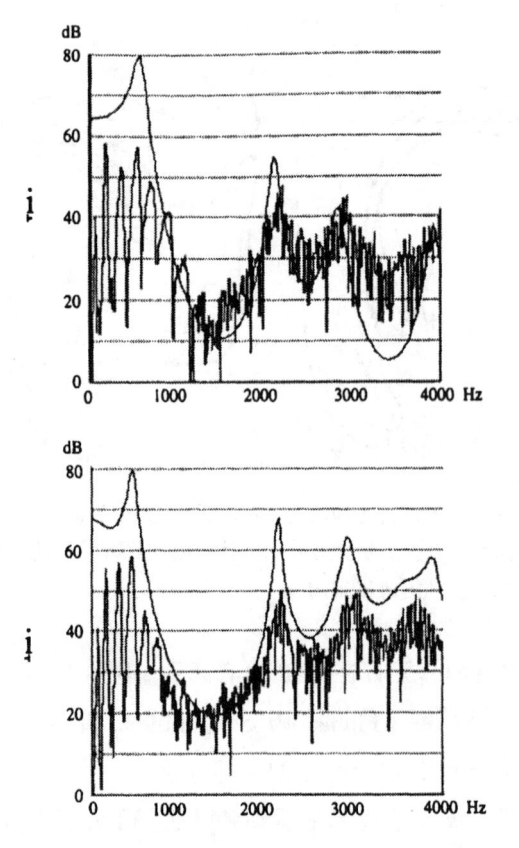

图9.18 代盖马语元音i̘、i̙的频谱图

集中了更多能量。在共振峰带宽上二者区别明显，舌根前伸的元音带宽更窄，可能是由于声道壁更紧张并且共鸣区丢失的能量不多，让这个元音听起来更"亮"。Hess（1992）也发现库阿语中的ATR元音在带宽上有类似区别。应该指出的是：根据我们的听感，西非语言使用ATR这一特征的元音在音色上没有明显差异。

松／紧和舌根前伸

图 9.17 中的库阿语元音在口腔前部的舌位高低上也有区别。这让我们怀疑 [±ATR] 元音和松／紧元音的区别是否一致，因为后者也区分舌位高低和舌根位置。日耳曼语就有这样的例子，比如英语词 *heed* 和 *hid*、*bait* 和 *bet*。根据 Jones（1956）和古老的英国学术传统，这两对词中元音的区别是元音主要特征之间的区别——舌位高低和舌位前后（也许还有唇形圆展）。我们发现，区别还在于通过舌位高低所表现的二合元音化，以及每对词内部两个元音的音长不同。但我们认为，考虑松紧度以外的其他参数是不必要的。

用松／紧这一概念来描述这些元音也有很长的历史（如 Bloch 和 Trager 1942，Chomsky 和 Halle 1968）。我们不禁要问：第一，把这些元音描述为仅在舌位高低、舌位前后（和唇形圆展）及音长上有区别是否有误？第二，ATR 区别和松／紧区别是否一致？通过比较图 9.16 伊博语元音、图 9.17 库阿语元音及图 9.19、图 9.20 英语和德语元音的声道形状，我们能为这两个问题找出部分答案。在伊博语和库阿语中，舌位高低和舌根位置无关；而在英语中，舌位高低和舌根位置是有联系的（对后元音来说尤其如此）。德语后元音也是这样，但对前元音来说，所谓的松元音舌根前伸程度更大。没有哪种固定的舌根位置把松元音和紧元音区分开来，关于这一点有资料证明。根据 Harshman、Ladefoged 和 Goldstein（1977），Ladefoged 和 Harshman（1979），英语松／紧元音的舌头矢状点可通过两个

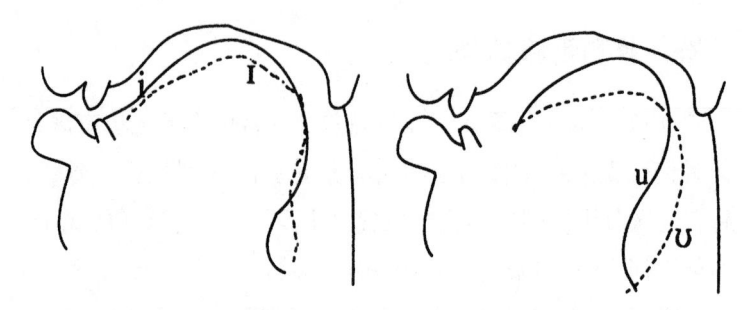

图9.19　英语中所谓松／紧元音调音部位的X光片（Perkell 1969）

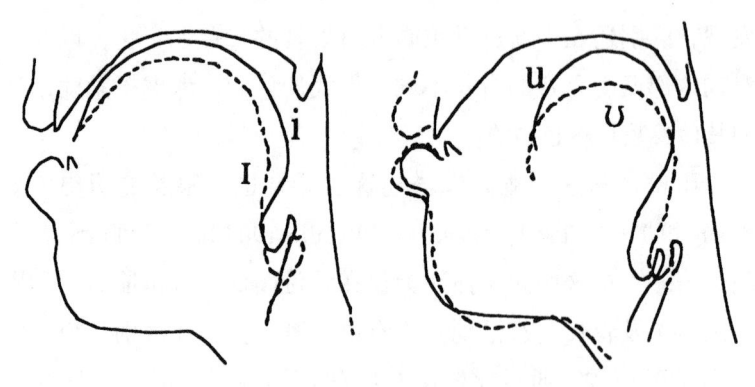

图9.20　德语中所谓松／紧元音调音部位的X光片（Bolla 和 Valaczkai 1986）

变量来确定。Jackson（1988）也采用类似的方法，论证了舌根位置对于英语元音来说不是一个独立控制的特征，但他确实发现，库阿语元音的舌形有三个独立的参数。Tiede（1993）对咽腔容量进行了三维测量，发现了英语和库阿语之间更多的区别。在会厌以下的咽区，库阿语的横断面宽度和舌根前伸成正比，而英语则成反比。所以，英语及其他日耳曼语和西非语言在这

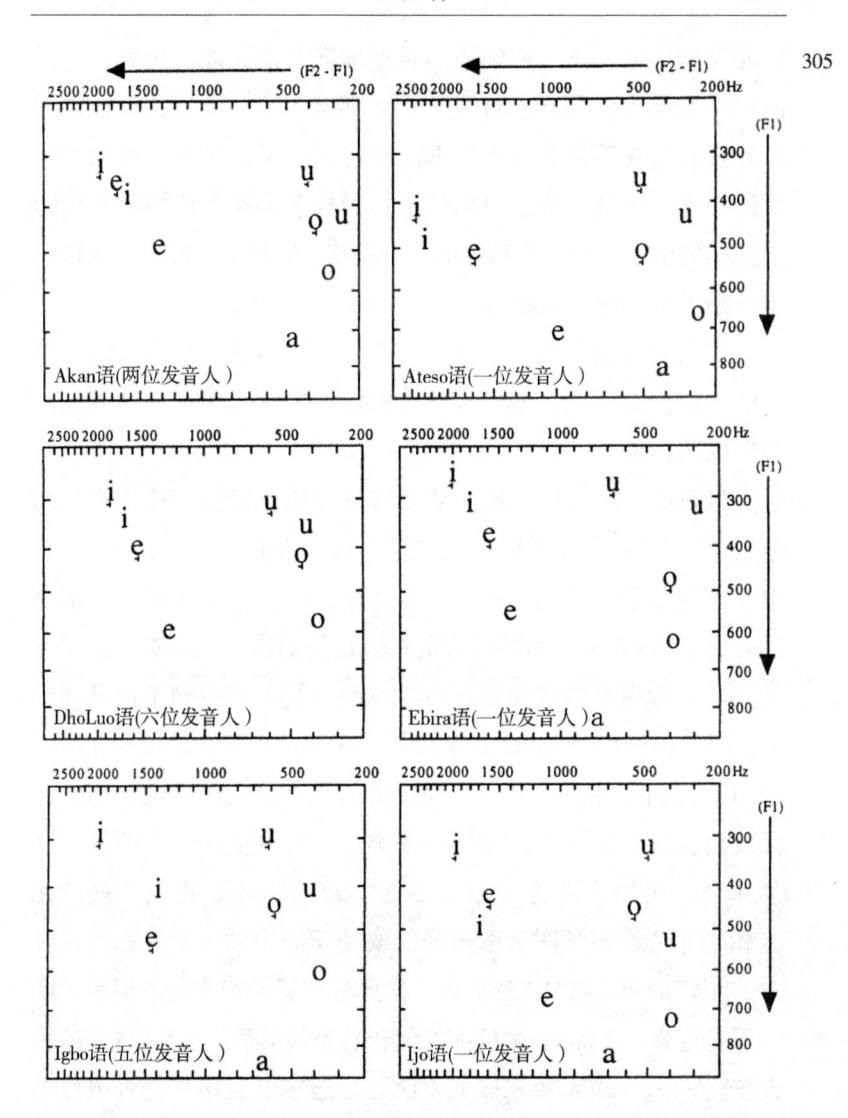

图9.21 ATR在几种语言中的声学效果。[+ATR]的元音用下标符号标出

方面完全不同。虽然库阿语的舌根前伸可能伴随舌位的升高，但这一变化远不如咽腔容量的扩大那么明显。而且，舌根前伸的元音有时在舌位高度上根本没有变化，比如图 9.16 所示的伊博语元音。由此，我们得出结论：舌根前伸在像伊博语和库阿语这样的语言中是一个独立的调音姿态。但对于日耳曼语来说，它只是舌位高低的伴随态。

如果舌根前伸是一个独立的音姿，而且是一种语言语音模式的一部分，那么，必定有某种固定的声学效果把它和其他的音姿区别开来。

Lindau（1979）指出了 ATR 特征和松／紧特征在声学上的区别。图 9.21 是几种语言中元音的 ATR 所造成的声学效果。其中，库阿语资料来自 Lindau（1979），卢奥语（DhoLuo）来自 Jacobson（1978），其他语言资料来自我们自己的调查。图中可见，所有舌根前伸的元音在声学空间位置上都得到了提升和提前。唯一例外的是 Ebira 语中较低的次高后元音，其位置在声学空间上得到了提升，但只是稍微提前。对前元音来说，ATR 特征成对立区分的元音共振峰频率类似于日耳曼语中所谓的松／紧元音，比如英语的 *bead* 和 *bid*，*bade* 和 *bed*；舌根后缩的元音和松元音在声学图上都被降低或处于居中的位置。在前元音中，[+ATR] 和 [−ATR] 音平行，松元音和紧元音平行。但后元音却不是这样。后高、舌根后缩的元音总是很靠后，而不是靠前（和传统上的后、松元音一样）。松元音通常位置居中，舌根后缩的元音没有这一特点。

咽化元音（Pharyngealized vowels）

舌根的动作除了前伸以外还有主动后缩，这个姿态又分多种形式，所发元音称作咽化音、会厌化音（epiglottalized）或刺耳元音（sphincteric or strident）。中北西伯利亚通古斯语支（Tungus）中的 Even 语中有咽化元音（Novikova 1960）。Even 语中有两套元音，例词如表 9.10 所示。发咽化元音时咽腔通道缩小，喉头上升。图 9.22 的 X 光片显示了这些音的声道形状。（原图显示这些音是鼻化音，我们认为鼻化音的可能性不大，但又不知道如何解释。所以，对图中其他细节也持谨慎态度。）这些音和库阿语中的音有很多相似处。和库阿语的两套元音一样，这两套元音的分布也很均衡——词根中所包含的元音必须属于同一种类型。

通过研究这些 X 光片，并结合 Novikova 对这些音的声学描述，我们发现：Even 语中这些音发音时，咽腔通道的紧缩程度远比库阿语要窄。所以，这些音的主要特征是咽化而不是 ATR。高加索语和克瓦桑语的元音舌根后缩程度更大。在高加索的察胡

表 9.10 Even 语中含普通元音和咽化元音的例词（Novikova 1960）

普通元音		咽化元音	
isli	"拔掉"	iˤsliˤ	"到达"
us	"武器"	uˤs	"内疚"
oj	"顶点"	ɔˤj	"衣服"
əkən	"姐姐"	ɑkɑn	"哥哥"

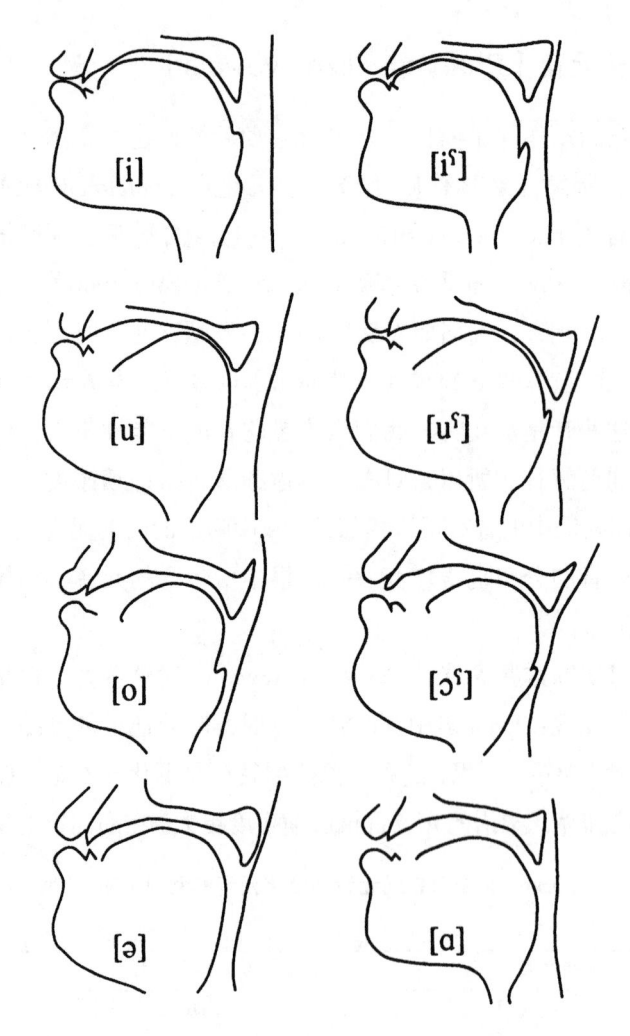

图9.22　Even语中普通元音和咽化元音的X光片（Novikova 1960）

尔语（Tsakhur）和尤迪语（Udi）中，i、e、a、o、u五个元音都有与之对应的咽化音（Catford 待刊）。察胡尔语第六个元音

9. 元音

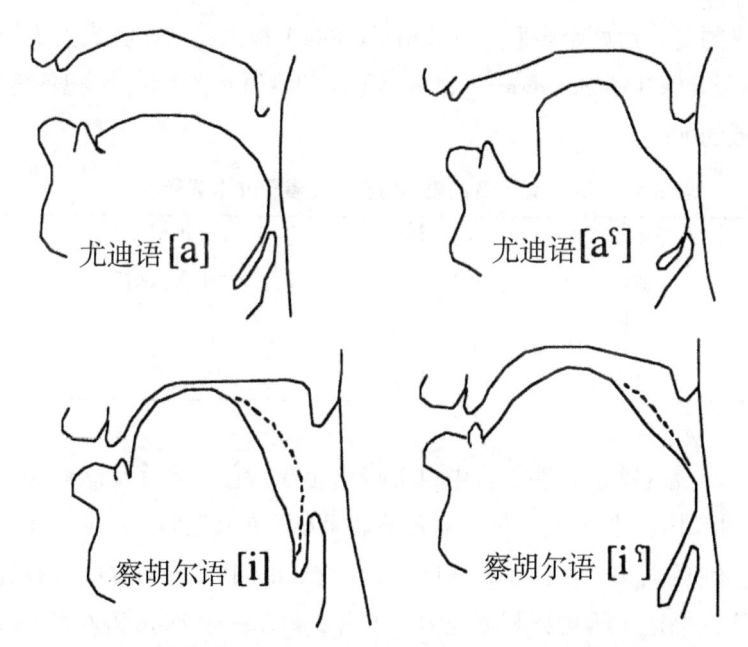

尤迪语[a]　　　　　　尤迪语[aˤ]

察胡尔语[i]　　　　　　察胡尔语[iˤ]

图9.23　察胡尔语和尤迪语咽化元音的X光片（Catford和Dzhejranishvili 1959）。原资料不是非常清楚，但虚线很可能代表舌侧抬起的部分

（Catford标写为 ɤ）也有对应的咽化音，但尤迪语还有其他三个元音并没有对应的咽化形式。Catford还记录了这些音的共振峰频率，最显著的特征是：咽化元音的第三共振峰明显偏低，第一共振峰偏高。

察胡尔语和尤迪语咽化元音的 X 光片如图 9.23 所示。Gaprindashvili（1966）发表了 Dargi 语两种方言中咽化元音的 X 光片。这些资料都表明：咽化元音发音时，咽腔通道缩小。除此以外，更有趣的是：由于舌前部拱起，小舌以下的舌部位中空，形成了声道中的三个声腔，不像通常情况下由一个收紧点所分隔的前、后两个声腔。Catford（1988a）指出：一些美式英语的 r 类元音（rhotic vowels）也有类似高加索语元音的声道构型和较低的 F3。

表 9.11 !Xóõ 语元音的附加特征。（参见文中解释）

普通元音	kǁáã	（一种树）
咽化元音	qâˤa	"很久以前"
刺耳元音	ʔŋ!a̰o	"基础"
气化元音	k!a̤o	"斜坡"

克瓦桑语某些语言中也有咽化元音，它们与后元音 a、o、u 相对应。除咽化以外，克瓦桑语元音还有其他对立特征（我们会在后面讲到），如表 9.11 所示。Traill（1985）对这些音有过详细描述。图 9.24 根据他的 X 光片，显示一个 !Xóõ 语发音人所发的 aˤ 和 uˤ（Traill 把这两个音标写为 a̰ 和 y̰；我们按照 IPA 的标准，用符号 ˤ 代表咽化，下标曲线代表嘎裂声）。图中还显示了后元音 a、u 的舌位。总体来看，成对的咽化元音和非咽化元

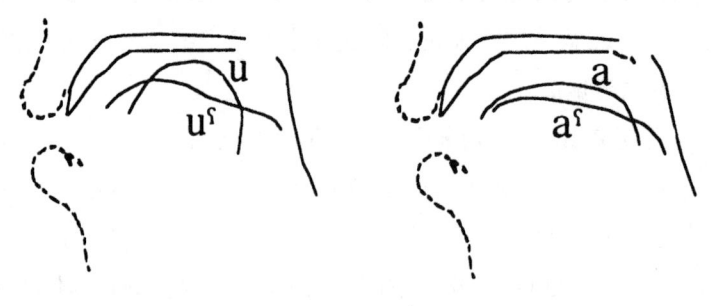

图9.24 !Xóõ语中普通元音和咽化元音的X光片（Traill 1985）

音的舌头整体形状差异极大，对高元音 u 来说尤其如此。事实上，Traill 也指出：单就舌头形状很难确定 **u**ˤ 是一个后高元音，把它标写为这个符号是以听感和音系为基础的。

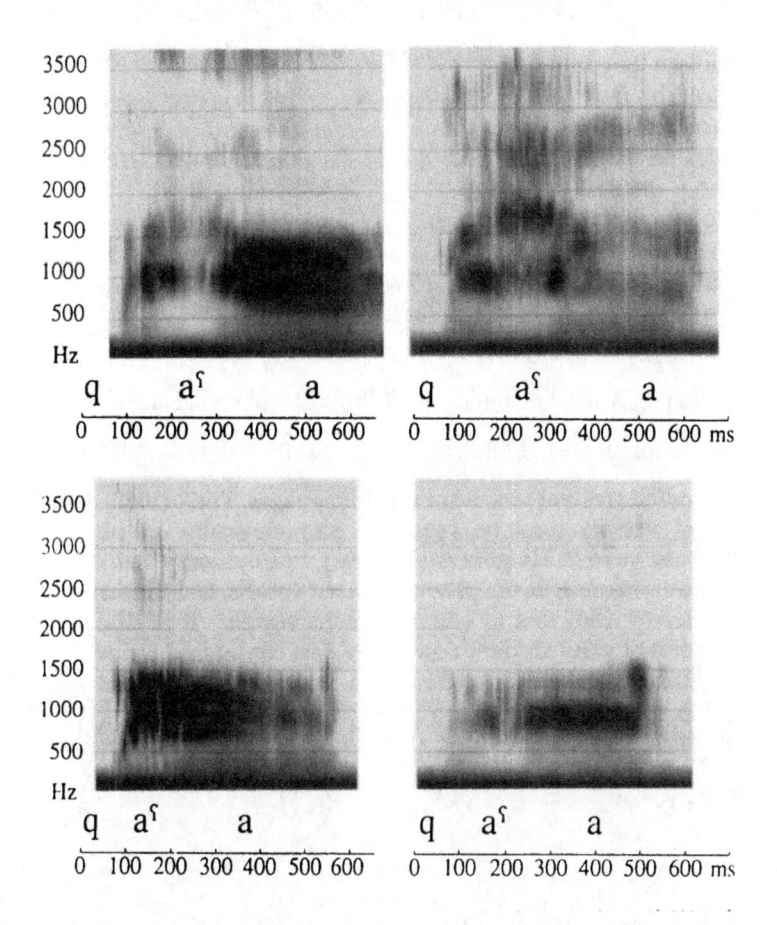

图9.25　四位!Xóõ语发音人所发**qa**ˤ**a**一词的声谱图，该词含有咽化元音和非咽化元音

!Xóõ语咽化元音的听感和声学效果跟另外两种高加索语不完全一样。我们听过这些语言的录音，也对!Xóõ语和其他克瓦桑语发音人做过调查。图9.25是四位!Xóõ语发音人所发 **qaˤa** 一词的声谱图。该词含有两个元音，前者为咽化元音，后者为普通元音。咽化的声学效果只能从该词的前半部分中看出来。第三共振峰的下降类似于高加索语；但是，克瓦桑语的例子中还有低共振峰明显升高的情况，伴随 400–700 Hz 范围内能量的减小。这和第二章讲过的咽音的声学效果类似。

刺耳元音（Strident Vowels）

　　克瓦桑语的咽化元音并不是所谓的刺耳元音。Traill（1985）认为刺耳元音是音系上的咽化气声元音（pharyngealized breathy voiced vowels）。他还强调说，刺耳元音的声道形状和咽化元音不同，喉部动作也和气声元音不完全一致。从语音角度看，刺耳元音有自己独特的发音机制，Traill（1986）把它描述为"括约肌机制"（sphincteric）。

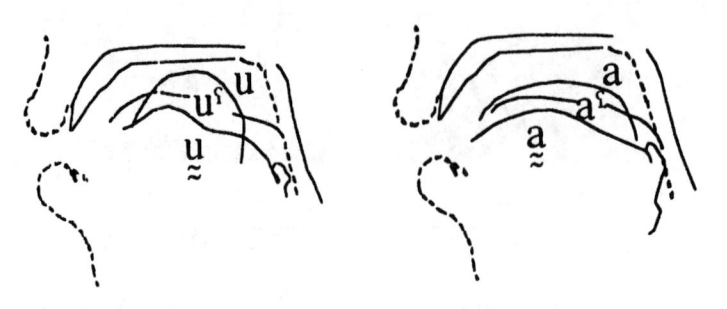

图9.26　!Xóõ语中普通元音、咽化元音和刺耳元音的X光片（Traill 1985）

9. 元音

Traill（1985，1986）提供了关于这类元音的宝贵资料。图9.26 显示了 !Xóõ 语中的普通元音、咽化元音和刺耳元音。我们暂且把刺耳元音标写为 a̰ 和 ṵ（目前，还没有合适的符号来代表它）。Traill 则根据自己对这类元音的音系分析，把它们标写为 a̰h 和 ṵh。发刺耳元音时，舌体位置整体偏低，咽腔后壁（图中用虚线表示）前伸，而且"会厌迅速振动"（Traill 1985）。

图 9.27 是 Traill 自己所发的一个 !Xóõ 语中刺耳元音的 X 光片，从中可以看出更详细的内容。图中只显示了咽部和喉部。右图是我们根据原照片对声道形状的描摹。除了声门根部的收紧点以外（如图 9.26 所示），还有一个主要的收紧点介于会厌下方的舌体部分以及喉上半部的勺状软骨顶端之间。对比两张

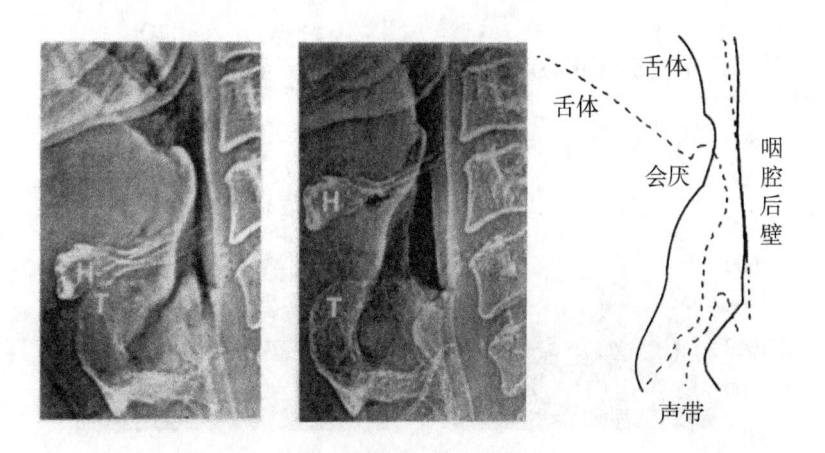

图9.27　!Xóõ语中一个刺耳元音的调音部位照片，发音人为A. Traill本人（比较Traill 1985）。中间的照片显示处于静止状态的喉部和咽部，左图显示发声状态。右图将两个舌位叠合在一起（虚线代表刺耳元音）。照片中的H代表舌骨，T代表甲状软骨

照片可以看出，这种收紧方式是通过舌骨（图中标作 H）和甲状软骨（图中标作 T）的聚拢而形成的。!Xóõ 语或其他克瓦桑语以及高加索语并不存在这种收紧方式的咽化元音。在表 9.8 中，我们把"刺耳性"列为元音的一个特征，依声道形状的改变而

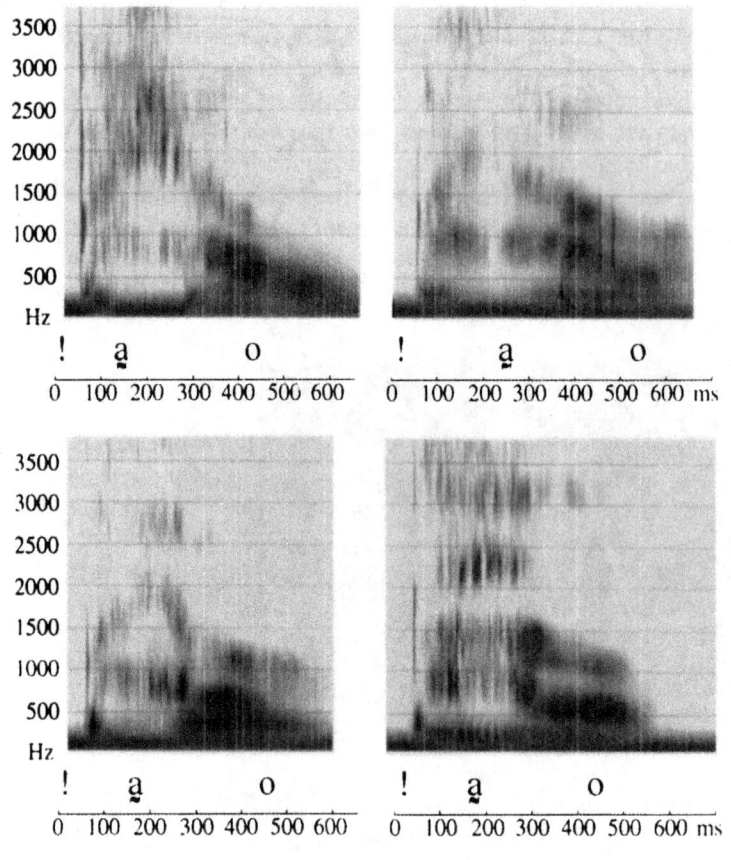

图9.28 四位!Xóõ语发音人所发!ao（含后低刺耳元音）一词的声谱图

改变。但实际上，刺耳元音的特征并不仅仅是声道形状。

如前所述，刺耳元音有一个收紧点介于会厌下方的舌体部分以及喉上半部的勺状软骨之间。这个收紧点使刺耳元音的发声类型比较特殊。Traill（1985）是这样描述的："勺状软骨剧烈振动。"不过他还注意到，在喉上部紧缩的同时，声带本身并不振动。这种声带紧贴在一起的状态显然不是哼声和气声的特征。图9.28是我们自己所录制的四位发音人所发刺耳元音的声谱图。其中的第一位发音人也是图9.24和图9.26的发音人。

这些资料进一步证明了Traill的描述。图中呈现了不规则的、带噪声的振动，很可能是由于勺状软骨或会厌贴近引起的，而不是来自于声带本身的振动。声谱图显示，第二共振峰比起我们前一节提过的咽化元音上升得更高了，而第三共振峰同样下降。

舌根前伸（ATR）、咽化和"刺耳性"好像是三个互不相干的元音特征，然而我们发现，[-ATR]元音和咽化元音非常相似，刺耳元音更可以看作是咽化元音的极端形式。三种元音的共同特征在于程度不一的咽腔收缩以及喉头上升。这三种特征，具体语言一般只含其中之一，很少有语言有多于一种的情况。但是它们之间的三方对立也不能被简化为两方对立，因为!Xóõ语中既有普通元音，也有咽化元音和刺耳元音。只是我们目前还没有找到概括这些元音的最合理的音系参数。

r类元音（Rhotic vowels）

还有一种舌根后缩的元音叫作r类元音。Maddieson（1984a）认为这类元音非常特殊，世界语言中有这种音的语言不超过1%。

但是，我们对这种音又很熟悉，因为英语和汉语里都有这种音。r 类元音的共同特征在于它们的声学结构而不是调音模式——第三共振峰通常会下降。发音时，舌尖有时翘起，有时下降，舌体通常从前往后卷起，而会厌处的声道则会变窄。第七章我们曾经讲过，在美式英语的许多不同变体中，*herd* 一词的音节核心是辅音 ɹ 的音节形式，但是 ɹ 前的元音通常带有 r 化特征。

Emeneau（1939）发现达罗毗荼语的 Badaga 语中可能还有另一种 r 化形式。这种语言的五个元音 i、e、a、o、u 都有"普通、半卷舌（half-retroflexed）、全卷舌（fully-retroflexed）"之分。半卷舌元音被描述为："舌侧和舌尖向上翘起或卷起，并接近龈脊，但不发生碰触，也不产生摩擦；在发音过程中，舌叶前部也有所抬高。"全卷舌元音是："那些带有全卷舌共鸣的元音，舌头整体强烈后缩，舌侧向上朝龈脊后的硬腭方卷起，但不发生接触，也不产生摩擦，舌中心有气流通道，从舌尖看是 V 形。"Emeneau 还提供了大量的证据，证明这 15 个元音在音系上互相对立。Emeneau 的调查是在 20 世纪 30 年代进行的，但 Badaga 语发展到现在可能变化很大。为此，我们也对许多 Badaga 语发音人进行了录音，调查范围覆盖了整个方言区。

表 9.12　Badaga 语含两种不同程度 r 化元音的例词，发音人的发音比较传统保守

普通元音	轻微 r 化	完全 r 化
be "嘴巴"	be˞ "手镯"	be˞˞ "农作物"
kaːsu "硬币"	haˑːsu "延伸"	kaˑːsu "去除"

9. 元音

被调查者包括 Emeneau 的发音人的儿子以及来自同一个地区的人。我们发现，只有少数几个比较保守的群体在发元音时有普通、半卷舌和全卷舌之分，而且，只是一个或两个元音是这样。但其中确有两位发音人对表 9.12 中的词进行了区分。

擦化元音（Fricative vowels）

通常认为，在音系上擦化元音是成音节的擦音，同时也是元音的音位变体。我们最熟悉的是现代汉语里分别出现在卷舌音（龈后平翘舌音 flat post-alveolar）、龈擦音和塞擦音后的 i 的音位变体。擦化元音的舌位和相应的擦音一致。由于其调音部位在齿龈，擦化元音有时被称作"舌尖元音"。当然，这个术语并不适用于卷舌音。根据 Maddieson 和 Hess（1986）的调查，凉山彝语里有擦化元音，它们是唇擦音的音节变体。在捷克语中，舌叶音 r 也可以是擦化元音（Ladefoged 1971，另见第七章）。这些非汉语的例子都说明"擦化元音"这个术语的概括性更强，比起"舌尖元音"来说更合适。古班图语里的擦化元音是可以重构的，班图人把它们称作"极近"元音（"superclose" vowels），标写为 ṳ 和 į。班图西北部某些语言保留有擦化元音，但通常是由于前面辅音的摩擦造成的。彝语和捷克语中的擦化元音同时还是颤音，彝语的唇元音发音时双唇颤动。

发声态类型

表 9.8 所列的发声类型在第三章都已经做过界定，当时我们讲到塞音（和其他辅音）的声门状态。很多语言只使用两种

发声类型——清和浊。清/浊对立通常是对辅音而言的。对元音来说，音系上的清/浊对立并不十分明确。据调查，伊克语（Heine 1975）和 Dafla 语（Ray 1967）的元音有音系上的清/浊对立。作为一种表层语音现象，它是平原和落基山地区的美国印第安语的重要特征。在这些地区的某些语言中，元音在音系上形成清/浊对立。比如，Miller 和 Davis（1963）重构了古 Keresan 语里的清元音。在其他语言中，比如阿科马语（Miller 1966），清元音不是深层音位；而像科曼奇语（Comanche）等其他语言，清元音的地位尚不明确（Armagost 1986）。清元音还出现在刚果盆地的班图语以及印度、伊朗边境的印度—伊朗语中，但它们只是表层语音现象。在包括英语在内的许多语言中，清元音是浊元音的音位变体（如"peculiar"和"particular"的第一个音节）。在日语中，浊元音的 i、u 会和出现环境为两个清塞音之间的清元音变体形成对立，例如 ki̥ʃi（"岸"）和 ku̥ʃʃi（"梳子"）。

许多语言的元音还在其他发声类型上形成音位对立。比如，某些语言的元音带有气嗓音特点，Ladefoged（1971）和 Pandit（1957）等语言学家把气声叫作"啐声"，本书中，我们称作气声。如表 9.13 所示，古吉拉特语（Gujarati）的普通元音和气声元音形成表层语音对立。除此之外，还有第三章讲过的印度-雅利安语中普通塞音和气声塞音之间的对立、表 9.11 中 !Xóõ 语里气化元音和普通元音的对立等。

还有一种元音是用声带发的，发音时声带肌紧张，形成所谓的僵声。Mpi 语中有这样的例子，它有六个声调，每个声调都

9. 元音

表 9.13 古吉拉特语含浊元音和气声元音的例词。（表中还可看到清／浊送气音、清／浊辅音之间的对立）

	浊辅音开头	清辅音开头
普通元音	baɾ "十二"	pɔɾ "去年"
气声元音	ba̤ɾ "外面"	pɔ̤ɾ "清晨"
送气辅音	bʱaɾ "负担"	pʰɔdz "军队"

表 9.14 Mpi 语中"si"的不同发声类型和声调。"si"共有 12 种不同的意思

声调	常态浊声	僵声
1 低升调	"腐化的"	"枯萎的"
2 低调	"血"	"七"
3 中升调	"翻滚"	"吸烟"
4 中调	（一种颜色）	（量词）
5 高升调	"死"	（男性名）
6 高调	"四"	（男性名）

可配一个普通元音或喉化元音（laryngealized vowel）。所以，同一个语音序列，比如"si"，就可因声调和发声类型的不同而有 12 种不同的意思，如表 9.14 所示。

通常情况下，对立并不存在于常态浊声和僵声之间，而只存在于轻微气声和轻微僵声之间。Mon-Khmer 的佤语 [Parauk(Wa)] 有两种发声类型，二者都不是本章讲过的类似于其他语言中的纯粹的气声或嘎裂声，而是都接近于常态浊声。如图 9.29 所示，它显示了佤语中两对词的气流记录，从中可看出

佤语元音之间的细微差别（Maddieson 和 Ladefoged 1985）。由于这些词出现在这个特定的语音序列里，气压变化不大。但是，对于任何给定的气压来说，弛声元音（slack vowel）的平均气流量偏高，这是由于声门收紧度不强造成的。

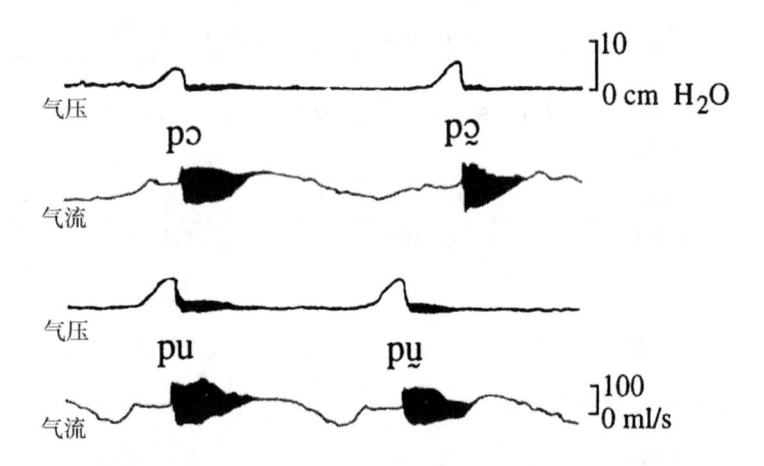

图9.29 佤语中两对词（含僵声和弛声）的气流和口内气压记录（根据原记录重新描绘）

有些语言存在喉化的极端形式——嘎裂声，比如墨西哥 Otomanguean 语中的雅拉帕－马萨特克语（Kirk、Ladefoged 和 Ladefoged 1993）。在讲塞音时我们提到过，嘎裂声和僵声之间的分界有些任意。虽然我们把 Mpi 语里的元音称作嘎裂化元音（Ladefoged 1982），但其声门收紧度不如雅拉帕－马萨特克语的元音。雅拉帕－马萨特克语的特殊性在于它有嘎裂化元音、气化元音和普通元音之间的三分对立，如表9.15所示。我们需要对它进行详细分析。

9. 元音

表 9.15 雅拉帕－马萨特克语含嘎裂声元音（喉化元音）、气声元音（哞声元音）以及常态元音（普通元音）的例词

常态浊声		气声		嘎裂声	
já	"树"	ja̤	"他带着"	ja̰	"他穿着"
nᵗʰǽ	"种子"	ndǽ̤	"笨蛋"	ndǽ̰	"马"

Ladefoged、Maddieson 和 Jackson（1988）详细介绍过不同发声态元音的声学特征。一般来说，和普通元音相比，僵声元音和嘎裂声元音的第一、第二共振峰谐波有更多能量。相反，弛声元音和气声元音在基频处能量更大。还有一个趋势（并不是所有语言）——嘎裂声元音的声带脉冲较不规则（抖动更多），气声元音的高共振峰有更多的不规则能量（较大的噪声成分）。如图 9.30 所示，它是五位雅拉帕－马萨特克语发音人所发嘎裂声元音、普通元音和气声元音的窄带频谱。

图 9.31 显示了这三种元音的基频振幅和第一共振峰振幅的差别。有些差别可以做量化分析，图中依次显示了五位发音人的数据以及他们的平均值。最低的三条杠显示，嘎裂声元音（黑杠）的基频振幅和第一共振峰振幅的平均差是 –17 dB（分贝）。也就是说，基频振幅比第一共振峰振幅小 17 dB，所以第一共振峰振幅很大。普通元音（灰杠）的平均差是 –7 dB，气化元音（白杠）是 +5 dB（基频处的能量比第一共振峰处更大）。不同发音人之间也存在差别，但有一点是不变的——气声元音高于普通元音。嘎裂声元音和普通元音有时重叠，但总体来说，普通元音高于嘎裂声元音。

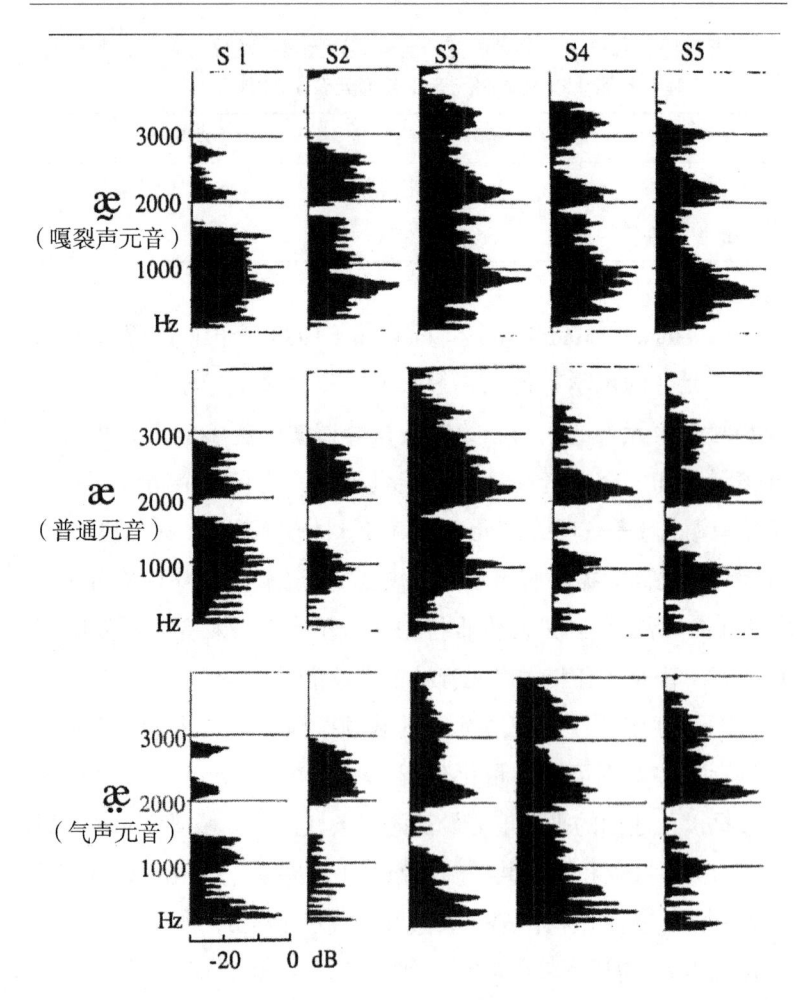

图9.30 五位发音人所发的雅拉帕–马萨特克语的嘎裂化元音、普通元音和气化元音的窄带频谱，这些元音出现在表9.15中的后两行

从波形图上也能看出这三种发声态元音之间的区别。图9.32是一位发音人所发的这三个元音的波形图。嘎裂声元音有更多

9. 元音

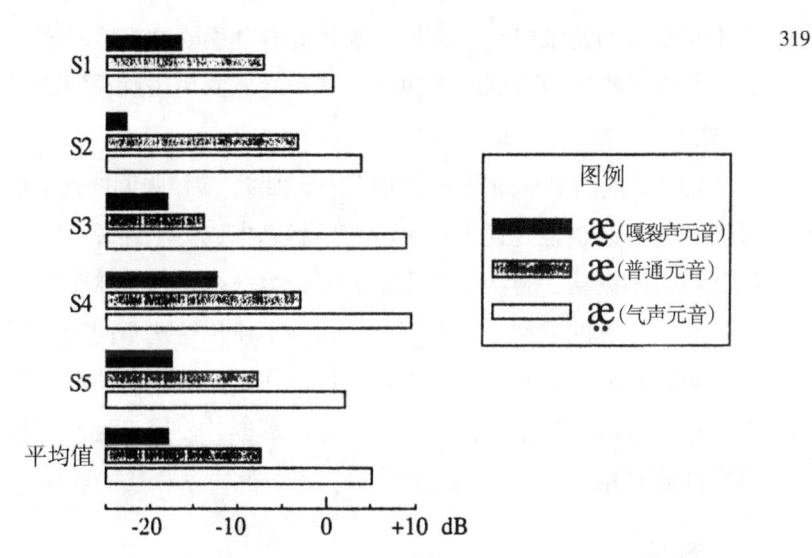

图9.31 五位发音人所发的雅拉帕–马萨特克语中三种元音的基频振幅和第一共振峰振幅之差及五个人的平均值

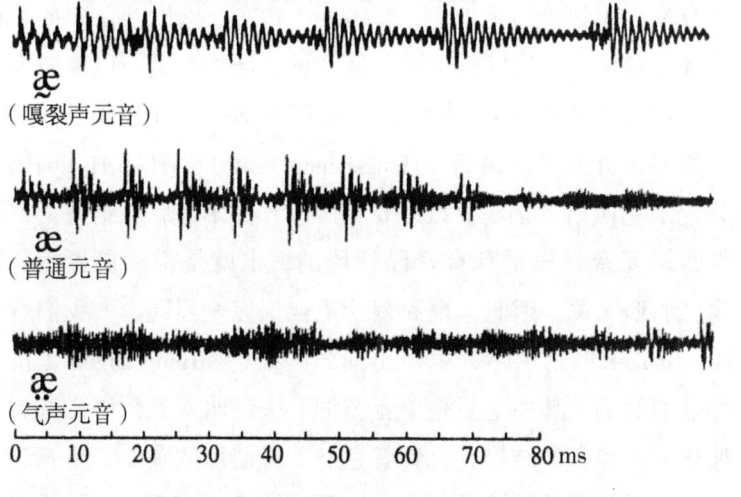

图9.32 一位发音人所发的表9.15第一行中三个元音的波形图

的不规则脉冲及未阻尼的声波(和该元音共振峰的带宽较窄有关),由于噪声成分的频率很高,气声元音的单个脉冲很难看清楚。

现在,我们对不同发声态元音进行总结。应该强调的是(在讲塞音的时候也是这样):不同声门状态构成一个连续统,一端是声带不振动,勺状软骨完全分开;另一端是勺状软骨紧贴在一起而形成的嘎裂声。大部分语言并不使用这些不同的声门状态来区别元音。有些语言则选择性地使用连续统上的两种状态。很少有语言像雅拉帕-马萨特克语那样,使用三种声门状态来区分元音。

音长

有长短元音对立的语言不少。还有几种语言中的元音有三种音长,比如爱沙尼亚语。Lehiste(1970)指出:爱沙尼亚语元音的音长不仅能区分词义,还和词的结构有关。以往研究证明,米克西语(Mixe)是我们所知道的唯一一种元音有三种长度并能区分词义的语言(Hoogshagen 1959)。针对 Hoogshagen 关于米克西语的描写,Lehiste(1970)在评述后总结道:"米克西语元音音长是具有音段性质的,也就是说,它和音节结构、词形无关。因此,也和爱沙尼亚语完全不同。"我们看过 Hoogshagen 的材料后,也得出同样的结论。Hoogshagen 提供了大量的例子(其中主要是单音节词)来证明米克西语元音有三种长度,和音节结构、元音音色、元音前后的辅音、重音、音高以及语调都没有关系。表 9.16 是米克西语含不同音长元音的

9. 元音

表 9.16 米克西语含不同音长元音的例词（Hoogshagen 1959）

poʃ	"番石榴"	pet	"攀登处（名词）"	piʃ	"跳蚤"
poˑʃ	"蜘蛛"	petˑ	"扫帚"	piˑʃ	"金盏花"
poːʃ	"结"	peːt	同英语的"Peter"	tʃiːt	"猫"

表 9.17 基坎巴语含长、短元音及音节分界的例词（Roberts-Kohno 1995）

短元音	kokona	"打"
长元音	kóómǎ	"弄干"
短元音 + 短元音	ko.ómǎ	"咬"
短元音 + 长元音	nétóņubáné.éetê	"我们帮大家选了，而且还在继续选"

例词。根据 Thomas 和 Shaterian（1990）的调查，亚瓦派语（Yavapai）元音也有三种长度，也能区分词义。

调查结果发现，某些语言中元音的长度不止三个，但它们和音节分界有关。Whiteley 和 Muli（1962）认为基坎巴语（KiKamba）元音有四种长度。虽然他们指出了最长的元音在邻近语言中有同源形式，并且其元音序列中间还插有辅音，但他们认为这些最长的元音并没有形成两个及以上音节的音段。Roberts-Kohno（1995）对这个问题有更详细的解释：元音有四种音长，因为受两个独立因素所控制——长、短元音，以及相同元音之间有音节分界，于是形成四种长度不同的元音——V、Vː、V.V、Vː.V（不存在 Vː.V 和 Vː.Vː 的组合形式）。表 9.17 提供了这几种元音组合形式的例词。不同的元音组合序列有时也会出现音节分界,比如 **ko.úmã**("辱骂")。两个长度相等的短元音(中间有音节分界)比一个长元音要长;Roberts-Kohno 测量了 **kotó.ómeðja**("让……咬我们")这种双音节元音序列,平均时长为 232 毫秒,而测量 **kotóómeðja**("把我们擦干")这类长元音时,平均时长仅 127 毫秒。

二合元音(Diphthongs)

如果我们认为元音的生理描述和关于音姿目标的论述一致的话,二合元音就是有两个调音目标的音。这个定义的问题在于无法区分二合元音和长元音,长元音是有两个相同调音目标的元音。所以,我们必须规定:二合元音有两个不同的调音目标。Lindau、Norlin 和 Svantesson(1985)做过统计,大约三分之一的世界语言有二合元音。他们还指出:在这些有二合元音的语言中,75% 的语言有 **ai** 类二合元音,65% 的语言有 **au** 类二合元音。

任何一个有两个调音目标的音,我们都需要界定从一个目标到另一个目标的过渡时长。Lindau、Norlin 和 Svantesson(1985)对阿拉伯语、豪萨语、汉语普通话及英语里的二合元音做了调查,发现两个调音目标之间的过渡存在很大差异。对某些二合元音来说,似乎存在一般规律。比如,对于英语中的 **ai** 和汉语中由低元音向高元音过渡的二合元音来说,两个元音的距离越远,过渡的时长越长。但这一规律并不适用于汉语里的其他二合元音和英语里的 **au**。此外,豪萨语和阿拉伯语的二合元音过渡比英语和汉语要短得多。Peeters 和 Barry(1989)认为:在二合元音的过渡上，不同语言间存在差异。

二合元音中的目标元音和单元音没有什么区别。我们写这本书的目的是要描述世界语言中在音系上形成对立的音，所以，关于二合元音没有什么新的特征需要解释。当然，从音系的角度看，二合元音确实造成许多有趣的问题，比如，为什么有的组合比其他组合更受欢迎？但这不在本书的研究范围内。

9.3　类似元音的辅音

传统语音学里有一个概念叫半元音（semi-vowels）。它们是类似元音的音段，但是有辅音的功能，比如 **w** 和 **j**。半元音还有一个名字叫作"滑音"（glides），因为它们发音时舌位从高元音向较低元音迅速地移动。"半元音"这个概念以及对于它的描述都不太确切，因为像其他辅音一样，它们也能形成双音。马绍尔语（Marshallese）、Sierra Miwok 语和 Tashlhiyt 语里就有这样的例子。

类元音具备辅音功能的音段在世界语言中很常见。85%的语言都有硬腭近音 **j**，76%的语言有唇–软腭近音（labial-velar approximant）**w**（Maddieson 1984a）。**j**、**w** 以外的其他半元音较为少见，有这些音的语言不过2%。表9.18 显示了法语中半元音 **j**、**w** 和唇–硬腭近音（labial-palatal approximant）**ɥ** 之间的对立。（不圆唇的）软腭近音 **ɰ** 更为少见。根据 Payne（1981），Axininca 语软腭近音 **ɰ** "和双唇近音（IPA 标写为 **β**）形成对立，这个双唇近音不像 **w** 一样是软腭调音的"，而软腭近音 **ɰ** 也和

硬腭近音 **j** 形成对立。

关于元音和半元音的关系有很多争论。英语词 *east* 和 *yeast*，*woos* 和 *ooze* 之间确实存在对立。但是，Jacobson、Fant 和 Halle（1952）认为：没有必要将半元音单列一个范畴。在他们看来，半元音只是元音的音位变体。他们把 *woo* 一词标写为 **uuu**，把 *ye* 一词标写为 **iii**，而不是按照现代美式英语的习惯标为 **wuw** 和 **yiy**。Maddieson 和 Emmorey（1985）表明，如果先撇开音系上的争议，某些语言的元音和半元音在发音上的确存在差异，比如阿姆哈拉语、约鲁巴语和祖尼语（Zuni）这三种截然不同的语言都可以发现这种现象。这三种语言的半元音也有区别，并且区别与跨语言的元音区别有关。但在单一语言内部，半元音和其相应的元音区别在于：半元音发音时，声道收紧程度更强。

除了 **j**、**w**、**ɥ**、**ɰ** 以外，还有一些类元音但不成音节的音也可被看作半元音。其中两个属于 r 类音，在第七章已经讲过。但应该指出：对许多美式英语发音人来说，"red" 一词开头的近音 **ɹ** 和 "bird" 中的 **ɚ** 发音相同，而 "yes" 一词中的 **j** 和 "heed" 中的 **i** 也是如此。同样，丹麦语 "raad（议会）" 中的 "r" 音并非某些教科书中（Bredsdorf 1958）所说的小舌近音，而是一个咽近音，其调音位置类似于后低元音。

我们还应该考虑到，有没有对应央元音的半元音？尼泊尔语（Nepali）中因为元音省略所造成的音节重新划分，可以作为这方面的一个例子。如表 9.19 所示，在慢速、正式的话语中，尼泊尔语元音有几种组合序列。在正常、口语性的话语中，两

9. 元音

表 9.18　法语含对立半元音的例词

mjet	"碎屑"	mɥet	"无声的"（阴性）	mwet	"海鸥"
lje	"系着"	lɥi	"他（受格）"	lwi	同英语的"Louis"
jø	"眼睛"	ɥit	"八"	wi	"是"

表 9.19　尼泊尔语里的元音省略

慢速、正式的话语		正常、口语性的话语	
die	→	dje	"他们给了"
tei	→	tej	"一样"
pia	→	pja	"喝"
gai	→	gaj	"母牛"
ao	→	ao̯	"来（与复数搭配）"
dɦoa	→	dɦo̯a	"洗"

表 9.20　乌尔霍博语里含唇擦音、唇近音的例词

	圆唇化软腭音或唇软腭音	唇齿音
擦音	ðɣʷó "汤"	èvà "巨蜥（复数）"
近音	éwé "池塘（复数）"	evá "预言"

个相邻元音中总有一个不能自成音节。表 9.19 中的例子在慢速话语中听起来像两个音节，但在正常语速中是一个音节。不管是我们还是尼泊尔语言学家 B.M. Dahal 都有这种感觉。有时，两个相邻元音中的第一个受影响，有时是第二个受影响。尼泊尔语中的六个元音可按舌位高低分为三组：i、u，e、o，ə、a。Kelkar（私下交流）指出：在元音序列中，当其中一个是高元音或中元音，而另一个舌位低于前者时，舌位较高的元音不管在

序列中是前一个或后一个都不能自成音节，而且会变成半元音 j、w。当其中一个是中元音，而另一个是低元音时，中元音就会变成不是高舌位的半元音 ɞ̯、ɒ̯。在元音序列中，当前后两个元音的舌位高度都是高元音或是中元音时，其中总有一个变成半元音而不能成音节。只有当元音序列中两个低元音共现时（也就是说，序列中没有中元音或高元音），前一个就会被省略。尼泊尔语的这种现象不但说明了不是高舌位的半元音可能存在，而且证明了元音高度是一个多值而不是二值系统。

虽然双唇近音 β̞ 和唇齿近音 ʋ 并不是严格意义上的半元音，但我们还是需要分析它们。印地语里没有 v 和 w，却有最常见的音位变体，这些变体可用 nɔβʌ̃ （"第九"）一词中的 β̞ 来标写。在乌尔霍博语（Urhobo）里，唇齿近音 ʋ 和唇齿擦音 v 形成对立。乌尔霍博语还有一个圆唇化的软腭擦音（labialized velar fricative）ɣʷ 和唇–软腭近音（labial-velar approximant）w（Ladefoged 1968，Kelly 1969），如表 9.20 所示。Ladefoged（1968）把 ɣʷ 标写为 w̝，不过现在我们认为 Kelly（1969）的标写方式更准确。正如 Elugbe（1989）所说，摩擦只是软腭调音的结果。

与乌尔霍博语毗邻的语言——伊索科语也有四个类似的对立性的半元音。图 9.33 是其中三个音的唇部照片。从中可以看出：ɛ́ɣʷɛ̀（"锄头"）一词中的圆唇化软腭擦音 ɣʷ 在发音时双唇紧闭，只开一个小缝。这在声谱图上造成的共振峰音轨类似于唇–软腭近音 w，只是音强大幅度降低，出现一个类似塞音的间隔（其后没有除阻爆破）。遗憾的是，我们没有 ɔwa（"同龄人"）一词中唇–软腭近音的对照资料，只有 ɛ́ʋɛ̀（"怎么"）中的擦

9. 元音 *413*

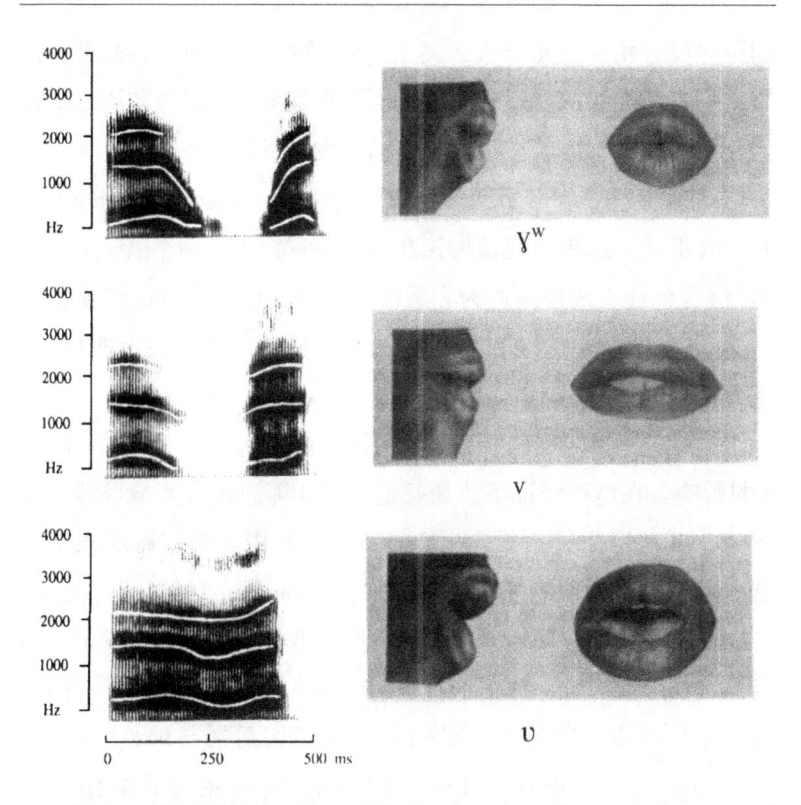

图9.33 伊索科语中 éɣʷé（"锄头"）、évé（"怎么"）和 év̥é（"呼吸"）的唇形照片。这些照片是通过按下快门的同时所观察到的辅音和辅音之间的情况而得来。左边的声谱图是通过词的反复连续发音，在照完相以后立即记录下来的。共振峰振幅中心在图中用白线标出

音和 év̥é（"呼吸"）中的唇齿近音的唇形照片。声谱图显示，擦音 v 的音强也大幅降低，但是没有类似 ɣʷ 的大的共振峰音轨。在图中这个例子中，只能看到很少的擦音能量。近音 ʋ 唇间距较大，但是，从 Ladefoged（1968）提供的更多照片上看，其唇

间距并没有相邻的元音那么大。因为下唇离上齿和上唇都很远，很难把它归类为双唇近音 β 或是唇齿近音 ʋ。声谱图显示这个音的共振峰变化幅度较小，振幅也没有大幅下降。

本节讲过的许多半元音和央近音（central approximants）都有清音形式。这里也应该讨论在擦音一章提到的两个音——h 和 ɦ。这两个音通常被描述为和后接元音相配对的清音或气化浊音形式（Ladefoged 1971）。但是，正如 Keating（1988）所说，h 或 ɦ 的声道形状和周围的音一致。比如，发 ahead 时，通常有一个气化浊音 ɦ，发这个音时，共振峰先受 ə 影响，然后过渡到 ɛ 的影响。在这种情况下，最好把 h 和 ɦ 都当作有特殊喉部姿态的音，其他特征都是无标记的。有些语言中 h 的共振峰频率位置比较明确，说明它发音时有收紧点。Laufer（1991）认为从希伯来语和阿拉伯语可以观察到 h 有声门收紧点。还有些语言在 h 与 ɦ 之间形成对立，比如乍得语族的 Masa 语。Sachnine（1982）提供了 Lame 语中形成对立的例子：hàs（"切割"）与 ɦàs（"温暖"）对立。Shryock（1995）对与 Lame 语相关的 Musey 语做了详细研究。Musey 语中 h 与 ɦ 之间的区别主要并不是清／浊对立。这两个音发音时声带往往都振动，只是 ɦ 的喉部结构较松弛，基频也较低。

央近音 j、w 的清音形式在几种语言中都和 j、w 形成对立，比如瑶语（Purnell 1965）、克拉马斯语（Barker 1964）和阿留申语（Aleut）（Bergsland 1956）。它们也出现在一些英语方言中。大部分英语发音人都区分"you"（"你"，IPA 标写为 ju）和"hue"（"色彩"，IPA 一般标写为 hju）。第二个词的开头是一个清硬腭近音（voiceless palatal approximant）j̊，IPA 对这个音还没有统一的标法。在英语某些方言中（如苏格兰方言），*weather* 和 *whether* 两词形成对立，*whether* 的开头是一个非摩擦音 ʍ。我们还不知道有哪种语言在清唇-软腭擦音（voiceless labial-velar fricative）和非擦音 ʍ 之间形成对立的，就像第六章提到过的——没有哪种语言在清边近音（voiceless lateral approximant）l̥ 和清边擦音（voiceless lateral fricative）ɬ 之间形成对立。而且，w 的清化形式不可能在唇和软腭都有摩擦（第十章就会讲到）。如果是擦音的话，最好把它叫作清唇化软腭擦音（voiceless labialized velar fricative）。其他的清近音，比如，清边音在第六章讲过，清 r 类音在第七章讲过。

总结

最后，我们把本章的研究和早前最广泛的元音研究（Lindau1978）做一比较。在元音的主要特征——舌位高低和舌位前后上，我们和 Lindau 的观点一致，只是近期获得的材料表明元音有五个不同的高度。对元音的第三个主要特征——唇形圆展，我们和 Lindau 的区别是在形式而不在内容。我们认为，圆唇特征包含敛唇和撮唇，在层级音系结构（hierarchical phonological structure）出现之前，Lindau 不可能意识到这一点，虽然她也注意到了两种唇形之间的区别。关于元音的附加特征，虽然现在有关鼻化音的研究有了深入进展，但仍然是一个二值特征。我们提出的舌体特征系统比 Lindau 的要大一些，把她的"扩大"特征做了一些调整，将舌根前伸（ATR）、咽化和"刺耳"

以及 r 化区别开来。Lindau 主张划分边缘性元音和非边缘性元音（peripheral and non-peripheral），我们认为这种提法没有必要。另外，我们进一步发现了元音在发声态方面的更多区别以及气流动力特征上的不同变化。

10. 多重音姿

大部分辅音都只有一个口腔音姿及其所伴随的喉头和软腭动作，但确实也有很多声音使用一个以上的音姿，这就是本章要讲的内容。传统语音学著作（如 Abercrombie 1967）区分具有双重音姿的音和次要音姿的音，区分标准是三个不同程度的收紧度：闭塞、接近（如产生摩擦）和开放（如近音或元音）。具有双重音姿的音有两个相同程度的收紧点，比如两个口腔成阻点或两个开放式收紧点。当两个同时发生的音姿具有不同程度的收紧点时，其中收紧程度大的叫作主要调音，另一个称作次要调音。这套术语允许具有双重音姿的擦音和带摩擦特征（次要发音）的塞音的存在。但下面我们还会讲道，世界语音中并没有由两个摩擦特征构成的音，次要发音实际上总是类似近音的音。此外，双重音姿的近音，比如 [w]，并不等同于具有两个成阻点的音，所以，我们把 [w] 放在元音和近音一章讲解。这样，剩下的具有多重音姿的音主要有两类：有两个成阻点的塞音和鼻音，有近音性次要音姿的塞音、鼻音、流音和擦音。我们将对这些音及相关问题逐一论述。

10.1 基本概念

首先，我们要强调的是：从语音角度看，多重音姿必须同时发生。也就是说，不同音姿的开始和结尾非常接近，而且它们的时间先后顺序是固定不变的。有许多复杂的语音现象中包含一系列的音姿，出于音系考虑可视作单个的音段。但是从语音角度看，它们是音丛，其内部不同成分的调音有先后顺序，某个领先、某个拖后，整个音丛发音的时间是固定的。这些语音现象很难和另一些语言中的音丛序列（从音系上看不是单个的音段）区分开来。为了弄清楚什么是同时发生的多重音姿，我们也会讲到这些音丛。

本章不讨论作为协同发音的不同等级的不同音姿，也不讨论与语流中常见的协同发音有关的音姿。比如英语 cactus 的发音，它的软腭调音和齿龈调音在时间上有重叠，导致软腭除阻的无声状态。又如，瑞典语圆唇元音的圆唇特征扩散至其前的辅音丛上，从而形成唇化音丛（McAllister 1978）。但是，具有软腭和齿龈双重调音的爆破音不是英语音系中的一个单音段，而只是一种特殊的发音策略——当位于词中或跨越词界的两个具有不同部位的爆破音相邻时，经常会出现如此方式的重叠（Byrd 1994）。重叠的程度也千变万化，不像单音段的多重音姿那样，时间顺序是固定不变的。同样道理，瑞典语中圆唇特征的提前也是一种发音策略，而不是增加对立特征数目的区别性特征。

10. 多重音姿

还有一个问题，是否存在具有多重音姿的擦音。要知道，在口腔内的两个位置同时产生可听到的摩擦是很难的。第三章我们曾提到过，和塞音、近音相比，擦音要求调音器官的动作更为精确。摩擦产生的前提是调音器官间缝隙的大小和气流的速度必须在一定范围之内。同时做两个精确的调音动作，再加上不同调音部位要求不同的气流速度，产生两个摩擦几乎是不可能的。从听感角度看，即使存在两个摩擦源，靠前的摩擦很可能覆盖靠后的摩擦。所以，由于发音存在困难以及容易同别的音混淆，具有双重音姿的擦音在语言学上是不受欢迎的。但据报道，少数几种语言中确实存在这样的音。我们调查后发现，其中有一些是具有次要调音的擦音，另一些则是两个擦音组成的音丛，出于音系考虑可解释为单音段。

最熟悉的例子是瑞典语具有双重音姿的清腭－龈－软腭擦音（voiceless palato-alveolar-velar fricative），即 ʃ͡x。国际音标还为它量身订制了一个符号 ɧ。其实，它是音位 ʃ 的一个变体，在瑞典语不同方言中有不同变体，包括腭化双唇音、软腭化的腭－龈音和纯正的软腭音。第五章曾提到过，这些变体到底是不是具有双重音姿的擦音还有待证实。

Catford（1977a）还提到另一个类似的例子，阿伯卡茨语的双唇－腭擦音 ɸ͡ɕ、β͡ʝ。他强调，就双重音姿的擦音来说，"经常很难确定两个收紧点处是否都有湍流（摩擦）"（p.190）。具体到阿伯卡茨语的这一语音，他指出，尽管我们可以把这个音看作是协同发音擦音，"经过对每一方言区进行田野调查后发现：Abzhui 方言（书面语）中这个音的主要调音部位在双唇，即双唇产生的湍流更强,而Bzyb方言中的主要调音部位在硬腭"(p.191)。

听了来自几种方言地区发音人的录音后,我们觉得这个音更像一个唇化的腭-龈音,只是在硬腭收紧点处有摩擦。两种方言确有不同,在Abzhui语中,从擦音到后接元音有类似w的次要音姿且伴随辅音除阻,第一共振峰到第二共振峰有缓慢上升的音渡。在Bzyb方言中,共振峰音渡持续时间较短,频率也比较集中,整个音的开始阶段和除阻阶段更为对称,如图10.1所示。我们认为这是舌后部不抬高的圆唇动作引起的。这个音姿的主要作用就是使龈后收紧点处的摩擦能量在通过双唇缝隙时,其共振峰频率有所下降。两种方言中的这个音都不存在两个摩擦源,只有一个龈后摩擦源伴随两种不同的次要调音,这两种不同形式的唇化在本章第三节还要详细探讨。

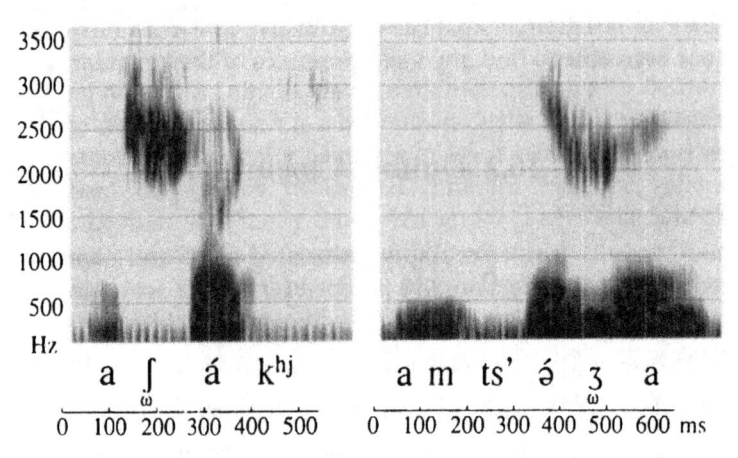

图10.1 一位说Bzyb方言的男性发音人所发阿伯卡茨语 **aʃákʰʲ** 和 **amts'ɜ́ʒa**(含有双唇-腭擦音)的声谱图

10. 多重音姿

两个摩擦源的例子来自赛卑第语（SePedi）（使用于南非的北梭托语），Lombard（1985）把 βofsa（"青年"）、lefʃeːra（"胆小鬼"）、βʒalwa（"啤酒"）中的擦音标写为 f͡s、f͡ʃ、β͡ʒ，并把它们分别称作唇齿－龈擦音、唇齿－前腭擦音和双唇－前腭擦音。由于赛卑第语中没有其他类似的音，而这些音的分布又比较受限制，Lombard 的这种描述在音系上也许是合适的。但是，如图 10.2 所示，这些音是音丛而不是单个的音段，一个发音紧接着另一个发音，正如赛卑第语的 **fs** 和英语 *offset* 中的 **fs** 没有什么区别。把它们看作具有双重音姿的擦音是不正确的。还有一个例子和下面要讲到的"唇齿化"（labiodentalization）有关。虽然双重音姿擦音的存在并非完全不可能，但它们是否形成对立尚不清楚，我们也未发现它们有规律地出现在哪种语言中。

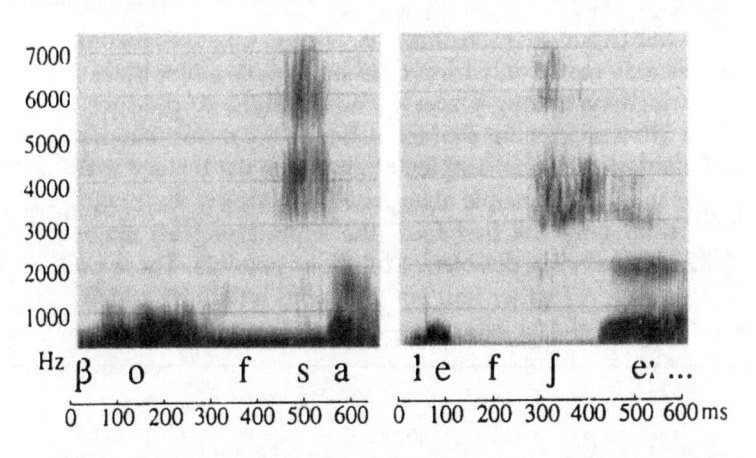

图10.2 一位男性发音人所发赛卑第语βofsa（"青年"）和lefʃeːra（"胆小鬼"）的声谱图

10.2　双重持阻

现在我们来看具有多重音姿的塞音和鼻音。第二章曾经讲过，有五个主要调音器官对应于五个主要的调音部位特征——唇、舌冠、舌面、舌根和喉。喉部特征除外，其他四个特征可以任意组合成各种不同的音姿。比如，唇姿可以是双唇，也可以是唇齿；舌冠音可以是舌唇音、齿音、龈音或龈后音，也可以是舌尖音、舌叶音或舌尖下音。如表2.11（第二章）所示，这些造成具体调音部位区别的特征从属于五个主要的调音部位特征。对于双重音姿（和三重音姿等）来说，有一条基本原理：多重音姿是主要调音部位特征之间的任意组合。这就是主要部位和次要部位之间的区别，如果有任何反例存在，只需要对特征集合进行调整，但基本原理不变。

如果我们只考虑前四个主要的调音器官（喉以上调音器官），那么，双重音姿从理论上说就有六种可能性，如表10.1所示。如果把声门上 – 喉头也考虑在内的话，就另有四种可能性（带有不同音姿的喉塞音）。在这里，喉头的作用需要结合它作为气流启动者和改变发声态类型的作用来加深理解。声门上 – 喉

表 10.1　喉以上主要调音器官之间的各种可能性组合

唇 – 舌冠		
唇 – 舌面	舌冠 – 舌面	
唇 – 舌根	舌冠 – 舌根	舌面 – 舌根

头组合在此不予考虑。表 10.1 列举了我们所知道的各种组合，希望这些组合模式和各种不可能出现的模式能够说明组合的可能性是有限的。

唇 – 舌面后

因为最常见的双重音姿塞音（double stop articulation）是双唇音或软腭音，所以我们先来看唇 – 舌面后组合。西非和非洲中北部语言一般都有双唇 – 软腭塞音，比如 Idoma 语、约鲁巴语、关达拉语（Gwandara）和 Logbara 语。还有非洲其他许多语言里有表 10.1 所列的唇 – 舌面后组合音。新几内亚的 Kate 语、Ono 语、Mape 语、Dedua 语和罗塞尔岛耶尔语也有这类音。表 10.2 列举了 Idoma 语的例子。

表 10.2 Idoma 语里的双唇 – 软腭塞音

清塞音	àk͡pà	"桥"
浊塞音	àg͡bà	"下巴"
浊鼻音	àŋ͡màa	"人体彩绘"

具有双重音姿的塞音、鼻音和具有单一音姿的塞音、鼻音的音长相似，这是把它们确定为单音段的重要标准。约鲁巴语里 g͡b、k͡p、b 的持阻时长如表 10.3 所示。k 的时长经测量为 134 毫秒。从这些数据中可以看出 g͡b、b 的时长差别不大；k͡p 比 g͡b 和 b 都要长（p<0.01）。但是，根据经验，清塞音的时长大于浊塞音，而表中的 k͡p 和 g͡b、b 之间的差别并不比通常的清塞音和浊塞音时长之差更大。

表 10.3　约鲁巴语 g͡b、k͡p、b 的时长（九个词发音时带有元音和声调，各重复发两次）

	g͡b	b	k͡p
平均时长	132	128	148
标准误差	12.5	17.6	16.5

表 10.4　埃维语双唇塞音、软腭塞音和唇–软腭塞音在 aCa 一词中平均持阻时长（来自同一发音人的十次重复发音）

	清		浊	
软腭音	k	142	g	133
双唇音	p	158	b	150
唇–软腭音	k͡p	174	g͡b	179

表 10.5　Eggon 语双唇塞音、软腭塞音、唇–软腭塞音及音丛（不显示声调）

单音段

pom	abu	aku	gom	k͡pu	g͡bu
"连续重击（动词）"	"狗"	"房间"	"折断"	"死"	"到达"

音丛

kba	g͡bga	ak͡pki	bga	kpu	gba
"挖掘"	"磨碎"	"胃"	"敲击,杀"	"膝盖"	"划分"

　　埃维语双唇塞音、软腭塞音和唇–软腭塞音（labial-velar stops）的持阻时长如表 10.4（每个音值都是由十个例子的波形图测得的）所示。表中可见，软腭塞音比双唇塞音要短，唇–软腭塞音比双唇塞音长 25–30 毫秒。

一般来说，即使是音丛内各成分的发音有重叠时（就像英语 actor、aptly 中的塞音丛一样），音丛的时长也是同类单音段的一倍半到两倍（Haggard 1973，Hardcastle 和 Roach 1977，Catford 1977a）。所以，具有双重音姿的塞音比塞音丛要短。很少有语言既有双重音姿的唇–软腭塞音，又有双唇塞音和软腭塞音并存的音丛，但 Eggon 语就是这样的一个例子（Maddieson 1981，Sibomana 1985）。Eggon 语甚至还有包含双重音姿的唇–软腭塞音和双唇塞音或软腭塞音的音丛，如表 10.5 所示。

和英语不同，Eggon 语塞音丛的第一个成分有明显除阻，因此，音丛和独立的塞音界限分明。当音丛内含有双唇塞音、软腭塞音和双重音姿的唇–软腭塞音时，第二个成分经常弱化。要注意的是，含有龈塞音的音丛通常不弱化（如 **atku** "葫芦"、**odga** "腿"），这是标注单个音和音丛的一种手段。如图 10.3 所示，**ok͡pu**、**ag͡bu** 里只有一个塞音除阻，其他两个词里都有连续两个塞音除阻。当音丛为浊音时，两个塞音之间有一个很短的类似元音的成分，其音色和其他音没有区别。

具有双重音姿的唇–软腭塞音的音长比音丛要短，这使得它和音丛可以区分开来，但仍不能和单个塞音划清界限。但在大部分情况下，双重音姿唇–软腭塞音的听感和声学特征都很特殊。对位于元音间的双重音姿唇–软腭塞音来说，从前面的元音向塞音过渡时的听觉印象是软腭持阻，从塞音向后接元音过渡时的印象是双唇除阻。（我们认为，通常将这些音标为 k͡p、g͡b 而不是 p͡k、b͡g，这并非偶然。）因为软腭音先于唇音，其除阻也先于唇音，所以，除阻的主要特征是唇除阻。如果某

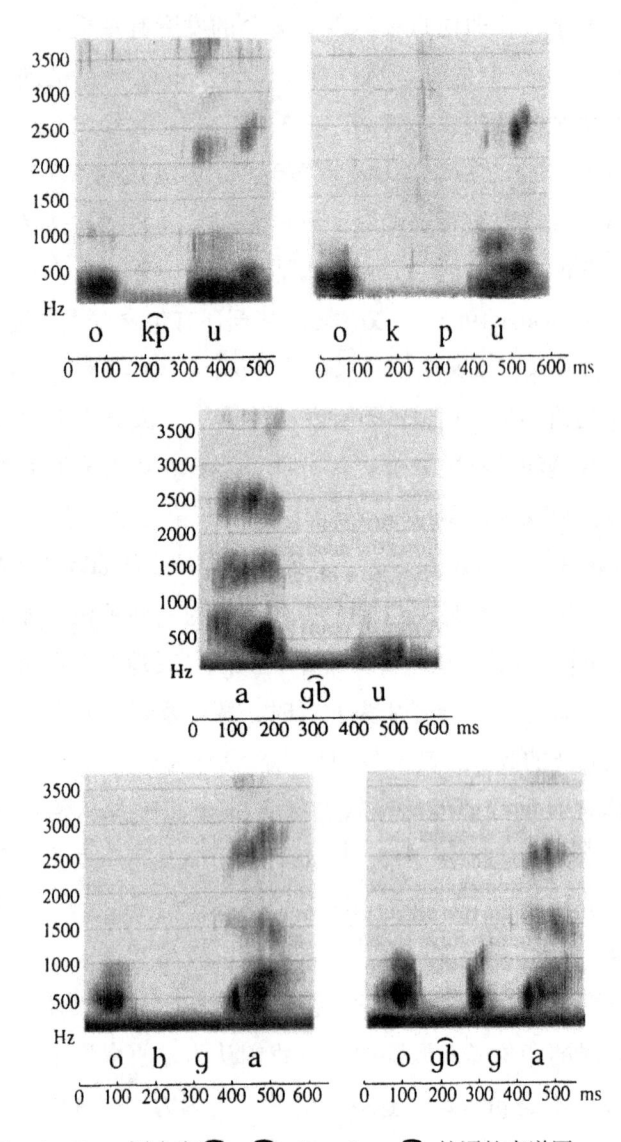

图10.3 Eggon语含有 k͡p、g͡b、kp、bg、g͡bg 的词的声谱图

10. 多重音姿 427

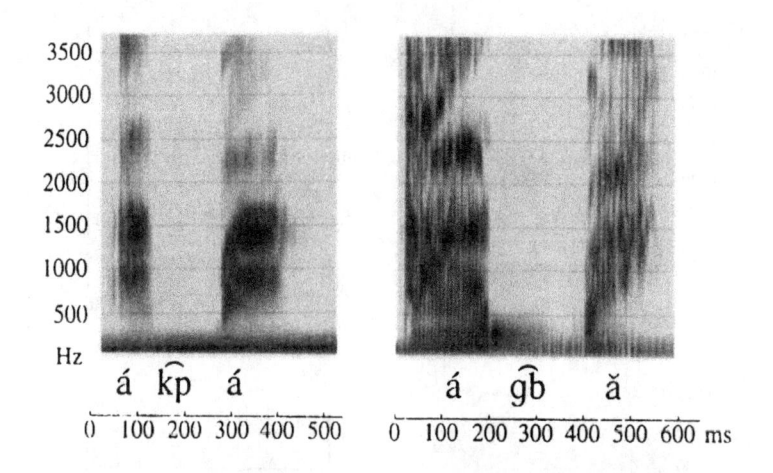

图10.4 艾菲克语 **ák͡pá**（"河流"）中的 k͡p 和 Logbara 语 **à g͡bǎ**
（"我打"）中的 g͡b 的声谱图

个音被包含在另一个音的发音持续时间内，那么短音的声学效
果不明显（默认气流机制为外出的肺气流）。我们的听觉印象
在对几种语言的声学分析中得到了证实。如图 10.4〔艾菲克语
（Efik）和 Logbara 语的声谱图〕所示，双重音姿塞音在持阻时
类似于软腭音，除阻时则更像唇音。Conell（1987）对伊比比奥
语（Ibibio）的调查也得出了类似的结论。这一特征不是西非语
言所独有的，新几内亚语也是如此。图 10.5 是 Dedua 语在 p、k
和 k͡p 之间形成对立的例子，右图显示塞音的除阻爆破，从中可
以清楚地看到 k͡p 和 p 的除阻在声学上的相似性。

　　这个声学效果是持阻时差造成的，Ladefoged（1962）对一
位 Idoma 语发音人的视频图像所做的研究以及 Maddieson（1993）

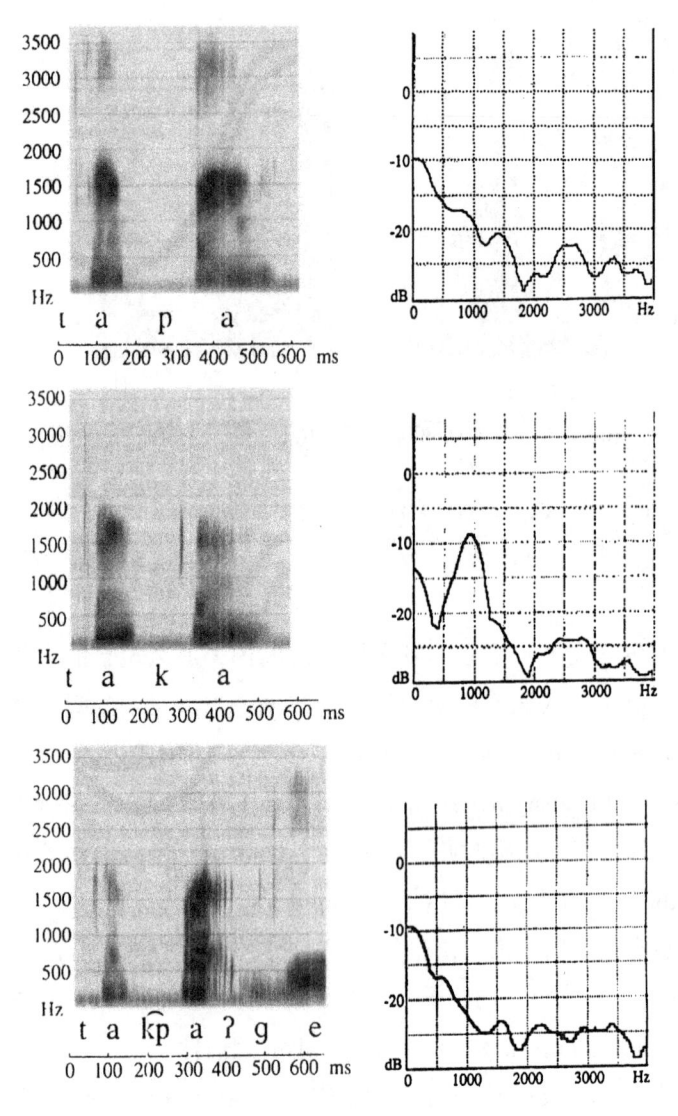

图10.5 Dedua语含 **p**、**k**、**k͡p** 词的声谱图以及塞音除阻的频谱图

10. 多重音姿

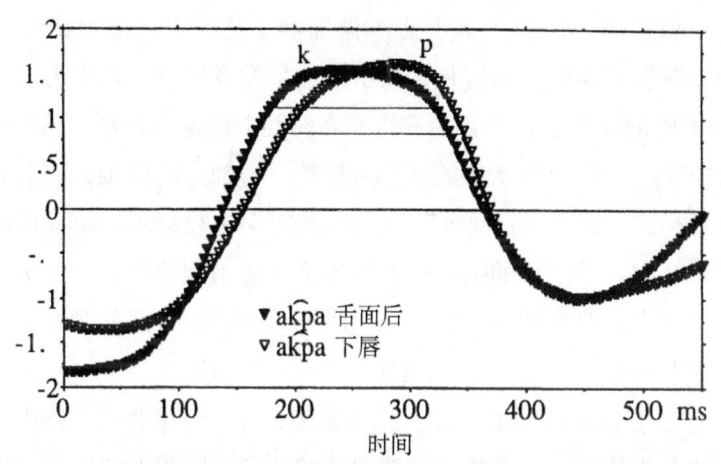

图10.6 埃维语 a͡kpa 一词的下唇和舌面后运动轨迹（发音器官垂直位移，图示为标准误差刻度，十个表征平均值是按除阻时的情况排列的）。

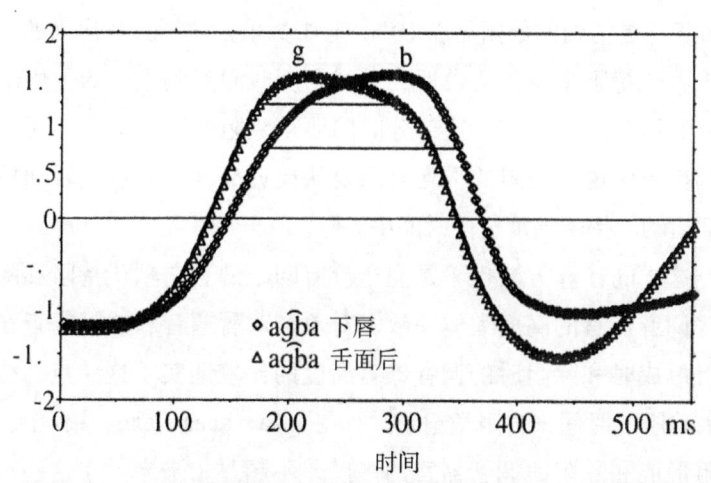

图10.7 埃维语词 a͡gba 的下唇和舌面后运动轨迹（发音器官垂直位移，图示为标准误差刻度，十个表征平均值是按除阻时情况排列的）

对一位埃维语发音人的电磁图像证实了这一点。图 10.6 和图 10.7 提供了埃维语的资料，显示了这个发音时差。图中可见，a**k͡p**a 和 a**g͡b**a 发音时舌面后和下唇在时间上的垂直位移。纵轴标度便于将舌面后和下唇的运动做比较。横轴是时间轴，和双唇除阻有关，资料来自同时记录的声学波形图。a**k͡p**a 和 a**g͡b**a 两词在发音时，舌面后的抬起速度均比下唇的抬起速度快，也更早达到顶点。两个调音器官几乎同时开始运动，持阻的时差似乎是由下唇的向上运动慢于上唇的向下运动造成的。

在图 10.6 和图 10.7 中，塞音除阻都在 350 毫秒处。图中还有两条横线——一条将下唇持阻时的高度和除阻时的同一高度连在一起，另一条将舌面后持阻时的高度和舌面后向下运动时的同一高度连在一起。从这两条线可以看出两个调音器官的持阻时长。更精确的数据见表 10.6，其中数值是这样计算出来的：对于唇音持阻来说，从最近的调音高度时间点到上升的下唇运动上的唇音除阻高度，这部分时间要从除阻时间中去除。对于软腭持阻来说，持阻的平均时间要从最近高度时间点到舌面后向下运动的持阻高度这段时间中去除。

这样的计算方法也不是完全没有问题的。它默认持阻和除阻时调音器官的高度大体一致。对单个双唇塞音和软腭塞音在持阻形成时和除阻时的调音器官高度的比较证实了这一点（持阻和除阻的时间来自声学记录）。在 apaa、abaa、aka、aga 中，持阻形成和除阻时调音器官的高度差不超过 1 毫米，在这些运动轨迹中两个采样点距离都超过了 0.5 毫米（运动数据每隔 3 毫秒取样）。将表 10.5 和表 10.6 中的数据进行比较可以看出：大

表 10.6 唇－软腭塞音的持阻时长和离位时长（毫秒）

	ak͡pa	ag͡ba
软腭持阻	148	130
唇音持阻	164	174
持阻离位	10	5
除阻离位	26	49
净离位	**16**	**44**

部分双重音姿唇－软腭塞音的持阻时长约等于埃维语中单个双唇塞音和软腭塞音的持阻时长（二者同属于清声或浊声），相差不超过 6 毫秒。但是，g͡b 双唇持阻长于 b（174 毫秒∶150 毫秒），这是一个例外，它使 g͡b 中软腭除阻和双唇除阻之间的离位期（offset）延长。

Connell 对伊比比奥语多位发音人的调查表明，k͡p 的平均总时长是 160 毫秒，等于标准的持阻时长加上软腭调音和唇调音的微小时间差。也就是说，k͡p 的总时长等于 p 的总时长（大约 138 毫秒）加上软腭调音先于双唇调音的时间差（20 毫秒）。

这个发音时间顺序好像足以把唇－软腭音同唇音＋塞音丛及单个的双唇塞音和软腭塞音区别开来。但是，Ladefoged（1968）指出：空气动力特征也有这个功能，能够把唇－软腭音与单一音姿的塞音和鼻音区分开来。他对某些音的口腔和咽腔压力进行了系统测量，发现唇－软腭塞音发音时，口腔压力有所减小。他的结论是这些双重音姿的塞音有内进的软腭气流。他还观察

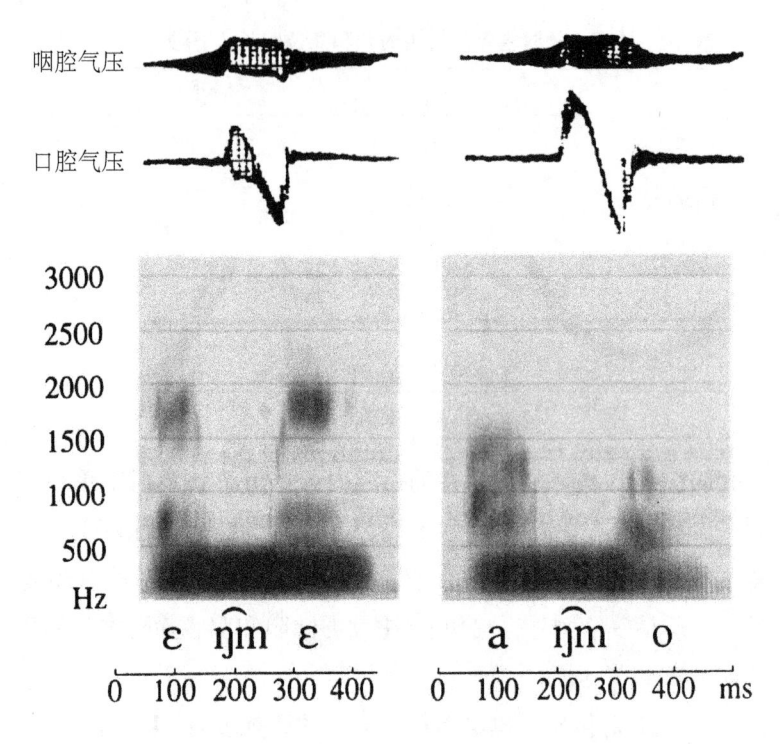

图10.8 Idoma语中含唇-软腭鼻音词的气压记录和声谱图，图中显示口内气压减小

了唇-软腭鼻音，其发音时口腔内空气有所减少，肺气流持续通过软腭成阻点后的腭咽口。图 10.8 显示了 Idoma 语口内气压减小例子的气压记录和声谱图。口内气压减小也可以描述为具有内进的软腭气流。

以上描述需稍做调整，不然会引起误导——这些双重音姿的塞音和羿音发音方式相同。我们先来看 Idoma 语的唇-软腭鼻音，它们有双唇闭塞特征，带声的肺气流由内向外冲出鼻腔。

10. 多重音姿　　　　　　　　　*433*

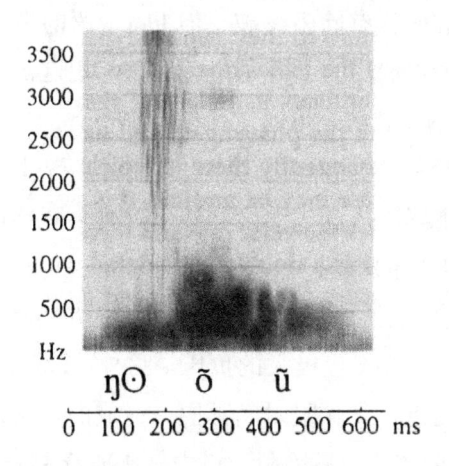

[图：声谱图，纵轴 Hz (500–3500)，横轴 0–600 ms，标注 ŋ☉　õ　ũ]

图10.9　ǂHóã语中鼻化双唇㗱音的声谱图

如果直接说它们具有软腭气流机制，那就和!Xóõ语中鼻化的双唇㗱音没有区别了。但事实上，它们和㗱音完全不同，它们没有㗱音的明显爆破，在声学上主要属于共鸣音。图10.8Idoma语 ŋ͡m 的声谱图可以和图10.9ǂHóã语 ŋ☉ 的声谱图加以比较。除了声学特征不同以外，空气动力模式也有区别。在Idoma语的 ŋ͡m 中，口腔内气压先是上升，由于它是一个鼻音，当下颌和舌面抬起时，软腭成阻点和双唇成阻点之间的声腔体积减小，空气受到压缩。一般来说，口内气压上升是由于肺气压上升引起的，而且双唇成阻点的形成先于软腭成阻点，而鼻腔在双唇闭塞前保持闭塞。否则，肺气流会穿过鼻腔，口内气压就不会上升了。所以，如果口内气压上升是由于肺气压上升造成的，我们会观察到其他两个现象：第一，咽腔压力同时上升（只有当口腔和咽腔没有被软腭成阻点隔开成两个声腔时，肺气流才能进入口腔）；第二，气流穿过鼻腔时,有除阻爆破。但 Idoma 语的声学和空气动力记录都不支持口腔压力上升是由于肺气压引起的看法。因此它和 !Xóõ 语中的䴉音完全不同。

  Idoma 语唇－软腭鼻音发音时,口内气压先是有所上升,然后随着舌位下降、声腔扩大而下降,有时会降到比自然气压还低(如图 10.8 中的两例),或和自然气压一个水平。而 !Xóõ 语 ŋ͡ʘ 发音时,总是伴随声腔扩大(参照图 10.15 和图 10.16 及第八章的解释),并产生极大的负压。另外,ŋ͡m 和 ŋ͡ʘ 这两个音都有两个成阻点,其除阻时间不同,造成的声学效果也不同。ŋ͡m 的软腭除阻先于双唇除阻,口内气压随着舌位下降而下降,直至降到和咽腔压力、鼻腔压力相等或大致相等时,才开始双唇除阻。因此不存在内进的口腔气流。虽然软腭除阻是有声的,其声学效果并不明显。相比而言,ŋ͡ʘ 的双唇除阻先于软腭除阻,伴随内进的口腔气流和明显的声学特征。Idoma 语双重调音的鼻音,其口内气压下降可以被看作是双重音姿的副作用,而 ŋ͡ʘ(或其他任何䴉音)的口内气流稀化是其主要特征。所以,"软腭气流机制"适用于对䴉音的描述,"口内气压下降"适用于双重音姿的唇－软腭鼻音。

  由于塞音和鼻音的调音姿态相同,以上描述也适用于 Idoma 语唇－软腭塞音,以及 Ladefoged(1968)所说的约鲁巴语、伊多语和其他语言中的同类音(具有外出的肺气流和内进的软腭气流)。图 10.10 是伊多语两个词 **ɔk͡pa** 和 **ik͡pa** 的三次重复发音的口腔和咽腔气压记录。两个词口腔气压有明显不同。参照 Silverman 和 Jun(1994)对韩国语 **k+p** 音丛的解释,我们认为

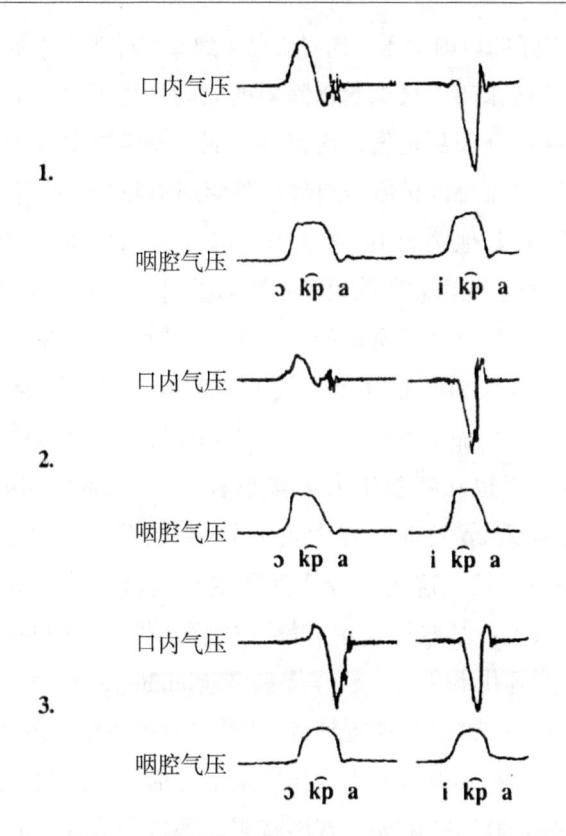

图10.10 伊多语中 **ɔk͡pa** 和 **ik͡pa** 两词的三次重复发音的空气动力图

这个区别是由两个词中元音音姿的相互影响和辅音音姿的重叠引起的。发 **ɔk͡pa** 时，口内气压先是有所上升，然后逐渐下降，在除阻前变成负值。在第三次重复发音时，咽腔压力的上升先于口腔压力的上升，说明软腭持阻先于双唇持阻，口内气压的上升是由下颌和舌头运动造成的。发 **ik͡pa** 时，口内气压只有微弱上升或没有上升，说明下颌和舌头的抬高先于双唇闭塞的形成，后来是很强的口内负压。这是在从 i 到 a 的过渡中由舌头后缩引起的。从这张图中很难看出除阻的时间先后顺序。i͡kpa 的口内气压在除阻前回到正值，这也许说明：软腭除阻先于双唇除阻，使咽腔气流得以扩散至口腔。除阻时有爆破，但不是咔音类的爆破。在其他例子中，咽腔压力下降和口腔负压上升好像同时发生，可能是由软腭除阻和双唇除阻同时发生造成的。

当双重音姿唇－软腭塞音伴随喉头下降时，情况就完全不同了。喉头下降说明咽腔气流量减少，Idoma 语 k͡p 和 g͡b 发音时就是这样（Ladefoged 1968）。如图 10.10 所示，伊多语塞音发音时喉头下降也和咽腔压力的减小有关。Connell（1978）发现伊比比奥语 k͡p 发音时有大量的外出气流，且伴随前浊（pre-voicing）特征。这两个特征都和喉头气流有关。所以，我们至少可以说：某些语言中有唇－软腭内爆音（labial-velar implosives），但并不和唇－软腭爆破音（labial-velar plosives）形成对立。（在第三章我们曾提到过，伊博语双唇内爆音来自唇－软腭爆破音。）在其他语言中，如果某个音的双唇除阻伴随内进的气流，并且软腭持阻先于双唇持阻，那这个音很可能是喉头气流机制。

其他的双重音姿持阻

虽然唇－舌面双重调音比较常见，但最常见的还是双唇－软腭调音。据报道，某些语言中还有唇－舌冠调音。在 Dagbani 语（Wilson 和 Bendo-Samuel 1969，Ladefoged 1968）和恩济马语（Chinebuah 1963）中，t͡p 是 k͡p 的音位变体，在阿伯卡茨语（Catford

1972）和腊克语（Lak）（Khaidakov 1966）中，它是 t^w 的变体（至少对某些发音人来说）。Catford 把高加索语中这个音的双唇接触描写为"轻微的"，只是唇内沿的接触，同时，还涉及很大程度的唇突。从他提供的照片可以看出：这个音和 p 不同，因为和圆唇有关，其双唇接触只是次要调音特征。乍得语的马尔吉语和布拉语（Hoffman 1963, Ladefoged 1968, Halle 1983）是人们最常提到的有唇-龈塞音的语言，但经仔细分析后发现，它们是唇音+龈音的音丛（Maddieson 1983, 1987）。bd 比 b 和 d 都要长很多，而且齿龈除阻前有明显的唇除阻。

据此，Maddieson（1983）对语言中是否存在对立的唇-龈塞音表示怀疑，并且指出真正具有双重音姿的塞音是唇-软腭

表 10.7　耶尔语具有双重音姿的音和单音

	双唇音	齿龈音	后-齿龈	软腭
清塞音	**paa**	**taa**	**ţoo**	**kaa**
	"旁边"	"刀"	"舌头"	"矛，枪"
鼻冠塞音	**mbee**	**nde**	**ņde**	**ŋkaa**
	"运送"	"食物"	"木柴"	"树木"
浊鼻音	**maa**	**nii**	**ņaa**	**ŋa**
	"路"	"果汁"	"宴会"	"租借"
	唇-齿龈音	唇-后-齿龈		唇-软腭
清塞音	**t͡pəne**	**t͡pəpe**		**k͡pene**
	"肺"	"号角"		"椰子包"
鼻冠塞音	**n͡mdboo**	**n͡mdboo**		**ŋ͡mgbo**
	"纸浆，果肉"	"很多"		"雾"
浊鼻音	**n͡mo**	**ņ͡mo**		**ŋ͡mo**
	"鸟"	"我们"		"胸脯"

塞音。但是，巴布亚新几内亚罗塞尔岛上的耶尔语确实有这样的语音成分（双唇持阻的同时伴随齿龈持阻）。耶尔语有调音部位在双唇、龈前、龈后和软腭的爆破音和鼻音。双唇持阻可以和其他三个部位的持阻相结合，形成双唇－龈塞音、双唇－龈后塞音、双唇－软腭塞音及相应的鼻音。如表10.7所示，表中大部分例子来自我们自己的调查，有一些词来自 Henderson 和 Henderson（1987），表中还有鼻冠音的例子。除此之外，耶尔语还有一整套鼻音，同时具有以上所说的至少两个音姿（参见第四章）。

图10.11 是三个具有双重音姿的鼻音声谱图。三个词均为严肃发音时的形式，因为它们都是鼻音，从三个音的声谱图中都可看见两次除阻。唇音除阻在后时，会形成一个暂停态，软腭前的声腔形状发生了变化。但如果唇除阻在先，这种情况就不

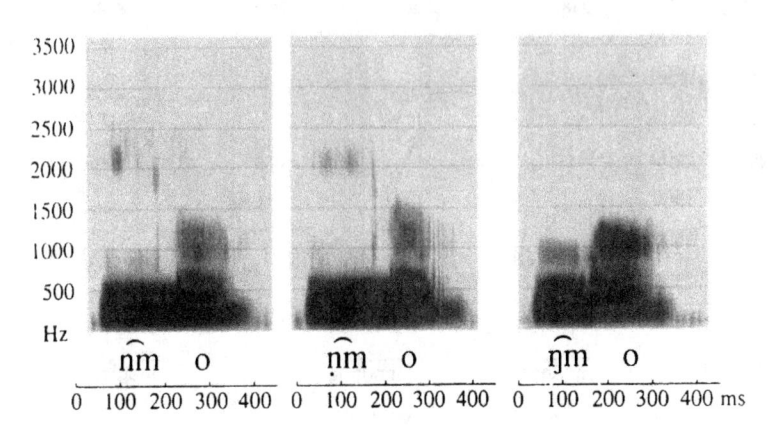

图10.11 表10.7最后一行中耶尔语三个词（含双重音姿的鼻音）的声谱图，发音人为女性

10. 多重音姿

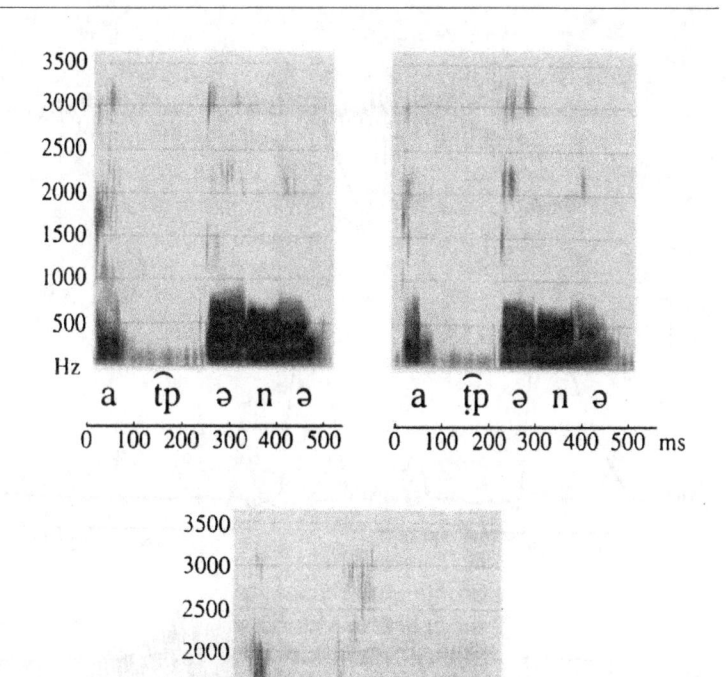

图10.12 耶尔语中三个具有双重音姿塞音的声谱图，这三个音处在名词词干开头位置，之前有第一人称单数属格前缀 **a-**

会发生，因为鼻音所特有的声腔形状保持不变。三个具有双重音姿塞音的声谱图如图 10.12 所示。

我们还不知道哪种语言里有舌冠和舌面后双重持阻的爆破

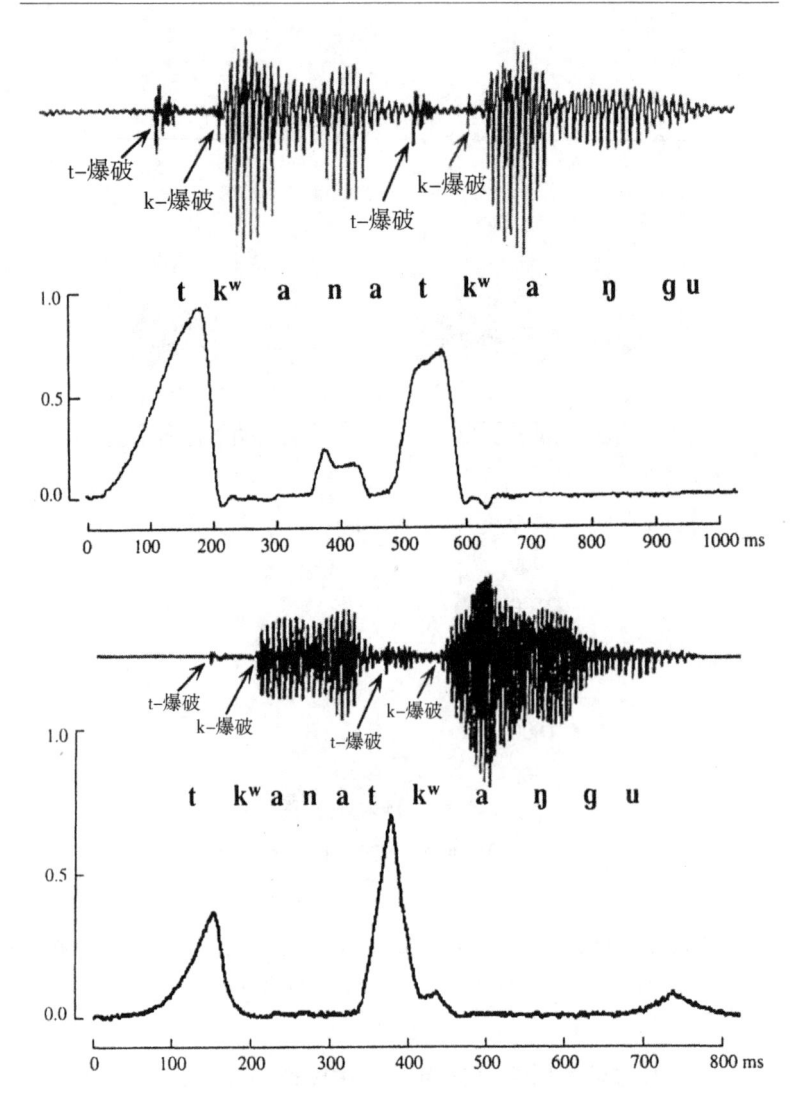

图10.13 两位男性发音人所发的绍纳语 **tk** 音丛的波形图和口内气压记录。气压值按照发音人最大值为1进行校正

音和鼻音，比如龈－软腭音。据说，Kinyarwanda 语和绍纳语某些方言有 t͡k、d͡g 这样的音，音系分析可能更倾向于把它们看作单音段（Sagey 1986, 1990）。但从语音上说，它们毫无疑问地包含两个塞音。Jouannet（1983）对 Kinyarwanda 语进行了这样的描述，我们对绍纳语 Zezuru 方言的调查也证实了这一点（Maddieson 1990b）。图 10.13 是短语 **tkwana tkwangu**（"我的小孩"）的波形图和口内（齿龈成阻点和软腭成阻点之间）气压记录。图中可以清楚地看到：t 的除阻先于 k，不管是声学记录还是口内气压记录都说明了这一点，其位置在齿龈持阻和软腭持阻之间，时间恰好在软腭除阻爆破前。齿龈持阻和软腭持阻互不重叠。

据报道，伊索科语某些方言（Elugbe 1989）和澳大利亚某些土著语有齿－腭双重音姿的音，比如 Maung 语（Capell 和 Hinch 1970）。在第二章我们曾经提道，伊索科语大部分方言里的舌叶－齿爆破音（laminal dental plosives）、舌叶－齿鼻音分别和舌尖－龈爆破音（apical alveolar plosives）、舌尖－龈鼻音构成对立。但是，Elugbe 指出，某些方言里的舌叶－齿音在发音时有两次持阻，一次在牙齿，一次在硬腭。这些音既不和齿音，也不和腭音构成对立，我们认为这样的双重持阻只是偶然现象，并不是具有双重音姿的塞音。澳大利亚土著语中的齿－腭音是舌叶－龈后音的变体，其成阻点较大，覆盖了从牙齿到硬腭的整个区域。

如果只考虑肺气流机制和常见的调音部位（双唇、舌冠和舌面），那么，可能的双重音姿组合就是唇＋另外一个调音部位。从音系学上看，耶尔语是我们所知的唯一一种没有唇－软腭双重音姿塞音的语言。

这种限制是有意义的，但并不是说人类语言中不可能有其他的组合方式。Halle（1983）指出，舌尖/舌叶和舌体在发音中的相对独立性使舌冠－舌面组合的咝音成为可能。咝音一般来说都有两个成阻点，但是咝音调音部位通常指的是前成阻点，而不是后成阻点。所以，其软腭成阻点，也就是后成阻点仅被语音学家看作是气流机制的源头，"软腭气流机制"的名字也是由此而来的（Pike 1943）。我们认为这种看待后成阻点的观点是不正确的，因为它只给后成阻点一个气流机制的作用。第八章所划分的咝音种类和咝音伴随音很容易说明问题，但是把几个特征合起来称作一个伴随音的做法并不是说这些特征是不可分的。我们同意 Halle 的观点，咝音有包括后成阻点在内的（至少）两个调音部位，其中一个为后成阻。Chomsky 和 Halle（1968：319）提出过类似的看法：咝音是"极端软腭化"的塞音，具有 [+高, +后] 特征，这些特征同样适用于 SPE（Sound Pattern of English）方案中的软腭以及软腭化的音，所以软腭应该被描述为调音部位。他们的论据之一是那马语中咝音后成阻点的除阻方式不同，从而形成爆破音和塞擦音的对立。此外还有至少两个其他的论据能够说明这一点：在存在咝音的班图语（如祖鲁语和科萨语）中，鼻音+塞音音丛一定是同部位的。结尾是鼻音的前缀在后接塞音（或其他任何辅音）时容易被同化。当这样的前缀后接咝音时，鼻音调音部位不是被咝音前成阻点（齿、龈或龈后）同化，而是被后成阻点——软腭所同化（Doke 1926：78）。祖鲁语的例子见表 10.8。

表 10.8　祖鲁语中名词前缀 izin- 中鼻音的同化作用

	单数	复数	
爆破音	u-pʰapʰɛ	izim-papʰɛ	"羽毛"
	u-tʰi	izin-ti	"棍棒"
	u-gu	iziŋ-gu	"河岸"
咲音	u-kǀʰuʃela	iziŋ-kǀuʃela	"锐器"
	u-kǃʰududu	iziŋ-kǃududu	"高大马虎的人"
	u-kǁʰuʃela	iziŋ-kǁuʃela	"锐器"

Doke 指出：咲音前的鼻音"舌后部接触软腭……这个和咲音同部位的鼻音必须是纯软腭鼻音 ŋ"。当鼻音和咲音同时发音时，鼻音成阻点必须和咲音的后成阻点相同，需要指出的是：咲音前的鼻音并不一定是软腭调音，软腭成阻点的形成也可以在前成阻点之后，也就是说，在咲音发音之后。所以，软腭成阻点并不仅仅是咲音的气流源头，而是咲音的另一个调音部位，对相邻的肺气流鼻音产生影响。

第二个论据和 ǃXóõ 语、ǂHóã 语、ǁAni 语等克瓦桑语中咲音的对立有关。这些语言中咲音的后成阻点要么在软腭，要么在小舌，ǃXóõ 语的例子如表 8.4 所示。其咲音不仅有软腭伴随音，也有小舌伴随音。而且，后成阻点的除阻方式也分爆破和塞擦两种。所以，尽管咲音的后成阻是形成气流机制的基础，但它也是调音位置之一，在部位和方式上都形成对立。正因为咲音的后持阻要和其他音段的调音部位特征等同视之，我们才敢说，具有舌冠－舌面双重音姿的塞音是存在的，最常见的就是䐾音。下面，在讲到具有三重音姿音段时，还会谈到䐾音。

在第二章，我们把舌根和会厌也作为主要的调音器官，这样看来，双重音姿组合还包括舌根＋唇、舌冠或舌面。但是，就目前的研究范围而言（限于闭塞调音状态），这样的双重音姿组合可能性很少。我们曾经提道：不存在调音部位在舌根的鼻音，舌根塞音也少而又少。因为双重音姿塞音本身就不常见，所以舌根＋其他部位的双重持阻几乎是不可能的。虽然有些语言，比如阿拉伯语和尤比克语有伴随咽腔收紧（次要音姿）的塞音，我们还不知道有哪种语言里存在成阻点在舌根的双重音姿塞音。当然，阿拉伯语伴随咽调音的龈塞音和尤比克语伴随咽调音的双唇塞音或小舌塞音进一步发展有可能成为双唇＋舌根、舌冠＋舌根、舌面＋舌根的双重塞音，不能因为我们不知道有这样的语言事实，就排除它存在的可能性。

三重持阻塞音和鼻音

虽然 Halle（1983）不能举出例子，但他仍然认为有可能存在唇－舌冠－舌面三重持阻的音段。如果将舌根（不包括喉）也算作主要调音器官，可能存在的三重持阻组合还会更多。但是，我们并不知道有哪些三重塞音，而且，也不认为真正存在这样的音。这和对多重音姿的辨识有关。我们知道：肺气流双重音姿的音段，两个成阻点的形成和解除并不是同时发生的，而是相互错开，如图10.14（a）所示。拿唇－软腭塞音来说，软腭成阻点的形成部分在双唇成阻点之前，而双唇成阻点的除阻部分在软腭成阻点之后，在这个音的开头和结尾处听到不同的过渡特征，这暗示了它复杂的调音形式。如果软腭成阻点的形成完全先于双唇，而除阻又完全晚于双唇，就只能听到软腭过渡特征。另一方面，对舛音来说，后成阻点的形成先于前成阻点，又在前成阻点之后除阻，如图10.14（b）所示。这种情况下，首先除阻的必须是前成阻点，唯有如此，内进的软腭气流才能产生有声的爆破。从除阻中可以判断出前成阻点的部位，后成阻点则可通过肺气流或喉头气流进行辨识。因此，两个不同的调音部位对应于两种不同的气流。也就是说，对（a）、（b）两种双重音姿的音段来说，都可通过不同的线索，辨认到两个成阻点。

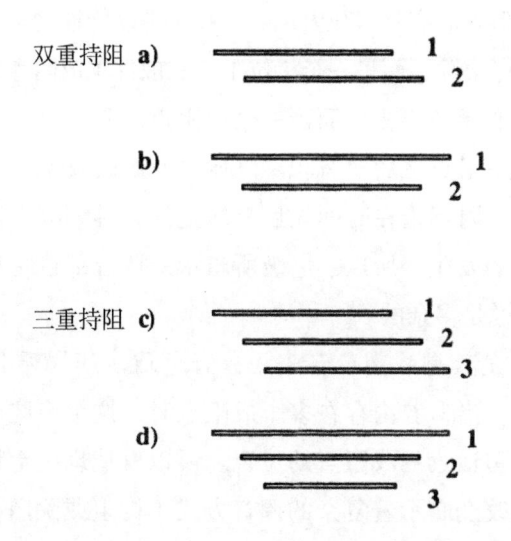

图10.14　多重持阻在时间先后顺序上的不同排列模式

对三重持阻的音段来说，三个成阻点的形成可以错开，但这并不能显示其复杂的调音形式。只有肺气流存在时，如果其中一个短的持阻完全包含在长的持阻之内，短的持阻和其相邻音段之间就没有任何声学上的过渡特征，也无法从发音上辨认出来。如图10.14（c）所示，第二个持阻包含在第一和第三持阻的重叠处。如果把这种模式调整为图10.14（d），声学效果也不会有多大改变。所以，同时出现多于两个过渡特征是不大可能的；一个在第一持阻形成时，另一个在第三持阻解除时。

当然，过渡特征并不是持阻的唯一声学标志。我们还须考虑除阻时的爆破和持阻时的共鸣特征。塞音的爆破特征更明显，而鼻音（哞声鼻音）的共鸣特征也更明显。对多重音姿的爆破音来说，只有最后一个除阻具有完全的爆破特征，因为只有在最后一个成阻点后有肺气压升高，声音才得以传播到空气中去。当一个成阻点解除，而另一个（位于口腔前部）成阻点保持时，爆破能量不能传播出去。而当一个成阻点解除，另一个（位于口腔后部）成阻点之后没有积聚气压时，爆破就不会产生声学能量。三个持阻不论在时间先后顺序上怎么排列都不能避免以上两种情况的发生，所以，爆破所暗示的调音部位特征相对于过渡特征来说是多余的。

对鼻音尤其是哞声鼻音来说，音色取决于腭咽口前声腔的体积大小。当口腔内存在多个成阻点时，这个声腔的大小就取决于离软腭最近的成阻点的位置。所以，从理论上说，哞声鼻音的音色改变暗示着复杂的调音方式（持阻或除阻）。拿图10.14（c）来说，如果它代表有三个成阻点的鼻音（唇＋龈＋

软腭），音色就会在发音过程中发生两次改变——从唇音色到龈音色再到软腭音色。简短的齿龈调音过程虽然不能从相邻音段的过渡中辨认出来，但也有存在的迹象。我们不知道这个过程需要有多长，才能使人们注意到它的存在，但是，不同的哞声鼻音之间本来已很难辨认，我们猜想：如果不能持续一定的时长，就感觉不到它的存在。如果太长的话，又会违背一条基本原理——在相同环境下，多重音姿的音段和同一类型的普通音段的时长一致。如果太长，就只能是音丛而不是具有多重音姿的单音段。所以，无论如何，三重持阻的鼻音都不如普通的爆破音更受欢迎。

图10.15　五位发音人所发的！Xóõ语双唇㗂音的腭位图。根据Trail（1985）的资料，上面的三张图中只有舌和软腭的接触，下面的两张图有舌前、唇和软腭接触（也就是Trail所说的"三个调音部位"）

对啜音来说，三重持阻的可能性有两个。一是唇＋舌冠＋软腭/小舌。我们可以想象这三个成阻点的时间顺序——第一个成阻点刚好形成于第三个之前，出现暗示肺气流的过渡特征。如果第一成阻点最先除阻，第二个成阻点就会成为软腭气流的调音部位，而第三个（后成阻点）除阻后变为肺气流。三个成阻点都可以从听感上辨认。但是，我们还不知道有这样的啜音，后持阻和前持阻（口腔持阻）之间没有重叠。在有重叠的情况下，前两个成阻点中只有第二个在除阻时有可能听到爆破，而另一个纯属多余。事实上，如图 10.15 所示，五位发音人中有两位所发的!Xóõ语唇啜音在齿－龈区还有一个成阻点（Traill 1985：103）。虽然 Traill 说这些双唇－齿啜音有"三个调音部位"，但看不出它们和其他的双唇啜音有区别。很明显，齿成阻点的除阻先于双唇，因为双唇啜音的声腔扩大是通过"舌前部的降低和后缩"完成的（Traill 1985：106）。这两位发音人的 X 光

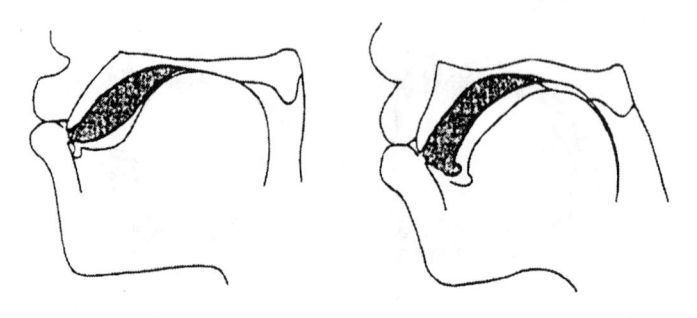

图10.16　!Xóõ语双唇啜音的X光片（Traill 1985）。阴影部分表示舌位降低以前两个成阻点之间的声腔。除阻前的位置可从舌头的下轮廓线看出

片如图 10.16 所示，图中可以看到：舌尖离开上齿后，双唇持阻依然保持。所以，我们认为，这些音的第三成阻点无关紧要。

第二种可能性是在羿音后成阻点之后再加一个舌根或声门成阻点。我们还不知道有舌根成阻的例子，但是，伴有声门持阻的羿音在克瓦桑语里并不少见。其多个音姿的时间先后顺序我们在第八章已经讲过，声门成阻点的作用是产生喉头气流、改变后成阻点的除阻方式，或形成独立的喉塞音，它的除阻发生在羿音后 150-200 毫秒。不管是哪种情况，声门都不是羿音的调音部位之一。

总之，三重持阻的音段是不大可能存在的，更不用说四重持阻了。下面我们来看带有不同收紧度的次要发音。

10.3　次要发音

说起次要发音，首先要考虑两个问题：次要发音和主要发音的组合方式有哪些？二者之间的时间先后顺序如何？在本章开头我们就给次要发音下过定义——伴随主要调音姿态（收紧度较强）的附加调音姿态（收紧度较弱）。这个界定把塞音（主要）+ 擦音（次要）的组合也包括在内，但从语音角度看，次要发音总是具有近音特征，带摩擦特征的塞音应该不属于这个范畴。

当塞音 + 擦音组合被看作是音系上的单音段时，这两个成分一般被描述为同时发音。比如，Lombard 对赛卑第语的分析，ps^{h}io（"肾脏"）和 yupʃa（"弄干"）中的 ps^h、pʃ 是同时发音的塞音 + 擦音组合。图 10.17 是这两个词的声谱图。我们不

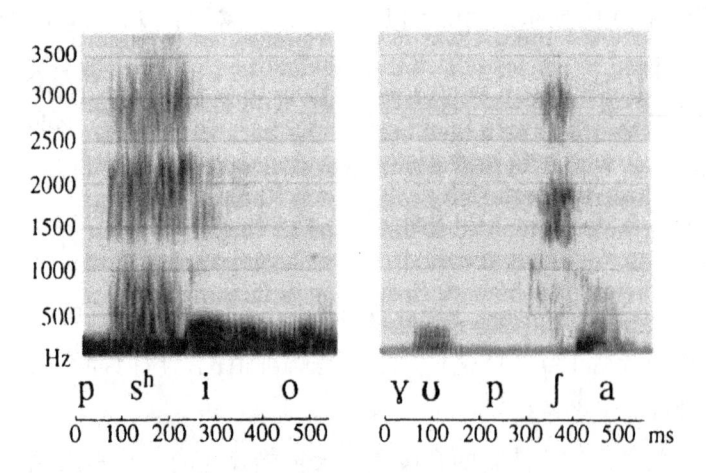

图10.17　赛卑第语单词 **psʰio**（"肾脏"）和 **ɣʊpʃa**（"弄干"）的声谱图

知道在双唇塞音持阻的同时，舌头是何时开始为龈擦音和龈后擦音做准备的。塞音和擦音两个成分有所重叠，塞音除阻后直接变成擦音，这说明舌头在塞音除阻前就已经为擦音做好了准备，但塞音前没有摩擦，除阻后才呈现一段稳定状态的摩擦，说明擦音的发音中点在塞音之后。这个时间顺序和英语中的 *topsheet*、*caption* 类似，虽然 **p**、**ʃ** 两个辅音分属两个音节，它们的发音有很大一部分是重叠的。因此，从声学上看，它们和赛卑第语一样，是两个单音组成的音丛。

从空气动力学和声学角度看，塞音持阻时不可能产生带声的摩擦。所以，以上提到的赛卑第语中的 **psʰ**、**pʃ** 是两个连续的声学动作，而不是同时进行的调音动作。只有当次要音姿（较弱的收紧）被延长或拖后时，才能产生可听到的摩擦。自然，

10. 多重音姿　　　　　　　　　　　　　　*451*

当塞音+擦音音丛对同一个调音器官没有相互矛盾的要求时，会产生协同发音性的重叠。但是，除了这样的音丛以外，并不存在以擦音作为次要发音的情况。所以，对于三重发音的音段来说，次要音姿+主要音姿的组合方式只有闭塞+开放式近音、接近（摩擦）+开放式近音两类。也就是说，次要音姿的收紧度类似于近音或元音。

次要音姿和主要音姿的时间先后顺序是我们要讨论的第二个问题。对双重音姿来说，我们的讨论范围限于同时进行的两个调音动作。虽然两个动作在时间上有所抵消，并产生重要的语音效果，它们的持续时长也不等于一个音丛。这个道理同样适用于次要发音，只是划分主要发音和次要发音之间的界限比划分双重音姿的塞音要难得多。因为塞音持阻的形成和解除是很清楚的，但近音的发音没有持阻和除阻边界。尽管如此，我们仍然觉得有必要区分带有次要发音的辅音和辅音+近音音丛。具体操作中，这个区分也很难做到，许多著作中并没有相关的描述。我们会在以后的讨论中再回到这个问题。

次要发音可分为几种不同的类型。它的持阻和近音音姿都可伴随舌体向硬腭前部或后部的抬高以及舌根后缩（当这些调音器官不是在为主要发音做准备时）。这些附加的音姿通常被称作腭化、软腭化和咽化。但最为常见的是唇化——一个包含唇姿的次要发音，因为常见，我们首先来讨论它。

唇化

唇化就是附加性圆唇特征，主要调音部位在双唇时，也有可能附加圆唇特征。大部分作为次要音姿的唇化都伴随舌后部的抬高，也就是软腭化音姿。我们知道，圆唇和元音的舌位靠后有关（参见第五章），唇化和舌后部抬高也是同样道理。所以，唇化这种双重的次要发音形式有时候也叫作"唇－软腭化"（labiovelarization），但我们仍然使用"唇化"来代表圆唇＋舌后部抬高，用"简单唇化"（simple labialization）来指不伴随舌后部抬高的圆唇。圆唇＋舌前部抬高叫"唇腭化"（labiopalatalization）。据我们所知，唇腭化在某些语言中只作为唇化的音位变体出现在前元音环境中。比如，在库阿语中，唇腭化齿龈爆破音（labiopalatalalized alveolar plosives）是前元音前的唇化软腭音的音位变体（Dolphyne 1987）。

唇化是最常见的辅音次要音姿，不管是根据能和它组合在一起的音段数目，还是它所出现的语言的数目，都是如此。它和软腭阻音相结合最常见，其次是和小舌音。许多不同种类的语言，比如阿姆哈拉语、Wantoat 语、瓜拉尼语和夸扣特尔语，只有调音部位靠后的辅音才有唇化特征。夸扣特尔语的例子如表 10.9 所示。（注意：这种语言里的软腭音比其他许多语言里软腭音的部位靠前，有时描述为腭化音。）

其他语言，比如澳大利亚土著语和高加索语，有更多种类的唇化辅音，包括主要调音部位在唇的辅音。东 Arrernte 语的例子如表 10.10 所示。

有趣的是，在某些语言（包括东 Arrernte 语）中，对圆唇的描述游移在辅音和元音之间。较可信的分析指出：至少在 Arandic 语中，深层元音系统没有圆唇特征（Wilkins 1989）；

表 10.9 夸扣特尔语中含唇化辅音以及普通软腭音和小舌音的例词（Grubb 1977）

	软腭音	唇化软腭音	小舌音	唇化小舌音
清爆破音	'kasa "轻轻击打"	kʷe'sa "溅"	qe'sa "成卷"	qʷe'sa "去皮"
浊爆破音	'gisgas "乱伦"	gʷe'su "猪"	'ɢaɢas "祖父母"	'ɢʷalas "蜥蜴"
清擦音	xe'sa "丢失"	'xʷasa （一种舞蹈）	'χasa "腐烂的"	'χʷat'a "麻雀"
喷音	'k'ata "写"	kʷ'e'sa "轻的"	'q'asa "水獭"	'qʷ'asa "哭"

表 10.10 东 Arrernte 语唇化辅音。表中两个空格表示材料或缺，横线表示系统空白

	双唇音	舌叶齿音	舌尖龈音	舌叶龈后音	舌尖卷舌音	软腭音
爆破音	pʷapə "龙卷风"	jit̪ʷənə "可能"	aṯʷatə "鸿沟"	at̠ʷə "小牛"	aʈʷə "人"	akʷəkə "小的"
鼻音	mʷaɻə "好的"		an̪ʷənə "结婚"	n̠ʷɐɻɐ "错误"	aɳʷəɻə "哼唱"	aŋʷənə "谁"
塞冠鼻音	pmʷanə "库拉蒙"	tn̪ʷɐɻətə "鸽子"	atnʷarə "脚后跟"		atn̠ʷəɻə "野生的"	kŋʷələ "狗"
鼻冠塞音	mpʷəɻə "蛆虫"	nt̪ʷɐɻkə "内脏"	jənt̠ʷarə "在那儿"	ant̠ʷə "巢"	mpaɳt̠ʷə "艾丽丝喷泉"	ŋkʷəɻə "骨头"
边音	—	al̪ʷə "血"	alʷaɻə "肿胀"	al̠ʷəkə "石刀"	aɭʷə "卵石"	—
r类音和近音	—	—	aɾʷə "盾柄"	ajʷə "老人"	aɻʷə "沙袋鼠"	

相反，圆唇辅音却大量存在着。在第九章我们讲过，Arrernte 语只有两个深层元音 a 和 ə。

在我们熟悉的大部分语言中，唇化辅音的主要收紧点除阻时，圆唇声学效果表现得更明显。我们认为，这是由于主要音姿和次要音姿在时间顺序上的不对称造成的，这和双重音姿的唇-软腭塞音一样。所以，典型的唇化集中在主要发音的除阻阶段。这一点从语音和音系上讲都很重要。许多语言对和唇化音一起出现的后接元音有限制，而对唇化音前的元音没有限制。还有很多语言规定：音节尾辅音不能是唇化音。

音节尾辅音的唇化虽然少见，但确实存在。比如，Pohnpeian 语音节首和音节尾在普通双唇塞音和唇化的双唇塞音、普通鼻音和唇化鼻音之间形成对立。例子如图 10.18 所示。音节尾唇化辅音的除阻在听感上和普通唇音完全不同。普通唇音和相邻元音之间第二共振峰音轨较低，唇化辅音的第二共振峰更低。根据我们观察，唇化在辅音除阻中表现得最明显，图 10.18 最低的共振峰值出现在唇化辅音除阻后；在音节尾唇化辅音前，共振峰还不是最低。

图中还可以看到：元音 a 的共振峰受其后唇化辅音的影响比受其前唇化辅音的影响更大。更有趣的不对称现象是：当共振峰值从元音发音的中点测得时，位于音节首的唇化辅音之后的元音，第一共振峰和第二共振峰都更低（和位于音节首普通辅音后的元音相比）。位于音节尾唇化辅音前的元音，第一共振峰较低，第二共振峰并不低。我们认为，这是由于唇化的次要发音的两个组成姿态——圆唇、舌后部抬高和主要音姿的时

10. 多重音姿　　　455

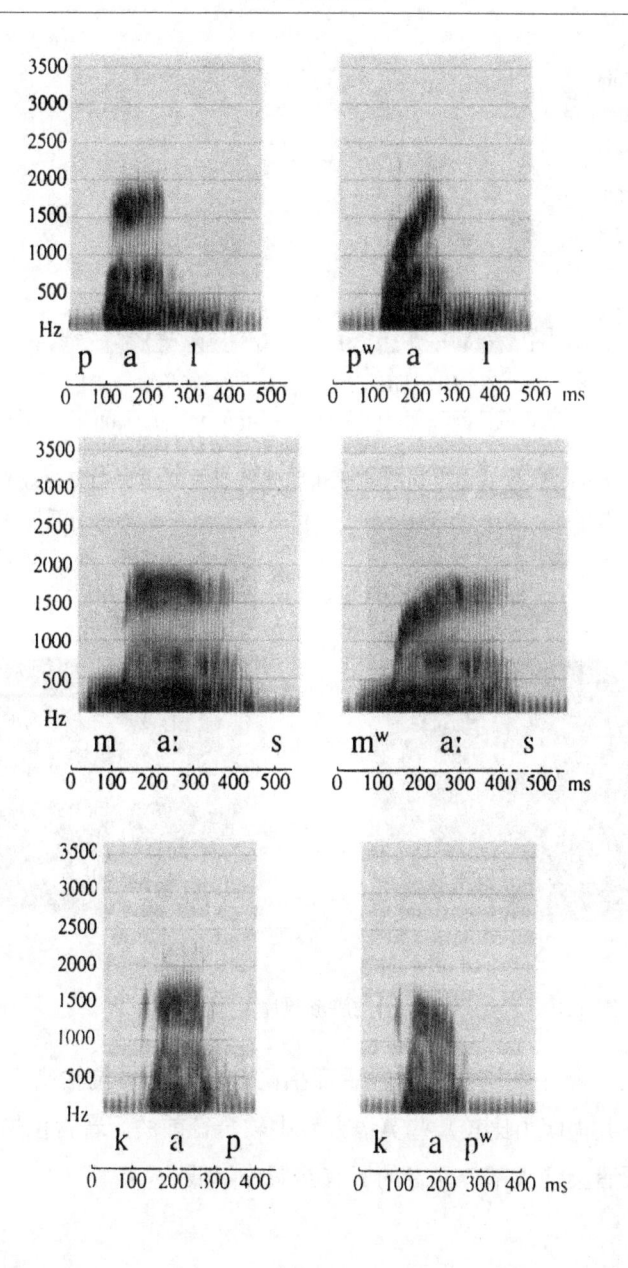

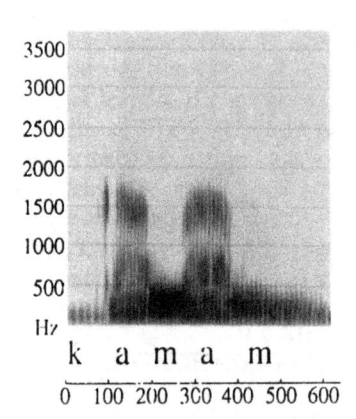

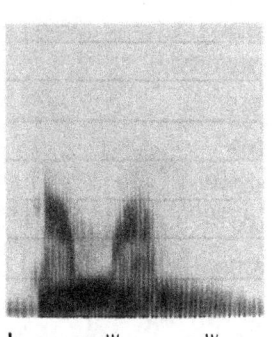

图10.18 Pohnpeian语词首和词尾唇化双唇塞音和唇化双唇鼻音的声谱图。例词分别是**pal**("劈")、**pʷal**("被切开")、**maːs**("脸")、**mʷaːs**("虫子")、**kap**("捆")、**kapʷ**("新的")、**kamam**("喝卡瓦酒")、**kamʷamʷ**("用尽")

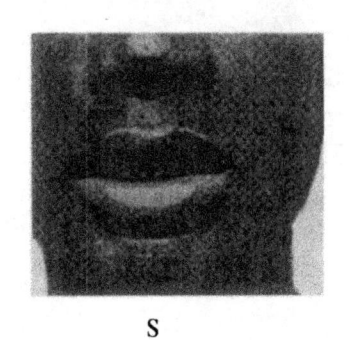

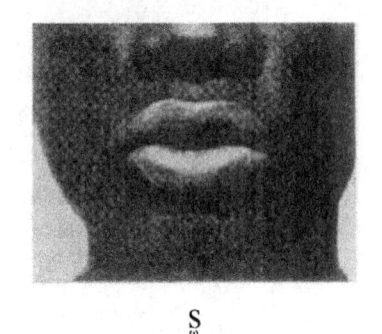

图10.19 绍纳语[s]、[s̰]的唇形照片(Doke 1931b)

间先后顺序不同所致(舌后部抬高较早)。舌位抬高主要影响第一共振峰(比较某些英语方言中软腭音前的元音舌位抬高),而圆唇会使大部分元音的所有共振峰降低。

一般来说，简单唇化（不伴随舌后部抬高）是一种"强化"特征（Stevens、Keyser 和 Kawasaki 1986），即对已有的对立对进行补充。英语和法语中 ʃ 的圆唇是我们所熟悉的（Abry、Boë、Gentil、Descout 和 Graillot 1979）；不同程度的圆唇把咝音 s-ʃ 区分开来（ʃ 的频谱重力中心更低）。然而，在绍纳语中，圆唇擦音 s̫、z̫ 比 s、z 只是多了简单的圆唇特征。在某些方言中，它们还构成音丛 s̫w、z̫w，并与 sw、zw 形成对立（有些方言把这些音丛发为 skw、zgw，Doke 1931a，b；Maddieson 1990b）。绍纳语 Karanga 方言一位发音人所发 s 和 s̫ 的唇形如图 10.19 所示（Doke 1931b）。在本章开头，我们讲过关于双重音姿的擦音，阿伯卡茨语中唇化腭龈音只是简单的唇化，因为它不区分不同类型的唇化。

软腭化

软腭化就是舌后部的抬高，与唇化的区别在于它和除阻没有多大关系。据此我们可以解释：作为次要音姿时软腭化和唇化的区别在于：音系上，对辅音和其前的元音有更多限制；语音上，比唇化有更强的逆同化（anticipation）作用。比如，英语中的 l，我们经常说在音节首位置上出现普通的 l，在音节尾位置上出现 l 的软腭化变体，对许多发音人来说都是如此。但很多美式英语发音人在任何情况下都使用软腭化的 l。图 10.20 是一位美式英语发音人所发单词 *leaf*、*feel* 的声谱图。软腭化表现在图中边音较低的第二共振峰上，词尾边音第二共振峰更低，说明它的软腭化程度甚于词首边音。音渡特征在时间顺序上也有

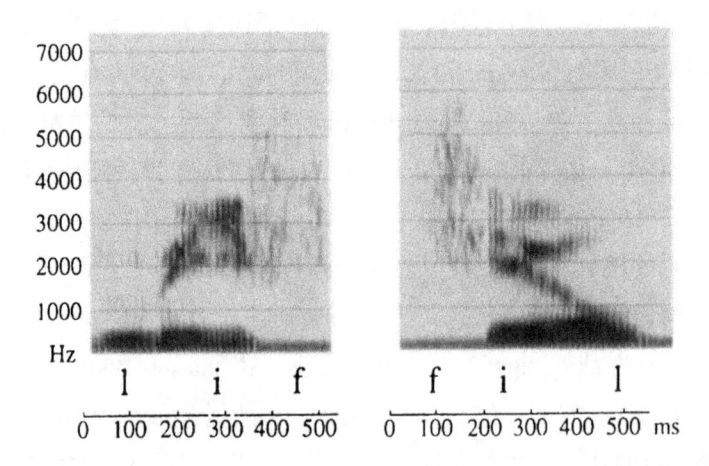

图10.20 美式英语发音人所发 *leaf*、*feel* 的声谱图，两词中的 l 都是软腭化形式

区别，在 *leaf* 中，元音开始时第二共振峰音渡较短；而在 *feel* 中，词尾边音前第二共振峰音渡较长，较低的第二共振峰值在持阻前达到顶点。这个模式和边音发音开始时（而不是发音结尾时）的软腭化一致。Sproat 和 Fujimura（1993）对此有不同意见：次要发音总是出现在接近音节核心的位置。也就是词首辅音结尾处，而不是词尾辅音开始处。如果是这样，对于所有情况下都使用软腭化边音的英语发音人来说，*leaf* 和 *feel* 将更相似。而且，唇化所产生的不对称现象也不会发生。

软腭化音和其他音段形成对立的语言很少。我们经常说俄语中的腭化音（软音）和软腭化辅音形成对立，但是，X 光片显示：软腭化只适用于边音。马绍尔语确实存在这样的对立——普通鼻音、流音与软腭化鼻音、流音的对立。塞音的对立仅限

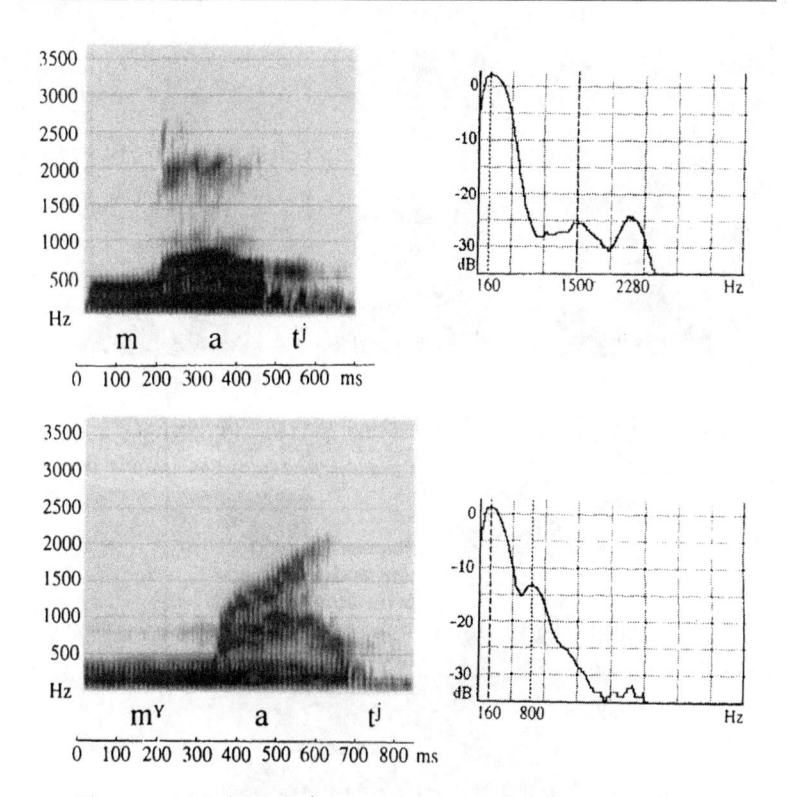

图10.21 马绍尔语 **mat**^{j}（"眼睛"）、**m**$^{\gamma}$**at**^{j}（"鳗鱼，虫子"）的声谱图，显示普通鼻音和软腭化鼻音之间的对立。右侧是鼻音的频谱图，其中也显示了谱峰频率

于双唇音。图 10.21 显示了一位男性发音人所发双唇鼻音的声谱图和频谱图。**m**$^{\gamma}$**at**^{j}（"鳗鱼，虫子"）中软腭化鼻音的第二共振峰一直很低；而普通鼻音共振峰却保持在1500Hz左右。马绍尔语短元音的主要特征，除了舌位高低以外，主要取决于相邻辅音的次要发音（Bender 1968，Meddieson 1991，Choi 1992）。

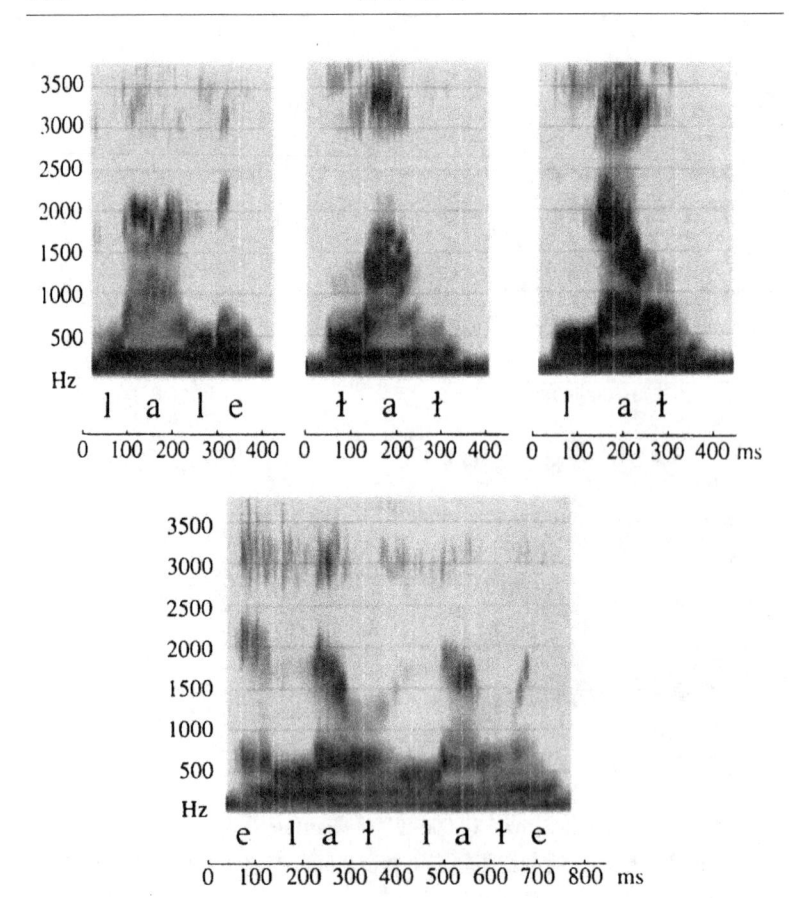

图10.22 马绍尔语 lale（"检查"）、ɫaɫ（"敲"）、laɫ（"土地"）、elaɫlale（"他是个务实的人"）等词的声谱图

在图中对立对中，两个词从词首辅音到词尾辅音，第二共振峰都保持直线平移。

图10.22是一位女性发音人所发马绍尔语中对立的软腭化边

音的声谱图。前三个词都含有两个边音。第一个词是两个普通边音，第二个词是两个软腭化边音，第三个词中一个是普通边音，一个是软腭化边音。第四个词中有第三个词的完整形式，造成词中有一个软腭化边音＋普通边音构成的音丛。在这种情况下，出现在第一个 a 上的逆同软腭化非常明显，虽然我们并不清楚最后一个边音的逆同软腭化是不是多于顺同软腭化。另外，第二个词的逆同化和顺同化相等，说明马绍尔语的软腭化可能发生在辅音发音的中点。

腭化

腭化就是舌前部向类似 i 的方向抬高。和唇化一样，腭化在除阻时比成阻时表现得更明显。双唇音对舌位没有具体要求，发音时舌体的位置可以和 i 一样，和主要发音动作不产生任何矛盾。图 10.23 是俄语词首和词尾普通双唇音和腭化双唇音的声谱图。从中可以看出，与词尾塞音发音开始时相比，由腭化所导致的较高的第二共振峰在词首双唇塞音除阻时表现得更明显（即使是在词首为腭化音，导致第二共振峰升高时）。图中还显示了腭化音和含有 j 的音丛的区别。在 pʲotr（"彼得"）中，腭化辅音第二共振峰下降，其后的元辅音间音渡产生于辅音除阻时。相反，在 pjot（"饮料"）中，音渡之前有一个短的稳定状态。

当舌冠为主要调音部位（腭化为次要音姿）时，情况更为复杂。因为舌冠音的发音要求具体的舌体构形，即舌前部为非腭化状态（当舌前部的作用是支持舌尖或舌叶的运动时）。腭化音姿可以看作是两个动作的结合，舌前部位置的改变会造成

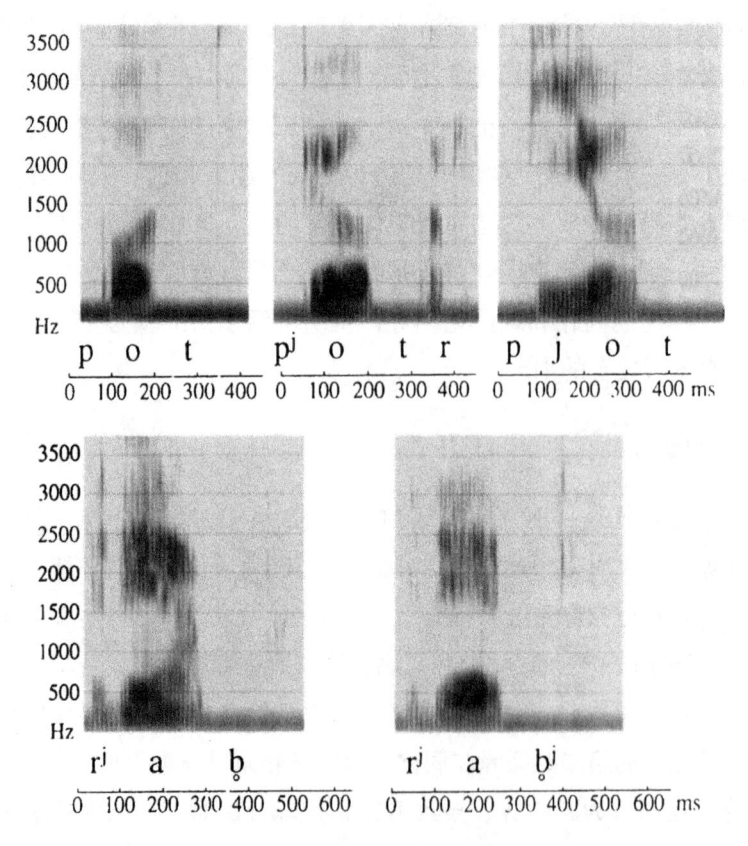

图10.23 俄语含普通双唇塞音和腭化双唇塞音词的声谱图。例词是 pot（"出汗"）、pʲotr（"彼得"）、rʲab（"有麻子的"）和 rʲabʲ（"涟漪"），发音人是来自圣彼得堡的男性。位于上端的图还显示了 pjot（"喝"）中的音丛 pj

主要收紧点位置的变化，在第二章（调音部位），我们已探讨过关于这个过程的一些例子。

当舌面为主要调音部位时，舌体的位置既类似于前元音，又类似于非靠前的辅音，从而导致主要调音部位的改变。所有语言软腭音的主要收紧点位置根据元音环境而有所变化（有些语言的变化程度较大）。软腭音腭化可看作是在前高元音环境下出现的变体。

咽化

另一种涉及舌体运动的次要发音是咽化。和其他次要发音一样，咽化是元音的特征（见第九章）。阿拉伯语某些方言区分普通舌冠音和"强势"舌冠音，后者在咽部有一个次要收紧点（并不是所有阿拉伯语方言都有如此，有些方言是软腭化而不是咽化）。图 10.24 是根据 Bukshaisha（1985）的 X 光片所显示的卡塔尔-阿拉伯语 [s]、[sˤ] 的区别。跨语言比较研究说明，咽化作为次要音姿有高、低区别，就像咽腔作为主要调音部位时，其音姿也有高低之分一样（见第二章）。Hess（1992）称

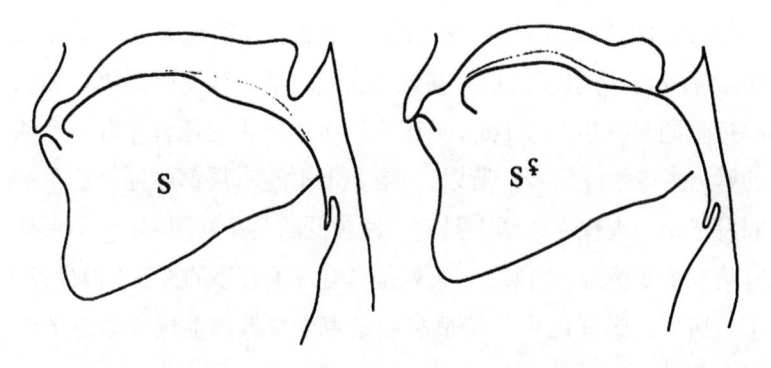

图10.24 一位卡塔尔-阿拉伯语发音人所发s、sˤ的X光片，例词是sad（"占优势"）、sˤad（字母名称）

察胡尔语的咽化辅音调音位置较低。（这种语言的咽化元音如图 9.23。）对大部分阿拉伯语发音人（其 X 光片已发表）来说，咽腔最窄的收紧点位于小舌和会厌之间，这个次要音姿的舌位高于咽音作为主要音姿时的舌位。

其他的次要音姿

Ladefoged（1986）称科姆语（Kom）和 Kuteb 语中有另一种次要发音——唇齿化（labiodentalization）。发音动作是：下唇和上齿更加贴近，唇齿之间的缝隙变窄，就像在发普通唇齿音时同时做另一个调音动作。Hyman（1980）认为唇齿化在科姆语中是元音的一个特征，就像第五章讲过的擦化元音一样。一个音节的核心可以由一个成音节的音组成，这个音可以是从后高圆唇元音到松元音的任何元音。从语音上看，元音的唇齿化特征对它前面的辅音有逆同化作用，这些辅音包括软腭塞音、舌冠塞擦音和擦音。在 iku（"死亡"）中，塞音 k 除阻后有一个很强的清双唇擦音，然后是一个浊音（类似元音），如图 10.25 所示。持阻前的第二共振峰突然下降，表明唇部收缩和软腭持阻同时发生。在 iʒu（"天空"）中，舌冠擦音 ʒ 有一个浊的唇齿擦音性除阻音。所以，ʒ 在发音时也有唇部收缩。这个协同发音作用表现在语图上是摩擦段较低的共振峰频率。ʒ 不可能有第二个摩擦源，如果有，它就是具有双重音姿的擦音（很少见）了。所以，这样的声学特征多半是由于摩擦源前气流通道的改变引起的。

在 Kuteb 语中，"唇齿化"是近音 w 在以擦音和塞擦音开

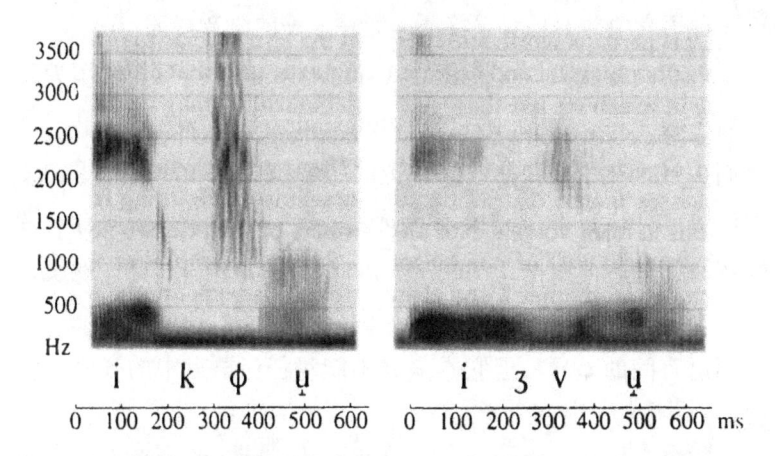

图10.25 科姆语擦化元音ṳ的声谱图，在iku（"死亡"）、iʒu（"天空"）等词中，擦化元音前还有唇齿除滑音

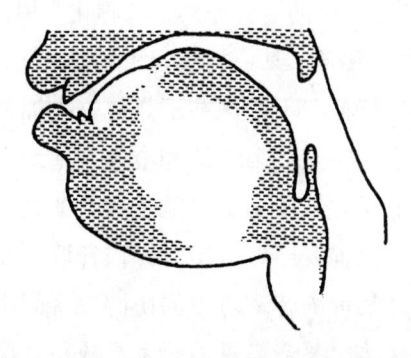

图10.26 Kuteb语舌叶龈后擦音ʐ 在w的变体v前的发音（Ladefoged 1968）

头的音丛中的变体。Ladefoged（1968）称唇齿化在 Kuteb 语中也有逆同化作用，如图 10.26（舌叶图）所示。最近，在印度西北部隶属藏缅语的安伽米语中也发现了类似的现象。唇齿化在

这三种语言中并不是对立特征，而是显著的语音特征。

最后一种次要音姿是凹化（sulcalization）。调音动作为舌体后中央下降，形成很深的舌槽（Catford 1977a）。在第三章我们讲过，英语 s 就是这样发音的。舌槽似乎能使气流更加集中地流向牙齿，形成高振幅的噪音。我们不知道是否所有咝音发音时都有这种动作，Catford（1977a）认为并非如此。他说，不同程度的凹化也许是同一语言内部不同部位音段的特征，或不同语言间的差异，但它本身并不能对任何语言中的音段进行区分。

最后，我们还需强调："唇化"和"腭化"不仅有我们所描述的语音学意义，而且还有音系学和历史语言学的意义。"唇化"用以描述辅音+w 的语音序列，"腭化"用以描述某些语言中（尤其是斯拉夫语族）某一类辅音源自前高元音的历时同化，呈现共有的分布特征。不过这并不是说这类辅音的所有成员都会具有腭化的语音特点。第二章和本书其他地方讨论过，有些辅音调音部位的对立从历史上看就是腭化的结果，那不是我们现在所谓的"腭化辅音"。事实上，辅音调音部位的不同从历史角度看，就是某种语音环境下的协同发音固定下来成为音丛的次要发音，这些次要音姿进而会发展成单音段（不能再区分主要发音和次要发音）。可以说，今天的次要发音就是明天的主要发音。

11. 结语

本书旨在为将来的音系特征理论打基础。大量复杂多变的语音事实预示着普遍特征理论的建构远非想象的那么简单。在此，我们只能对这一理论需要考虑的各种对立特征进行总结。这种总结并不是通常意义上的音系特征理论，只是对世界语音的主要特征进行描写。另外，我们想强调第一章中说过的话——对语音现象的描写首先要确定一系列的可变参数，每个参数都代表不同范畴的赋值。这些范畴值就是不同语言中相似现象的标签。但是，正如本书一再强调的：复杂多变的语音现象都是这些范畴的变体。我们还说过，每个参数的值集合起来便构成一个连续统，所以，很难确定世界语音究竟有多少个调音部位，多少种声门状态。同样，伴随喉塞音的喷音和爆破音很难区分，浊爆破音和浊内爆音之间过渡缓慢，二者的界限都不是很分明。这个问题从头到尾一直贯穿于全书的内容中，而到元音一章更加突出。对不同语言的元音进行比较必然要考虑不同参数的值，而不是固定的界限分明的范畴类。但是，这些范畴仍是区分词汇意义的基础。而且，不同参数上还存在一些典型范畴（modal possibility）。明白了这几点，我们才能对主要的语音类型进行总结。

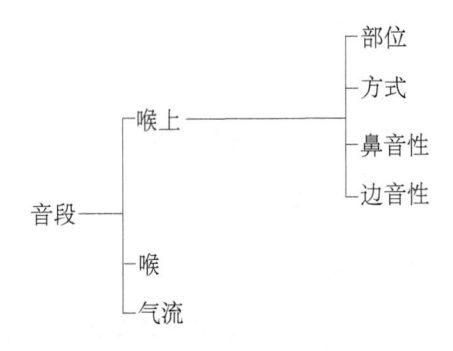

```
                    ┌─ 部位
             ┌─ 喉上 ┤─ 方式
             │      ├─ 鼻音性
             │      └─ 边音性
音段 ────────┤
             ├─ 喉
             └─ 气流
```

图11.1 音段（或根节）和不同语音变体的关系

我们的基本描写框架如图 11.1 所示，描写顺序从调音部位到调音方式，同时还考虑了喉部动作，在讲调音方式的同时还介绍了不同的气流机制。

表 2.11 总结了主要调音部位特征和具体调音部位，是对图 11.1 中调音部位的细化，后者如表 11.1 所示。

第三章以及其后各章是关于调音方式的，图 11.1 的调音方式也有所扩充，如表 11.2 所示。关于调音方式的最重要特征是收紧度。拍音和闪音在这张表中难以归类，其他四个概念都界限分明。传统语音学调音方式还包括鼻音和边音，我们认为鼻音和边音应该另外归类。第四章显示鼻音的种类复杂多变，但不需要考虑不同程度的鼻音，因此，"鼻音"一栏的概念也无需细化。同样，边音也区分不同程度，但从音系的角度看，一个音段要么是央音，要么是边音。

表 11.2 中第三栏的术语在书中都有详细介绍。塞音和擦音分属两章（第三章和第五章），第五章还讲到擦音的一些特殊

表 11.1 主要调音部位和具体的调音部位

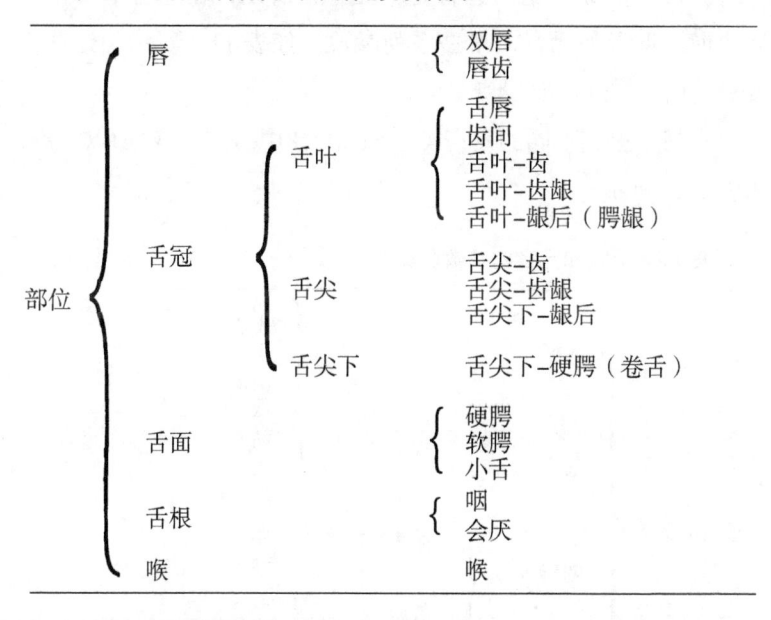

部位			具体部位
	唇		双唇
			唇齿
	舌冠	舌叶	舌唇
			齿间
			舌叶-齿
			舌叶-齿龈
			舌叶-龈后（腭龈）
		舌尖	舌尖-齿
			舌尖-齿龈
			舌尖下-龈后
		舌尖下	舌尖下-硬腭（卷舌）
	舌面		硬腭
			软腭
			小舌
	舌根		咽
			会厌
	喉		喉

表 11.2 调音方式

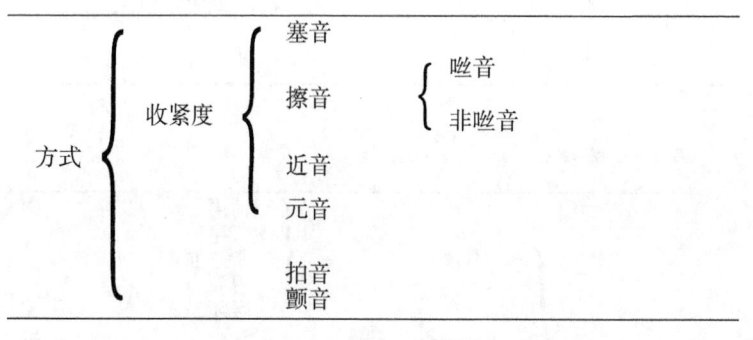

方式	收紧度	
	塞音	
	擦音	咝音
		非咝音
	近音	
	元音	
	拍音	
	颤音	

特征，在这里，只提及咝音和非咝音的区别。拍音和颤音是第七章（r类音）的主要内容。近音在第六章（边音）和第七章都

372 有所提及，但最常见的近音是半元音，所以，在元音一章讲得最透彻。近音和元音共享一系列参数，如表 11.3 所示。这些参数也适用于描述次要发音。

本书还提到不同的发声类型。图 11.1 中"喉"一项加以扩展，如表 11.4 所示。

表 11.3 近音和元音的参数及类别

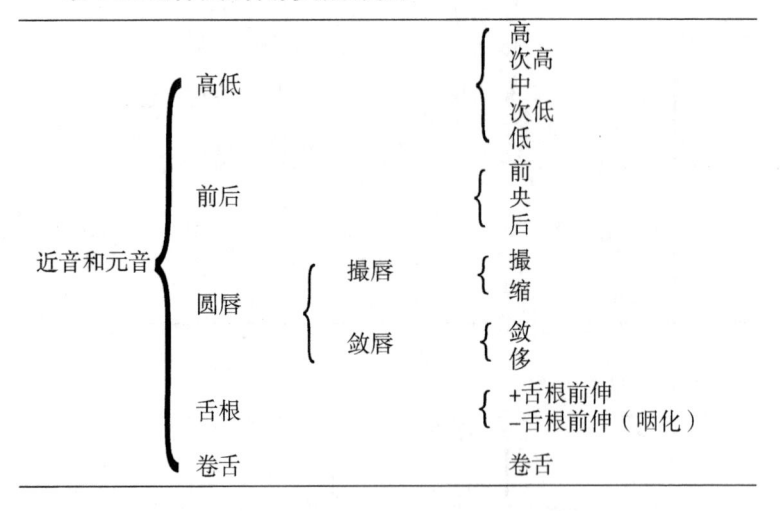

近音和元音			
	高低		高 / 次高 / 中 / 次低 / 低
	前后		前 / 央 / 后
	圆唇	撮唇	撮 / 缩
		敛唇	敛 / 侈
	舌根		+舌根前伸 / −舌根前伸（咽化）
	卷舌		卷舌

表 11.4 发声态

喉		
	开闭度	清声 / 气声 / 常态浊声 / 嘎裂声 / 喉闭态
	开闭时	送气 / 不送气
	喉头运动	提升 / 压低

表 11.5 不同的气流机制

气流	{	肺气流	{	强音
				弱音
		软腭气流		咻音

第八章（咻音）、第三章（塞音）和第五章（擦音）都提到气流机制，图 11.1 中"气流"一项的细化如表 11.5 所示。表中的安排和传统分析不同，后者还包括喉头气流机制。喉部动作是内爆音和喷音的典型特征。

以上提到的对立特征是音系分析中普遍特征的基础。把对立特征提炼为普遍特征是下一步要做的工作。希望有语言学家能担此重任，我们将深感欣慰。

附　录[1]

语言列表

以下是书中所提到的近 400 种语言的详细清单，按字母顺序排列。若某种语言有两个名称或两种拼写方法，括号中提供的是其另一个名称或拼写方法。此外，表中还列出了每种语言的系属（基本上没有争议）。对美洲语言的分类比较详细，而其他语言则较粗略。最右栏的信息提供了各语言所使用的国家和地区。

语言名（别名或别的拼写形式）	系属	使用国家和地区
Abkhaz 阿伯卡茨语	北高加索语	格鲁吉亚
Abua 阿布阿语	尼日尔-科尔多瓦语	尼日利亚
Acehnese 亚齐语	南岛语	印度尼西亚
Achang 阿昌语	藏缅语	中国
Acoma 阿科马语（Western Keres 西科瑞斯语）	科瑞斯语	美国新墨西哥州

---

[1] 中译本将原书中正文前的"图示列表"和"表格列表"移至"附录"部分。特此说明。—译者

Adyghe 阿迪格语（Shapsug 方言）	北高加索语	俄罗斯、土耳其
Afar	亚非语	埃塞俄比亚
Agul 阿古尔语（Burkikhan 方言）	北高加索语	俄罗斯
Akan 库阿语（Akyem、Akwapem Twi、Fante 方言）	尼日尔－科尔多瓦语	加纳
Alawa 阿拉瓦语	澳洲土著语	澳大利亚
Albanian 阿尔巴尼亚语	印欧语	阿尔巴尼亚
Aleut 阿留申语	爱斯基摩－阿留申语	美国阿拉斯加州、俄罗斯
Alyawarra	澳洲土著语	澳大利亚
Amharic 阿姆哈拉语	亚非语	埃塞俄比亚
Angami 安伽米语（Khonoma 方言）	藏缅语	印度
Ao	藏缅语	印度
Arabana	澳洲土著语	澳大利亚
Arabic 阿拉伯语（伊拉克、巴勒斯坦和突尼斯方言）	亚非语	阿拉伯、北非
Archi 阿奇语	北高加索语	俄罗斯
Armenian 亚美尼亚语（东、西部方言）	印欧语	亚美尼亚
Arrernte 东 Arrernte 语（Aranda）	澳洲土著语	澳大利亚
Assamese 阿萨姆语	印欧语	印度
Avokaya 阿沃卡亚语	尼罗－撒哈拉语	苏丹、扎伊尔
Axluxlay（Chulupí）	马塔科－圭库鲁语	巴拉圭
Badaga	达罗毗荼语	印度

Barasano 巴拉萨诺语	图卡诺安语	哥伦比亚
Bardi 巴尔迪语	澳洲土著语	澳大利亚
Beembe（Bembe）	尼日尔－科尔多瓦语	扎伊尔
Bella Coola 贝拉库拉语	参见"Nuxalk 努克萨尔克语"	加拿大
Bondei 邦代伊语	尼日尔－科尔多瓦语	坦桑尼亚
Breton 布列塔尼语	印欧语	法国
Bulgarian 保加利亚语	印欧语	保加利亚
Bumo	尼日尔－科尔多瓦语	尼日利亚
Bura 布拉语	亚非语	尼日利亚
Burmese 缅甸语	藏缅语	缅甸
Catalan 加泰罗尼亚语	印欧语	西班牙
Chechen-Ingush 车臣－印古什语（Nakh、Nax、车臣和印古什方言）	北高加索语	俄罗斯
Chemehuevi（？犹特语的某种方言）	犹特－阿兹特克语	美国加利福尼亚州
Chinantec 奇南特克语	参见"Palantla-Chinantec 帕兰塔拉－奇南特克语"	墨西哥
Chinese 汉语，包括以下语言或方言：标准语(普通话、北京话)，粤语中山话，山东胶南、青岛、荣城话	汉藏语	中国
Chipewyan 奇帕维安语	纳得内语	加拿大
Chumburung	尼日尔－科尔多瓦语	加纳
Cofan	系属不明	厄瓜多尔、哥伦比亚
Columbian Salish 哥	萨利希语	美国华盛顿

伦比亚-萨利希语
（Wenathci）

Comanche 科曼奇语	犹特-阿兹特克语	美国俄克拉荷马州
Comox 科莫克斯语	印第安萨利希语	加拿大
Czech 捷克语	印欧语	捷克
Dafla	藏缅语	印度
Dagbani	尼日尔-科尔多瓦语	加纳
Dahalo 达火罗语	亚非语	肯尼亚
Damin（Ladil 语的一种特殊形式，已消亡）	澳洲土著语	澳大利亚
Danish 丹麦语	印欧语	丹麦
Dargi	北高加索语	俄罗斯
Dedua	巴布亚语	巴布亚新几内亚
Degema 代盖马语	尼日尔-科尔多瓦语	尼日利亚
DhoLuo 卢奥语（Luo）	尼罗-撒哈拉语	肯尼亚
Diegueño	印第安侯坎语	美国加利福尼亚州、墨西哥
Diyari（Dieri）	澳洲土著语	澳大利亚
Djapu	澳洲土著语	澳大利亚
Djauan（Jawoñ, Jawony）	澳洲土著语	澳大利亚
Djingili	澳洲土著语	澳大利亚
Dutch 荷兰语	印欧语	荷兰
Edo 伊多语（Bini）	尼日尔-科尔多瓦语	尼日利亚
Eggon	尼日尔-科尔多瓦语	尼日利亚
English 英语（包括美国加利福尼亚州、英国南部、苏格兰和南非各方言）	印欧语	美国、加拿大、英国、南非、澳大利亚、新西兰、牙买加、圭亚那等
Estonian 爱沙尼亚语	乌拉尔语	爱沙尼亚

Even	阿尔泰语	俄罗斯
Ewe 埃维语（Vhe、Gbe）	尼日尔－科尔多瓦语	加纳
Faroese 法罗群岛语	印欧语	法罗群岛
Farsi 波斯语	印欧语	伊朗
Fijian 斐济语	南岛语	斐济
Finnish 芬兰语	乌拉尔语	芬兰
French 法语	印欧语	法国、比利时、加拿大等
Fula 富拉尼语（Fulani、Peul）	尼日尔－科尔多瓦语	西非
Gaelic 盖尔语	印欧语	苏格兰
Garawa	澳洲土著语	澳大利亚
Gbeya 格巴亚语	尼日尔－科尔多瓦语	中非
Georgian 格鲁吉亚语（Kartvelian）	南高加索语	格鲁吉亚
German 德语	印欧语	德国、奥地利、瑞士等
Ghotuo	尼日尔－科尔多瓦语	尼日利亚
Gimi 吉米语	巴布亚语	巴布亚新几内亚
Gonja 贡贾语	尼日尔－科尔多瓦语	加纳
Guajiro 瓜希洛语（Goajiro Wayuu）	阿拉瓦语	哥伦比亚、委内瑞拉
Guarani 瓜拉尼语	图皮语	巴拉圭
Gujarati 古吉拉特语（Gujerati）	印欧语	印度
Gununa-Kena 特维尔切语（Tehuelche）	Chon 语	阿根廷
Gwandara 关达拉语	亚非语	尼日利亚
Hadza 哈扎语	可能属于克瓦桑语	坦桑尼亚

Haida 海达语	纳得内语	加拿大
Hausa 豪萨语	亚非语	尼日利亚
Hawaiian 夏威夷语	南岛语	美国夏威夷州
Hebrew 希伯来语（Ashkenazic 方言）	亚非语	以色列
Hindi 印地语	印欧语	印度
Hmar	藏缅语	印度
Hmong 苗语（第二土语、白苗土话）	苗瑶语	泰国
Hungarian 匈牙利语	乌拉尔语	匈牙利
Hupa 胡帕语	纳得内语	美国加利福尼亚州
Iaai	南岛语	新卡利多尼亚
Ibibio 伊比比奥语	尼日尔-科尔多瓦语	尼日利亚
Icelandic 冰岛语	印欧语	冰岛
Idoma	尼日尔-科尔多瓦语	尼日利亚
Igbo 伊博语	尼日尔-科尔多瓦语	尼日利亚
Ik 伊克语（Teuso）	尼罗-撒哈拉	乌干达
Ilwana（Elwana、Malakote）	尼日尔-科尔多瓦语	肯尼亚
Ingush 印古什语	参见"Chechen-Ingush 车臣-印古什语"	俄罗斯
Iraqw	亚非语	坦桑尼亚
Irish 爱尔兰语（盖尔语、Erse 语）	印欧语	爱尔兰
Isoko 伊索科语（Uzere 方言）	尼日尔-科尔多瓦语	尼日利亚
Italian 意大利语	印欧语	意大利
Izon（Ijo）	尼日尔-科尔多瓦语	尼日利亚
Jalapa Mazatec 雅拉帕-马萨特克语	奥托-曼格安语	墨西哥

Japanese 日语	（系属不明，可能属于阿尔泰语）	日本
Jaqaru	艾马拉语	秘鲁
Javanese 爪哇语	南岛语	印度尼西亚
Jeh	南亚语	越南
Jingpho 景颇语（Jinghpo）	藏缅语	缅甸、中国
Jino 基诺语	藏缅语	中国
K'ekchi	玛雅语	危地马拉
Kabardian 卡巴尔德语	北高加索	俄罗斯
Kaingang 坎刚语	马克罗-吉语	巴西
Kaitiji（Kayteyt）	澳洲土著语	澳大利亚
Kalabari 喀拉巴里语	尼日尔-科尔多瓦语	尼日利亚
Kanite	巴布亚语	巴布亚新几内亚
Karok 卡罗克语	侯钦语	美国加利福尼亚州
Kashaya	侯钦语	美国加利福尼亚州
Kâte	巴布亚语	巴布亚新几内亚
Kelabit 可拉必语	南岛语	马来西亚
Kele 凯莱语	南岛语	巴布亚新几内亚
KeSukuma 科苏库马语（Sukuma）	尼日尔-科尔多瓦语	坦桑尼亚
Khanty 汉特语（Xanty、东 Ostyak）	乌拉尔语	俄罗斯
KiChaka（Chagga）	尼日尔-科尔多瓦语	坦桑尼亚
Kiche（Quiche）	玛雅语	危地马拉
KiKamba 基坎巴语（Kamba）	尼日尔-科尔多瓦语	肯尼亚
Kinyarwanda	尼日尔-科尔多瓦语	乌干达
Klamath 克拉马斯语	印第安佩纽蒂语	美国俄勒冈州
Kom 科姆语	尼日尔-科尔多瓦语	喀麦隆

Komi 科米语	乌拉尔语	俄罗斯
Konda 孔达语	达罗毗荼语	印度
Korean 韩语	(系属不明,可能属于阿尔泰语)	韩国
Kotoko	亚非语	喀麦隆
Kurti 库尔蒂语	南岛语	巴布亚新几内亚
Kurtjar	澳洲土著语	澳大利亚
Kuteb	尼日尔－科尔多瓦语	尼日利亚
Kuvi 库维语	达罗毗荼语	印度
Kuy 库伊语	达罗毗荼语	印度
Kwakw'ala 夸扣特尔语(Kwakiutl)	瓦卡希语	加拿大
Kwambi	尼日尔－科尔多瓦语	纳米比亚
Kwangali	尼日尔－科尔多瓦语	纳米比亚
Kwanyama	尼日尔－科尔多瓦语	纳米比亚
Lak 腊克语	北高加索语	俄罗斯
Lakkia 拉伽语(Laka)	侗台语	中国
Lamé	亚非语	喀麦隆
Lardil	澳洲土著语	澳大利亚
Late	尼日尔－科尔多瓦语	加纳
Latin 拉丁语(已消亡,但有特殊用途)	印欧语	前罗马帝国
Lendu	尼罗－撒哈拉语	加纳
Liangshang Yi 凉山彝语	藏缅语	中国
Limba 林姆巴语	尼日尔－科尔多瓦语	塞拉利昂
Logba	尼日尔－科尔多瓦语	加纳
Lua(Niellim 涅利姆语)	尼日尔－科尔多瓦语	乍得
LuGanda 卢干达语	尼日尔－科尔多瓦语	乌干达
Lugbara	尼罗－撒哈拉语	乌干达

Luiseño	犹他－阿兹特克语	美国加利福尼亚州
Lungchow（Longzhou 中国广西境内称"龙州壮语"，Nung 越南境内称"侬语"）	侗台语	越南、中国
Luquan Yi 禄劝彝语	藏缅语	中国
Maidu 麦都语	印第安佩纽蒂语	美国加利福尼亚州
Maithili 迈蒂利语	印欧语	印度
Malagasy 马尔加什语	南岛语	马达加斯加
Malay 马来语（Pattani 方言）	南岛语	泰国
Malayalam 马来雅拉姆语	达罗毗荼语	印度
Maori 毛利语	南岛语	新西兰
Mape	巴布亚语	巴布亚新几内亚
Mapuche 马普切语（Mapudungun）	阿劳干语	智利
Marathi 马拉地语	印欧语	印度
Margi 马尔吉语	亚非语	尼日利亚
Marshallese 马绍尔语	南岛语	马绍尔群岛
Mazatec 马萨特克语	参见"Jalapa Mazatec 雅拉帕－马萨特克语"	墨西哥
Melpa 梅尔帕语	巴布亚语	巴布亚新几内亚
Mid-Waghi 中瓦几语	巴布亚语	巴布亚新几内亚
Mien 勉语（Yao 瑶语）	苗瑶语	中国、越南
Mixe 米克西语	米克西－佐克语	墨西哥
Mixtec 米斯特克语（方言群）	奥托－曼格安语	墨西哥
Montana Salish 蒙大拿－	印第安萨利希语	美国蒙大拿州

萨利希语（Flathead）

Mpi	藏缅语	泰国
Muinane 穆伊纳内语	维托托语	哥伦比亚
Mundari 蒙达语	南亚语	印度
Murinhpatha	澳洲土著语	澳大利亚
Naʔahai	南岛语	瓦努阿图
Nama 那马语	中部克瓦桑语	纳米比亚、南非
Nambiquara	Nambiquaran 语	巴西
Naron	克瓦桑语	博茨瓦纳
Nasioi	巴布亚语	巴布亚新几内亚
Navajo 纳瓦约语（Navaho）	纳得内语	美国新墨西哥州
Ndonga 恩东加语	尼日尔-科尔多瓦语	纳米比亚、安哥拉
Nepali 尼泊尔语	印欧语	尼泊尔
Newari 尼瓦尔语	藏缅语	尼泊尔
Nez Perce 内兹佩尔塞语	印第安佩纽蒂语	美国爱达荷州
Ngizim	亚非语	尼日利亚
Ngwo	尼日尔-科尔多瓦语	喀麦隆
Niaboua（Nyabwa）	尼日尔-科尔多瓦语	象牙海岸
Nias 尼亚斯语	南岛语	印度尼西亚
Nimboran	巴布亚语	印度尼西亚
Nivkh 尼夫赫语（Gilyak 基立亚克语）	独立语言（不属于任何语系）	俄罗斯
Nunggubuyu	澳洲土著语	澳大利亚
Nuxalk 努克萨尔克语（Bella Coola 贝拉库拉语）	印第安萨利希语	加拿大
Nweh（Ngwe）	尼日尔-科尔多瓦语	尼日利亚
Nzema 恩济马语	尼日尔-科尔多瓦语	加纳

Occitan 奥西坦语（Languedoc、Provençal）	印欧语	法国
Ojibwa, Eastern 东奥季布瓦语	阿尔基克语	加拿大
Olgolo	澳洲土著语	澳大利亚
Ono	巴布亚语	巴布亚新几内亚
'O'odham 奥哈姆语（Pima、Papago）	犹特－阿兹特克语	美国亚利桑那州
Pacoh	南亚语	越南
Palantla Chinantic 帕兰塔拉－奇南特克语	奥托－曼格安语	墨西哥
Palauan 帕劳语	南岛语	贝劳
Panjabi 旁遮普语	印欧语	印度
Parauk 佤语（Wa）	南亚语	中国
Pare	尼日尔－科尔多瓦语	坦桑尼亚
Pirahã	（系属不明）	巴西
Pitjantjara	澳洲土著语	澳大利亚
Pitta-Pitta	澳洲土著语	澳大利亚
Pohnpeian (Ponapean)	南岛语	密克罗尼西亚岛
Pokomo	尼日尔－科尔多瓦语	肯尼亚
Polish 波兰语	印欧语	波兰
Pomo, South-Eastern(东南部波莫语)	印第安侯坎语	美国加利福尼亚州
Portuguese 葡萄牙语（巴西方言）	印欧语	巴西
Quechua 盖丘亚语	盖丘亚语	玻利维亚、秘鲁
RuGciriku	尼日尔－科尔多瓦语	纳米比亚、安哥拉
Russian 俄语	印欧语	俄罗斯
Saami 萨米语（Lule 卢	乌拉尔语族	瑞典

勒方言）（Lappish 拉普兰语）		
Sandawe（桑达韦语）	可能属于克瓦桑语	坦桑尼亚
Sedang（Roteang）	南亚语	越南
SePedi 赛卑第语（Northern Sothe 北索托语）	尼日尔－科尔多瓦语	南非
Serbo-Croatian 塞尔维亚－克罗地亚语	印欧语	塞尔维亚、克罗地亚、波斯尼亚
Serer 塞雷尔语	尼日尔－科尔多瓦语	塞内加尔
Shambaa（Shambala）	尼日尔－科尔多瓦语	坦桑尼亚
Shilluk 希鲁克语	尼罗－撒哈拉语	苏丹
Shona 绍纳语（Zezuru 方言）	尼日尔－科尔多瓦语	津巴布韦
Shubi	尼日尔－科尔多瓦语	南非
SiNdebele（Ndebele）	尼日尔－科尔多瓦语	津巴布韦、南非
Sindhi 信德语	印欧语	印度
Sinhala 僧伽罗语（Sinhalese）	印欧语	斯里兰卡
Siona	图卡诺安语	哥伦比亚
Siya（Avatime）	尼日尔－科尔多瓦语	加纳
Somali 索马里语	亚非语	索马里
Spanish 西班牙语（标准西班牙语和墨西哥、秘鲁、奇尔诺等方言）	印欧语	西班牙、美国、加勒比、中美洲和南美洲
Sre（Koho）	南亚语	越南
Stieng	南亚语	越南、柬埔寨
Sui 水语	侗台语	中国
Sundanese 巽他语	南岛语	印度尼西亚

381

Swedish 瑞典语	印欧语	瑞典
Tabasaran 塔巴萨兰语	北高加索语	俄罗斯
Tamil 泰米尔语	达罗毗荼语	印度
Teke 泰凯语	尼日尔-科尔多瓦语	扎伊尔
Telugu 泰卢固语（Telegu）	达罗毗荼语	印度
Temne 泰姆奈语	尼日尔-科尔多瓦语	塞拉利昂
Thai 泰语（Siamese 暹罗语）	侗台语	泰国
ThiMbukushu	尼日尔-科尔多瓦语	纳米比亚
Tibetan 藏语	藏缅语	中国
Tiddim Chin 迪登钦语	藏缅语	缅甸
Tiwi 蒂维语	澳洲土著语	澳大利亚
Tlingit 特里吉特语	纳得内语	美国阿拉斯加州
Toda 托达语	达罗毗荼语	印度
Tongan 汤加语	南岛语	汤加
Tsakhur 察胡尔语	北高加索语	俄罗斯
Tsimshian 蒂姆西亚语（Gitskan 方言）	印第安佩纽蒂语	加拿大
Tsonga 聪加语	尼日尔-科尔多瓦语	南非
Tsou 邹语	南岛语	中国台湾
Tucano 图卡努语	图卡努语	巴西
Ubykh 尤比克语	北高加索语	土耳其
Udi 尤迪语	北高加索语	阿塞拜疆
Uduk	尼罗-撒哈拉语	苏丹
UMbundu 姆邦杜语	尼日尔-科尔多瓦语	安哥拉
Umotina	马克罗-吉语	巴西
Urhobo 乌尔霍博语	尼日尔-科尔多瓦语	尼日利亚
Uripiv	南岛语	瓦努阿图
V'enen Taut（Thenen	南岛语	瓦努阿图

Taut、Big Nambas）			
Vao	南岛语	瓦努阿图	
Venda 文达语	尼日尔 - 科尔多瓦语	南非	
Waffa 瓦法语	巴布亚语	巴布亚新几内亚	
Wangganuru	澳洲土著语	澳大利亚	
Wangurri	澳洲土著语	澳大利亚	
Wantoat	巴布亚语	巴布亚新几内亚	
Wapishana 瓦皮萨纳语	阿拉瓦克语	圭亚那	
Warlpiri	澳洲土著语	澳大利亚	
Welsh 威尔士语（Cymraeg）	印欧语	英国	
Wenatchi	参见"Columbian Salish 哥伦比亚 - 萨利希语"	美国	
Wintu 温图语	印第安佩纽蒂语	美国加利福尼亚州	
Xhosa 科萨语	尼日尔 - 科尔多瓦语	南非	
Yagaria	巴布亚语	巴布亚新几内亚	
Yanyuwa	澳洲土著语	澳大利亚	
Yavapai 亚瓦派语	印第安侯坎语	美国	
Yei	尼日尔 - 科尔多瓦语	纳米比亚	
Yeletnye（Rossel Island，Yele 罗塞尔岛耶尔语）	巴布亚语	巴布亚新几内亚	382
Yoruba 约鲁巴语	尼日尔 - 科尔多瓦语	尼日利亚	
Zapotec 萨巴特克语	奥托 - 曼格安语	墨西哥	
Zhul'hôasi（!Xũ语方言）（Julhoan）	北克瓦桑语	纳米比亚	
Zulu 祖鲁语（IsiZulu）	尼日尔 - 科尔多瓦语	南非	
Zuni 祖尼语	系属不明	美国新墨西哥州	
!Xóõ	南克瓦桑语	博茨瓦纳	

!Xũ（!Kung）	北克瓦桑语	安哥拉、纳米比亚
ǂKhomani（已消亡）	南克瓦桑语	博茨瓦纳
ǂHóã	南克瓦桑语	博茨瓦纳
ǀXam（最近已消亡）	南克瓦桑语	南非
ǁAni（ǁKanikhoe）	中部克瓦桑语	纳米比亚

图示列表

图 2.1 声道内的五组主动调音器官 14

图 2.2 声道内的九个目标区 15

图 2.3 声道前部音姿的详细图示 16

图 2.4 埃维语单词 abaa（"脚垫"）重复十次发音的上、下唇及下巴的平均垂直运动轨迹 19

图 2.5 Vao 语发音人在发单词 nan̪d̪ak（"弓箭"）时舌头和嘴唇的接触情况 23

图 2.6 托达语单词 pot̪（"十个"）、pa:t（"蟑螂"）和 puṭ（"棍"）的腭位图和舌腭接触部位图 27

图 2.7 保加利亚语中舌尖龈鼻音和舌叶龈鼻音的 X 光片和腭位图 29

图 2.8 伊索科语中舌叶齿音 d̪ 和舌尖龈音 d 在声谱图上的区别 30

图 2.9 达火罗语中 taʔadi（一种果子）和 t̪á:mi（"稻草"）的声谱图 31

图 2.10 埃维语中舌叶齿–龈音 d̪ 和舌尖卷舌音 ḍ 的声谱图和腭位图 33

图 2.11 印地语中舌尖卷舌音 ḍ 和泰米尔语及泰卢固语中舌尖下卷舌音 ɖ 的 X 光片描摹图 33

图 2.12 东 Arrernte 语中，元音间舌前塞音的腭位图和调音部位图 37

图 2.13 东 Arrernte 语中四个舌前塞音除阻爆破时的平均频谱 38

图 2.14 Ngwo 语中的舌叶齿–龈音、舌叶腭–龈音和腭塞音的腭位图、舌腭接触图以及调音部位图 40

图 2.15 匈牙利语中浊腭塞音的舌腭接触部位图和 X 光片 41

图 2.16 埃维语单词 aká（"沙子"）和 eké（"木炭"）十次发音平均值中所显示的舌后部某一点的运动轨迹 43

图 2.17 表 2.8 中所列 K'ekchi 语单词（含软腭爆破音、小舌爆破音及喷音）的声谱

	图 46	图 3.13	黎巴嫩－阿拉伯语中双音和单音 ʔ 的波形图 93
图 2.18	达火罗语中位于元音间的单音和双音 ʔ 的声谱图 48	图 3.14	吉米语单词的波形图 95
图 3.1	Ilwana 语单词 **budda**("鹈鹕")的声谱图 63	图 3.15	纳瓦约语和豪萨语软腭喷音的区别 98
图 3.2	Ilwana 语单词 **luaɗu**("速度")的声谱图 64	图 3.16	Zhuǀ'hõasi 语中带混合嗓音音丛的波形图 100
图 3.3	富拉尼语辅音持阻和相邻元音的一部分 66	图 3.17	信德语内爆音 ɓ 的空气动力图 102
图 3.4	韩语中不送气塞音之间的对立 70	图 3.18	代盖马语中浊爆破音和浊内爆音的区别 105
图 3.5	印地语塞音的声门开度 72	图 3.19	豪萨语单词 **bardoo**("长尾鸽子")和 **harɗoo**("富拉尼男人")的口内气压记录 105
图 3.6	印地语普通浊塞音和气声塞音的区别 73		
图 3.7	奥韦里－伊博语中六个双唇塞音的空气动力图 75	图 3.20	豪萨语中常态浊声塞音和嘎裂声塞音在除阻时的区别 106
图 3.8	奥韦里－伊博语中浊软腭塞音和气声软腭塞音的声谱图 77	图 3.21	Lendu 语内爆音的空气动力图 110
图 3.9	汉语吴方言中不送气塞音的区别 80	图 3.22	意大利语发音人在发 **mipa** 和 **mippa**(这两个单词并不表达实际意义)时的唇、舌运动轨迹 116
图 3.10	东亚美尼亚语中位于词尾的软腭塞音的对立 84		
图 3.11	冰岛语中前置送气、送气和双唇不送气清塞音的口内气压和声门开度记录 87	图 3.23	埃维语单词 **apaa** 和 **abaa** 发音时，双唇和下巴的垂直运动曲线 121
		图 4.1	法语中鼻音的鼻气流区别 130
图 3.12	英语单词 *pack* 的两种不同发音的声谱图 91	图 4.2	亚齐语单词 **tɕama**("海鸥")

附　录

和 ham^{b}a（"仆人"）的空气动力图　132
图 4.3　印地语中常态浊声鼻音和气声鼻音的声谱图　135
图 4.4　聪加语中的常态浊声鼻音和气声鼻音的声谱图　136
图 4.5　哥伦比亚-萨利希语中包含两个喉化鼻音的单词的声谱图　138
图 4.6　蒙大拿-萨利希语两位发音人所发单词 sm̩ú（"母马"）的声谱图　138
图 4.7　缅甸语单词 (a)n̥a（"鼻子"）的空气动力图　139
图 4.8　缅甸语中五对清、浊鼻音的声谱图　142
图 4.9　安伽米语中清送气鼻音的空气动力图　144
图 4.10　僧伽罗语鼻冠塞音和不属于同一音节的鼻音+塞音丛的区别　151
图 4.11　僧伽罗语的单鼻音和双鼻音　152
图 4.12　富拉尼语中鼻冠塞音和双音性鼻音+塞音音丛的对立　153
图 4.13　科苏库马语清、浊鼻冠塞音的区别　156
图 4.14　苗语第二土话双唇和小舌位置的清不送气鼻冠塞音和清送气鼻冠塞音之间的区别　158
图 4.15　布拉语中同部位和不同部位的鼻音+塞音丛的嗓音同化现象　159
图 4.16　邦代伊语送气塞音前清化鼻音的微弱声带振动　160
图 4.17　凯莱语带颤音除阻的鼻冠龈塞音和鼻冠双唇塞音的区别　164
图 4.18　Kwangali 语清声门擦音的空气动力图　169
图 5.1　埃维语 èβè（"人"）和 èvè（"两个"）在发音过程中上、下唇和下门齿的运动轨迹　178
图 5.2　埃维语中浊双唇擦音和唇齿擦音 β、v 的声谱图　180
图 5.3　埃维语音段 ɸ、f 在 5 毫秒间隔处的快速傅利叶变换平均值　181
图 5.4　加利福尼亚英语发音人发 θ（thief）时，舌尖前伸，位于上下齿之间　182
图 5.5　冰岛语非咝音性龈擦音 θ̠、ð̠ 与咝音性龈擦音 s 的 X 光对比图　183
图 5.6　saw 一词中 s 的音姿　187
图 5.7　另一位标准英式英语发音

　　　　　人所发 *saw* 一词中 s 音的 X
　　　　　光片　187
图 5.8　*shaw* 一词中的 ʃ 的调音部
　　　　　位图　189
图 5.9　三位汉语普通话发音人所发
　　　　　的汉语咝音的 X 光片　191
图 5.10　图 5.9 中同样单词的腭位
　　　　　图　193
图 5.11　波兰语擦音的调音姿
　　　　　态　195
图 5.12　泰米尔语中 ʂ 的调音姿
　　　　　态　198
图 5.13　托达语词 koːs̺（"钱"）
　　　　　的腭位图和舌腭接触部位
　　　　　图　199
图 5.14　托达语词 poːs（"牛奶"）
　　　　　的腭位图和舌腭接触部位
　　　　　图　200
图 5.15　托达语词 poːʃ（"语言"）
　　　　　的腭位图和舌腭接触部位
　　　　　图　201
图 5.16　托达语词 poːʂ（某地名）
　　　　　的腭位图和舌腭接触部位
　　　　　图　202
图 5.17　托达语中咝音性擦音的舌
　　　　　位综合比较图　203
图 5.18　阿伯卡兹语的 Bzyb 方言中
　　　　　四个形成对立的咝音的 X
　　　　　光片　204
图 5.19　尤比克语中含清咝音音节

　　　　　的声谱图　206
图 5.20　匈牙利语硬腭音的 X 光
　　　　　片　211
图 5.21　汉语普通话中软腭清塞
　　　　　音 k 和软腭清擦音 x 的比
　　　　　较　211
图 5.22　沃洛夫语中的颤音性小舌
　　　　　清擦音　212
图 5.23　Burkikhan 方言发音人所
　　　　　发 muħar（"谷仓"）和
　　　　　мeнer（"乳清"）的声谱
　　　　　图　213
图 5.24　阿拉伯语中 uː 前的会厌清
　　　　　擦音 н　214
图 5.25　阿伯卡茨语咽上部收紧（延
　　　　　伸至小舌）；Dargi 语会
　　　　　厌收紧图　215
图 5.26　两位 !Xóõ 语发音人所发的
　　　　　会咽音的 X 光图　217
图 5.27　瑞典语的 ɧ，一个高度圆
　　　　　唇的、唇齿的、软腭或软
　　　　　腭化的擦音　218
图 5.28　瑞典语 ɧ 的一个变体　219
图 5.29　五位发音人所发的瑞典语
　　　　　s、ɕ 和 ʂ 的频谱图，这些
　　　　　音都位于元音 aː 前　221
图 5.30　两位发音人所发的瑞典语
　　　　　元音 iː 前、yː 前和 uː 前的 s、
　　　　　ɕ、ʂ　222
图 5.31　瑞典语不同方言中具有代

表性的咝音 223
图 5.32　12 个擦音的频谱图　224
图 5.33　豪萨语短语中喷擦音的声谱图　227
图 6.1　德语和汉语普通话 l、t 调音部位的比较　233
图 6.2　贡贾语发音人对 l 的三次重复发音　234
图 6.3　阿尔巴尼亚语的舌尖齿边音和舌尖龈边音的 X 光片　236
图 6.4　布列塔尼语中的舌尖齿边音和舌叶龈后边音的 X 光片　237
图 6.5　俄语舌尖龈边音和舌叶龈边音的 X 光片　238
图 6.6　西班牙语中舌尖龈边音和舌叶硬腭边音的腭位图　240
图 6.7　法语发音人发短语 belles jambes 中辅音丛 l+ʒ 时的 X 光片　244
图 6.8　东 Arrernte 语里四个（非圆唇）舌前边音及其塞音前音丛中 l 的变体的声谱图　247
图 6.9　中瓦几语舌叶齿边音、舌尖龈边音和软腭边音的声谱图　249
图 6.10　祖鲁语清边擦音和缅甸语清边近音的不同　253

图 6.11　蒙大拿－萨利希语 ppíl 一词的声谱图　254
图 6.12　蒙大拿－萨利希语中的边音丛　255
图 6.13　布拉语中四个边音的声谱图　259
图 6.14　祖鲁语中边近音、边擦音和边塞擦音的声谱图　261
图 6.15　阿奇语中浊软腭边擦音的声谱图　264
图 6.16　纳瓦约语中清送气边塞擦音和喷音性边塞擦音的声谱图　266
图 6.17　哈扎语喷音性边塞擦音的腭位、舌腭接触部位图和矢状图　267
图 6.18　KiChaka 语发音人所发的近音 l 和边闪音 ɺ 的声谱图　268
图 6.19　梅尔帕语和 Kanite 语中软腭边拍音的声谱图　269
图 7.1　芬兰语和俄语中舌尖颤音的声谱图　278
图 7.2　两位发音人所发的标准意大利语中词首、词中单音性龈颤音和词中双音性龈颤音的声谱图　280
图 7.3　芬兰语单词 koiran（"狗"，第二格）的声谱图以及舌尖

颤音的波形图　282

图 7.4　一位女性俄语发音人所发颤音的腭位图　283

图 7.5　六个托达语词中词尾颤音的声谱图　285

图 7.6　托达语词 kaɻ("布边")中颤音的腭位图、舌腭接触部位图以及舌位图　286

图 7.7　托达语词 kaɻ("果汁")的腭位图、舌腭接触部位图以及舌位图　287

图 7.8　托达语词 kaɻ("小牛的围栏")的腭位图、舌腭接触部位图以及舌位图　288

图 7.9　德语、法语中位于元音间的小舌颤音的 X 光描摹图　289

图 7.10　南瑞典语含小舌颤音的词 Ras("流血")的声谱图　292

图 7.11　捷克语 ɼad("命令")一词的声谱图　292

图 7.12　西班牙语中含拍音的词 kaɾo("昂贵的")的声谱图　294

图 7.13　美式英语龈闪音和西班牙语齿拍音的 X 光片　294

图 7.14　法语中含小舌擦音的 arrêt("停止")一词的声谱图　296

图 7.15　以腭位图和舌腭接触部位图为基础的捷克语词 paɹa 和 maɾa 的矢面图　296

图 7.16　南部英国英语中 array 及标准德语中 Ehre 的声谱图　297

图 7.17　美国英语 sorrow 一词的声谱图　298

图 7.18　六位美式英语发音人所发"拱舌 r 音"的调音部位图　299

图 7.19　印古什语 mar("丈夫")和 vwɔr("七")两词的声谱图　301

图 7.20　豪萨语 bárà: 一词中的 r 和 báɽà: 中的 ɽ 的腭位图以及由此推测出的舌位图，发音人为男性，来自扎里亚　303

图 7.21　豪萨语男性发音人所发最小对立对 r 和 ɽ 的声谱图　303

图 7.22　豪萨语中 r 类音的单、双音形式的声谱图　304

图 7.23　东 Arrernte 语里单词 arəmə[eɾaᵇmə]("弄坏")和 aɹemeɾe[eɱᵇeɾaʔ]("看见")的波形图和声谱图，两个词中的 r 类音形成对立　305

图 7.24	Warlpiri 语中 r 音的声谱图 306	图 8.10	!Xóõ 语中前八个龈啧音(表 8.4 中)的波形图 341
图 7.25	Warlpiri 语中位于词首和元音间的闪音声谱图 307	图 8.11	有喉冠鼻音伴随音的啧音波形图 342
图 7.26	来自贝宁的伊多语男性发音人所发单词的声谱图 308	图 8.12	!Xóõ 语中后九个龈啧音(表 8.4 中)的波形图 343
图 8.1	!Xóõ 语中一个龈啧音的发音过程 315	图 8.13	伴随清软腭塞擦音的齿啧音波形图和咽腔压力图 344
图 8.2	!Xóõ 语中五种啧音在持阻形成时和除阻前的调音部位区别 319	图 8.14	浊齿啧音加清软腭塞擦音的波形图和咽腔压力图 345
图 8.3	五位 !Xóõ 语发音人所发啧音!的腭位图 323	图 8.15	清齿啧音(伴有喷音,后接小舌喷音)的波形图和咽腔压力图 346
图 8.4	哈扎语中的龈-腭啧音的腭位图、舌腭接触部位图以及矢面图,两位发音人均为男性 324	图 8.16	浊齿啧音(后接小舌喷音)的波形图和咽腔压力图 347
图 8.5	五位 !Xóõ 语发音人所发硬腭啧音的腭位图 326	图 8.17	浊齿啧音(后接送气)的波形图和咽腔压力图 349
图 8.6	一位男性哈扎语发音人所发边啧音的腭位图和舌腭接触部位图 327	图 8.18	伴有小舌喷音的齿啧音波形图和咽腔压力图 349
图 8.7	!Xóõ 语中五种啧音噪声爆发的波形图 329	图 8.19	Zhul'hõasi 语中前六个龈啧音(如表 8.5)的波形图 351
图 8.8	科萨语中龈啧音五个伴随音的波形图 333	图 8.20	Zhul'hõasi 语中后六个龈啧音(如表 8.5)的波形图 352
图 8.9	那马语中伴有送气(软腭塞擦音)和清送气鼻化(延迟送气)啧音的区别 336	图 9.1	显示元音主要特征的定位元

图 9.2　美式英语元音发音的平均舌位图　362
图 9.3　以收紧点大小及收紧点与声门的距离为准的美式英语元音发音平均舌位图　362
图 9.4　根据舌体最高点和口腔顶部之间距离所确定的美式英语元音发音的平均舌位图　363
图 9.5　比较美式英语元音声学图和发音生理图　364
图 9.6　东 Arrernte 语里元音 /ə/ 的第一、第二共振峰值的分布　365
图 9.7　东 Arrernte 语里元音 /ə/ 的第一、第二共振峰的平均值　366
图 9.8　卡巴尔德语三个元音的共振峰平均值　368
图 9.9　丹麦语四个不圆唇前元音的语音特征　368
图 9.10　八位发音人所发的巴伐利亚方言阿姆施泰滕话长元音的共振峰平均值　369
图 9.11　Iaai 语中十个元音的唇形　374
图 9.12　瑞典语前高元音的 X 光片　376
图 9.13　约鲁巴语和意大利语元音的共振峰平均值　378
图 9.14　三个法语词 bonnet（"帽子"）、nonnette（"年轻的修女"）、non-être（"非整体"）的鼻气流流量比较　380
图 9.15　表 9.9 中奇南特克语三个词的声谱图　381
图 9.16　伊博语元音的 X 光片　382
图 9.17　库阿语方言 Akyem 语中非低元音的发音位置　383
图 9.18　代盖马语元音 i̙、i̙ 的频谱　384
图 9.19　英语中所谓松/紧元音调音部位的 X 光片　386
图 9.20　德语中所谓松/紧元音调音部位的 X 光片　386
图 9.21　ATR 在几种语言中的声学效果　387
图 9.22　Even 语中普通元音和咽化元音的 X 光片　390
图 9.23　察胡尔语和尤迪语咽化元音的 X 光片　391
图 9.24　!Xóõ 语中普通元音和咽化元音的 X 光片　392
图 9.25　四位 !Xóõ 语发音人所发 qaˤa 一词的声谱图　393
图 9.26　!Xóõ 语中普通元音、咽化元音和刺耳元音的 X 光片　394

图 9.27	!Xóõ 语中一个刺耳元音的调音部位照片 395		的声谱图 421
图 9.28	四位!Xóõ语发音人所发!ào（含后低刺耳元音）一词的声谱图 396	图 10.3	Eggon 语含有 k͡p、g͡b、kp、bg、g͡bg 的词的声谱图 426
图 9.29	佤语中两对词（含僵声和弛声）的气流和口内气压记录 402	图 10.4	艾菲克语中 k͡p 和 Logbara 语中 g͡b 的声谱图 427
图 9.30	五位发音人所发的雅拉帕-马萨特克语的嘎裂化元音、普通元音和气化元音的窄带频谱 404	图 10.5	Dedua 语含 p、k、k͡p 词的声谱图以及塞音除阻的频谱图 428
		图 10.6	埃维语 akpa 一词的下唇和舌面后运动轨迹 429
图 9.31	五位发音人所发的雅拉帕-马萨特克语中三种元音的基频振幅和第一共振峰振幅之差及五个人的平均值 405	图 10.7	埃维语词 ag͡ba 的下唇和舌面后运动轨迹 429
		图 10.8	Idoma 语中含唇-软腭鼻音词的气压记录和声谱图 432
图 9.32	一位发音人所发的表9.15第一行中三个元音的波形图 405	图 10.9	ǂHóã 语中鼻化双唇䴖音的声谱图 433
图 9.33	伊索科语中 ɛɣʷɛ（"锄头"）、évé（"怎么"）和 évé（"呼吸"）的唇形照片 413	图 10.10	伊多语中 okpa 和 ikpa 两词的三次重复发音的空气动力图 435
图 10.1	一位说 Bzyb 方言的男性发音人所发阿伯卡茨语 aʃákʰʲ 和 amts'ɜ́ʒa 双唇-腭擦音的声谱图 420	图 10.11	罗塞尔岛耶尔语中三个词（含双重音姿的鼻音）的声谱图 438
		图 10.12	罗塞尔岛耶尔语三个具有双重音姿塞音的声谱图，这三个音处在名词词干开头位置 439
图 10.2	一位男性发音人所发赛卑第语 βofsa（"青年"）和 leʃʃeːra（"胆小鬼"）	图 10.13	绍纳语 tk 音丛的波形图和口内气压记录 440

图 10.14	多重持阻在时间先后顺序上的不同排列模式 445		的声谱图 459
图 10.15	五位发音人所发的 !Xóõ 语双唇欪音的腭位图 447	图 10.22	马绍尔语 lale("检查")、ɬat("敲")、laɬ("土地")、elaɬlaɬe("他是个务实的人")等词的声谱图 460
图 10.16	!Xóõ 语双唇欪音的 X 光片 448	图 10.23	俄语含普通双唇塞音和腭化双唇塞音词的声谱图 462
图 10.17	赛卑第语单词 psʰio("肾脏")和 γʊpʃa("弄干")的声谱图 450	图 10.24	一位卡塔尔－阿拉伯语发音人所发 s、sˤ 的 X 光片 463
图 10.18	Pohnpeian 语词首和词尾唇化双唇塞音和唇化双唇鼻音的声谱图 456	图 10.25	科姆语擦化元音 ʉ 的声谱图，擦化元音前还有唇齿除滑音 465
图 10.19	绍纳语 [s]、[ʂ] 的唇形照片 456	图 10.26	Kuteb 语舌叶龈后擦音 ʐ 在 w 的变体 ʋ 前的发音 465
图 10.20	美式英语发音人所发 leaf、feel 的声谱图，两词中的 l 都是软腭化形式 458	图 11.1	音段（或根节）和不同语音变体的关系 468
图 10.21	马绍尔语 matʲ("眼睛")、mˠatʲ("鳗鱼，虫子")		

表格列表

- 表 2.1 调音部位及音姿总表 18
- 表 2.2 聪加语中 XiNkuna 方言里含唇音的例词 21
- 表 2.3 Tangoa 语中含双唇音、舌唇音和齿龈音的例词 23
- 表 2.4 托达语中含有齿塞音、龈塞音及舌尖下卷舌塞音的例词（这些音都位于音节末尾） 25
- 表 2.5 东 Arrernte 语里含舌前塞音和舌前鼻音的例词 36
- 表 2.6 Yanyuwa 语里含元音间塞音和鼻音的例词 44
- 表 2.7 盖丘亚语中含腭龈（舌叶龈后）塞擦音、软腭塞音及小舌塞音的例词 45
- 表 2.8 K'ekchi 语中含软腭爆破音、小舌爆破音以及喷音的例词 45
- 表 2.9 阿古尔语的 Brukikhan 方言里含咽擦音、会厌擦音以及会厌爆破音的例词 47
- 表 2.10 调音部位总表 50–51
- 表 2.11 主要的调音部位特征和具体调音部位之间的关系 55
- 表 3.1 不同种类的塞音及语言示例 59
- 表 3.2 与"喉部结构"相关术语的简单定义 60
- 表 3.3 泰语中含三种不同塞音（三种不同的喉部结构）的例词 69
- 表 3.4 韩语中的三种对立塞音 69
- 表 3.5 印地语中气声塞音和其他三种不同喉部结构塞音的例词 71
- 表 3.6 奥韦里–伊博语里显示双唇塞音和龈塞音区别的单词 74
- 表 3.7 Zhul'hõasi 语里含对立塞音的例词 78
- 表 3.8 爪哇语中弛声塞音和僵声塞音的对立 79
- 表 3.9 上海话塞音对立。这些塞音在除阻时带有弛声特征 79
- 表 3.10 东亚美尼亚语中含浊塞音、不送气清塞音和送气清塞音的单词举例，这些音都出现在词尾 82
- 表 3.11 送气和缅甸语的使动式 85
- 表 3.12 冰岛语中位于词中和词尾的长的前置送气清塞音和

	不送气清塞音 88	表 3.25	卢干达语里词首含长、短塞音的例词 118
表 3.13	苏格兰 – 盖尔语（Lewis 方言）中前置送气塞音和清塞音的表层语音对比 89	表 3.26	矩阵图显示不同声门状态下的塞音对立关系及其所出现的语言 124
表 3.14	夏威夷语中在词首位置形成对立的八个辅音 92	表 3.27	矩阵图显示不同类型的塞音对立及其所出现的语言举例 126
表 3.15	吉米语里包含元音间喉塞音及相邻元音的例词 94	表 4.1	雅拉帕 – 马萨特克语里含鼻音的例词 134
表 3.16	蒙大拿 – 萨利希语中含喷音、爆破音及塞擦音的例词 97	表 4.2	印地语里含浊鼻音及气声鼻音的例词 134
表 3.17	Zhuǀ'hõasi 语中含清塞擦音和混合嗓音辅音丛的例词 101	表 4.3	夸扣特尔语中含浊鼻音、喉化鼻音的例词 136
表 3.18	Uduk 语里含塞音的单词举例 102	表 4.4	缅甸语中含清、浊鼻音的例词 139
表 3.19	信德语中含不同塞音的单词举例 103	表 4.5	安伽米语中清、浊对立的鼻音举例 143
表 3.20	豪萨语中含所谓的"声门化塞音"及非声门化塞音的例词 107	表 4.6	加泰罗尼亚语鼻音的主要声学特征 146
表 3.21	Lendu 语中含浊喉化塞音和浊内爆音的例词 107	表 4.7	东 Arrernte 语中四个舌冠鼻音的反共振峰平均值 147
表 3.22	汉语普通话中含塞擦音的例词 112	表 4.8	富拉尼语中的单、双"鼻冠塞音" 153
表 3.23	奇帕维安语里含塞音和塞擦音的例词 113	表 4.9	斐济语中位于词中的鼻冠音和其他辅音的平均时长 154
表 3.24	Pattani- 马来语里含词首长塞音和延续音的例词 117	表 4.10	以塞音＋鼻音丛开头的部分俄语名词 162
		表 4.11	东 Arrernte 语中含普通鼻

表 4.12　凯莱语中含颤音性除阻的鼻冠双唇塞音和鼻冠龈塞音的例词　165

表 4.13　带有颤音性除阻的鼻冠双唇塞音的平均值, 样例来自三种南岛语和 Nweh 语　165

表 4.14　Kwangali 语中的鼻化和非鼻化清喉近音　167

表 4.15　瓦法语中的浊双唇音　169

表 5.1　擦音的主要类型及其术语和符号　175

表 5.2　埃维语中含双唇擦音和唇齿擦音的词和短语举例　177

表 5.3　汉语普通话里含擦音和塞擦音的例词　191

表 5.4　波兰语中含咝音的例词　197

表 5.5　托达语中含咝音的例词　198

表 5.6　尤比克语中含对立咝音的例词　206

表 5.7　咝音的类型　208

表 5.8　毛利语中含硬腭和软腭的塞音、擦音、近音的例词　210

表 5.9　阿古尔语 Burkikhan 方言中含咽擦音、会厌擦音和会厌爆音的例词　213

表 5.10　缅甸语中含擦音的例词　225

表 5.11　特里吉特语里含肺气流擦音和喷音性擦音的例词　226

表 6.1　Kaititj 语中含对立边音的例词　235

表 6.2　中瓦几语中含边音的例词　241

表 6.3　边近音的调音部位和其所出现的语言举例　243

表 6.4　东 Arrernte 语边音的共振峰频率　246

表 6.5　Kaititj 语、Alyawarra 语中四个边音的第二共振峰值　250

表 6.6　软腭化边音及非软腭化边音的第二共振峰值　250

表 6.7　托达语中含边音的例词　252

表 6.8　梅尔帕语中词末边音的清化和擦化　253

表 6.9　蒙大拿－萨利希语中的例词, 这些词的词首位置有形成对立的龈边音　255

表 6.10　威尔士语中含边音的例词　258

表 6.11　祖鲁语中含不同边音的例词　260

表6.12	阿奇语中非双音性边音 260			后元音的例词 372
表6.13	特里吉特语中含边音的例词 265		表9.5	瑞典语中含前高元音的例词,这些元音在唇形上有区别 372
表6.14	含对立边音的语言举例 271		表9.6	越南语含元音的例词 373
表6.15	含不同调音部位边音的语言举例 272		表9.7	元音的主要特征 376
			表9.8	元音的次要特征 379
表7.1	r类音符号表 275		表9.9	帕兰塔拉地区奇南特克语三个词显示出口元音、半鼻化元音和鼻化元音三者之间的对立 380
表7.2	托达语中含舌尖颤音的例词 284			
表7.3	伊多语中含齿龈r音的例词 308		表9.10	Even语中含普通元音和咽化元音的例词 389
表8.1	不同咽音的发音分类 317		表9.11	!Xóõ语元音的附加特征 392
表8.2	科萨语中含对立咽音的例词 332		表9.12	Badaga语含两种不同程度r化元音的例词 398
表8.3	那马语中含对立咽音的例词 334		表9.13	古吉拉特语含浊元音和气声元音的例词 401
表8.4	!Xóõ语中含咽音和咽音音丛的例词 339		表9.14	Mpi语中"si"的不同发声类型和声调 401
表8.5	Zhu|'hõasi语中含龈咽音的例词 350		表9.15	雅拉帕–马萨特克语含嘎裂声元音(喉化元音)、气声元音(啐声元音)以及常态元音(普通元音)的例词 403
表8.6	咽音及其伴随音总表 355			
表9.1	丹麦语里含四个不同高度元音的例词 369			
表9.2	Nimboran语里含高元音的例词 371		表9.16	米克西语含不同音长元音的例词 407
表9.3	Nweh语里含前元音、后元音和央元音的例词 371		表9.17	基坎巴语含长、短元音及音节分界的例词 407
表9.4	挪威语中含圆唇的前、央、			

表 9.18	法语含对立半元音的例词 411		表 10.6	唇-软腭塞音的持阻时长和离位时长估测 429
表 9.19	尼泊尔语里的元音省略 411		表 10.7	罗塞尔岛耶尔语具有双重音姿的音和单音 437
表 9.20	乌尔霍博语里含唇擦音、唇近音的例词 411		表 10.8	祖鲁语中名词前缀 izin- 中鼻音的同化作用 443
表 10.1	喉以上主要调音器官之间的各种可能性组合 422		表 10.9	夸扣特尔语中含唇化辅音以及普通软腭音和小舌音的例词 453
表 10.2	Idoma 语里的双唇-软腭塞音 423		表 10.10	东 Arrernte 语唇化辅音 453
表 10.3	约鲁巴语 g͡b、k͡p、b 的时长 424		表 11.1	主要调音部位和具体的调音部位 469
表 10.4	埃维语双唇塞音、软腭塞音和唇-软腭塞音在 aCa 一词中平均持阻时长 424		表 11.2	调音方式 469
			表 11.3	近音和元音的参数及类别 470
表 10.5	Eggon 语双唇塞音、软腭塞音、唇-软腭塞音及音丛 424		表 11.4	发声态 470
			表 11.5	不同的气流机制 471

参 考 文 献

Abercrombie, David. 1967. *Elements of General Phonetics.* Aldine, Chicago.

Abramson, Arthur S. 1986. "The perception of word-initial consonant length: Pattani Malay." *Journal of the International Phonetic Association* 16: 8–16.

Abramson, Arthur S. 1991. "Amplitude as a cue to word-initial consonant length: Pattani Malay." In *Proceedings of the 12th International Congress of Phonetic Sciences*, ed. by M. Rossi et al. Université de Provence, Aix-en-Provence: 98–101.

Abry, C., L. J. Boë, M. Gentil, R. Descout and P. Graillot. 1979. "La géométrie des lèvres en français-protrusion vocalique et protrusion consonantique." Paper presented at 10èmes Journées d'Étude sur la Parole, Grenoble.

Al-Ani, Salman H. 1970. *Arabic Phonology: An Acoustical and Physiological Investigation.* (Janua Linguarum, Series Practica 61.) Mouton, The Hague.

Amayo, Moses Airen. 1976. *A Generative Phonology of Edo.* Ph.D. thesis. University of Ibadan.

Anceaux, J. C. 1965. *The Nimboran Language: Phonology and Morphology.* Martinus Nijhoff, The Hague.

Anderson, Stephen R. 1978. "Syllables, segments and the Northwest Caucasian languages" In *Syllables and Segments*, ed. by A. Bell and J. B. Hooper. North-Holland, Amsterdam: 47–58.

Anderson, Victoria B. and Ian Maddieson. 1994. "Acoustic characteristics of Tiwi coronal stops." *UCLA Working Papers in Phonetics* 87: 131–162.

Armagost, James L. 1986. "Three exceptions to vowel devoicing in Comanche." *Anthropological Linguistics* 28: 255–265.

Arnott, David. 1970. *The Nominal and Verbal Systems of Fula.* Clarendon Press, Oxford.

Austin, Peter A. 1981. *A Grammar of Diyari.* Cambridge University Press, Cambridge.

Balasubramanian, T. 1972. *The Phonetics of Colloquial Tamil.* Ph.D. thesis. University of Edinburgh.

Ball, Martin J. and Nicole Müller. 1992. *Mutation in Welsh.* Routledge, London and New York.

Barker, M. A. R. 1964. *Klamath Grammar.* University of California Press, Berkeley.

Barry, Martin. 1985. "A palatographic study of connected speech processes." *Cambridge Papers in Phonetics and Experimental Linguistics* 4: 1–16.

Batibo, Herman. 1976 [1985]. *Le Kesukuma: Phonologic, Morphologie.* Thèse de troisième cycle, Paris. Available from Éditions Recherche sur les Civilisations, Paris (1985).

Baucom, Keith L. 1974. "The Wambo languages of South West Africa and Angola."*Journal of African Languages* 11: 45–73.

Bauer, Laurie, J. Dienhart, H. Hartvigson and L. Jakobsen. 1980. *American English Pronunciation: Supplement, Comparison with Danish.* Gyldendalske Boghandel, Copenhagen.

Baumbach, E. I. M. 1974. *Introduction to the Speech Sounds and Speech Sound Changes of Tsonga.* van Schaik, Pretoria.

Baumbach, E. J. M. 1987. *Analytical Tsonga Grammar.* University of South Africa, Pretoria.

Beach, Douglas M. 1938. *The Phonetics of the Hottentot Language.* W. Heffer, Cambridge.

Bell-Berti, Fredericka. 1975. "Control of pharyngeal cavity size for English voiced and voiceless stops." *Journal of the Acoustical Society of America* 57:

456–461.

Bender, Byron W. 1968. *Marshallese Dictionary*. University of Hawaii Press, Honolulu.

Benguerel, André and Tej K. Bhatia. 1980. "Hindi stop consonants: an acoustic and fiberscopic study." *Phonetica* 37: 136–148.

Benguerel, A.-P., H. Hirose, M. Sawashima and T. Ushijima. 1977. "Velar coarticulation in French: a fiberscopic study." *Journal of Phonetics* 5: 149–158.

Bentick, J. 1975. "Le niaboua, langue sans consonnes nasales, " *Annales de l'Université d'Abidjan, Série H, Linguistique* 8: 5–14.

Bergsland, Knut. 1956. "Some problems of Aleut phonology." In *For Roman Jakobson*, ed. by M. Halle. Mouton, The Hague: 38–43.

Berry, Jack. 1955. "Some notes on the phonology of the Nzema and Ahanta dialects." *Bulletin of the School of Oriental and African Studies* 17: 160–165.

Bgazhba, X. S. 1964. *Bzybskij Dialekt Abkhazskogo Jazyka (The Bzyb Dialect of the Abkhaz Language)*. Metsniereba, Toilisi.

Bhaskararao, Peri and Peter Ladefoged. 1991. "Two types of voiceless nasals." *Journal of the International Phonetic Association* 21: 80–88.

Bhat, D. N. Shankara. 1974. "The phonology of liquid consonants." *Working Papers in Language Universals (Stanford University)* 16: 73–104.

Bladon, R. A. W. 1979. "The production of laterals: Some articulatory properties and their acoustic implications." In *Current Issues in the Phonetic Sciences*, ed. by H. Hollien and P. Hollien. John Benjamins, Amsterdam: 501–508.

Bladon, R. A. W. and A. Al-Bamerni. 1976. "Coarticulation resistance of English /l/." *Journal of Phonetics* 4: 135–150.

Bladon, R. A. W. and E. Carbonaro. 1978. "Lateral consonants in Italian." *Journal of Italian Linguistica* 3: 43–54.

Bladon R. A. W. and Francis Nolan. 1977. "A videofluorographic investigation of tip and blade alveolars in English." *Journal of Phonetics* 5: 185–193.

Blake, Barry. 1979. "Pitta-Pitta." *In Handbook of Australian Languages, Volume* 1, ed. by R. M. W. Dixon and B. J. Blake. Australian National

University Press, Canberra and John Benjamins, Amsterdam: 183–242.

Blankenship, Barbara, Peter Ladefoged, Peri Bhaskararao and Nichümeno Chase. 1993. "Phonetic structures of Khonoma Angami." *Linguistics of the Tibeto-Burman Area* 16: 69–88.

Bleek, Wilhelm H. I. and Lucy C. Lloyd. 1911. *Specimens of Bushman Folktore* G. Allen and Co., London.

Bloch, Bernard and George Trager. 1942. *Outline of Linguistic Analysis.* Waverly Press, Baltimore.

Bloomfield, Leonard. 1956. *Eastern Ojibwa.* University of Michigan Press, Ann Arbor.

Blust, Robert. 1974. "A double counter-universal in Kelabik" *Papers in Linguistics* 7: 309–324.

Blust, Robert. 1993. "Kelabit-English vocabulary." *Sarawak Museum Journal*, New Series 65: 141–226.

Boff Dkhissi, Marie-Christine. 1983. "Contribution à l'étude expérimentale des consonnes d'arrière de l'Arabe Classique (locuteurs marocains)." *Travaux de l'Institut de Phonétique de Strasbourg* 15.

Bolla, Kálmán. 1980. *Magyar Hangalbum (A Phonetic Conspectus of Hungarian).* (Magyar Fonetikai Füzetek (Hungarian Papers in Phonetics) 6). Hungarian Academy of Sciences, Budapest.

Bolla, Kalmán. 1981. *A Conspectus of Russian Speech Sounds.* Böhlau Verlag, Köln.

Bolla, Kalmán. 1982. *Orosz Hangalbum (A Phonetic Conspectus of Russian).* Magyar Fonetikai Füzetek (Hungarian Papers in Phonetics) 11). Hungarian Academy of Sciences, Budapest.

Bolla, Kalmán and I. Valaczkai. 1986. *Német Beszédhangok Atlasza (A Phonetic Conspectus of German).* (Magyar Fonetikai Füzetek (Hungarian Papers in Phonetics) 16). Hungarian Academy of Sciences, Budapest.

Borden, Gloria J. and Katherine S. Harris. 1980. *Speech Science Primer: Physiology, Acoustics and Perception of Speech.* Williams and Wilkins,

Baltimore.

Borman, M. B. 1962. "Cofan phonemes." In *Studies in Ecuadorian Indian Languages*, Vol. *1*. Summer Institute of Linguistics, University of Oklahoma, Norman: 45–49.

Bothorel, André, 1969–70. "Contribution à l'étude descriptive des latérales de l'Albanais." *Travaux de l'Institut de Phonétique de Strasbourg* 2: 133–144.

Bothorel, André. 1982. *Etude Phonétique et Phanologique du Breton parlé à Argol (Finisteresud)*. Thèse de troisième cycle. Atelier National Reproduction des Thèses, Université Lille III, Lille.

Bouvier, Jean-Claude. 1976. *Les Parlers Provençaux de la Drome: Étude de Géographie Phonétique* (Bibliothèque Française et Romane, Série A, 33.) Klincksieck. Paris.

Boyeldieu, Pascal. 1985, *La Langue Lua ("Niellim")*. Cambridge University Press for SELAF, Paris.

Bredsdorff, E. 1958. *Danish, An Elementary Grammar and Reader*. Cambridge University Press, Cambridge.

Bright, William. 1978. "Sibilants and naturalness in aboriginal California." *Journal of California Anthropology, Papers in Linguistics* 1: 39–63.

Bronstein, Arthur. 1960. *The Pronunciation of American English*. Appleton-Century-Crofts, Inc., New York.

Browman, Catherine P. and Louis M. Goldstein. 1986. "Towards an articulatory phonology." *Phonology Yearbook* 3: 219–252.

Browman, Catherine P. and Louis M. Goldstein. 1992. "Articulatory phonology: An overview, " *Phonetica* 49: 155–180.

Bubrikh, D. V. 1949. *Grammatika Literaturnogo Kami Jazyka*. Leningrad State University, Leningrad.

Buckley, Eugene L. 1990. "Glottalized and aspirated sonorants in Kashaya." In *Papers from the 1990 Hokan-Penutian Workshop (=Occasional Papers in Linguistics 15)*, ed. by M. Langdon. Southern Illinois University, Carbondale, IL: 75–91.

Buckley, Eugene L. 1993. *Theoretical Aspects of Kashaya Phonology and Morphology.* Ph. D. thesis. University of California, Berkeley.

Bukshaisha, Fouzia. 1985. *An Experimental Study of some Aspects of Qatari Arabic.* Ph.D. thesis. University of Edinburgh.

Butcher, Andrew. In progress. *The Phonetics of Australian Languages.*

Byrd, Dani. 1994. *Articulatory Timing in English Consonant Sequences (UCLA Working Papas in Phonetics 85).* Ph.D. thesis. University of California, Los Angeles.

Cairns, Charles E. and Mark. H. Feinstein. 1982. "Markedness and the theory of syllable structure." *Linguistic Inquiry* 13: 193–226.

Camden, William. 1979. "Parallels in structure of lexicon and syntax between New Hebrides Bislama and the South Santo language as spoken at Tangoa." *Papers in Pidgin and Creole Languages* 2 (Pacific Linguistics, Series A 57): 51–117.

Cao, Jianfen and Ian Maddieson. 1992. "An exploration of phonation types in Wu dialects of Chinese." *Journal of Phonetics* 20: 77–92.

Capell, Arthur and H. E. Hinch. 1970. *Maung Grammar: Texts and Vocabulary.* Mouton, The Hague.

Carnochan, Jack. 1948. "A study on the phonology of an lgbo speaker." *Bulletin of the School of Oriental and African Studies*, London University 22: 416–427.

Carnochan, Jack. 1952. "Glottalization in Hausa." *Transactions of the Philotogical Society* (1952): 78–109.

Catford, J. C. 1939. "On the classification of stop consonants."*Le Maître phonétique* 65:2–5.

Catford, J. C 1972. "Labialization in Caucasian languages, with special reference to Abkhaz." *In Proceedings of the Seventh International Congress of Phonetic Sciences*, ed. by A. Rigault and R. Charbonneau. Mouton, The Hague: 679–682.

Catford, J. C. 1977a. *Fundamental Problems in Phonetics.* Indiana University Press, Bloomington.

Catford, J. C. 1977b. "Mountain of tongues: The languages of the Caucasus." *Annual Review of Anthropology* 6: 283–314.

Cafford, J. C. 1983. "Pharyngeal and laryngeal sounds in Caucasian languages." In *Vocal Fold Physiology: Contemporary Research and Clinical Issues*, ed. by D. M. Bless and J. H. Abbs. College Hill Press, San Diego: 344–350.

Catford, J. C. 1988a. *A Practical Introduction to Phonetics.* Clarendon Press, Oxford.

Catford, J. C. 1988b. "Notes on the phonetics of Nias." In *Studies in Austronesian Linguistics*, ed. by R. McGinn. Ohio University Center for International Studies, Athens, Ohio: 151–172.

Catford, J. C. ms, in preparation. *The Phonetics of Caucasian Languages.* University of Michigan, Ann Arbor.

Chadwick, Neil. 1975. *A Descriptive Study of the Djingili Language.* Australian Institute of Aboriginal Studies, Canberra.

Chart, Marjorie Kit Man. 1980. *Zhongshan Phonology: A Synchronic and Diachronic Analysis of a Yue (Cantonese) Dialect.* M. A. thesis. University of British Columbia, Vancouver.

Chao, Yuan Ren. 1948. "Zhongshan fangyan [Zhongshan dialect]." *Bulletin of the Institute of History and Philology*, Academia Sinica 21: 49–73.

Chao, Yuan Ren. 1951. "Taishan Yuliao [Taishan texts]." *Bulletin of the Institute of History and Philology*, Academia Sinica 23:25–76.

Chao, Yuan Ren. 1968. *A Grammar of Spoken Chinese.* University of California Press, Berkeley.

Chinebuah, Isaac K. 1963. "The category of number in Nzema." *Journal of African Languages* 2:244–259.

Cho, S. B. 1967. *A Phonological Study of Korean.* Almqvist and Wiksells, Uppsala.

Cho, Young-Mee Yu. 1990. *Parameters of Consonantal Assimilation.* Ph. D. thesis. Stanford University.

Choi, John D. 1991. "Kabardian vowels revisited." *Journal of the International*

Phonetic Association 21:4–12.

Choi, John D. 1992. *Phonetic Underspecification and Target Interpolation: an Acoustic Study of Marshallese Vowel Allophony (UCLA Working Papers in Phonetics 82)*. Ph. D. thesis. University of California, Los Angeles.

Chomsky, Noam and Morris Halle. 1968. *The Sound Pattern of English*. Harper and Row, New York.

Clements, G. N. 1985. "The geometry of phonological features."*Phonology Yearbook* 2:225–252.

Cohen, Patrick D. 1966. "Presyllables and reduplication in Jeh. "*Mon-Khmer Studies* 2:31–40.

Cohn, Abigail C. 1990. *Phonetic and phonological Rules of Nasalization (UCLA Working Papers in Phonetics 76)*. Ph. D. thesis. University of California, Los Angeles.

Cohn, Abigail C. 1993. "The status of nasalized continuants." In *Nasals, Nasalization, and the Velum*, ed. by M. K. Huffman and R. A. Krakow. Academic Press, San Diego:329–367.

Connell, Bruce. 1987. "Temporal aspects of labiovelar stops." *Work in Progress, Department of Linguistics, University of Edinburgh* 20:53–60.

Coustenoble, Hélène N. 1945. *La Phonétique du Provençal Moderne en Terre d'Arles*. Stephen Austin, Hertford.

Dai, Qinxia. 1985. "Achangyude qingbiyin [Voiceless nasals in the Achang language]". *Minzu Yuwen* 2:11–15.

Dantsuji, Masatake. 1986. "Some acoustic observations on the distinction of place of articulation for voiceless nasals in Burmese." *Studia Phonologica* 20:1–11.

Dart, Sarah N. 1987. "An aerodynamic study of Korean stop consonants: measurements and modeling." *Journal of the Acoustical Society of America* 81:138–147.

Dart, Sarah N. 1991. *Articulatory and Acoustic Properties of Apical and Laminal Articulations (UCLA Working Papers in Phonetics 79)*. Ph. D. thesis.

University of California, Los Angeles.

Dart, Sarah N. 1993. "Phonetic properties of O'odham stop and fricative contrasts." *International Journal of American Linguistics* 59:16–37.

Dave, Radhekant. 1977. "Retroflex and dental consonants in Gujerati: a palatographic and acoustical study." *Annual Report of the Institute of Phonetics, University of Copenhagen* 11:27–156.

Davey, Anthony, Lioba Moshi and Ian Maddieson. 1982. "Liquids in Chaga." *UCLA Working Papers in Phonetics* 54:93–108.

Delattre, Pierre. 1971. "Pharyngeal features in the consonants of Arabic, German, Spanish, French and American English." *Phonetica* 23:129–155.

Delattre, Pierre and D. C. Freeman. 1968. "A dialect study of American r's by x-ray motion picture." *Linguistics* 44:29–68.

Demolin, Didier. 1988. "Some problems of phonological reconstruction in Central Sudanic." In *Phonological Reconstruction: Problems and Methods (Belgian Journal of Linguistics 3)*, ed. by M. Dominicy and J. Dor. Free University of Brussels, Brussels: 53–102.

Demolin, Didier. 1995. "The phonetics and phonology of glottalized consonants in Lendu." In *Phonology and Phonetic Evidence: Papers in Laboratory Phonology 4*, ed. by B. Connell and A. Arvaniti. Cambridge University Press, Cambridge: 368–385.

Dent, Hilary. 1984. "Coarticulate devoicing in English laterals." *Work In Progress, Phonetics Laboratory, University of Reading* 4:111–134.

Disner, Sandra F. 1983. *Vowel Quality: The Relation Between Universal and Language–Specific Factors (UCLA Working Papers in Phonetics 58)*. Ph. D. thesis. University of California, Los Angeles.

Dixit, R. Prakash. 1975. *Neuromuscular Aspects of Laryngeal Control, with Special Reference to Hindi*. Ph. D. thesis. University of Texas, Austin.

Dixit, R. Prakash. 1989. "Glottal gestures in Hindi plosives." *Journal of Phonetics* 17:213–237.

Dixon, Robert M. W. 1970. "Proto-Australian laminals." *Oceanic Linguistics*

9:79–103.

Dixon, Robert M. W. 1980. *The Languages of Australia.* Cambridge University Press, Cambridge.

Dodi, Anastas. 1970. *Fonetika e Gjuhës së sotme Shqipe (Phonetics and the Sounds of Albanian).* University of Pristina, Pristina (Kosovo, Yugoslavia).

Doke, Clement M. 1925. "The phonetics of cũ Bushman." *Bantu Studies* 2:129–165.

Doke, Clement M. 1926. *The Phonetics of the Zulu Language.* (Bantu Studies Special Number.) University of the Witwatersrand Press, Johannesburg.

Doke, Clement M. 1931a. *Report on the Unification of the Shona Dialects.* Stephen Austin & Sons, Hertford, for the Government of Southern Rhodesia.

Doke, Clement M. 1931b. *A Comparative Study in Shona Phonetics.* University of the Witwatersrand, Johannesburg.

Doke, C.M. 1937. "An outline of ǂKhomani Bushman phonetics." In *Bushmen of the Southern Kalahari*, ed. by J. D. Rheinallt Jones and C. M. Doke. University of the Witwatersrand Press, Johannesburg:61–68.

Dolphyne, Florence A. 1987. *The Akan (Twi–Fante) Language, its Sound Systems and Tonal Structure.* University of Ghana Press, Accra.

Donwa, Shirley, O. 1982. *The Sound System of Isoko.* Ph. D. thesis. University of Ibadan.

Duckworth, Martin, George Allen, William Hardcastle and Martin J. Ball. 1990. "Extensions to the International Phonetic Alphabet for the transcription of atypical speech." *Clinical Linguistics and Phonetics* 4:273–280.

Dunstan, Elizabeth. 1964. "Towards a phonology of Ngwe." *Journal of West African Languages* 1.1:39–42.

Durie, Mark. 1985. *A Grammar of Acehnese.* (Verhandelingen van het Koninklijk Instituut voor Taal-, Land- en Volkenkunde 112.) Foris, Dordrecht.

Dyen, Isadore. 1971. "Malagasy." In *Current Trends in Linguistics, Volume 8. Linguistics in Oceania*, ed. by T. Sebeok. Mouton, The Hague: 211–239.

Dzhejranishvili, E. F. 1959. "Faringalizovanye glasnye v Taskhursko-Rutul'skom

i Udinskom jazykakh." *Iberijsko-Kavkazkoe Jazykoznanie* 11:339–359.
Eek, A. 1984–1985. "Problems of quantity in Estonian word prosody." *Estonian Papers in Phonetics* 13–66.
Elert, Claes Christian. 1964. *Phonologic Studies of Quantity in Swedish*. Almqvist and Wiksells, Stockholm.
Elugbe, Ben Ohi. 1973. *A Comparative Edo Phonology*. Ph. D. thesis. University of Ibadan.
Elugbe, Benjamin O. 1978. "On the wider application of the term 'tap'." *Journal of Phonetics* 6: 133–140.
Elugbe, Benjamin O. 1980. "Reconstructing the lenis feature in Proto-Edoid." *Journal of African Languages and Linguistics* 2: 39–67.
Elugbe, Benjamin O. 1989. *Comparative Edoid: Phonology and Lexicon* (Delta Series 6). University of Port Harcourt Press, Port Harcourt.
Emeneau, Murray B. 1939. "The vowels of the Bedaga language." *Language* 15: 43–47.
Emeneau, Murray B. 1984. *Toda Grammar and Texts*. American Philosophical Society, Philadelphia.
Engstrand, Olle. 1987. "Preaspiration and the voicing contrast in Lule Sami." *Phonetica* 44: 103–116.
Engstrand, Olle. 1989. "Towards an electropalatographic specification of consonant articulation in Swedish." *PERILUS (Phonetic Experimental Research at the Institute of Linguistics, University of Stockholm)* 10: 115–156.
Everett, Daniel L. 1982. "Phonetic rarities in Pirahã." *Journal of the International Phonetic Association* 12:94–96.
Fagan, Joel L. 1988. "Javanese intervocalic stop phonemes: the light/heavy distinction." In *Studies in Austronesian Linguistics*, ed. by R. McGinn. Ohio Center for International Studies, Center for Southeast Asia Studies, Athens, Ohio: 173–200.
Fant, Gunnar. 1960. *Acoustic Theory of Speech Production*. Mouton, The Hague.

Fant, Gunnar. 1968. "Analysis and synthesis of speech processes." In *Manual of Phonetics*, ed. by B. Malmberg. North-Holland, Amsterdam: 171–272.

Fant, Gunnar. 1973. *Speech Sounds and Features*. MIT Press, Cambridge, MA.

Feinstein, Mark H. 1979. "Prenasalization and syllable structure." *Linguistic Inquiry* 10:243–278.

Feldman, D. 1972. "On utterance-final [l] and [u] in Portuguese." In *Papers in Linguistics and Phonetics to the Memory of Pierre Delattre*, ed. by A. Valdman. Mouton, The Hague: 129–142.

Fischer-Jørgensen, Eli. 1985. "Some basic vowel features, their articulatory, correlates, and their explanatory power in phonology." In *Phonetic Linguistics: Essays in Honor of Peter Ladefoged*, ed. by V. A. Fromkin. Academic Press, Orlando, FL: 15–24.

Fischer-Jørgensen, Eli. 1987. "A phonetic study of the stød in Standard Danish." *Annual Report of the Institute of Phonetics of the University of Copenhagen* 21: 55–65.

Flege, James E. 1982. "Laryngeal timing and phonation onset in utterance-initial English stops." *Journal of Phonetics* 10: 177–192.

Flemming, Edward, Peter Ladefoged and Sarah Thomason. 1994. "Phonetic structures of Montana Salish." *UCLA Working Papers in Phonetics* 87: 1–33.

Fox, Greg J. 1979. *Big Nambas Grammar (Pacific Linguistics, Series B 60.)* Research School of Pacific Studies, Australian National University, Canberra.

Fresco, Edward. 1970. *Topics in Yoruba Dialect Phonology.* (Studies in African Linguistics Supplement 1.) University of California, Los Angeles.

Fujimura, Osamu. 1961. "Bilabial stop and nasal consonants: A motion picture study and its acoustical implications." *Journal of Speech and Hearing Research* 4: 233–247.

Fujimura, Osamu. 1962. "Analysis of nasal consonants." *Journal of the Acoustical Society of America* 34: 1865–1875.

Fuller, J. M. 1990. "Pulmonic ingressive fricatives in Tsou." *Journal of the International Phonetic Association* 20. 9–14.

Furby, C. E. 1974. "Garawa phonology." *Papers in Australian Linguistics (Pacific Linguistics, Series A 37)* 7: 1–11.

Gai, X. 1981. "Jinnuo gaikuang [A brief description of the Jino language]." *Minzu Yuwen* 1: 65–78.

Gaprindashvili, Shota G. 1966. *Fonetika Darginskogo Jazyka (The Phonetics of the Dargi Language)*. Metsniereba, Tbilisi.

Garnes, Sara. 1974. *Quantity in Icelandic: Production and Perception*. Ph.D. thesis. Ohio State University. (Published in 1986 as Hamburger Phonetische Beiträge, 18. Buske Verlag, Hamburg.)

Gartenberg, Robert D. 1984. "An electropalatographic investigation of allophonic variation in English /l/ articulations." *Work in Progress, Phonetics Laboratory. University of Reading* 4: 135–157.

Gerzenstein Ana. 1968. *Fonologia de la lengua Gunnna-Kena*. (Cuadernos de Lingüistica Indigena 5.) Centro de Estudios Lingüísticos, University of Buenos Aires, Buenos Aires.

Ghazeli, Salem. 1977. *Back Consonants and Backing Coarticulation in Arabic*. Ph.D. thesis. University of Texas, Austin.

Giles, S. B. and K. L. Moll. 1975. "Cinefluorographic study of selected allophones of English /l/." *Phonetica* 31: 206–227.

Gilley, Leoma G. 1992. *An Autosegmental Approach to Shilluk Phonology*. Summer Institute of Linguistics and University of Texas at Arlington, Arlington, TX.

Gimson, A. C. 1970. *An Introduction to the Pronunciation of English*. Edward Arnold, London.

Goldstein, Louis M. and Catherine P. Browman. 1986. "Representation of voicing contrasts using articulatory gestures." *Journal of Phonetics* 14: 339–342.

Golla, Victor K. 1970. *Hupa Grammar*. Ph.D. dissertation. University of

California, Berkeley.

Gowda, K. S. Gurubasave. 1972. *Ao–Naga Phonetic Reader.* Central Institute of Indian Languages, Nanjangud, Mysore State.

Goyvaerts, Didier L. 1988. "Glottalized consonants: a new dimension." In *Phonological Reconstruction Problems and Methods (Belgian Journal of Linguistics 3)*, ed. by M. Dominicy and J. Dor. Free University of Brussels, Brussels: 97–102.

Green, M. M. and G. E. lgwe. 1963. *A Descriptive Grammar of Igbo.* Akademie Verlag for Oxford University Press, Berlin.

Greenberg, Joseph H. 1970. "Some generalizations concerning glottalic consonants, especially implosives." *International Journal of American Linguistics* 36: 123–145.

Gregores, E. and Jorge A. Suarez. 1967. *A Description of Colloquial Guarani.* Mouton, The Hague.

Grubb, David M. 1977. *A Practical Writing System and Short Dictionary of KwaKw'ala.* (National Museum of Man Mercury Series 34.) National Museums of Canada, Ottawa.

Gulya, Janos. 1966. *Eastern Ostyak Chrestomathy.* (Indiana University Publications, Uralic and Altaic Series 51.) Indiana University, Bloomington.

Guthrie, Malcolm. 1948. *The Classification of the Bantu languages.* Oxford University Press for the International African Institute, London.

Hagège, Claude. 1981. *Le Comox Lhaamen de Colombie Britannique: Présentation d'une Langue amerindienne.* (*Amerindia*, numéro spécial 2.) AEA, Paris.

Haggard, Mark. 1973. "Abbreviation of consonants in English pre– and post– vocalic clusters."*Journal of Phonetics* 1: 9–25.

Hagman, Roy C. 1977. *Nama Hottentot Grammar.* Indiana University, Bloomington IN.

Hála, Bohuslav. 1923. *K Popisu Prazske Vyslovnosti: Studie z Experimentalni Fonetiky.* (Rozpravy Ceske Akademie Ved a Umeni, Trida 3, 56.) Ceske

Akademie Ved a Umeni, Prague.

Hale, Kenneth and David Nash. Unpublished manuscript. *Lardil and Damin Phonotactics.* Massachusetts Institute of Technology, Cambridge MA.

Halle, Morris. 1970. "Is Kabardian a vowelless language?" *Foundations of Language* 6:95–103.

Halle, Morris. 1983. "On distinctive features and their articulatory implementation." *Natural Language and Linguistic Theory* 1: 91–105.

Halle, Morris, G. W. Hughes and J. P. A. Radley. 1957. "Acoustic properties of stop consonants." *Journal of the Acoustical Society of America* 29:107–116.

Halle, Morris and Jean-Roger Vergnaud. 1980. "Three dimensional phonology." *Journal of Linguistic Research* I: 83–105.

Han, Mieko S. and Raymond 5. Weitzman 1970. "Acoustic features of Korean /P, T, K/, /p, t, k/ and /ph, th, kh/."*Phonetica* 22: 112–128.

Hardcastle, William J. 1973. "Some observations on the tense-lax distinction in initial stops in Korean." *Journal of Phonetics* 1: 263–272.

Hardcastle, William J. 1974. "Instrumental investigations of lingual actavity during speech: A survey." *Phonetica* 29: 129–157.

Hardcastie, William J. and Peter Roach. 1977. "An instrumental investigation of coarticulation in stop consonant sequences." *Work in Progress, Phonetics Laboratory, University of Reading* 1:27–44.

Hardman, Michael J. 1966. *Jaqaru: Outline of Phonological and Morphological Structure.* (Janua Linguarum, Series Practica 22.) Mouton, The Hague.

Harris, Katharine S. 1958. "Cues for the discrimination of American English fricatives in spoken syllables." *Language and Speech* 1: 1–7.

Harshman, Richard, Peter Ladefoged and Louis Goldstein. 1977. "Factor analysis of tongue shapes." *Jounal of the Acoustical Society of America* 62: 693–707.

Hashimoto, Oi-Kan Yue. 1972. *Phonology of Cantonese.* (Studies in Yue Dialects 1.) Princeton University Press, Princeton.

Haudricourt, Andzé-Georges. 1950. "Les consonnes préglottalisées en

Indochine." *Bulletin de la Société Linguistique de Paris* 46: 172–182.
Hayes, Bruce. 1984. "The phonetics and phonology of Russian voicing assimilation." In *Language Sound Structure: Studies in Phonology Presented to Morris Halle by his Teachers and Students*, ed. by M. Aronoff and R. T. Oehrle. MIT Press, Cambridge, MA: 318–328.
Hayes, Bruce. 1986. "Inalterability in CV phonology." *Language* 62: 321–351.
Heine, Bernd. 1975. "Ik – eine ostafrikanische Restsprache." *Afrika und Übersee* 59:31–56.
Henderson, James and Anne Henderson. 1987. *Nt:u Kópu Dyuu U Puku Dmi (Rossel Dictionary)*. (Dictionaries of Papua New Guinea No 9). Summer Institute of Linguistics, Ukarumpa.
Herbert, Robert K. 1986. *Language Universals, Markedness Theory and Natural Phonetic Processes.* Mouton de Gruyter, Berlin.
Hercus, Louise. 1973. "The prestopped nasal and lateral consonants in Arabana-Wanganura." *Anthropological Linguistics* 14: 293–305.
Hess, Susan. 1992. "Assimilatory effects in a vowel harmony language: An acoustic analysis of Advanced Tongue Root in Akan." *Journal of Phonetics* 20: 475–492.
Hinnebusch, T J. 1975. "A reconstructed chronology of loss: Swahili class 9/10." In *Proceedings of the Sixth Conference on African Linguistics (= Working Papers in Linguistics 20)*, ed. by R. K. Herbert. Ohio State University, Columbus, OH: 32–39.
Hoard, James E. 1978. "Obstruent voicing in Gitskan: some implications for distinctive feature theory." *In Linguistic Studies of Native Canada*, ed. by E.-D. Cook and J. Kaye. University of British Columbia Press, Vancouver: 111–119.
Hockett, Charles F. 1958. *A Course in Modern Linguistics.* Macmillan, New York.
Hoffman, Carl. 1957. *A Grammar of the Bura language.* Ph.D. thesis. Hamburg.
Hoffman, Carl. 1963. *A Grammar of Margi.* Oxford University Press, Oxford.
Holder, William. 1669. *The Elements of Speech.* Printed by T. N. for J. Martyn,

London.

Holmer, Nils M. 1949. "Goajiro (Arawak) 1: Phonology." *International Journal of American Linguistics* 14: 45–56.

Homma, Yayoi. 1981. "Durational relationships between Japanese stops and vowels."*Journal of Phonetics* 9:273–281.

Hoogshagen, S. 1959. "Three contrastive vowel lengths in Mixe." *Zeitschrift für Phonetik, Sprachwissenschaft und Kommunikationsforschung* 12: 111–115.

Hooper, Joan Bybee. 1976. *An Introduction to Natural Generative Phonology.* Academic Press, New York.

Houde, R. A. 1967. *A Study of Tongue Body Motion During Selected Speech Sounds.* Ph. D. thesis. University of Michigan.

Hubbard, Kathleen. 1995. "Towards a theory of phonological and phonetic timing: Evidence from Bantu." In *Phonology and Phonetic Evidence: Papers in Laboratory Phonology* 4, ed. by B. A. Connell and A. Arvaniti. Cambridge University Press, Cambridge: 168–187.

Hudgins, C. V. and R. H. Stetson. 1935. "Voicing of consonants by depression of the larynx." *Archives Néerlandaises de Phonétique Expérimentale* 11:1–28.

Hughes, W. and Morris Halle. 1956. "Spectral properties of fricative consonants." *Journal of the Acoustical Society of America* 28: 303–310.

Hunter, G. G. and Eunice V. Pike. 1969. "The phonology and tone sandhi of Molinos Mixtec." *Linguistics* 47: 24–40.

Hurd, C. and P. Hurd. 1966. *Nasioi Language Course.* Department of Information and Extension Services, Papua New Guinea, Port Moresby.

Hyman, Larry M. 1980. "Babanki and the Ring group." In *Les Classes Nominales dans le Bantou des Grassfields*, ed. by L. M. Hyman and J. Voorhoeve. SELAF, Paris: 223–258.

Inouye, Susan B. 1991a. *Taps and Trills in Variation (manuscript).* University of California, Los Angeles.

Inouye, Susan B. 1991b. *The Phonetics and Phonology of Palauan 'r' and 'rr'.* Paper presented at Sixth International Conference on Austronesian

Linguistics, Honolulu, Hawaii.
International Phonetic Association. 1949. *The Principles of the International Phonetic Assocation.* Department of Phonetics, University College, London, London.
International Phonetic Association. 1989. "Report on the 1989 Kiel Convention." *Journal of the International Phonetic Association* 19: 67–80.
Jackson, Michel. 1988. *Phonetic Theory and Cross-linguistic Variation in Vowel Articulation (UCLA Working Papers in Phonetics 69).* Ph.D. thesis. University of California, Los Angeles.
Jacobson, L. C. 1978. *Dholuo Vowel Harmony: A Phonetic Investigation (UCLA Working Papers in Phonetics 43).* Ph.D. thesis. University of California, Los Angeles.
Jacquot, André. 1981. *Etudes Beembes (Congo): I Esquisse linguistique, II Devinettes et proverbes. (Travaux et Documents de l'ORSTOM 133.)* ORSTOM, Paris.
Jaeger, Jeri J. 1983. "The fortis/lenis question: evidence from Zapotec and Jawoñ." *Journal of Phonetics* 11: 177–189.
Jakobson, Roman, Gurmar Fant and Morris Halle. 1952. *Preliminaries to Speech Analysis.* (Technical Report 13.) Acoustics Laboratory, Massachusetts Institute of Technology, Cambridge, MA (Reprinted by MIT Press, Cambridge, MA. 1963.).
Jassem, Wiktor. 1962. *Noise Spectra of Swedish, English, and Polish Fricatives.* Proceedings of the Speech Communication Seminar, Stockholm, Royal Institute of Technology Speech Transmission Laboratory.
Jassem, Wiktor. 1968. "Acoustic description of voiceless fricatives in terms of spectral parameters." In *Speech Analysis and Synthesis*, ed. by W. Jassem. Państwowe Wydawnictwo Naukowe, Warsaw: 189–206.
Javkin, Hector. 1977. "Towards a phonetic explanation for universal preferences in implosives and ejectives." In *Proceedings of the Third Annual Berkeley Linguistics Society Conference*: 559–565.

Jazić, J. H. 1977. *Osnovi Fonetike Ruskog Jezika: Ruski Glasovni Sustem u Poredenju sa Srpskohrvatskom.* Naucna Kniga, Beograd.

Jespersen, Otto. 1897–1899. *Fouetik.* Det Schubotheske Forlag, Copenhagen.

Johnson, Keith, Peter Ladefoged and Mona Lindau. 1993. "Individual differences in vowel production." *Journal of the Acoustical Society of America* 94: 701–714.

Jones, Daniel. 1950. *The Phoneme: Its Nature and Use.* Heffer, Cambridge.

Jones, Daniel. 1956. *An Outline of English Phonetics.* (8th edition.) Heifer, Cambridge.

Jouannet, François. 1983. "Phonétique et phonologic. Le systeme consonantique du kinyarwanda." In *Le Kinyarwanda: Études Linguistiques*, ed. by F. Jouannet. SELAF, Paris: 55–74.

Kagaya, Ryohei. 1974. "A fiberscopic and acoustic study of the Korean stops, affricates and fricatives." *Journal of Phonetics* 2:161–180.

Kagaya, Ryohei. 1978. "Soundspectrographic analysis of Naron clicks: A preliminary report." *Annual Bulletin of the Research Institute of Logopedics and Phoniatrics, Faculty of Medicine, University of Tokyo* 12: 113–125.

Kagaya, Ryohei. 1993. *A Classified Vocabulary of the Sandawe Language.* Institute for the Cultures and Languages of Asia and Africa, Tokyo.

Kagaya, Ryohei and Hajime Hirose. 1975. "Fiberoptic, electromyographic and acoustic analyses of Hindi stop consonants." *Annual Bulletin of the Research Institute of Logopedics and Phoniatrics* 9: 27–46.

Keating, Patricia A. 1984a. "Phonetic and phonological representation of stop consonant voicing." *Language* 60: 286–319.

Keating, Patricia A. 1984b. "Aerodynamic modeling at UCLA." *UCLA Working Papers in Phonetics* 59: 18–28.

Keating, Patricia A. 1984c. "Physiological effects on stop consonant voicing." *UCLA Working Papers in Phonetics* 59: 29–34.

Keating, Patricia A. 1988. "Underspecification in phonetics." *Phonology* 5: 275–292.

Keating, Patricia A. and Aditi Lahiri. 1993. "Fronted velars, palatalized velars, and palatals." *Phonetica* 50: 73–101.

Kelkar, Ashok R. 1968. *Studies in Hindi-Urdu 1: Introduction and Word Phonology.* Postgraduate and Research Institute, Deccan College, Pune.

Kelly, J. 1969. "Urhobo." In *Twelve Nigerian languages*, ed. by E. Dunstan. Longmans, London: 153–162.

Kent, Raymond D. and Kenneth L. Moll. 1969. "Vocal-tract characteristics of the stop cognates." *Journal of the Acoustical Society of America* 46: 1549–1555.

Kent, Raymond D. and Kenneth L. Moll. 1972. "Cinefluorographic analyses of selected lingual consonants." *Journal of Speech and Hearing Research* 15: 453—473.

Key, Mary Ritchie. 1978. "Lingüística comparativa auracana." *Vicus Cuadernos, Lingüística* 2: 45—55.

Khaidakov, Said M. 1966. *Ocherki po Lakskoj Dialektologii.* Nauka, Moscow.

Kim, Chin-Wu. 1965. "On the autonomy of the tensity feature in stop classification (with special reference to Korean stops)." *Word* 21: 339—359.

Kirk, Paul L., Jenny Ladefoged and Peter Ladefoged. 1993. "Quantifying acoustic properties of modal, breathy and creaky vowels in Jalapa Mazatec." In *American Indian Linguistics and Ethnography in Honor of Laurence C. Thompson*, ed. by A. Mattina and T. Montler. University of Montana: 435—450.

Kirton, Jean F. and Bella Charlie. 1978. "Seven articulatory positions in Yanyuwa consonants." *Papers in Australian Linguistics 11 (Pacific Linguistics .Series A 51)*: 179—197.

Kitazawa, Shigeyoshi and Shuji Doshita. 1984. "Nasal consonant discrimination by vowel independent features." *Studia Phonologica* 18: 46—58.

Kodzasov, Sandro V. 1977. "Fonetika Archinskogo Jazyka." In *Opyt Structurnogo Opisanija Archinskogo Jazyka (Sketch of a Structural Description of the Archi Language)*, ed. by A.E. Kibrik, S. V. Kodzasov, I. P. Olyannikova, and D. S. Samedov. Moscow University, Moscow: 184—355.

Kodzasov, Sandro V. 1990. "Fonetika." In *Sapostavitelnoe Izuchenie Dagestanskix Jazykov (Comparative Study of Dagestanian Languages)*, ed. by A. E. Kibrik and S. V. Kodzasov. Moscow University, Moscow: 338—341.

Kodzasov, S. V. and I. A. Muravjeva. 1982. "Fonetika Tabasaranskogo jazyka." In *Tabasaranskie Etjudy.* Moscow University, Moscow: 6—16.

Köhler, Oswin. 1981. "Les langues khoisan." In *Les Langues dans le Monde ancien et maderne, Première Partie, les Langues de l'Afrique Subsaharienne*, ed. by G. Manessy. Centre Nationale de la Recherche Scientifique, Paris: 455–615.

Köhler, Oswin, Peter Ladefoged, Jan Snyman, Anthony Traill and Rainer Vossen. 1988. "The symbols for clicks." *Journal of the International Phonetic Association* 18: 140–142.

Koneczna, Halina and W. Zawadowski. 1956. *Obrazy Rentgenograficzne Ghosek Rasyjskich.* (Prace jezykoznawcze 9.) Państwowe Wydawnictwo Naukowe, Warsaw.

Krönlein, Johann Georg. 1889 [1969]. *Nama Wörterbuch.* Deutsche Kolonialgesellschaft (revised edition, F. Rust (ed.) University of Natal Press, Pietermaritzburg, 1969), Berlin.

Kudela, Katarzyna. 1968. "Spectral features of fricative consonants." In *Speech Analysis and Synthesis*, ed. by W. Jassem. Państwowe Wydawnictwo Naukowe, Warsaw: 93-188.

Kuipers, Aert H. 1960. *Phoneme and Morpheme in Kabardian.* (Janua Linguarum, Series Minor 8.) Mouton, The Hague.

Kumari, B. Syamala. 1972. *Malayalam Phonetic Reader.* Central Institute of Indian Languages, Mysore.

Kurowski, Kathleen M. and Sheila Blumstein. 1987. "Acoustic properties for place of articulation in nasals." *Journal of the Acoustical Society of America* 81: 1917–1927.

Kutch Lojenga, Constance. 1991. "Lendu: a new perspective on implosives and glottalized stops." *Afrika und Übersee* 74: 77–86.

Ladefoged, Peter. 1957. "Use of palatography." *Journal of Speech and Hearing Disorders* 22: 764–774.

Ladefoged, Peter. 1964. *A Phonetic Study of West African Languages: An Auditory-instrumental Survey.* (1st edition.) Cambridge University Press, Cambridge.

Ladefoged, Peter. 1967. *Three Areas of Experimental Phonetics.* Oxford University Press, London.

Ladefoged, Peter. 1968. *A Phonetic Study of West African Languages.* (2nd edition.) Cambridge University Press, Cambridge.

Ladefoged, Peter. 1971. *Preliminaries to Linguistic Phonetics.* (Midway reprint 1981.) University of Chicago Press, Chicago.

Ladefoged, Peter. 1975. *A Course in Phonetics.* (1st edition.) Harcourt Brace Jovanovich, New York.

Ladefoged, Peter. 1982. *A Course in Phonetics.* (2nd edition.) Harcourt Brace Jovanovich, New York.

Ladefoged, Peter. 1983. "The linguistic use of different phonation types." In *Vocal Fold Physiology: Contemporary Research and Clinical Issues*, ed. by D. Bless and J. Abbs. College Hill Press, San Diego: 351–360.

Ladefoged, Peter. 1984. "'Out of chaos comes order': Physical, biological, and structural patterns in phonetics." In *Proceedings of the Tenth International Congress of Phonetic Sciences*, ed. by M. P. R. van den Broecke and A. Cohen. Foris Publications, Dordrecht and Cinnaminson, NJ: 83–96.

Ladefoged, Peter. 1988. "Hierarchical features of the International Phonetic Alphabet." In *Berkeley Linguistics Society, Proceedings of the Fourteenth Annual Meeting*, ed. by S. Axmaker, A. Jaisser and H. Singmaster. Berkeley: 124–141.

Ladefoged, Peter. 1990a. "Some reflections on the IRA." *Journal of Phonetics* 18: 335–346.

Ladefoged, Peter. 1990b. "What do we symbolize? Thoughts prompted by bilabial and labiodental fricatives." *Journal of the International Phonetic*

Association 20: 33–36.

Ladefoged, Peter. 1992. "The many interfaces between phonetics and phonology." In *Phonologica* 1988, ed. by W. U. Dressler, H. C. Luschitzky, O. E. Pfeiffer and J. R. Rennison. Cambridge University Press, Cambridge: 165–179.

Ladefoged, Peter. 1993. *A Course in Phonetics.* (3rd edition.) Harcourt Brace Jovanovich, New York.

Ladefoged, Peter. In press. "Instrumental phonetic fieldwork." In *A Handbook of Phonetic Science*, ed. by W. Hardcastle and J. Laver. Blackwell, Oxford.

Ladefoged, Peter and Peri Bhaskararao. 1983. "Non-quantal aspects of consonant production: A study of retroflex consonants."*Journal of Phonetics* 11: 291–302.

Ladefoged, Peter, Anne Cochran and Sandra F. Disner. 1977. "Laterals and trills." *Journal of the International Phonetic Association* 7: 46–54.

Ladefoged, Peter, Ruth Glick and Clive Criper. 1968. *Language in Uganda.* Oxford University Press, Nairobi.

Ladefoged, Peter and Richard Harshman. 1979. "Formant frequencies and movements of the tongue." In *Frontiers of Speech Communication*, ed. by B. Lindblom and S. Öhman. Academic Press, New York: 25–34.

Ladefoged, Peter and Mona Lindau. 1989. "Modeling articulatory-acoustic relations: A comment on Stevens' 'On the quantal nature of speech'." *Journal of Phonetics* 17: 99–106.

Ladefoged, Peter, Ian Maddieson and Michel T.T. Jackson. 1988. "Investigating phonation types in different languages." In *Vocal Physiology: Voice Production, Mechanisms and Functions*, ed. by O. Fujimura. Raven, New York: 297–317.

Ladefoged, Peter and Anthony Traill. 1984. "Linguistic phonetic description of clicks." *Language* 60: 1–20.

Ladefoged, Peter and Anthony Traill. 1994. "Clicks and their accompaniments." *Journal of Phonetics* 22: 33–64.

Ladefoged, Peter, Kay Williamson, Benjamin O. Elugbe and A. Uwulaka. 1976. "The stops of Owerri Igbo." *Studies in African Linguistics* Supplement 6: 147–163.

Ladefoged, Peter and Zhongji Wu. 1984. "Places of articulation: An investigation of Pekingese fricatives and affricates." *Journal of Phonetics* 12: 267–278.

Ladefoged, Peter and Elizabeth Zeitoun. 1993. "Pulmonic ingressive phones do not occur in Tsou." *Journal of the International Phonetic Association* 23: 13–15.

Lahiri, Aditi and Sheila E. Blumstein. 1984. "A re-evaluation of the feature coronal." *Journal of Phonetics* 12: 133–146.

Lahixi, Aditi and Jorge Hankamer. 1988. "The timing of geminate consonants." *Journal of Phonetics* 16: 327–338.

Langdon, Margaret. 1970. *A Grammar of Diegueño, Mesa Grande Dialect.* (University of California Publications in Linguistics 66). University of California Press, Berkeley and Los Angeles.

Lanham, Leonard W. 1964. "The proliferation and extension of Bantu phonemic systems influenced by Bushman and Hottentot." In *Proceedings of the Ninth International Congress of Linguists*, ed. by H. G. Lunt. Mouton, The Hague.

Laufer, Asher. 1991. "The 'glottal fricative'." *Journal of the International Phonetic Association* 21: 91–93.

Laufer, Asher and Iovanna D. Condax. 1979. "The epiglottis as an articulator." *Journal of the International Phonetic Association* 9: 50–56.

Laufer, Asher and Iovanna D Condax. 1981. "The function of the epiglottis in speech." *Language and Speech* 24: 39–61.

Lehiste, I. 1964. *Acoustical Characteristics of Selected English Consonants.* Indiana University, Bloomington.

Lehiste, Ilse. 1966. *Consonant Quantity and Phonological Units in Estonian.* Indiana University, Bloomington.

Lehiste, Ilse. 1970. *Suprasegmentals.* MIT Press, Cambridge, MA.

Lehiste, Ilse, Katherine Morton and M. A. A. Tatham. 1973. "An instrumental study of consonant gemination." *Journal of Phonetics* 1: 131–148.

Li, Fang Kuei. 1948. "The distribution of initials and tones in the Sui language." *Language* 24: 160–167.

Lindau, Mona. 1975. *[Features] for Vowels (UCLA Working Papers in Phonetics 30)*. Ph.D. thesis. University of California, Los Angeles.

Lindau, Mona. 1978. "Vowel features." *Language* 54: 541–563.

Lindau, Mona. 1979. "The feature expanded." *Journal of Phonetics* 7: 163–176.

Lindau, Mona. 1984. "Phonetic differences in glottalic consonants." *Journal of Phonetics* 12: 147–155.

Lindau, Mona. 1985. "The story of r." In *Phonetic Linguistics*, ed. by V. A. Fromkin. Academic Press, Orlando, FL: 157–168.

Lindau, Mona, Kjell Norlin and Jan-Olof Svantesson. 1985. "Cross-linguistic differences in diphthongs." *UCLA Working Papers in Phonetics* 61: 40–44.

Lindblad, Per. 1980. *Svenskans sje- och tje-ljud i ett Allmänfonetisk Perspektiv. Travaux de l'Institut de Linguistique de Lund 16*. C. W. K Gleerup, Lund.

Lindbiom, Björn. 1990. "Models of phonetic variation and selection." PERILUS *(Phonetic Experimental Research, Institute of Linguistics, University of Stockholm)* 11: 65–100.

Lindblom, Björn and Ian Maddieson. 1988. "Phonetic universals in consonant systems." In *Language, Speech and Mind: Studies in Honor of Victoria A. Fromkin*, ed. by L. M. Hyman and C. N. Li. Routledge, London and New York: 62–80.

Linker, Wendy. 1982. *Articulatory and Acoustic Correlates of Labial Activity in Vowels: A Cross-linguistic Study (UCLA Working Papers in Phonetics 56)*. Ph.D. thesis. University of California, Los Angeles.

Lisker, Leigh. 1984. "On the temporal relationship and syllable affinity of intervocalic stops." In *Papers in Phonetics and Phonology*, ed. by B. B. Rajapurohit. Central Institute of Indian Languages, Mysore: 1–16.

Lisker, Leigh and Arthur S. Abramson. 1964. "A cross language study of voicing

in initial stops: Acoustical measurements." *Word* 20:384–422.
Lisker, Leigh and Arthur S. Abramson. 1967. "Some effects of context on voice onset time in English stops." *Language and Speech* 10: 1–28.
Lombard, Daan. 1985. *An Introduction to the Grammar of Northern Sotho.* van Schaik. Pretoria.
Long, James B. and Ian Maddieson. 1993. "Consonantal evidence against the Quantal Theory." *UCLA Working Papers in Phonetics* 83: 141–147.
Louw, J. A. 1977. "Clicks as loans in Xhosa." *In Bushman and Hottentot Linguistic Studies 1975 (Papers of a Seminar held on 25 October 1975)*, ed. by J. W. Snyman. University of South Africa, Department of Bantu Languages, Pretoria: 82–100.
Lunt, Horace G. 1973. "Remarks on nasality: The case of Guarani." In *A Festschrift for Morris Halle*, ed. by S. R. Anderson. Holt, Rinehart and Winston, New York: 131–139.
Lyman, Thomas A. 1979. *Grammar of Hmong Njua (Green Miao): A Descriptive Linguistic Study.* The author. Reprinted 1985 Blue Oak Press, Sattley CA.
Lytkin, V. I. 1966. "Komi-Zyrjanskij jazyk." In *Jazyki Narodov SSSR*, ed. by V. V. Vinogradov. Nauka, Leningrad: 281–299.
Maddieson, Ian. 1981. "Unusual consonant clusters and complex segments in Eggon." *Studies in African Linguistics* Supplement 8: 89–92.
Maddieson, Ian. 1983. "The analysis of complex phonetic elements in Bura and the syllable." *Studies in African Linguistics* 14: 285–310.
Maddieson, Ian. 1984a. *Patterns of Sounds.* Cambridge University Press, Cambridge.
Maddieson, Ian. 1984b. "The effects on F_0 of a voicing distinction in sonorants and their implications for a theory of tonogenesis." *Journal of Phonetics* 12: 9–15.
Maddieson, Ian. 1985. "Phonetic cues to syllabification." In *Phonetic Linguistics*, ed. by V. A. Fromkin. Academic Press, Orlando: 203–221.

Maddieson, Ian. 1987. "The Margi vowel system and labiocoronals." *Studies in African Linguistics* 18: 327–355.

Maddieson, Ian. 1989a. "Linguo-labials." In VICAL 1: *Oceanic Languages, Part 2*, ed. by R. Harlow and R. Cooper. Linguistic Society of New Zealand, Auckland: 349–376.

Maddieson, Ian. 1989b. "Aerodynamic constraints on sound change: The case of bilabial trills." *UCLA Working Papers in Phonetics* 72: 91–115.

Maddieson, Ian. 1990a. "Prenasalized stops and speech timing." *Journal of the International Phonetic Association* 19: 57–66.

Maddieson, Ian. 1990b. "Shona velarization: Complex consonants or complex onsets?" *UCLA Working Papers in Phonetics* 74: 16–34.

Maddieson, Ian. 1991. "Articulatory phonology and Sukuma 'aspirated nasals'". In *Proceedings of the 17th Annual Meeting of the Berkeley Linguistic Society, Special Session on African Language Structures*, ed. by K. Hubbard. Berkeley Linguistics Society, Berkeley: 145–154.

Maddieson, Ian. 1993. "Investigating Ewe articulations with electromagnetic articulography." *Forschungsberichte des Instituts für Phonetik und Sprachliche Kommunikation der Universität München* 31: 181–214.

Maddieson, Ian. 1995. "Gestural economy." Proceedings of the 13th International Congress of Phonetic Sciences, Stockholm.

Maddieson, Ian and Victoria B. Anderson. 1994. "Phonetic structures of Iaai." *UCLA Working Papers in Phonetics* 87: 163–182.

Maddieson, Ian and Karen Emmorey. 1984. "Is there a valid distinction between voiceless lateral approximants and fricatives?" *Journal of Phonetics* 41: 181–190.

Maddieson, Ian and Karen Emmorey. 1985. "Relationship between semivowels and vowels: Cross-linguistic investigations of acoustic difference and coarticulation." *Phonetica* 42: 163–174.

Maddieson, Ian and Jack Gandour. 1977. "Vowel length before aspirated consonants." *Indian Linguistics* 38: 6–11.

Maddieson, Ian and Susan Hess. 1986. "'Tense' and 'lax' revisited: more on phonation type and pitch in minority languages in China." *UCLA Working Papers in Phonetics* 63: 103–109.
Maddieson, Ian and Peter Ladefoged. 1985. "'Tense' and 'lax'in four minority languages of China." *Journal of Phonetics* 13: 433–454.
Maddieson, Ian and Peter Ladefoged. 1993. "Phonetics of partially nasal consonants." In *Nasals, Nasalization and the Velum*, ed. by M. K. Huffman and R. A. Krakow. Academic Press, San Diego: 251–301.
Maddieson, Ian, Siniša Spajić, Bonny Sands, and Peter Ladefoged. 1993. "The phonetic structures of Dahalo." *Afrikanistische Arbeitspapiere* 36: 5–53.
Magometov, A. A. 1967. "Agul'skij jazyk [Agul language]." In *Jazyki Narodov SSSR*, ed. by V. V. Vinogradov. Nauka, Moscow: 562–579.
Malécot, André. 1956. "Acoustic cues for nasal consonants: an experimental study involving tape-splicing techniques." *Language* 32: 274–284.
Malécot, André. 1968. "The force of articulation of American stops and fricatives as a function of position." *Phonetica* 18: 95–102.
Malmberg, Bertil. 1951. *Svensk Fonetik.* C. W. K. Gleerup, Lund.
Malmberg, Bertil. 1956. "Distinctive features of Swedish vowels, some instrumental and structural data." In *For Roman Jakobson*, ed. by M. Halle. Mouton, The Hague: 316–321.
Manley, Timothy M. 1972. *Outline of Sre Structure.* (Oceanic Linguistics Special Publication 12.) University of Hawaii Press, Honolulu.
Maran, La Raw. 1971. *Burmese and Jingpho: A Study of Tonal Linguistic Processes.* (Occasional Papers of the Wolfenden Society on Tibeto-Burman Linguistics 4.) University of Illinois, Urbana.
Martinet, André. 1964. *Économie des Changements Phonétiques; Traité de Phonologie Diachronique.* (2nd edition.) A. Francke, Berne.
McAllister, Robert. 1978. "Temporal asymmetry in labial coarticulation." *Papers from the Institute of Linguistics, University of Stockholn* 35: 1–16.
McAllister, Robert, James Lubker and Johann Carlson. 1974. "An EMG study

of some characteristics of the Swedish rounded vowels." *Journal of Phonetics* 2:267–278.

McCarthy, John J. 1988. "Feature geometry and dependency: a review." *Phonetica* 45:84–108.

McCawley, James D. 1968. *The Phonological Component of a Grammar of Japanese.* Mouton, The Hague.

McCutcheon, Martin J., Akira Hasegawa and Samuel G. Fletcher. 1980. "Effects of palatal morphology on /s, z/ articulation." (Abstract) *Journal of the Acoustical Society of America 67*, Supplement 1: S94.

McDonough, Joyce and Peter Ladefoged. 1993. "Navajo stops." *UCLA Working Papeys in Phonetics* 84: 151–164.

McGowan, Richard S. 1992. "Tongue-tip trills and vocal tract wall compliance." *Journal of the Acoustical Society of America* 91: 2903–2910.

McIntosh, Mary. 1984. *Fulfulde Syntax and Verbal Morphology.* KPI in association with the University of Port Harcourt Press, Boston.

McKay, G. R. 1980. "Medial stop gemination in Rembarrnga: a spectrographic study." *Journal of Phonetics* 8: 343–352.

Merrifield, William R. 1963. "Palantla Chinantec syllable types." *Anthropological Linguistics* 5:1–16.

Miller, Wick R. 1966. *Acoma Grammar and Texts.* (U. C. Publications in Linguistics 40.) University of California Press, Berkeley and Los Angeles.

Miller, W. R. and I. Davis. 1963. "Proto-Keresan Phonology." *International Journal of American Linguistics* 29: 310–330.

Milner, George B. 1956. *Fijian Grammar.* Fiji Government Printer, Suva.

Mohanan, K. P. and Tara Mohanan. 1984. "Lexical phonology of the consonant system of Malayalam." *Linguistic Inquiry* 15: 575–602.

Moll, Kenneth L. and T. H. Shriner. 1967. "Preliminary investigation of a new concept of velar activity during speech." *Cleft Palate Journal* 4: 58–69.

Monnot, Michel and Michael Freeman. 1972. "A comparison of Spanish single-tap /r/ with American /t/ and /d/ in post-stress intervocalic position." In

Papers in Linguistics to the Memory of Pierre Delattre, ed. by A. Valdman. Mouton, The Hague: 409–416.

Mooshammer, Christine. 1992. Artikulatorische Untersuchung mit EMA -die Zungenbewegung bei der Produktion van VCV-Sequenzen mit velarer Konsonanz und langem und kurzem Erstvokal. Hausarbeit zur Erlangung des Magistergrades (M.A. thesis). University of Munich.

Morphy, Frances. 1983. "Djapu, a Yolngu dialect." In *Handbook of Australian Languages* 3, ed. by R. M. W. Dixon and B. J. Blake. John Benjamins, Amsterdam: 1–188.

Nater, H. F. 1984. *The Bella Coola Language*. (Canadian Ethnology Service Paper 92.) National Museum of Man, Ottawa.

Navarro Tomás, Tomás. 1968. *Manual de Pronunciación Española*. (14th edition.) Consejo Superior de Investigaciones Ctentíficas, Madrid.

Newman, Paul. 1980. "The two R's in Hauta." *African Language Studies* 17: 77–87.

ní Chasaide, Ailbhe. 1985. *Preaspiration in Phonological Stop Contrasts*. Ph. D. thesis. University College of North Wales, Bangor.

Nihalani, Paroo. 1974. "An aerodynamic study of stops in Sindhi." *Phonetica* 29: 193–224.

Nihalani, Paroo. 1991. "A re-evaluation of implosives in Sindhi." *UCLA Working Papers in Phonetics* 80: 1–5.

Nord, Lennart. 1976. "Perceptual experiments with nasals." *Quarterly Progress and Status Report*, Speech Transmission Laboratory (KTH, Stockholm) 1976: 5–8.

Novikova, K. A. 1960. *Ocherki Dialektov Evenskogo Jazyka*. Izdatjelstvo Akademii Nauk SSSR, Moscow.

Ohala, John J. 1975. "Phonetic explanations for nasal sound patterns." In *Nasálfest: Papers from a Symposium on Nasals and Nasalization (1975)*, ed. by C. A. Ferguson, L. M. Hyman and J. J. Ohala. Language Universals Project, Stanford: 289–316.

Ohala, John J. and Carol Riordan. 1979. "Passive vocal tract enlargement during voiced stops." In *Speech Communication Papers presented at the 97th Meeting of the Acoustical Society of America*, ed. by J. Wolf and D. Klatt. Acoustical Society of America. New York: 89–92.

Ohala, Manjari. 1983. *Aspects of Hindi Phonology*. (MLBD series in Linguistics.) Motilal Barnarsidass, Delhi.

Ohlsson, S. Ö., J. P. Nielsen and K. Schaltz. 1977. "Om r-gränsen pa öland: på östfronten intel nytt?" *Arkiv for Nordisk Filologi* 92: 177–199.

Ohnesorg, K. and O. Svarný. 1955. *Études Expérimentales des Articulations Chinoises*. (Rozpravy Ceskoslovenské Akademie Ved 65.) Prague.

Ozanne-Rivierre, Françoise. 1976. *Le Iaai, Langue Mélanésienne d'Ouvéa (Nouvelle-Calédonie): Phonologie, Morphologie, Esquisse Syntaxique.* (Langues et Civilisations à Tradition Orale 20.) SELAF, Paris.

Painter, Colin. 1970. *Gonja: A Phonological and Grammatical Study.* Mouton, The Hague.

Pandit, P. B. 1957. "Nasalization, aspiration and murmur in Gujarati." *Indian Linguistics* 17: 165–172.

Parker, E. M. and Richard J. Hayward. 1985. *An Afar-English-French Dictionary (with Grammatical Notes in English)*. School of Oriental and African Studies, University of London, London.

Passy, Paul. 1899. *Les Sons du Français*. (5th edition.) Association Phonétique Internationale, Paris.

Paulian, Christiane. 1975. *Le Kukuya-Langue Teke du Congo (Phonologie; Classes Nominales)*. (Bibliothèque de la SELAF 49–50.) SELAF, Paris.

Payne, David L. 1981. *The Phonology and Morphology of Axininca Campa*. Summer Institute of Linguistics, Dallas.

Peeters, W. J. and William J. Barry. 1989. *Diphthong dynamics: production and perception in Southern British English*. European Conference on Speech Communication and Technology, ed. by J. P. Tubach and J. J. Mariani. CEP Consultants, Paris: 55–58.

Perkell, Joseph S. 1969. *Physiology of Speech Production: Results and Implications of a Quantitative Cineradiographic Study*. (Research Monograph 53.) MIT Press, Cambridge, MA.

Perkell, Joseph S., Suzanne Boyce and Kenneth N. Stevens. 1979. "Articulatory and acoustic correlates of the [s-š] distinction." In *Speech Communication Papers presented at the 97th Meeting of the Acoustical Society of America*, ed. by J.J. Wolf and D.K. Klatt. Acoustical Society of America, New York: 109–113.

Pétursson, Magnus. 1971. "Etude de la réalisation des consonnes islandaises Þ, ð, s, dans la prononciation d'un sujet islandais à partir de la radiocinématographie." *Phonetica* 23: 203–216.

Pétursson, Magnus. 1976. "Aspiration et activité glottale: examen expérimental à partir de consonnes islandaises." *Phonetica* 33: 78–198.

Pike, Kenneth L. 1943. *Phonetics: A Critical Analysis of Phonetic Theory and a Technique for the Practical Description of Sounds*. University of Michigan Press, Ann Arbor.

Pike, Kenneth L. and Eurtice V. Pike. 1947. "Immediate constituents of Mazatec syllables." *International Journal of American Linguistics* 13: 78–91.

Pinkerton, Sandra. 1986. "Quichean (Mayan) glottalized and nonglottalized stops: A phonetic study with implications for phonological universals." In *Experimental Phonology*, ed. by J. J. Ohala and J. J. Jaeger. Academic Press, Orlando: 125–139.

Prator, Clifford H. and Betty W. Robinett. 1985. *Manual of American English Pronunciation*. Holt, Rinehart and Winston, New York.

Price, P. David. 1976. "Southern Nambikwara phonology." *International Journal of American Linguistics* 42.

Puppel, Stanisław, Jadwiga Nawrocka-Fisiak and Halina Krassowska. 1977. *A Handbook of Polish Pronunciation for English Learners*. Państwowe Wydawnictwo Naukowe, Warsaw.

Purnell, Herbert C. 1965. *Phonology of a Yao dialect*. Hartford Seminary

Foundation, Hartford.

Qi, Yingyong and Robert A. Fox. 1992. "Analysis of nasal consonants using perceptual linear prediction." *Journal of the Acoustical Society of America* 91:1718–1726.

Quilis, Antonio. 1963. *Fonética y Fonología del Español.* Consejo Superior de Investigaciones Científicas, Madrid.

Quilis, Antonio. 1981. *Fonética Acústica de la Lingua Española.* Biblioteca Románica Hispánica, Madrid.

Quilis, Antonio and J. A. Fernández. 1964. *Curso de Fonética y Fonología Españolas.* Instituto Miguel Cervantes, Madrid.

Ray, Punya Sloke. 1967. "Dafla phonology and morphology." *Anthropological Linguistics* 9:9–14.

Recasens, Daniel. 1983. "Place cues for nasal consonants with special reference to Catalan." *Journal of the Acoustical Society of America* 73: 1346–1353.

Recasens, Daniel. 1984a. "Timing constraints and coarticulation: alveo-palatals and sequences of alveolar + [j] in Catalan." *Phonetica* 41: 123–139.

Recasens, Daniel. 1984b. "Vowel-to-vowel coarticulation in Catalan VCV Sequences." *Journal of the Acoustical Society of America* 76:1624–1635.

Recasens, Daniel. 1991. "On the production characteristics of apicoalveolar taps and trills." *Journal of Phonetics* 19: 267–280.

Reddy, B. Ramakrishna, Susheela P. Upadhyaya and Joy Reldy. 1974. *Kuvi Phonetic Reader.* (CIIL Phonetic Reader Series 11.) Central Institute of Indian Languages, Mysore.

Renck, G. L. 1975. *A Grammar of Yagaria.* (Pacific Linguistics, Series B 40.) Research School of Pacific Studies, Australian National University, Canberra.

Roach, Peter J. 1983. *English Phonetics and Phonology: A Practical Course (Tutor's Book).* Cambridge University Press, Cambridge.

Robets-Kohno, R. Ruth. 1995. "Vowel coalescence and hiatus in Kikamba." In *Theoretical Approaches to African Linguistics*, ed. by A. Akinlabi. Africa

World Press, Trenton, NJ: 313–327.
Robins, R. H. 1957. "Vowel nasality in Sundanese: a phonological and grammatical study." In *Studies in Linguistics (Special Volume of the Philological Society)*. Basil Blackwell, Oxford: 87–103.
Rochette, Claude E. 1973. *Les Groupes de Consonnes en Français: Étude de l'enchaînement articulatoire á l'aide de la radiocinématographie et de l'oscillographie*. (Bibliothèque Française et Romane, Série A 23/1–2.) Klincksieck, Paris.
Sachnine, Michka. 1982. *Le Lamé (Nord-Cameroun)*. SELAF, Paris.
Sagey, Elizabeth. 1986. *The Representation of Features and Relations in Nonlinear Phonology*. Ph.D. thesis. MIT, Cambridge, MA.
Sagey, Elizabeth. 1990. *The Representation of Features in Nonlinear Phonalogy: The Articulator Node Hierarchy*. (Outstanding Dissertations in Linguistics.) Garland Publishing, New York.
Samarin, William J. 1966. *The Gbeya Language*. University of California Press, Berkeley and Los Angeles.
Sands, Bonny. 1991. "Evidence for click features: Acoustic characteristics of Xhosa clicks." *UCLA Working Papers in Phonetics* 80: 6–37.
Sands, Bonny, Ian Maddieson and Peter Ladefoged. 1993. "The phonetic structures of Hadza." *UCLA Working Papers in Phonetics* 84: 67–88.
Sapir, Edward and Harry Hoijer. 1967. *The Phonology and Morphology of the Navaho Language*. University of California Press, Berkeley and Los Angeles.
Scatton, Ernest. 1984. *A Reference Grammar of Bulgarian*. Slavica, Cambridge, MA.
Schadeberg, Thilo C. 1982. "Nasalization in UMbundu." *Journal of African Languages and Linguistics* 4: 109–132.
Schroeder, Manfred R., Bishnu S. Atal and J. L. Hall. 1979. "Objective measure of certain speech signal degradations based on masking properties of human auditory perception." In *Frontiers of Speech Communication Research*, ed. by B. Lindblom and S. Öhman. Academic Press, San

Francisco: 217–229.

Shadle, Christine H. 1985. *The Acoustics of Fricative Consonants*. Ph. D. thesis. MIT, Cambridge, MA.

Shadle, Christine H., Pierre Badin and André Moulinier. 1991. "Towards the spectral characteristics of fricative consonants." In *Proceedings of the Twelfth International Congress of Phonetic Sciences*, ed. by M. Rossi et al., Université de Provence, Aix-en-Provence: 42–45.

Shadle, Christine H., André Moulinier, C. Dobelke and Celia Scully. 1992. "Ensemble averaging applied to the analysis of fricative consonants." In *Proceedings of the International Conference on Spoken Language Processing*, ed. by J. J. Ohala, T. Nearey, B. Derwing. N. Hodge and G. Wiebe. University of Alberta, Banff: 53–56.

Shafeev, D. A., translated and edited by Herbert H. Paper. 1964. *A Short Grammatical Outline of Pashto*. (Publications in Anthropology 33.) Research Center in Anthropology, Folklore and Linguistics, Indiana University, Bloomington.

Shalev, Michael, Peter Ladefoged and Peri Bhaskararao. 1994. "Phonetics of Toda." *PILC Journal of Dravidian Studies* 4: 19–56.

Shibatani, Masayoshi. 1990. *The Languages of Japan*. Cambridge University Press, Cambridge.

Shimizu, Katsumasa and Masatake Dantsuji. 1987. "A cross-language study on the perception of [r-l] -a preliminary report." *Studia Phonologica* 21:10–19.

Short, David. 1987. "Czech and Slovak." In *The World's Major Languages*, ed. by B. Comrie. Oxford University Press, New York: 367–390.

Shryock, Aaron. 1995. *Investigating Laryngeal Contrasts: An Acoustic Study of Consonants in Musey (UCLA Working Papers in Phonetics 89)*. Ph.D. thesis. University of California, Los Angeles.

Sibomana, Leo. 1985. "A phonological and grammatical outline of Eggon." *Afrika und Übrsee* 68: 43–68.

Sievers, Eduard. 1876. *Grundzüge der Lautphysiologie*. Breitkopf und Härtel,

Leipzig.

Silverman, Daniel and Jungho Jun. 1994. "Aerodynamic evidence for articulatory overlap in Korean." *Phonetica* 51: 210–220.

Simon, Péla. 1967. *Les Consonnes Françaises.* (Bibliothèque Française et Romane, Série A 14.) Klincksieck, Paris.

Skalozub, Larisa G. 1963. *Palatogrammy i Rentgenogrammy Soglasnyx Fonem Russkogo Literaturnogo Jazyka.* Izdatelstvo Kievskogo Universiteta, Kiev.

Slis, I. H. 1971. "Articulatory effort and its durational and electromyographic carrelates." *Phonetica* 23: 171–188.

Smalley, William A. 1976. "The problems of consonants and tone: Hmong (Meo, Mio)." In *Phonemes and Orthography: Language Planning in Ten Minority Languages of Thailand (Pacific Linguistics, Series C 43),* ed. by W. A. Smalley. Research School of Pacific Studies, Australian National University, Canberra.

Smith, Bruce L. and Ann McLean-Muse. 1987. "Kinematic characteristics of postvocalic labial stop consonants produced by children and adults." *Phonetica* 227–237.

Smith, Caroline L. 1992. *The Timing of Vowel and Consonant Gestures.* Ph.D. thesis. Yale University.

Smith, Caroline L. 1995. "Prosodic patterns in the coordination of vowel and consonant gestures." In *Phonology and Phonetic Evidence: Papers in Laboratory Phonology* 4, ed. by B. A. Connell and A. Arvaniti. Cambridge University Press, Cambridge: 205–222.

Smith, Kenneth D. 1968. "Laryngealization and delaryngealization in Sedang phonemics." *Linguistics* 38: 52–69.

Snider, Keith L. 1984. "Vowel harmony and the consonant l in Chumburung." *Studies in African Linguistics* 15: 47–58.

Snyman, Jan W. 1970. *An Introduction to the !Xũ Language.* Balkema, Cape Town.

Snyman, Jan W. 1975. *Žu|'hoasi Fonologie en Woordeboek.* Balkema, Cape

Town.

Snyman, Jan W. 1978. "The clicks of Zhuǀ'hõasi." In *Second Africa Languages Congress of UNISA*, ed. by E. J. M. Baumbach. University of South Africa, Pretoria.

Snyman, Jan W. 1980. "The relationship between Angolan !Xũ and Žuǀ'hõasi." In *Bushman and Hottentot Linguistic Studies 1979*, ed. by J. W. Snyman. University of South Africa, Pretoria: 1–58.

Spajić, Siniša, Peter Ladefoged and Peri Bhaskararao. 1994. "The rhotics of Toda." *UCLA Working Papers in Phonetics* 87: 35–66.

Sproat, Richard and Osamu Fujimura. 1993. "Allophonic variation in English /l/ and its implications for phonetic implementation." *Journal of Phonetics* 21: 291–312.

Stell, Nelida N. 1972. "Fonologia de la lenga aˣluˣlaj." *Cuadernos de Lingüistica Indigena (Universidad de Buenos Aires)* 8: 21–55.

Steriade, Donca. 1982. *Greek Prosodies and the Nature of Syllabification*. Ph. D. thesis. MIT, Cambridge, MA.

Steriade, Donca. 1993a. "Segments, contours and clusters." In *Actes du 15ème Cangrès International des Linguistes*, ed. by A. Crochetière, J.-C. Boulanger and C. Ouellen. Presses Universitaires Laval, Sainte Foy, Québec: 71–82.

Steriade, Donca. 1993b. "Closure, release and nasal contours". In *Nasals, Nasalization and the Velum*, ed. by M. K. Huffman and R. A. Krakow. Academic Press, San Diego: 401–470.

Stetson, R. H. 1951. *Motor Phonetics: A Study of Speech Movement in Action.* (2nd edition.) North-Holland Publishing Co., Amsterdam.

Stevens, Kenneth N. 1972. "The quantal nature of speech: Evidence from articulatory-acoustic data." In *Human Communication, A Unified View*, ed. by. P. B. Denes and E. E. David Jr. McGraw-Hill, New York: 51–66.

Stevens, Kenneth N. 1988. "Modes of vocal fold vibration based on a two-section model." In *Vocal Physiology: Voice Production, Mechanisms and*

Functions, ed. by O. Fujimura. Raven Press, New York: 357–367.

Stevens, Kenneth N. 1989. "On the quantal nature of speech." *Journal of Phonetics* 17: 3–46.

Stevens, Kenneth N. and Sheila E. Blumstein. 1975. "Quantal aspects of consonant production and perception: A study of retroflex consonants." *Journal of Phonetics* 3:215–233.

Stevens, Kenneth N. and Arthur S. House. 1955. "Development of a quantitative model of vowel articulation." *Journal of the Acoustical Society of America* 27: 684–693.

Stevens, Kenneth N., S. Jay Keyser and Haruko Kewasaki. 1986. "Toward a phonetic and phonological theory of redundant features." In *Invariance and Variability in Speech Process*, ed. by J. S. Perkell and D. Klatt. Lawrence Erlbaum Associates, Hillsdale, NJ: 426–449.

Stevens, Kenneth N. and S. Jay Keyser. 1989. "Primary features and their enhancement in consonants." *Language* 65: 81–106.

Stojkov, Stojko. 1942. *Bulgarski Knizkoven Izgovor: Opitno Izsledovanie (Bulgarian literary pronunciation: preliminary investigations)*. (Sbornik na Bulgarskata Akademija na Naukite u Izkustvata 37.3.) Durzhavna Pechatnitsa, Sofia.

Stojkov, Stojko. 1961. *Uvod v Bulgarskata Fonetika*. (2nd revised edition.) Nauka i Izkustvo, Sofia.

Stolte, J. and N. Stolte. 1971. "A description of Northern Barasano phonology." *Linguistics* 75: 86–92.

Stone, Maureen. 1991. "Towards a model of three-dimensional tongue movement." *Journal of Phonetics* 19: 309–320.

Story, Gillian and Constance Naish. 1973. *Tlingit Verb Dictionary*. University of Alaska, College, AK.

Straka, Georges. 1965. *Album Phonétique*. Université Laval, Québec.

Strevens, Peter D. 1960. "Spectra of fricative noise in human speech." *Language and Speech* 3: 32–49.

Stringer, M. and J. Hotz. 1973. "Waffa phonemes." In *The Languages of the Eastern Family of the East New Guinea Highland Stock*, ed. by H. McKaughan. University of Washington Press, Seattle: 523–529.

Subtelny, J. D. and J. C. Mestre. 1964. "Comparative study of normal and defective articulation of /s/ related to malocclusion and deglutition." *Journal of Speech Disorders* 29: 269–285.

Subtelny, J. D. and N. Oya. 1972. "Cineradiographic study of sibilants." *Folia Phoniatrica* 24: 30–50.

Sung, Margaret M. Y. 1986. *Phonology of Eight Shandong Dialects.* Paper presented at 19th International Conference on Sino-Tibetan Languages and Linguistics, Columbus, OH.

Svarný, O. and Kamil Zvelebil. 1955. "Some remarks on the articulation of the 'cerebral' consonants in Indian languages, especially in Tamil." *Archiv Orientalni* 23: 374–407.

Sweet, Henry. 1877. *A Handbook of Phonetics, Including a Popular Exposition of the Principles of Spelling Reform.* Clarendon Press, Oxford.

Sweet, Henry. 1879. "Sounds and forms of spoken Swedish." *Transactions of the Philological Society* 187: 457–543.

Taljaard, P. O. and Jan W. Snyman. 1990. *An Introduction to Zulu Phonetics.* M. Lubbe, Hour Bay.

Thomas, Alan R. 1992. "The Welsh language." In *The Celtic Languages*, ed. by D. MacAulay. Cambridge University Press, Cambridge: 251–345.

Thomas, Kimberly D. and Alan Shaterian. 1990. "Vowel length and pitch in Yavapai." In *Papers from the 1990 Hokan-Penutian Languages Workshop*, ed. by M. D. Langdon. Department of Linguistics, University of Southern Illinois, Carbondale, IL: 144–153.

Thráinsson, H. 1978. "On the phonology of Icelandic preaspiration." *Nordic Journal of Linguistics* 1:3–54.

Tiede, Mark K. 1993. "An MRI-based study of pharyngeal volume contrasts in Akan." *Haskins Laboratories Status Reports on Speech Research* 113: 107–130.

Tilkov, Dimitur 1979. "Akustichen sustav u distributsija na palatalnite suglacnu v knizhovnija Bulgarsku ezik." In *Vuprosi na Suvremennija Bulgarski Knizhoven Ezik*, Instituta za Bulgarski Ezik, Bulgarska Akademija na Naukite, Sofia: 32–79.

Tracy, Frances V. 1972. "Wapishana phonology." In *Languages of the Guianas*, ed. by J. E. Grimes. Summer Institute of Linguistics, University of Oklahoma, Norman, OK: 78–84.

Trager, George L. and Henry L. Smith. 1956. *An Outline of English Structure*. (Studies in Linguistics, Occasional Papers, 3.) Battenburg Press, Norman, Oklahoma.

Traill, Anthony. 1985. *Phonetic and Phonological Studies of !Xóõ Bushman*. (Quellen zur Khoisan-Forschung 5.) Helmut Buske, Hamburg.

Traili, Anthony. 1986. "The laryngeal sphincter as a phonatory mechanism in !Xóõ." In *Variation, Culture and Evolution*, ed. by R. Singer and J. K. Lundy. Witwatersrand University Press, Johannesburg: 123–131.

Traill, Anthony. 1991. "Pulmonic control, nasal venting and aspiration in Khoisan languages." *Journal of the International Phonetic Association* 21: 13–18.

Traill, Anthony. 1992. "The feature geometry of clicks." In *Festschrift for E. B. van Wyk*, ed. by P. von Staden. Via Afrika, Pretoria: 134–140.

Traill, Anthony. 1994. *A !Xóõ Dictionary*. (Quellen zur Khoisan-Forschung 9.) Rüdiger Köppe, Köln.

Traill, Anthony and Michel Jackson. 1988. "Speaker variation and phonation type in Tsonga nasals." *Journal of Phonetics* 16: 385–400.

Traill, Anthony, J. S. M. Khumalo and P. Fridjhon. 1987. "Depressing facts about Zulu." *African Studies* 46: 255–274.

Traunmüiler, Hartmut. 1982. "Vokalismus in der westniederösterreichischen Mundart." *Zeitschrift für Dialektologie und Linguistik* 2: 289–333.

Tryon, Darrell T. 1976. *New Hebrides Languages: An Internal Classification*. (Pacific Linguistics, Series C 50.) Research School of Pacific Studies,

Australian National University, Canberra.

Tsuji, Nobuhisa. 1980. *Comparative Phonology of Guangxi Yue Dialects.* Kazama Shobo, Tokyo.

Tucker, A., M. Bryan and J. Woodbum. 1977. "The East African click languages: a phonetic comparison." In *Zur Sprachgeschichte und Ethnohistorie in Afrika: Neue Beiträge Afrikanistischer Forschungen*, ed. by W. J. G. Möhlig. Dietrich Reimer, Berlin: 300–322.

Uldall, Elizabeth. 1958. "American 'molar' R and 'flapped' T." *Revista do Laboratorio de Fonetica Experimental*, *Universidad de Coimbra* 4: 103–6.

Uldall, H. J. 1933. *A Danish Phonetic Reader.* University of London Press, London.

Vagges, K, E. Ferrero, Emmanuela Magno-Caldognetto and C. Lawgnoli. 1978. "Some acoustic characteristics of Italian consonants." *Journal of Italian Linguistics* 3: 69–85.

Vaissière, Jacqueline. 1983. "Prediction of articulatory movement of the velum from phonetic input." Unpublished paper, circulated by AT&T Bell Laboratories, Murray Hill, NJ.

Vanvik, Arne. 1972. "A phonetic-phonemic analysis of Standard Eastern Norwegian." *Norwegian Journal of Linguistics* 27: 130–139.

Vatikiotis-Bateson, Eric. 1984. "The temporal effects of homorganic medial nasal clusters." *Research in Phonetics (Indiana University, Bloomington)* 4: 197–233.

Velayudhan, S. 1971. *Vowel Duration in Malayalam: An Acoustic Phonetic Study.* The Dravidian Linguistic Society of India, Trivandrum.

Vossen, Rainer. 1986. "Zur Phonologie der ||Ani-Sprache." In *Contemporary Studies on Khoisan 2* (Quellen zur Khoisan-Forschung, 5.2), ed. by R. Vossen and K. Keuthmann. Helmut Buske, Hamburg: 321–345.

Walton, James and Janice Walton. 1967. "Phonemes of Muinane." In *Phonemic Systems of Colombian Languages*, ed. by V. Waterhouse. Studies in Linguistics, University of Oklahoma, Norman OK: 37–47.

Wängler, Hans-Heinrich. 1961. *Atlas deutscher Sprachlaute.* Akademie-Verlag, Berlin.

West, Betty and Birdie Welch. 1967. "Phonemic system of Tucano." In *Phonemic Systems of Colombian Languages*, ed. by V. Waterhouse. Summer Institute of Linguistics, University of Oklahoma, Norman, OK: 11–24.

Westbury, John R. 1983. "Enlargement of the supraglottal cavity and its relation to stop consonant voicing." *Journal of the Acoustical Society of America* 73: 1322–1336.

Westbury, John R. and Patricia A. Keating. 1986. "On the naturalness of stop consonant voicing." *Journal of Linguistics* 22: 145–166.

Wheeler, Alva and Margaret Wheeler. 1962. "Siona phonemics (Western Tucanoan)." In *Studies in Ecuadorian Indian Languages.* Summer Institute of Linguistics, University of Oklahoma, Norman, OK: 96–111.

Whiteley, W. H. and M. G. Muli. 1962. *Practical Introduction to Kamba.* Oxford University Press, London.

Wiresemann, Ursula. 1972. *Die Phonologische und Grammatische Struktur der Kaingang-Sprache.* Mouton, The Hague.

Wilkins, David L. 1989. *Mparntwe Arrernte: Studies in the Structure and Semantics of Grammar.* Ph.D. dissertation. Australian National University, Canberra.

Williamson, Kay. 1969. "Igbo." In *Twelve Nigerian Languages*, ed. by E. Dunstan. Longmans Green, London: 85–96.

Wilson, W.A.A, and John T. Bendor-Samuel. 1969. "The phonology of the nominal in Dagbani." *Linguistics* 52: 56–82.

Wright, Richard and Peter Ladefoged. Forthcoming. "A phonetic study of Tsou." *Bulletin of the Institute of History and Philology*, Academia Sinica.

Yadav, Ramawater. 1984. "Voicing and aspiration in Maithili: a fiberoptic and acoustic study." *Indian Linguistics* 45: 27–35.

Yamuna, R. 1986. "A spectrographic study of /r/ and /R/ in Malayalam." In *Acoustic Studies in Indian Languages*, ed. by B. B. Rajapurohit. Central

Institute of Indian Languages, Mysore: 61–64.

Young, Rosemary. 1962. "The phonemes of Kanite, Kamano, Benabena and Gahuku." *Oceania Linguistic Monographs* 6: 35–48.

Zee, Eric. 1981. "Effect of vowel quality on perception of post-vocalic nasal consonants in noise." *Journal of Phonetics* 9:35–48.

Zee, Eric. 1985. "Sound change in syllable final nasal consonants in Chinese." *Journal of Chinese Linguistics* 13:291–330.

Zhou, Dianfu and Zhongji Wu. 1963. *Articulation Album of Putonghua.* Shangwu Yingshuguan, Beijing.

Zinder, Lev R., Lija V. Bondarko and L. A. Berbitskaja. 1964. "Akustičeskaja xarakteristika različija tverdyx i mjagkix soglasnyx v russkom jazyke [Acoustic nature of the distinction between hard and soft consonants in Russian]." In *Voprosy Fonetiki (Učenye Zapiski LGU, No. 325)*, ed. by M. I. Matusevič. Leningrad State University, Leningrad: 28–36.

Zvelebil, Kamil V. 1970. *Comparative Dravidian Phonology.* Mouton, The Hague.

索 引

Abercrombie, David, 147, 148, 171, 328
Abkhaz, 阿伯卡茨语, 161, 163, 169, 170, 225, 286, 330, 331, 344, 358
Abramson, Arthur S., 66, 93–94
Abry, C., 358
Abua, 阿布阿语（尼日利亚地名）, 211
Abzhui（literary）dialect of Abkhaz, 阿伯卡茨方言（书面语）, 330
accents, differences in, 口音不同, 5–6
accompaniments to clicks, 咝音的伴随音, 260–280, 348
Achenese, 亚齐语, 103, 104–106
Achang, 阿昌语, 116
Acoma, 阿科马语, 79, 315
acoustic structure, and articulatory gesture, 声学结构，音姿, 6, 45
Admiralty Islands, 129, 131

advanced tongue root（ATR）, 舌根前伸
  in vowels, 元音中 ~, 300–302, 327
  and tense/lax, ~ 和松/紧, 302–306
Adyghe, 阿迪格语, 144–145
aerodynamic data, 空气动力学数据, 7
Afar, 237
affricates, definition, 塞擦音，定义, 90–91
African languages, 非洲语言, 58
Agul 阿古尔语, 37, 38, 39, 42, 96, 98, 167–168
airstream mechanism, 气流机制, 370
  glottalic, 喉头 ~, 50, 78, 89
  pulmonic, 肺 ~, 77–78
  stops, 塞音 ~, 77–90
  variations in, ~ 的变化, 372–373
  velaric, 软腭 ~, 78, 246, 348
Akan, 库阿语, 31, 33, 300–301,

① 所注页码均为原书页码，即本书边码。——译者

302, 303, 304, 306, 356
Akwapem Twi dialect of Akan, 库阿语的 Akwapem Twi 方言, 31
Akyem dialect of Akan, 库阿语的阿基姆方言, 301
Al-Ani, Salman H., 169
Al-Bamerni, A., 192
Alawa, 阿拉瓦语, 185
Albanian, 阿尔巴尼亚语, 42, 186, 188
Aleut, 阿留申语, 326
Algonquian languages, 阿尔冈昆语, 72
Allen, George, 145
alveolar, 齿龈, 13, 14
alveolar clicks, 龈咝音, 246–247
alveolar fricatives, 龈擦音, 144
alveolar laterals, 龈边音, 183
alveolar ridge, 龈脊, 11, 44
alveolar trills, 龈颤音, 223–225
alveolar-velars, possibility of, 齿龈-软腭音, 可能性, 345–346
Alyawarra, 196–197
Amayo, Moses Airen, 241
American English, 美式英语, 96, 143, 190, 231–232, 234–235, 244, 360–361
  Midwestern, 中西部 ~, 234
  vowels, ~ 元音, 283–286, 308, 313, 323

又见 "Californian English, 加州英语"
Amerindian languages, 美国印第安语, 72, 167, 315
Amharic, 阿姆哈拉语, 178, 323, 356
Anceaux, J. C., 291
Anderson, Stephen R., 286
Anderson, Victoria B., 53, 198
Angami 安伽米语, 113–115, 366
Angola, 安哥拉, 141
Aŋlo dialect of Ewe, 埃维语的 Aŋlo 方言, 140
Ao, 203
Aperture feature, proposed, 开口度特征, 建议, 180
apical, 舌尖的, 43
apical alveolar, 舌尖齿龈音, 15, 23
apical dental, 舌尖齿音, 15, 20
apical post-alveolar sounds, 舌尖龈后音, 14
apical retroflex, 舌尖卷舌音, 14, 15, 25–27
apical sounds, 舌尖音, 10–11
apical trills, 舌尖颤音, 221–222, 226
'apical' vowels, 舌尖元音, 314
'apico-labials', 舌尖-唇音, 18
approximants, 近音, 168, 371
  /r/'s, r 类 ~, 215, 232–236

nasals and, 鼻音和~, 103
parameters and categories for, ~参数及类别, 372
voiceless counterparts of central, 央近音的清音形式, 325–326
又见 "voiced lateral approximants, 浊边近音"

Arabana, 128, 185, 202, 240
Arabic, 阿拉伯语, 37, 39, 42, 45, 91, 167, 237, 321, 326, 349, 365–366
colloquial, 口语的, 168–169
Iraqi, 伊拉克语, 169
Lebanese Colloquial, 黎巴嫩口语, 75–76
Palestinian, 巴勒斯坦语, 169
Tunisian, 突尼斯语, 169
Arandic languages, 197, 357
Arawakan, 阿拉瓦语, 53, 72
Archi, 阿奇语, 96, 206–207
Argentinian dialects of Mapuche, 马普彻语的阿根廷方言, 186
Argentinian Spanish, 阿根廷西班牙语, 222
Argol Breton, 186–187
Armagost, James L., 315
Armenian, Eastern, 东亚美尼亚语, 66–67, 68
Arnott, David, 121
Arrernte, eastern, 东 Arrernte 语, 28–30, 33, 117, 118, 128–129, 193–194, 195, 238, 240, 244, 286, 287, 288, 356–357
articulation 调音 又见 "manners of articulation, 调音方式"、"places of articulation, 调音部位"
articulations, multiple, 多重发音, 5, 328–368
又见 "primary articulation, 主要发音"、"quantal articulations, 量子发音"、"secondary articulations, 次要发音"
articulators 调音器官
active, 主动~, 10–13, 43
parings with articulatory targets, ~和调音目标的组合, 14–15
passive, 被动~, 11–13
articulatory movements, 调音动作, 6
data, 数据, 7
outcomes of, ~的结果, 10
specification of, ~说明, 9
又见 "gestures, articulatory, 调音姿"、"targets, articulatory, 调音目标"
Articulatory Phonology, 发音音系学, 6, 10
articulatory timing, 发音时间顺序, 78
aspirated stops, 送气塞音, 66–70
aspiration, 送气, 45, 48, 49, 66–

70

Assamese, 阿萨姆语, 293-294
Atal, Bishnu S., 284
ATR 参见 "advanced tongueroot, 舌根前伸"
auditory distinctiveness, 听感特征 7, 45
auditory theory of speech production, 语音产生的听感理论, 6
Austin, Peter A., 128, 185
Australian English, 澳大利亚英语, 148
Australian languages, 澳洲土著语, 20, 27, 28, 33, 34, 53, 128, 185, 190, 191, 217, 346
Austrian German, 奥地利德语, 289-290, 293
Austro-Asiatic languages, 南亚语言, 53, 58
Austronesian languages, 南岛语, 103, 130
Axininca, 322
Axluxlay, 207

Backness of vowels, 元音的前/后, 282, 285, 290-292, 326
Badaga, 313-314
Badin, Pierre, 138, 175
Balasubramanian, T., 143, 183, 211

Ball, Martin J., 145, 203
Bantu languages, 班图语, 123, 126, 139, 246, 249, 315, 348-349
  Southern, 南部~, 133, 141
Barasono, 243
Badi, 巴迪（几内亚地名）, 185
Barker, M.A.R., 326
Barry, Martin, 92
Barry, William J., 322
Batibo, Herman, 123
Baucom, Keith L., 126
Bauer, Laurie, 144
Baumbach, E.J.M., 17
Bavarian dialect of Amstetten, Austria, 奥地利阿姆施泰滕地方的巴伐利亚方言, 289-290, 293
Beach, Douglas M., 247, 248, 252-253, 255, 261, 264
Beembe, 比比（美国地名）, 91
Bell-Berti, Fredericka, 50
Bella Coola 贝拉库拉语, 79
Bender, Byron W., 362
Bendor-Samuel, John T., 344
Benguerel, André, 58, 104
Benin City, 贝宁城, 242
Bentick, J., 135
Berbitskaja, L.A., 194, 197
Bergsland, Knut, 326
Berinstein, Ava, 36, 37

Berry, Jack, 301
Bgazhba, X.S., 161, 169, 170
Bhaskararao, Peri, 27, 42, 69, 114, 156, 223
Bhat, D.N. Shankara, 182
Bhatia, Tej K., 58
bidental fricatives, 双齿擦音, 144-145
bilabial, 双唇音 15, 16-17, 43
bilabial fricatives, 双唇擦音, 139-143
bilabial trills, 双唇颤音, 215, 227-228
Bladon, R.A.W., 45, 137, 146, 147, 189, 192, 193, 194, 196
Blake, Barry, 185
Blankenship, Barbara, 114
Bleek, Wilhelm H. I., 248, 255
Bloch, Bernard, 303
Bloomfield, Leonard, 72, 98
Blumstein, Sheila, 28, 33, 117
Blust, Robert, 80
Boë, L. J., 358
Boff Dkhissi, Marie-Christine, 169
Bolla, Kalmán, 31, 32, 90, 140, 165-166, 183, 187, 303
Bondarko, Lija V., 194, 197
Bondei, 邦代伊语 126-127
Borden, Gloria J., 148
Borman, M.B., 163

Bothorel, André, 42, 186-187, 194
Borvier, Jean-Claude, 227
Boyce, Suzanne, 153
Boyeldieu, Pascal, 133
Brazil, 巴西, 19
Brazilian Portuguese, 巴西葡萄牙语, 193
breathy voice, 气声, 48, 49-50
  laterals with, ~边音, 201-202
  stops with, ~塞音, 57-63
  vowels, ~元音, 315
Bredsdorf, E., 323
Breton 布列塔尼语 186-187, 188, 194
Bright, William, 146, 163
British English, 英式英语, 20, 73-74, 146, 185
  southern, 南部~, 193, 233-234
  又见"London English, 伦敦英语"、"RP dialect, 标准英式发音"、"Scottish English, 苏格兰英语"
Bronstein, Arthur, 137, 148
Browman, Catherine P., 6, 10, 66, 96, 122
Bryan, M., 253
Bubrikh, D. V., 33
Buckley, Eugene L., 110
Bukshaisha, Fouzia, 169, 365
Bulgarian, 保加利亚语, 23, 24, 188, 194
Bumo, 218

'bunched r', 拱舌 r 音, 234
Bura, 布拉语, 53, 85, 125-126, 165, 203, 204, 344
Burkikhan dialect of Agul, Agul 语的 Burkikhan 方言, 37, 38, 167-168, 169
Burmese, 缅甸语, 69, 107, 111-113, 114, 178, 179, 198, 199
Butcher, Andrew, 20, 27, 28-29, 240
Byrd, Dani, 137, 329
Bzyb dialect of Abkhaz, 阿伯卡茨语的 Bzyb 方言, 161, 330, 331

Cairns, Charles E., 121
Californian English, 加州英语, 20, 23, 143, 149-150, 232
Camerounian Language, 喀麦隆语, 130-131
Cantonese, 粤语, 146
Cao, Jianfen, 曹建芬, 64
Capell, Arthur, 346
Carbonaro, E., 189, 193
Carlson, Johann, 295
Carnochan, Jack, 86, 132
Catalan, 加泰罗尼亚语, 117, 193, 232
categorial labels, 范畴类名, 3, 369
categorical values, 范畴值, 3, 369
categories, 范畴, 6, 369

boundaries between, ~之间的界限, 4
distinctive, 不同的~, 5
'major phonetic' (Keating), 主要的语音~, 99-100
relationship between phonetic and classificatory features, 语音~和区别特征之间的关系, 4
Catford, J. C., 37, 87, 96, 98, 103, 130, 138, 145, 159-163, 168, 169, 170, 286, 287, 306-308, 330, 334, 344, 367
Caucasian languages, 高加索语言, 78, 159, 161, 167, 306, 308, 310, 312
Central Africa, northern, 中非, 北部, 333
Chadic languages, 乍得语, 53, 78, 85, 165, 286, 326, 344
East, 东部~, 190
Chadwick, Neil, 34
Chan, Marjorie Kit Man, 127
Chao, Yuan Ren, 赵元任, 127, 146
Charlie, Bella, 34
Chase, Nichumeno, 114
Chechen, 车臣语, 37
Chechen-Ingush, 车臣-印古什语, 236
Chemehuevi, 200
Chicano Spanish, 奇卡诺西班牙语,

222
Chinantec, 奇南特克语, 299–300
Chinebuah, Isaac K., 344
Chinese, 汉语, 118, 127, 144, 164, 180, 202, 203, 313
  Standard, ~普通话, 90, 91, 146, 149, 150–155, 166, 183, 184, 314, 321
Chipaewyan, 奇帕维安语, 90, 91
Cho, S. B., 243
Cho, Young-Mee Yu, 69
Choi, John D., 287, 288, 362
Chomsky, Noam, 67, 138, 180, 190, 281, 289, 303, 348
Chumburung, 243
Chuvash, 293
cine x-ray photography, X光摄影术, 7
CiYao, （一种班图语）, 123
classificatory features, 类别特征, 4
Clements, G.N., 136
click accompaniments, 咝音的伴随音, 260–280
  symbols for, ~符号, 263, 264–265
click effluxes, 咝音出气, 247, 260–280
click influx, 咝音入气, 247–259, 260
click types, 咝音类型

acoustic properties of, 不同~的声学特征, 257–259
articulatory phonetic classifications by different authors, 不同学者按语音特征对~进行的分类, 248
articulatory properties of, ~的发音特征, 247–257
symbols for, ~符号, 247
clicks, 咝音, 5, 78, 246–280
  double closure, 双重持阻的~, 348–349
  nasalized, 鼻化~, 102, 131, 260–280
  specification of place of articulation, ~调音部位的确定, 42
  and their accompaniments, ~和它伴随音, 278
  with triple closures, 三重持阻的~, 352–353
Closed feature, proposed, 闭合特征, 建议, 181
closure, 持阻, 9, 328
Cochran, Anne, 129, 190, 222, 226, 227
Coda, 韵尾, 4, 369–373
Cofan, 163
Cohen, Patrick D., 92
Cohn, Abigail C., 104, 132, 136, 298–299
Colombia-Ecuador border, 哥伦比亚 –

厄瓜多尔边界, 74
Columbian Spanish, 哥伦比亚西班牙语, 222
Columbian Salish, 哥伦比亚萨利希语, 100, 109, 200
Comanche, 科曼奇语（一种北美印第安语）, 315
Comox, 科莫克斯语 190
Compression, 敛唇, 295-296, 326
Condax, Iovanna D., 37, 168, 169
Congo basin, 刚果盆地, 315
Connell, Bruce, 336, 339, 343
consonants, 辅音
    nasalized 鼻音化 参见 "nasalized consonants, 鼻化辅音"
    partially nasal, 半鼻音, 118-131
    vowel-like, 类元音的~, 322-326
contoids, 类辅音的音, 281
contrasts, 对立, 2-3, 6
    segmental, 音段的~, 4
    within languages, 语言内部的~, 3
Coronal articulations, 舌冠音, 11, 19-31, 43-45, 332, 365
Coronal-Dorsal articulation, possibility of, 舌冠-舌面音, 可能性, 345, 348-349
Coustenoble, Hélène N., 227
creaky voice, 嘎裂声, 48, 49, 50
    stops with, 带~塞音, 53-55
creaky vowels, 嘎裂化元音, 317-320

Criper, Clive, 94
Cushitic languages, 库希特语, 37, 53
Czech, 捷克语, 33, 228-230, 233, 244, 314

Dafla, 315
Dagbani, 344
Dagestanian languages, 塔吉斯坦语, 96, 98
Dahal, B.M., 323
Dahalo, 达火罗语, 21, 25, 37, 246, 249
Dai, Qingxia, 戴庆厦, 116
Damin, 246
Danish, 丹麦语, 54, 144, 170, 216, 289, 323
Dantsuji, Masatake, 113, 243
Dargi, 170, 307
Dart, Sarah N., 23, 44, 56, 57, 146, 150, 191-192, 252
Dave, Radhekant, 28
Davey, Anthony, 232
Davis, I., 315
Dedua, 333, 336, 337
Degema, 代盖马（尼日利亚地名）, 84, 218, 301-302
Delattre, Pierre, 225, 229, 234
Demolin, Didier, 87, 88, 89, 130
Dent, Hilary, 185, 192

dental, 齿音, 13
dental laterals, 齿边音, 183
dental-palatal articulations, 齿－腭音, 346-348
denti-alveolar, laminal, 齿－龈音, 舌叶音, 14, 15, 21-22
Descout, R., 358
Dholuo 卢奥语, 304
Diegueño, 188-189, 203
Dienhart, H., 144
diphthongization, 二合元音化, 303
diphthongs, 二合元音, 321-322
Disner, Sandra F., 129, 190, 222, 226, 227, 290, 296-297, 298
Dixit, R. Prakash, 58, 66, 107, 201
Dixon, Robert M. W., 20, 128, 191, 239-240
Diyari, 128, 185, 240
Djapu, 239
Djauan, 98
Djingili, 34
Dobelke, C., 173
Dodi, Anastas, 186, 197
Doke, Clement M., 17, 35, 206, 248, 251, 252-253, 255, 348-349, 358, 360
Dolphyne, Florence A., 356
Donwa, Shirley O., 89
Dorsal articulations, 舌面音, 11, 31-37, 43, 45, 332, 365
Doshita, Shuji, 118
double articulations, 双重调音, 328, 332-353
double closures, 双重持阻, 332-533
Dravidian languages, 达罗毗荼语, 21, 27, 42, 58, 152, 155, 189, 222
Duckworth, Martin, 145
Dunstan, Elizabeth, 291
Durie, Mark, 103, 106
Dutch, 荷兰语, 95, 96
Dyen, Isadore, 131
Dzhejranishvili, E. F., 308

ease of articulation, degrees of, 不同程度的发音省力, 6-7, 45
East African languages, 东非语言, 246
Ebira, 304
Edinburgh, 爱丁堡, 236
Edo, 伊多语, 165, 218, 236-237, 241-242, 245, 342, 343
Eek, A., 93
Efik, 艾菲克语, 336
Eggon, 334, 335
ejectives, 喷音, 78-81, 369
Elert, Claes Christian, 146
Elugbe, Benjamin O., 60, 98, 211, 241, 324, 346

Emeneau, Murray B., 156, 157, 223, 225, 313–314
English, 英语, 23, 33, 140, 141, 236, 256, 329, 331, 334, 354, 358, 360, 367
 dialects of, ~方言, 143, 216
 fricatives, ~擦音, 164, 165, 173, 180
 laterals, ~边音, 191–192, 193, 202
 nasals, ~鼻音, 119, 121, 122, 136
 rhotics, ~r类音, 228, 244
 sibilants in, ~咝音, 146–150
 southeast, 东南部~, 193
 standard, 标准~, 2–3
 stops, ~塞音, 50–51, 60, 92, 95, 96
 vowels, ~元音, 283, 302–303, 304, 313, 315, 321, 322, 326
 又见"American English, 美式英语"、"British English, 英式英语"、"Sierra Leone English, 塞拉利昂英语"、"South African English, 南非英语"
Engstrad, Olle, 70, 93, 96
epiglottal, 会厌的, 13, 14, 15, 37–38
epiglottal fricatives, 会厌擦音, 169

epiglottal laterals, 会厌边音, 191
epiglottalized vowels, 会厌化元音, 306
epiglottis, 会厌, 11
equivalences, of sounds between languages, 不同语言中的语音相对等, 4–5
Espiritu Santo, 18
Estonian, 爱沙尼亚语, 92, 93, 320
Even, 306–307
Everett, Daniel L., 19
Ewe, 埃维语, 21, 26, 27, 34, 43, 96, 97, 139–140, 141–142, 333, 336, 338, 339
Expanded feature of vowels, 元音的"扩大"特征, 300, 327

Fagan, Joel L., 63–64
Fant, Gunnar, 27, 82, 116, 138, 187, 194, 234, 244, 283, 284, 295, 296, 322
Fante dialect of Akan, 库阿语的Fante方言, 31
Faroese, 法罗群岛语, 70
Farsi, 波斯语, 216
feature geometry, 特征几何, 4
feature tree, 特征树, 136
Feinstain, Mark H., 120, 121
Feldman, D., 193
Fernández, J. A., 221

Ferrero, E., 194
Fijian, 斐济语, 122, 127, 131
Finnish, 芬兰语, 140, 218, 221-222, 237
Firthian prosodic school, 弗斯的韵律学派, 136
Fischer-Jørgensen, Eli, 54, 283
flaps, 闪音, 230-232
Flege, James E., 50
Flemming, Edward, 79
Fletcher, Sameul G., 146
fortis, use of term, 强音, 用作术语, 95
fortis stops, 强塞音, 95-99
Fox, Greg J., 18
Fox, Robert A., 117
Freeman, D.C., 234
Freeman, Michael, 231-232
French, 法语, 23, 51, 104, 106, 148, 191-192, 245, 298-299, 322, 358
    Old, 古~, 118
    rhotics, 古~中的 r 类音, 216, 225, 229, 232-233, 244
Fresco, Edward, 297
fricative vowels, 擦化元音, 314
fricatives, 擦音, 5, 137-181, 371
    /r/'s, r 类~, 215, 232-236
    acoustic differences among, ~声学区别, 173-176
    with approximant secondary articulation, 带近音性次要发音的~, 328, 354-355
    labiodental, 唇齿~, 17
    laryngeal settings and othermodifications of, ~的喉部结构和其他特征, 176-179
    non-sibilant anterior, 非咝音性前部~, 139-145
    phonological features of, ~的音系特征, 179-181
    possibility of multiply-articulated, ~多重调音的可能性, 329-332
    posterior non-sibilant, 非咝音性后部~, 164-172
    terms and symbols for, ~的术语和音标, 138
    'whistling', 哨音~, 171
Fridjhon, P., 261, 277
Fujimura, Osamu, 17, 116, 192, 361
Fula, 富拉尼语, 54, 121, 122, 127, 216
Fuller, J.M., 268
Furby, C.E., 34

Gaelic, 盖尔语
    参见 "Irish, 爱尔兰语"、"Scottish Gaelic, 苏格兰盖尔语"
Gai, X., 107

Gandour, Jack, 60, 69
Gaprindashvili, Shota G., 169, 170, 307
Garawa, 塔拉瓦岛, 34
Garnes, Sara, 70
Gartenberg, Robert D., 192
Gbeya, 格巴亚语, 127
geminate stops, 双音性塞音, 92-93
Gentil, M., 358
Georgian, 格鲁吉亚语, 78
German, 德语, 17, 33, 52, 74, 90, 95, 140, 171, 183, 184, 188, 245, 303, 304
    rhotics, ~的 r 类音, 216, 225, 229, 244
    Standard, 标准~, 233-234
Germanic languages, 日耳曼语, 51, 298, 302, 304
Gerzenstein, Ana, 163
gesture, uses of term, 音姿, 用作术语, 10
gestures, articulatory, 调音姿态, 6, 43
    and acoustic structure, ~和声学结构, 6, 45
    economy of, ~的经济性, 123
    extreme, 极端~, 45-46
    phonetic simultaneity, 发音同时性, 329
Ghanaian languages, 加纳语, 30

Ghazeli, Salem, 169
Ghotuo, 211, 218
Giles, S.B., 192
Gilley, Leoma G., 237
Gimi, 吉米语, 76-77
Gimson, A.C., 143
Gitskan, 91
Glasgow, 格拉斯哥, 236
Glick, Ruth, 94
'glides', 滑音, 322
glottal, 喉的, 14, 15, 38
Glottal articulations, 喉音, 11, 38
glottal closure, 声门持阻, 49
    stops with, 伴随~的塞音, 43, 73, 74-77, 369
glottis, 声门, 11
    contrasting states of the, ~的对立状态, 99-100
    number of states of the, ~状态的数目, 369
    vibration of the, ~振动, 49-50
Goldstein, Louis M., 6, 10, 66, 96, 122, 283, 304
Golla, Victor K., 199
Gonja, 贡贾语, 183-184
Gowda, K.S. Gurubasave, 203
Goyvaerts, Didier L., 89
Graillot, P., 358
Green, M.M., 132
Greenberg, Joseph H., 78

Gregores, E., 132
Grubb, David M., 35, 356
Guajiro 瓜希洛语, 72-73
Guarani, 瓜拉尼语, 132, 134, 356
Guinée, 几内亚 54
Gujarati, 古吉拉特语, 315
Gulya, Janos, 27, 186, 189
Gununa-Kena, 163
Guthrie, Malcolm, 17
Gwandara, 关达拉语, 333

Hadza, 哈扎语, 209, 246, 249, 251, 252, 253-254, 256
Hagège, Claude, 190
Haggard, Mark, 334
Hagman, Roy, 258
Haida, 海达语(一种北美印第安语), 78, 167, 200
Hála, Bohuslav, 233
Hale, Kenneth, 246
Hall, L.J., 284
Halle, Morris, 43, 67, 82, 96, 136, 138, 173, 180, 190, 281, 286, 287, 289, 303, 322, 344, 348, 350
Han, Mieko S., 56
Hankamer, Jorge, 92
Hardcastle, William J., 56, 145, 148, 334
Hardman, Michael J., 35-36, 39

Harris, Katherine S., 148, 173
Harshman, Richard, 283, 304
Hartvigson, H., 144
Hasegawa, Akira, 146
Hashimoto, Oi-Kan Yue, 146
Haudricourt, André-Georges, 78
Hausa, 豪萨语, 53, 79, 85-86, 86, 178, 179, 237, 238, 239, 244, 321
Hawaiian, 夏威夷语, 53, 74, 75
Hayes, Bruce, 92, 221
Hayward, Richard J., 63-64, 237
Hebrew, 希伯来语, 37, 167, 169, 326
  Ashkenazic, 德系犹太人, 225
Height of vowels, 元音的舌位高低, 282, 285, 286-290, 326
Heine, Bernd, 82, 315
Henderson, Anne, 345
Henderson, James, 345
Herbert, Robert K., 122, 123
Hercus, Louise, 128, 185, 202
Hess, Susan, 302, 314, 366
Hinch, H.E., 346
Hindi, 印地语, 27, 57, 58-60, 61, 62, 66, 69-70, 91, 107, 108, 201, 261, 323-324
Hinnebusch, T.J., 126
Hirose, H., 58, 59, 104
Hmar, 113, 237

Hmong, 苗语, 107, 123, 124–125
Hmong Daw (white Hmong) dialect, 苗语（第二土语、白苗土话）124–125
Hoard, James E., 91
Hockett, Charles F., 148
Hoffman, Carl, 203, 344
Hoijer, Harry, 208
Hokan, 侯坎语, 53
Holder, William, 138
Holmer, Nils M., 72–73
Homma, Yayoi, 92
Hoogshagen, S., 320
Hooper, Joan Bybee, 127
Hotz, J., 133
Houde, R. A., 33
House, Arthur S., 283, 284
Huatla Mazatec, Huatla, 马萨特克语, 73, 74
Hubbard, Kathleen, 123
Hudgins, C.V., 50
Hughes, G. W., 96, 173
Hungarian, 匈牙利语, 31, 32, 34, 165–166
Hunter, G.C., 85
Hupa, 胡帕语, 199
Hurd, C., 243
Hurd, P., 243
Hyman, Larry M., 366

Iaai, 107, 198, 293, 294
Ibibio, 伊比比奥语, 336, 339, 343
Icelandic, 冰岛语, 70–72, 91, 144–145, 148
Idoma, 333, 336, 340–342, 343
Igbo, 伊博语, 60, 62, 66, 67–68, 87–89, 95, 300–301, 303, 304
  Central, 中部~, 132, 343
Igwe, G.E., 132
Ik, 伊克语, 82, 315
Ilwana, 51–52, 91
implosives, 内爆音, 51–52, 53, 78, 82–87, 369
  with glottal closure, 带声门持阻的~, 87–90
India, 印度, 155
Indic languages, 印度语, 58, 69, 190
Indo-Aryan languages, 印度–雅利安语, 27, 57, 62, 155, 261, 315
Indo-Iranian languages, 印度–伊朗语, 315
Indonesia, 印度尼西亚, 103
Ingush, 印古什语, 236
Inouye, Susan B., 216, 217, 237
interdental fricatives, 齿间擦音, 143–144
International Phonetic Association (IPA), 国际语音协会, 25, 215

索　引

click symbols，咔音音标，264–265
vowel heights，元音的高低，289
Iraqw, 209
Irish，爱尔兰语，198, 236
Isoko，伊索科语，23, 24, 89, 141, 324–325, 346
Italian，意大利语，92, 93, 189, 192, 194, 219–221, 225, 226, 237, 244, 292, 297, 298
Izon, 244

Jackson, Michel, 108, 304, 317
Jacobson, L.C., 304
Jacquot, André, 91
Jaeger, Jeri J., 98
Jakobsen, L., 144
Jakobson, Roman, 82, 138, 322
Jalapa Mazatec，雅拉帕－马萨特克语，74–75, 107, 317–320
Japanese，日语，17, 92, 243, 293, 295, 315
Jaqaru, 35–36, 39, 79
Jassem, Wiktor, 154, 175–176, 177
Javaese，爪哇语，63, 64, 66, 91, 99
Javkin, Hector, 78
Jazič, J.H., 187, 188
Jeh, 92
Jespersen, Otto, 127, 144

Jiaonan，胶南话（山东南部方言），144
Jingpho，景颇语，77
Jino，基诺语，107
Johnson, Keith, 6
Jones, Daniel, 120, 137, 143, 148, 293, 302,
　Cardinal Vowels，定位元音，282–283, 289
Jouannet, François, 345
Jun, Jungho, 342

Kabardian，卡巴尔德语，78, 286, 287, 288
Kagaya, Ryohei, 56, 57, 58, 59, 246, 257
Kaingang，坎刚语，119
Kaititj, 185, 196–197
Kalabari，喀拉巴里沙漠，84, 218
Kam-Tai，侗台语，53
Kanite, 190, 211
Kano，卡诺（尼日利亚地名），237
Karanga, 358
Karok, 53, 146
Kashaya, 110
Kâte, 333
Kavango languages，卡万戈语，133
Kawasaki, Haruko, 188, 358
Keating, Patricia A., 31, 33, 45–46, 50, 51, 99, 325

K'ekchi, 36
Kelabit, 可拉必语, 80
Kele, 凯莱语, 129-130
Kellar, Ashok R., 323
Kelly, J., 324
Kent, Raymond D., 33, 50
Kenya, 肯尼亚, 246
KeSukuma, 科苏库马语, 108, 116, 122-123, 124, 126
Key, Mary Ritchie, 186
Keyser, S. Jay, 68, 188, 358
Khaidakov, Said M., 344
Khanty, 汉特语, 27, 186, 189
Khoisan languages, 克瓦桑语, 42, 170, 248, 249, 252-253, 255, 260, 261, 265, 280, 306, 308, 310, 349, 353
　　Southern, 南部~, 249, 251
Khonoma dialect, Khonoma 方言, 114
Khumalo, J.S.M., 261, 277
KiChaka, 122, 210-211, 232
Kiche, 89
KiKamba, 基坎巴（刚果地名）, 320-321
Kim, Chin-Wu, 66, 69
Kinyarwanda, 345
Kirk, Paul L., 75, 317
Kirton, Jean, 34
Kitazawa, Shigeyoshi, 118
KiVunjo dialect of KiChaka, KiChaka 语的 KiVunjo 方言, 122, 210, 232
Klamath, 克拉马斯语, 198, 200, 326
Kodzasov, Sandro V., 38, 96-98, 168, 206-207
Köhler, Oswin, 248, 255, 264
Kom, 科姆语, 366, 367
Komi, 科米语, 33
Konda, 孔达语, 237
Koneczna, Halina, 187
Korean, 韩语, 55-57, 63, 66, 95, 178, 243, 342
Kotoko, 190
Kovango languages, 140
Kpando dialect of Ewe, 埃维语的 Kpando 方言, 26, 140
Krassowsda, Halina, 154-155
Krönlein, Johann Georg, 255
Kudela, Katarzyna, 154
Kuipers, Aert H., 286, 287
Kukuya dialect of Teke, 泰凯语的 Kukuya 方言, 18
Kumari, B.Syamala, 222
Kruowski, Kathleen M., 117
Krutjar, 240
Kutch Lojenga, Constance, 89
Kuteb, 366, 367
Kuvi, 库维语, 39, 42
Kuy, 库伊语, 198
Kwakw'ala, 夸扣特尔语, 35, 45,

79, 107, 108–109, 356
Kwambi, 126
Kwangali, 132, 133, 141
Kwanyama, 108, 126
Kxoe, 248

labial, 唇的, 13, 43, 332
Labial articulations, 唇音, 10, 16–19
Labial-Coronal sounds, 唇-舌冠音, 344–345
Labial-Dorsals, 唇-舌面音, 333–343
labial-velar stops, closure duration and timing offsets, 唇-软腭塞音, 持阻时长和离位期时长, 339
labialization, 唇化, 356–360, 368
'simple', 简单~, 356, 358
labiodental, 唇齿音, 15, 17–18, 43
labiodental fricatives, 唇齿擦音, 139–143
labiodentalization, 唇齿化, 331, 366
labiopalatalization, 唇腭化, 356
labiovelarization, 唇软腭化, 356
Ladefoged, Jenny, 75, 317
Lahiri, Aditi, 31, 33, 92
Lak, 腊克语（一种高加索语）, 344

Lakkia, 拉伽语, 53
Lamé, 326
laminal, 舌叶的, 11, 43
laminal alveolar, 舌叶齿龈音, 15, 23–5
laminal post-alveolar, 舌叶龈后音, 14
laminal post-alveolar (palate-alveolar) 舌叶龈后（腭龈）
laterals, ~边音
Langdon, Margaret, 27, 188
languages, location and classification, 语言, 使用区域及分类, 7, 374–382
Lanham, Leonard W., 264
Lardil, 246
laryngeal, 喉的, 5, 38
laryngeal articulations, 喉音, 43, 332, 370
laryngeal phonation type, 喉部发声类型, 372
laryngeal setting, 喉部结构, 78
definitions of terms used, 用于定义, 47–77
laryngealizaion, 喉化 参见 "creaky voice, 嘎裂声"
lateral feature, 边音特征, 214, 370
lateral plosion, 边音的爆破, 202
lateral segments, 变音音段
languages exemplifying contrasting

places of articulation among, 显示边音的调音部位对立的语言, 213
  languages exemplifying con-trasting types of, 显示对立边音的语言, 212
laterals, 边音, 5, 182–214
  definition, ~ 定义, 182
  feature description of, ~ 的特征描述, 212–214
  flaps and taps, 闪音和拍音, 210–211, 243
  fricatives and affricates, 擦音和塞擦音, 203–210
  places of articulation for, ~ 的调音部位, 191
  and rhotics, ~ 和 r 类音, 182
  variations in phonation type, 发声类型区别, 198–202
  variations in stricture, 收紧度区别, 202–203, 214
Latin, 拉丁语, 227
  Classical, 古典 ~, 118
Laufer, Asher, 37, 168, 169, 326
Lavagnoli, C., 194
lax, use of term, 松音, 用于术语, 95–96; 又见 "tense/lax, 松/紧音"
Lehiste, Ilse, 92, 93, 192, 320
Lendu, 87, 88, 89
lenis stop, 弱塞音, 95–99

Lewis dialect of Scottish Gaelic, 苏格兰盖尔语的 Lewis 方言, 72
lexical segments, that account for minimal pairs, 形成最小对立对儿的词汇项目, 2
Li, Fang Kuei, 李方桂, 178
Liangshan Yi, 凉山彝语, 108, 314
Limba, 林姆巴语, 42
Lindau Mona, 6, 79, 84–85
  on rhotics, Lindau 关于 r 类音的论述, 216, 218, 219, 221, 222, 226, 230, 234–235, 236–237, 244, 245
  on vowels, Lindau 关于元音的描述, 282, 292, 300, 304, 321, 326–327
Lindblad, Per, 137, 139, 171–172, 173–175
Lindblom, Björn, 45
linguo-labial, 舌唇音, 15, 18, 43
linguo-labial fricatives, 舌唇擦音, 143
Linker, Wendy, 295
lip, 唇
  lower, 下唇, 10
  upper, 上唇, 10
liquids, 流音, 182, 243
Lisker, Leigh, 66, 121
Lloyd, Lucy C., 248, 255
Logba, 141

Logbara, 333, 336
Lokalane in the Kalahari Desert, 喀拉哈里沙漠上的 Lokalane, 264
Lombard, Daan, 330-331, 354-355
London English, 英语伦敦腔, 78, 193
Long, James B., 104
Lounsbury, 18
Louw, J.A., 251
Lua, 133
Lubker, James, 295
LuGanda, 卢干达语, 94, 95, 123
Lugbara, 53
Luiseño, 146
Lule dialect of Sami, 萨米语的卢勒方言, 70, 93
Lungchow, 龙州土话（一种侗台语）, 53
Lunt, Horace G., 132
Luquan Yi, 禄劝彝语, 130
Lyman, Thomas A., 124
Lytkin, V.I., 33

McAllister, Robert, 295, 329
McBride, Sam, 76-77
McCarthy, John, 4
McCawley, James D., 17
McCutcheon, Marthin J., 146
McDonough, Joyce, 208, 209
McGowan, Richard S., 217
McIntosh, Mary, 121
McKay, G.R., 98
McLean-Muse, Ann, 96
Magno-Cadognetto, Emmanuela, 194
Magoetov, A.A., 39
Maidu, 麦都语, 78
Maithili, 迈蒂利语, 58
Malagasy, 马尔加什语, 131
Malay, 马来语, 93-94, 103
Malayalam, 马来雅拉姆语, 20, 21, 33, 44, 189, 222, 241, 252
Malécot, André, 96, 118
Malekula, 18
Malmberg, Bertil, 295
Mandarin 国语 参见 "Chinese, Standard, 汉语普通话"
Manley, Timothy M., 116
Manners of articulation, 调音方式, 370, 371
Maori, 毛利语, 53
Mape, 333
Mapuche, 马普彻语, 186
Maran, La Raw, 77
Marathi, 马拉地语, 57, 107, 108, 261
Margi, 马尔吉语, 85, 165, 286, 344
Marshallese, 马绍尔语, 322, 361-363

Martinet, André, 45
Masa group of Chadic languages, 乍得语的马萨语群, 326
Maung, 346
Mayan languages, 玛雅语, 78, 89
Melpa, 梅尔帕语, 190, 194, 197, 199, 202, 211
Merrifield, William R., 299
Mestre, J.C., 151
Mexican Spanish, 墨西哥西班牙语, 222
Mexico, 墨西哥, 73, 317
Mid-Waghi, 中瓦几语, 186, 190, 193–194, 196, 197, 199, 211
Mien, 勉语, 198
Miller, Wick R., 315
Milner, George B., 127, 131
Mixe, 米克西语, 320
Mixtec, 米斯特克语, 85
Mizo, 米佐语, 113
modal possibilities, 典型范畴, 45, 370
modal voice, 常态浊声, 48, 49, 50–52
Mohanan, K.P., 33
Mohanan, Tara, 33
Moll, K.L., 33, 50, 136, 192
Mon-Khmer languages, 孟-高棉语, 316
Monnot, Michel, 231–232

Montana Salish, 蒙大拿-萨利希语, 78–79, 107, 109, 110, 200–201, 202
Mooshammer, Christine, 33
Morphy, Frances, 239
Morton, Katherine, 92
Moshi, Lioba, 232
Moulinier, André, 138, 173, 175
Mpi, 315–316, 317
Muinane, 穆伊纳内语, 163
Muli, M.G., 320–321
Müller, Nicole, 203
Mundari, 蒙达语, 58
Mura, (亚马逊河流域的一种语言) 19
Muravjeva, I.A., 96
Murinhpatha, 240
'murmur' 啤声 参见 "breathy voice, 气声"
Musey, 326

Naʔahai, 130
Naga, 纳加（加纳地名）, 203
Naish, Constance, 179, 207
Nama, 那马语, 246, 248, 249, 251, 255, 258, 261, 263, 265, 268, 272, 278, 348
Nambiquara, 107
Southern, 南部的 ~, 178
Namibia, 纳米比亚, 133, 141

索引

Naron, 257
narrow approximation, 极其接近, 328
nasal articulations, 鼻音, 350-353, 370
nasal murmur, 哞声鼻音, 351-352
nasal stops, 鼻塞音参见"nasals, 鼻音"
nasalized consonants, 鼻化辅音, 131-134
  and nasals, ~和鼻音, 135-136
nasalized vowels, 鼻化元音, 298-300, 326-327
nasals, 鼻音 5, 102-136
  +stop sequences, voicing control in, ~+塞音音丛, 清浊限制, 123-128
  and approximants, ~和近音, 103
  'aspirated', 送气~, 116
  defined, ~定义, 102-106
  degree of velic opening, ~的软腭开度, 103
  frictionalized, 擦化~, 103
  glottal, 喉~, 109-110
  interdental, 齿间~, 20
  labiodentals, 唇齿~, 18
  laryngeal activity in, ~的喉部动作, 106-118
  linguo-labial, 舌唇~, 18
  and nasalized consonants, ~和鼻化辅音, 135-136
  orally released, 口腔除阻的~, 104-106
  partially nasal consonants, 半鼻音, 118-131
  timing of oral articulation and velic function, 口腔调音和软腭下垂的时间顺序, 102, 106, 134-136
  with two closures, 双重持阻的~, 328, 332
  voiced and voiceless, ~的清浊参见"voiced nasals, 浊鼻音"、"voiceless nasals, 清鼻音"
Nash, David, 246
Nasioi, 243
Nater, H.F., 35
Native American languages, 美洲土著语, 27
Navajo, 纳瓦约语, 79-80, 198, 199, 207-209
Navarrro Tomás, Tomás, 143, 189
Nawrocka-Fisiak, Jadwiga, 154-155
Ndonga, 恩东加语, 126
Nepali, 尼泊尔语, 323, 324
New Guinea languages, 新几内亚语, 190, 333, 336
Newari, 尼瓦尔语（一种藏缅语）, 58, 107, 108
Newman, Paul, 190, 237

Nez Perce，内兹佩尔塞语，200
Ngizim，53，85
Nguni languages，恩古尼语，260，264，277，280
Ngwe，291
Ngwo，31，32，33
ní Chasaide，Ailbhe，70，71
Niaboua，135
Nias，尼亚斯语，130
Nielsen，J.P.，245
Niger-Congo languages，尼日尔-刚果语，85
Nigerian languages，尼日利亚语，84，211，236
Nihalani，Paroo，82，83
Nilo-Saharan languages，尼罗撒哈拉语，53，82
Nimboran，291
Nivkh，尼夫赫语，236
Nolan，Francis，45，137，146，147
non-sibilant，非咝音，370，371
Nord，Lennart，118
Norlin，Kjell，321
North Amerian languages，北美诸语言，35，78，106-107
Northumberland dialect，诺森伯兰方言，236
Norwegian，挪威语，291-292，295
Novikova，K.A.，306
Nunggubuyu，185

Nuxalk，努克萨尔克语（一种贝拉库拉语），35
Nweh，130-131，291，292
Nyanja-Tumbuka group，17
Nzema，恩济马语，31，344

Oaxaca，Mexico，墨西哥的瓦哈卡，73
obstacle fricatives，有阻擦音　参见"sibilants，咝音"
Occitan，奥西坦语，227
Ohala，John J.，50，113，133-134
Ohala，Manjari，69，201
Ohlsson，S.Ö.，245
Ohnesorg，K.，153
Ojibwa，奥季布瓦语，72，98
Olgolo，128
'one-tap trill'，一过性颤音，245
Ono，（一种新几内亚语），333
'O'odham 奥哈姆语，150，211
open approximation，开放的，近音，328
open voiceless state，开放的清声态，49
oral continuants，口腔延续音，132
oropharyngeal cavity volume，changes in，腭咽口开度的变化，78
Otomanguean languages，奥托-曼格安语，317
Owerri Igbo，奥韦里-伊博语，60，

61, 67–68, 87–89
Oya, N., 137, 151
Ozanne-Rivierre, Françoise, 198

Pacoh, 53
Painter, Colin, 183–184
Palantla Chinantec, 帕兰特拉－奇南特克语, 135, 299–300
palatal, 硬腭的, 13, 15, 31–33, 35, 45
palatal ejectives, 腭喷音, 78–79
palatal fricatives, 腭擦音, 165–166
palatal laterals, 腭边音, 186
palatalization, 腭化, 363–365, 368
palatalized trills, 腭化颤音, 225
palate-alveolar, 腭龈音, 14–15
  laminal, 舌叶~, 15, 28
palatography, 腭位图, 7
Palauan, 帕劳语, 216–217
Pandit, P.B., 315
Panjabi, 旁遮普语, 190
Papuan languages, 巴布亚语, 76–77, 186
parameters, 参数, 3, 4, 6, 369
Parauk, 佤语, 316
Pare, （一种班图语）, 126
Parker, E.M., 237
Pashto, 普什图语, 203
Passy, Paul, 144–145
Pattani Malay, Pattani 马来语, 93–94

Paulian, Christiane, 18
Peeters, W.J., 322
Peki dialect of Ewe, 埃维语的 Peki 方言, 26
Perkell, Joseph S., 153, 303
Peruvian Spanish, 秘鲁西班牙语, 231
Pétursson, Magnus, 70, 72, 144–145, 148
pharyngeal, 咽的, 13, 15, 37–38, 45
pharyngeal fricatires, 咽擦音, 167–169
pharyngealizaion, 咽化, 365–366
  of vowels, 元音的 ~, 306–310, 327
phonation types, 发声类型, 48–77, 372
phonation types, continuum of, 发声态, 连续统, 99–101
phonemes, 音位, 1
phonetic description, requirements of, 语音描写的要求, 3–5
phonetic facts, 语音事实, 3
phonetic theory, 语音理论
  distinction between linguistic and sociolinguistic information, 语言学和社会语言学材料的区别, 6
  to distinguish one language or accent from another, 在两种语

言和两种口音之间进行区分，3
phonetic variation, different types of, 不同类型的语音变体, 370
phonological contrast, and differences at the phonetic level, 音系对立, 以及语音层面的区别, 5-6
phonological feature theories, 音系特征理论, 4, 6, 136, 179-181, 369
phonological segments, 音段, 2-3
Pike, Eunice V., 73, 74
Pike, Kenneth L., 73, 74, 85, 87, 103, 198, 281-282, 348
Pinkerton, Sandra, 89
Pirahǎ, 19
Pitta-Pitta, 185, 186, 240
Place, 部位, 370
place of articulatory gestures, 不同音姿
 terminology, 术语, 15
places of articulation, 调音部位, 9-46, 332, 369
 by target region, 按目标分类的～, 4, 15-39
 contrasting, 对立的～, 5, 39-46
 modal, 典型的～, 45
 non-modal, 非典型的～, 45
 relationship with major place features, 同主要的部位特征之间的关系, 44, 371
Plains languages, 平原地区的语言（此处指美国）, 315
plosive stops, 爆破音, 77-78
Pohnpeian, 357-358, 359-60
Pokomo, 126
polarization principle, 极化原理, 45-46
Polish, 波兰语, 140, 154-156, 164, 171, 180, 193
Polynesian languages, 波利尼西亚语, 53
Pomo, 波莫语, 167
 South-Eastern, 东南部～语, 78
Portuguese, 葡萄牙语, 193
post-alveolar, 龈后, 13, 30
Prator, Clifford H., 143, 148
pre-aspirated stops, 前置送气的塞音, 70-73
pre-aspiration, 前置送气, 70-73, 99
pre-glottalized, 喉冠的, 53
prenasalization, 鼻冠化, 118-119
 and trills, ～和颤音, 119, 129-131
prenasalized fricatives, 鼻冠擦音, 118
prenasalized stops, 鼻冠塞音, 118, 119-123
 phonological basis for, ～的音系基础, 127
 voicing control, ～的清浊限制,

123–128
prestopped nasals, 塞冠鼻音, 119, 128–129
Price, P.David, 178
primary articulation, 主要发音, 328, 368
production strategy, 发音策略, 329
prosodic features, 韵律特征, 3
Proto-Bantu, 古班图语, 314
Proto-Keresan, 315
protrusion, 撮唇, 295–296, 326
Pulleyblank, Edwin, 295
Puppel, Stanistaw, 154–155
Purnell, Herbert C., 198, 326

Qatari Arabic, 卡塔尔阿拉伯语, 365
Qi, Yingyong, 117
Qingdao, 青岛话, 144
quantal articulations, 量子发音, 7
quantal theory, 量子理论, 45
Quechua, 盖丘亚语, 35–36
Quilis, Antonio, 189, 221, 231

'r-sounds' r 类音 参见 "rhotics, r 类音"
radical, 舌根的, 43, 45, 332
radical articulations, 舌根音, 11, 37–38
　with other articulations, 带有其他音的 ~, 349–350
Radley, J.P.A., 96
Ray, Punya Sloka, 315
Recasens, Daniel, 116, 117, 193, 232
Reddy, B.Ramarkrishna, 42
Reddy, Joy, 42
Rembarrnga, 98
Renck, G.L., 190
retroflex, use of term, 卷舌音, 用于术语, 15
retroflex articulation, 卷舌音, 25–28
retroflex stops, 卷舌塞音, 21–23, 42
　sublaminal, 舌叶下的 ~, 240
retroflex, apical, 卷舌音, 舌尖的 参见 "apical retroflex, 舌尖卷舌音"
retroflexion, acoustic results of, 卷舌的声学效果, 27–28
rhotic consonants, symbols for, r 类辅音音标, 216
rhotic types, contrasts in the same language, 同一种语言内部的 r 类音对立, 237–242
rhotic vowels, r 类元音, 313–314, 327
rhotics, r 类音, 5, 182, 215–245
　factors underlying the unity of the class, ~ 的类别特征, 244–245
　location of formants, ~ 共振峰位置,

244–245
multiple，多重的 ~，217
places of articulation，~ 调音部位，217
relationship to laterals，~ 同边音的关系，182，243
and vowels，~ 和元音，216
Riordan, Carol, 50
Roach, Peter J., 143, 334
Roberts-Kohno, R. Ruth, 321
Robinett, Betty W., 143, 148
Robins, R.H., 134, 136
Rochette, Claude E., 104, 192
Rockies language，落基山区语言，315
rolled post-alveolar fricative，卷舌的龈后擦音，228–230
Rongcheng，荣城话，144
Rongxian，容县话，202
root nodes，根节，1
Rossel Island, Papua New Guinea，罗塞尔岛，巴布亚新几内亚，344
Rounding，圆唇特征，282，326
relation to Backness and Height，~ 同舌位高低、舌位前后的关系，292–293
RP (Received Pronunciation) dialect of English，标准英语发音，143，293
RuGciriku, 141, 246

Runyambo, 123
Russian，俄语，52，128，140，187，188，194，218，221，223，225，361，364

Sachnine, Michka, 326
Sagey, Elizabeth, 136, 248, 345
Salishan languages，萨利希语，78
Samarin, William J., 127
Sami，萨米语，93
Sandawe 桑达韦语，209，246，249，251，252，253，254，256
Sands, Bonny, 37, 209, 246, 253, 254, 257
Sapir, Edward, 208
Sawashima, M., 104
Scatton, Ernest, 23
Schadeberg, Thilo C., 134
Schaltz, K., 245
Schroeder, Manfred R., 284
Schuh, R., 85
Scottish English，苏格兰英语，190，236，326
of Lowlands，低地 ~
Scottish Gaelic，苏格兰盖尔语，70，72，237
Scully, Celia, 173
secondary articulation, phonetic definition，次要发音，语音学定义，354

secondary articulations, 次要发音, 5, 328, 354–368
   timing of, ~时间顺序, 355
Sedang, 53, 198, 200, 236
segments, 音段, 1–3
   and different types of phonetic variation, ~和不同的语音变体, 370
semi-vowels, 半元音, 5, 282, 322–323
Semitic languages, 闪族语, 37, 168
SePedi, 赛卑第语, 330–331, 354–355
Serbo-Croatian, 塞尔维亚-克罗地亚语, 188
Serer, 塞雷尔语, 54
Shadle, Christine H., 138, 153, 173, 175
Shafeev, D.A., 203
Shalev, Michael, 156
Shambaa, 126
Shandong dialects of Chinese, 汉语山东方言, 144
Shanghai dialect of Chinese 汉语上海话 参见 "Wu Chinese, 吴语"
Shape feature, proposed, 形状特征, 建议, 180–181
Shapsug dialect of Adyghe, 阿迪格语的Shapsug方言, 144–145
Shaterian, Alan, 320

Shibatani, Masayoshi, 17
Shilluk, 希鲁克语, 237
Shimizu, Katsumasa, 243
Shona, 绍那语, 171, 345, 347, 358, 360
Short, David, 228
Shriner, T.H., 136
Shryock, Aaron, 326
Shubi, 17
Siberia, 西伯利亚, 306
sibilants, 咝音, 138, 145–164, 370, 371
   types of, ~的种类, 163–164
Sibomana, Leo, 334
Sierra Leone, 塞拉利昂, 23
Sierra Leone English, 塞拉利昂英语, 236
Sierra Miwok, 322
Sievers, Eduard, 92
Silverman, Daniel, 342
Simon, Péla, 232–233
SiNdebele, 249
Sindhi, 信德语, 82, 83, 91
Sinhala, 僧伽罗语, 120–121, 127
Sino-Japanese, 日语汉字词, 17
Siona, 74, 178
Siya, 141
Skalozub, Larisa G., 221, 223
Skye Gaelic, Skye 盖尔语, 72
slack voice, 弛声, 48, 49

stops with，带 ~ 的塞音，63-66
slack vowels，弛声元音，316
Slavic languages，斯拉夫语，368
Slis, I.H., 96
Smalley, William A., 124
Smith, Bruce L., 96
Smith, Caroline L., 92, 93
Smith, Henry L., 190
Smith, Kenneth D., 198, 236
Snider, Keith L., 243
Snyman, Jan W., 63, 80, 107, 248, 249, 253, 264, 275
Somali，索马里，53
Sotho，梭托语
　　Northern，北 ~，330-331
　　Southern，南 ~，249
sounds，声音，1, 2, 5
South African English，南非英语
　　in Eastern Cape，东开普 ~，165
　　urban dialects，~ 城市方言，236
Southeast Asian languages，东南亚语言，106
Southern African languages，南部非洲语言，17, 246
Spajić, Siniša, 37, 223, 246
Spanish，西班牙语，218, 222, 237, 244
　　Peninsular，本土 ~，189, 221, 231
　　又见"Argentinain Spanish，阿根廷西班牙语"、"Colombian Spanish，哥伦比亚西班牙语"、"Mexican Spanish，墨西哥西班牙语"、"Peruvian Spanish，秘鲁西班牙语"
spectrograms，声谱图，76
speech, dynamic aspects of，话语的动态特征，6
speech production, auditory theory of，语音生成的听感理论，6
sphincteric vowels，括约肌机制产生的元音，306, 310
Sproat, Richard, 192, 361
Sre, 116
stød，丹麦语中的喉部梗塞，54
Stell, Nelida N., 207
Steriade, Donca, 69, 73, 127, 180
Stetson, R.H., 50, 282
Stevens, Kenneth N., 7, 28, 45, 50, 55, 68, 153, 188, 283, 284, 358
Stieng, 107
stiff voice，僵声，48, 49
　　stops with，带有 ~ 的塞音，55-57
stiff vowels，僵声元音，315-316
still photography，静态摄影，7
Stojkov, Stojko, 23, 188
Stolte, J., 243
Stolte, N., 243
Stone, Maureen, 148

stop consonants, variations among, 不同种类的塞音, 48
stop-fricative combinations, 塞音+擦音组合, 354–355
stops, 塞音, 5, 47–101, 371
    affricates, 塞擦音, 90–91
    airstream mechanisms, ~ 的气流机制, 77–90
    alveolar, 齿龈 ~, 20–21
    with approximant secondary articulation, 带有近音性次要发音的 ~, 328, 354–355
    aspirated, 送气 ~, 66–70
    bilabial, 双唇 ~, 16–17
    with breathy voice, 带气声的 ~, 57–63
    with creaky voice, 带嘎裂声的 ~, 53–55
    dental, 齿 ~, 20–21, 23
    with glottal closure, 带声门持阻的 ~, 73–77
    interdental, 齿间 ~, 20
    labiodental, 唇齿 ~, 17
    languages that contrast various different types of, 不同 ~ 形成对立的语言, 100–101
    laryngeal setting, ~ 的喉部结构, 5, 47–77
    length, ~ 音长, 91–95
    with modal voice, 带常态浊声的 ~, 50–52
    phonological representation of, ~ 音系表现, 100–101
    pre-aspirated, 前置送气 ~, 70–73
    prenasalized 鼻冠 ~, 参见 "prenasalized stops, 鼻冠塞音"
    with slack voice, 带弛声的 ~, 63–66
    with stiff voice, 带僵声的 ~, 55–57
    strength, ~ 发音力度, 95–99
    with two closures, 带双重持阻的 ~, 328, 332
    voiced, 浊的, 带声 ~, 51–52
    voiceless, 清的, 不带声 ~, 52–53
Story, Gillian, 179, 207
Straka, Georges, 189
Strenens, Peter D., 175
stricture, 收紧, 9, 13, 370, 371
    degrees of, 收紧度, 135, 328
Stricture feature, proposed, 收紧特征, 建议, 180
strident fricatives 刺耳擦音 参见 "Sibilants, 咝音"
strident vowels, 刺耳元音, 306, 310–313, 327
Stringer, M., 133
style, 文风, 3
Suarez, Jorge A., 132
sub-apical retroflex sounds, 舌尖下卷舌音, 15, 25–27

sublaminal post-alveolar retroflex laterals，舌叶下龈后卷舌边音，189-190
Subtelny, J.D., 137, 151
Sui, 水语, 53, 178
sulcalization, 凹化, 367
Sundanese, 巽他语, 132, 134
Sung, Margaret M.Y., 144
  'superclose' vowels, 极度贴近的元音, 314
supra-laryngeal, 喉上的, 370
supraglottal articulations, 声门上音, 332
Svantesson, Jan-Olof, 321
Svarny, O., 153, 155-156, 189
Swedish, 瑞典语, 96, 146, 171-172, 173-175, 176, 216, 295, 296, 329, 330
  Southern, 南部~, 225, 226, 229, 244, 245
  Standard, 标准~, 218
  Stockholm, 斯德哥尔摩~, 292
Sweet, Henry, 295
Swiss French, 瑞士法语, 104
syllabicity, of vowels, 元音的成音节性, 281-282
syllable, definition of the physiological properties of, 音节, 生理特征定义, 282

Tabasaran, 塔巴萨兰语, 96
Taishan dialect of Chinese, 汉语台山话, 127, 199, 203
Taljaard, P.O., 248
Tamil, 泰米尔语, 27, 143, 155-156, 183, 189, 211
Tangoa, （瓦努阿图地名）18, 143
Tanzania, 坦桑尼亚, 246
taps, 拍音, 215, 230-232, 370, 371
targets, 目标
  articulatory, 调音~, 6, 11-14
  parings with active articulators, ~和主动调音器官的组合, 14-15
Tashlhiyt, 322
Tatham, M.A.A., 92
Teke, 泰凯语, 18
Telegu, 泰卢固语, 58
Temne, 泰姆奈语, 23, 42
tense, use of term, 紧音, 用于术语, 95-96
Tense feature of vowels, 元音的松紧性, 303
tense/lax, and advanced tongue root, 松/紧, 和舌根前伸
  （ATR）in vowels, 元音的（舌根前伸）, 302-306
Thai, 泰语, 51, 55-56, 66, 78
Thelwall, Robin, 82
ThiMbukushu, 133
Thomas, Alan R., 203

Thomas, Kimberly D., 320
Thomason, Sarah, 79
Thráinsson, H., 70–72
Tibetan, 198, 199
Tibeto-Burman languages, 藏缅语, 58, 113–114, 237
Tiddim Chin, 迪登钦语, 200
Tiede, Mark K., 304
Tilkov, Dimitur, 194, 197
Tiwi, 蒂维语, 21, 53
Tlingit, 特里吉特语, 167, 178, 79, 207
Toda, 托达语, 21, 22, 25, 156–160, 164, 180, 189, 198, 223–225, 227–228, 230, 237, 244
Togo, Central, 多哥, 中部, 26
Tonga, 汤加, 17
Tongan, 汤加语, 53
tongue, 舌
    blade of the, 舌叶, 11
    body of the, 舌体, 11
    root of the, 舌根, 11
    tip of the, 舌尖, 10–11
Tracy, Frances V., 178
Trager, George L., 190, 303
Trail, Anthony, 108, 110, 171, 308–13, 352, 353
    on clicks, 关于啧音, 246, 249–250, 252, 254–255, 256–257, 259, 261, 264, 265, 268–270, 271, 277–278
Traumüller, Hartmut, 289–290
trills, 颤音, 215, 217–230, 370, 371
    epiglottal fricative, 会厌擦音, 170–171
    and prenasalization, ~和鼻冠化, 119, 129–131
    taps and flaps, 拍音和闪音, 245
triple stop, 三重持阻的塞音, 350–353
Tryon, Darrell T., 18
Tsakhur, 察胡尔语, 306, 307, 308, 366
Tsimshian, 蒂姆西亚语, 91
Tsonga, 聪加语, 17, 18, 108, 109, 139
Tsou, 邹语 38, 268
Tsuji, Nobuhisa, 202
Tucano, 图卡努语, 74, 243
Tucker, A., 253
Tungus language, 通古斯语, 306
Turkic languages, 土耳其语, 293
Twi dialect of Akan, 库阿语的 Twi 方言, 31

Ubykh, 尤比克语, 161–163, 286, 349
Udi, 尤迪语（高加索语的一种）, 306, 307, 308

Uduk，82
Ugandan languages，乌干达语，82
Uldall，Elizabeth，234
Uldall，H.J.，289
UMbundu，姆邦杜语，134
Umotina，18
unaspirated，不送气的，45
Upadhyaya，Susheela P.，42
Urhobo，乌尔霍博语，324
Ushijima，T.，104
uvular，小舌，13，15，35-37
uvular ejectives，小舌喷音，78
uvular fricatives，小舌擦音，166-167
uvular laterals，小舌边音，191
uvular trill，小舌颤音，215，225，226
Uwulaka，A.，60
Uzere dialect of Isoko，伊索科语的Uzere方言，89

Vagges，K.，194
Vaissière，Jacqueline，136
Valaczkai，I.，90，303
Vanuatu，瓦努阿图，18，143
Vanvik，Arne，291-292，295
Vao，19
variables，set of possible linguis-tically relevant，一系列语言学上相关的变量，10
Vatikiotis-Bateson，Eric，121

velar，软腭，13，14，15，33-35，36-37，45
velar ejectives，软腭喷音，78
velar fricatives，软腭擦音，166
velar laterals，软腭边音，190-191
velarization，软腭化，360-363
Velayudhan，S.，222
Venda，文达语，141
V'enen Taut，39
Vergnaud，Jean-Roger，136
vibration，and voicing，振动，带声，49
Vietnamese，越南语，129，293
vocal folds，acting as articulators，声带，作为调音器官，14-14，49
vocoids，纯元音，281
Voice Onset Time，声带起振时，45-46，66，69-70
voiced，浊的，45
voiced ejectives，浊喷音，80
voiced implosives，浊内爆音，82
voiced lateral approximant，浊边近音，182，183-193
 acoustic characteristics of，~的声学特征，193-197
voiced laterals，浊边音，198，200-201
voiced nasals，浊鼻音，111-113
 acoustic structure of，~的声学结构，116-118

voiced stops, 浊塞音, 51-52
voiceless, 清的, 不带声, 45, 48
voiceless implosives, 清内爆音, 87-90
voiceless laterals, 清边音, 198-199
voiceless nasals, 清鼻音, 111-116
voiceless stops, 清塞音, 52-53
voiceless vowels, 不带声的元音, 315
voicelessness, acoustic and articulatory definitions, 清音, 声学和发音定义, 49
voicing, 带声
 and other laryngeal controls, ~ 和其他的喉部动作, 236-237
 viberation and, 振动和 ~, 49
Vossen, Rainer, 264, 265
VOT, 参见 "Voice Onset Time, 声带起振时"
vowel length, 元音的音长, 320-321
vowel quality, 元音的音色
 major features, 主要特征, 296
 minor features, 次要特征, 298-322
vowels, 元音, 5, 281-327, 371
 acoustic data, ~ 的声学资料, 284-286
 articulation, ~ 的发音, 282-285, 286
 definition, ~ 的定义, 281-282

 Jones's cardinal, 琼斯的定位 ~, 282-283, 289
 lip position, ~ 的唇形, 292-297
 major feature, ~ 的主要特征, 282-298
 parameters and categories for, ~ 的参数和范畴, 369, 372
 phonation types, ~ 的发声类型, 315-320
 relationship with semi-vowels, ~ 和半元音的关系, 322-323
 and rhotics, ~ 和 r 类音, 216
 tongue body positions, ~ 舌体的位置, 282-284
 又见 "Backness, 舌位前后"、"Height, 高低"、"Rounding, 唇形圆展"

Wa, 316
Waffa, 瓦法语, 133-134
Walton, James, 163
Walton, Janice, 163
Wang, W.S.Y., 王士元, 299
Wangganuru, 128, 202
Wängler, Hans-Heinrich, 183
Wantoat, 356
Wapishana, 瓦皮萨纳语, 53, 178
Walpiri, 240, 241
waveforms, 波形图, 7
Weitzman, Raymond S., 56

Welch, Birdie, 243
Welsh, 威尔士语, 203
Wenatchi 参见 "Columbian Salish, 哥伦比亚－萨利希语"
West, Betty, 243
West African languages, 西非语言, 31, 139, 141, 243, 300, 304, 333, 336
Westbury, John R., 50, 51
Wheeler, Alva, 74, 178
Wheeler, Margaret, 74, 178
Whiteley, W.H., 320–321
Wiesemann, Ursula, 119
Wilkins, David L., 357
Williamson, Kay, 60, 132
Wilson, W.A.A., 344
Wintu, 温图语, 78, 167
Wolof, 167
Woodburn, J., 253
world's languages, 世界语言, 1–2
Wright, Richard, 38
Wu, Zongji, 吴宗济, 150–151, 152, 153, 166, 178, 183, 202
Wu Chinese, 汉语吴方言, 64–65, 66

Xhosa, 科萨语, 246, 249, 251, 252, 257, 260–261, 262, 264, 265, 278, 348
XiNkuna dialect of Tsonga, 聪加语的 XiNkuna 方言, 18

Yadav, Ramawater, 58
Yagaria, 190
Yakut, 293
Yamuna, R., 222
Yanyuwa, 34, 35, 45
Yao, 瑶语, 198, 326
Yapese, 雅浦语, 178
Yavapai, 320
Yaygir, 237, 240
Yei, （一种班图语）, 246
Yeletnye, 333, 344–345, 346, 348
Yi, 彝语, 314
Yoruba, 约鲁巴语, 18, 132, 133, 297, 298, 323, 333, 342
Young, Rosemary, 190
Yue dialects of Chinese, 汉语粤方言, 127, 202

Zapotec, 萨巴特克语, 98
Zawadowski, W., 187
Zee, Eric, 徐云扬, 118
Zeitoun, Elizabeth, 268
Zezuru dialect of Shona, 绍那语的 Zezuru 方言, 345
Zhongshan, 中山话, 127
Zhou, Dianfu, 周殿福, 153, 166, 183
Zhul'hōasi, 63, 80, 81, 91, 107,

248
  clicks in, ~ 哳音, 271, 275–278, 279
Zinder, Lev R., 194, 197
Zulu, 祖鲁语, 17, 18, 119, 198–199, 204–206, 209, 348–349
  clicks in, ~ 哳音, 246, 248, 249, 251, 252, 260, 261
Zuni, 祖尼语, 323
Zvelebil, Kamil V., 39, 42, 155–156, 189
‖Ani, 265, 349
ǂHóã, 341, 349
ǂKhomani, 248

|Xam, 248, 249
!Xóõ, 102, 170–171, 309–310, 315, 340, 349, 352, 353
  clicks in, ~ 哳音, 42, 246–247, 252–253, 255, 257, 264–276, 278–279, 280
  clicks in, articulatory positions for, ~ 哳音的调音部位, 249–250
  glottalized nasals in, ~ 喉化鼻音, 110
  strident vowels, ~ 刺耳元音, 230, 308, 311–312
!Xũ, 80, 107, 246, 249, 251, 252–253, 275

国际音标（修订至 1993 年）

辅音（肺气流机制音）

	双唇	唇齿	齿音	龈音	龈后	卷舌	腭音	软腭	小舌	咽音	声门
爆破音	p b			t d		ʈ ɖ	c ɟ	k g	q ɢ		ʔ
鼻音	m	ɱ		n		ɳ	ɲ	ŋ	N		
颤音	ʙ			r					R		
闪音/轻拍音				ɾ		ɽ					
擦音	ɸ β	f v	θ ð	s z	ʃ ʒ	ʂ ʐ	ç ʝ	x ɣ	χ ʁ	ħ ʕ	h ɦ
边擦音				ɬ ɮ							
近音		ʋ		ɹ		ɻ	j	ɰ			
边近音				l		ɭ	ʎ	L			

（每栏）成对出现的音标，右边的代表浊音，阴影部分表示不可能产生发音的区域。

辅音（非肺气流机制音）

咂音	内爆音	喷音
ʘ 双唇	ɓ 双唇	ʼ 例如：
ǀ 齿	ɗ 齿/龈	pʼ 双唇
ǃ （后）龈	ʄ 腭	tʼ 齿/龈
ǂ 龈腭	ɠ 软腭	kʼ 软腭
ǁ 龈边	ʛ 小舌	sʼ 龈擦

元音

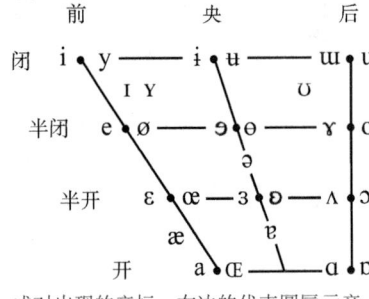

前　　　央　　　后
闭　i y — ɨ ʉ — ɯ u
　　　 ɪ ʏ　　 ʊ
半闭　e ø — ɘ ɵ — ɤ o
　　　　　ə
半开　ɛ œ — ɜ ɞ — ʌ ɔ
　　　　 æ
开　　a ɶ — — ɑ ɒ

成对出现的音标，右边的代表圆唇元音。

其他符号

ʍ 圆唇软腭清擦音　　ɕ ʑ 龈腭擦音
w 圆唇软腭带声近音　ɺ 龈边闪音
ɥ 圆唇硬腭带声近音　ɧ 同时发 ʃ 和 x 所形成的音
ʜ 会厌清擦音　　　　必要时，塞擦音或双
ʢ 会厌带声擦音　　　部位音用一个连接符
ʡ 会厌爆破音　　　　连接 k͡p t͡s

超音段符号

ˈ 主要重音
ˌ 次要重音　ˌfoʊnəˈtɪʃən
ː 长音　　　eː
ˑ 次长音　　eˑ
˘ 超短音　　ĕ
. 分音节符　ɹi.ækt
| 次要（音步）韵律段
‖ 主要（语调）韵律段
‿ 连接（无间隔出现）

声调和词调符号

平调　　　　曲折调
e̋ ˥ 超高　ě ˩˥ 升
é ˦ 高　　ê ˥˩ 降
ē ˧ 中　　e᷄ ˦˥ 高升
è ˨ 低　　e᷅ ˩˨ 低升
ȅ ˩ 超低　e᷈ ˧˦˨ 升降
↓ 降阶　↗ 全升
↑ 升阶　↘ 全降

附加区别性符号（可以放在低于书写线下音标的上面，如：ŋ̊）

̥	清化 n̥ d̥	̤	气嗓音 b̤ a̤	̪	齿化 t̪ d̪
̬	带化 s̬ t̬	̰	嘎裂声 b̰ a̰	̺	舌尖化 t̺ d̺
ʰ	送气 tʰ dʰ	̼	舌唇音 t̼ d̼	̻	舌叶化 t̻ d̻
̹	高圆唇 ɔ̹	ʷ	圆唇化 tʷ dʷ	̃	鼻化 ẽ
̜	低圆唇 ɔ̜	ʲ	腭化 tʲ dʲ	ⁿ	鼻除阻 dⁿ
̟	前化 u̟	ˠ	软腭化 tˠ dˠ	ˡ	边除阻 dˡ
̠	后缩 i̠	ˤ	咽化 tˤ dˤ	̚	无听感除阻
̈	央化 ë	̴	软腭化或咽化 ɫ		
̽	中-央化 ĕ	̝	上移 ę (ɹ̝ = 带声龈擦音)		
̩	音节性 n̩	̞	下移 ę (β̞ = 带声双唇近音)		
̯	非音节性 e̯	̘	舌根前伸		
˞	卷舌性 ɚ	̙	舌根后缩		

图书在版编目(CIP)数据

世界语音/(美)彼得·赖福吉,(美)伊恩·麦迪森著;张维佳,田飞洋译.—北京:商务印书馆,2021(2023.5 重印)
(汉译世界学术名著丛书)
ISBN 978-7-100-20119-3

Ⅰ.①世… Ⅱ.①彼…②伊…③张…④田… Ⅲ.①语音学—研究 Ⅳ.①H01

中国版本图书馆 CIP 数据核字(2021)第 140264 号

权利保留,侵权必究。

汉译世界学术名著丛书
世 界 语 音
〔美〕彼得·赖福吉 著
伊恩·麦迪森

张维佳 田飞洋 译

商 务 印 书 馆 出 版
(北京王府井大街36号 邮政编码100710)
商 务 印 书 馆 发 行
北京虎彩文化传播有限公司印刷
ISBN 978-7-100-20119-3

2021年9月第1版 开本 850×1168 1/32
2023年5月北京第3次印刷 印张 18½
定价:85.00元